Collana di Economia

coordinata da

G. Antonelli - R. Faucci - V. Dardanoni - A. Roncaglia - N. Salvadori

Nuova serie

2

Serie manuali

In economia politica, ancor più che in altre scienze, non esiste un unico paradigma universalmente accettato. La pluralità di punti di vista, ciascuno dotato di una propria dignità scientifica, dà luogo a un dibattito che costituisce la linfa vitale della nostra disciplina. La Collana di Economia, *nelle sue articolazioni* (manuali, letture, monografie), *intende contribuire allo sviluppo di questo dibattito e alla diffusione di una cultura economica consapevolmente critica e aperta al confronto fra orientamenti diversi.*

Gilberto Antonelli - Nicola De Liso - Giovanni Guidetti
Riccardo Leoncini - Giuseppe Vittucci Marzetti - Luca Zamparini

ECONOMIA

Quinta edizione

G. Giappichelli Editore – Torino

VIA PO 21 - TEL. 011-81.53.111 - FAX 011-81.25.100
http://www.giappichelli.it

ISBN/EAN 978-88-921-3037-1

Stampa: LegoDigit s.r.l. - Lavis (TN)

Indice

pag.

Prefazione alla quinta edizione

La prima edizione del presente volume è stata pubblicata nel 2003. Ad essa hanno fatto seguito nell'arco di più di tre lustri altre quattro edizioni, fino alla quinta attuale. Questo lavoro è stato alimentato dall'esperienza di insegnamento maturata dagli autori presso Atenei appartenenti a Regioni del Centro, del Nord e del Sud del Paese e in vari corsi di laurea di diverse Facoltà, Scuole e Dipartimenti. La varietà degli ambiti didattici e di ricerca degli autori ha consentito di produrre e mantenere aggiornato nel tempo un manuale adatto ai molteplici e differenti contesti di insegnamento universitario nei quali è stato di volta in volta adottato.

L'ambizione è quella di offrire un testo in grado di garantire una copertura delle tematiche più avanzate e al tempo stesso capace di fornire agli studenti una trattazione semplice, ma rigorosa. L'obiettivo è quello di dare al lettore un supporto per comprendere i principali fatti economici della vita di ogni giorno, ma anche per approfondire le scienze economiche nei corsi avanzati. Per questo, a fianco dei temi standard di un corso istituzionale di economia, vengono fornite nozioni introduttive relative a temi su cui si concentra il dibattito economico contemporaneo. Questo scopo fin dall'inizio ha guidato le diverse edizioni del manuale.

La quinta edizione mantiene l'impegno a offrire un manuale quanto più possibile completo sugli argomenti classici dei corsi introduttivi dell'economia politica, e porta a compimento il tentativo di garantire un livello di accessibilità graduato e graduabile. In questo modo i docenti, da un lato, non sono costretti a rinunciare ad alcuni argomenti eccessivamente "complicati", e dall'altro lato, non sono costretti ad operare semplificazioni eccessive.

Abbiamo pertanto proceduto ad una articolazione verticale ed orizzontale del manuale. Da un lato, abbiamo operato in maniera verticale, selezionando il materiale necessario ad una completa comprensione dei principi fondamentali dell'economia politica sulla base della difficoltà, sia metodologica che teorica. In questo modo crediamo che ora il manuale offra una trattazione dei principali argomenti necessari ad un corso introduttivo di economia politica, presentati in maniera piana, limitando le formalizzazioni matematiche. Tuttavia, per un numero elevato di argomenti offriamo, in una sezione separata per ciascun capitolo, una serie di spunti in grado di portare il lettore ad un livello elevato di approfondimento. Dall'altro lato, la lettura orizzontale del manuale fornisce al lettore una nutrita serie di approfondimenti tematici che, mantenendo in generale un basso livello di complessità, sono in grado di far comprendere (o perlomeno 'intravvedere') quale ampiezza di argomenti è possibile coprire con semplici modifiche della struttura elementare dei vari modelli proposti, oppure approfondimenti empirici in grado di far capire come modelli solo apparentemente dotati di un livello elevato di astrazione possano essere applicati alla realtà per meglio leggerla e comprenderla.

Dal lato della articolazione verticale, abbiamo quindi mantenuto, migliorandone ulteriormente la fruibilità e la chiarezza espositiva, la divisione fra argomenti necessari ad una conoscenza di base e quelli che offrono approfondimenti teorico-metodologici. Per fare ciò, ogni capitolo è stato diviso in due parti. La prima parte *Per capire*, intende presentare nella forma meno tecnica possibile tutti gli elementi sufficienti a comprendere l'argomento trattato. La seconda parte *Per approfondire*, intende offrire a lettori di livello più avanzato una metodologia più sofisticata e completa, mentre a lettori meno avanzati offre la possibilità di scegliere su quali approfondimenti possa valere la pena di investire ulteriori sforzi di apprendimento.

Dal lato della articolazione orizzontale, ogni capitolo è corredato da box che approfondiscono alcune tematiche soltanto accennate nel testo, da cui è possibile ricostruire parte del dibattito attuale, sia sulle applicazioni empiriche dei modelli presentati con una particolare attenzione alla lettura della realtà presente, sia sul dibattito teorico-metodologico.

Un manuale così ideato presenta ai nostri occhi indubbi vantaggi. In primis, i capitoli possono essere usati selettivamente al fine di costruire il percorso didattico più adatto alle necessità del corso nel quale il manuale viene utilizzato. In secondo luogo, è possibile costruire il programma di insegnamento anche per selezionati livelli di approfondimento. Infine, poiché il volume non presuppone conoscenze preliminari dei temi trattati, nessun concetto viene dato per scontato e nessun passaggio è lasciato alla sola iniziativa del lettore. In questo modo, il manuale è accessibile anche a studenti che si accostano alla disciplina per la prima volta. Questi stessi studenti, tuttavia, possono, anche autonomamente, proseguire lungo il percorso indicato e approfondire la loro conoscenza degli argomenti in maniera semplice e guidata, fino ad arrivare a toccare argomenti avanzati senza complicati salti logici o metodologici.

Settembre 2019

Introduzione

La quinta edizione di *Economia* pur collocandosi in continuità con le precedenti edizioni presenta diverse novità.

Tutti gli autori tengono, o hanno tenuto per svariati anni, insegnamenti di introduzione all'economia politica presso le Università di Bologna, di Milano-Bicocca e del Salento. Questi insegnamenti sono incardinati, oltre che in corsi di laurea in cui l'economia svolge un ruolo centrale, anche in percorsi formativi in cui l'economia o non riveste un ruolo preminente, ma un essenziale ruolo formativo-culturale, o è affiancata ad altre scienze sociali su un piano di parità (corsi di laurea in Giurisprudenza, Giurista d'Impresa e delle Amministrazioni Pubbliche, Scienze dell'Organizzazione, Scienze Politiche, Sociologia, Sviluppo e Cooperazione Internazionale).

Questa edizione del manuale costituisce un solido approdo del percorso al quale fin dalla prima edizione gli autori attuali, insieme a coloro che li hanno preceduti, hanno cercato di contribuire con la loro esperienza, al servizio di una comprensione dell'economia politica al tempo stesso semplice e rigorosa. Semplice relativamente alla possibilità di comprendere una materia molto complicata qual è l'economia politica, soprattutto per studenti che l'affrontano per la prima volta. Rigorosa, perché abbiamo sempre creduto che semplicità e rigore non siano "beni sostituti", ma "complementari".

Abbiamo costruito un percorso di apprendimento dell'economia politica, rivolto a discenti privi di conoscenze propedeutiche e con un bagaglio culturale di scuola media superiore. La mole di lavoro che abbiamo investito nelle precedenti edizioni, insieme con le numerose esperienze didattiche maturate, ci hanno portato a dare una nuova struttura al manuale che costituisce un originale punto di arrivo e che tuttavia non mancherà di produrre ulteriori stimoli, problemi e revisioni che saranno alla base delle future edizioni.

Come accennato nella prefazione l'articolazione di ciascun capitolo è basata su due distinte sezioni: "*Per capire*" e "*Per approfondire*". Ciascuna sezione, inoltre, è integrata da "box", contenenti approfondimenti specifici sulle tematiche del capitolo. Riteniamo che i box costituiscano un importante strumento, in quanto svolgono l'importante ruolo di approfondire in maniera semplice e ragionata alcuni dei temi trattati nel testo. Abbiamo perciò provveduto ad aumentarne il numero rispetto a quanto già fatto. Infatti, pensiamo che i "box" possano permettere di comprendere come l'economia politica non sia costituita da un corpo monolitico di analisi sviluppatesi in modo lineare nel corso del tempo, ma da un insieme di conoscenze in continua evoluzione e trasformazione.

Questa strutturazione dei capitoli in due sezioni favorisce un approccio graduale allo studio dell'economia politica e, in questo modo, è funzionale all'utilizzo del manuale da parte di diverse tipologie di lettori (studenti). La sezione "*Per capire*" interessa innanzitutto coloro che sono incuriositi dalle idee che stanno alla base dell'economia politica, più che dalla loro trattazione formale. Per questi studenti l'obiettivo di apprendimento consiste nel capire la metodologia della disciplina e nello sviluppare la forma mentis necessaria per cogliere ed apprezzare la dimensione economica dei fenomeni sociali. Ci riferiamo, in particolare, a studenti di giurisprudenza, scienze politiche, sociologia e di scienze sociali in genere, che non utilizzano direttamente l'economia politica come strumento di analisi, ma che se ne servono per accedere a prospettive di analisi diverse dalla propria e per non rimanere confinati nei limiti, talvolta angusti, della stessa. Si può affermare che questa sezione, accessibile a non specialisti, rappresenta uno strumento utile per percorsi formativi interdisciplinari. Inoltre, la rimodulazione dei capitoli rende questo manuale utile anche per lo studente che intende affrontare lo studio specialistico dell'economia politica, applicando tecniche di analisi relativamente avanzate. Per questi studenti la sezione "*Per capire*" svolge un ruolo propedeutico indispensabile per comprendere ed affrontare lo studio degli approfondimenti essenziali, contenuti nella seconda sezione dei capitoli, denominata appunto "*Per approfondire*". Questa sezione richiede indubbiamente un impegno diverso, perlomeno dal punto di vista dell'uso di strumenti analitici.

Il manuale trova il suo naturale complemento nella raccolta di "Quesiti" edita nel 2019 anch'essa dalla Casa editrice Giappichelli. Tale volume è articolato nello stesso numero di capitoli del manuale con la medesima scansione e, naturalmente, con la stessa divisione verticale fra le due parti "*Per capire*" e "*Per approfondire*".

Il manuale è articolato nelle due canoniche parti dedicate rispettivamente alla microeconomia e alla macroeconomia. I primi sei capitoli sono destinati alla microeconomia, mentre i seguenti sette trattano temi di macroeconomia.

I primi due capitoli spiegano le ipotesi comportamentali e la natura dei processi di scelta dei due agenti economici chiave: il consumatore (Capitolo 1) e l'impresa (Capitolo 2). Il loro esame segue in larga misura quello che è divenuto l'approccio *mainstream* all'analisi della microeconomia. Le ipotesi standard sono in entrambi i casi analizzate in modo critico, cercando di comprenderne il realismo descrittivo, di valutare le conseguenze del loro abbandono e, eventualmente, la possibilità di sostituzione con ipotesi alternative. Tale studio viene approfondito con particolare riferimento all'impresa, agente economico chiave della teoria della produzione dei beni e dei servizi che vengono offerti sui mercati.

Il Capitolo 3 spiega, in modo esaustivo, il funzionamento dei mercati dei beni e dei fattori di produzione in regime di concorrenza perfetta. L'analisi approfondita di questa forma di mercato è uno dei pilastri della microeconomia *mainstream*, in quanto la concorrenza perfetta costituisce, secondo questo approccio, il mercato "perfetto" che consente il conseguimento del massimo benessere possibile per gli agenti economici. In un certo senso tutte le altre forme di mercato (monopolio, concorrenza monopolistica e oligopolio) e, più in generale, tutte le deviazioni dalle ipotesi che definiscono la concorrenza perfetta danno luogo a un fallimento del mercato ed implicano una inevitabile perdita di benessere per gli agenti economici, produttori e consumatori, e una non efficiente allocazione delle risorse.

L'intervento pubblico può fornire dei correttivi per ovviare a queste deviazioni e ricondurre a una situazione di concorrenza perfetta. A queste tematiche sono indirizzati sia il Capitolo 4, che affronta il tema delle esternalità, dei beni pubblici e dell'informazione asimmetrica, sia il Capitolo 5, che analizza in maniera approfondita tutte le configurazioni di mercato diverse dalla concorrenza perfetta.

Il Capitolo 6, infine, conclude la sezione microeconomica del manuale discutendo il concetto di benessere e le conseguenze su quest'ultimo derivanti dall'introduzione di restrizioni al funzionamento dei meccanismi di mercato.

In tutti questi capitoli si enfatizzano e discutono i limiti di realismo di una rappresentazione dei mercati basata sulla concorrenza perfetta: questa tipologia di mercato implica alcune restrizioni che la rendono scarsamente utilizzabile se si vuole interpretare l'effettivo funzionamento dei mercati e può al massimo costituire un idealtipo utile per valutare le politiche microeconomiche di intervento pubblico.

A partire dal Capitolo 7 si iniziano a trattare alcuni dei temi tradizionali della macroeconomia, la branca dell'economia politica che analizza i problemi nella prospettiva dei sistemi economici nel loro complesso. Questo capitolo parte dalla definizione e dalla misurazione delle principali variabili macroeconomiche di un Paese: in particolare, vengono studiati i concetti di Prodotto Interno Lordo, occupazione e disoccupazione, inflazione.

Il Capitolo 8 introduce, in un contesto molto semplificato e senza mercato della moneta, allo studio dell'equilibrio macroeconomico. Come nelle parti dedicate alla microeconomia, anche in queste l'analisi è condotta mediante l'impiego di semplici costrutti logico-matematici con i quali, sotto determinate ipotesi, diviene possibile schematizzare (di solito graficamente) i comportamenti degli agenti macroeconomici (famiglie, imprese, pubblica amministrazione e resto del mondo) e le loro interazioni.

Il Capitolo 9 espande lo studio dell'equilibrio macroeconomico, costruendo il modello *IS-LM* che rappresenta l'interpretazione, dovuta a John Hicks ed Alvin Hansen, del complesso schema macroeconomico elaborato da John Maynard Keynes nel 1936 nella sua celeberrima *Teoria Generale dell'Occupazione, dell'Interesse e della Moneta.*

Nel Capitolo 10 vengono analizzate la domanda e l'offerta aggregata e si ripercorre il dibattito fra keynesiani e monetaristi che ha tenuto banco nel periodo che va dalla fine della Seconda Guerra Mondiale fino alla fine degli anni '70 del secolo scorso. I modelli studiati servono ad inquadrare meglio il dibattito attuale di politica economica e si prestano ad interessanti esercizi di statica comparata, mediante i quali è possibile cogliere gli effetti delle più importanti politiche, fiscali e monetarie, di stabilizzazione del reddito. L'analisi aggregata dei mercati è riferita sin dall'inizio a sistemi economici aperti agli scambi internazionali. Questo è dovuto alla cruciale importanza che, nell'attuale contesto macroeconomico, rivestono i processi di "internazionalizzazione" e di "globalizzazione". Di conseguenza, i problemi dell'inflazione e della disoccupazione devono essere affrontati nel contesto di economie aperte ed interessate dai processi di integrazione internazionale.

Il Capitolo 11 sviluppa le tematiche del precedente capitolo illustrando uno dei modelli della Nuova Macroeconomia Keynesiana affermatosi negli anni '80 e '90 del secolo scorso che viene messo a confronto con lo schema macroeconomico della Nuova Macroeconomia Classica. Essi rappresentano ancora i principi di riferimento del dibattito contemporaneo di politica economica.

I Capitoli 12 e 13 concludono il volume, dando spazio ad alcuni approfondimenti di economia internazionale. Il Capitolo 12 presenta le basi della contabilità con l'estero e si conclude estendendo il modello *IS-LM* ad un'economia aperta. Il Capitolo 13, infine, introduce allo studio delle principali e maggiormente consolidate teorie del commercio internazionale. Il capitolo sintetizza efficacemente tutto lo spettro di teorie del commercio internazionale partendo dal pionieristico contributo sui vantaggi comparati di David Ricardo, fino ai modelli più recenti che incorporano l'ipotesi di mercati non competitivi e imprese eterogenee.

In un volume così articolato e preceduto da varie edizioni, i ringraziamenti riguardano tutti coloro che hanno contribuito alla sua evoluzione fino alla quinta edizione. Rinnoviamo pertanto il nostro ringraziamento a tutti gli studiosi menzionati nelle precedenti edizioni del manuale per il loro contributo e per il loro sostegno. A tutti gli studenti che negli anni si sono fatti carico di evidenziare e segnalare errori, omissioni e incongruenze nel manuale va il nostro riconoscimento per il continuo stimolo fornito all'approfondimento e al miglioramento dei programmi dei nostri insegnamenti. Desideriamo inoltre confermare il nostro debito intellettuale nei confronti di Alberto Quadrio Curzio. Un ringraziamento particolare va a Paola Parravicini, che ci ha fornito una lunga e preziosa serie di suggerimenti utili ai fini della realizzazione di questa edizione. Infine, desideriamo ringraziare Mariele Macaluso che ci ha aiutato non poco a realizzarla.

Settembre 2019

1 Il consumatore e la domanda di mercato

Parte I - **Per capire**

1.1. L'analisi microeconomica del consumo nel pensiero economico

La teoria della domanda, cioè la teoria di come il consumatore domanda beni che desidera consumare per soddisfare la propria utilità, costituisce uno degli elementi fondamentali della teoria neoclassica, sia dal punto di vista scientifico che metodologico.

Adam Smith nel suo fondamentale contributo La Ricchezza delle Nazioni, aveva posto per primo la fondamentale differenza fra il valore d'uso e il valore di scambio, secondo cui "La parola valore ha due significati differenti, e a volte esprime l'utilità di qualche oggetto particolare, e altre volte il potere di acquistare altri beni", "Le cose che hanno il maggior valore d'uso hanno spesso poco o nessun valore di scambio; e, al contrario, quelle che hanno maggior valore di scambio hanno spesso poco o nessun valore d'uso".

Benché il concetto di utilità fosse già presente nel lavoro di Daniel Bernoulli (1700-1782), il suo sviluppo completo si deve ai filosofi utilitaristici quali John Stuart Mill (1806-1873), Henry Sidgwick (1838-1900), e George Edward Moore (1873-1958), ma in particolare a Jeremy Bentham (1749-1832). Costoro proposero che le persone avrebbero desiderato di possedere cose che avrebbero prodotto il massimo di piacere o, come venne in seguito meglio precisato, di felicità. Questa idea fa riferimento alla produzione di felicità senza alcun riferimento a presupposti metafisici (o leggi divine), ma veniva trattata secondo regole dotate di razionalità. L'utilitarismo ebbe un grande impatto sulla teoria economica che veniva sviluppandosi nella seconda metà del XIX secolo: sia William Stanley Jevons (1835-1882), sia Carl Menger (1840-1921) sia Léon Walras (1834-1910), considerati i tre principali proponenti della cosiddetta rivoluzione marginalista (o neoclassica), si riferirono ad una teoria del valore basata sulla nozione di utilità.

Nella prefazione del suo libro *The Theory of Political Economy*, W.S. Jevons può affermare che "In questo volume, ho cercato di trattare l'economia come un calcolo di piacere e dolore" (1888, p. 3).

In seguito, Francis Ysidro Edgeworth (1845-1926) introdusse nell'analisi del consumatore le curve di indifferenza, mentre Augustine Cournot (1801-1877) fu il primo ad introdurre il concetto di funzione di domanda.

Irving Fisher (1867-1947) e Vilfredo Pareto (1848-1923) svilupparono una prima critica dell'idea stessa di utilità cardinale. Quest'ultimo introdusse in maniera stabile nel lessico degli economisti i concetti di scelta e preferenza. Infine, la teoria del consumo fu generalizzata dai contributi, fra gli altri, di Pareto stesso, di Eugen Slutsky (1880-1948), John Hicks (1904-1989), Roy George Douglas Allen (1906-1983) e Paul Samuelson (1915-2009).

1.2. Gli agenti economici

In questo capitolo e nel seguente analizziamo il comportamento degli agenti economici che popolano il mercato, quest'ultimo inteso come il 'luogo' (non necessariamente fisico) nel quale gli agenti si incontrano e, sulla base di contrattazioni, effettuano transazioni relative a diritti di proprietà di beni e servizi e nel quale avviene la formazione dei prezzi. L'equilibrio di mercato può essere visto come il risultato dell'interazione di due 'lati': domanda ed offerta. Nel presente capitolo ci occuperemo di quello relativo alla domanda, esaminando il comportamento degli agenti che lo compongono: i consumatori. L'analisi del lato dell'offerta, costituito dalle imprese e dal loro comportamento, sarà invece oggetto del capitolo successivo.

Nella teoria del consumatore il comportamento del singolo individuo in termini di scelte di consumo viene derivato da una serie di ipotesi. Pertanto, si dice che la teoria neoclassica del consumo è costruita sulla base di un approccio assiomatico. Seguendo un modello logico di tipo deduttivo, a partire da una serie di ipotesi di base assai generali (gli assiomi, cioè proposizioni che, senza essere dimostrate, vengono poste a fondamento di una dimostrazione), verranno costruite proposizioni sul comportamento del consumatore. Attraverso una serie di deduzioni logiche ('sillogismi') verranno derivate proposizioni sempre più particolari, via via fino a determinare il comportamento ottimale del singolo agente (in questo caso il consumatore).

Una volta che tramite una serie di 'sillogismi' si determini la scelta ottima del consumatore, sarà possibile ricavare la sua curva di domanda individuale, vale a dire, la relazione che intercorre tra il livello del prezzo di un bene e il livello della quantità che egli domanda del bene stesso. La relazione di domanda costituisce uno dei due strumenti fondamentali su cui si basa l'analisi economica (l'altro essendo la relazione di offerta). Per questo motivo, è importante che la costruzione della curva di domanda avvenga in maniera rigorosa dal punto di vista metodologico.

Il modello logico deduttivo viene quindi assunto a fondamento dell'analisi svolta in questo manuale. Le implicazioni notevoli per la nostra analisi sono, da un lato, la compattezza dell'analisi (che necessita di un numero veramente ridotto di postulati di base per produrre proposizioni assai generali sul comportamento degli agenti economici) e, dall'altro, l'importanza dei postulati, poiché trattandosi di una scienza sociale, modificarli significa modificare in maniera significativa anche i risultati.

1.3. La teoria neoclassica del consumo

La teoria neoclassica del consumo definisce il consumatore come un agente economico che deve massimizzare una funzione obiettivo (il proprio benessere) essendo sottoposto a un vincolo (il proprio reddito). Il filo del ragionamento che viene seguito è che, se da un lato il benessere che un consumatore ottiene dal consumo di un bene o di un servizio può essere considerato illimitato verso l'alto (cioè il consumatore preferirà sempre avere un po' di più di un bene piuttosto che averne un po' di meno), lo stesso non si può dire per il suo reddito, che al contrario è sicuramente limitato. Pertanto, il consumatore non può acquistare tutto quello che desidera, ma deve scegliere come allocare il proprio reddito fra usi alternativi, non potendo soddisfare tutte le proprie necessità col reddito di cui dispone.

La base di tutta l'analisi economica è costituita infatti dalla necessità di scegliere come allocare risorse scarse (in questo caso il reddito) per ottenere il massimo risultato possibile (in questo caso il benessere massimo ottenibile dai beni e servizi acquistati). Questo genere di problemi si definisce di 'massimizzazione vincolata': il consumatore desidera ottenere il livello più elevato (massimo) di benessere possibile sulla base della sua (limitata) capacità di spesa. Per fare ciò, occorre studiare come il consumatore prende le proprie decisioni di consumo di fronte alle molteplici scelte che il mercato gli pone. Occorre allora esaminare, da un lato, quali opportunità di spesa può soddisfare il consumatore con il proprio (limitato) reddito, e dall'altro, quali alternative di consumo predilige sulla base dei propri gusti personali.

Da un lato abbiamo l'insieme di scelta (ossia, l'insieme delle alternative di consumo a disposizione del consumatore) e dall'altro abbiamo un vincolo cui il consumatore è sottoposto (quello del reddito di cui dispone) che limita questo insieme.

Preliminarmente occorre precisare che la costruzione della teoria neoclassica del consumatore è basata su una serie di ipotesi di base che per comodità divideremo in ipotesi generali (che hanno valenza anche al di fuori della teoria del consumatore) e ipotesi particolari (la cui validità si riferisce soltanto al particolare campo di applicazione).

Per quanto riguarda il primo tipo di ipotesi, ne evidenziamo tre particolarmente rilevanti.

i) Il consumatore è un agente economico perfettamente razionale. Il concetto di razionalità ha nella teoria economica (neoclassica), un contenuto operativo (razionalità procedurale). Il comportamento di un agente è definito razionale se tra tutte le alternative possibili sceglie l'alternativa ottimale, ossia quella che gli arreca il maggior livello di soddisfazione possibile.

ii) Il consumatore è un agente economico dotato di perfetta informazione. Definiamo informazione perfetta una situazione in cui gli agenti dispongono, in egual misura, di tutte le informazioni rilevanti per poter prendere (razionalmente) una decisione. Quindi, nel nostro caso, gli agenti economici hanno set informativi completi e uguali fra di loro. Di fatto, secondo questa ipotesi gli agenti economici hanno, da un lato, capacità di elaborazione del set informativo completa. Cioè, non esiste un limite al numero di informazioni che l'agente è in grado di elaborare. Dall'altro lato, si suppone che l'acquisizione e l'elaborazione delle informazioni avvenga a costi (espliciti o impliciti) nulli.

iii) Il consumatore è un agente economico isolato. Questa ipotesi esclude la possibilità che le scelte di un singolo consumatore possano essere influenzate dal comportamento degli altri consumatori. In altri termini, si ipotizza che gli effetti connessi ai processi di interazione sociale e/o di appartenenza a gruppi o classi sociali non influiscano sulle scelte dei singoli.

Box 1. – *Razionalità*

Abbiamo visto che il concetto di razionalità è alla base dell'approccio neoclassico. L'ipotesi di razionalità è uno degli assiomi fondamentali su cui si basa la teoria della scelta ottimale del consumatore, e non può essere abbandonata senza minare nelle fondamenta la teoria del comportamento del consumatore. A sua volta, ciò comporta inevitabilmente la necessità di abbandonare anche l'approccio teorico neoclassico. Proprio per questo motivo, l'analisi del concetto di razionalità ha assunto un'importanza elevata all'interno della teoria economica dominante.

Infatti, è abbastanza raro riscontrare comportamenti 'razionali' nella realtà (l'esempio più semplice: l'indigestione). Nella pratica, spesso il consumatore si affida ad abitudini acquisite nel tempo oppure a comportamenti di natura impulsiva. Infatti, oltre che da condizionamenti sociali (si veda il Box 2), il comportamento del consumatore dipende anche dalla limitata capacità che questo ha di raccogliere ed elaborare le informazioni rilevanti necessarie per le proprie decisioni. È estremamente difficile, infatti, raccogliere *tutte* le informazioni relative alle caratteristiche di *tutte* le alternative che il consumatore ha di fronte (per esempio, tutte le automobili fra cui il consumatore intende effettuare la propria scelta). Ed è estremamente difficile elaborare con coerenza tutte le informazioni raccolte per identificare la scelta (il modello di scelta) migliore.

Il concetto di razionalità è stato estesamente analizzato da Herbert Simon (premio Nobel per l'economia nel 1978). Il suo contributo si basa su due elementi: la ricerca attiva e il concetto di soddisfacimento. Simon ha elaborato una teoria alternativa che anziché definire il comportamento del consumatore sulla base della razionalità sostanziale, agisce in base ad una razionalità procedurale.

La ricerca si basa sul fatto che ... "Se al decisore non vengono date inizialmente le alternative della scelta, egli deve cercarsele. Quindi una teoria della razionalità limitata deve includere anche una teoria della ricerca" (Simon, 1985, p. 301). La ricerca agisce

in funzione del soddisfacimento cui il consumatore arriva: "Le aspirazioni hanno molte dimensioni: si può aspirare ad un lavoro piacevole, all'amore, al buon cibo, a viaggiare ... un livello di aspirazione con cui si confronta il livello reale dell'esperienza. Se l'esperienza supera il livello di aspirazione, si registra 'soddisfazione'; se il livello di aspirazione è più alto si registra 'insoddisfazione'" (p. 369). "Non appena avesse scelto un'alternativa di scelta corrispondente al suo livello di aspirazione, l'agente avrebbe posto fine alla ricerca e scelto quell'alternativa. Ho chiamato questo tipo di selezione 'soddisfacimento'" (p. 301).
Simon H.A. [1985], *Causalità, razionalità, organizzazione*, Il Mulino, Bologna.

1.4. L'insieme dei panieri disponibili

Per semplicità espositiva considereremo un sistema economico nel quale sono presenti soltanto due beni di consumo (il bene 1 e il bene 2). Questi due beni hanno le seguenti caratteristiche: i) sono disponibili in quantità non-negative (il consumatore può, infatti, acquistare solo quantità positive o nulle di ogni bene, che indichiamo con q_1 e q_2); ii) sono oggetto di transazioni di mercato (acquisti e vendite) nel corso delle quali si determinano i loro prezzi, che indicheremo rispettivamente con p_1 e p_2; iii) sono beni divisibili, come, per esempio, il latte o il pane che, misurati in litri o kg, possono essere considerati infinitamente frazionabili.

Sulla base di queste ipotesi, vengono esclusi dall'analisi che segue i beni che non hanno un mercato (per esempio, i prodotti provenienti dall'orto di casa e utilizzati per auto-consumo) e i beni indivisibili: ossia, quei beni, come libri o automobili, che possono essere acquistati soltanto in quantità intere, non frazionabili.

Il consumatore deve risolvere il seguente problema: quale quantità q_1 e q_2 sceglierà di acquistare avendo a disposizione un certo ammontare di euro R? Per fare ciò, il consumatore considera l'acquisto di un paniere composto di una certa quantità dei due beni (per esempio, il paniere $A = (q_1, q_2)$) che costi esattamente R e che nello stesso tempo sia quello che lui preferisce a tutti gli altri.

Se è possibile rappresentare graficamente un paniere nel quadrante positivo di un sistema di assi cartesiani con asse delle ascisse e delle ordinate che misurano le quantità del bene 1 e del bene 2 rispettivamente, allora ogni paniere sarà identificato da una sola coppia di coordinate (q_1, q_2): ognuno degli infiniti punti del quadrante positivo così definito, identifica una coppia di valori (q_1, q_2) per uno ed un solo paniere, e i panieri identificabili (o, se si preferisce, le alternative di consumo a disposizione del consumatore) sono infiniti.

1.5. Il vincolo di bilancio

L'insieme di scelta del consumatore è limitato dal valore monetario del suo reddito (R), che assumeremo essere una grandezza data, che viene interamente speso nell'acquisto dei due beni (si esclude per semplicità cioè la possibilità che una quota del reddito possa essere risparmiata). Si ipotizza inoltre che il consumatore non sia in grado di influenzare i prezzi dei due beni (p_1 e p_2). Ciò discende dal fatto che le quantità dei beni che il consumatore acquista costituiscono una quota trascurabile di quelle complessivamente domandate nel mercato: il consumatore è, come si suole dire, un agente *price-taker*.

Queste ipotesi possono essere rappresentate in forma esplicita dal cosiddetto vincolo di bilancio del consumatore:

$$R = p_1 \times q_1 + p_2 \times q_2 \qquad [1]$$

dove $p_1 \times q_1$ (cioè il prodotto tra il prezzo del bene 1 e la quantità acquistata del medesimo bene) rappresenta la spesa per l'acquisto del bene 1, mentre $p_2 \times q_2$ rappresenta la spesa per l'acquisto del bene 2. L'Equazione [1] indica perciò tutte le combinazioni delle quantità dei due beni che, dati i loro prezzi ed il reddito monetario, possono essere acquistate dal consumatore, nell'ipotesi che l'intero reddito venga speso. Per rappresentare graficamente il vincolo di bilancio, possiamo far riferimento al fatto che se il consumatore acquistasse soltanto il bene 1 spenderebbe tutto il suo reddito in questo bene (e zero nell'altro), e quindi potrebbe acquistare la quantità massima (q_{MAX}) del bene determinata dal suo reddito e dal prezzo del bene 1. Pertanto, se il consumatore decidesse di spendere interamente il proprio reddito nel bene 1, acquisterebbe il paniere contenente le seguenti quantità dei due beni: $q_{1MAX} = R/p_1$ e $q_2 = 0$. Viceversa, nel caso in cui decidesse di acquistare soltanto il bene 2, acquisterebbe il paniere composto da $q_1 = 0$ e $q_{2MAX} = R/p_2$.

La retta di bilancio sarà quindi compresa fra questi due estremi, e sarà quindi una retta inclinata negativamente: essa mostra il luogo geometrico di tutti i panieri composti dai beni 1 e 2, per i quali il consumatore spende interamente il proprio reddito monetario.

Supponendo, per esempio, che p_1 sia pari a 2 €, p_2 a 1 € e il reddito monetario sia invece pari a 10 €, l'intercetta della retta di bilancio sull'asse orizzontale sarebbe $q_1 = 5$ (si veda la Figura 1), mentre l'intercetta sull'asse delle ordinate sarebbe $q_2 = 10$. In altri termini, dato R, il consumatore potrebbe acquistare un paniere costituito da 0 unità del bene 2 e da 5 unità del bene 1, oppure uno costituito da 0 unità del bene 1 e da 10 unità del bene 2. La retta che unisce questi due punti indica tutti i panieri con quantità positive di entrambi i beni che costano esattamente 10 €.

Il vincolo di bilancio suddivide quindi l'insieme dei panieri economicamente possibili in tre sottoinsiemi: i) i panieri che il consumatore può permettersi di acquistare dato il suo reddito monetario senza spenderlo interamente (cioè i panieri che giacciono nell'area sottostante alla retta di bilancio, la cui spesa complessiva è inferiore al reddito monetario del consumatore); ii) i panieri che il consumatore non può permettersi dato il suo reddito monetario (cioè i panieri che giacciono nell'area soprastante al vincolo di bilancio, e che eccedono il suo reddito monetario); iii) i panieri che esauriscono interamente la sua capacità di spesa (cioè i panieri che, come ad es., giacciono sul vincolo di bilancio, per i quali spesa e reddito coincidono).

Data l'ipotesi che il reddito monetario del consumatore venga speso interamente, l'insieme dei panieri che sono oggetto di scelta è costituito da quei panieri che giacciono sulla retta di bilancio, definito insieme delle alternative economicamente possibili.

Figura 1. – *La retta di bilancio*

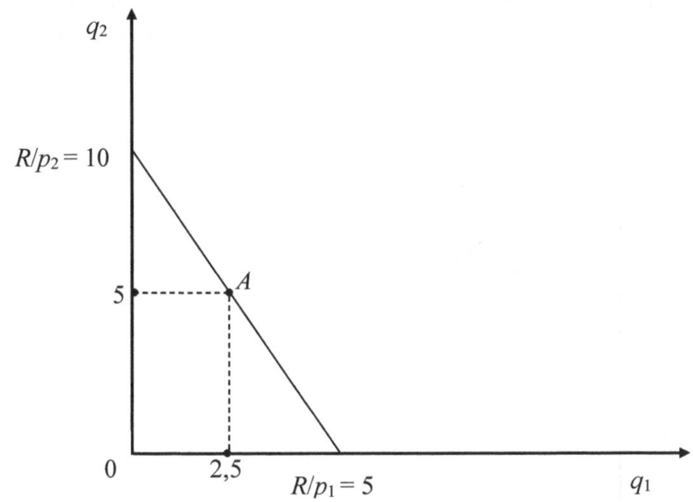

Un aumento del reddito monetario del consumatore determina, a parità di prezzo relativo dei beni un aumento delle quantità massime dei due beni che possono essere acquistate (un aumento del numeratore che determina sia q_{1MAX} che q_{2MAX}). Si genera, quindi, uno spostamento parallelo della retta di bilancio: verso destra se il reddito aumenta, verso sinistra se il reddito diminuisce.

Un altro elemento importante da analizzare del vincolo di bilancio è la sua pendenza. L'inclinazione della retta di bilancio è data da $-p_1/p_2$, ed esprime il prezzo relativo del bene 1 in termini del bene 2. Ciò significa che, usando l'esempio precedente, se il bene 1 (per esempio il pane) costasse 2 €/Kg e il bene 2 (per esempio il latte) costasse 1 €/l, sarebbe possibile acquistare 2 litri di latte con un chilo di pane (dato da p_1/p_2), oppure mezzo chilo di pane con un litro di latte (dato da p_2/p_1). In altre parole, mentre i prezzi nominali rappresentano ciò che normalmente ogni individuo rileva nella propria esperienza quotidiana, il prezzo relativo di un bene fa riferimento al rapporto di scambio tra due beni (in termini di quantità fisiche).

La variazione di uno dei due prezzi agisce sulla pendenza della retta di bilancio. Infatti, se per esempio diminuisse soltanto il prezzo del bene 1, l'intercetta del vincolo di bilancio sull'asse delle ordinate, q_2, non cambierebbe (essendo pari a R/p_2), mentre varierebbe quella sull'asse delle ascisse, q_1, essendo pari a R/p_1, si sposterebbe verso destra (poiché il suo valore aumenterebbe). Come conseguenza di ciò, la pendenza del vincolo di bilancio diminuirebbe.

Il caso opposto si avrebbe nel caso di un aumento del prezzo del bene 1, che causerebbe uno spostamento del punto q_{1MAX} verso l'origine degli assi e quindi farebbe aumentare la pendenza del vincolo di bilancio (Figura 2).

Figura 2. – *Effetto sulla retta di bilancio di un aumento di p_1 (da p'_1 a p''_1)*

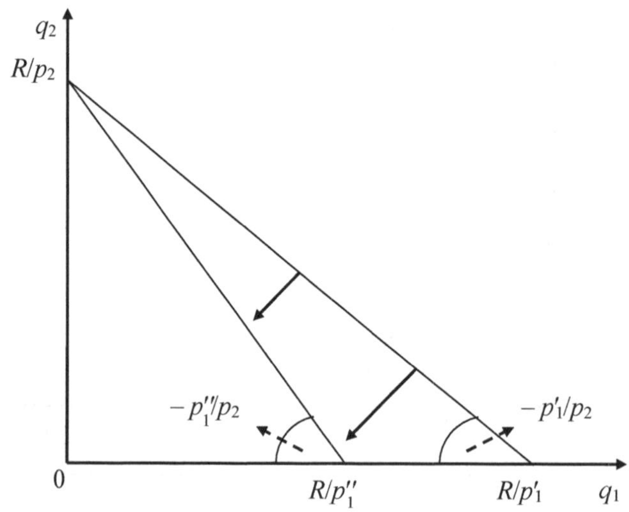

Da ultimo si osservi che variazioni del reddito monetario e dei prezzi possono verificarsi simultaneamente. Un caso particolare di questa variazione congiunta si registra quando il prezzo di entrambi i beni e il reddito monetario del consumatore variano nella stessa proporzione: per esempio, p_1 e p_2 raddoppiano e così pure R. In questo caso è immediato verificare, sulla base delle considerazioni precedenti, che la retta di bilancio non subisce alcuno spostamento. Con riferimento all'esempio precedente, l'inclinazione della retta di bilancio dopo la variazione sarà $-2p_1/2p_2$, esattamente uguale a quella della retta di partenza $-p_1/p_2 = -2p_1/2p_2$. Analogamente, invariate resteranno anche le due intercette ($R/p_1 = 2R/2p_1$ e $R/p_2 = 2R/2p_2$).

Seguendo ancora l'esempio della pagina precedente, se i prezzi del latte e del pane triplicassero (cioè passassero da 2 a 6 € e da 1 a 3 € rispettivamente), ma anche il reddito del consumatore triplicasse, passando da 10 a 30 €, la quantità massima dei due beni che il consumatore potrebbe acquistare sarebbero pari a $q_1 = R/p_1 = 30/6 = 5$, e a $q_2 = R/p_2 = 30/3 = 10$. Cioè, le quantità acquistabili rimarrebbero inalterate.

1.6. Le preferenze del consumatore

Dato l'insieme dei panieri economicamente possibili (che si trovano cioè sulla retta di bilancio) il problema del consumatore razionale consiste nel trovare su questa retta il paniere ottimale: vale a dire, quello che gli permette di ottenere il maggior livello di soddisfazione. Si ipotizza che, nel compiere questa scelta, il consumatore sia in grado di ordinare l'insieme dei panieri disponibili in un modo che rifletta le sue preferenze. In altre parole, il consumatore deve essere capace di utilizzare una relazione di preferenza che gli consenta di ordinare i panieri appartenenti all'insieme di quelli disponibili. Dati infatti due panieri, A e B (composti da quantità diverse dei beni 1 e 2), il consumatore può preferire il paniere A al paniere B, viceversa può preferire B ad A: indicheremo queste due relazioni di preferenza, rispettivamente, come $A \succ B$ oppure $B \succ A$. Infine, il consumatore può essere indifferente tra i due panieri, una situazione che indicheremo con $A \sim B$.

Il significato dei termini 'preferenza' o 'indifferenza' è quello generalmente attribuito dal senso comune a questi concetti ("io preferisco la pizza al sushi", oppure "la pizza e il sushi mi sono tra loro indifferenti"). Tuttavia, come anticipato in precedenza, l'approccio assiomatico alla teoria del comportamento del consumatore richiede che valga la seguente serie di postulati: i) completezza; ii) transitività (o coerenza); iii) non-sazietà; iv) convessità.

Esaminiamo ora ciascuno di questi postulati.

i) Ipotesi di completezza. Data una coppia di panieri, A e B, il consumatore è sempre in grado di stabilire se preferisce il paniere A al paniere B ($A \succ B$), oppure se preferisce il paniere B al paniere A ($B \succ A$), oppure se è indifferente tra i due panieri ($A \sim B$). Questa ipotesi esclude la possibilità che il consumatore si trovi in uno stato di indecisione circa la relazione che sussiste tra due panieri qualsiasi.

ii) Ipotesi di transitività (o coerenza). Dati tre panieri, A, B e C, se il consumatore preferisce A a B ($A \succ B$) e B a C ($B \succ C$), allora egli preferirà A a C ($A \succ C$). Questa ipotesi vale anche per la relazione di indifferenza per cui se $A \sim B$ e $B \sim C$, allora $A \sim C$. Il significato di questa ipotesi è quello di imporre che le preferenze del consumatore siano coerenti e non dipendano dall'ordine in cui si presentano al consumatore le diverse alternative.

iii) Ipotesi di non-sazietà. Data una coppia di panieri $A = (q_1, q_2)$ e $B = (q_1, q_2')$, composti cioè da una medesima quantità del bene 1 ma da diverse quantità del bene 2, il consumatore preferirà il paniere A al paniere B ($A \succ B$) se la quantità q_2 è maggiore di q_2' ($q_2 > q_2'$). Quindi, se nel paniere A, a parità di pizza rispetto al paniere B, c'è anche un solo pezzo di sushi in più, allora il paniere A sarà preferito a B. In altri termini, il consumatore preferisce sempre una quantità maggiore di un bene ad una minore: ovvero, preferisce sempre il "più" al "meno".

iv) Ipotesi di convessità. Data una coppia di panieri A e B tra loro indifferenti

($A \sim B$), il consumatore preferirà a questi due panieri, un terzo paniere C, che è una combinazione lineare dei primi due (il paniere C è quindi costituito da una media delle quantità dei due beni che costituiscono i panieri A e B). Per esempio, ipotizzando che il paniere A sia composto da una notevole quantità del bene 1 e da una modesta quantità del bene 2, mentre il paniere B presenti una situazione opposta (relativamente poco del bene 1 e molto del bene 2), allora il consumatore preferirà a questi due panieri un terzo paniere costituito da una composizione più "bilanciata" dei due beni.

1.7. Le curve di indifferenza

Sulla base delle ipotesi appena illustrate è possibile costruire una rappresentazione grafica coerente delle relazioni di preferenza del consumatore, denominata mappa di indifferenza. Questa mappa descrive le preferenze dei consumatori senza prendere in considerazione il prezzo più o meno alto associato a ciascun paniere.

Per costruire una curva di indifferenza del consumatore, si consideri un paniere A, composto da una certa quantità del bene 1 (q'_1) e del bene 2 (q'_2), e, a partire da questa combinazione, si divida – come nella Figura 3 – il piano cartesiano in quattro quadranti (indicati, rispettivamente, con i numeri romani I, II, III e IV).

Figura 3. – *La costruzione di una curva di indifferenza*

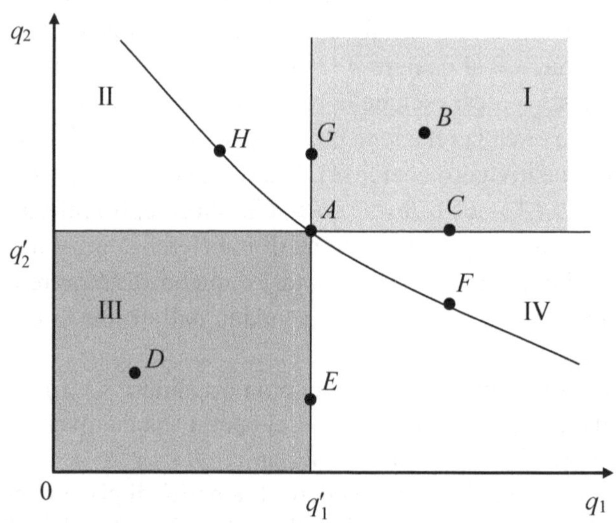

A causa dell'ipotesi di non-sazietà, tutti i panieri che si trovano nel quadrante I (comprese le due semirette che ne delimitano i margini) sono preferiti ad A. In questo quadrante, infatti, troviamo i panieri che contengono una quantità maggiore di entrambi i beni (come il paniere *B*) oppure panieri che contengono la medesima quantità del bene 2, ma una maggior quantità del bene 1 (come il paniere *C*).

In modo analogo, sempre utilizzando l'ipotesi di non-sazietà, il consumatore preferirà il paniere *A* a tutti i panieri che si trovano nel quadrante III. Esempi di questo tipo di panieri sono *D* (composto da quantità minori di entrambi i beni) ed *E* (composto dalla medesima quantità del bene 1, ma da una quantità minore del bene 2).

Diversa è, invece, la situazione per l'insieme dei panieri che si trovano nei quadranti II e IV. Tuttavia, si può ipotizzare che il consumatore sia disposto, partendo dal paniere *C* (preferito al paniere *A* per l'ipotesi di non-sazietà), ad accettare una riduzione nella quantità consumata del bene 2 fino ad ottenere un nuovo paniere (il paniere *F*) che sia indifferente rispetto al paniere di partenza *A*. In questo nuovo paniere, infatti, la quantità in più del bene 1 compensa esattamente, in termini di soddisfazione, la quantità minore del bene 2.

Allo stesso modo si può procedere, partendo dal paniere *G*, nella direzione di una diminuzione del bene 1, individuando così un nuovo paniere (il paniere *H*) che per il consumatore risulta essere indifferente ad *A*.

Ripetendo questo esercizio e unendo tutti i punti che identificano l'insieme dei panieri che sono indifferenti al paniere *A*, si ottiene la curva di indifferenza, definita come il luogo geometrico dei punti in cui le diverse combinazioni dei due beni sono tra loro indifferenti.

Figura 4. – *La mappa delle curve di indifferenza*

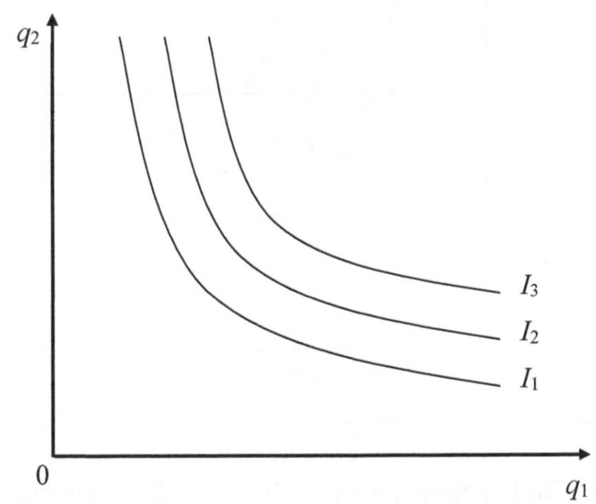

L'esercizio che è stato sin qui condotto con riferimento al paniere *A* può essere ripetuto, per esempio, a partire dal paniere *B*, ottenendo quindi una curva di indifferenza che identifica tutti i panieri indifferenti a B. Naturalmente, poiché il paniere B è preferito al paniere A, tutti i panieri indifferenti a B (cioè tutti i panieri sulla curva di indifferenza passante per B) per l'ipotesi di transitività, saranno a loro volta preferiti al paniere A.

Si possono pertanto costruire infinite curve, e queste curve costituiscono una mappa secondo cui a curve di indifferenza più distanti dall'origine degli assi corrispondono panieri che sono preferiti a quelli che si trovano su curve di indifferenza meno distanti dall'origine. In questo modo la mappa di indifferenza può rappresentare le preferenze del consumatore (Figura 4), in cui tutti i panieri su I_3 sono preferiti a tutti quelli su I_2 e I_1, e così via.

1.8. La forma delle curve di indifferenza

Le curve di indifferenza presentano un'inclinazione negativa (dall'alto a sinistra verso il basso a destra), hanno la concavità rivolta verso l'alto e non si intersecano. Queste proprietà derivano dalle ipotesi di non-sazietà, transitività e convessità.

Figura 5. – *L'inclinazione negativa delle curve di indifferenza*

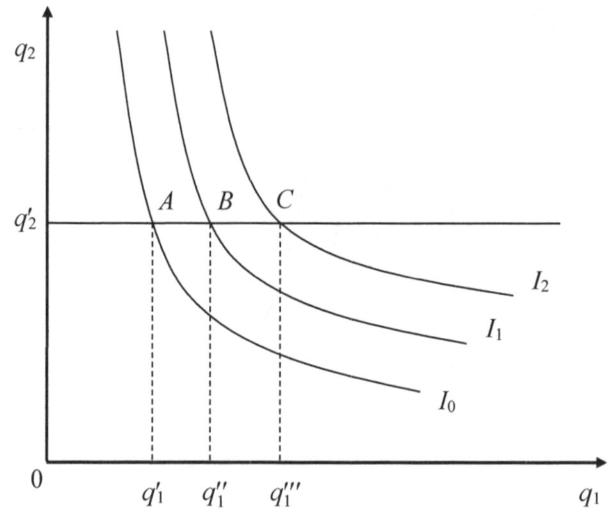

Per esempio, l'inclinazione negativa discende dall'ipotesi di non-sazietà (Figura 5). Si considerino tre panieri – A, B e C – che contengono la medesima quantità del bene 2 (q'_2) e quantità crescenti del bene 1 (q'_1, q''_1 e q'''_1). In base all'ipotesi di non-sazietà, il consumatore preferirà C a B e B ad A. Ciò significa che questi tre panieri, non essendo tra loro indifferenti, devono trovarsi su curve di indifferenza diverse.

Una conseguenza di questa ipotesi è che se il consumatore vuole aumentare la quantità consumata di uno dei due beni (nel nostro caso il bene 1), per trovarsi sulla stessa curva di indifferenza, deve necessariamente ridurre la quantità consumata dell'altro bene (nell'esempio, il bene 2). Ne consegue che le curve di indifferenza devono necessariamente avere inclinazione negativa.

La forma convessa delle curve di indifferenza deriva, invece, dall'ipotesi di convessità delle preferenze (e di non sazietà). In Figura 6 sono mostrati due panieri, *A* e *B*, 'poco bilanciati' composti entrambi da una quantità relativamente grande di uno dei due beni (il bene 1 nel caso di *A* e il bene 2 nel caso di *B*) e da una quantità relativamente piccola dell'altro bene (il bene 2 per *A* ed il bene 1 per *B*). L'ipotesi di convessità delle preferenze stabilisce che il consumatore preferirà ai panieri *A* e *B* il paniere *C*, che è composto da una quantità più bilanciata dei due beni (q_1''' e q_2'''). Una coerente rappresentazione grafica di questo fatto è che il paniere *C*, che si trova sul segmento che congiunge *A* a *B* (così come ogni altro paniere "intermedio"), sia sulla porzione di piano al di sopra della curva di indifferenza che passa per *A* e *B*: in altre parole, che questa sia convessa. Questo significa che a mano a mano che ci si sposta, per esempio, verso destra lungo una curva di indifferenza, ogni aumento nel consumo del bene 1 comporta (deve comportare) una diminuzione via via minore della quantità consumata del bene 2. E viceversa.

Figura 6. – *La convessità delle curve di indifferenza*

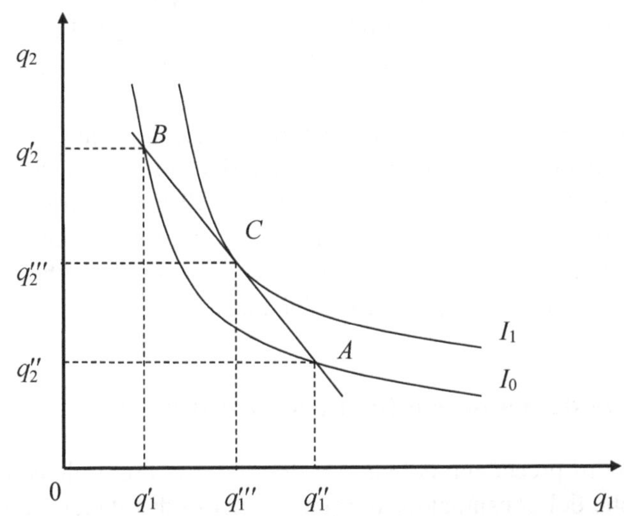

L'ultima proprietà delle curve di indifferenza è che queste non si intersecano mai, proprietà che discende dalle ipotesi di transitività delle preferenze e di non-sazietà.

Se infatti ipotizzassimo che esistano due curve di indifferenza che si intersecano (Figura 7) violeremmo l'ipotesi di transitività.

Figura 7. – *Le curve di indifferenza non si intersecano mai*

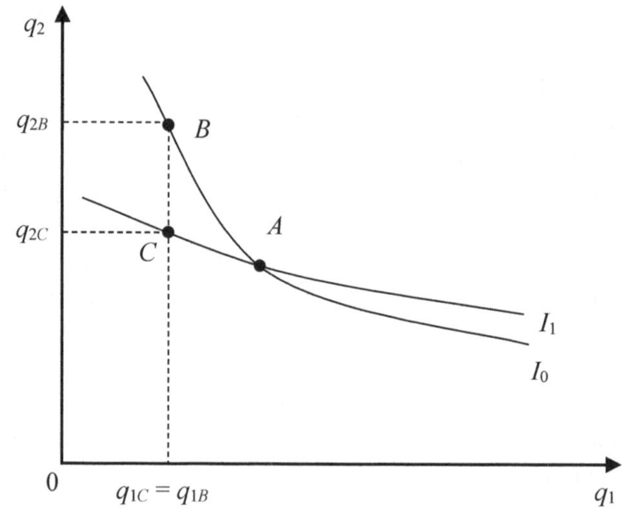

Infatti, i panieri A e B si trovano sulla stessa curva di indifferenza (I_0) e quindi, per definizione, sono tra loro indifferenti. Lo stesso può dirsi per i panieri A e C che si trovano sulla medesima curva di indifferenza (I_1). Tuttavia, se il paniere C è indifferente al paniere A, ed A è indifferente a B, allora, in base all'ipotesi di transitività, C dovrebbe essere indifferente a B. Ma ciò non può essere vero, poiché il consumatore dispone in B della stessa quantità del bene 1 rispetto a C e di una maggiore quantità del bene 2, e quindi, in base all'ipotesi di non-sazietà, il paniere B è sicuramente preferito dal consumatore al paniere C. Quindi le curve di indifferenza non si intersecano perché, se ciò avvenisse, emergerebbe una contraddizione nelle ipotesi alla base delle preferenze del consumatore.

1.9. La scelta del paniere ottimale del consumatore

Nei paragrafi precedenti abbiamo visto come sia possibile caratterizzare le scelte economiche del consumatore tramite il vincolo di bilancio, e poi come possano essere rappresentate le sue preferenze attraverso una mappa di indifferenza. Ora siamo pronti ad esaminare come il consumatore razionale scelga il paniere che gli procura il massimo livello di benessere, compatibilmente con il reddito monetario a sua disposizione.

Dal punto di vista grafico, si tratta di riportare sul medesimo sistema di assi cartesiani la famiglia delle curve di indifferenza e la retta di bilancio (Figura 8). Il consumatore sceglierà, tra i panieri che può permettersi di acquistare spendendo tutto il suo reddito (ossia, tra quelli che giacciono sulla retta di bilancio), quel paniere che gli dà il massimo benessere (ossia, quello che si trova sulla curva di indifferenza più lontana dall'origine).

Figura 8. – *La scelta del paniere ottimale*

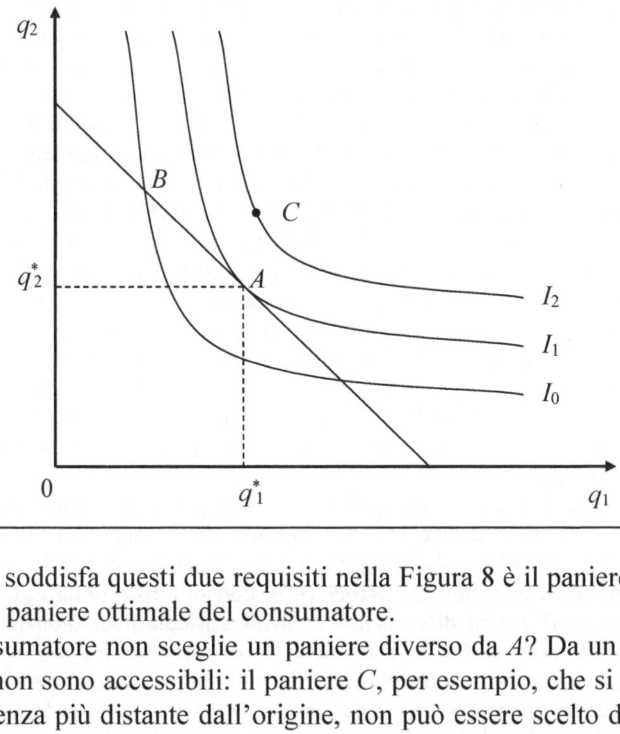

Il paniere che soddisfa questi due requisiti nella Figura 8 è il paniere A, che pertanto identifica il paniere ottimale del consumatore.

Perché il consumatore non sceglie un paniere diverso da A? Da un lato, panieri più desiderabili non sono accessibili: il paniere C, per esempio, che si trova su una curva di indifferenza più distante dall'origine, non può essere scelto dal consumatore, in quanto la spesa per il suo acquisto eccede il reddito monetario a sua disposizione. Dall'altro lato, altri panieri accessibili al consumatore non sono parimenti soddisfacenti. Il paniere B, per esempio, che è compatibile con le sue disponibilità di bilancio, non viene scelto poiché si trova su una curva di indifferenza più bassa rispetto a quella su cui è situato il paniere A. Quindi, qualora il consumatore si trovasse con il paniere B, potrebbe migliorare la propria posizione, a parità di spesa totale, semplicemente scambiando un po' del bene 2 con un po' del bene 1. Così facendo si muoverebbe lungo il vincolo di bilancio (sul segmento BA) e per ogni punto in basso a destra di B troverebbe una curva di indifferenza più alta. Il consumatore sarebbe quindi incentivato a continuare a scambiare il bene 2 con il bene 1, fino a che (nel punto A) un ulteriore scambio del bene 2 con il bene 1 lo porterebbe alla destra in basso del punto A, dove si troverebbe su una curva di indifferenza più bassa. Questo costituirebbe una diminuzione del proprio benessere e quindi non ci sarà nessun incentivo ad effettuare ulteriori scambi una volta che il consumatore possa acquistare il paniere corrispondente al punto A.

Box 2. – *Bisogni e condizionamento sociale*

La nozione di scarsità su cui si basa il modello di massimizzazione del benessere, cozza contro la semplice realizzazione che viviamo (specialmente coloro che vivono nei paesi ricchi e industrializzati del nord del mondo) in un mondo caratterizzato, al contrario, da abbondanza. Mentre l'assioma convenzionale utilizzato nel modello del consumatore è che viviamo in un mondo di scarsità, con il corollario che i nostri desideri sono praticamente infiniti. Occorre tuttavia considerare che i nostri desideri non sono infiniti, basati come sono su preferenze esogene, ma, al contrario sono finiti e soprattutto dipendono da influenze esterne: tipicamente i nostri desideri sono costruiti su basi socio-culturali. E questo vale per la quasi totalità dei beni con cui abbiamo quotidianamente a che fare, esclusi, in parte, i tre bisogni fondamentali costituiti da cibo, vestiario e protezione. Si veda in proposito il capitolo 3 di Komlos J. [2014], *What Every Economics Student Needs to Know and Doesn't Get in the Usual Principles Text*, M.E. Sharpe, New York.
L'idea che i nostri gusti e le nostre preferenze preesistano alle nostre decisioni di consumo, contrasta con la possibilità (meglio, la capacità) delle imprese di influenzarle, se non di costruirle addirittura. Il rapporto fra desiderio e consumo è stato quindi reinterpretato alla luce dei contributi della psicoanalisi, secondo cui l'inconscio sarebbe responsabile di gran parte del nostro comportamento, sulla base di emozioni e desideri di cui non siamo razionalmente consci. I responsabili marketing delle imprese hanno da lungo tempo compreso questo genere di meccanismi e li sfruttano per indurre bisogni dove non esistevano.
A questo genere di possibili manipolazioni, si aggiungono quelle ben note, legate al nome dello psicologo russo Ivan Pavlov. Applicando i suoi studi sul riflesso condizionato (che nel 1904 gli valsero il premio Nobel per la Medicina e la Fisiologia), per esempio al marketing, è possibile far associare al consumatore delle figure positive a certi particolari comportamenti di consumo a livello psicologico. Questa associazione diventa perciò talmente profonda che anche a noi stessi alcune scelte di consumo piuttosto che altre possono apparire (apparentemente) razionali, mentre invece sono il frutto di un condizionamento indotto da associazioni involontarie fra, per esempio, persone apparentemente felici ed il consumo di un particolare bene.
Esiste una vasta serie di contributi di psicologi cognitivi che mostrano come il nostro comportamento sia per esempio fortemente influenzato dal modo con cui un particolare modello di consumo è presentato (il cosiddetto framing).
In un famoso contributo (McNeil B.J.-Pauker S.G.-Sox Jr. H.C.-Tversky A. [1982], "On the elicitation of preferences for alternative therapies, in *New England Journal of Medicine*, vol. 306, n. 21, pp. 1259-1262), si riporta il risultato di un'indagine effettuata sottoponendo un questionario ad un certo numero di medici, di studenti di medicina, e di pazienti, nel quale fra le altre domande si chiedeva se fosse meglio operare oppure sottoporre a radioterapia un certo numero di persone malate di cancro ai polmoni: la radioterapia era preferita nel caso in cui i risultati venivano presentati in termini di probabilità di mortalità (il 68% morirà), mentre il risultato opposto (cioè la terapia chirurgica veniva scelta nel caso di risultati presentati in termini di sopravvivenza (il 32%

sopravvivrà). Risulta evidente che i dati rappresentano la stessa incidenza statistica, ma la cornice (il *framing*) è diversa. Ancora più sorprendente il fatto che questa distorsione si presenta con variazioni minime nelle percentuali, fra i tre gruppi analizzati: anche i professionisti che dovrebbero applicare quelle cure specifiche in maniera scientifica non sono immuni dall'effetto *framing*!
Si rimanda ai notevoli contributi di Daniel Kahneman e Amos Tversky, tra i quali, per esempio, Kahneman D. [2007], *Economia della felicità*, Il Sole 24 Ore, Milano.

1.10. Variazioni del reddito monetario

Abbiamo visto come un aumento del reddito monetario del consumatore, a parità dei prezzi, possa essere rappresentato graficamente come uno spostamento parallelo verso destra della retta di bilancio.

In seguito all'aumento del reddito, e quindi allo spostamento della retta di bilancio, il paniere ottimale del consumatore cambia. Per esempio, nella Figura 9 è illustrato il caso in cui, ad un incremento del reddito monetario, fa seguito un aumento della quantità domandata di entrambi i beni, passando la posizione di equilibrio del consumatore dal punto *A* al punto *B*.

Figura 9. – *La curva reddito-consumo nel caso di beni normali*

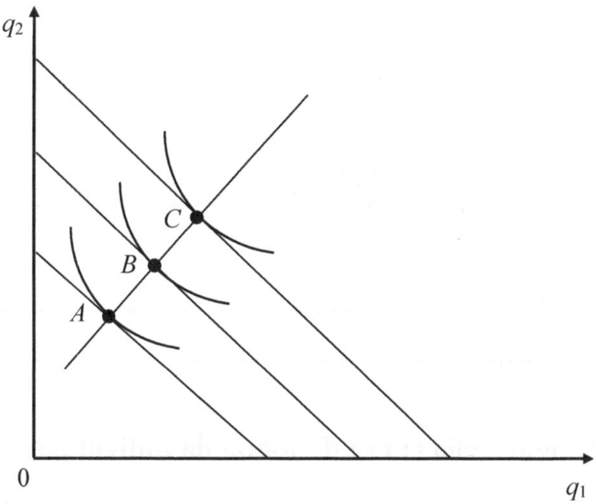

A seguito di un ulteriore incremento del reddito monetario avremo un ulteriore mutamento nella posizione di equilibrio del consumatore, che passa dal punto *B* al punto *C*, e quindi un altro aumento della quantità consumata dei due beni. Unendo tutti i punti di equilibrio così ottenuti si ricava una curva che mette in relazione la quantità domandata dei due beni al variare del reddito monetario del consumatore. Tale curva viene denominata *curva reddito-consumo*, o anche sentiero di espansione del reddito.

Si noti come, nel caso in esame, la curva reddito-consumo si riferisce a beni che sono entrambi normali. Si definiscono tali quei beni per i quali, come normalmente accade, all'aumentare del reddito aumenta la quantità consumata, esattamente come nella Figura 9. Fanno eccezione a questa regola i cosiddetti beni inferiori, per i quali all'aumentare del reddito si ha una riduzione della quantità consumata.

È possibile rappresentare la curva reddito-consumo anche nel caso in cui uno dei due beni sia normale e l'altro inferiore (Figura 10). Come si vede, per livelli bassi di reddito, il consumatore destina una quota rilevante del proprio reddito all'acquisto del bene inferiore (nel nostro caso il bene 2). All'aumentare del reddito monetario, la quantità consumata del bene inferiore diminuisce, mentre tende ad aumentare quella del bene normale (nel nostro caso il bene 1). Ciò accade, per esempio, con i biglietti dell'autobus: oltre un certo livello di reddito sono consumati di meno (e non di più), poiché il consumatore spenderà ulteriori incrementi del proprio reddito utilizzando il taxi o un proprio mezzo di trasporto anziché l'autobus.

Figura 10. – *La curva reddito-consumo nel caso di un bene normale e uno inferiore*

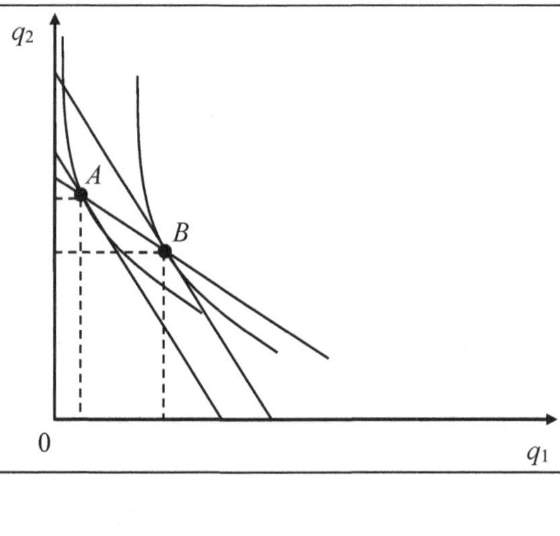

1.11. Costruzione della curva di domanda individuale

In modo simmetrico rispetto a quanto appena fatto con riferimento al reddito, vediamo ora l'effetto sulla quantità domandata di un bene della variazione del suo prezzo (nel nostro caso il bene 1), assumendo costanti il prezzo dell'altro bene (il bene 2) ed il reddito monetario del consumatore.

Se, per esempio, il prezzo del bene 1 diminuisce (Figura 11, pannello superiore), si osservano sulla retta di bilancio due cambiamenti: i) l'inclinazione della retta di bilancio (in valore assoluto), p_1/p_2, diminuisce; ii) il valore dell'intercetta sull'asse orizzontale, R/p_1, aumenta, mentre quello sull'asse verticale, R/p_2, rimane costante. Ciò genera una rotazione verso l'esterno del vincolo di bilancio e, quindi, un cambiamento nella scelta del consumatore. A parità di preferenze, il paniere ottimale non sarà più identificato dal punto *A*, ma dal punto *B*, che si trova su una curva di indifferenza più distante dall'origine. Una diminuzione di p_1 determina, quindi, in questo caso un aumento della quantità domandata del bene 1.

Figura 11. – *La costruzione della curva di domanda individuale*

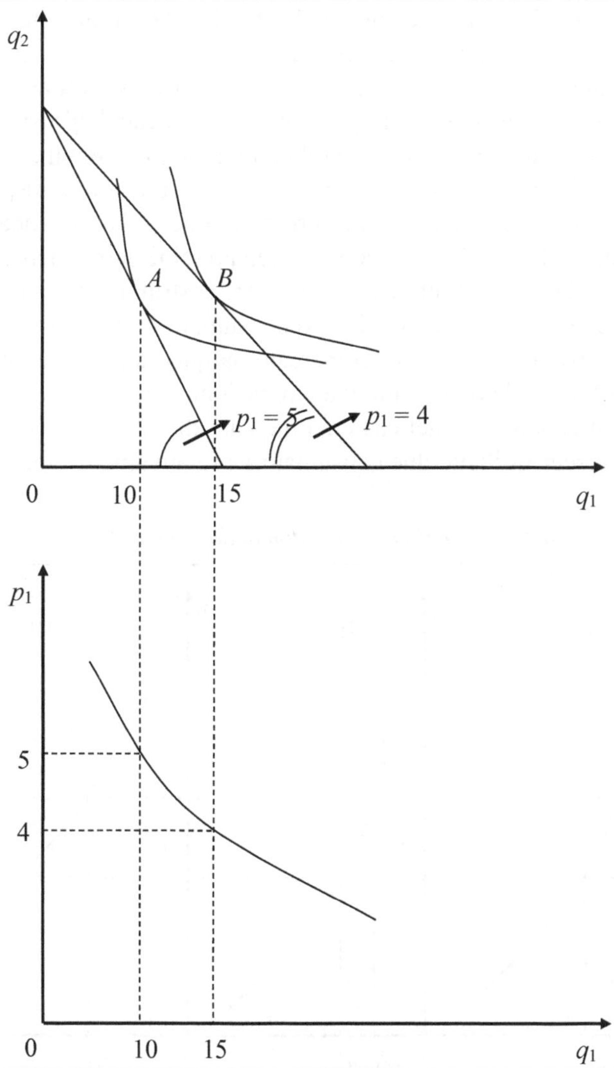

Se, su un sistema di assi cartesiani (pannello inferiore della Figura 11), riportiamo i livelli di prezzo del bene 1 sull'asse verticale (che passa da 5 a 4) e la quantità domandata sull'asse orizzontale (che passa da 10 a 15), otteniamo una relazione inversa tra queste due grandezze, denominata curva di domanda individuale del consumatore.

1.12. Costruzione della curva di domanda di mercato

Una volta costruita la curva di domanda individuale del consumatore, occorre considerare che in un mercato il numero di consumatori/acquirenti di un determinato bene è in generale molto elevato, cosicché diventa importante derivare una curva di domanda per il mercato nel suo insieme.

Con il termine domanda di mercato di un dato bene si definisce la relazione tra la somma delle quantità acquistate di quel determinato bene dall'insieme dei consumatori che è presente in un dato mercato ed il relativo prezzo. In altre parole, se la domanda individuale ci informa sulle quantità che un consumatore è disposto ad acquistare in corrispondenza dei diversi livelli di prezzo del bene, la domanda di mercato fornisce la medesima informazione a livello aggregato (cioè dell'insieme dei consumatori).

La curva di domanda di mercato può essere costruita graficamente aggregando le curve di domanda individuale dei diversi consumatori: cioè sommando, in corrispondenza di ogni livello del prezzo del mercato, la quantità domandata del bene da ciascun consumatore. Tale procedura di aggregazione – denominata anche aggregazione per "somma orizzontale" – nel caso del mercato di un bene (per esempio, il bene 1) in cui siano presenti soltanto due consumatori è relativamente agevole (Figura 12).

Figura 12. – *La costruzione della curva di domanda di mercato*

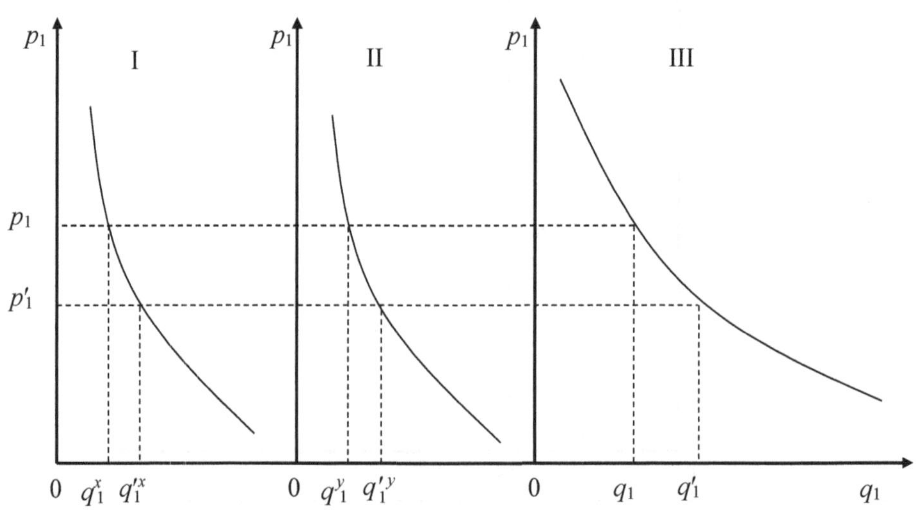

Come si vede, in corrispondenza di ogni livello del prezzo si determinano le quantità domandate del bene da ciascuno dei due consumatori (per p_1, queste sono pari, rispettivamente, a q_1^x e q_1^y, mentre per p_1' sono $q_1'^x$ e $q_1'^y$). La domanda di mercato, riportata nel terzo grafico della Figura 12, è quindi data dalla somma orizzontale delle domande individuali dei due consumatori (per p_1 pari a $q_1 = q_1^x + q_1^y$, mentre per p_1' è $q_1' = q_1'^x + q_1'^y$).

1.13. La funzione di domanda inversa

La curva di domanda ricavata nei paragrafi precedenti è stata ottenuta attraverso la valutazione della reazione della quantità domandata di un certo bene in seguito alle variazioni del prezzo del bene stesso. Tuttavia, la domanda che è stata utilizzata, per esempio, nel paragrafo 1.12 (e, conseguentemente, quella che è stata tracciata nella Figura 12), benché mantenga l'inclinazione negativa (cioè, benché rappresenti una funzione in cui a prezzi elevati corrispondono quantità domandate basse, e viceversa), mostra la quantità sull'asse delle ascisse (che rappresentano la variabile indipendente) e il prezzo sull'asse delle ordinate. Definiamo questa rappresentazione come la *curva di domanda inversa*, cioè una curva di domanda in cui, invertendo il rapporto di causalità, consideriamo il prezzo funzione della quantità. Questa sarà il tipo di funzione di domanda che utilizzeremo nel prosieguo del manuale.

Il motivo per questa scelta risiede nel fatto che la funzione di domanda inversa permette di considerare un altro punto di vista che appare più interessante e soprattutto più utile all'analisi che faremo nei capitoli prossimi (soprattutto per quanto riguarda l'analisi del benessere). Infatti, in questo modo sulla curva di domanda possiamo leggere a quale prezzo il consumatore è disposto a consumare un certo quantitativo del bene. In pratica, la curva di domanda inversa serve ad avere un'informazione circa la disponibilità a pagare da parte del consumatore per un certo livello di consumo.

1.14. Le interazioni tra i consumatori

La curva di domanda di mercato di un bene è stata ricavata semplicemente sommando le quantità acquistate dai diversi consumatori. Questa operazione è possibile soltanto ipotizzando che tra i consumatori non vi sia interdipendenza: ossia, che il comportamento di acquisto di un consumatore non sia influenzato dalle scelte di consumo degli altri individui. Si è già rilevato come questa sia un'ipotesi forte, dato che molti comportamenti di consumo sembrano, al contrario, essere condizionati da fenomeni di imitazione (si pensi alle mode), di comunicazione del proprio *status*, di appartenenza a particolari classi sociali, ecc.

Nel seguito vengono analizzati due specifici effetti di interazione sociale, noti come effetto "traino" ed effetto "snob", che ci consentono di mostrare come, in alcuni casi, la curva di domanda di mercato di un bene non risulti più essere la somma dei comportamenti individuali dei singoli consumatori.

Cominciamo con l'esaminare l'*effetto traino*. Questo effetto si manifesta quando alcuni individui decidono di acquistare una quantità maggiore di un certo bene perché osservano che altri consumatori lo fanno. Le ragioni che possono spiegare tale comportamento sono molteplici. Alcune di queste fanno riferimento alla necessità di adeguarsi ad uno standard di consumo comune (il cosiddetto conformismo), alle mode, ecc.

Vediamo come questo effetto possa essere illustrato graficamente (Figura 13). Si consideri la curva di domanda di mercato del bene 1 (la retta indicata con D_0), dalla quale risulta come in corrispondenza di p'_1, la quantità acquistata dai consumatori sia pari a q'_1 (il punto corrispondente è il punto A).

Figura 13. – *L'effetto traino*

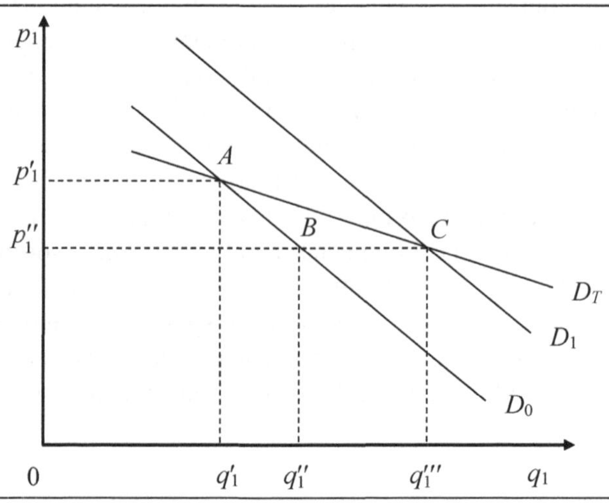

Si ipotizzi ora che il prezzo del bene 1 diminuisca, passando da p'_1 a p''_1. Tale decremento genera un aumento della quantità domandata del bene 1 pari a $q''_1 - q'_1$ (passando da A a B). Tuttavia, questo incremento della quantità domandata spinge nuovi consumatori, "conformisti" e quindi influenzati da questi fenomeni, ad entrare nel mercato, spostando verso destra la curva di domanda di mercato da D_0 a D_1.

Tale spostamento, dovuto all'effetto di "traino", genera un ulteriore aumento della quantità domandata del bene 1, che passa da q''_1 a q'''_1 (ossia da B a C). Unendo i punti A e C (ed eventualmente altri ottenuti nello stesso modo) si ricava la curva di domanda di mercato che incorpora l'effetto "traino" (indicata nel grafico con

D_T). Questa curva presenta due interessanti proprietà: i) ha un'inclinazione minore rispetto alle curve D_0 e D_1; ii) non può essere costruita come semplice somma orizzontale delle curve di domanda individuale, cosa che invece avviene per le curve D_0 e D_1.

Di natura diversa è invece l'*effetto snob*, effetto che nasce dal desiderio di alcuni individui di apparire diversi dagli altri. In altri termini, si ipotizza che questi individui perseguano un principio di esclusività.

Per illustrare questo effetto di interdipendenza tra i consumatori si consideri, come nel caso precedente, la curva di domanda di mercato del bene 1 (la retta D_0 della Figura 14).

Figura 14. – *L'effetto snob*

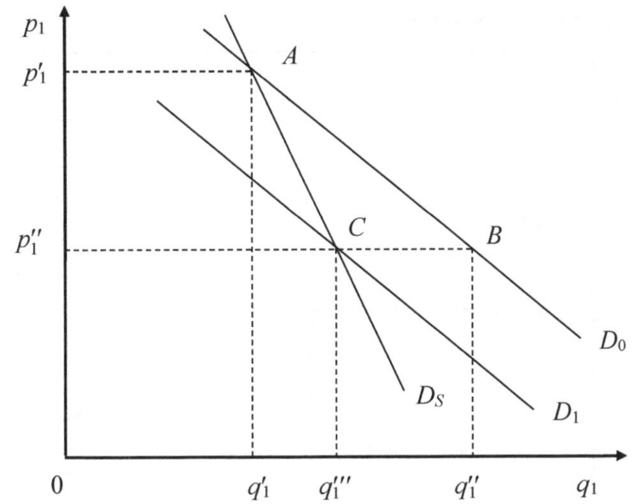

Assumiamo, anche in questo caso, che il prezzo del bene 1 diminuisca, passando da p'_1 a p''_1, con ciò determinando un aumento della quantità domandata, che passa da q'_1 a q''_1 (da *A* a *B*). In questo caso, alcuni consumatori, caratterizzati da comportamenti "snobistici", lasceranno il mercato, determinando in tal modo uno spostamento verso sinistra della curva di domanda di mercato (da D_0 a D_1). Tale spostamento – dovuto appunto all'effetto snob – comporta una contrazione della quantità domandata che passa da q''_1 a q'''_1 (cioè dal punto *B* al punto *C*). Congiungendo i punti *A* e *C* si ottiene la curva di domanda di mercato che incorpora l'effetto snob: ovvero, la curva D_S.

1.15. Il *surplus* o sovrappiù del consumatore

L'interpretazione della curva di domanda inversa appena ottenuta rende possibile definire il concetto di *surplus del consumatore* per quantificare il beneficio che i consumatori ottengono dalla partecipazione a transazioni volontarie sul mercato per ottenere una data quantità di un bene al prezzo prevalente su quel mercato.

Definiamo perciò il *surplus* (o sovrappiù) del consumatore come la differenza fra il prezzo che il consumatore sarebbe disposto a pagare per ottenere un certo bene e quello che realmente paga per ottenerlo. Tale definizione presuppone evidentemente che il consumatore possa avere una *disponibilità a pagare* per le quantità del bene che desidera acquistare, e ove questa disponibilità a pagare fosse superiore al prezzo effettivo, il consumatore ne avrebbe un beneficio pari a questa (positiva) differenza.

Figura 15. – Surplus *del consumatore*

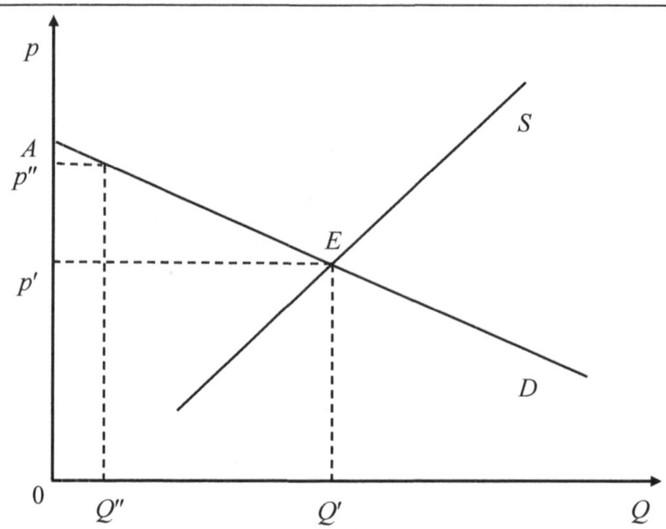

In Figura 15, pertanto, abbiamo tracciato la curva di domanda su cui, come abbiamo appena detto, leggiamo la disponibilità a pagare da parte del consumatore per una certa quantità di un determinato bene. Per esempio, il consumatore sarebbe disposto a pagare per la quantità Q'', il prezzo p''. Tuttavia, se la quantità che viene scambiata sul mercato fosse, ad esempio, Q', allora il prezzo che i consumatori pagheranno per ottenere quella quantità sarà p'. Come si può agevolmente constatare, per ottenere una quantità Q'' il consumatore invece di pagare quanto sarebbe disposto a spendere (p'') pagherà un prezzo inferiore (il prezzo di equilibrio pari a p'). La differenza positiva costituisce il 'guadagno' ottenuto dalla partecipazione ad una transazione di mercato e costituisce il benessere che il consumatore ottiene in termini di mancato esborso (pari alla differenza $p'' - p'$). Infatti, sebbene egli sia disposto a pagare p'', finisce col pagare “soltanto” p', tenendo per sé la differenza.

Lo stesso ragionamento può essere replicato per tutte le unità successive del bene consumate fino a Q'. Nonostante la disponibilità a pagare del consumatore diminuisca col crescere della quantità consumata, si continua ad avere una differenza positiva fra prezzo effettivamente pagato e disponibilità a pagare: al diminuire della disponibilità a pagare del consumatore (mano a mano che la quantità consumata aumenta), anche la differenza fra i due si assottiglia, fino a che, nel punto E, il prezzo effettivo (p') uguaglia la disponibilità a pagare (in corrispondenza di una quantità consumata pari a Q'). Nel punto E, il sovrappiù marginale del consumatore è quindi nullo.

A questo punto, se si sommano tutti i vari sovrappiù ottenuti dal consumatore acquistando, al prezzo p', tutte le singole unità che costituiscono la quantità Q', si ottiene la superficie del triangolo AEp'. Questa superficie misura pertanto il *surplus totale del consumatore*. Quindi, come regola generale, il *surplus* del consumatore è pari all’area compresa fra la curva di domanda e il prezzo di equilibrio. Quest’area può essere misurata ed è pari a $\frac{1}{2}Q' (0A - p')$.

1.16. L’elasticità della domanda

Abbiamo visto che lungo la curva di domanda di mercato di un bene o servizio all’aumentare del prezzo la quantità domandata diminuisce, e viceversa. Ma di quanto effettivamente varia la quantità domandata al variare del prezzo? In altre parole, com’è possibile misurare in modo efficace la sensibilità al prezzo della domanda? Per rispondere a questi quesiti è necessario mettere a fuoco la nozione di *elasticità*, che impiegheremo in molte occasioni in questo volume.

Definiamo l’elasticità (ε_{Qp}) della variabile quantità domandata di mercato (Q) rispetto alla variabile prezzo (p), come il rapporto tra la variazione percentuale di Q e la variazione percentuale di p.

Più precisamente possiamo scrivere la seguente definizione di *elasticità rispetto al prezzo della domanda di mercato*:

$$\varepsilon_{Qp} = -\frac{\frac{\Delta Q}{Q}}{\frac{\Delta p}{p}} \qquad [2]$$

Quindi, l’elasticità di Q rispetto a p ci dice, *ceteris paribus*, di quanto varia percentualmente Q in conseguenza di una variazione percentuale di p, a partire da una certa combinazione di partenza per Q e p. Si noti, infatti, che il numeratore della [2] misura la variazione della variabile Q (ad esempio, $\Delta Q = Q' - Q$) relativamente al suo valore iniziale, Q, e lo stesso dicasi per la variazione della variabile p al denominatore (ad esempio, $\Delta p = p' - p$), relativa al valore di partenza p.

Le variazioni sono calcolate in termini percentuali al fine di ottenere un valore dell'elasticità che sia indipendente dalle unità di misura in cui sono espresse sia la quantità sia il prezzo.

Questo rende la nozione di elasticità diversa da quella di saggio di variazione di Q rispetto a p ($\Delta Q/\Delta p$). Anche, per chiarire tale differenza, possiamo riscrivere la [4] come:

$$\varepsilon_{Qp} = -\frac{\Delta Q}{\Delta p} \times \frac{p}{Q} \qquad [3]$$

L'elasticità si può quindi esprimere come il prodotto tra il saggio di variazione di Q rispetto a p ed il rapporto tra i valori iniziali di p e di Q. Dato che le due variazioni hanno segno opposto, il valore dell'elasticità risulta negativo. Quando è chiaro che ci stiamo riferendo all'elasticità di domanda, possiamo limitarci a considerare il suo valore assoluto (cioè trascurando volontariamente il segno "–").

La formula [3] ci fornisce due importanti informazioni sul valore assunto dall'elasticità lungo la curva di domanda. In primo luogo, il valore dell'elasticità è diverso se la medesima variazione di Q e di p viene riferita al valore finale piuttosto che a quello iniziale delle due variabili.

In effetti, anche a parità di $\Delta Q/\Delta p$:

$$\frac{\Delta Q}{\Delta p} \times \frac{p}{Q} \neq \frac{\Delta Q}{\Delta p} \times \frac{p'}{Q'} \qquad [4]$$

Se i valori iniziali di p e Q sono dati dalla coppia (p = 3, Q = 4) e quelli finali dalla coppia (p = 4, Q = 2), il calcolo dell'elasticità inizia con il calcolo di $\Delta Q/\Delta p$ = (2 – 4)/(4 – 3) = – 2/1 che deve essere poi moltiplicato per p/Q iniziale, cioè 3/4; omettendo volontariamente il segno "–" otteniamo $\varepsilon = (2 \times 3/4) = 6/4 = 3/2 = 1{,}5$.

Se calcoliamo ora il valore semplicemente invertendo le coppie di valori, per cui consideriamo come iniziale (p, Q) la coppia (p = 4, Q = 2) e come coppia finale (p = 3, Q = 4) – cioè il prezzo è diminuito da 4 a 3 e la domanda è aumentata da 2 a 4, otterremo: $\Delta Q/\Delta p$ = (4 – 2)/(3 – 4) = 2/– 1; sempre omettendo il segno e moltiplicando per i valori iniziali che questa volta sono (4, 2), avremo $\varepsilon = 2 \times 4/2 = 8/2 = 4$. Dunque, invertendo ciò che abbiamo definito coppia iniziale e finale di p e Q otteniamo un risultato diverso. Questo è un difetto dell'elasticità che dobbiamo più propriamente chiamare *elasticità puntuale*.

Si deve notare che la [3] ci "informa" che, normalmente, il valore dell'elasticità *varia* lungo una funzione di domanda tracciata come una retta – che in quanto tale ha una inclinazione costante. Per convincerci esaminiamo la Figura 16.

Figura 16. – *L'elasticità varia lungo una retta*

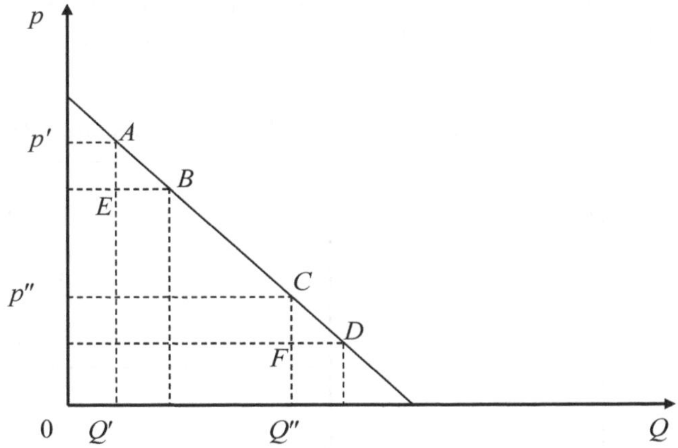

In questa figura, il saggio di variazione di Q rispetto a p ($-\Delta Q/\Delta p$) è il medesimo nel punto A e nel punto C: in effetti, AE/EB è uguale a CF/FD. Tuttavia, essendo il rapporto tra le coordinate dei valori iniziali, A e B, diverso (p'/Q' è diverso da p''/Q''), l'elasticità di Q rispetto a p nel punto A è diversa da quella di Q rispetto a p nel punto C.

Inoltre, se volessimo evitare le ambiguità che da ciò derivano quando calcoliamo l'elasticità partendo dal valore finale piuttosto che da quello iniziale della medesima variazione di Q e di p, potremmo ricorrere ad una diversa formulazione dell'elasticità. Basta, infatti, calcolare la cosiddetta *elasticità d'arco*, in cui il saggio di variazione viene moltiplicato per il rapporto tra la *media* dei valori iniziali e finali di p e di Q.

Il ricorso alla nozione di elasticità ci consente anche di specificare la forma della curva di domanda a seconda dei valori delle corrispondenti elasticità.

Un primo caso estremo è identificato da un valore (assoluto) nullo dell'elasticità ($\varepsilon_{Qp} = 0$). In questo caso, al variare di p la variabile dipendente, Q^D, non varia, e la curva che ne rappresenta la relazione è detta *perfettamente anelastica*. La rappresentazione grafica è una linea retta verticale come quella della Figura 17a: al variare del prezzo, per esempio da p a p', la quantità domandata rimane infatti ancorata al valore iniziale.

Un secondo caso estremo è quello rappresentato da un valore infinito dell'elasticità rispetto al prezzo ($\varepsilon_{Qp} = \infty$). In questo caso, una variazione del prezzo determina una variazione infinitamente grande della quantità domandata. Le curva si dice quindi *infinitamente elastica*, ed è rappresentata graficamente da una retta orizzontale come quella di Figura 17b.

Per comprendere il motivo di una simile forma basta verificare cosa accade a curve di domanda molto piatte, ma non ancora perfettamente orizzontali come quella della Figura 18. Si constaterà che, per esempio, un piccolo incremento del prezzo determina una diminuzione molto consistente della quantità. Quando la curva è perfettamente piatta, tale variazione è quindi effettivamente infinita.

Figura 17. – *Curva di domanda perfettamente anelastica (a) e infinitamente elastica (b)*

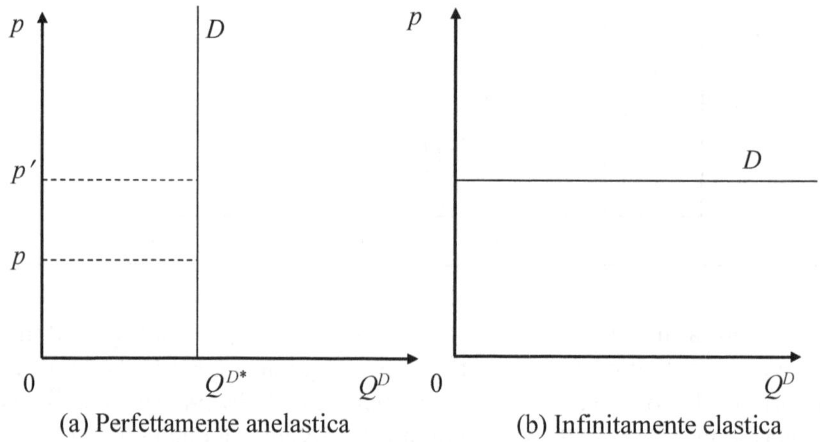

Figura 18. – *Curva di domanda elastica e anelastica*

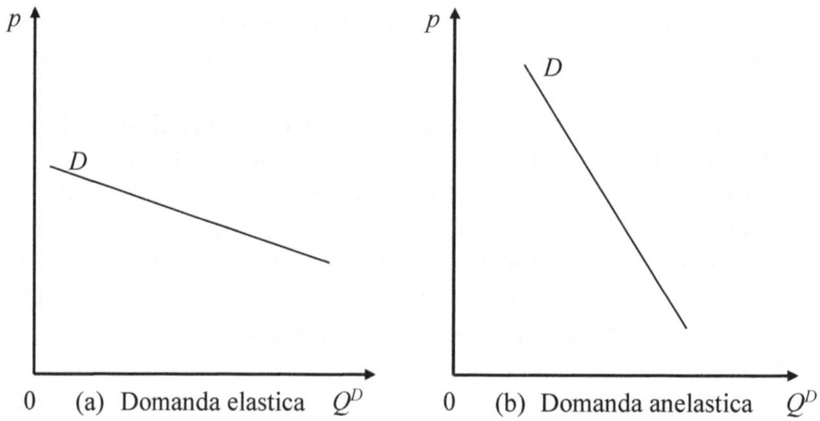

Tra questi due casi estremi, l'elasticità della domanda rispetto al prezzo può assumere qualsiasi valore. Tuttavia, a seconda che questo sia (in valore assoluto) maggiore o minore di 1, la curva avrà una forma diversa: se l'elasticità è maggiore di 1 ($\varepsilon_{Qp} > 1$), un aumento del prezzo, per esempio del 10%, determinerà una diminuzione più che proporzionale (per esempio, del 20%). In questo caso, la curva è *elastica*, con forma relativamente "piatta", come nella Figura 16a.

Se, invece, l'elasticità è minore di 1, il medesimo aumento di prezzo determinerà una variazione meno che proporzionale della domanda ($\varepsilon_{Qp} < 1$). In questo caso la curva di domanda di mercato è detta *anelastica*, e la sua forma sarà relativamente "ripida" come in Figura 16b.

L'ultimo caso notevole è quello in cui l'elasticità rispetto al prezzo della domanda è uguale ad 1. In questo caso è immediato che variazioni del prezzo si traducono in variazioni esattamente proporzionali della quantità domandata ($\varepsilon_{Qp} = 1$).

1.16.1. Elasticità di breve e di lungo periodo

È utile, infine, considerare come l'esame dell'elasticità consenta di rilevare peculiarità dei beni o servizi che portano a distinguere fra *elasticità di breve e di lungo periodo*, che indicheremo rispettivamente con ε_{BP} e ε_{LP}. Infatti, a seconda del tipo di bene o servizio considerato è possibile avere $\varepsilon_{BP} < \varepsilon_{LP}$ (Figura 19a), oppure $\varepsilon_{BP} > \varepsilon_{LP}$ (Figura 19b). In altre parole, è possibile osservare sia casi in cui l'elasticità di breve periodo è minore di quella di lungo periodo, sia casi opposti. Tale diversità nelle reazioni a variazioni nel prezzo dipende strettamente dalle tipologie di beni presi in considerazione.

Figura 19a. – *L'elasticità di breve periodo è minore di quella di lungo*

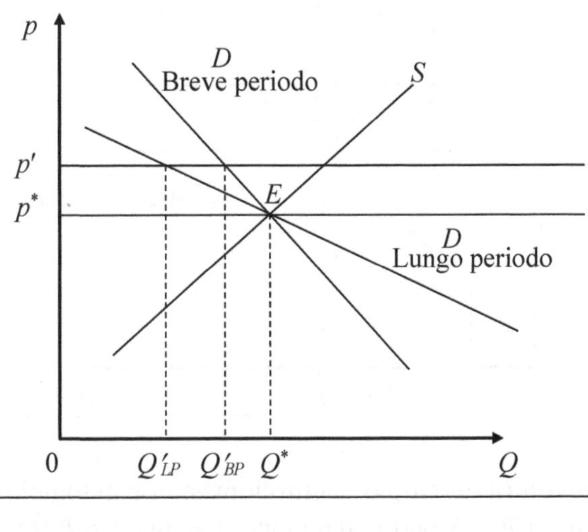

Ad esempio, prendiamo in esame il mercato dell'energia elettrica. Facendo riferimento alla Figura 19a, supponiamo che esso sia inizialmente in equilibrio in corrispondenza di una determinata coppia di valori prezzo-quantità (p^* e Q^*), identificata dal punto di incontro fra domanda e offerta (il punto E). Ipotizziamo un aumento permanente nel prezzo dell'elettricità da p^* a p'. Appena il prezzo sale, cioè nel breve periodo, si avrà una diminuzione della quantità domandata di elettricità (che passa da Q^* a Q'_{BP}). Tuttavia, nel breve periodo i consumatori non possono fare altro che continuare ad utilizzare gli stessi elettrodomestici, che sono progettati per comportare consumi relativamente "alti" piuttosto che consentire consumi relativamente "bassi".

Questa situazione può mutare soltanto nel lungo periodo, dopo che i consumatori hanno preso atto che l'aumento del prezzo dell'energia elettrica è permanente. Di conseguenza, essi modificheranno le caratteristiche preferite degli elettrodomestici che desiderano acquistare, includendovi anche quella legata al minore consumo di elettricità. Quindi, una volta spostato l'orizzonte temporale dal breve al lungo periodo, la domanda di energia elettrica calerà ulteriormente (fino a Q'_{LP}). Confrontando la variazione nella domanda intervenuta, rispetto all'equilibrio iniziale (Q^*), nel breve periodo ($Q^* - Q'_{BP}$), con quella di lungo periodo ($Q^* - Q'_{LP}$), si nota che la variazione di prezzo ha un effetto maggiore nel lungo periodo (in effetti, $Q^* - Q'_{LP} > Q^* - Q'_{BP}$). Coerentemente, la curva di domanda di elettricità è più elastica ("piatta") nel lungo che nel breve periodo.

Figura 19b. – *L'elasticità di breve periodo è maggiore di quella di lungo*

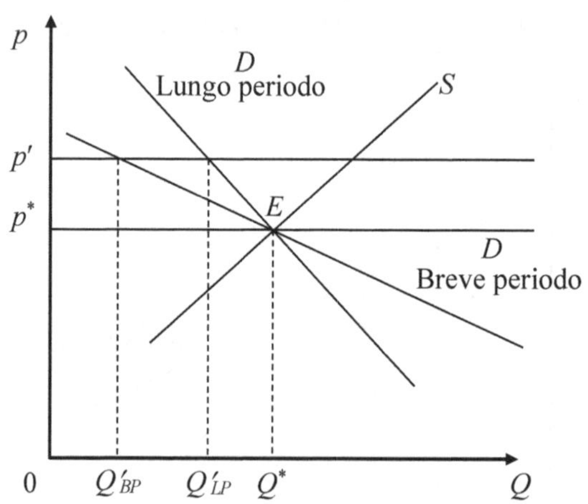

Per beni durevoli (ad esempio, elettrodomestici e automobili) si verifica invece il contrario (Figura 19b). A partire dal punto di equilibrio E (Q^*, p^*), un aumento del prezzo, da p^* a p', determinerà una riduzione immediata degli acquisti, da Q^* a Q'_{BP}. Inizialmente, infatti, i consumatori rimanderanno l'acquisto del nuovo bene. Tuttavia, una volta trascorso un certo lasso di tempo, il bene in questione sarà talmente invecchiato da diventare inservibile. Allora il proprietario sarà costretto a rimpiazzarlo, effettuando quindi quell'acquisto che aveva rimandato immediatamente a ridosso dell'aumento del prezzo. Si determineranno, così, nuovi acquisti e, quindi, un incremento della quantità domandata, a parità di prezzo, rispetto al breve periodo: da Q'_{BP} a Q'_{LP}. La variazione di prezzo determina ora una variazione rispetto all'equilibrio (Q^*) che è maggiore nel breve periodo (infatti, si ha $Q^* - Q'_{BP} > Q^* - Q'_{LP}$). Coerentemente, la curva di domanda di lungo periodo è meno elastica di quella di breve periodo.

Box 3. – *L'elasticità della domanda rispetto al prezzo*

Abbiamo visto il funzionamento della legge della domanda, secondo la quale i consumatori diminuiscono il consumo di beni i cui prezzi aumentano e viceversa. Tuttavia, gli economisti, a partire dai contributi di Alfred Marshall, si sono interrogati su come determinare 'di quanto' varia la quantità domandata al variare del prezzo. La scoperta dell'elasticità della domanda rispetto al prezzo ha permesso di calcolare empiricamente di quanto varia la quantità domandata se il prezzo di un certo bene varia di una quantità definita pari all'1%.
Gli studi empirici hanno mostrato i valori dell'elasticità per praticamente tutti i beni presenti sul mercato, alcuni dei quali sono riportati in tabella.

Beni		**Elasticità**
Sale		0,10
Sigarette		0,14
Pane e cereali		0,22
Uova		0,27
Latte		0,59
Carne		0,75
Cinema		0,90
Servizi alla persona		1,02
Spettacoli		1,40
Ristorante		2,30
Petrolio	Breve periodo	0,04
	Lungo periodo	0,21
Automobili	Breve periodo	1,20
	Lungo periodo	0,20

In particolare, la tabella evidenzia la diversa natura di alcune tipologie di beni che risultano essere anelastici (beni cioè a cui il consumatore, per un motivo o per l'altro, rinuncia poco volentieri anche di fronte ad un aumento del prezzo) ovvero elastici (beni a cui invece il consumatore sarà maggiormente disposto a rinunciare ove il prezzo aumenti). Ecco quindi che il consumo di beni quali i prodotti alimentari o le sigarette è caratterizzato da valori dell'elasticità (considerevolmente) minori di uno. Altri beni mostrano elasticità elevate, superiori o pari all'unità, quali cinema o i servizi alla persona. Infine, non dovrebbe sorprendere il valore elevato dell'elasticità degli spettacoli e dei pasti consumati al ristorante.

Un ulteriore interessante analisi può essere fatta calcolando l'elasticità della domanda nel breve e nel lungo periodo. Come abbiamo mostrato nei nostri modelli teorici, i beni non durevoli (nel caso della tabella, il petrolio) mostrano elasticità di breve periodo minore di quella di lungo periodo (per l'effetto della riduzione strutturale dei consumi di fronte ad un aumento dei prezzi dovuto al successivo acquisto, per esempio, di attrezzature meno 'voraci' di petrolio). Diverso è il caso relativo all'elasticità dei beni durevoli (l'automobile), per i quali, a fronte di un aumento del prezzo di vendita, si rinuncia immediatamente all'acquisto, salvo poi provvedere quando la sostituzione del vecchio mezzo di trasporto diventa inevitabile.

1.16.2. Altre elasticità

Si è detto che la domanda individuale del consumatore (q) dipende, oltre che dal prezzo, p, anche dal reddito (R). Inoltre, la domanda di beni particolari può discostarsi dalla normale legge di domanda o interagire con quella di altri beni, in modo diversificato a seconda della natura del loro rapporto. Tutte queste relazioni possono essere esaminate anche facendo riferimento alla nozione di elasticità.

Si pensi, per esempio, alla relazione tra il reddito, R, e la quantità domandata dal singolo consumatore, q. Calcolare l'*elasticità rispetto al reddito della domanda individuale*, ed analizzarne il segno, ci consente di sapere se il bene che stiamo considerando è un *bene normale* piuttosto che un *bene inferiore*:

$$\varepsilon_{qR} = \frac{\Delta q}{\Delta R} \times \frac{R}{q} \qquad [5]$$

Nel primo caso, infatti, in cui all'aumentare del reddito la domanda aumenta, ε_{qR} sarà positiva, mentre se ε_{qR} risulta negativa ci troveremo di fronte alla seconda tipologia di beni. All'interno dei beni normali è quindi possibile identificare i beni di prima necessità che sono caratterizzati da un aumento (diminuzione) del consumo meno che proporzionale rispetto all'aumento (riduzione) del reddito. Esistono inoltre i beni di lusso, per i quali l'aumento (riduzione) del consumo è più che proporzionale rispetto all'aumento (riduzione) del reddito.

Il segno dell'*elasticità rispetto al prezzo della domanda individuale* ci indica se il bene che viene domandato è un bene per cui vale la normale legge della domanda, oppure si tratta di un bene cosiddetto di Giffen:

$$\varepsilon_{qp} = -\frac{\Delta q}{\Delta p} \times \frac{p}{q} \qquad [6]$$

Nella prima circostanza, infatti, ε_{qp} è negativa, mentre nella seconda è positiva: se all'aumentare del prezzo, il consumatore accresce la propria domanda di tale bene, questo viola la legge di domanda, e ci induce a classificalo come bene di Giffen (per un'approfondita discussione dei beni di Giffen si veda il paragrafo 1.20.3).

Da ultimo, calcolando l'elasticità della domanda di un bene, q_1, rispetto al prezzo,

p_2, di un altro bene q_2, oggetto di scelta del consumatore, siamo in grado di capire se i due beni sono tra loro sostituti (ad esempio, tè e caffè) piuttosto che complementari (ad esempio, sci e scarponi):

$$\varepsilon_{q_1 p_2} = \frac{\Delta q_1}{\Delta p_2} \times \frac{p_2}{q_1} \qquad [7]$$

Nel primo caso, infatti, in cui all'aumentare del prezzo del bene 2 la domanda del bene 1, che diventa relativamente più conveniente, aumenta. L'elasticità definita nella [7], detta anche *elasticità incrociata della domanda individuale*, sarà positiva. Nel caso di beni complementari, invece, per opposti motivi, l'elasticità incrociata sarà negativa. Nel caso in cui l'elasticità incrociata sia pari a zero, questo implica che i due beni sono tra di loro indipendenti e quindi il prezzo di un bene non influenza la quantità domandata dell'altro bene.

Parte II - **Per approfondire**

1.17. La funzione di utilità del consumatore

Dal momento che le preferenze del consumatore sono rappresentabili graficamente con una mappa di curve di indifferenza, è possibile descriverle in maniera analiticamente più corretta tramite la cosiddetta *funzione di utilità* del consumatore.

Questa trova il suo fondamento teorico nella dottrina filosofica dell'utilitarismo, il cui principale esponente fu Jeremy Bentham (1748-1832), che affermava che ogni atto che facesse aumentare la felicità degli uomini sarebbe stato da definirsi 'giusto'. Su queste basi filosofiche l'utilità divenne una misura della felicità di un essere umano, la cui massimizzazione a livello sociale avrebbe dovuto essere il fine ultimo della società, al fine di ottenere "la felicità maggiore per il maggior numero di individui". Si sviluppò quindi l'idea che questa felicità potesse essere misurata a livello individuale e poi sommata per ottenere il livello di utilità sociale della collettività. L'idea che l'utilità potesse essere misurata produsse originariamente il concetto di utilità *cardinale*, che si pensava non solo avrebbe potuto dare luogo a misure effettive dell'utilità, ma anche confrontabili fra di loro.

Si svilupparono tuttavia alcune ficcanti critiche (*in primis*, da parte dell'economista Vilfredo Pareto (1848-1923)), secondo cui non era possibile misurare e quindi confrontare le utilità attraverso l'utilizzo di una misura cardinale che potesse esprimere 'quanto' un consumatore preferisse un certo bene e 'quante volte' lo preferisse ad un altro. Questa critica muoveva dall'idea che l'utilità andasse intesa come una grandezza personale e non soggetta a qualsivoglia misurazione in termini assoluti.

Venne quindi definita una teoria *ordinale* dell'utilità, secondo la quale era sufficiente che i consumatori potessero stabilire un ordine di preferenza fra due alternative, senza 'avventurarsi' in complicati confronti cardinali che avrebbero implicato la definizione di quanto una delle due alternative fosse preferita all'altra.

L'utilizzo del concetto di utilità ordinale permetteva di fondare una teoria delle preferenze del consumatore, senza avere bisogno di una misurazione oggettiva (cioè cardinale) dell'utilità. In pratica, si definì il comportamento del consumatore finalizzato alla scelta di un paniere caratterizzato da un'utilità maggiore, senza interessarsi a quanto 'maggiore' questa utilità potesse essere.

La funzione di utilità è una relazione tra le quantità consumate dei due beni (q_1 e q_2) e il livello di utilità totale (U) del consumatore. Il livello totale dell'utilità è funzione della quantità consumata dei due beni:

$$U = U(q_1, q_2) \qquad [8]$$

La funzione di utilità [8] è un algoritmo che associa un numero ad ogni combinazione dei due beni in oggetto. Tanto più un paniere è preferito, tanto maggiore sarà il numero assegnato al paniere dalla funzione di utilità. Perciò, una funzione di utilità deve avere le seguenti caratteristiche: i) a tutti i panieri che appartengono allo stesso insieme (o curva) di indifferenza deve essere assegnato lo stesso valore numerico; ii) a panieri che appartengono a insiemi (o curve) di indifferenza preferiti devono essere assegnati valori numerici più grandi. Quindi, la funzione di utilità è in grado di rappresentare le preferenze del consumatore se valgono le seguenti condizioni:

$$U(q_1, q_2) = U(q_1', q_2') \text{ se e solo se } (q_1, q_2) \sim (q_1', q_2') \qquad [9]$$

$$U(q_1, q_2) > U(q_1', q_2') \text{ se e solo se } (q_1, q_2) \succ (q_1', q_2') \qquad [10]$$

Poiché una curva di indifferenza più distante dall'origine degli assi identifica panieri che sono preferiti a quelli identificati da una curva di indifferenza più vicina all'origine degli assi, la funzione di utilità assegnerà alla prima curva di indifferenza un numero maggiore. E così via.

Si badi bene che la funzione di utilità ha il solo scopo di ordinare le curve di indifferenza, e non di stabilire rapporti numerici fra di esse: non ha alcuna importanza la grandezza dei numeri con le quali vengono 'etichettate' le diverse curve di indifferenza, importa soltanto che il loro ordine sia crescente. Per esempio, assegnando un numero pari a 40 ad una data curva di indifferenza ed un valore pari a 20 ad un'altra curva, non si intende assegnare alla prima curva un livello di utilità doppio rispetto alla seconda per il consumatore.

1.17.1. L'utilità marginale e il saggio marginale di sostituzione

Si definisce utilità marginale di un bene l'incremento dell'utilità totale che il consumatore consegue (ΔU) in seguito all'aumento di un'unità nella quantità consumata del bene stesso (Δq), ferma restando la quantità consumata dell'altro bene.

In termini formali, l'utilità marginale del bene 1 può essere espressa nel modo seguente:

$$UMgq_1 = \frac{\Delta U}{\Delta q_1} \qquad [11]$$

e quella del bene 2:

$$UMgq_2 = \frac{\Delta U}{\Delta q_2} \qquad [12]$$

Se il consumatore vuole aumentare la quantità consumata di uno dei due beni, mantenendosi sulla medesima curva di indifferenza, dovrà rinunciare ad una certa quantità dell'altro bene. Il saggio al quale il consumatore è disposto a rinunciare al consumo di una unità del bene 1 in cambio di un incremento della quantità consumata del bene 2, essendo cioè indifferente alla loro sostituzione (ovvero, permanendo sulla stessa curva di indifferenza), è denominato *Saggio Marginale di Sostituzione* (*SMS*) tra i due beni. Per comprendere meglio il significato di questo concetto esaminiamo la Figura 20.

Figura 20. – *Il saggio marginale di sostituzione*

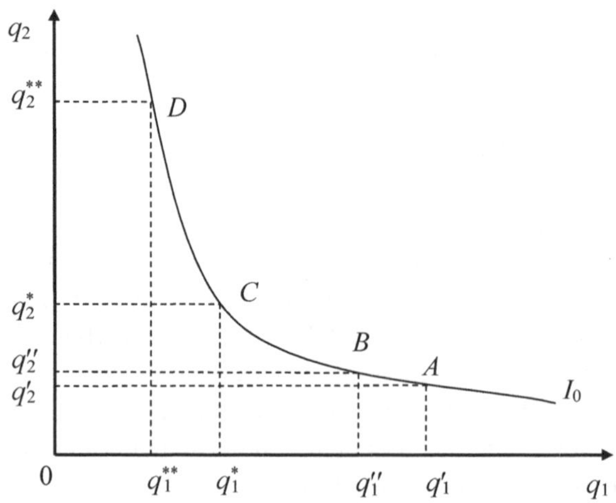

In questa Figura si prende in esame il caso di una diminuzione (per esempio, di una unità) del bene 1 in due punti diversi della curva di indifferenza, a partire dal paniere *A* e dal paniere *C*. A fronte della medesima riduzione nel consumo del bene 1 seguono, infatti, variazioni differenti della quantità consumata del bene 2. Nel passaggio dal paniere *A* al paniere *B*, e in quello dal paniere *C* al paniere *D*, la variazione del bene 2 appare assai diversa, a seconda della quantità posseduta dal consumatore dei due beni. Il bene che è relativamente più scarso (in *C* il bene 1) risulta più prezioso agli occhi del consumatore e, quindi, viene scambiato per quantità maggiori dell'altro bene (l'aumento del consumo del bene 2 da *C* a *D* è maggiore che da *A* a *B*). In questo senso, man mano che, muovendosi verso l'alto a sinistra lungo la curva di indifferenza, la disponibilità del bene 1 diminuisce, cioè il bene 1 diventa più scarso in termini relativi, il consumatore richiederà quantità via via crescenti del bene 2 come ricompensa alla rinuncia di un'unità di consumo del bene 1. In generale, quindi, il saggio marginale di sostituzione del bene 1 con il bene 2 può essere definito come il rapporto, lungo una curva di indifferenza, tra la variazione (positiva) della quantità del bene 2 (Δq_2) e la variazione (negativa) della quantità del bene 1 (Δq_1):

$$SMS = -\frac{\Delta q_2}{\Delta q_1} \qquad [13]$$

Si noti che il rapporto tra le variazioni è per forza di cose negativo.

Dal punto di vista geometrico, il *SMS* approssima quindi la pendenza (inclinazione) della curva di indifferenza in ogni suo punto [1]. Si noti come questa inclinazione, ovvero il *SMS*, tenda a decrescere (in valore assoluto), man mano che ci si sposta lungo la curva di indifferenza dall'alto a sinistra verso il basso a destra. Ciò è dovuto al fatto che la concavità della curva è rivolta verso l'alto, ovvero all'ipotesi di convessità delle preferenze [2].

Esiste una relazione ben precisa tra l'utilità marginale dei beni e *SMS*. Si consideri una variazione simultanea della quantità consumata dei due beni che consenta al consumatore di mantenere costante il suo livello di utilità, ovvero di muoversi lungo la stessa curva di indifferenza. Perché questo accada occorre che la quantità consumata di un bene (per esempio del bene 1) aumenti e quella dell'altro (il bene 2) diminuisca, e che ciò avvenga in modo tale che la variazione (positiva) di utilità totale dovuta all'aumento del bene 1 venga compensata da una eguale variazione (negativa) di utilità totale dovuta alla diminuzione del bene 2.

Perciò, le variazioni dell'utilità totale connesse al bene 1 ($\Delta U = UMgq_1 \times \Delta q_1$) e al bene 2 ($\Delta U = UMgq_2 \times \Delta q_2$), devono soddisfare l'equazione che segue:

$$UMgq_1 \times \Delta q_1 + UMgq_2 \times \Delta q_2 = 0 \qquad [14]$$

Si noti che Δq_1 e Δq_2 devono avere segno opposto (nell'esempio Δq_1 è positivo, mentre Δq_2 è negativo). Dall'equazione [14] si ottiene, dopo una semplice trasformazione algebrica, la relazione che intercorre tra *SMS* e utilità marginale dei due beni:

$$SMS = -\frac{\Delta q_2}{\Delta q_1} = \frac{UMgq_1}{UMgq_2} \qquad [15]$$

Da questa espressione discende che il *SMS* tra i due beni (ossia tra il bene 2 ed il bene 1) è uguale al rapporto tra le utilità marginali dei due beni (ossia del bene 1 e del bene 2.

Una importante caratteristica che discende dalla forma delle curve di indifferen-

[1] Ad essere più precisi, considerando la variazione di q_1 come infinitesimale, il *SMS* indica il modulo del coefficiente angolare della retta tangente alla curva di indifferenza in ogni suo punto.

[2] Per rendersene conto è sufficiente analizzare l'andamento del *SMS* per una curva con la concavità rivolta verso il basso: il suo andamento, sempre muovendosi dall'alto a sinistra verso il basso a destra, sarebbe crescente.

za è che l'utilità marginale decresce a mano a mano che si ottengono quantità addizionali di un bene. In effetti, a mano a mano che il consumatore ottiene quantità crescenti di un bene, si può pensare che questo bene diventi sempre meno 'prezioso' (poiché il bene sta diventando sempre più abbondante, l'utilità che si ottiene diventa sempre di più, ma ciascuna dose successiva aumenta l'utilità totale un po' meno della precedente).

Per capire questo, occorre pensare che, come già detto, scorrendo lungo una curva di indifferenza (per esempio, dal punto *D* al punto *A* della Figura 18), l'inclinazione della stessa diminuisce. Questo significa che anche il rapporto fra le utilità marginali dei beni 1 e 2 diminuisce. Il motivo risiede nel fatto che all'aumentare della quantità di cui si dispone di un bene l'utilità marginale associata con dosi crescenti diminuisce. Questo fa sì che l'utilità totale continui a crescere ma ad un tasso decrescente: l'utilità associata al primo bicchiere d'acqua per una persona assetata è molto alta, poiché bere quel quantitativo d'acqua soddisfa un bisogno impellente, mentre ulteriori bicchieri d'acqua aggiungeranno utilità positive, ma via via sempre minori. L'opposto vale per quantità decrescenti di un bene, visto che quel bene mentre diventa sempre più scarso diventa sempre più prezioso.

Sulla base di quanto detto, si può comprendere perché il *SMS* varia lungo la curva di indifferenza in un senso ben preciso. Per esempio, in Figura 20, a mano a mano che si procede dal paniere *D* al paniere *A*, si effettua una sostituzione del bene 2 col bene 1. Ma così facendo, l'utilità marginale associata col bene che sta diventando sempre più scarso aumenta, mentre quella associata col bene che viene continuamente aggiunto al paniere diminuisce. Dunque, a mano a mano che il consumatore scambia il bene 2 col bene 1 (cioè a mano a mano che si sposta da *D* a *A*) UMg_1 decresce e UMg_2 cresce, facendo così diminuire il *SMS*. Questo processo si può anche vedere attraverso le variazioni della pendenza della curva di indifferenza (che è uguale al rapporto fra le utilità marginali dei due beni), che infatti nel passare da *D* a *A* diminuisce. L'opposto naturalmente avviene nel caso in cui ci si muova da *A* a *D*. In questo caso l'utilità marginale del bene 1 aumenta (al diminuire della quantità detenuta del bene 1) e quella del bene 2 diminuisce, facendo aumentare l'inclinazione della curva di indifferenza.

1.17.2. Alcune tipologie di curve di indifferenza

L'analisi delle caratteristiche del saggio marginale di sostituzione assume un significato economico se tra i due beni in esame sussiste un certo grado di sostituibilità. Esistono però alcune tipologie di beni per i quali non è possibile determinare il saggio di sostituzione, o per i quali tale saggio assume valori (e significati) particolari.

Un primo esempio è costituito dai cosiddetti beni *perfettamente complementari* (o *perfetti complementi*): vale a dire, quei beni che vengono acquistati dal consumatore in proporzioni fisse. Si tratta di beni – come per esempio, gli attacchi per gli scarponi e gli sci – che arrecano un beneficio al consumatore soltanto se consumati congiuntamente. Le curve di indifferenza per beni di questo tipo sono mostrate nella Figura 21.

Figura 21. – *Le curve di indifferenza di beni perfettamente complementari*

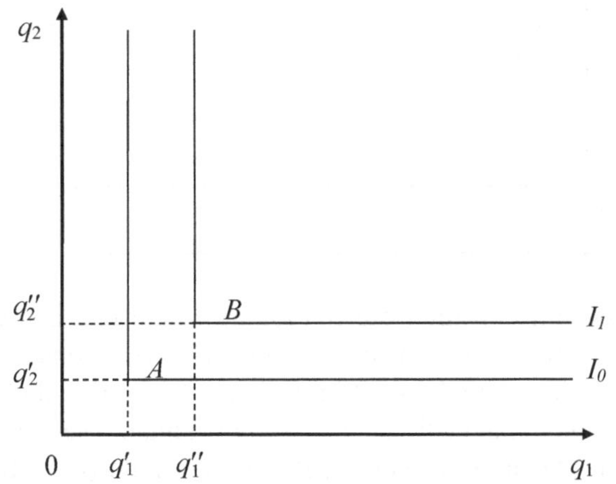

Come emerge dall'esame di questa Figura, i due beni vengono sempre consumati in proporzioni fisse, indicate dalla pendenza della retta uscente dall'origine degli assi e passante per *A* e *B*. A partire dal punto *A*, per esempio, un aumento del consumo di un bene (per esempio q_1) aumenta il livello di soddisfazione del consumatore solo se accompagnato da un aumento del consumo dell'altro bene (q_2), secondo la proporzione iniziale del loro utilizzo (q_2'/q_1'). In *B* sarà quindi $q_2''/q_1'' = q_2'/q_1'$, mentre senza questo aumento combinato, le combinazioni permangono lungo la stessa curva di indifferenza passante per *A*.

Un altro caso interessante è costituito dai cosiddetti beni *perfetti sostituti*. Si tratta di beni che è possibile sostituire in modo perfetto fra di loro. In questo caso, i consumatori non sono interessati alla composizione del paniere, ma unicamente al numero totale di beni. Come esempio può pensarsi alle matite rosse e blu. In tal caso le curve di indifferenza sono lineari e il SMS è costante lungo la curva di indifferenza. Per esempio, se sono disposto a scambiare una matita rossa per una blu, il mio *SMS* sarà pari a 1 (Figura 22).

Figura 22. – *Le curve di indifferenza di beni perfetti sostituti*

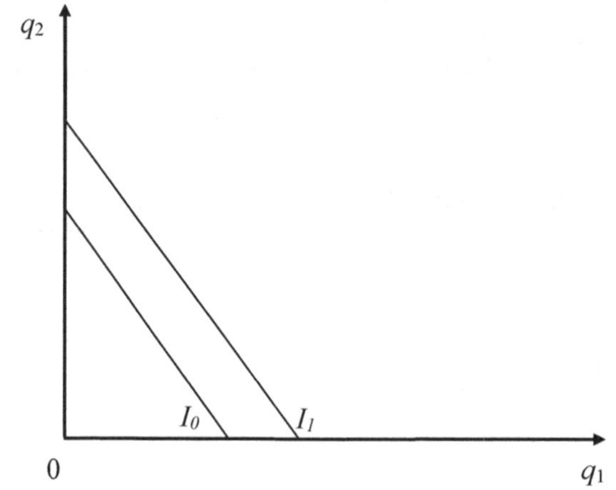

Infine, occorre definire un'ulteriore tipologia di beni che non è stata utilizzata finora, costituita da beni che il consumatore non desidera consumare (i cosiddetti 'mali'). Rappresentiamo un 'male' (q_M) in ordinata del grafico della Figura 23. Come si vede, questa tipologia di beni viene consumata soltanto se il consumatore viene 'compensato' da una quantità crescente del bene normale (q_N). Risulta allora evidente che nel caso in cui si abbia un bene che il consumatore non desidera consumare, la curva di indifferenza risulterà avere inclinazione positiva. Curve di indifferenza con utilità maggiore saranno disposte in basso verso destra, poiché associano a quantità costanti di q_M quantità crescenti di q_N (Figura 23).

Figura 23. – *Le curve di indifferenza di 'mali'*

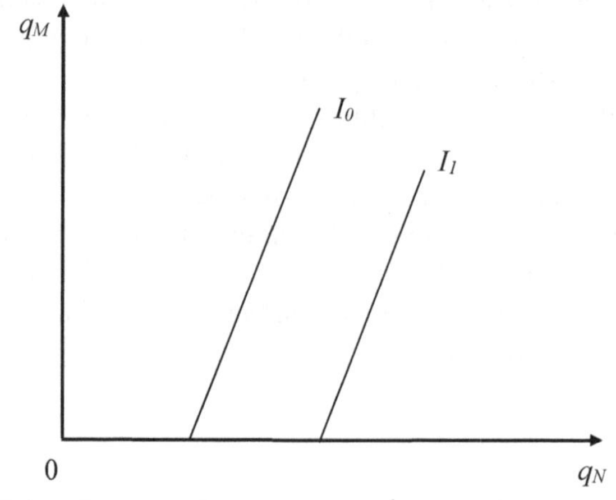

1.18. La scelta ottimale del consumatore

Abbiamo visto che il consumatore troverà il paniere ottimale nel punto di tangenza fra (l'unico) vincolo di bilancio e la curva di indifferenza più alta possibile (scelta fra le infinite curve di indifferenza che costituiscono la mappa di indifferenza del consumatore). Nel punto di tangenza l'inclinazione delle due funzioni deve essere uguale.

Ricordando che l'inclinazione del vincolo di bilancio (in valore assoluto) è pari a p_1/p_2, mentre la pendenza della curva di indifferenza in un punto (sempre in valore assoluto) è data dal *SMS*, il *punto di equilibrio* del consumatore implica che:

$$SMS = -\frac{\Delta q_2}{\Delta q_1} = \frac{p_1}{p_2} \qquad [16]$$

Poiché dalla [15] il *SMS* è uguale a rapporto fra le utilità marginali dei due beni, la [16] può essere scritta come:

$$-\frac{\Delta q_2}{\Delta q_1} = \frac{UMgq_1}{UMgq_2} = \frac{p_1}{p_2} \qquad [17]$$

Risistemando i termini otteniamo:

$$\frac{UMgq_1}{p_1} = \frac{UMgq_2}{p_2} \qquad [18]$$

che significa che per ottenere il paniere di equilibrio il consumatore deve uguagliare le *utilità marginali ponderate* (per il prezzo) di tutti i beni.

L'interpretazione economica di questa relazione è immediata: in corrispondenza del paniere ottimale, il saggio 'soggettivo' al quale il consumatore è disposto a sostituire un bene con un altro sulla base delle sue preferenze (cioè il saggio marginale di sostituzione), non si discosta dal saggio 'oggettivo' al quale il mercato è disposto a sostituire un bene con un altro (cioè il prezzo relativo dei due beni).

Per comprendere il funzionamento di questa uguaglianza, si consideri cosa succede nel caso in cui quest'ultima non si ottenga, ma, per esempio, si abbia che l'utilità ponderata del bene 1 sia maggiore di quella del bene 2 (come nel caso del paniere *B* della Figura 24). Poiché i prezzi dei due beni sono dati, e il consumatore non li può modificare, le utilità marginali ponderate possono variare solo al variare delle utilità marginali dei due beni.

Se il consumatore decidesse di rinunciare ad una certa quantità del bene 2, si sposterebbe dal paniere *B* al paniere *C* della Figura 24. Questo significa che il consumatore per l'ipotesi di non sazietà otterrebbe un paniere (il paniere *C*) a cui è associato un livello di utilità inferiore (infatti *C* giace sulla curva di indifferenza più bassa). Per ripristinare il livello di utilità precedente, occorre che il consumatore ottenga una quantità addizionale del bene 1 che porti il consumatore nel paniere *D*, indifferente al paniere di partenza (il paniere *B*).

Figura 24. – *La dinamica dell'aggiustamento*

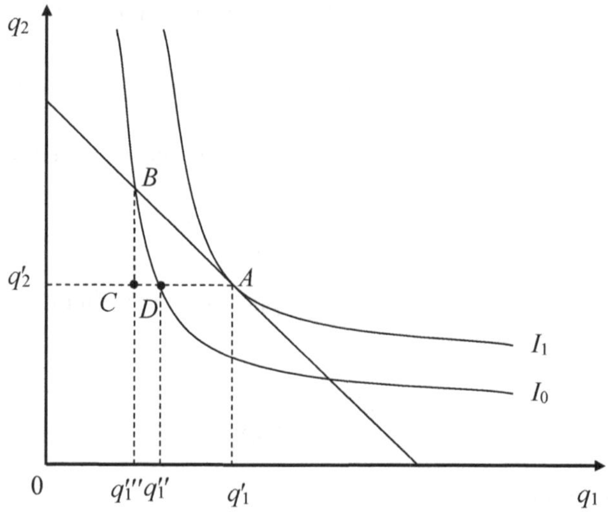

Tuttavia, se il consumatore operasse uno scambio sul mercato (cioè vendesse ai prezzi di mercato correnti p_1 e p_2), la quantità del bene 2 che otterrebbe in cambio del bene 1 sarebbe maggiore. Questa quantità è quella che il mercato sarebbe disposto a scambiare dati i prezzi dei due beni. Questa quantità ($q_1' - q_1'''$) è maggiore di quella che il consumatore sarebbe disposto ad ottenere per mantenersi sulla curva di indifferenza di *B* (pari a $q_1'' - q_1'''$). Pertanto, a causa dell'ipotesi di non sazietà, il consumatore preferisce il paniere *A* al paniere *D* (*A* infatti giace sulla curva di indifferenza più lontana dall'origine degli assi).

Il meccanismo appena descritto si innesca endogenamente non appena il consumatore capisce che può migliorare la propria situazione attraverso uno scambio di mercato. Questo significa due cose: che il paniere *B* non è un paniere di equilibrio (il consumatore che avesse *B* desidererebbe cambiarlo attivando uno scambio di mercato); e che questo meccanismo cessa di incentivare scambi ulteriori quando non esiste più la possibilità di ottenere un aumento di utilità attraverso uno scambio di mercato, cioè quando attraverso uno scambio di mercato si ottiene la stessa quantità che si otterrebbe sulla base delle preferenze. Il paniere, ottenuto il quale non si ha più alcun incentivo allo scambio di mercato, è precisamente *A*: qualunque scambio di mercato attivato a partire dal paniere *A* ottiene un paniere che giace sul vincolo di bilancio, e che quindi giace su una curva di indifferenza inferiore a quella passante per *A*.

1.18.1. La determinazione del paniere ottimale utilizzando il moltiplicatore di Lagrange

Come abbiamo già detto, la rivoluzione neoclassica ha avuto l'indubbio merito di introdurre un rigoroso metodo scientifico nello studio dell'economia, e soprattutto di prendere a prestito dall'analisi matematica applicata (in particolare dalla programmazione matematica) strumenti avanzati che hanno permesso di formulare (e risolvere) i problemi economici in maniera compatta e precisa. Il metodo tipico con cui si risolvono i problemi di ottimizzazione vincolata è quello cosiddetto dei moltiplicatori di Lagrange, tramite il quale la funzione obiettivo del consumatore viene modificata in modo tale da incorporare il vincolo in una nuova funzione non vincolata (detta lagrangiana) di cui si possono calcolare in maniera agevole i punti stazionari.

Nel nostro caso, il consumatore deve massimizzare una funzione obiettivo (la funzione di utilità: $U(q_1, q_2)$) essendo sottoposto ad un vincolo relativamente alla spesa che può affrontare (il vincolo di bilancio: $p_1q_1 + p_2q_2 = R$). La funzione di Lagrange sarà quindi la seguente:

$$L(q_1, q_2, \lambda) = U(q_1, q_2) + \lambda(R - p_1q_1 - p_2q_2)$$

in cui λ rappresenta il moltiplicatore di Lagrange.

Le condizioni di primo ordine rispetto a q_1, q_2, e λ danno le seguenti equazioni:

$$\frac{\partial U}{\partial q_1} - \lambda p_1 = 0 \qquad [19]$$

$$\frac{\partial U}{\partial q_2} - \lambda p_2 = 0 \qquad [20]$$

$$R - p_1q_1 - p_2q_2 = 0 \qquad [21]$$

Dalla [19] si ottiene λ

$$\lambda = \frac{\partial U / \partial q_1}{p_1}.$$

che una volta sostituito nella [20] da

$$\frac{\partial U}{\partial q_2} - \frac{\partial U / \partial q_1}{p_1} p_2 = 0$$

da cui si ottiene

$$\frac{\partial U / \partial q_1}{\partial U / \partial q_2} = \frac{p_1}{p_2} \qquad [22]$$

Poiché il denominatore del primo termine della [22] è la derivata parziale dell'utilità totale rispetto al bene 1, cioè la variazione dell'utilità totale al variare della quantità del bene 1, questa rappresenta l'utilità marginale del bene 1 (Umg_1). Analogamente il numeratore rappresenta l'utilità marginale del bene 2 (Umg_2).

La [22] può pertanto essere riscritta come

$$\frac{Umg_1}{Umg_2} = \frac{p_1}{p_2}$$

da cui si ottiene la [18].

1.18.2. La determinazione del paniere ottimale in caso di sazietà

Passiamo ora a descrivere il comportamento del consumatore in presenza di sazietà (o, meglio, in assenza dell'ipotesi di non sazietà). Si immagini che il consumatore confronti fra di loro alcuni panieri, rappresentati in Figura 25, e che sulla base delle proprie preferenze stabilisca che $B \succ A$ e che $C \succ B$. Tuttavia, poiché abbiamo rimosso l'ipotesi di non sazietà, immaginiamo che il paniere C sia quello che rende sazio il consumatore, e che quindi unità aggiuntive del bene 1 abbiano un effetto negativo, tale per cui il paniere D non aggiunge utilità ma la toglie, e quindi $C \succ D$, e lo stesso succede per ulteriori quantità del bene 1 ($D \succ E$). Se infine supponiamo, per comodità, che $A \sim E$ e che $B \sim D$, allora in Figura 26 possiamo tracciare le curve di indifferenza che passano per i cinque panieri.

Figura 25. – *Ordine di preferenza fra panieri in caso di sazietà*

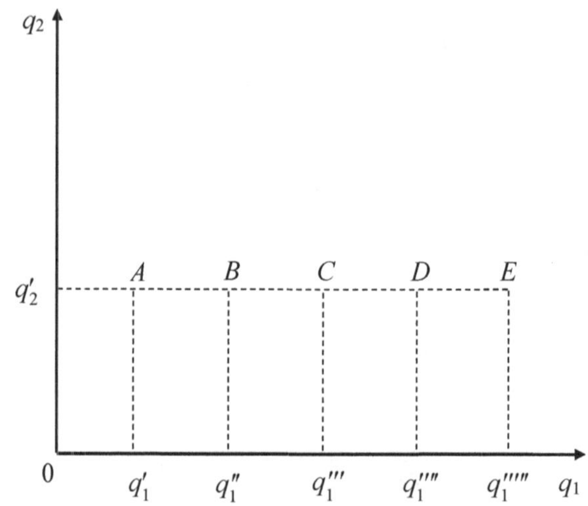

Figura 26. – *Scelta del paniere ottimale in caso di sazietà del consumatore*

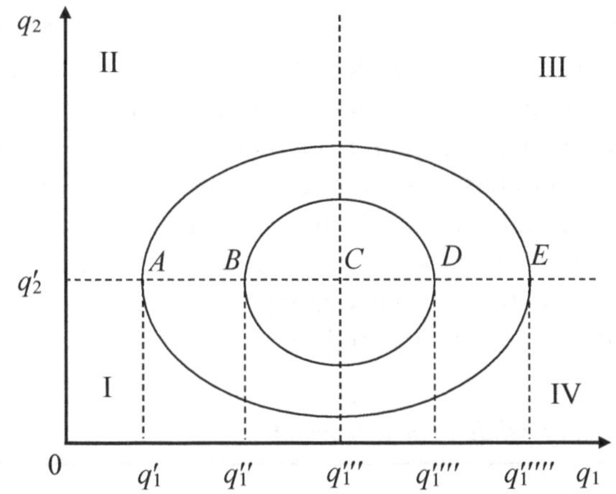

Queste sono curve chiuse centrate sul paniere a cui corrisponde la sazietà – il paniere C – per il quale non esiste una vera e propria curva di indifferenza, poiché il paniere di sazietà è per definizione unico. Se dividiamo lo spazio in quattro quadranti centrati su C, allora scopriamo che il quadrante I corrisponde a panieri costituiti da quantità dei due beni inferiori alla sazietà, cioè a panieri che obbediscono alle regole normali (regole che tuttavia ora sono state ottenute senza l'ausilio dell'ipotesi di non sazietà!).

I panieri che giacciono nei quadranti II e IV sono caratterizzati da tratti di curva di indifferenza inclinati positivamente. Si tratta dei panieri identificati poco sopra, composti da un 'male'. Nel caso del quadrante II, per esempio, si sta consumando il bene 2 al di sopra della quantità q_2' di sazietà, cosa questa che lo trasforma in 'male', mentre il bene 1 viene consumato entro i limiti della sazietà e quindi si comporta come un bene normale il cui consumo deve compensare il consumatore del consumo del bene 2. L'opposto si ha nel quadrante IV, nel quale il 'male' (cioè il bene consumato oltre il livello di sazietà q_1''') è il bene 1.

Infine, nel caso del quadrante III il consumatore sta consumando entrambi i beni al di sopra della soglia di sazietà, e migliorerebbe il proprio benessere se riducesse il consumo di entrambi. Per vederlo, basta costruire un paniere combinazione lineare di due panieri sul tratto della curva di indifferenza nel quadrante III per ottenere (secondo l'ipotesi di convessità) un paniere preferito ad entrambi le cui quantità sono tuttavia diminuite.

1.19. La curva di Engel

A partire dalla curva reddito-consumo è possibile isolare, per ciascuno dei due beni, la relazione che sussiste tra variazioni del reddito e variazioni della quantità domandata, sempre a parità di prezzo dei due beni e delle preferenze del consumatore. La curva che mette in relazione queste grandezze è nota come *curva di Engel.*

La curva di Engel rappresenta quindi la relazione che sussiste tra i diversi livelli del reddito monetario del consumatore e le diverse quantità domandate del bene. Nel caso di beni normali tale curva è inclinata positivamente: ossia, all'aumentare del reddito, la domanda del bene aumenta (Figura 27). Nel caso di beni inferiori la curva di Engel è invece inclinata negativamente: all'aumentare del reddito fa seguito una diminuzione della quantità domandata.

Figura 27. – *La curva di Engel di un bene normale*

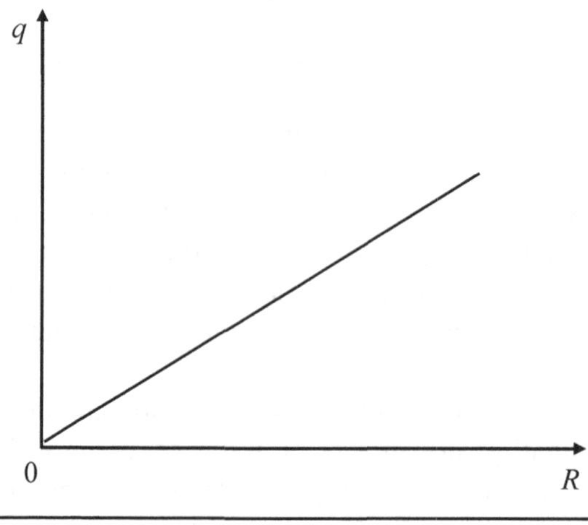

Per ottenere la curva di Engel per *beni complementari* occorre comprendere come è costituito il paniere ottimale per questa tipologia di beni al variare del reddito. A questo fine occorre costruire la relativa curva reddito-consumo (Figura 28). Questa è costituita dalla retta uscente dall'origine degli assi che congiunge gli spigoli delle varie curve di indifferenza per diversi livelli di reddito. Si osserva immediatamente che tale retta è inclinata a 45 gradi, essendo la bisettrice dell'ortante positivo. Questo significa che i due beni complementari verranno consumati in quantità uguali a causa della loro natura: per ogni incremento di consumo dell'uno è necessario ottenere lo stesso incremento nel consumo dell'altro (in realtà, occorre notare che il rapporto di complementarità potrebbe essere diverso da 1: sono beni complementari, infatti, quelli consumati in proporzione fissa, indipendentemente dalla proporzione – cioè 3 a 1, 1 a 2, ecc.).

Figura 28. – *La curva reddito-consumo di beni perfettamente complementari*

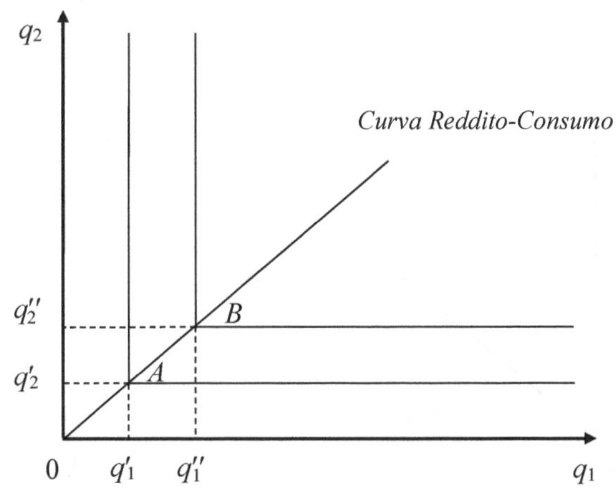

La curva di Engel si costruisce nel seguente modo. Date le caratteristiche di questa tipologia di beni (si veda il par. 1.17.2), essi verranno consumati in quantità uguali (una tazzina di caffè e un cucchiaio di zucchero, un paio di sci e un paio di attacchi, e così via). Possiamo quindi scrivere il seguente sistema di due equazioni:

$$q_1 = q_2$$

$$p_1 q_1 + p_2 q_2 = R$$

Sostituendo la prima equazione nella seconda si ottiene $p_1 q_1 + p_2 q_1 = R$, da cui si ricava la curva di Engel per beni complementari:

$$q_1 = \frac{1}{p_1 + p_2} R$$

La risultante curva di Engel può essere rappresentata (Figura 29) su un sistema di assi cartesiani come una retta uscente dall'origine degli assi con inclinazione pari a $1/(p_1 + p_2)$.

Il significato di una curva di Engel con inclinazione pari alla somma dei prezzi dei due beni risiede nel fatto che un incremento di reddito consente di acquistare il bene in oggetto soltanto se si è in grado di acquistare anche il bene complementare (posso comprare un paio di sci, solo se l'incremento di reddito permette di acquistare anche gli attacchi, altrimenti gli sci senza attacchi sono pressoché inutili).

Figura 29. – *La curva di Engel di un bene complementare*

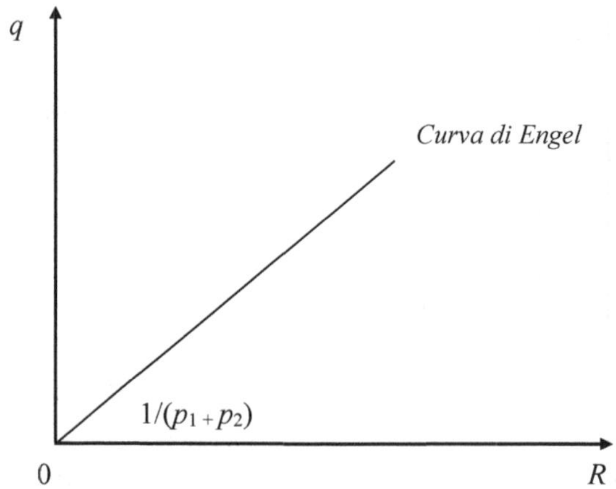

I *beni sostituti* sono beni per i quali il consumatore decide la quantità totale di cui necessita sulla base del suo vincolo di bilancio, lasciando al rapporto fra i prezzi dei due la composizione del paniere ottimale. Tuttavia, il consumatore sceglierà una soluzione d'angolo decidendo di consumare soltanto il bene che ha il prezzo inferiore. A mano a mano che il reddito aumenta (Figura 30), e il prezzo relativo dei due beni non cambia, si continuerà a scegliere di consumare soltanto quantità del bene che costa meno, e si continuerà quindi a privilegiare soluzioni d'angolo: la curva reddito consumo coinciderà quindi con l'asse cartesiano relativo al bene più economico.

Figura 30. – *La curva di Engel di un bene sostituto*

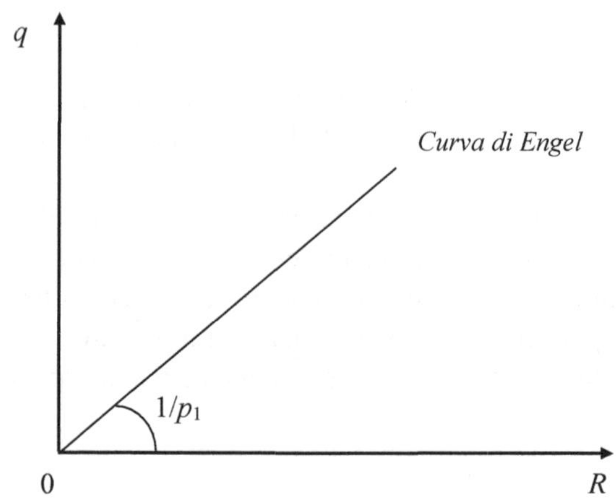

La curva di Engel si costruisce in modo analogo al precedente, risolvendo il sistema composto dalle due equazioni seguenti. Il solo cambiamento è relativo al fatto che in questo caso uno dei due beni (nel grafico e nel sistema qua sotto, il bene 2) sarà consumato in quantità nulla

$$q_2 = 0$$

$$p_1q_1 + p_2q_2 = R$$

Sostituendo la prima equazione nella seconda si ottiene $p_1q_1 = R$, da cui si ricava la curva di Engel per beni sostituti:

$$q_1 = \frac{1}{p_1}R$$

In questo caso, la curva di Engel presenta caratteristiche 'normali': la relazione (positiva) fra reddito e quantità domandata del bene è mediata dal solo prezzo del bene in questione.

1.20. L'effetto reddito e l'effetto sostituzione

Abbiamo visto nel paragrafo 1.5 che variazioni del prezzo di uno dei due beni che costituiscono il paniere che il consumatore deve scegliere fa ruotare il vincolo di bilancio: in senso antiorario, se il prezzo diminuisce, verso l'origine degli assi se il prezzo aumenta. Abbiamo perciò visto, nel paragrafo 1.11, che in conseguenza di ciò, variazioni del prezzo di un bene comportano variazioni nel paniere ottimale.

Tuttavia, la variazione del prezzo di un bene comporta un duplice effetto. Infatti, se il prezzo di un bene diminuisce, il rapporto fra i prezzi (p_1/p_2), che si definisce prezzo relativo, cambia. Ciò rende anche il bene di cui non è cambiato il prezzo più o meno economico a seconda della direzione in cui è cambiato il prezzo dell'altro bene: se per esempio p_1 aumentasse, il bene 2 diventerebbe relativamente più economico in termini del bene 1. Infatti, al nuovo prezzo del bene 1 occorrerebbero meno unità di questo bene per 'acquistare' una unità del bene 2. Questo effetto può indurre il consumatore a sostituire il bene più caro con quello diventato relativamente meno caro. Questo effetto è definito *effetto sostituzione*, poiché riguarda le modalità con cui variazioni del prezzo di un bene modificano il paniere ottimale inducendo appunto una sostituzione fra i due beni.

La variazione del prezzo di un bene induce anche un altro effetto, definito *effetto di reddito*. Questo effetto è dovuto alla modificazione del reddito reale del consumatore (R/p_1): ove p_1 diminuisse, il reddito reale aumenterebbe, e viceversa. Pertanto, a parità di reddito monetario (R), una diminuzione del prezzo del bene 1, facendo aumentare il suo reddito reale, aumenterebbe il potere d'acquisto del consumatore. Per esempio, se R è pari a 10 € ed il prezzo del bene 1 diminuisce, passando da 2 € ad 1 €, il reddito reale del consumatore (in termini di bene 1) aumenterà da 5 unità a 10 unità di quel bene. Naturalmente, se il prezzo di un bene aumenta, il reddito reale del consumatore diminuisce.

Poiché questi due effetti si verificano simultaneamente, essi si sommano quando varia il prezzo di un bene (andando a costituire l'*effetto totale di prezzo*). Occorre perciò scomporre l'effetto totale di prezzo nelle sue due componenti, e a tale fine si può procedere in due modi. Il primo metodo consiste nel valutare le modifiche alla scelta ottimale del consumatore, in seguito alla variazione del prezzo relativo dei due beni, mantenendo costante il *reddito reale* del consumatore. Il secondo metodo consiste nel valutare le modifiche alla scelta ottimale del consumatore, in seguito alla variazione del prezzo relativo dei due beni, mantenendo costante il *livello di utilità* del consumatore. Il primo metodo è noto come *compensazione di Slutsky*, il secondo come *compensazione di Hicks*.

1.20.1. La compensazione di Slutsky

In questo caso si tratta di valutare le modifiche alla scelta ottimale del consumatore in seguito alla variazione del prezzo di uno dei due beni, considerando che il consumatore abbia a disposizione un reddito reale invariato rispetto a quello che aveva prima della variazione di prezzo. Ipotizzare costante il reddito reale del consumatore significa assumere che il consumatore possa acquistare anche al nuovo prezzo relativo (p_1/p_2) il paniere che aveva deciso di acquistare prima del cambiamento del prezzo relativo.

Supponiamo che la scelta ottimale del consumatore si trovi in corrispondenza del paniere *A*, e che quindi si verifichi una diminuzione del prezzo del bene 1 (Figura 31).

Ciò genera, come sappiamo, una rotazione verso destra della retta di bilancio e, quindi, determina una nuova posizione di equilibrio del consumatore, in corrispondenza del paniere *B*. Il passaggio da *A* a *B*, che implica un aumento della quantità domandata del bene 1 da q'_1 a q''_1, identifica – o se si preferisce – "misura" l'effetto di prezzo. Per distinguere quanta parte di questa variazione della quantità domandata del bene 1 sia imputabile all'effetto di sostituzione e quanta parte invece all'effetto di reddito si può procedere, adottando l'approccio *à la* Slutsky, nel modo seguente: si fa ruotare la retta di bilancio attorno alla posizione di equilibrio originaria del consumatore (il paniere *A* nella Figura 31) fino ad ottenere una retta parallela al nuovo vincolo di bilancio (quello dopo il cambiamento di prezzo), e si determina quindi, applicando la condizione di tangenza tra retta di bilancio e curva di indifferenza più distante dall'origine, una nuova posizione di equilibrio del consumatore (il paniere *C* nella Figura 31).

Figura 31. – *Effetto reddito e sostituzione secondo Slutsky*

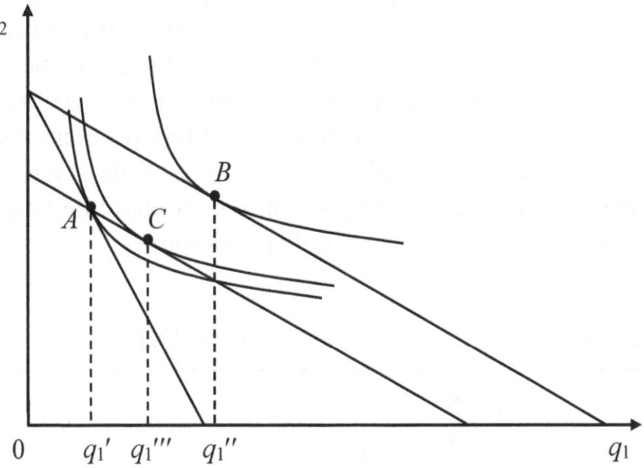

L'effetto di sostituzione, che in questo caso viene valutato a parità di reddito reale del consumatore, può dunque essere rappresentato graficamente dal passaggio dal paniere *A* al paniere *C*, al quale corrisponde una variazione della quantità domandata del bene 1 pari a $q_1''' - q_1'$. L'effetto di reddito è rappresentato graficamente dal passaggio dal paniere *C* al paniere *B*, al quale corrisponde una variazione della quantità del bene 1 pari, in questo caso, a $q''_1 - q_1'''$. Va da sé che la somma di questi due effetti coincide con l'effetto di prezzo complessivo, ossia, con la variazione della quantità pari a $q''_1 - q'_1 = (q_1''' - q'_1) + (q''_1 - q_1''')$.

1.20.2. La compensazione di Hicks

Nel caso della compensazione di *Hicks* si tratta di valutare le modifiche alla scelta ottimale del consumatore, in seguito alla variazione del prezzo di uno dei due beni, considerando che il consumatore mantenga costante il suo livello di utilità rispetto a quello che aveva prima della variazione di prezzo. Ipotizzare costante il livello di utilità del consumatore significa assumere che il consumatore possa acquistare anche al nuovo prezzo relativo (p_1/p_2) almeno un paniere indifferente al paniere che aveva deciso di acquistare prima del cambiamento del prezzo relativo.

Supponiamo che la scelta ottimale del consumatore sia il paniere *A* e che si verifichi una diminuzione del prezzo del bene 1 (Figura 32). Ciò genera, come abbiamo già visto, una rotazione verso destra della retta di bilancio e, quindi, determina una nuova posizione di equilibrio del consumatore, in corrispondenza del paniere

B. Il passaggio da *A* a *B*, che implica anche in questo caso un aumento della quantità domandata del bene 1 da q'_1 a q''_1, misura l'effetto di prezzo. Per scomporre l'effetto di prezzo consideriamo il punto di tangenza *C* tra una retta di bilancio che ha un'inclinazione pari al nuovo rapporto tra i prezzi dei due beni e la curva di indifferenza relativa alla posizione di equilibrio originaria, ossia precedente alla variazione di prezzo. In questo modo, si modifica il reddito nominale del consumatore in modo da compensare la variazione di prezzo, facendo sì che il consumatore rimanga sulla curva di indifferenza originaria. È così possibile valutare l'effetto di sostituzione a parità di livello di utilità del consumatore.

Figura 32. – *Effetto reddito e sostituzione secondo Hicks*

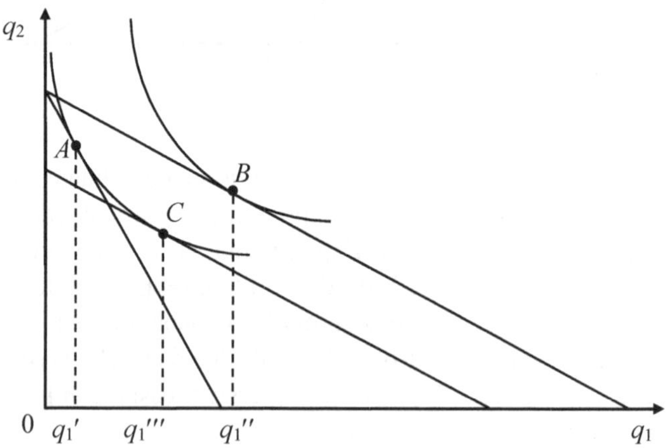

1.20.3. Alcune considerazioni sull'effetto reddito e sostituzione

Qualunque sia il metodo utilizzato per scomporre l'effetto di prezzo, il segno dell'effetto di sostituzione non è mai ambiguo, avendo sempre segno negativo. In altre parole, la variazione della quantità domandata, imputabile all'effetto sostituzione, va sempre nella direzione opposta rispetto alla variazione del prezzo: se il prezzo del bene diminuisce, la variazione della quantità domandata imputabile all'effetto di sostituzione sarà sempre positiva.

L'effetto reddito invece dipende dal tipo di beni presi in esame.

Nel caso di beni normali l'effetto di reddito è positivo: la variazione della quantità domandata va nella stessa direzione di quella del reddito reale (e non di quella del prezzo che ha generato quest'ultima). Quindi, se si registra, per esempio, una diminuzione del prezzo del bene 1, il conseguente aumento del reddito reale del consumatore determina un incremento della quantità consumata del bene 1 (Figura 32)[3]. In altri termini, l'effetto di reddito, che è rappresentato dallo spostamento da q_1''' a q_1'', si va a sommare all'effetto sostituzione (lo spostamento da q_1' a q_1''') per costituire l'effetto totale di prezzo ($q_1'' - q_1' = (q_1''' - q_1') + (q_1'' - q_1''')$). La curva di domanda che ne deriva è perciò inclinata negativamente: all'aumentare del prezzo la domanda diminuisce, e viceversa se il prezzo diminuisce.

Nel caso di beni inferiori, l'effetto di reddito è negativo e si contrappone a quello di sostituzione, anziché sommarsi come nel caso precedente. Per questa ragione possono verificarsi due casi.

Nel primo (Figura 33), l'effetto di reddito (lo spostamento da q_1''' a q_1'') è negativo ma minore dell'effetto di sostituzione, cosicché l'effetto di sostituzione (lo spostamento da q_1' a q_1''') prevale e ritorniamo ad avere sulla domanda individuale gli effetti del caso precedente con beni normali: l'effetto complessivo di prezzo evidenzia ancora un segno negativo e la curva di domanda è negativamente inclinata.

Figura 33. – *Effetto reddito e sostituzione nel caso di beni inferiori*

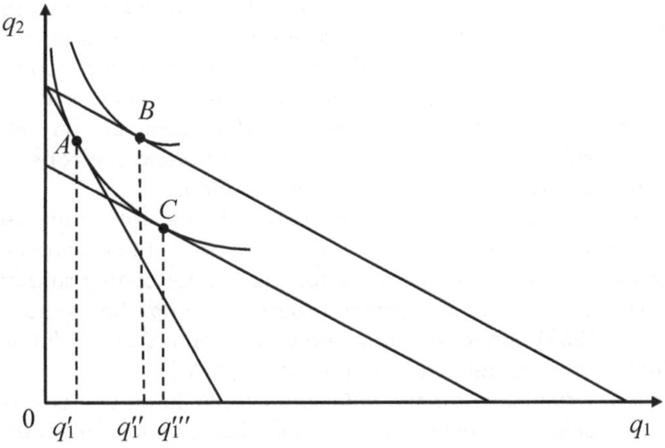

Nel secondo caso (Figura 34), invece, l'effetto di reddito risulta essere maggiore dell'effetto di sostituzione, cosicché ad aumenti del prezzo seguono aumenti della quantità domandata, e a diminuzioni del prezzo diminuzioni della domanda. Contrariamente a quanto visto nelle figure precedenti, la curva di domanda individuale è inclinata positivamente.

[3] Nelle due figure che seguono si farà riferimento ad una compensazione *a là* Hicks, ma il ragionamento non cambierebbe qualora ci riferissimo ad una compensazione *a là* Slutsky.

Figura 34. – *Effetto reddito e sostituzione nel caso di beni di Giffen*

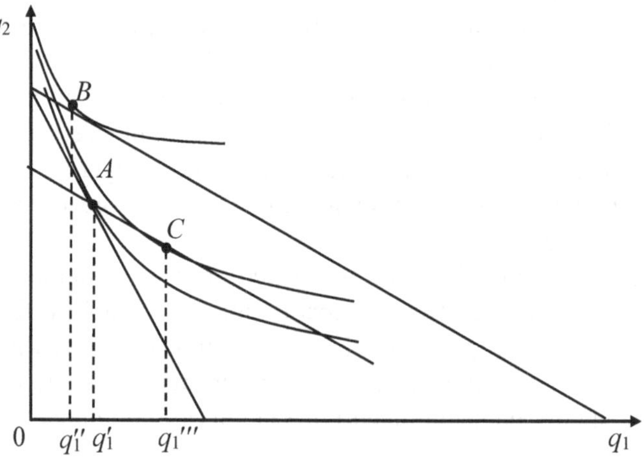

Box 4. – *I beni di Giffen*

I beni di Giffen sono molto difficili da individuare, trattandosi di beni per i quali occorre verificare una relazione positiva fra prezzo e quantità (cioè la curva di domanda di questi beni sarebbe inclinata positivamente). La difficoltà di reperire beni di Giffen risiede nel fatto che occorre che alcune caratteristiche siano soddisfatte: i) il bene deve essere un bene inferiore; ii) non devono esistere beni sostituti; iii) la spesa per questo bene deve costituire una parte importante del reddito del consumatore, ma non così elevata da impedire l'acquisto di altri beni normali.

Nel tentativo di individuarli alcuni ricercatori hanno fatto rotta verso l'Asia orientale, trovando due candidati in Cina ed uno in Giappone. In due province cinesi, Hunan nel Sud e Gansu nel Nord, il riso e il grano, che costituiscono il cibo base, sono consumati da una elevata percentuale di poveri urbanizzati e non hanno sostituti importanti. Jensen e Miller (2008) hanno mostrato che un aumento dell'1% del prezzo genera un corrispondente aumento del consumo pari allo 0,45%.

In Giappone, il candidato a bene di Giffen è costituito da una bevanda alcolica, il cui nome è *shochu*, di bassa qualità rispetto al *sake*. Baruch e Kannai (2001) trovano che mentre la relazione prezzo/quantità per il *sake* risulta essere chiaramente negativa (evidenziando cioè una curva di domanda inclinata negativamente), quella per lo *shochu* è positiva. Gli autori sostengono che appare possibile che di fronte ad un aumento del prezzo dello *shochu* i consumatori (poveri) che vogliono bere lo stesso ammontare di liquore (forse a causa di alcolismo) devono rinunciare a bevande più costose e perciò consumano più *shochu*.

Jensen R.T.-Miller N.H. [2008], "Giffen behavior and subsistence consumption", in *American Economic Review*, vol. 98, n. 4, pp. 1553-1577.

Baruch S.-Yakar K. [2001], *Inferior goods, Giffen goods, and shochu*, in G. Debreu-W. Neuefeind-W. Trockel (eds.), *Economics Essays, A Festschrift for Werner Hildenbrand*, Heidelberg, Springer-Verlag, pp. 9-17.

2 Impresa e teoria della produzione

Parte I - **Per capire**

Nel precedente capitolo ci siamo occupati di un primo tipo di agenti economici, i consumatori, che costituiscono il lato della domanda di mercato. In questo capitolo ci occupiamo dell'altro lato del mercato, quello dell'offerta. I beni e i servizi che vengono scambiati nei diversi mercati sono prodotti e venduti da un secondo tipo di agenti economici, le imprese. In questo capitolo viene presentata la teoria della produzione dell'impresa, ossia la teoria che analizza il comportamento che l'impresa adotta nello scegliere la quantità da produrre di un certo bene [1].

In maniera simmetrica a quanto visto nel capitolo precedente, la rilevanza di questa teoria risiede, principalmente, in due aspetti. In primo luogo, è possibile descrivere, sulla base di un preciso insieme di ipotesi, il comportamento dell'impresa in termini di scelta di "piani di produzione", ossia di combinazioni ottimali di *input* e *output* produttivi. In secondo luogo, è possibile ricavare la sua curva di offerta individuale, ossia la relazione che intercorre tra la quantità offerta dall'impresa stessa e il livello di prezzo di un certo bene. E ancora, la somma delle quantità offerte dalle singole imprese, per ciascun livello di prezzo, consente di costruire la curva di offerta di un certo mercato.

Questa considerazione ci introduce nel campo delle ipotesi su cui si basa la teoria della produzione dell'impresa o, per essere più precisi, la versione che di questa teoria ha dato l'approccio *neoclassico* (o *marginalista*). Come vedremo nel prossimo paragrafo, si tratta di ipotesi estremamente semplificatrici. Da queste emerge una precisa idea d'impresa che può essere associata al più elementare approccio della scuola neoclassica. In ragione dell'ampia diffusione che ha trovato e trova nella manualistica e nel dibattito economico, spesso ci si riferisce a questo approccio con l'espressione "approccio standard" (o *mainstream*) all'impresa. Nel corso

---

[1] Per semplificare l'esposizione, trascureremo il caso in cui l'impresa produca un servizio.

del presente capitolo assumeremo, in generale, che queste ipotesi siano ragionevolmente ammissibili e costruiremo pertanto la teoria della produzione a partire da queste.

Questo approccio, per quanto dominante nella teoria economica, non è esente da critiche. Secondo Luigi Pasinetti (1975), l'analisi neoclassica della produzione si fonda su un apparato teorico speculare rispetto alla teoria del consumo al fine di poterne utilizzare l'apparato matematico e grafico, basato sull'idea di allocazione ottimale di risorse produttive, lavoro e capitale. Pasinetti sostiene che non ci si deve sorprendere, pertanto, se la funzione di produzione – che, come vedremo, costituisce un elemento essenziale nell'analisi dei processi produttivi delle imprese – presenta alcune proprietà analitiche che la rendono molto simile alle funzioni di utilità studiate nel precedente capitolo.

Gli studiosi che hanno introdotto la specifica funzione di produzione che vedremo nei successivi capitoli sono riconducibili alla scuola matematica marginalista, originatasi nel XIX secolo. Il primo economista ad elaborare l'analisi algebrica della funzione di produzione è stato probabilmente Philip Henry Wicksteed (1894), benché embrioni della funzione di produzione si possano già trovare nei lavori di Johann Heinrich von Thünen di alcuni decenni prima (1848). Uno sviluppo significativo, in quanto ha introdotto *la* funzione di produzione comunemente utilizzata da moltissimi studiosi, è dovuto a Charles Cobb e Paul Douglas (1928). Di questa funzione sono state proposte più varianti a partire dagli anni '50 del secolo scorso, ed è importante sottolineare come da strumento della microeconomia la funzione di produzione sia divenuta uno strumento utilizzato anche nella macroeconomia.

I limiti di questo strumento di analisi sono stati evidenziati nella "controversia sul capitale" sviluppatasi a Cambridge negli anni '70 del secolo scorso ma, malgrado questo, la funzione di produzione continua a giocare un ruolo centrale nella maggior parte delle analisi degli economisti contemporanei.

2.1. Le ipotesi sul comportamento dell'impresa

La teoria della produzione fornita dall'approccio neoclassico standard fa riferimento ad un'impresa contraddistinta da numerose ipotesi. Tre di queste sono particolarmente rilevanti.

i) La prima ipotesi descrive l'impresa come un *agente economico individuale*, il cui obiettivo è il *profitto* – grandezza, quest'ultima, che deve essere massimizzata. L'impresa coincide con una figura centrale (denominata, alternativamente, proprietario, datore di lavoro o, più in generale, imprenditore) al quale fanno individualmente capo tutte le attività dell'impresa stessa: siglare e rescindere contratti con coloro che prestano servizi all'impresa (principalmente i lavoratori, ma non solo); dirigerne le prestazioni nel rispetto degli stessi contratti; prendere le decisioni relative alla vita dell'impresa; appropriarsi integralmente del "reddito residuale" dell'attività produttiva (ovvero dell'eccesso dei ricavi sui costi); trasferirne il relativo diritto ad altri agenti. Questa ipotesi non è evidentemente del tutto realistica. Basti pensare alle moderne società per azioni, in cui un numero spesso elevato di proprietari (soci) delega il controllo dell'impresa ad un numero talvolta altrettanto elevato di manager. D'altra parte, la stessa ipotesi trova riscontro nelle prime fasi dello sviluppo di un sistema economico, oltre che in alcuni specifici settori (tipicamente l'agricoltura) di sistemi economici industrializzati. Per questo motivo essa può essere accolta, almeno in prima battuta, in un'analisi dell'impresa di tipo elementare. La medesima ipotesi ha poi un'importante implicazione. L'obiettivo dell'impresa viene infatti automaticamente a coincidere con l'obiettivo dell'imprenditore che la costituisce: il profitto. Definito come differenza tra ricavi totali di vendita e costi totali di produzione, due concetti che impareremo a conoscere nel prosieguo del capitolo, il profitto è infatti la variabile che incentiva l'attività economica dell'imprenditore.

ii) La seconda ipotesi descrive l'impresa-imprenditore come un *agente economico perfettamente razionale*. Anche questa ipotesi ha un'importante serie di implicazioni. Essa equivale infatti ad assumere che l'impresa sia in grado di: determinare un certo insieme di scelta in termini di piani di produzione fattibili; attribuire a tutti i piani di produzione alternativi un esito, in termini di profitto, scegliere tra questi il piano di produzione preferito sulla base dell'obiettivo di massimizzazione del profitto. Sinteticamente, essendo l'impresa razionale, il suo comportamento coincide con una scelta di natura ottimizzante, ossia con la scelta della quantità di output che massimizza il profitto. Benché l'ipotesi di razionalità illimitata si scontri con le difficoltà che le imprese trovano ad acquisire ed elaborare tutte le informazioni che si richiedono ad una scelta ottimizzante, nel prosieguo del capitolo vi aderiremo senza sollevare obiezioni. Per farlo, invocheremo l'idea, anch'essa neoclassica, che le imprese si comportano "come se" fossero perfettamente razionali, anche se, di fatto, non lo sono completamente (Box 1).

iii) La terza ipotesi corrisponde ad una visione strettamente *tecnica* dell'impresa, descritta come un agente economico che trasforma le risorse necessarie allo svolgimento del processo produttivo, chiamate *fattori di produzione* o *input*, in quantità di produzione di un certo bene, ossia in *output*. Sebbene apparentemente realistica e teoricamente innocua, quest'ultima ipotesi equivale ad assumere che l'impresa disponga, sin dalla sua origine, di un insieme di conoscenze tecnologiche utilizzabili senza problemi nella trasformazione degli input in output produttivi. Questa terza ipotesi costituisce il cuore della teoria neoclassica della produzione, ragion per cui è opportuno soffermare su di essa la nostra attenzione nel prossimo paragrafo.

Box 1 – *La "plausibilità" delle ipotesi: Milton Friedman*

Le ipotesi relative al comportamento dell'impresa – che viene ad essere vista come sostanzialmente onnisciente – rendono la teoria neoclassica inutile? Ricordiamo che ipotesi "forti" sono state utilizzate anche in riferimento al comportamento dei consumatori.
Il dibattito sulle ipotesi a priori (o assunzioni) sulla cui base si procede poi a costruire una teoria è al centro dell'analisi economica da lungo tempo.
Degna di nota è la posizione dell'economista monetarista Milton Friedman, il quale scriveva, in un saggio pubblicato nel 1953, che le ipotesi non devono essere giudicate sulla base della loro plausibilità, ma sulla base della loro capacità di contribuire a costruire una teoria – nel nostro caso economica – in grado di spiegare i fatti:
"Un'ipotesi è importante se 'spiega' molto con poco, vale a dire se riesce ad estrarre gli elementi cruciali e comuni dalla massa di circostanze complesse e dettagliate che circondano i fenomeni che devono essere spiegati e consente [di realizzare] previsioni utili".
Dunque, sebbene nessun imprenditore conosca precisamente le funzioni di domanda e di costo, e nessuno risolva un sistema di equazioni al fine di massimizzare il profitto, all'economista teorico può comunque essere utile adottare l'assunzione secondo cui il produttore si comporta *come se* lo facesse.
Questo modo di procedere, per quanto possa essere contestato, ha consentito all'economia politica, in quanto scienza positiva, di svilupparsi ininterrottamente:
"La teoria è il modo attraverso cui percepiamo i "fatti", e non possiamo percepire "fatti" senza una teoria".
Vale la pena di ricordare che per economia positiva si intende un corpo di conoscenze sistematizzate che concerne *ciò che* è, mentre per economia normativa si intende il corpo di conoscenze sistematizzate che discutono i criteri di ciò che *deve* – o dovrebbe – *essere*.
L'economia positiva è indipendente da particolari posizioni etiche o giudizi di valore, e il suo compito è quello di fornire un sistema di generalizzazioni che possano essere usate per capire come un sistema economico si comporta e per fare previsioni corrette sull'andamento di certe grandezze economiche al variare delle condizioni di partenza.
Friedman M. [1953], "The methodology of positive economics", in *Essays in Positive Economics*.

2.2. La tecnologia dell'impresa: la funzione di produzione

Per produrre un certo bene, un'impresa ha bisogno di impiegare un certo numero di risorse – tipicamente lavoro, macchinari e materie prime – che vengono chiamate *fattori di produzione*. Rispetto all'*output* prodotto, cioè a quanto "esce" dal processo produttivo, questi fattori di produzione costituiscono gli *input*, ossia ciò che "entra" nel medesimo processo. In un'impresa siderurgica, ad esempio, una certa quantità di ferro (input del tipo materie prime) viene gettata all'interno di altiforni (input del tipo macchinari) e lavorata da manodopera specializzata (input del tipo lavoro) per essere trasformata in acciaio (output della produzione). In un'impresa agricola il processo di trasformazione richiede tipicamente l'uso di appezzamenti di terreno (input del tipo terra). Quasi sempre, poi, l'acquisizione dei fattori produttivi richiede, a sua volta, il reperimento di adeguate risorse finanziarie (input del tipo capitale finanziario). Più in generale, terra, materie prime, lavoro e capitale (fisico e finanziario) costituiscono le principali categorie in cui l'approccio neoclassico raggruppa, in prima battuta, i fattori di produzione dell'impresa.

Le categorie di fattori di produzione sono variegate. Come abbiamo già notato, alcuni fattori hanno natura materiale (ad esempio, il capitale fisico), mentre altri hanno natura immateriale: si pensi ai brevetti, che proteggono la conoscenza tecnologica dell'impresa, o all'imprenditorialità, intesa come la capacità dell'imprenditore di organizzare e realizzare il processo produttivo, anch'essa fattore di produzione essenziale. E ancora, alcuni fattori sono originari, ovvero disponibili e immediatamente acquistabili nei relativi mercati (come il lavoro), mentre altri devono essere a loro volta prodotti e sono pertanto input secondari (tipicamente, i macchinari, le attrezzature, gli impianti e i fabbricati).

La differenza più rilevante ai fini della presente analisi concerne tuttavia il lasso di tempo che si richiede per determinare una variazione nell'utilizzo dei fattori di produzione. Alcuni degli input produttivi dell'impresa richiedono un periodo di tempo relativamente lungo perché se ne possa aumentare l'impiego: il raddoppio del numero degli altiforni di un'impresa siderurgica, per esempio, richiede che se ne valuti la fattibilità e che se ne trovi il finanziamento e che, una volta acquistati, i nuovi impianti vengano installati, testati e posti a regime. Altri fattori di produzione, invece, possono essere modificati senza lunghi tempi d'attesa, come per esempio accade per il livello della manodopera di cui l'impresa siderurgica necessita. Questa distinzione può essere generalizzata ammettendo che, nel *breve periodo*, alcuni fattori di produzione, tipicamente i beni capitali (ma anche altri, come la terra), sono *fissi*, ossia disponibili solo a livelli predeterminati; altri, invece, come ad esempio il lavoro, sono *variabili*, e cioè liberamente modificabili. Nel *lungo periodo*, invece, tutti i fattori di produzione possono variare. Nel lungo periodo, per esempio, la nostra impresa siderurgica potrà decidere se operare con una certa scala di impianti piuttosto che un'altra. In questo modo, la distinzione tra breve e lungo periodo si basa, piuttosto che su di un preciso lasso di tempo, non specificabile a priori, su un principio più generico, anche se evidentemente tautologico: il breve periodo è quel lasso di tempo durante il quale alcuni fattori di produzione sono fissi, mentre il lungo periodo è un arco temporale in cui tutti i fattori divengono variabili.

Combinare insieme i diversi fattori di produzione e trasformarli in output richiede all'impresa di seguire un insieme di "istruzioni tecniche", definite dalla *conoscenza tecnologica* a sua disposizione. Per produrre 100 quintali di acciaio, per esempio, con la tecnologia a disposizione, la nostra impresa siderurgica potrà necessitare di *non più* di 50 quintali di ferro, 1 altoforno e 2 lavoratori: definiamo questa la "tecnica" migliore per ottenere i 100 quintali di acciaio. Presumibilmente, la medesima quantità di output si potrebbe ottenere anche impiegando una maggiore quantità dei tre tipi di input produttivi, cioè una diversa tecnica, ma ciò non sarebbe *tecnicamente efficiente*, dacché il risultato non sarebbe ottenuto con l'ammontare minimo di input necessario.

Si noti come il criterio in base al quale la combinazione 50 quintali di ferro, 1 altoforno e 2 lavoratori viene definita migliore sia puramente tecnico e non faccia riferimento alcuno ai costi di acquisto e di utilizzo degli stessi input. È cioè assente, almeno per il momento, una valutazione economica dei fattori di produzione impiegati. In forma diversa, ma equivalente, l'impresa è tecnicamente efficiente quando per ciascuna combinazione di fattori produttivi come quella sopra esemplificata produce la massima quantità di output possibile.

Nell'approccio neoclassico standard, questa idea di efficienza tecnica viene espressa in forma generale da una particolare relazione tra input e output che va sotto il nome di *funzione di produzione*. Essa è definita come quella relazione che consente all'impresa di ottenere il massimo livello di output tecnicamente possibile da ciascuna combinazione degli input impiegati.

Se consideriamo un'impresa che opera, per semplicità, con due soli fattori di produzione – ad esempio, lavoro (fattore 1) e capitale fisico (fattore 2) – le cui quantità indichiamo con x_1 e x_2, rispettivamente, e che produce con essi un certo bene, la cui quantità indichiamo con q, la funzione di produzione può essere indicata come segue:

$$q = f(x_1, x_2) \qquad [1]$$

L'equazione [1] indica che la quantità di un dato bene prodotta dall'impresa, q, dipende dai fattori produttivi utilizzati x_1 e x_2. Dunque, la relazione f lega ciascuna combinazione degli input impiegati dall'impresa, x_1 e x_2 – indicati tra parentesi tonda a destra del segno di uguale come variabili indipendenti – alla *massima* quantità di output, q – indicata a sinistra del segno di uguale come variabile dipendente – ottenibile trasformando tali input seguendo la conoscenza tecnologica disponibile[2]. Si noti come questa funzione faccia riferimento ad un non precisato intervallo di tempo, che può essere il giorno, la settimana, ecc., nel corso del quale i due fattori produttivi si combinano; q, in questo modo, è una variabile di *flusso*.

Possiamo a questo punto introdurre uno strumento analitico fondamentale: la funzione di produzione di *breve periodo*. Ipotizzando l'utilizzo di solo due fattori di produzione, così come fatto nell'equazione [1] dove i fattori sono lavoro (x_1) e capitale fisico (x_2), solo il primo risulterà variabile, mentre il secondo sarà fisso, per esempio

---

[2] La funzione potrebbe essere scritta in modo esplicito. Ad esempio, se indichiamo con L (lavoro) il fattore x_1 e con K (capitale fisico) il fattore x_2, la funzione Cobb-Douglas si scrive: $q = AL^{\alpha}K^{\beta}$ dove A è semplicemente un numero maggiore di uno, mentre α e β sono due parametri positivi la cui somma è pari ad 1 (ad esempio, $\alpha = 0{,}75$ e $\beta = 0{,}25$). Quando più avanti parleremo di 'rendimenti di scala' della funzione, il caso in cui $\alpha + \beta = 1$ implica che la funzione mostra rendimenti 'costanti', il che significa che al raddoppio degli input corrisponde l'esatto raddoppio dell'output.

al livello $\overline{x}_2$. La funzione di produzione di breve periodo potrà essere scritta come:

$$q = f(x_1; \overline{x}_2) \qquad [2]$$

Essendo x_2 fisso, la funzione di produzione è in questo caso una relazione tra la variabile q e la sola variabile x_1. Al fine di rappresentarla graficamente indichiamo la variabile indipendente della funzione, in questo caso la quantità di input variabile, x_1, sull'asse delle ascisse (asse orizzontale) e la variabile dipendente, in questo caso la quantità di output ottenuta q, sull'asse delle ordinate (asse verticale). La curva che rappresenta graficamente la funzione di produzione illustra, si ricordi, come varia l'output prodotto dall'impresa (q) al variare della quantità impiegata del fattore di produzione variabile (x_1): per questo motivo essa è anche chiamata *curva del prodotto totale* (q) (Figura 1).

Figura 1. – *Funzione di produzione di breve periodo*

(1.a) *Pmgx₁ sempre decrescente* (1.b) *Pmgx₁ prima crescente e poi decrescente*

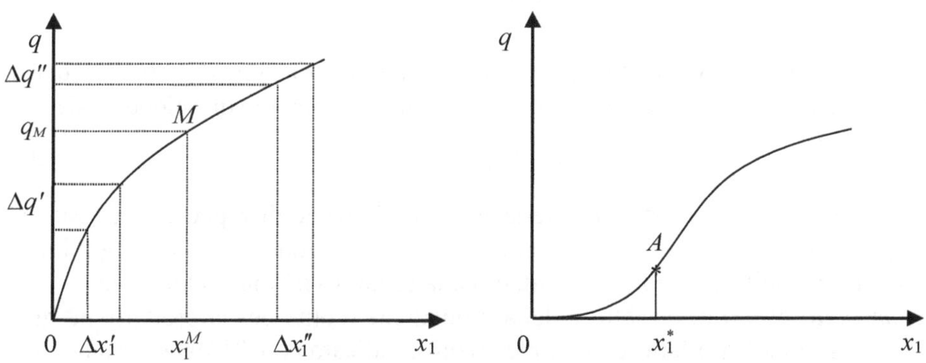

La Figura 1 consente di dare un'utile interpretazione economica all'area compresa tra la funzione di produzione e l'asse orizzontale delle ascisse. Tale area è infatti individuata da tutte le combinazioni di input e output produttivi – altrimenti detti *piani di produzione* – che l'impresa è tecnicamente in grado di realizzare. Questo insieme di combinazioni prende il nome di *insieme di produzione*. Dello stesso la funzione di produzione rappresenta la *frontiera tecnicamente efficiente,* ovverosia il massimo livello di prodotto raggiungibile con un certo livello di x_1. Si suppone che l'impresa sia sempre in grado di raggiungere la combinazione massimamente efficiente di input e output. Come questa combinazione sia raggiunta non è specificato nelle funzioni di produzione. La funzione di produzione è una sorta di *scatola nera* in cui gli input si organizzano sempre in modo tale da ottimizzare i processi produttivi.

2.2.1. Il prodotto marginale, il prodotto medio e il prodotto totale

Per potere descrivere in modo rigoroso le proprietà assiomatiche e geometriche di questa funzione di produzione, e della sua rappresentazione grafica, dobbiamo introdurre due concetti essenziali: il prodotto marginale e il prodotto medio di un fattore produttivo.

Chiamiamo *prodotto marginale* di un fattore di produzione i (nel nostro caso, $i = 1$, indica il fattore variabile lavoro), e indichiamo con $PMgx_1$, l'incremento (indicato attraverso la lettera greca maiuscola "delta", Δ) di produzione (ossia Δq) che l'impresa consegue aumentando di un'unità la quantità impiegata del fattore produttivo stesso (Δx_1), a parità della quantità impiegata degli altri input (nel nostro caso, l'altro input x_2 che indica il capitale fisico). Nel nostro caso, pertanto, il prodotto marginale del lavoro indica l'incremento di prodotto (Δq) attribuibile all'incremento di un'unità della quantità di lavoro, tenendo costante la dotazione di capitale fisico.

In termini formali, il prodotto marginale del fattore x_1 (lavoro) può essere espresso nel modo seguente:

$$PMgx_1 = \frac{\Delta q}{\Delta x_1} \qquad [3]$$

Da quest'ultima espressione è possibile ricavare la variazione di output associata ad una qualsiasi variazione della quantità impiegata dell'input in questione, ossia:

$$\Delta q = PMgx_1 \times \Delta x_1 \qquad [4]$$

La variazione di q causata dalla variazione dell'impiego di x_i può essere vista come il prodotto tra quest'ultima e la variazione di produzione causata da ogni incremento unitario nell'impiego dell'input, ossia la produttività marginale $PMgx_i$.

Il *prodotto medio* di un fattore della produzione (come per la produttività marginale, $i = 1$, e indica il fattore variabile lavoro), indicato con $PMex_1$ si ottiene dividendo il prodotto totale, q, per l'ammontare totale del fattore di produzione variabile impiegato per ottenerlo, x_1, ossia:

$$PMex_1 = \frac{q}{x_1} \qquad [5]$$

Il prodotto medio del fattore di produzione differisce in modo sostanziale dalla produttività marginale definita nell'equazione [3]. Essa misura infatti quanto mediamente un'unità del fattore variabile è in grado di produrre del bene in questione, e non il contributo alla sua produzione di un incremento marginale dell'impiego di x_1. In termini analitici, la differenza sta nel fatto che nella [5], contrariamente a quanto avviene nella [3], non compaiono i segni di variazione (cioè i "delta") di x_1 e q. Come risulta evidente dalle rispettive definizioni sia la produttività media sia la produttività marginale assumono valori diversi per diversi valori di x_1.

Attraverso la Figura 1 e la Figura 2 possiamo mettere in relazione la curva del prodotto totale (o funzione di produzione) con i concetti di prodotto marginale e di prodotto medio.

Nella Figura 1 possiamo distinguere il caso in cui la produttività marginale del fattore produttivo 1 sia sempre decrescente (riquadro a sinistra, 1.a), dal caso più generale in cui la produttività marginale del fattore è prima crescente e poi decrescente (riquadro a destra, 1.b).

La curva che esce dall'origine del piano cartesiano è la funzione di produzione. Per ogni punto sull'asse delle ascisse x_1 sappiamo qual è la quantità q del bene che possiamo produrre: è sufficiente proiettare un qualsiasi punto dall'asse orizzontale (ascisse) sulla curva e poi proiettare quel punto sull'asse verticale (ordinate) per "leggere" la quantità prodotta. Dunque, sul grafico di sinistra della Figura 1, ad esempio, se disponiamo di x_1^M unità del fattore produttivo 1 proiettando verticalmente x_1^M sulla curva otteniamo il punto M che, proiettato a sua volta orizzontalmente verso sinistra sull'asse delle ordinate, ci "informa" del fatto che stiamo producendo q_M unità del bene.

Nel grafico di sinistra della Figura 1, inoltre, abbiamo evidenziato due segmenti orizzontali identici per costruzione, cioè $\Delta x_1' = \Delta x_1''$; come si nota, a parità di Δx_1, i Δq generati sull'asse delle ordinate sono diversi, e, in particolare, $\Delta q'$ è maggiore di $\Delta q''$. Come sappiamo dalla [3], la produttività marginale è per definizione $\Delta q/\Delta x_1$; considerato che il denominatore della frazione (Δx_1) è identico e il numeratore è maggiore nel primo caso rispetto al secondo, abbiamo mostrato che la produttività marginale decresce all'aumentare dell'utilizzo del fattore produttivo. Occorre sottolineare il fatto che produttività marginale decrescente *non* significa produttività marginale negativa. Facendo riferimento al lato sinistro della Figura 1, quando calcoliamo il valore del rapporto $\Delta q/\Delta x_1$, questo diventa un numero via via più piccolo tanto più ci spostiamo verso destra sull'asse delle ascisse, ma è un numero sempre maggiore di zero. (Il caso in cui la produttività marginale del fattore produttivo è negativa lo si può vedere nella Figura 2, quando si utilizza una quantità maggiore di x_1^C del fattore stesso.)

Se la funzione di produzione ha la forma indicata nel lato destro della Figura 1, nel tratto che va dall'origine del piano cartesiano, 0, fino al punto A, la produttività marginale del fattore produttivo è crescente; utilizzando una quantità del fattore produttivo maggiore di x_1^* la produttività marginale diventa decrescente. Tecnicamente, il punto A si chiama *punto di flesso*, ed è il punto in cui la funzione cambia concavità – cioè da convessa verso il basso diventa concava.

Possiamo approfondire l'argomento, tracciando un grafico che mette in relazione l'andamento della curva del prodotto totale da un lato, con quello del prodotto marginale e medio dall'altro. Questo è quello che facciamo nella Figura 2 in cui la parte superiore riproduce, estendendola, la funzione di produzione del lato destro della Figura 1, mentre la parte inferiore illustra l'andamento del prodotto marginale e del prodotto medio.

Figura 2. – *Curve del prodotto totale, della produttività media e della produttività marginale*

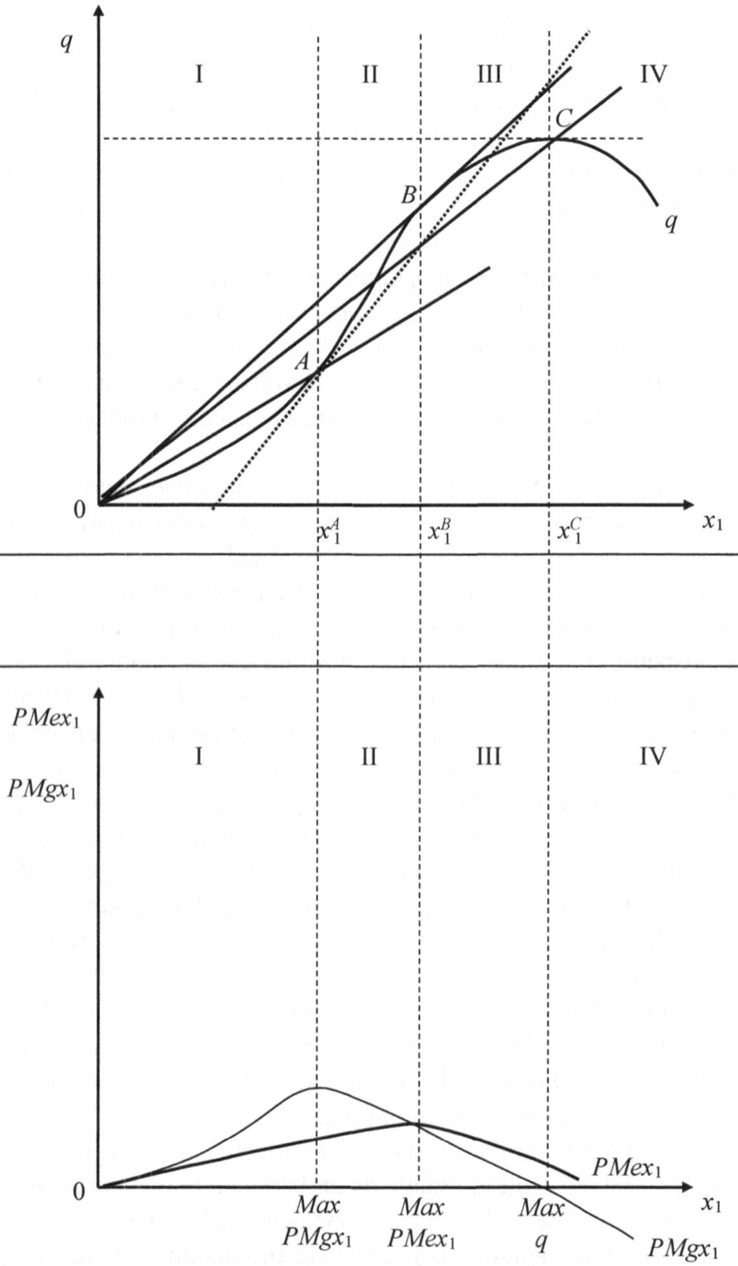

Per comprendere graficamente l'andamento del prodotto marginale, dobbiamo ricordare la relazione che esiste tra andamento del prodotto totale e del prodotto marginale stesso, spostandoci dall'origine del piano cartesiano verso destra sull'asse delle ascisse. Come abbiamo detto, all'aumentare della disponibilità del fattore produttivo aumenta il prodotto totale [3], e questo lo vediamo graficamente attraverso la funzione di produzione. L'andamento del prodotto marginale lo possiamo studiare facendo riferimento all'inclinazione delle rette *tangenti* ad ogni punto della funzione di produzione: la produttività marginale del fattore variabile è di fatto uguale all'inclinazione della retta tangente a ciascun punto della curva del prodotto totale collocata nella parte superiore della Figura 2.

Per disegnare la curva della produttività marginale sarà quindi sufficiente "seguire" l'evoluzione delle rette tangenti a ciascun punto della curva del prodotto totale, partendo dall'origine del piano e spostandoci verso destra, e riportare nella parte inferiore della Figura 2 i valori dell'inclinazione di queste rette corrispondenti ai diversi valori di x_1.

A titolo esemplificativo, nella parte superiore della Figura 2, abbiamo tracciato tre di queste rette tangenti: quella tangente alla curva del prodotto totale nel punto di flesso *A*, di passaggio dal tratto con $PMgx_1$ crescente a quello con $PMgx_1$ decrescente (linea tratteggiata); quella tangente a $q = f(x_1)$ nel punto *B* (linea continua), coincidente con la retta congiungente l'origine con lo stesso punto; quella tangente nel punto *C* (linea tratteggiata orizzontale), di passaggio dal tratto con rette tangenti ad inclinazione positiva a rette tangenti con inclinazione negativa.

La curva della $PMgx_1$, con tratto più chiaro nella parte inferiore della Figura 2, risulta coerente con queste proprietà. Dapprima, per valori del fattore variabile compresi fra l'origine e x_1^A il valore della tangente alla curva del prodotto totale è crescente e, per questo motivo, il prodotto marginale del fattore variabile cresce, in corrispondenza di questo intervallo. Per livelli del fattore variabile superiori a x_1^A, la pendenza della tangente alla curva di prodotto totale inizia a diminuire, fino a diventare nulla per valori del fattore variabile pari a x_1^C. In questo modo la curva del prodotto marginale del fattore variabile è a forma di U rovesciata: in un primo tratto tende a crescere fino a raggiungere un punto di massimo in x_1^A. Poi, per livelli del fattore variabile superiori a x_1^A, il prodotto marginale presenta un andamento decrescente, fino ad annullarsi. L'interpretazione dell'andamento di questa curva è relativamente semplice. Ogni incremento del fattore lavoro dà luogo ad incrementi crescenti di prodotto. Oltrepassato un determinato livello di lavoro, x_1^A, ogni incremento di questo fattore variabile continua ad accrescere il livello della produzione totale, ma questi incrementi sono via via decrescenti, fino ad annullarsi al raggiungimento della quantità di lavoro pari a x_1^C. Questo andamento è attribuibile al fatto che la dotazione di capitale fisico (impianti, stabilimenti, macchinari, ecc.) è fissa,

[3] Nella Figura 2 questo è vero fino al punto x_1^C.

poiché siamo nel breve periodo: per livelli bassi di lavoro il prodotto marginale di questo fattore tende a crescere fino a raggiungere un massimo, poi, a mano a mano che ci si avvicina a una sorta di livello di "saturazione" degli impianti, il prodotto marginale tende a decrescere fino ad annullarsi. Si osservi che il livello del capitale fisico determina il livello del fattore variabile in corrispondenza del quale si saturano gli impianti. Questo significa che, benché nel breve periodo non è possibile modificare la dotazione di capitale fisico, essa tuttavia non è irrilevante, poiché determina la capacità di assorbimento del fattore variabile di produzione, in questo caso il lavoro.

Per analizzare graficamente il prodotto medio del fattore variabile occorre osservare che $PMex_1$ corrisponde, per definizione, al rapporto tra l'ordinata e l'ascissa di ogni punto della curva del prodotto totale, e misura pertanto l'inclinazione della retta congiungente l'origine degli assi con ciascun punto della curva stessa nella parte superiore della Figura 2. Sarà quindi sufficiente analizzare come il valore di questa inclinazione varia tracciando una retta che congiunge l'origine degli assi con i diversi punti della curva del prodotto totale da sinistra a destra. A titolo esemplificativo, in Figura 2 abbiamo tracciato, con un tratto continuo, tre di queste rette, congiungenti l'origine con i punti *A*, *B*[4] e *C* della curva del prodotto totale. Come si nota, la loro inclinazione, ossia la produttività media di x_1, prima aumenta, da *A* a *B* ($PMex_1^A < PMex_1^B$), e poi diminuisce, da *B* a *C* ($PMex_1^B < PMex_1^C$). Riportando i valori dell'inclinazione di queste e altre rette dello stesso tipo per i diversi valori di x_1 corrispondenti, nella parte inferiore della Figura 2 otteniamo così la curva $PMex_1$, corrispondente alla curva con il tratto più spesso. La curva del prodotto medio presenta una forma ad U rovesciata, relativamente simile a quella della curva del prodotto marginale del fattore variabile.

Confrontando tra loro le tre curve di prodotto – totale, medio e marginale – notiamo quanto segue: i) nel tratto crescente della curva del prodotto marginale, anche la curva di prodotto medio risulta crescente, benché si collochi al di sotto della curva del prodotto marginale. Se il prodotto marginale risulta crescente, anche la curva del prodotto medio deve essere crescente. Tuttavia, la crescita della curva del prodotto medio è più lenta di quella del prodotto marginale. Per questa ragione, nel tratto crescente della curva del prodotto marginale, quest'ultima giace al di sopra della curva del prodotto medio e la distanza fra le due curve tende a crescere; ii) quando la curva del prodotto marginale inizia a decrescere la curva del prodotto medio continua a crescere, poiché, anche se il prodotto marginale ha iniziato a diminuire, rimane sempre superiore al prodotto medio; iii) a un certo punto le due curve si intersecano; l'intersezione avviene sempre in corrispondenza del punto di

[4] La retta tangente in *B* la possiamo considerare in due modi: da un lato, riferendoci alla produttività marginale, in quanto la curva e la retta in quel punto hanno la stessa inclinazione; dall'altro, in riferimento alla produttività media, dato dal rapporto tra il segmento verticale $x_1^B - B$ e quello orizzontale $0 - x_1^B$; possiamo così notare che in *B* la produttività marginale e media hanno lo stesso valore dato, appunto, dall'inclinazione della retta tangente in *B*.

massimo della curva del prodotto medio (x_1^B, il punto B sulla curva di prodotto totale); iv) per valori del fattore variabile superiori a x_1^B, la curva del prodotto marginale continua a diminuire e inizia a diminuire anche la curva del prodotto medio. La diminuzione della curva del prodotto medio è più lenta di quella del prodotto marginale. Per questa ragione, per valori del fattore variabile superiori a x_1^B la curva del prodotto marginale giace al di sotto della curva del prodotto medio.

L'esempio della Tabella 1 riporta i dati relativi a una funzione di produzione fittizia e riassume le proprietà della funzione di prodotto totale e delle curve di prodotto marginale e medio. Cerchiamo di capire il significato delle varie colonne, ipotizzando che il fattore variabile x_1 sia il lavoro, indicato con la lettera L.

Nella colonna (1), indichiamo il numero di lavoratori, da zero a 17; nella colonna (2), indichiamo il prodotto totale (o output) che si ottiene a seconda del numero di lavoratori impiegati; nella colonna (3), calcoliamo l'incremento dell'output che si ottiene incrementando di una unità l'utilizzo del fattore produttivo variabile, cioè il lavoro; nella colonna (4), indichiamo il prodotto marginale del fattore produttivo variabile; nella colonna (5), indichiamo il prodotto medio.

Come si può riscontrare, se non disponiamo di alcun lavoratore ($L = 0$ nella prima colonna), il prodotto totale è pari a zero ($Q = 0$ nella seconda colonna). Quando $L = 1$ il prodotto totale è $Q = 20$; con $L = 2$ il prodotto totale è pari a 41; con $L = 3$ l'output è pari a 63, e così via.

Le colonne (3) e (4) fanno riferimento a variazioni; consideriamo cosa succede, ad esempio, se la disponibilità del fattore produttivo aumenta da 5 a 6 unità. La colonna (3) indica la variazione nell'output al variare della disponibilità del fattore produttivo. Ad esempio, se disponiamo di 5 unità di lavoro, l'output totale Q è pari a 110; se disponiamo di 6 unità di lavoro, l'output totale Q è pari a 136. Dunque calcoliamo l'incremento dell'output ΔQ come differenza tra il prodotto totale con 6 unità di lavoro e con 5 unità di lavoro, cioè $\Delta Q = 136 - 110 = 26$. Se utilizzassimo 7 unità di lavoro, l'incremento dell'output, quando incrementiamo il lavoro da 6 a 7 unità, sarebbe $\Delta Q = 161 - 136 = 25$, e così via.

La colonna (4) mette in rapporto la colonna (3), cioè ΔQ, con la variazione del fattore produttivo ΔL, che abbiamo sempre ipotizzato essere pari ad 1 (e per questo motivo le colonne (3) e (4) hanno gli stessi valori). Consideriamo l'esempio $L = 5$, $Q = 110$; $L = 6$, $Q = 136$. ΔQ lo conosciamo già: $\Delta Q = 136 - 110 = 26$. ΔL sarà semplicemente $\Delta L = 6 - 5 = 1$. Dunque il rapporto $\Delta Q/\Delta L$ sarà 26/1, cioè 26.

Se considerassimo i valori $L = 6$, $Q = 137$; $L = 7$, $Q = 161$, otterremmo: $\Delta Q = 161 - 136 = 25$, e $\Delta L = 7 - 6 = 1$, per cui $\Delta Q/\Delta L$ sarà 25/1, cioè 25.

A proposito della colonna (4), possiamo notare che potremmo utilizzare ΔL diversi, scegliendo, appunto, dei ΔL diversi da 1. Consideriamo un cambiamento di 2 unità, utilizzando questi valori: $L = 8$, $Q = 184$; $L = 10$, $Q = 227$. L'incremento del prodotto totale in questo caso è: $\Delta Q = 227 - 184 = 43$, mentre $\Delta L = 10 - 8 = 2$, per cui il prodotto marginale $\Delta Q/\Delta L$ sarà 43/2, cioè 21,5.

Tabella 1. – *Prodotto totale, marginale e medio*

Lavoro (fattore variabile x_1) (1)	**Output totale (q)** (2)	**Incremento nell'output** (3)	**Prodotto marginale del fattore variabile** (4) [(3)/Δ(1)]	**Prodotto medio del fattore variabile** (5) [(2)/(1)]
L	Q	ΔQ	$PMgx_1$ (= $PMgL$)	$PMex_1$ (= $PMeL$)
0	0	–	–	–
1	20	20	20	20,0
2	41	21	21	20,5
3	63	22	22	21,0
4	86	23	23	21,5
5	110	24	24	22,0
6	136	26	26	22,7
7	161	25	25	23,0
8	184	23	23	23,0
9	206	22	22	22,9
10	227	21	21	22,7
11	247	20	20	22,5
12	266	19	19	22,2
13	284	18	18	21,8
14	301	17	17	21,5
15	317	16	16	21,1
16	332	15	15	20,8
17	346	14	14	20,4

La colonna (5) è immediata da capire: riporta semplicemente il rapporto tra i valori della colonna (2) e quelli della colonna (1). Ad esempio, se $L = 5$, $Q = 110$, il prodotto medio sarà Q/L, cioè $110/5 = 22$: ogni unità di lavoro produce, in media, 22 unità del bene.

Si noti come, fino a una quantità di lavoro pari a 6, le curve di prodotto marginale e medio sono crescenti. In questo tratto la curva di prodotto medio giace al di sotto della curva del prodotto marginale. Per livelli di lavoro pari a 7, la curva di prodotto marginale inizia a decrescere, mentre il prodotto medio, essendo ancora inferiore al prodotto marginale, continua a crescere. In corrispondenza di $L = 8$, la curva del prodotto medio è al proprio livello massimo e prodotto medio e marginale si equivalgono. Per livelli di L superiori a 8, infine, si osserva che la curva del prodotto medio è decrescente e giace al di sopra della curva di prodotto marginale.

2.2.2. I rendimenti di scala

Come si è detto nel precedente paragrafo, nel breve periodo il capitale fisico è fisso, ma non manca di esercitare un'influenza molto rilevante sulla capacità di "assorbimento" del fattore variabile di produzione, il lavoro, da parte dell'impresa. Tanto più elevata è la dotazione di capitale fisico, quanto più elevato è il livello di lavoro, in corrispondenza del quale si raggiunge quello che prima è stato definito come livello di saturazione. Si può dire che la dotazione di capitale fisico determina la scala di produzione dell'impresa. Per vedere in modo rigoroso che cosa succede alla scala di produzione quando ipotizziamo diversi livelli di capitale fisico, si fa riferimento al concetto di rendimenti di scala. È chiaro che, in questo caso, poiché il capitale fisico è libero di variare, ci riferiamo ad un'analisi di lungo periodo.

Se, per esempio, supponiamo che la quantità impiegata dei due input, x_1 e x_2, venga raddoppiata – cosicché l'argomento della funzione di produzione da $f(x_1, x_2)$ diventa $f(2x_1, 2x_2)$ – a seconda di come aumenta q possiamo avere uno dei seguenti tre casi:

1. *Rendimenti di scala costanti.* Raddoppiando la quantità impiegata dei due fattori, la quantità prodotta raddoppia: in simboli, $f(2x_1, 2x_2) = 2f(x_1, x_2)$. In questo caso, l'impresa è esattamente in grado di replicare ciò che stava già facendo, cosicché la produzione aumenta in modo proporzionale all'aumento degli input. Per esempio, se con 3 lavoratori e 5 macchine si ottengono 12 torni, allora rendimenti costanti implicano che con 6 lavoratori e 10 macchine si otterranno esattamente 24 torni. E ancora, che con 9 lavoratori e 15 macchine, cioè triplicando i fattori di produzione, si otterranno 36 torni, cioè il triplo di 12.

2. *Rendimenti di scala crescenti.* Raddoppiando la quantità impiegata dei due fattori, la quantità prodotta aumenta più del doppio: $f(2x_1, 2x_2) > 2f(x_1, x_2)$. Per esempio, considerando il caso precedente, il raddoppio dei lavoratori e delle macchine, portati, rispettivamente, a 6 e a 10, garantisce una produzione pari a più di 24 torni, e il passaggio alla combinazione, tripla di quella di partenza, con 9 lavoratori e 15 macchine, ad una produzione maggiore del triplo, ossia di 36 torni. Più in generale, l'output aumenta più che proporzionalmente rispetto all'aumento degli input. I motivi per cui questo può accadere sono molteplici. Tipicamente, aumentando la scala di produzione e la dimensione degli impianti (uno dei due fattori), l'impresa può essere in grado di implementare una migliore divisione del lavoro all'interno della fabbrica, consentendo ai lavoratori (il secondo dei due fattori) di specializzarsi nelle loro mansioni diventando quindi più produttivi.

3. *Rendimenti di scala decrescenti.* Raddoppiando la quantità impiegata dei due fattori, la quantità prodotta aumenta meno del doppio: $f(2x_1, 2x_2) < 2f(x_1, x_2)$. Riferendoci al solito esempio, il raddoppio dei due input, da 3 a 6 e da 5 a 10, fa aumentare la produzione di meno del doppio, portandola a meno di 24 torni, e così pure la triplicazione degli input (da 3 a 9 e da 5 a 15), meno che triplica la produzione (meno di 36 torni). Più in generale, se gli input vengono aumentati l'impresa aumenterà la produzione in modo meno che proporzionale. Come nel caso precedente, i motivi per cui questo può accadere sono svariati. Tipicamente, quello che succede quando la scala di produzione di un'impresa aumenta oltre una certa soglia è che si possono verificare dei problemi nel coordinare una forza lavoro che diventa molto numerosa e che, per difficoltà di gestione appunto, fornisce alla produzione un contributo addizionale minore.

In conclusione, è opportuno notare che è possibile avere rendimenti di scala diversi in corrispondenza di diversi livelli di produzione. Per esempio, si potrebbero avere rendimenti crescenti per livelli bassi di produzione, seguiti poi da rendimenti costanti per livelli di produzione più elevati; infine, sarebbe possibile osservare l'instaurarsi di rendimenti decrescenti, ad esempio per motivi legati alla gestione di processi produttivi via via più complessi.

2.3. La struttura dei costi dell'impresa: i costi di breve e di lungo periodo

Sinora non abbiamo fatto riferimento esplicito ai costi di produzione, una delle componenti fondamentali, assieme ai ricavi, nella determinazione dei profitti dell'impresa.

Come abbiamo già accennato nel paragrafo 2 di questo capitolo, e come vedremo meglio nel Capitolo 3, l'obiettivo dell'impresa è quello di massimizzare il profitto, dato dalla differenza tra ricavi e costi. Dobbiamo fare attenzione perché il calcolo dei costi dell'economista da un lato, e del contabile dall'altro, non necessariamente coincidono. In particolare, l'economista considera i *costi opportunità*, che non sono invece considerati dal contabile dell'impresa. Cerchiamo di capire.

Sia l'economista sia il contabile considerano i costi *espliciti* (o costi *contabili*), cioè quei costi che sono visibili in quanto prevedono un esborso di denaro. Fanno parte di questa tipologia di costo il pagamento delle materie prime, degli stipendi e dei salari, per il canone di locazione, ecc.

Oltre ai costi espliciti, l'economista considera anche i costi *impliciti*, o costi *opportunità*, che sono "invisibili" al contabile e che sono indispensabili per un corretto calcolo della redditività di un certo investimento produttivo. Infatti, essi sono dovuti alle opportunità a cui l'imprenditore deve rinunciare per il fatto di impiegare le proprie risorse in certi usi piuttosto che in altri. Il loro ammontare è quindi pari al valore di queste opportunità perdute.

Per renderci conto dell'importanza dei costi opportunità consideriamo, ad esempio, i costi sostenuti per l'esercizio di un'attività commerciale. Dai ricavi totali ottenuti da tale attività, il proprietario interessato al profitto dovrà ovviamente sottrarre una serie di "normali" costi espliciti – tra cui, ad esempio, l'affitto del negozio, il pagamento di una licenza, i costi delle bollette, e così via. D'altra parte, nel caso in cui egli gestisca l'attività in prima persona, stando dietro il bancone del suo negozio, il proprietario rinuncerà ai proventi di altre attività remunerate, oppure a godersi il suo tempo libero (che ha anch'esso un valore). Che questa perdita possa essere onerosa lo si può immaginare pensando che al banco il proprietario avrebbe potuto assumere un lavoratore dipendente, pagandogli uno stipendio. Per converso, il proprietario non percepirà alcuno stipendio per la sua attività e non contabilizzerà quindi alcun costo di manodopera. Lo stipendio a cui il proprietario rinuncia, pur non essendo un esborso esplicito, è comunque ugualmente un costo che si sostiene per esercitare un'attività commerciale: un costo opportunità.

Si noti che un corretto calcolo del costo opportunità richiede che si faccia riferimento al migliore impiego alternativo possibile. Ritornando al nostro esempio, se stando dietro il bancone, alla fine del mese il proprietario guadagna, da un punto di vista contabile, 1.000 €, si può dire che il suo profitto è effettivamente di 1.000 € solo se egli non ha avuto altre alternative possibili. Infatti, se per tenere in piedi quell'attività commerciale il proprietario rinuncia a un lavoro alle dipendenze da cui potrebbe percepire 1.500 €, allora questi non sta guadagnando 1.000 €, ma ne sta in realtà perdendo 500! In conclusione, il contabile registrerebbe un profitto pari a 1.000 € mentre l'economista registrerebbe una perdita pari a 500 €.

Il considerare i costi opportunità implica che, di norma, il profitto economico è inferiore a quello contabile.

Una volta introdotta l'idea di costo opportunità, possiamo poi richiamare la distinzione tra *profitto normale* da un lato, ed *extraprofitto* dall'altro. Il primo è quel livello del profitto minimo che induce l'imprenditore ad intraprendere l'attività, tenendo conto di tutti i costi, contabili e opportunità. Nel caso del negoziante di cui sopra, a fine mese egli dovrebbe disporre di almeno 1.500 €. Tutto ciò che eccede quel minimo (1.500 € nel caso del negoziante), è da considerarsi un extraprofitto.

Dopo avere introdotto queste definizioni di base, vediamo ora quali sono le caratteristiche principali dei costi che un'impresa deve affrontare per produrre una certa quantità di prodotto.

2.3.1. I costi di produzione nel breve periodo

Nel paragrafo precedente abbiamo evidenziato l'importanza della distinzione tra breve e lungo periodo. Nel breve periodo è cruciale la distinzione tra fattori produttivi fissi e variabili. Nel lungo periodo, invece, tutti i fattori produttivi sono variabili. Anche se la distinzione fra breve e lungo periodo può essere problematica, poterla operare è essenziale. Per fare un esempio, nel lungo periodo, essendo tutti i fattori variabili, l'impresa sarà libera di utilizzare, se lo ritiene conveniente, quantità nulle di input per produrre quantità nulle di output: cioè di cessare la produzione senza incorrere in perdite. Ma nel breve periodo, poiché esistono fattori (e quindi costi) fissi, un output nullo non può essere associato a costi nulli. Al contrario, sarà sempre associato a costi positivi dei fattori di produzione, potendo quindi generare perdite (cioè profitti negativi) se i ricavi non saranno sufficienti a coprire i costi[5].

Quest'ultima considerazione ci fornisce l'opportunità di iniziare a caratterizzare i *costi di breve periodo* dell'impresa. Nel breve periodo, infatti, in presenza di fattori di produzione fissi e variabili, i costi totali (*CT*) di un'impresa sono dati dalla somma di due tipologie di costo: *costi fissi* (*CF*) e *costi variabili* (*CV*):

$$CT = CF + CV \qquad [6]$$

I *costi fissi* sono, per definizione, i costi che l'impresa sostiene per remunerare i fattori di produzione il cui impiego non può essere variato nel breve periodo. Esempi di costi fissi sono voci di costo come le spese di manutenzione degli edifici utilizzati per la produzione, le assicurazioni necessarie ad avviare e mantenere la produzione, i costi relativi ai beni strumentali necessari alla produzione e, più in generale, i costi da sostenere per l'acquisto del capitale fisico. Come si è detto, questi costi non variano al variare della produzione. Pertanto, la rappresentazione grafica della relazione tra costi fissi, sull'asse delle ordinate, e quantità prodotta, sull'asse delle ascisse, relazione che chiameremo *funzione dei costi fissi*, è una retta orizzontale parallela all'asse delle ascisse (Figura 3a). Nella Figura 3a il valore totale dei costi fissi è misurato dall'intercetta di questa retta sull'asse delle ordinate. Si osservi che i costi fissi devono essere sostenuti anche quando il livello della produzione, nel breve periodo, è nullo. Infatti, poiché si tratta di costi relativi a fattori fissi della produzione, non possono essere variati nel breve periodo e, pertanto, devono essere sostenuti anche quando, per qualche motivo, l'imprenditore decide di cessare l'attività produttiva.

I *costi variabili* sono invece i costi che l'impresa sostiene per remunerare i fattori di produzione che possono cambiare nel breve periodo e variano pertanto al variare della produzione stessa: esempi di costi variabili sono i salari e le materie prime.

---

[5] Alcuni fattori andrebbero meglio definiti come *quasi-fissi*, cioè fattori che si possono utilizzare in quantità o fissa o nulla. Per esempio, la luce dei capannoni nei quali avviene la produzione: se la produzione è nulla, il costo associato è anch'esso nullo, ma se la produzione è positiva, allora la spesa è fissa, poiché l'illuminazione dei capannoni non dipende dalla quantità prodotta.

Figura 3. – *Curve di costo di produzione*

(a)

(b)

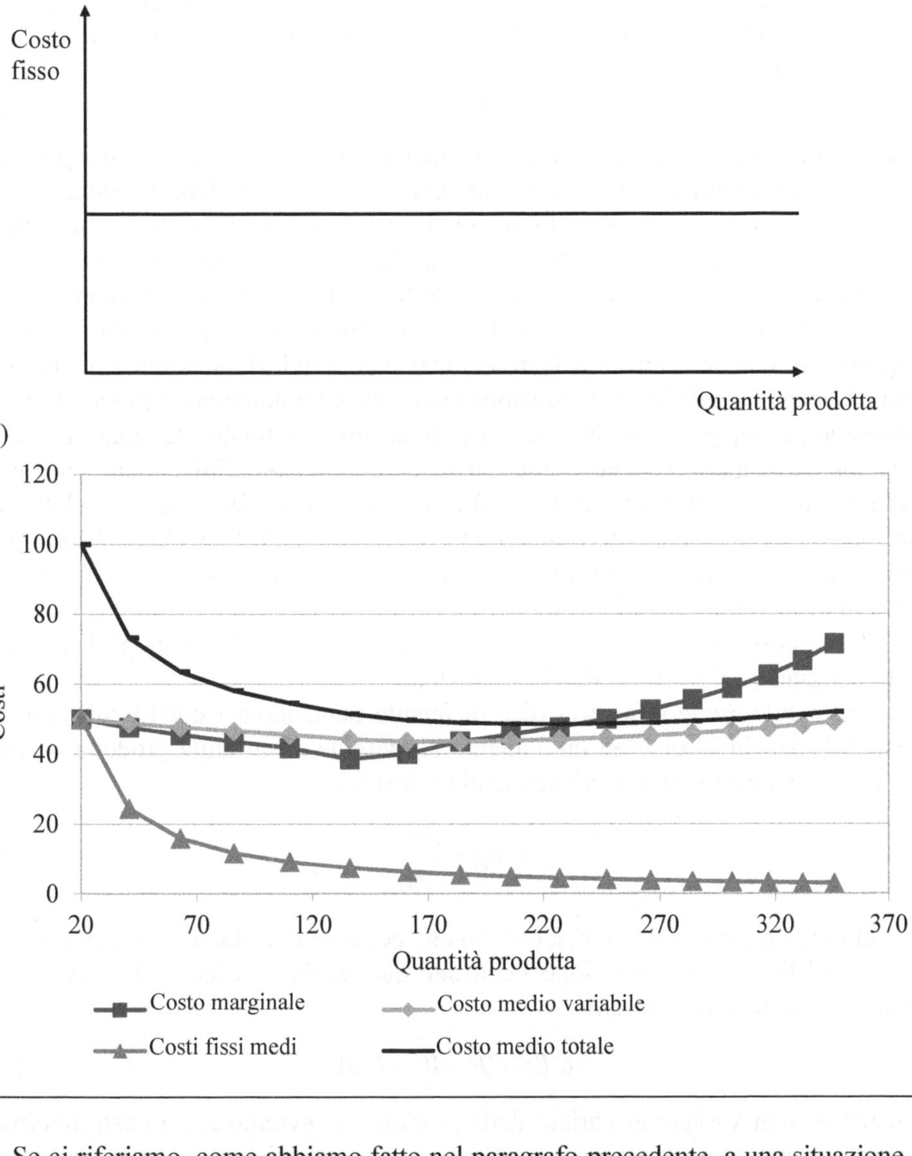

Se ci riferiamo, come abbiamo fatto nel paragrafo precedente, a una situazione in cui abbiamo solo due fattori produttivi, rispettivamente lavoro, che può variare nel breve periodo, e capitale fisico, che rimane costante nel breve periodo, la funzione di costi totali diventa:

$$CT = CF + W \times L \qquad [7]$$

dove W indica il salario unitario e L le unità di lavoro utilizzate. Naturalmente L dipende dal livello di produzione (q) che l'impresa vuole raggiungere, mentre CF e W sono due costanti. È evidente che il costo totale di produzione dipende strettamente dalla quantità di prodotto, q. Quindi, in modo più corretto la funzione di costo totale è data da:

$$CT = CF + W \times L(q) \quad [8]$$

Questa funzione, in cui $L(q)$ indica la quantità di lavoro necessaria per produrre una data quantità di prodotto, rappresenta la funzione inversa della funzione di produzione totale di breve periodo, discussa nel paragrafo precedente. Se la funzione di produzione di breve periodo ci diceva, per un dato livello di capitale fisico, il livello di prodotto da una certa quantità di lavoro, la funzione $L(q)$ esprime, sempre per una data quantità di capitale fisico, quanti lavoratori sono necessari per produrre una data quantità q. Poiché, come si è detto, la funzione di produzione rappresenta la frontiera tecnicamente efficiente, la funzione $L(q)$ ci dice l'ammontare minimo di lavoro necessario per raggiungere una data quantità di prodotto totale. Per chiarire il concetto con un esempio ricorriamo alla funzione di produzione fittizia della Tabella 1. Nella prima riga si osserva che un'unità di lavoro produce 20 unità di prodotto. La funzione di produzione ci dice, quindi, che se $L = 1$, $q = 20$. È evidente che per produrre una unità di prodotto sarà necessario 1/20 di unità di lavoro. In questo esempio la funzione $L(q)$ vale 1/20 se $q = 1$.

Oltre ai costi totali, è utile considerare due ulteriori configurazioni di costo: il costo marginale e il costo medio di produzione.

Il *costo marginale* (CMg) ci dice di quanto aumentano i costi totali dell'impresa, CT, per fare fronte ad un aumento al margine di un'unità prodotta, q, ed è definito dal rapporto tra le corrispondenti variazioni:

$$CMg = \frac{\Delta CT}{\Delta q} \quad [9]$$

Nel breve periodo $CT = CV + CF$. Poiché nel caso che abbiamo preso in considerazione i fattori produttivi sono i consueti due, capitale fisico[6] e lavoro, la funzione di costo totale è data da

$$CT = CF + W \times L(q) \quad [10]$$

i costi fissi non variano al variare della produzione, avremo che i costi marginali possono essere rappresentati anche dalla seguente espressione:

$$CMg = W \frac{\Delta L}{\Delta q} \quad [11]$$

[6] Come più volte indicato, nel breve periodo il fattore capitale è dato, cioè non è una variabile.

Il costo marginale è dato dal salario unitario che moltiplica la quantità di lavoro minima necessaria per produrre un'unità addizionale di prodotto. Inoltre, poiché

$$\frac{\Delta L}{\Delta q} = \frac{1}{\frac{\Delta q}{\Delta L}} = \frac{1}{PMgL} \qquad [12]$$

Sostituendo la [12] nella [11], si ottiene:

$$CMg = \frac{W}{PMgL} \qquad [13]$$

In conclusione, i costi marginali di produzione sono dati dal rapporto fra il salario unitario e il prodotto marginale del fattore lavoro.

I *costi medi* di produzione, invece, ci dicono quanto costa mediamente un'unità di prodotto e sono definiti come il rapporto tra i costi totali e la quantità prodotta, $CMe = CT/q$. Nel breve periodo, in cui i costi totali si dividono in costi fissi e variabili, anche i costi medi (totali) risultano dalla somma dei *costi medi fissi* (pari a $CMeF = CF/q$) e dei *costi medi variabili* (pari a $CMeV = CV/q$):

$$CMe = CMeF + CMeV = \frac{CF}{q} + \frac{CV}{q} \qquad [14]$$

Poiché i costi medi variabili sono dati da:

$$\frac{CV}{q} = \frac{WL(q)}{q}$$

e valendo la seguente relazione:

$$\frac{L(q)}{q} = \frac{1}{\frac{q}{L(q)}} = \frac{1}{PMeL} \qquad [15]$$

si ottiene che i costi medi variabili sono espressi da questa semplice funzione:

$$\frac{CV}{q} = \frac{W}{PMeL} \qquad [16]$$

I costi medi variabili sono dati dal rapporto fra il salario unitario e il prodotto medio del lavoro. Ovviamente, i costi medi totali, poiché sono costituiti dalla somma fra costi medi fissi e costi medi variabili, sono dati da:

$$CMe = CMeF + CMeV = \frac{CF}{q} + \frac{W}{PMeL} \qquad [17]$$

Dalla formula della funzione di costo marginale di produzione (equazione [13]) dovrebbe essere relativamente semplice evidenziare la relazione fra la curva di prodotto marginale del fattore variabile e la curva di costo marginale di produzione. Poiché nella formula della curva di costo marginale il prodotto marginale del fattore variabile si trova al denominatore, si ha che, quando il prodotto marginale cresce, il costo marginale diminuisce e, viceversa, quando il prodotto marginale diminuisce, il costo marginale cresce. Intuitivamente, se il prodotto marginale aumenta, ciò implica che la quantità di fattore variabile necessaria per produrre un'unità addizionale di prodotto diminuisce e, pertanto, i costi da sostenere per produrre un'unità addizionale di prodotto diminuiscono. Viceversa, se il prodotto marginale diminuisce, questo implica che la quantità di fattore variabile necessaria per produrre un'unità addizionale di prodotto aumenta e, pertanto, i costi da sostenere per produrre un'unità addizionale di prodotto crescono. Di conseguenza, se la curva di prodotto marginale presenta un andamento ad U rovesciata, la curva di costo marginale di produzione presenterà un andamento a U. Inoltre, al punto di massimo della curva di prodotto marginale, corrisponde necessariamente il punto di minimo della curva di costo marginale di produzione.

Un discorso del tutto analogo può essere svolto per analizzare il grafico della curva di costo medio variabile. Come si vede nell'equazione [16], nella funzione di costo medio variabile il prodotto medio del fattore variabile si trova al denominatore. Di conseguenza, quando il prodotto medio cresce, il costo medio variabile diminuisce e, viceversa, quando il prodotto medio diminuisce, il costo medio variabile cresce. Intuitivamente, se il prodotto medio aumenta, ciò implica che la quantità media di fattore variabile per produrre un dato livello di prodotto diminuisce e, pertanto, diminuiscono anche i costi medi variabili. Viceversa, se il prodotto medio si riduce, questo implica che la quantità media di fattore variabile necessaria per produrre un dato livello di prodotto aumenta e, pertanto, i costi medi variabili da sostenere crescono. Di conseguenza, se la curva di prodotto medio presenta un andamento ad U rovesciata, la curva di costo medio variabile di produzione presenterà un andamento a U. Inoltre, al punto di massimo della curva di prodotto medio, corrisponde necessariamente il punto di minimo della curva di costo medio variabile.

La curva di costo medio totale è ottenuta, graficamente, aggiungendo alla curva di costo medio variabile la curva di costo medio fisso. Dalla formula del costo medio fisso, è semplice rendersi conto che quest'ultima è una curva strettamente decrescente a forma di ramo di iperbole equilatera. Il valore dei costi medi fissi è infatti decrescente all'aumentare della quantità prodotta e tende asintoticamente a zero (la relativa curva si avvicina sempre di più all'asse delle ascisse), dacché l'incidenza dei costi fissi, e non il loro ammontare (fisso per definizione), si riduce all'aumentare del volume di produzione sul quale essi possono essere distribuiti.

Sommando la curva dei costi medi fissi alla curva di costo medio variabile, si ottiene la curva di costo medio totale, che altro non è se non la curva di costo medio variabile a cui è aggiunta una quantità che diminuisce al crescere del prodotto e che corrisponde, evidentemente, al costo medio fisso. In ragione del progressivo annullarsi dei costi medi fissi, infatti, i costi medi totali si avvicinano sempre più alla curva dei costi medi variabili al crescere della quantità prodotta.

Infine, è necessario osservare che, così come la curva di prodotto marginale interseca la curva di prodotto medio nel punto di massimo di quest'ultima, la curva di costo marginale interseca la curva di costo medio variabile e la curva di costo medio totale nei rispettivi punti di minimo.

La Tabella 2 fornisce un esempio numerico per comprendere le relazioni fra le varie curve di costo e quelle di prodotto, medio, totale e marginale. I dati delle prime quattro colonne riportano i valori della Tabella 1. Si suppone che il salario sia $W = 1.000$. Per esempio, in corrispondenza di due unità di lavoro ($L = 2$), il prodotto marginale è pari a 21 e il prodotto medio a 20,5. Il costo marginale, applicando la formula [13], è dato da 1.000/21 = 47,6. Il costo medio variabile, applicando la formula [16] corrisponde a 1.000/20,5 = 48,8. Il costo medio fisso corrisponde a 1.000/41 = 24,4 e pertanto il costo medio totale è pari a 48,8 + 24,4 = 73,2.

Si faccia attenzione al fatto che '1.000', nell'ottava colonna della Tabella 2, si riferisce ai costi che non dipendono dalla quantità prodotta, ed è rappresentato graficamente dalla retta orizzontale della Figura 3, riquadro (a). Il costo *medio* fisso è sempre decrescente perché abbiamo un numeratore costante (1.000) diviso per un numero via via crescente (20, 41, 63, ..., 346): ad esempio se 16 lavoratori producono 332 unità, il costo *medio* fisso è 1.000/332 = 3,01, arrotondato a 3,0 nella Tabella 2.

Si noti che il fatto che il salario sia $W = 1.000$ e il costo fisso sia, a sua volta, pari a 1.000 è una semplice coincidenza.

In corrispondenza di $L = 6$, dove il prodotto marginale raggiunge il livello massimo, il costo marginale di produzione tocca il proprio livello minimo. Inoltre, si osservi come, in corrispondenza di $L = 8$, cui corrisponde una quantità prodotta pari a 184, prodotto marginale e prodotto medio sono uguali ($PMgL = PMeL = 23$) e necessariamente anche costo marginale e costo medio variabile sono allo stesso livello ($CMg = CMe = 43,5$). Questo livello, come si è detto prima, corrisponde al minimo della curva di costo medio variabile [7].

L'andamento dei costi marginali e medi è riportato nel riquadro (b) della Figura 3.

[7] Si osservi che nella Tabella 2 non è evidenziato il livello di prodotto in corrispondenza del quale si realizza l'identità fra costo marginale e costo medio totale. Questo avviene, poiché, nei dati riportati nella tabella, la quantità prodotta varia in modo discreto e non continuo.

Tabella 2. – *Curve di prodotto e di costo*

Lavoro	Incremento nell'output	Output totale (*q*)	Prodotto marginale	Prodotto medio	Costo marginale	Costo medio variabile	Costo fisso	Costo medio fisso	Costo medio totale
0	–	0	–	–	n.d.	n.d.	1.000	n.d.	n.d.
1	20	20	20	20,0	50,0	50,0	1.000	50,0	100,0
2	21	41	21	20,5	47,6	48,8	1.000	24,4	73,2
3	22	63	22	21,0	45,5	47,6	1.000	15,9	63,5
4	23	86	23	21,5	43,5	46,5	1.000	11,6	58,1
5	24	110	24	22,0	41,7	45,5	1.000	9,1	54,5
6	26	136	26	22,7	38,5	44,1	1.000	7,4	51,5
7	25	161	25	23,0	40,0	43,5	1.000	6,2	49,7
8	23	184	23	23,0	43,5	43,5	1.000	5,4	48,9
9	22	206	22	22,9	45,5	43,7	1.000	4,9	48,5
10	21	227	21	22,7	47,6	44,1	1.000	4,4	48,5
11	20	247	20	22,5	50,0	44,5	1.000	4,0	48,6
12	19	266	19	22,2	52,6	45,1	1.000	3,8	48,9
13	18	284	18	21,8	55,6	45,8	1.000	3,5	49,3
14	17	301	17	21,5	58,8	46,5	1.000	3,3	49,8
15	16	317	16	21,1	62,5	47,3	1.000	3,2	50,5
16	15	332	15	20,8	66,7	48,2	1.000	3,0	51,2
17	14	346	14	20,4	71,4	49,1	1.000	2,9	52,0

La Figura 4 fornisce una rappresentazione semplificata dell'andamento dei costi marginali e dei costi medi totali – senza fare riferimento ai valori della Tabella 2 – evidenziando una relazione che *deve* sussistere tra curva del costo marginale (*CMg*) e curva del costo medio totale (*CMe*): la curva del costo marginale *deve* intersecare la curva del costo medio laddove quest'ultima ha valore minimo, cioè in corrispondenza della quantità q''.

Figura 4. – *Costi medi e costi marginali di breve periodo*

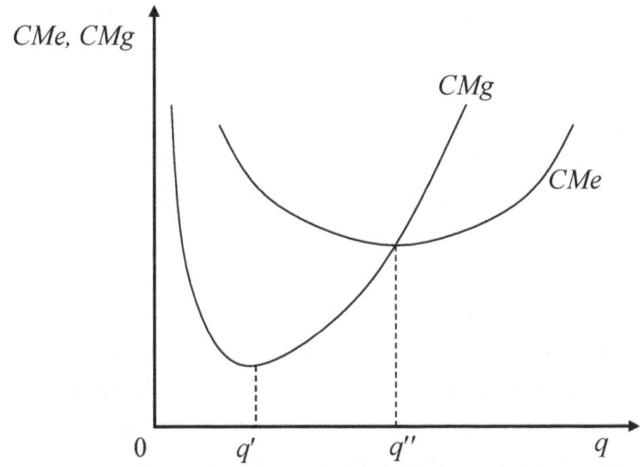

2.3.2. I costi di produzione nel lungo periodo

Esaurita la trattazione dei costi di breve veniamo ora all'analisi dei *costi di lungo periodo*.

Come già accennato, nel lungo periodo, non essendovi input fissi che vincolano la capacità produttiva, l'impresa può scegliere il tasso di impiego ottimale per tutti i fattori produttivi, compresa la dimensione degli impianti, che nel breve periodo è predeterminata. Questa scelta della dimensione ottimale degli impianti può essere analizzata facendo riferimento alla curva dei costi medi di breve che abbiamo costruito sopra quando si ricordi che tale curva dipende, oltre che dalle caratteristiche tecniche e dai prezzi degli input variabili, anche dalla quantità di tutti gli input impiegati, variabili e fissi. Più precisamente, diverse curve di costo medio possono essere costruite per diversi livelli della dimensione degli impianti, cosicché la scelta della dimensione degli impianti diventa la scelta della curva dei costi medi di breve periodo economicamente più efficiente.

La scelta della dimensione ottimale di lungo periodo deve essere necessariamente interpretata in relazione ai concetti di rendimenti di scala, discussi nel paragrafo precedente. Abbiamo detto che, in presenza di rendimenti di scala costanti, ogni volta che moltiplichiamo i fattori produttivi per il medesimo scalare positivo, il prodotto totale risulterà moltiplicato per il medesimo scalare. Questo implica che i costi medi di produzione devono essere costanti al crescere della scala di produzione. Utilizzando l'esempio del paragrafo precedente, infatti, in presenza di rendimenti costanti di scala $f(2x_1, 2x_2) = 2f(x_1, x_2)$. Poiché per ottenere una quantità doppia di prodotto l'impresa deve raddoppiare la quantità di input, il costo medio totale non varia al crescere della scala di produzione. In questa circostanza possiamo parlare di economia di scala costanti. Quando si hanno rendimenti di scala crescenti, invece, poiché raddoppiando il livello di input il prodotto risulta moltiplicato per un fattore superiore a due, il costo medio totale diminuisce al crescere della produzione. In questo caso possiamo parlare di economie di scala crescenti. Infine, quando si hanno rendimenti di scala decrescenti, il costo medio totale tende ad aumentare, al crescere della scala di produzione. Si parla in quest'ultimo caso di diseconomie di scala.

Si ipotizzi, per esempio, che l'impresa abbia a disposizione la scelta fra sei diversi metodi di produzione, ciascuno caratterizzato da una diversa dimensione degli impianti e, quindi, da una diversa curva dei costi medi: CMe_1, CMe_2, CMe_3, CMe_4, CMe_5 e CMe_6 (Figura 5). Supponiamo, per iniziare, che le sei curve di costo medio (l'etichetta di ciascuna curva di costo di breve periodo è posizionata in uscita dal corrispondente tratto crescente) siano posizionate tutte alla stessa altezza, l'una a fianco dell'altra. Questo implica che siamo in presenza di rendimenti di scala costanti.

Figura 5. – *Curva dei costi medi di lungo periodo: rendimenti di scala costanti*

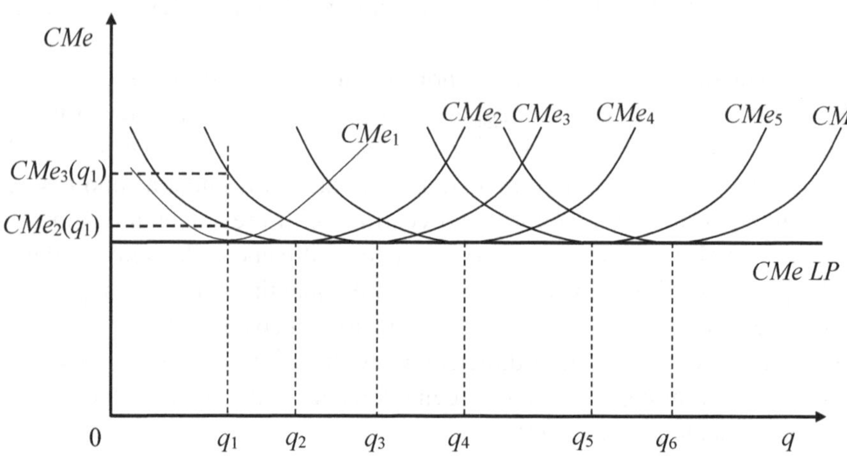

Poiché, nel lungo periodo, l'impresa può decidere di scegliere sempre la dotazione di fattori più efficiente per ciascun livello produttivo, si nota dalla Figura 6 che i rami decrescenti e crescenti delle curve di costo medio non sono economicamente efficienti: è infatti possibile per l'impresa produrre la stessa quantità con un altro impianto a costi medi inferiori. La quantità di produzione $q1$, per esempio, non è prodotta in modo economicamente efficiente usando la dimensione degli impianti corrispondente a CMe_3. Essa potrebbe essere infatti prodotta ad un costo medio più basso di $CMe_3(q_1)$, ossia $CMe_2(q_1)$, usando una dimensione di impianti corrispondente a CMe_2. Anche quest'ultima però non è la dimensione efficiente per la produzione di q_1. L'impresa potrà infatti produrla al costo medio più basso scegliendo la dimensione degli impianti, più piccola, corrispondente a CMe_1, di cui q_1 individua esattamente il punto di minimo: $CMe_1(q_1)$, ossia il valore minimo della CMe_1, è dunque il costo medio di lungo periodo della quantità q_1, $CMeLP(q_1)$. In modo analogo, si verifica che il costo medio di lungo periodo delle quantità q_2, q_3, q_4, q_5 e q_6 è esattamente il valore minimo delle corrispondenti curve di costo medio di breve periodo, CMe_2, CMe_3, CMe_4, CMe_5 e CMe_6. Estendendo il ragionamento alla scelta tra un numero infinito di impianti, è possibile concludere che l'impresa utilizzerà sempre e solo l'impianto che consente di produrre al minimo dei costi medi.

Figura 6. – *Rendimenti di scala e curva dei costi medi di lungo periodo*

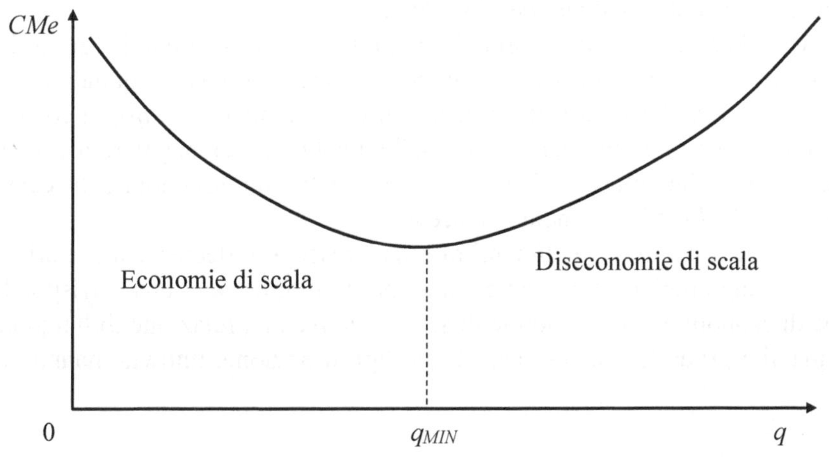

Data l'ipotesi di rendimenti di scala costanti, tutti questi valori minimi sono uguali tra loro, cosicché la corrispondente curva di costo medio di lungo periodo, *CMeLP*, si ottiene tracciando la retta che li congiunge (la retta più scura nella Figura 5) e che risulta perfettamente orizzontale[8]. Solo in questo modo, infatti, ossia con costi medi di lungo periodo costanti, l'ipotesi di rendimenti di scala costanti viene

[8] Più precisamente, e tecnicamente, si dice che la curva di costo medio di lungo periodo è costituita dall'*inviluppo* delle curve di *CMe* di breve periodo: ciascun punto della *CMeLP* è tangente ad una ed una sola curva dei costi medi di breve periodo, in un punto che, nell'ipotesi considerata, è il loro punto di minimo ed è uguale per tutte le curve di *CMe* di breve.

rispettata. Con questa ipotesi, si ricordi, raddoppiare la produzione, per esempio, richiede solo di raddoppiare la quantità impiegata dei fattori di produzione, cosicché anche il costo totale per il loro acquisto aumenterà esattamente di due volte: per definizione, quindi, il costo medio totale di lungo periodo, rapporto tra costo totale e quantità, sarebbe lo stesso prima e dopo la variazione.

La situazione risulterà diversa nell'ipotesi in cui l'impresa goda di *rendimenti di scala crescenti*. In questo caso, infatti, raddoppiare l'output di produzione richiede di aumentare l'impiego degli input di meno del doppio, cosicché il costo totale di produzione aumenta in misura inferiore al doppio. Più in generale, dacché i costi aumentano in misura meno che proporzionale rispetto all'aumento della quantità prodotta, i costi medi di lungo periodo, che risultano dal loro rapporto, decrescono. In questo caso, dunque, la curva dei costi medi di lungo periodo è decrescente e l'impresa beneficia di *economie di scala*[9].

Da ultimo, nel caso in cui l'impresa presenti *rendimenti di scala decrescenti*, dacché i costi totali aumentano in misura più che proporzionale rispetto alla quantità prodotta, i costi medi totali di lungo periodo sono crescenti: in questo caso, si dice, l'impresa soffre di *diseconomie di scala*[10].

I due casi discussi sono mostrati nella Figura 6 in cui, per quantità di produzione inferiori a q_{MIN} l'impresa gode di rendimenti di scala crescenti, e quindi di economie di scala: *CMeLP* è infatti decrescente. In corrispondenza di q_{MIN} i costi medi raggiungono un minimo. Infine, per valori dell'output prodotto maggiori di q_{MIN}, l'impresa presenta rendimenti di scala decrescenti e soffre di diseconomie di scala, con una curva di *CMeLP* ad andamento crescente.

In sintesi, le nozioni di rendimenti di scala crescenti e decrescenti, relative alla relazione di lungo periodo tra input e output produttivi, trovano una corrispondenza in quelle di economie e diseconomie di scala, relative alla relazione di lungo periodo tra quantità prodotte e costi medi. I due tipi di nozione, tuttavia, hanno natura diversa.

---

[9] Anche in questo caso, come in quello di rendimenti di scala costanti, la *CMeLP* può essere ottenuta a partire dalle curve di costo medio di breve periodo corrispondenti alle diverse dimensioni degli impianti. A differenza del primo caso, tuttavia, al crescere della dimensione degli impianti, le curve di costo medio di breve si collocano ora l'una più in basso dell'altra. La *CMeLP* è quindi tangente alle stesse in un punto collocato nel loro tratto decrescente, cioè corrispondente a livelli di produzione inferiori a quelli individuati dal loro minimo. Ciascun livello produttivo è infatti conveniente da realizzarsi con l'impianto di cui rappresenta il costo medio minimo soltanto nel breve periodo. Nel lungo periodo, invece, esso potrà essere realizzato con un impianto di dimensioni maggiori, il cui costo medio, pur collocato nel tratto decrescente della rispettiva curva, sarà più basso di quello sostenuto realizzandolo con l'impianto per cui esso rappresenta il minimo.

[10] Anche in questo caso la *CMeLP* si ottiene dall'inviluppo delle curve di costo medio di breve periodo, le quali risultano però ora posizionate via via più in alto al crescere della dimensione degli impianti. Per motivi opposti a quelli della nota precedente, la *CMeLP* è quindi ora tangente alle stesse in un punto collocato nel loro tratto crescente, cioè corrispondente a livelli di produzione superiori a quelli individuati dal loro minimo.

Figura 7. – *Curva dei costi marginali di lungo periodo*

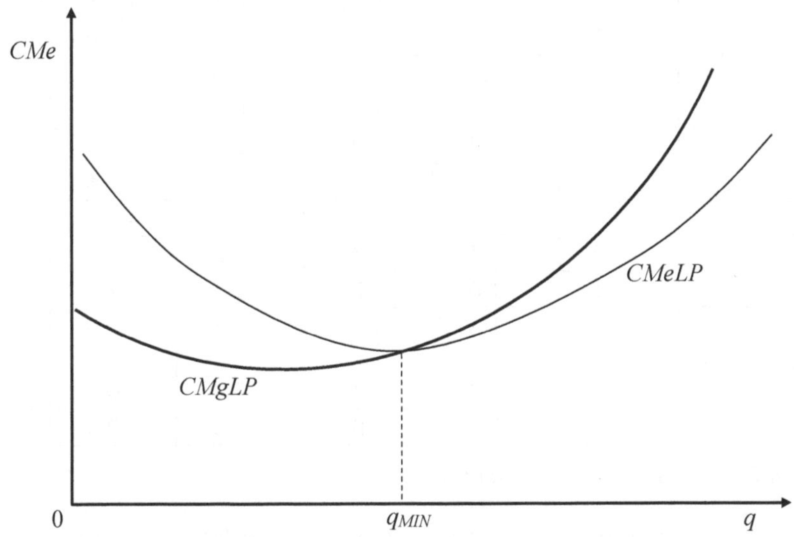

Un'ultima considerazione va dedicata alla curva di costo marginale di lungo periodo (*CMgLP*). Come mostrato nella Figura 4, la relazione già individuata fra costi medi e costi marginali nel breve periodo vale anche nel lungo: anche in questo caso, i costi marginali sono inferiori ai costi medi quando questi decrescono, superiori quando crescono ed uguali quando i costi medi sono uguali al minimo [11].

Conclusa l'analisi dei costi di lungo periodo, siamo finalmente in possesso di tutte le nozioni riguardanti la struttura dei costi dell'impresa necessarie per esaminare il problema della scelta della quantità di output che massimizza il profitto. Di questo ci occuperemo nel prossimo capitolo.

Box 2. – *La produttività del lavoro in Italia e in altri Paesi: un confronto 2012-2017*

L'Organizzazione per la Cooperazione e lo Sviluppo Economico (OCSE, o, usando l'acronimo inglese, OECD) è un organismo internazionale che raggruppa 36 Paesi, di cui studia sistematicamente la struttura economica. In questa sede vengono raccolti ed elaborati molti dati economici su base standardizzata, per cui è possibile operare comparazioni tra diversi Paesi.
Nella tabella qui sotto possiamo leggere l'andamento della produttività del lavoro in Paesi selezionati.

[11] Ricordando le osservazioni relative agli inviluppi delle curve di costo medio di breve periodo formulate nelle due note precedenti, è possibile verificare inoltre che, per definizione, il costo marginale di lungo periodo è uguale al costo marginale di breve periodo in corrispondenza di quella quantità di output per cui il costo medio di breve periodo è uguale a quello di lungo.

Tasso di crescita annuale della produttività del lavoro (percentuale)

	2012	2013	2014	2015	2016	2017
Austria	1,1	0,7	0,3	1,6	0,0	0,9
Belgio	– 0,2	0,7	1,0	1,3	0,2	0,2
Francia	0,3	1,4	1,0	0,8	0,0	1,3
Germania	0,6	0,8	1,0	0,6	1,4	0,9
Grecia	– 1,9	– 0,8	1,7	– 1,7	– 0,6	– 0,8
Italia	– 0,3	0,9	0,2	0,2	– 0,4	0,5
Paesi Bassi	– 0,2	0,7	0,7	1,3	0,2	11,2
Polonia	1,8	1,6	1,2	1,9	2,4	4,5
Spagna	2,0	1,4	0,3	0,5	0,5	1,1
Unione europea (28 Paesi)	0,9	1,0	0,7	1,3	0,5	1,2
Media OCSE	0,5	1,0	0,8	1,0	0,4	1,3

Fonte: OECD, 2018, *Productivity Statistics*.

Come è facile riscontrare, la crescita della produttività in Italia ha valori *negativi* nel 2012 e nel 2016, ed ha un valore sistematicamente inferiore rispetto alla media dei Paesi dell'Unione europea e dell'OCSE (di cui fanno parte, tra gli altri, Stati Uniti, Giappone, Corea, Canada e Turchia – tutti Paesi nostri concorrenti). Degna di nota è la performance della Polonia.

2.3.3. Alcuni limiti dell'approccio neoclassico all'analisi della produzione

Nei paragrafi precedenti abbiamo presentato l'approccio neoclassico standard all'impresa. Esso descrive l'impresa come un agente economico individuale in grado di: (i) produrre ogni quantità di un certo bene o servizio in modo economicamente efficiente, cioè minimizzando i costi di produzione; (ii) scegliere quella quantità di output che massimizza il profitto [12].

Come abbiamo visto, l'approccio neoclassico presuppone che l'impresa sia in grado di: conoscere i suoi insiemi di scelta, in termini di tecniche produttive (punto (i)) e di quantità prodotte (punto (ii)); assegnare a ciascuna alternativa di questi insiemi un esito in termini di costo e di profitto; scegliere la combinazione di input e la quantità di output preferite rispetto al criterio rilevante, cioè, rispettivamente, la minimizzazione del costo e la massimizzazione del profitto. Così facendo, l'impresa si conforma al principio, già enunciato, di *razionalità totale* o *illimitata*.

---

[12] Il secondo di questi due punti sarà esaminato nel prossimo capitolo. Qui è sufficiente ricordare come l'obiettivo dell'impresa sia quello di conseguire il profitto *massimo*, ossia cimentarsi in un problema di "ottimizzazione" che richiede come condizione necessaria la minimizzazione dei costi.

Nell'impresa neoclassica, quindi, il processo decisionale è assai semplice e non pone alcun problema di coordinamento o di implementazione. L'impresa è sempre in grado di identificare e scegliere il proprio comportamento ottimale e di adattare le proprie scelte a qualunque tipo di cambiamento richiesto dall'ambiente esterno (per esempio, da un aumento dei prezzi dei fattori produttivi) ricalcolando la propria scelta ottima. Secondo le parole di Nelson [1981], "l'immagine implicita è quella dell'impresa come macchina, con il manager che ne controlla l'azione operando scelte che sono implementate attraverso il comando diretto".

Evidentemente, questo tipo di approccio non è del tutto realistico. In primo luogo, l'ipotesi di informazione completa sulle alternative di scelta e di capacità perfetta di valutarne gli esiti non risulta plausibile. Nella realtà, l'informazione a disposizione dell'impresa può essere (e in generale è) incompleta, soprattutto perché molti degli accadimenti che la riguardano sono *incerti*, e solo in alcuni casi prevedibili con una certa attendibilità/probabilità, ossia, "semplicemente" *rischiosi*[13]. La soluzione al problema di scelta adottata dall'impresa, quindi, non è necessariamente la migliore in assoluto: le alternative ignote potrebbero infatti essere migliori della migliore tra quelle note. Più in generale, può esserci una mancanza di informazioni necessarie alla soluzione del problema in questione. Se poi si pensa all'impresa come ad una organizzazione in cui confluiscono più agenti (un punto su cui torneremo in seguito) – proprietari, manager e lavoratori, nel caso più semplice – nasce il problema che agenti diversi possiedono obiettivi e informazioni diverse, potendo dare luogo a comportamenti differenziati e conflittuali. Da ultimo, anche nel caso, comunque improbabile, di informazione completa e simmetricamente distribuita, si può verificare una carenza nella capacità delle imprese di interpretare e valutare i segnali informativi provenienti dall'esterno rispetto ai propri obiettivi. Considerando queste eventualità, l'ipotesi di razionalità illimitata non risulta più del tutto adeguata, mentre diventa necessario indagare come gli individui si organizzano per prendere decisioni in condizioni di informazione incompleta e limitata capacità computazionale.

Un secondo problema dell'approccio neoclassico standard riguarda la natura del processo decisionale, che non tiene conto, come dicevamo, della convivenza all'interno dell'impresa di agenti caratterizzati da incentivi e obiettivi diversi. In ragione di ciò, l'approccio neoclassico standard non si pone il problema di analizzare come gli obiettivi individuali confluiscano nell'obiettivo dell'impresa, se e come i singoli agenti siano incentivati a massimizzare il loro sforzo lavorativo nei confronti degli obiettivi (sia strategici che tattici) dell'impresa e, infine, come siano definite e messe in atto appropriate procedure rivolte a controllare che ciò effettivamente avvenga. Viene perciò alla luce il problema della struttura organizzativa dell'impresa e la necessità di abbandonare l'analogia dell'impresa, già accennata, con una macchina che viene, citando Nelson [1981], "programmata e controllata strettamente dal ma-

---

[13] Sull'importante distinzione tra *incertezza* e *rischio*, si veda Knight [1960].

nagement di livello più elevato, e di riconoscere esplicitamente che un'organizzazione è un sistema sociale che può resistere o non rispondere ai comandi del management".

Per quanto non cruciali nelle imprese artigianali di piccole dimensioni, anteriori alla Rivoluzione Industriale, e sebbene meno rilevanti per le imprese del periodo tra le due guerre mondiali, i suddetti problemi sono diventati imprescindibili con il passaggio dall'impresa familiare alla grande impresa manageriale, le cui dimensioni rivaleggiano (sia in termini di volumi produttivi che finanziari) con alcuni Stati nazionali di piccola dimensione. Nel tentativo di affrontarli, si è sviluppata un'ampia letteratura che propone per l'impresa delle ipotesi interpretative più realistiche di quelle dell'approccio neoclassico. Come vedremo negli approfondimenti, tale letteratura è organizzata in diversi filoni, alcuni complementari e altri in contrasto (sia pure in diversa misura) con la teoria di base, così come l'abbiamo definita nel capitolo precedente. In modo sintetico, a questi filoni faremo in seguito riferimento, in prima battuta, come *teorie alternative dell'impresa*, o *teorie eterodosse*, con ciò intendendole alternative all'approccio neoclassico nella sua versione più standard. Queste teorie sono riconducibili a tre gruppi distinti, distinguibili per il fatto di focalizzarsi su tre diversi problemi (assenti nell'approccio neoclassico standard): (i) l'incompletezza dei contratti stipulati tra gli agenti e i diritti di proprietà che con essi vengono allocati; (ii) i conflitti di obiettivi e le asimmetrie informative tra gli agenti dell'impresa; (iii) la complessità dei processi decisionali e comportamentali a cui gli agenti dell'impresa vanno incontro essendo caratterizzati da razionalità limitata.

Box 3. – *Perché esistono le imprese?*

La rivista britannica "The Economist" ha recentemente pubblicato una serie di articoli in cui illustra in maniera semplice, ma non banale, un insieme di grandi idee che hanno caratterizzato il pensiero economico contemporaneo. Per i nostri interessi relativi alla teoria della produzione nelle imprese, l'articolo decisamente più interessante è quello pubblicato nel numero del 27 luglio 2017 e dedicato alla teoria dell'impresa sviluppata da Ronald Coase (Premio Nobel per l'economia nel 1991). Questo articolo illustra in modo efficace il quesito centrale del contributo alla teoria dell'impresa che l'economista britannico sviluppò in uno dei suoi articoli più importanti, "La natura dell'impresa", pubblicato nel 1937.
La domanda che si pone Coase è la seguente: perché esistono le imprese? Perché l'attività produttiva non è basata su una fitta rete di scambi fra agenti, ma al contrario avviene, generalmente, all'interno delle imprese?
All'interno delle imprese, sostiene l'economista britannico, le attività degli occupati sono dirette, su base gerarchica, da un superiore. L'occupato, nella propria attività lavorativa, svolge una serie di mansioni ordinate dal datore di lavoro (o da un supervisore), non contratta continuamente le mansioni da svolgere, come se per queste esistesse un vero e proprio mercato. La risposta di Coase fu che l'organizzazione del lavoro nelle imprese era, come sostiene l'Economist, una risposta ai costi di funzionamento dei mercati. Contrattare continuamente su un mercato le mansioni da svolgere

e definire in questo modo, per ogni mansione, una contropartita salariale richiede tempo e dà luogo ai cosiddetti costi di transazione. Questi ultimi possono essere definiti come i costi che gli agenti devono sostenere affinché gli scambi di mercato possano avere luogo e sono sostanzialmente i costi di contrattazione fra agenti, i costi di reperimento delle informazioni necessarie per gli scambi e, in generale, i costi che gli agenti devono sostenere affinché il meccanismo di determinazione dei prezzi possa funzionare. È chiaro che questi costi, quando le attività di lavoro avvengono all'interno dell'impresa, sono azzerati. Come sosteneva Coase "... all'interno dell'impresa queste transazioni di mercato sono eliminate e al posto della complessa struttura di mercato con transazioni di scambio subentra l'imprenditore-coordinatore, che dirige la produzione (Coase, 1937, nostra traduzione).
In conclusione, "Il principale motivo per cui è profittevole creare un'impresa è dato dall'esistenze di costi da sostenere per utilizzare il meccanismo dei prezzi. Il costo più ovvio da sostenere per organizzare la produzione attraverso il meccanismo dei prezzi è quello di scoprire qual è il prezzo rilevante. Questo costo può essere ridotto, ma non può essere eliminato semplicemente attraverso l'emergere di specialisti in grado di vendere questa informazione. I costi da sostenere per negoziare e concludere un contratto separato per ciascuna transazione di scambio che ha luogo sul mercato devono essere tenuti in considerazione. [...] I contratti non possono essere completamente eliminati dalla creazione delle imprese, ma possono essere notevolmente ridotti. Un singolo fattore di produzione (o il suo proprietario) non deve concludere una serie di contratti con gli altri fattori con i quali sta cooperando, come sarebbe indispensabile se questa cooperazione fosse il diretto risultato del funzionamento del meccanismo di prezzo. Questa serie di contratti è sostituita (dall'esistenza dell'impresa). È importante evidenziare alcune caratteristiche del contratto di un fattore utilizzato all'interno di un'impresa. Si tratta di un contratto secondo il quale un determinato fattore della produzione (ad esempio, il lavoro) acconsente ad obbedire alla direttiva di un imprenditore, entro certi limiti, in cambio di una remunerazione che può essere fissa o variabile. L'essenza di questo contratto è che esso deve definire i limiti del potere dell'imprenditore, all'interno dei quali quest'ultimo può dirigere gli altri fattori di produzione" (Coase, 1937, nostra traduzione).
Coase R. [1937], "The Nature of the Firm", in *Economica*, vol. 4, n. 16, pp. 386-405.

Parte II - **Per approfondire**

Il capitolo di base si è focalizzato su due temi principali distinti, ma strettamente interrelati. Da un lato si è sviluppata una teoria della produzione nelle imprese. Ci si è soffermati principalmente sull'analisi di breve periodo e su un tema specifico dell'analisi della produzione di lungo periodo: i rendimenti di scala. Dall'altro lato, sulla scorta di queste analisi, si è sviluppata la teoria dei costi di produzione nel breve e nel lungo periodo. A conclusione di questa sezione di base, sono stati introdotti e discussi, in modo preliminare, alcuni limiti analitici che caratterizzano questo approccio all'analisi della produzione, evidenziando tre distinti problemi che, in qualche modo, possono contribuire a minare l'efficacia di questo approccio teorico.

Gli approfondimenti di questo capitolo sviluppano due dei temi visti nei paragrafi precedenti. Nella prima parte si approfondirà l'approccio della funzione di produzione sia sviluppando e precisandone la componente assiomatica, sia approfondendo l'analisi di lungo periodo. Nella seconda parte, invece, si approfondiranno gli approcci critici all'analisi della funzione di produzione. Si tratta di due approfondimenti relativamente separati l'uno dall'altro e che possono essere studiati separatamente, senza alcun tipo di propedeuticità.

2.4. La tecnologia dell'impresa: funzione di produzione e isoquanti

Nella prima parte di questo capitolo abbiamo analizzato la funzione di produzione nel breve periodo, ipotizzando che la dotazione di capitale fisico rimanesse invariata. L'obiettivo di questo approfondimento è quello di vedere come si modificano le scelte dell'impresa, quando abbandoniamo l'ipotesi secondo la quale il capitale fisico è costante. Vediamo, in questo modo, il comportamento dell'impresa nel lungo periodo, ipotizzando, per semplicità, che i fattori variabili della produzione siano due: il lavoro e il capitale fisico. Per svolgere questa analisi seguiremo il seguente percorso. Prima di tutto approfondiremo alcune ipotesi, relative all'approccio della funzione di produzione, fondamentali per discutere i processi produttivi secondo l'approccio neoclassico. Queste ipotesi sono implicite nell'analisi dei paragrafi di base di questo capitolo. Poi svilupperemo l'analisi della funzione di produzione di lungo periodo con due fattori produttivi. In seguito, analizzeremo la scelta ottima dell'impresa, ovverosia determineremo la combinazione ottimale di lavoro e capitale, tenendo presente, come si è detto nella prima parte, che l'obiettivo dell'impresa è sempre quello della massimizzazione dei profitti.

La funzione di produzione è stata definita come quella relazione che consente all'impresa di ottenere il massimo livello di output tecnicamente possibile da ciascuna combinazione degli input impiegati.

Come si è già visto, se consideriamo un'impresa che opera, per semplicità, con due soli fattori di produzione – lavoro (fattore 1) e capitale fisico (fattore 2) – le cui quantità indichiamo con x_1 e x_2, rispettivamente, e che produce con essi un certo bene, la cui quantità indichiamo con q, la funzione di produzione può essere indicata come segue:

$$q = f(x_1, x_2) \qquad [18]$$

Con questa rappresentazione funzionale della produzione si ipotizza che una data quantità di output possa essere prodotta in modo tecnicamente efficiente impiegando, non una sola, ma diverse combinazioni di input. La conoscenza tecnologica dell'impresa può cioè consentirle di ottenere una certa quantità del bene prodotto, ad esempio q_0, combinando i due fattori di produzione in diversi modi, cioè con coppie di valori diversi per le rispettive quantità x_1 e x_2. Nell'esempio dell'impresa siderurgica, 100 quintali di acciaio al giorno potrebbero essere ottenuti in modo efficiente utilizzando, anziché 2 lavoratori per ogni altoforno, un solo lavoratore che controlla due altiforni [14]. Più in generale, l'insieme di tutte e sole quelle combinazioni di input – dette anche *tecniche di produzione* – la cui trasformazione efficiente (cioè secondo la funzione di produzione, f) produce la medesima quantità di output, q_0, prende il nome di *isoquanto di produzione*.

Si noti come il concetto di isoquanto sia l'analogo di quello di curva di indifferenza del consumatore, così come analoga è la sua derivazione da una funzione che in quel caso era la funzione di utilità e ora è invece la funzione di produzione. Similmente a quanto accade per le curve di indifferenza, anche in questo caso la nozione di isoquanto può essere definita per ciascuno dei livelli di produzione ottenibili dall'impresa, generando così, in modo analogo a quanto visto nel capitolo precedente, una *famiglia di isoquanti*.

Dacché le nozioni appena introdotte (funzione di produzione e isoquanti) dipendono dalla tecnologia a disposizione dell'impresa, è immediato che una loro più precisa definizione e, come vedremo, una loro utile rappresentazione grafica, richiede di specificare le proprietà della tecnologia stessa. A questo proposito, l'approccio neoclassico standard assume che la funzione di produzione (e quindi la tecnologia) e gli input che attraverso essa vengono impiegati godano (almeno) delle seguenti quattro proprietà.

---

[14] Per semplicità, considerando due soli input produttivi, assumiamo che la quantità di ferro nei due casi esemplificati sia sempre la stessa. Il ragionamento potrebbe tuttavia essere facilmente esteso considerando diversi valori anche di questo terzo fattore di produzione.

i) *Essenzialità degli input.* Non è possibile per l'impresa produrre alcuna quantità di output se non impiegando una certa quantità di input. In termini formali, quantità positive (cioè valori non nulli) di output possono essere prodotte solo se si usano quantità positive (ossia valori non nulli) di input. Diversamente, se si utilizzano quantità nulle di input (ossia non si usano input) allora l'output sarà pari a zero.

ii) *Monotonicità (cioè "andamento unico") della funzione di produzione.* Aumentando la quantità impiegata dei fattori produttivi l'impresa sarà sempre in grado di aumentare la quantità del bene prodotto (*monotonicità in senso stretto*) o almeno di non diminuirla (*monotonicità in senso debole*). Ciò equivale ad assumere che l'impresa sia sempre in grado di eliminare a costo zero eventuali quantità dei fattori produttivi che dovessero risultare in eccesso [15]. Avere a disposizione delle quantità supplementari per gli stessi non può cioè mai nuocerle.

iii) *Convessità della tecnologia.* Tecniche di produzione "intermedie" a due tecniche di produzione efficienti per la produzione di un certo q_0 consentiranno all'impresa di ottenere almeno la stessa quantità q_0. Se, ad esempio, la nostra impresa siderurgica ottiene in modo efficiente 100 quintali di acciaio al giorno impiegando, sia 4 lavoratori e 2 altiforni (tecnica 1), sia 2 lavoratori e 4 altiforni (tecnica 2), impiegando 3 lavoratori e 3 altiforni, ossia una terza tecnica intermedia alla prime due, essa otterrà gli stessi 100 quintali di acciaio se non di più. E lo stesso dicasi per tutte le altre tecniche intermedie alle due considerate, che impiegano cioè una qualsiasi frazione – e non necessariamente la metà, come nell'esempio, sopra – degli input delle due tecniche date [16].

Considerando queste proprietà della tecnologia enunciate, siamo in grado di fornire una rappresentazione grafica del concetto di isoquanto o, per meglio dire, del concetto di famiglia di *isoquanti.* Facendo riferimento ad un'impresa che impiega sempre due input, ma questa volta entrambi variabili (x_1 e x_2), e la cui funzione di produzione è pertanto $q = f(x_1, x_2)$, possiamo rappresentare gli isoquanti nella Figura 8.

---

[15] Per questo motivo, questa ipotesi è anche detta di *possibilità di eliminazione senza costo.*

[16] Nel nostro esempio, la tecnica intermedia (3; 3) si ottiene infatti impiegando, del primo fattore di produzione (cioè il lavoro), la somma della metà del primo input della tecnica 1 (½ × 4) e della metà del primo input della tecnica 2 (½ × 2), e facendo lo stesso per il secondo fattore di produzione (cioè gli altiforni). Ma lo stesso risultato varrebbe considerando una tecnica intermedia che impiegasse, per ciascuno dei due fattori di produzione, una qualsiasi combinazione lineare delle quantità dei corrispondenti input delle due tecniche date. Ad esempio, la tecnica intermedia potrebbe essere, assumendo di potere frazionare i nostri due input, (2,5; 4,5), dove 2,5 = ¼ × 4 + ¾ × 2 e 4,5 = ¼ × 2 + ¾ × 4. In questo caso, cioè, la tecnica intermedia "prende" ¼ dalla prima e ¾ dalla seconda, anziché, come nell'esempio sopra, ½ e ½ da entrambe.

Figura 8. – *Isoquanti di produzione*

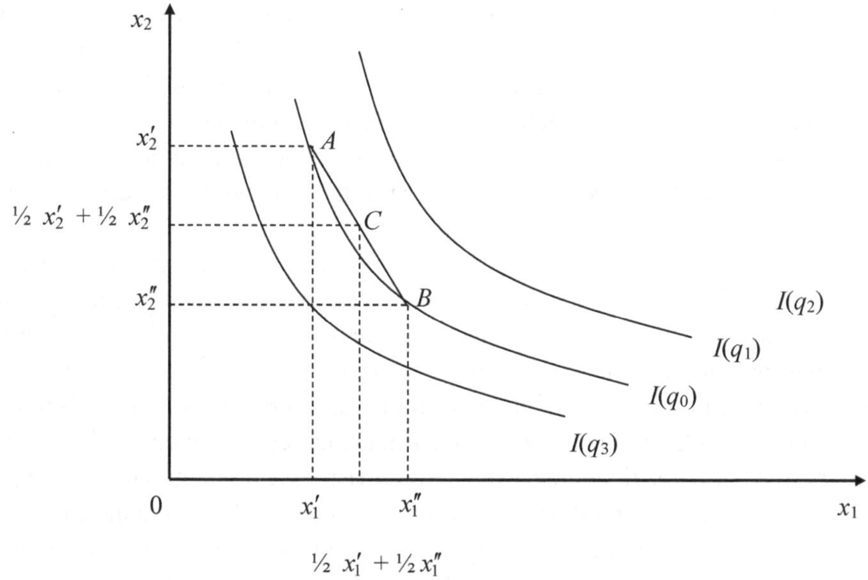

Indicando sull'asse delle ascisse le quantità impiegate del fattore x_1 e sull'asse delle ordinate quelle di x_2, l'isoquanto corrispondente alla quantità prodotta q_0 è rappresentato graficamente da un luogo geometrico di punti, $I(q_0)$, le cui caratteristiche discendono ancora una volta direttamente dalle proprietà della tecnologia.

In primo luogo, l'isoquanto è una curva decrescente, con un'inclinazione che va cioè dall'alto a sinistra verso il basso a destra, in ragione della monotonicità della tecnologia. Infatti, se supponiamo che inizialmente l'impresa ottenga l'output di produzione q_0 impiegando la tecnica A (x_1'; x_2'), la decisione di ottenere la stessa quantità di output impiegando, ad esempio, una maggiore quantità di x_1, deve essere accompagnata da quella di diminuire la quantità impiegata di x_2: per essere sul medesimo isoquanto la nuova tecnica B (x_1''; x_2'') dovrà pertanto trovarsi a destra e più in basso di A.

In secondo luogo, sempre in virtù della proprietà di monotonicità, gli isoquanti che corrispondono a quantità di produzione maggiori di q_0, come ad esempio $I(q_1)$ e $I(q_2)$ (con $q_2 > q_1 > q_0$), si trovano più in alto a destra rispetto a $I(q_0)$, mentre quelli che corrispondono a quantità minori, come ad esempio $I(q_3)$ (con $q_3 < q_0$), sono in basso a sinistra rispetto a $I(q_0)$. Dalla medesima proprietà discende cioè una famiglia di isoquanti che, per motivi analoghi a quelli visti per le curve di indifferenza, non si intersecano mai.

In terzo luogo, gli isoquanti presentano la concavità rivolta verso l'alto in ragione della proprietà di convessità della tecnologia. Concentrando la nostra attenzione sull'isoquanto $I(q_0)$, affinché la tecnica "intermedia" (o bilanciata) C ($\frac{1}{2} x_1' + \frac{1}{2} x_1''$, $\frac{1}{2} x_2' + \frac{1}{2} x_2''$) consenta di ottenere almeno la stessa quantità di produzione garantita dalle tecniche A (x_1'; x_2') e B (x_1''; x_2''), perché valga cioè l'ipotesi di convessità, la retta che congiunge queste due tecniche dovrà giacere al di sopra dell'isoquanto $I(q_0)$, come nella Figura 8, dando origine a un isoquanto con concavità rivolta verso l'alto. In questo modo, qualsiasi combinazione lineare, e non solo la media, di qualsiasi coppia di tecniche, non solo di A e B, garantirà un livello di output uguale o maggiore di q_0.

Particolare attenzione merita l'inclinazione dell'isoquanto in ogni suo punto. Essendo, per definizione, l'inclinazione di una curva in un suo punto approssimabile dal rapporto tra la variazione dell'ordinata e la variazione dell'ascissa corrispondenti ad uno spostamento marginale dallo stesso punto, l'inclinazione dell'isoquanto ci informa su come l'impresa sia in grado di sostituire una certa quantità di un fattore con l'altro, mantenendo la produzione invariata, rimanendo cioè sul medesimo isoquanto. In altre parole, l'inclinazione dell'isoquanto corrisponde a una grandezza che prende il nome di *Saggio Marginale di Sostituzione Tecnica* (*SMST*). Esso indica di quanto deve essere diminuita la quantità impiegata del fattore x_2 per compensare un aumento unitario della quantità impiegata del fattore x_1, in modo tale da rimanere sullo stesso isoquanto. Con riferimento all'isoquanto $I(q_0)$, per esempio, esso si definisce pertanto come:

$$SMST = -\frac{\Delta x_2}{\Delta x_1} \text{ tale che } q = q_0 \qquad [19]$$

Si noti che il rapporto tra le variazioni, che per rimanere sullo stesso isoquanto devono essere di segno opposto, è per forza di cose negativo cosicché, al fine di considerare la sola grandezza del saggio, ad esso la definizione di cui alla [19] antepone un segno meno. Ora, se x_1 e x_2 vengono scambiati in modo da mantenere la produzione costante (ossia con $\Delta q = 0$) avremo che l'incremento di produzione legato, per esempio, ad un aumento di x_1 (Δx_1 positivo) verrà compensato da una uguale diminuzione di produzione legata, per converso, ad una diminuzione di x_2 (Δx_2 negativo) ovvero, ricordando la [3], che:

$$\Delta q = 0 = PMgx_1 \times \Delta x_1 + PMgx_2 \times \Delta x_2 \qquad [20]$$

In parole, la variazione totale di produzione (Δq) dovuta all'aumento nell'utilizzo di un input (x_1), da un lato, e alla diminuzione dell'utilizzo dell'altro input (x_2), dall'altro, per rimanere sullo stesso isoquanto deve essere pari a zero. Dalla precedente espressione si ricava un'altra definizione del saggio marginale di sostituzione tecnica, *SMST*, che tornerà utile in seguito:

$$-\frac{\Delta x_2}{\Delta x_1} = SMST = \frac{PMgx_1}{PMgx_2} \qquad [21]$$

Il *SMST* è così definibile anche come il rapporto fra le produttività marginali dei due fattori di produzione.

Evidentemente, il saggio marginale di sostituzione tecnica tra due fattori dipende dal rapporto esistente tra gli stessi nel processo di produzione. A questo proposito, una prima possibilità è che l'impresa adotti un processo produttivo in cui i due input vengono utilizzati in proporzioni fisse, ossia in assenza di una relazione di sostituibilità. Ad esempio, può essere che il solo modo che l'impresa di autotrasporti ha per fare una spedizione sia impiegare un addetto e un ciclomotore: un addetto in più senza un motociclo non farebbe alcuna consegna, e così pure una moto in più senza un addetto. Conseguentemente, il numero di spedizioni che possono essere effettuate in un giorno corrisponderà al minimo tra il numero degli addetti e quello dei motocicli a disposizione dell'impresa, secondo una funzione di produzione che sarà pertanto del tipo $q = f(x_1, x_2) = \min(x_1, x_2)$. In questo caso, dunque, gli isoquanti hanno una forma ad angolo (Figura 9). In particolare, l'angolo della semiretta uscente dall'origine che collega gli spigoli dei vari isoquanti esprime la proporzione (fissa) con cui gli input si combinano per produrre unità di output.

Figura 9. – *Isoquanti per input a proporzioni fisse*

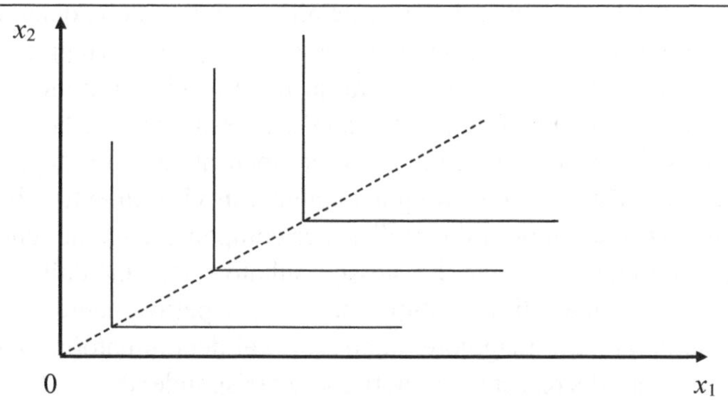

Si noti che in questo caso il *SMST* o è uguale a zero o ad infinito. Se ci trovassimo lungo il tratto verticale di uno degli isoquanti della Figura 9, al di fuori dello spigolo, la produttività marginale del fattore x_2 sarebbe evidentemente nulla: diminuendo il suo impiego di un'unità, fermo restando l'impiego di x_1, la quantità prodotta non varierebbe. Conseguentemente, occorrerebbe una diminuzione infinita di x_2 per compensare un aumento unitario di x_1. Il *SMST* sarebbe infinito, così come espresso dalla [21], la cui frazione è un rapporto a denominatore nullo ($PMgx_2 = 0$), ossia a risultato infinito. Diversamente, lungo il tratto orizzontale di un isoquanto ad angolo è la produttività marginale di x_1 ad essere nulla. Conseguentemente, sarebbe sufficiente una diminuzione nulla di x_2 per compensare un aumento unitario di x_1. Come rivela la frazione della [21], il *SMST* è ora uguale a zero ($PMgx_1 = 0$)[17].

Una seconda possibilità è che il processo produttivo dell'impresa impieghi due input, x_1 e x_2, che sono tra loro perfetti sostituti, cosicché il suo output dipende semplicemente dal loro numero totale. Nell'esempio della nostra impresa di autotrasporti, sarebbe questo il caso in cui l'impresa fosse in grado di effettuare una spedizione usando indifferentemente un motociclo (primo fattore) o un automezzo (secondo fattore). In questo specifico esempio la funzione di produzione sarà del tipo $q = f(x_1, x_2) = x_1 + x_2$. Più in generale, essa avrà una formulazione lineare del tipo $q = a\,x_1 + b\,x_2$, con a e b numeri positivi. È immediato verificare che, in presenza di input perfetti sostituti, gli isoquanti saranno rappresentati da segmenti di rette parallele come quelle in Figura 10. In questa si può notare infatti che le combinazioni di x_1 e x_2 nei punti A, B, e C danno lo stesso livello di produzione, dacché q_0 unità di prodotto si possono ottenere utilizzando: sia x_2 soltanto (nel punto A), sia soltanto x_1 (nel punto C), oppure qualunque combinazione dei due input sul segmento AC (come per esempio il punto B). In questo caso, dunque, il *SMST* è costante. Nell'esempio dell'impresa di autotrasporti, con $q = x_1 + x_2$, *SMST* è uguale a 1: un motociclo in più consente di risparmiare un lavoratore. In generale, invece, con $q = a\,x_1 + b\,x_2$, esso è pari ad a/b.

Al di fuori dei casi particolari di input perfetti complementi e perfetti sostituti, il *SMST* ha un andamento variabile, decrescente all'aumentare della quantità impiegata del fattore x_1 (Figura 8). Di fatto, valendo la legge della produttività marginale decrescente, lo stesso aumento unitario di x_1 avrà un impatto via via minore sulla produzione all'aumentare della quantità impiegatane. Contestualmente, la produttività del fattore x_2, di cui si richiede una diminuzione compensativa, sarà maggiore considerandone quantità via via minori. Conseguentemente, in virtù di entrambi i fenomeni, servirà una diminuzione sempre minore di x_2 per compensare un aumento unitario di x_1: il *SMST* sarà quindi decrescente. Lo stesso risultato si desume dalla [21], rapporto fra le produttività marginali di due fattori che sono, rispettivamente, via via minore, quella di x_1 al numeratore, e maggiore, quella di x_2 al denominatore: rapporto quindi che risulta a sua volta decrescente. Si noti che, corrispondendo il *SMST* all'inclinazione dell'isoquanto in ogni suo punto, il fatto che esso sia decrescente implica che decrescente sia anche l'inclinazione dell'isoquanto stesso, ovvero che l'isoquanto si appiattisca all'aumentare di x_1 come è di fatto nella Figura 8.

La rappresentazione grafica degli isoquanti si rivela utile anche nell'analizzare il concetto di rendimenti di scala, definito nella prima parte di questo capitolo. In altre parole, l'uso degli isoquanti ci consente di analizzare cosa succede all'output quando la quantità impiegata degli input viene moltiplicata per un numero positivo.

---

[17] Nel punto di incontro delle due semirette il SMST non è definito.

Figura 10. – *Isoquanti per input perfetti sostituti*

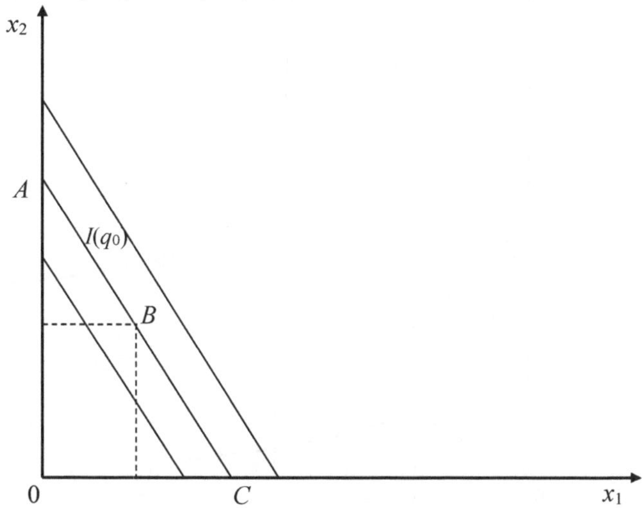

Se, così come abbiamo fatto in precedenza, supponiamo che la quantità impiegata dei due input, x_1 e x_2, venga raddoppiata – cosicché l'argomento della funzione di produzione da $f(x_1, x_2)$ diventa $f(2x_1, 2x_2)$ [18] – possiamo avere uno dei seguenti tre casi:

1. *Rendimenti di scala costanti.* Raddoppiando la quantità impiegata dei due fattori, la quantità prodotta raddoppia: in simboli, $f(2x_1, 2x_2) = 2f(x_1, x_2) = 2q$. Questa situazione è rappresentata in Figura 11, dove si nota come gli isoquanti associati, per esempio, al raddoppio e alla triplicazione della quantità impiegata di entrambi fattori di produzione corrispondano esattamente a valori, rispettivamente, doppi e tripli dell'output prodotto.
2. *Rendimenti di scala crescenti.* Raddoppiando la quantità impiegata dei due fattori, la quantità prodotta aumenta più del doppio: $f(2x_1, 2x_2) > 2f(x_1, x_2) = 2q$. Da un punto di vista grafico, in Figura 12, rispetto al caso precedente, si può notare che gli isoquanti che corrispondono ad incrementi doppi e tripli di entrambi i fattori di produzione, tracciati con tratto più scuro, corrispondono a valori di output maggiori, rispettivamente, del doppio e del triplo: in effetti, la produzione raddoppia anche se gli input vengono meno che raddoppiati.

[18] Più in generale l'operazione che stiamo facendo è quella di moltiplicare gli input per uno scalare positivo λ: $f(\lambda x_1, \lambda x_2)$.

Figura 11. – *Rendimenti di scala costanti*

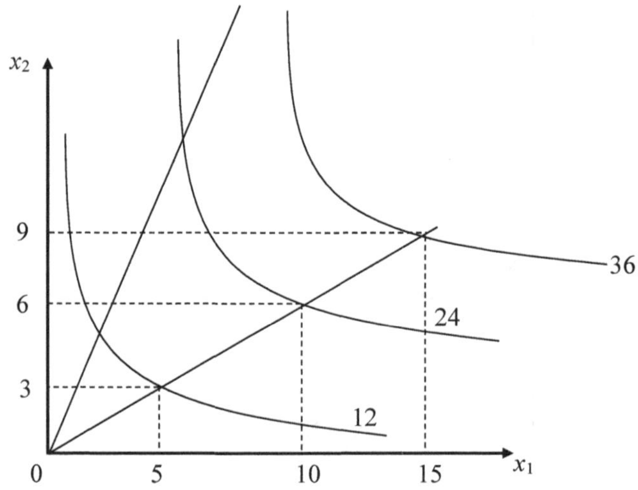

Figura 12. – *Rendimenti di scala crescenti*

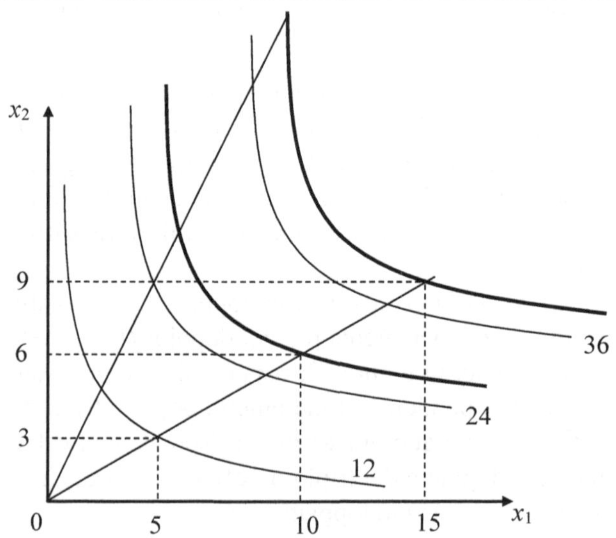

3. *Rendimenti di scala decrescenti.* Raddoppiando la quantità impiegata dei due fattori, la quantità prodotta aumenta meno del doppio: $f(2x_1, 2x_2) < 2f(x_1, x_2) = 2q$. Più in generale, se gli input vengono aumentati l'impresa aumenterà la produzione in mo-

do meno che proporzionale. Graficamente, il caso di rendimenti decrescenti è rappresentato in Figura 13, in cui gli isoquanti associati a valori doppi e tripli di entrambi gli input impiegati, tracciati con tratto più scuro, corrispondono a valori della produzione minori, rispettivamente, del doppio e del triplo. Perché la produzione raddoppi, occorre quindi un aumento più che doppio degli input impiegati.

Figura 13. – *Rendimenti di scala decrescenti*

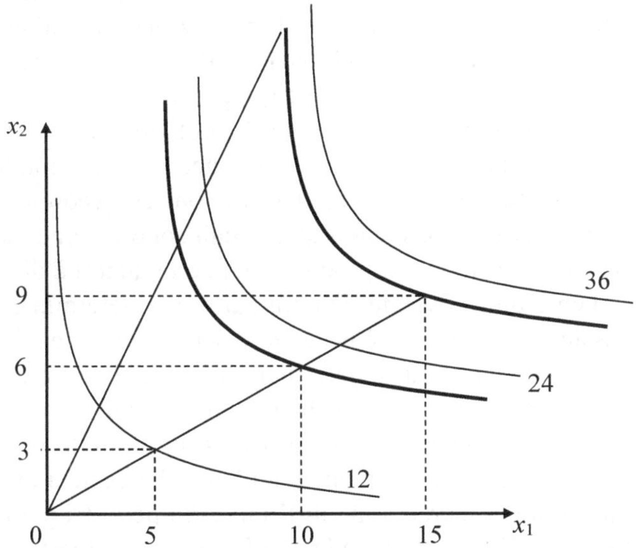

2.5. La scelta ottima dell'impresa: un problema a due stadi

Dopo aver analizzato il modo in cui la tecnologia influisce sulla scelta delle tecniche efficienti dell'impresa, dobbiamo ora determinare qual è il suo comportamento e quali sono gli strumenti a sua disposizione per effettuare scelte ottimali al fine della massimizzazione del profitto. Ricordiamo infatti che, secondo le ipotesi dell'approccio neoclassico standard, l'impresa è un agente economico il cui obiettivo è quello di produrre la quantità di output che le permette di massimizzare il profitto.

Per l'impresa questo è un problema di scelta di natura vincolata. Infatti, l'impresa non può aumentare la propria quantità di produzione all'infinito per conseguire livelli di profitto sempre più elevati, essendo sottoposta a un vincolo di costo: i fattori di produzione devono essere acquistati, o comunque prodotti in economia, il che come vedremo ha dei costi. Questo vincolo di costo non è un vincolo *originario*. I costi sostenuti dall'impresa dipendono, a loro volta, da quanto essa produce. Il problema della scelta della quantità di prodotto che massimizza il profitto può essere affrontato in due stadi. Il primo stadio consiste nel determinare, per ciascun livello di output, la combinazione di input che consente di produrlo al minimo costo: si ricordi infatti che ciascuna quantità di output può essere realizzata in modo tecnicamente efficiente impiegando una qualsiasi delle tecniche di produzione collocate sul rispettivo isoquanto. Il secondo stadio consiste invece nello scegliere tra i diversi livelli di output prodotti al minimo costo quello che massimizza il profitto.

La scelta di seguire un metodo a due stadi si impone anche per un altro motivo. Per determinare il costo minimo di produzione di qualunque quantità di output, ossia per determinare le combinazioni di input che sono *efficienti* da un punto di vista *economico* oltre che tecnico, è possibile prescindere dalle caratteristiche del mercato in cui l'impresa opera. Il problema ha infatti una soluzione che non dipende dal fatto che il mercato sia concorrenziale, piuttosto che monopolistico o oligopolistico, secondo caratterizzazioni che vedremo in seguito. In questo primo stadio ci interessa solo sapere quali sono le condizioni tecniche interne all'impresa che consentono di produrre una certa quantità di output nella maniera economicamente più efficiente. D'altra parte, per determinare la quantità di output che massimizza il profitto è necessario sapere come reagiscono le altre imprese che popolano il mercato quando l'impresa in questione cerca di vendere una certa quantità di produzione piuttosto che un'altra. Intuitivamente, infatti, è ovvio che le condizioni a cui l'impresa venderà il proprio prodotto (e quindi il prezzo che riuscirà a spuntare per ciascuna unità del bene che desidera vendere) dipenderanno dalla struttura del mercato in cui l'impresa opera. Ci possiamo aspettare cioè comportamenti differenti a seconda che l'impresa in questione sia l'unica a vendere quel certo tipo di bene, oppure lo venda assieme a molte altre. È quindi ovvio che la quantità che massimizza il profitto per un'impresa dipenderà, oltre che dalla sua particolare struttura produttiva, anche (e soprattutto) dalla forma di mercato, cioè dal grado e dal tipo di concorrenza che l'impresa si aspetta da parte delle altre imprese (se presenti) sul mercato.

Alla luce delle suddette motivazioni, nel prosieguo di questo capitolo ci concentreremo solo sul primo dei due problemi sopra enunciati, analizzando come un'impresa sceglie, prima nel breve e poi nel lungo periodo, la combinazione economicamente efficiente dei fattori di produzione impiegati. In seguito ci occuperemo invece del secondo problema, analizzando la determinazione della quantità che massimizza il profitto d'impresa, quantità che dipende dalle ipotesi sulla forma di mercato in cui l'impresa stessa opera.

2.6. La tecnica di produzione economicamente efficiente: minimizzazione dei costi

Iniziamo l'analisi della scelta ottima dell'impresa cercando di capire come l'impresa stessa individuerà le quantità dei fattori di produzione che consentono di ottenere un determinato livello di produzione al costo minimo.

Supponiamo, al solito, che l'impresa utilizzi due soli fattori, x_1 e x_2, il cui costo unitario per l'impresa sia, rispettivamente, w_1 e w_2. Nel caso in cui x_1 e x_2 corrispondano alla quantità, rispettivamente, di lavoro e di capitale impiegate dall'impresa, w_1 e w_2 saranno pertanto, rispettivamente, il salario unitario e il tasso di interesse [19].

È immediato che moltiplicando la quantità impiegata di ciascun fattore di produzione per il corrispondente costo unitario, e sommando i due prodotti, otterremo il costo totale (*CT*) sostenuto dall'impresa per produrre una certa quantità di output. Seguendo le posizioni di cui sopra, il costo totale che l'impresa sostiene è dato dalla somma del costo del lavoro, $w_1 \times x_1$, e del costo del capitale, $w_2 \times x_2$. Evidentemente, lo stesso livello di costo totale può essere dovuto a diverse combinazioni dei due fattori produttivi. Se, per esempio, w_1 è pari a 5 € e w_2 a 10 €, un costo totale pari a 100 € può risultare dall'impiego di 10 unità di x_1 e 5 di x_2 ($5 \times 10 + 10 \times 5 = 100$), ma anche dall'impiego di 2 unità di x_1 e di 9 di x_2 ($5 \times 2 + 10 \times 9 = 100$). Ripetendo questo ragionamento e rintracciando tutte le combinazioni dei due fattori che, dati quei prezzi unitari, hanno lo stesso costo totale per essere impiegati (nell'esempio $CT = 100$). Otteniamo una funzione che è denominata *funzione di isocosto.* La funzione di isocosto "raccoglie" quindi tutte le combinazioni di input impiegando le quali l'impresa sostiene lo stesso costo totale, e può essere scritta semplicemente come:

$$CT = x_1 \times w_1 + x_2 \times w_2 \qquad [22]$$

Alternativamente, potremmo dire che una funzione di isocosto rappresenta tutte le combinazioni dei fattori di produzione che l'impresa è in grado di acquistare spendendo lo stesso ammontare di risorse economiche *CT*.

Al fine di fornirne una rappresentazione grafica è utile riscrivere l'equazione della funzione di isocosto in forma esplicita, esprimendo un fattore di produzione – concordemente ai grafici precedenti, scegliamo il fattore x_2 – in funzione dell'altro – il fattore x_1, che anche in questo caso è indicato sull'asse delle ascisse (Figura 14):

$$x_2 = \frac{CT}{w_2} - \frac{w_1}{w_2} x_1 \qquad [23]$$

---

[19] Implicitamente ipotizziamo, infatti, che per acquistare i propri beni capitali l'impresa debba ricorrere al finanziamento esterno, su cui è pertanto tenuta a pagare degli interessi. Indirettamente, dunque, il costo del prestito può essere considerato il costo del capitale che con esso si acquisisce.

Figura 14. – *Rette di isocosto*

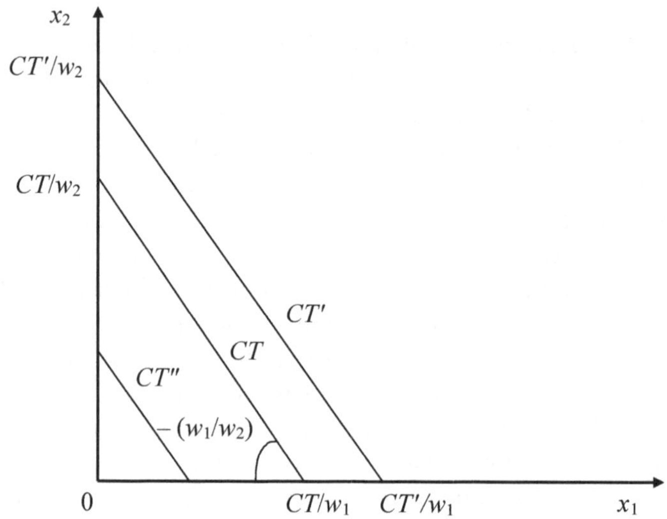

La [23] risulta quindi l'equazione di una retta, detta anche *retta di isocosto*, con alcune interessanti proprietà. La sua intercetta sull'asse delle ordinate (CT/w_2), innanzitutto, definisce la quantità massima di uno dei due *input* (in questo caso x_2) che l'impresa è in grado di acquistare con l'ammontare di risorse economiche *CT*, nel caso in cui essa rinunci totalmente all'utilizzo dell'altro fattore ($x_1 = 0$). L'inclinazione, data dal rapporto $-w_1/w_2$, definisce invece il saggio a cui l'impresa sostituisce i due input sul mercato, a prescindere cioè da motivazioni di tipo tecnico. Mentre queste ultime motivazioni tecniche si riferiscono alla relazione descritta dall'isoquanto di produzione (cioè al *SMST*), spostandosi lungo l'isocosto *CT* l'impresa sostituisce un fattore con l'altro per motivazioni di tipo economico, scambiandolo (o meglio si potrebbe dire vendendolo) in ragione del suo prezzo e di quello dell'altro fattore. In altre parole, l'inclinazione della retta di isocosto è pari al prezzo relativo dei due fattori di produzione così come, nella teoria del consumatore, l'inclinazione della retta di bilancio è pari al prezzo relativo dei beni consumati. Infine, nella stessa Figura 14, si noti come all'aumentare del costo totale, *ceteris paribus*, la retta di isocosto trasli parallelamente verso l'alto. Se, ad esempio, il costo totale dell'impresa è $CT' > CT$, l'inclinazione rimane la stessa mentre l'intercetta sull'asse delle ordinate aumenta ($CT'/w_2 > CT/w_2$), così come aumenta l'intercetta sull'asse delle ascisse ($CT'/w_1 > CT/w_1$). Analogamente, per livelli di costo minori di *CT*, come ad esempio CT'', la retta di isocosto trasla parallelamente verso il basso. In questo modo, per diversi livelli di costo totale siamo in grado di ottenere una *famiglia di rette*

di isocosto che, a parità di prezzo relativo dei fattori di produzione, risultano tra loro parallele.

Supponiamo ora che l'impresa intenda produrre un livello di output pari a q_0. Per il momento tale livello di output potrebbe essere un qualsiasi livello di produzione tra tutti quelli ottenibili dall'impresa. Quello che ci interessa ora è determinare in che modo, cioè utilizzando quale tecnica di produzione (o combinazione di fattori di produzione), l'impresa dovrà produrre questo output per minimizzare i costi di produzione: solo in questo modo, infatti, l'impresa produrrà q_0 in modo economicamente efficiente.

Per rispondere a questa domanda rappresentiamo in uno stesso grafico (Figura 15) la famiglia di isocosti di cui alla Figura 14 e l'isoquanto corrispondente a q_0, $I(q_0)$.

Figura 15. – *La tecnica economicamente efficiente*

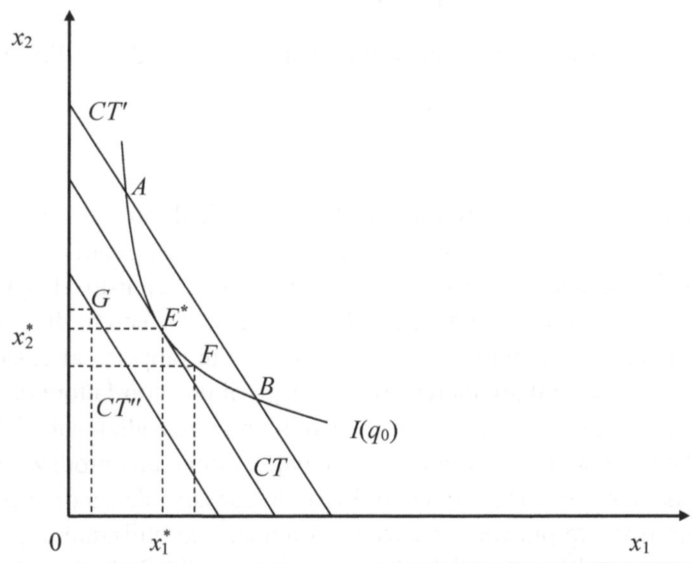

È immediato che due tecniche di produzione come quelle indicate dai punti (di intersezione) *A* e *B*, per quanto entrambe in grado di consentire all'impresa di produrre esattamente l'output q_0, e quindi *tecnicamente efficienti* (entrambe si trovano infatti sul relativo isoquanto), non sono *economicamente efficienti.* L'impresa sarebbe infatti in grado di produrre lo stesso output con tecniche (sempre sul medesimo isoquanto) che si trovano su una retta di isocosto più bassa, ovvero con un costo minore: per esempio la tecnica F. D'altra parte, tecniche di produzione che si trovano su rette di isocosto più basse di quella tangente all'isoquanto non sono nemmeno tecnicamente efficienti, in quanto non consentono di produrre q_0, e *a fortiori* non lo sono nemmeno economicamente: è questo il caso, ad esempio, della tecnica G.

La soluzione al problema è del tutto simile a quella che abbiamo individuato cercando la combinazione ottimale dei beni del consumatore nel capitolo precedente: un punto di tangenza, quale il punto E^*. A questo punto corrisponde infatti la tecnica, ossia la combinazione dei due input, (x_1^*, x_2^*), che realizza l'output q_0 in corrispondenza dell'isocosto più basso.

Questo tipo di soluzione grafica può essere tradotto in una condizione di equilibrio, detto *equilibrio di minimizzazione dei costi*, ricordando che in corrispondenza del loro punto di tangenza due curve hanno la stessa inclinazione: in E^* l'isocosto e l'isoquanto rilevanti hanno la stessa inclinazione. Uguagliando la [21], ossia l'inclinazione dell'isoquanto in valore assoluto, all'inclinazione dell'isocosto $(-\ w_1/w_2)$, sempre in valore assoluto, otteniamo la seguente condizione:

$$\frac{w_1}{w_2} = \frac{PMgx_1}{PMgx_2} \qquad [24]$$

da cui, riarrangiando i termini, otteniamo infine la condizione di equilibrio cercata:

$$\frac{PMgx_1}{w_1} = \frac{PMgx_2}{w_2} \qquad [25]$$

La [25] ci dice che l'impresa minimizza il costo totale di produzione di un certo output quando si realizza l'uguaglianza fra le produttività marginali dei singoli fattori della produzione ponderate per il loro prezzo unitario d'acquisto. Il significato di questa condizione è facilmente comprensibile. L'impresa che cerchi di minimizzare i costi dovrà valutare la produttività di ciascun fattore in rapporto al costo ad esso associato. Essa desidererà infatti aumentare l'impiego di un certo fattore della produzione fintantoché il costo connesso con l'utilizzo di un'unità addizionale dello stesso non eccederà il contributo di quell'unità addizionale di input alla produzione. Quando tutti i fattori della produzione saranno utilizzati in corrispondenza di questa condizione non ci sarà pertanto più convenienza per l'impresa ad utilizzare quantità maggiori di un input e quantità minori dell'altro. Perciò, uguagliando le produttività marginali ponderate dei fattori produttivi l'impresa raggiungerà una situazione di equilibrio, minimizzando i propri costi.

Si noti che, per quanto il problema dell'impresa che abbiamo ora affrontato presenti numerosi elementi di somiglianza con il problema di scelta del consumatore, differentemente dal consumatore, che massimizza la sua funzione obiettivo sottoposto ad un vincolo, l'impresa minimizza i costi relativi ad un certo livello di produzione. Concordemente, l'impresa fronteggerà un solo isoquanto (mentre il consumatore fronteggia infinite curve di indifferenza) e molte (infinite) rette di isocosto (mentre il consumatore fronteggia una sola retta di bilancio). A differenza del consumatore (che sceglie la curva di indifferenza più alta compatibile con il proprio livello di reddito disponibile), l'impresa sceglierà la retta di isocosto più bassa compatibile con un dato livello di produzione.

Quanto appena detto a proposito dell'unicità dell'isoquanto e della molteplicità delle rette di isocosto ha importanti implicazioni per l'analisi della variazione della scelta economicamente efficiente al variare del prezzo di un fattore produttivo (Figura 16). Infatti, a seguito di una simile variazione, la nuova combinazione efficiente dei due fattori, quella cioè che minimizza il costo di produzione ai nuovi prezzi relativi, andrà cercata muovendosi lungo il medesimo isoquanto, piuttosto che spostandosi su di uno nuovo: la tecnologia, infatti, anche dopo il cambiamento del prezzo relativo, è rimasta immutata. Per esempio, se, come accade nella Figura 16, diminuisce il prezzo del fattore x_1 (w_1), il fattore x_2 diventa relativamente più caro rispetto a x_1. L'inclinazione dell'isocosto, pari a $-w_1/w_2$, varia. Ciò comporta tuttavia anche una variazione dell'intercetta, a causa del fatto che il livello produttivo deve rimanere invariato. Occorre quindi rimanere sull'isoquanto "scivolandovi", per così dire, sopra: in questo caso, passando dal punto *A* al punto *B* nella Figura 16.

Figura 16. – *Variazione nel prezzo di un fattore produttivo*

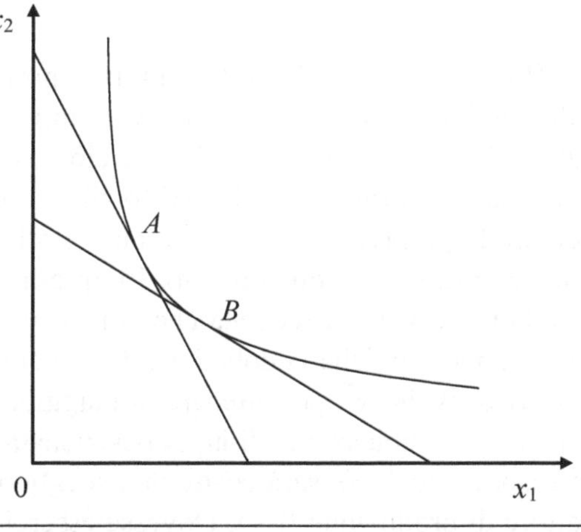

Il problema di minimizzazione dei costi che finora abbiamo risolto rispetto a una quantità arbitraria di produzione, q_0, si pone ovviamente per ciascuno dei possibili livelli di output dell'impresa. Nella Figura 17 viene illustrata la combinazione di input (x_1; x_2) economicamente efficiente per diversi livelli di produzione, ossia per diversi isoquanti. In ciascun caso essa è identificata dal punto di tangenza tra l'isoquanto rilevante e la più bassa retta di isocosto. Congiungendo con una curva continua tutti questi punti di equilibrio si ottiene quello che viene chiamato il *sentiero*

di espansione della produzione. È evidente che, essendo costruito in questo modo, il sentiero di espansione indica il costo totale di lungo periodo più basso per la produzione di ciascun livello di output.

Figura 17. – *Sentiero di espansione della produzione*

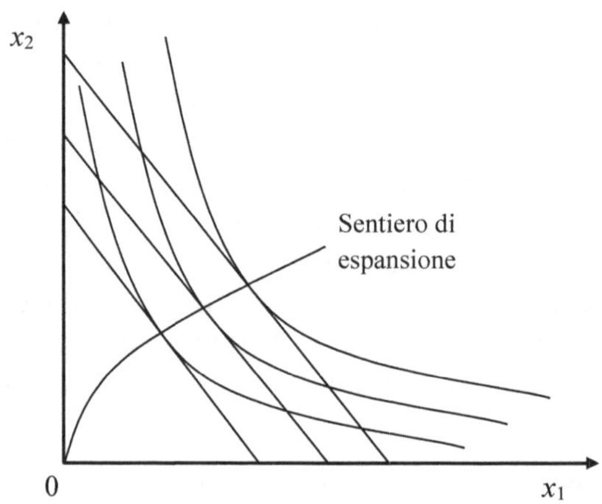

In effetti, è solo nel lungo periodo che tutti i fattori di produzione sono, così come presupposto dalla costruzione della Figura 17, variabili. Nel breve periodo, invece, almeno un fattore di produzione risulta fisso, e ciò costituisce un forte limite alla capacità dell'impresa di ridurre i propri costi totali nel produrre diversi livelli di output. Per aumentare la propria produzione da un certo livello q_1 a q_2, per spostarsi cioè su un isoquanto di produzione più alto, l'impresa avrà infatti bisogno di quantità di fattori produttivi diverse a seconda che ci troviamo nel breve o nel lungo periodo. Nel breve periodo, poiché la dotazione di uno dei due fattori (ad esempio x_2) è fissa ad un certo livello x_2^*, per ottenere la maggiore quantità di prodotto q_2, l'impresa, nel cercare la combinazione di input posizionata sulla retta di isocosto più bassa rispetto all'isoquanto $I(q_2)$, sarà costretta a sceglierne una che contempli la quantità x_2^* del fattore di produzione fisso. Dovesse esserci un'altra combinazione di input a costo più basso, tecnicamente fattibile per q_2, ma con un livello di x_2 diverso, nel breve periodo questa non sarebbe accessibile. Nel lungo periodo, invece, l'impresa potrà aggiustare la dotazione di entrambi i fattori, e in particolare quella di x_2, e potrà così facilmente identificare una combinazione di input su una retta di isocosto più bassa di quella di breve periodo, corrispondente cioè a costi totali minori. Questo fatto ci consente di derivare un'importante conclusione: nel lungo periodo l'impresa, potendo aggiustare la propria tecnologia produttiva in maniera più efficiente, sostiene costi totali minori di quelli che sopporta nel breve periodo. In altre parole, a parità di quantità prodotta, i costi totali sono maggiori nel breve che nel lungo periodo.

La distinzione tra breve e lungo periodo non è che una delle numerose distinzioni che occorre tenere presente nell'analisi dei costi d'impresa. Il paragrafo successivo introduce altre distinzioni che ci informano sulla struttura tipica di questi costi e che torneranno utili nei capitoli che seguono.

2.7. Contratti incompleti, diritti di proprietà e impresa

2.7.1. Coase e i costi di utilizzo del meccanismo dei prezzi

Come abbiamo visto nella Prima parte del capitolo, secondo l'approccio neoclassico l'ipotesi di razionalità illimitata rappresenta un tratto essenziale degli agenti economici, siano essi consumatori o imprese. Più in generale, nell'approccio neoclassico questa ipotesi consente agli agenti, non solo di scegliere in modo ottimale, ma anche di stipulare dei *contratti* (ad esempio, un contratto di compravendita di un fabbricato) in cui sono in grado di prevedere e disciplinare tutte le circostanze che potrebbero verificarsi dal momento della sottoscrizione al momento dell'esecuzione degli stessi (ad esempio, il rimborso del prezzo versato nel caso di sopravvenuto incendio del fabbricato). Essendo perfettamente razionali gli agenti sono cioè in grado di concludere transazioni sul mercato stipulando contratti *completi*: contratti in cui ogni possibile "stato del mondo" relativo alle transazioni [20] è disciplinato, osservabile e, in caso di controversia tra le parti, verificabile da un terzo (ad esempio un giudice), il quale può dare esecuzione forzosa al contratto secondo le specificazioni iniziali.

Come si vedrà nel Capitolo 3, è possibile dimostrare che il ricorso a contratti completi rende il mercato, unitamente ad altre ipotesi sulla sua struttura (concorrenza perfetta), un meccanismo di coordinamento tra gli agenti socialmente efficiente. Produttori e consumatori sono infatti così sempre in grado di effettuare i loro scambi ad un prezzo che ottimizza le loro funzioni obiettivo (profitto e utilità, rispettivamente) "sparecchiando" il mercato (uguagliando cioè domanda e offerta), e nessun altro meccanismo oltre a tale prezzo è richiesto per coordinarli al meglio [21]. In questo senso, il mercato si configura come "un oceano di cooperazione inconsapevole" [Coase, 1937]. Per converso, nell'approccio neoclassico, l'impresa non svolge alcuna fun-

---

[20] In economia, così come in statistica, uno "stato del mondo" è identificato da una precisa manifestazione di un vettore (ossia, una distribuzione ordinata) di variabili rilevanti per un dato fenomeno. Ad esempio, fossero queste la temperatura (C), il tasso di umidità (U) e la forza del vento (V), un possibile stato del mondo potrebbe essere il vettore: [$C = 18°$; $U = 40\%$; $V = 20$ Km/h].

[21] La piena comprensione, ed una più precisa definizione, di questa idea di benessere collettivo richiede l'introduzione di altri elementi di analisi e dovrà quindi attendere fino al relativo capitolo.

zione di coordinamento tra gli agenti, ma solamente una funzione tecnologico-produttiva: anche le "transazioni" tra i produttori e i lavoratori, infatti, sono disciplinate dal mercato, nel caso specifico il mercato del lavoro (che analizzeremo nel Capitolo 3).

Questo tipo di rappresentazione stride però con la realtà. Nelle imprese, infatti, specie quelle di grandi dimensioni, sono in atto quotidianamente processi di coordinamento, sebbene di natura diversa da quelli che avvengono nel mercato: l'impiegato di un'impresa che riceve istruzioni di contabilizzare le fatture, anziché emettere gli ordini, si sta coordinando con il suo capo ufficio, questa volta non in virtù di un prezzo (verosimilmente l'impiegato riceve lo stesso stipendio per svolgere entrambe le mansioni), ma in virtù dell'*autorità* che il capo ufficio ha su di lui.

Mercato e *impresa* si configurano quindi come meccanismi di coordinamento alternativi basati su, rispettivamente, *prezzo* e *autorità*, per ottenere lo stesso fine: coordinare gli agenti economici. La prima domanda diventa allora: cosa fa nascere l'esigenza di un coordinamento diverso da quello offerto dal mercato, segnatamente di quello offerto dall'impresa? A questa domanda Ronald H. Coase [1937], al quale si deve la nascita della teoria moderna dell'impresa, fornisce una chiara risposta: il "meccanismo dei prezzi" ha dei "costi di utilizzo". Brevemente, sono questi i costi a cui gli agenti che concludono transazioni sul mercato (ossia tramite i prezzi) vanno incontro per il fatto, contrario all'ipotesi di razionalità illimitata, di non avere accesso a tutte le informazioni contrattuali, presenti e future, e per essere quindi in grado di stipulare solamente *contratti incompleti*.

L'idea che la razionalità degli agenti economici abbia dei limiti, per quanto venga sviluppata compiutamente solo in seguito, costituisce un punto chiave della spiegazione di Coase dell'impresa. Essa è infatti la determinante principale dei costi di utilizzo del meccanismo dei prezzi che, secondo Coase, sono fondamentalmente tre.

Innanzitutto, esiste un costo (anche se a volte soltanto di opportunità) nel ricercare i contraenti, nel comunicare loro l'intenzione di negoziare e nello scoprire i prezzi rilevanti dei beni e servizi che si intendono acquistare o vendere: chiunque si sia cimentato nell'acquisto di un'auto nuova avrà speso tempo e denaro, per esempio in telefonate o "navigazioni" in internet, prima di scegliere il concessionario o il venditore più conveniente e quindi il "giusto affare".

In secondo luogo, sul mercato ogni singola transazione (a meno di non essere banale) necessita di un contratto, anche nel caso avvenga, e questo è il punto cruciale, tra gli stessi contraenti. Dacché la stipula e l'esecuzione di un contratto spesso comportano dei costi apprezzabili (si pensi alle spese notarili di un contratto di acquisito di un immobile), i costi contrattuali del meccanismo dei prezzi sono relativamente elevati [22].

---

[22] Il relativamente si riferisce qui all'impresa, dove l'imprenditore stipula dei contratti con i fattori di produzione (ad esempio i lavoratori e i detentori di capitale), ma dove ciascun fattore di produzione

Da ultimo, ma di certo più importante nel ragionamento di Coase, le relazioni che si instaurano tra i contraenti attraverso il mercato, specie quelle che hanno per oggetto servizi lavorativi, nel tentativo di specificare al meglio le condizioni contrattuali finiscono col divenire *inflessibili*. In effetti, quando gli elementi di incertezza che circondano il contratto (come abbiamo detto incompleto) si risolvono in un modo imprevisto dal contratto stesso (cosa ora possibile), gli agenti sono infatti costretti ad onerose rescissioni e rinegoziazioni. Si pensi, per esempio, al contratto stipulato tra il proprietario di un immobile e un imbianchino per la tinteggiatura delle pareti. Dovesse l'immobile crollare al suolo per un terremoto non previsto (nel contratto), il contratto dovrebbe (in assenza di clausole accessorie) essere rinegoziato, con un onere per il proprietario e per l'imbianchino, e sfociare in un nuovo contratto che preveda tra le prestazioni del secondo, anche la ricostruzione dei muri.

Quando i tre costi sopra evidenziati, l'ultimo soprattutto, divengono consistenti, per evitarne l'onere gli agenti si affidano per le loro transazioni a dei contratti di natura particolare in cui, specie nel caso di relazioni di lungo periodo, definiscono solo gli aspetti principali delle loro prestazioni, rinviando la definizione dei dettagli al momento dell'esecuzione. È quando questo accade, evidenzia Coase, che il contratto, specie quello che ha per oggetto servizi lavorativi, si trasforma da contratto di mercato a contratto di impresa. Ritornando all'esempio del contratto per la tinteggiatura, al fine di evitare cospicui costi di rinegoziazione, il proprietario potrebbe concordare con l'imbianchino un contratto in cui quest'ultimo si impegna a prestargli un generico servizio lavorativo, riservandosi il proprietario di specificare all'occorrenza se dovrà trattarsi di tinteggiare, piuttosto che stuccare i muri, se non perfino quello di ricostruirli dopo un terremoto. Così facendo, però, il proprietario abbandonerà il suo rapporto di mercato con l'imbianchino e costituirà con lui un'impresa, nella fattispecie un'impresa edile. Si noti che per il suo servizio lavorativo l'imbianchino riceverà sicuramente un compenso, corrispondente al prezzo del suo lavoro. Tuttavia, non sarà sulla base di questo prezzo che egli si coordinerà con il proprietario, quanto sulla base del comando (ossia, l'autorità) che il proprietario gli impartirà di volta in volta rispetto ad una specifica attività. Il prezzo del lavoro (cioè il salario), quindi, svolge in questo caso un ruolo diverso che nel mercato, configurandosi come la contropartita spettante al lavoratore per l'obbedienza al suo datore di lavoro.

Seguendo questo filo logico, l'impresa emerge per coordinare transazioni caratterizzate da incompletezza contrattuale in modo più efficiente, ossia a costi più bassi, di quanto possa fare il mercato. Estendendo lo stesso ragionamento, ogni qualvolta la costituita impresa concluderà transazioni sul mercato con altri contraenti – si pensi alla nostra impresa edile che acquista vernici e altri materiali da

---

non ha la necessità di stipulare un contratto con ogni altro con cui si deve coordinare, dacché al loro coordinamento pensa l'imprenditore, attraverso la sua autorità.

un certo fornitore – il problema del costo di utilizzo del meccanismo dei prezzi si riproporrà. E quando questi costi saranno particolarmente rilevanti potrebbe di nuovo essere conveniente che la transazione venga "spostata" dal mercato all'impresa: più precisamente, che venga *internalizzata*. Nel solito esempio, il fornitore di vernici potrebbe diventare un lavoratore dell'impresa edile, rispondendo all'autorità del proprietario dell'impresa. Per mezzo di questo meccanismo di internalizzazione, osserva Coase, le dimensioni dell'impresa crescono. Spingendo il ragionamento all'estremo, si potrebbe essere indotti a pensare che internalizzare tutte le possibili transazioni di mercato in un'unica impresa "planetaria" risolverebbe una volta per tutte il problema dei costi di utilizzo del meccanismo dei prezzi, azzerandoli. Tuttavia, la realtà ci suggerisce che questo non è il caso: il mondo non è coperto da un "oceano di cooperazione incosciente" (il mercato), ma nemmeno dominato da un'unica grande "isola di potere cosciente" (l'impresa). I due meccanismi coesistono, cosicché la seconda domanda diviene: cosa rende necessario il ritorno al mercato? Più precisamente, dove sta il confine tra impresa e mercato?

Anche a questa domanda Coase fornisce una risposta in termini di costi, ma questa volta di "utilizzo" dell'impresa, ossia i *costi amministrativi*. Il coordinamento delle transazioni nell'impresa ha infatti dei costi di esecuzione, costi necessari, per esempio, per ottenere dai lavoratori informazioni e per comunicare loro gli ordini in modo efficace. Il punto cruciale è che questi costi crescono con la dimensione dell'impresa. Nel linguaggio di Coase, essi crescono all'aumentare del numero delle transazioni internalizzate, non fosse altro perché, crescendo in numero, esse sono sempre più diverse tra loro e quindi più difficili da monitorare: il proprietario dell'immobile, per esempio, potrà avere delle competenze per verificare la tinteggiatura dell'imbianchino, ma non quelle per accertare il modo di produzione delle vernici. In sintesi, se da un lato l'internalizzazione di una transazione comporta una riduzione nel costo di utilizzo del meccanismo dei prezzi, dall'altro essa comporta un aumento dei costi amministrativi dell'impresa. Pertanto, seguendo un principio tipicamente marginalista, il confine tra impresa e mercato sarà identificato da quella transazione per cui "i costi di organizzare una transazione in più all'interno dell'impresa sono uguali ai costi che comporta l'effettuazione della transazione nel mercato aperto" (Coase [1937], pp. 43-45, nostra traduzione). Evidentemente, l'identità di questa transazione varia di volta in volta, cosicché la conclusione a cui giunge Coase è anche detta *teoria dell'equilibrio mobile* [23].

---

[23] È qui solo il caso di ricordare come il modo in cui emerge l'impresa secondo Coase sia strettamente collegato a quello che egli chiama il *problema del costo sociale* [Coase, 1960]. Brevemente, i costi di transazione impedirebbero al mercato di riallocare i diritti di proprietà tra gli agenti economici in modo da massimizzare il benessere della collettività. In questo caso, dunque, si rivela opportuno che l'imprenditore acquisti i diritti di proprietà e li riallochi, per autorità, in modo efficiente.

2.7.2. Williamson e l'economia dei costi di transazione

Per quanto fosse un'idea estremamente innovativa, "la natura dell'impresa" di Coase [1937] tardò ad affermarsi. Nel 1972, ben 35 anni dopo la pubblicazione del saggio che la esponeva, Coase descrisse quel saggio come "molto citato, ma poco usato" [1972, p. 63] dagli studiosi di impresa che gli fecero seguito. In quegli stessi anni, Oliver E. Williamson addusse lo scarso utilizzo dell'idea di Coase alla mancanza di "operazionalizzazione"[24], ossia allo scarso contenuto empirico dei suoi concetti portanti [Williamson, 1973, 1975]. In particolare, argomenta Williamson, Coase non ci dice quali sono le caratteristiche ("dimensioni") di una transazione che ne rendono più efficiente il coordinamento ("*governance*", nel senso generico di governo) tramite l'impresa, piuttosto che tramite il mercato.

Di questa operazionalizzazione si incaricò Williamson stesso, attraverso una serie di "6 mosse" [Williamson, 2003, p. 922][25], che portarono a configurare quella che è divenuta nota come l'*economia dei costi di transazione*.

(1) Dall'*homo economicus* all'*homo contractualis*. La prima mossa consiste nell'identificare gli attributi che caratterizzano gli agenti impegnati in attività contrattuali. Gli attributi dell'*homo contractualis* sono, secondo Williamson, gli stessi che connotano l'*homo economicus* dell'economia neoclassica [Robbins, 1932], ossia: *razionalità* e *interesse proprio*. Ciò che cambia è la gradazione degli stessi attributi [Williamson, 1985]. L'agente economico neoclassico ha il grado più forte di razionalità, quella massimizzante, ossia la razionalità illimitata. Per converso, l'agente contrattuale ha un grado di razionalità intermedio. Pur non essendo non-razionale (e tanto meno irrazionale), e anzi desiderando esserlo intenzionalmente a dispetto degli altri organismi animali – caratterizzati appunto dal grado più debole di razionalità, quella *organica* – nei fatti la sua è una *razionalità limitata* da problemi informativi e cognitivi che gli impediscono di sottoscrivere contratti completi[26].

---

[24] Nella metodologia della ricerca sociale, l'operazionalizzazione è il processo attraverso il quale si cerca di dare misurazione a concetti o fenomeni non immediatamente osservabili [Boudon-Lazarsfeld, 1965].

[25] Nel seguito, le sei mosse saranno illustrate seguendo Williamson [2003], ma con alcune semplificazioni e integrazioni, specialmente relativamente alla terza mossa.

[26] Per questa idea di razionalità limitata Williamson inizialmente si riferisce al noto studioso di scienze dell'organizzazione Herbert Simon [1957] – di cui parleremo in seguito – secondo cui la razionalità degli individui si limita alle procedure (ed è quindi anche detta razionalità *procedurale*) con cui essi ricercano un'alternativa di scelta ai loro problemi: in modo "soddisfacente", piuttosto che "ottimizzante". Il legame tra questa accezione di razionalità limitata e quella usata da Williamson è stato tuttavia posto in discussione. In particolare, una certa evoluzione è stata riscontrata negli scritti di Williamson che ne testimonia un progressivo allontanamento dall'idea di Simon, e un progressivo avvicinamento alla forma più forte di razionalità (quella massimizzante). La concessione che "gli agenti economici siano in grado sia di apprendere che di prevedere, di percepire i rischi e di rappresentare queste situazioni nella relazione contrattuale" [Williamson, 1985, pp. 8-9, nostra traduzione] non è infatti lontana dall'ipotesi neoclassica dell'uomo economico che sa "guardare lontano" (*farsighted*). Su questa evoluzione si veda Pessali [2006].

Rispetto al secondo attributo, la ricerca del proprio interesse, è invece l'uomo contrattuale a rivelare quella di grado più forte, essendo disposto, in tale ricerca, a "mentire, imbrogliare, rubare, fuorviare, travisare, offuscare, fingere, distorcere, confondere" [Williamson, 1985, p. 134] la controparte: in una parola, l'uomo contrattuale è caratterizzato da *opportunismo*. Per converso, l'uomo economico neoclassico presenta una modulazione intermedia di egoismo, "candida" anziché "scaltra", ancorché più forte della gradazione più debole rintracciabile nell'altruismo e nell'obbedienza con cui gli agenti sono caratterizzati negli studi di pianificazione sociale. In sintesi, "l'uomo contrattuale è più basso, in termini di razionalità, e più alto, in termini del proprio interesse, dell'uomo economico" [Pessali, 2006, p. 55, nostra traduzione][27]. Si noti che le due gradazioni sono intimamente connesse. L'assenza di problemi informativi (in particolare, riguardo al fatto che ci si stia comportando più o meno onestamente) preclude infatti all'agente economico perfettamente razionale ogni possibilità di approfittare con opportunismo delle scarse informazioni della controparte.

(2) La *transazione* come unità di analisi. La seconda mossa consiste nel dare all'idea di transazione, già introdotta da Coase, la veste di una vera e propria unità di analisi, riconoscendovi alcune dimensioni critiche. La prima di queste è, secondo Williamson, la *specificità delle attività* (*asset specificity*) che sono oggetto di transazione. Gli agenti, infatti, spesso finalizzano i loro investimenti, tangibili e intangibili (ad esempio, in conoscenza), per rendere le relative attività specifiche alle transazioni che concludono. Il produttore di macchinari industriali per l'imballaggio, per esempio, potrà spuntare un compenso migliore investendo nella produzione di macchinari specifici alle esigenze del suo principale acquirente (imballare un certo tipo di prodotti). Quest'ultimo risparmierà tempo e denaro nel metterli a regime nei propri impianti, e potrà egli stesso trovare conveniente rendersi specifico al fornitore con degli investimenti a lui dedicati[28]. Così facendo, tuttavia, gli agenti

---

[27] Come evidenziato da Pessali [2006], distinguere l'uomo contrattuale dall'uomo economico sulla base di "differenze di grado" piuttosto che "di natura", corrisponde a una precisa figura retorica, nota come metonimia, che ha il vantaggio di fare apparire due termini di confronto apparentemente incommensurabili relativamente vicini l'uno all'altro. L'accoglimento delle idee di Williamson da parte degli economisti neoclassici ha certamente beneficiato di figure retoriche di questo tipo.

[28] Più precisamente, Williamson [1985, p. 54] distingue quattro tipi di specificità: a) *specificità del luogo*, dovuta a localizzazioni geografiche uniche per certi impianti e attrezzature, il cui impiego altrove comporterebbe una consistente perdita di valore economico (si pensi ad una serie di stabilimenti, localizzati l'uno vicino all'altro, per risparmiare sulle spese di trasporto e di magazzinaggio); b) *specificità delle attività fisiche*, dovuta a caratteristiche tangibili talmente idiosincratiche da rendere certe attività utilizzabili soltanto in date transazioni (l'esempio è quello di bulloni con una forma così particolare da renderli utilizzabili solo nella produzione di una certa vite); c) *specificità delle attività umane*, dovuta ad abilità e competenze incorporate in determinate tipologie di capitale umano e difficilmente spendibili altrove (in questo caso si pensi alla conoscenza acquisita da un individuo, attraverso l'esperienza, lavorando in una data fase di un dato processo produttivo); d) *attività dedicate*, dovute alla realizzazione di attività su indicazione di uno specifico committente (l'esempio è quello di inve-

rendono le attività in cui hanno investito infungibili in transazioni diverse da quella a cui sono specifiche, a meno di rilevanti costi di adattamento (*switching cost*). Gli investimenti in attività specifiche sono cioè difficilmente recuperabili, e quindi all'origine di costi detti a fondo perduto (*sunk costs*).

Alla specificità delle attività si aggiungono poi altre due dimensioni cruciali per le transazioni. La prima è l'*incertezza*, ossia i "disturbi non anticipati" ai quali le transazioni sono soggette, anche e soprattutto in ragione dell'opportunismo degli agenti e della loro tendenza a distorcere le informazioni e a non rivelare la loro effettiva natura (*incertezza comportamentale*). La seconda è la *frequenza*, ossia il numero di volte che gli agenti concludono transazioni tra loro, e gli effetti che da essa derivano, sia sulla reputazione che gli agenti maturano attraverso esse, sia sui costi che essi sostengono nel governarle in modi specifici diversi dal mercato, per esempio, attraverso la costituzione di un'impresa.

(3) La *trasformazione fondamentale* e il problema dell'*hold-up*. Il fatto che gli agenti economici effettuino investimenti specifici muta fondamentalmente la natura della relazione che li lega. A seguito di quella che Williamson chiama la "trasformazione fondamentale", da relazione in cui l'identità dei contraenti è irrilevante, essa diventa infatti una relazione di "dipendenza bilaterale" tra gli stessi. Ritornando all'esempio dei macchinari per l'imballaggio, nel caso di macchinari generici, *ceteris paribus*, il fornitore non avrebbe alcun vantaggio (a parte il prezzo, ovviamente) e nessun costo di adattamento a rifornire un cliente piuttosto di un altro. E il cliente si troverebbe parimenti indifferente, al di là del prezzo, nella scelta del fornitore più conveniente. Diverso è il caso di macchinari specifici. Una volta effettuato l'investimento specifico, infatti, il fornitore incorrerebbe in una perdita di valore produttivo se fosse costretto, per esempio a causa della mancata esecuzione del relativo contratto, a reimpiegare il macchinario in una transazione alternativa, fosse anche la migliore possibile. D'altra parte, anche il cliente sosterrebbe un costo a seguito dall'eventuale venir meno della transazione, essendo costretto a ricercare dei macchinari relativamente meno specializzati. L'investimento specifico crea quindi una *quasi-rendita* rispetto alla situazione di investimenti generici: una rendita potenziale, che si trasforma in effettiva (per questo, "quasi" rendita) nel momento in cui la relativa transazione va a buon fine.

Il punto cruciale è che, essendo opportunisti, gli agenti cercano di sfruttare a loro vantaggio il legame venutosi ad instaurare tra di loro con l'investimento specifico, cercando di accaparrarsi con scaltrezza una quota consistente della quasi-rendita creata. L'incompletezza dei contratti rende questo possibile. Una volta che il fornitore avesse fatto l'investimento specifico più efficiente per la transazione, il cliente troverebbe conveniente minacciarlo di ritirarsi dalla stessa in occasione di una pros-

---

stimenti in capacità produttiva compiuti solo nella prospettiva di vendere un significativo ammontare di un certo prodotto ad un cliente specifico).

sima rinegoziazione del contratto – resa necessaria dalla sua natura incompleta appunto – costringendolo così a dei costi di reimpiego, a meno di non spuntare un prezzo più favorevole di quello inizialmente pattuito. Questo tipo di minaccia, del tipo "prendere o lasciare", è chiamato da Williamson *hold-up*, letteralmente "minaccia di rapina", o anche "opportunismo post-contrattuale". La sua origine, come si è detto, sta nell'intreccio tra contratti incompleti, opportunismo e incertezza: senza disturbi non anticipati, infatti, non ci sarebbero occasioni di rinegoziazione. Il suo effetto è invece quello di indurre gli agenti economici a cautelarsi contro lo stesso rischio facendo investimenti specifici di valore inferiore a quello efficiente, ossia a sotto-investire, creando così un problema di sub-efficienza (la quasi-rendita non si realizza). L'investitore specifico, infatti, anticipando la possibilità che, in presenza di contratti incompleti, la controparte lo minacci di *hold-up*, cerca di vincolarsi meno alla stessa realizzando investimenti meno specifici ma, e qui sta il problema, anche meno efficienti. Un problema che richiede agli agenti di ricorrere a modalità di coordinamento diverse da quelle del mercato [29].

(4) Un tipo diverso di *adattamento*: dal *mercato* alla *gerarchia*. Il problema del sotto-investimento specifico evidenzia come, in alcune circostanze, l'adattamento spontaneo che gli agenti economici realizzano sul mercato, riallineando le loro scelte di fronte a cambiamenti nei prezzi relativi, possa non essere sufficiente a ottenere uno scambio efficiente. Il problema è quello evidenziato da Coase, ma in Williamson è operazionalizzato nella questione del sotto-investimento specifico, così come operazionalizzata rispetto a Coase è la sua soluzione. L'unico modo per recuperare l'incentivo degli agenti economici a investire adeguatamente in modo specifico è attribuire loro il reddito che residua dalla transazione dopo avere compensato la controparte, ossia renderli *residual claimant*, letteralmente "titolari del residuo". Ciò equivale a porre l'investitore specifico in posizione gerarchica rispetto alla controparte, così come avviene quando essi costituiscono un'impresa. Ma non tanto conferendogli l'autorità di comandare la controparte (come sosteneva Coase), quanto invece il potere di disporre delle attività oggetto di transazione nelle circostanze non previste dal contratto (incompleto), ossia il *diritto residuale di controllo*. Il modo più immediato per fare ciò, anche se non l'unico, è attribuire all'investitore speci-

[29] Il ragionamento sopra sviluppato si riferisce al caso di investimenti specifici unilaterali: il fornitore investe in modo specifico, mentre il cliente no. Si potrebbe essere indotti a pensare che la presenza di investimenti specifici bilaterali, esponendo ciascuna parte alla minaccia dell'altra, riequilibri la transazione verso la soluzione più efficiente. Questo non è tuttavia il caso. Se, oltre ad essere bilaterali, gli investimenti specifici sono sequenziali (una parte investe prima dell'altra), è ovvio che l'agente chiamato a investire per primo non vorrà esporsi all'opportunismo dell'altro e tarderà, al limite all'infinito (cioè non lo farà), il suo investimento specifico. Nel caso di investimenti specifici simultanei, invece, la situazione efficiente non si raggiunge ugualmente, ma stavolta per un problema di coordinamento simile a quello del "dilemma del prigioniero" (che vedremo nel Capitolo 5): cercando la loro strategia dominante, e agendo egoisticamente, gli agenti sotto-investono, anche se investire entrambi coordinandosi, sarebbe più efficiente.

fico la proprietà dei mezzi di produzione della controparte: proprietà che incorpora, come è noto, sia il diritto al godimento dei loro frutti (*diritto al reddito residuale*) sia il diritto a disporne (*diritto residuale di controllo*). Tecnicamente, l'investitore specifico dovrebbe "integrare verticalmente" la controparte, dando luogo ad una gerarchia – di cui l'impresa è la manifestazione più evidente, ma di nuovo non unica – in cui l'adattamento degli agenti non funziona più tramite i prezzi, e quindi inconsciamente, ma è coordinato dall'amministrazione dell'impresa, e quindi deliberato [30].

(5) *Strutture di governo e criterio di rimediabilità*. Gerarchia (impresa) e mercato rappresentano due diversi modi di "governare" le transazioni che coinvolgono gli agenti economici (e le imprese, a loro volta, quando esse stesse concludono transazioni). A dire il vero, secondo Williamson [1975], mercato e gerarchia sono due modalità estreme di un *continuum* all'interno del quale si collocano delle forme "ibride": si pensi, ad esempio, a un accordo di lungo periodo tra due imprese nella forma di una *joint venture*, basato sia su meccanismi di prezzo che amministrativi. Ciascuna di queste modalità è contraddistinta da un "complesso di attributi internamente coerenti" [Williamson, 2003, p. 925, nostra traduzione] che le rendono più o meno adatte a fronteggiare il cambiamento. Più precisamente, *mercato*, *gerarchia* e *ibridi* sono strutture di governo "discrete", che si distinguono sulla base della rilevanza di tre attributi principali: (i) incentivi degli agenti; (ii) controllo amministrativo; (iii) legalità dei contratti. Nel caso della gerarchia, ad esempio, gli attributi (i) e (iii) hanno scarsa rilevanza. Percependo un fisso mensile per il loro impegno, ad esempio, i lavoratori hanno deboli incentivi ad impegnarsi per ottenere il risultato loro richiesto dall'imprenditore, mentre gli incentivi sono forti nel mercato, dove gli agenti sopportano integralmente le conseguenze delle loro azioni, positive e negative. Quanto al punto (iii), le dispute che nascono nell'impresa solitamente non trovano soluzione in tribunale. Per opposti motivi, nel caso del mercato gli attributi (i) e (iii) hanno rilevanza massima, mentre l'attributo (ii) pressoché nulla. Assumendo che ciascuno dei tre attributi possa assumere tre valori in termini di rilevanza (basso, intermedio e alto), il novero delle strutture di governo possibili ammonta a 27. La questione cruciale diventa quindi quale di queste sia da preferirsi in una data transazione.

Prima di arrivare a quest'ultima mossa, tuttavia, Williamson chiarisce il criterio di preferenza tra forme di governo diverse, identificandolo nel cosiddetto *criterio di rimediabilità*: "una modalità organizzativa corrente rispetto alla quale non è possibile descrivere e implementare un'alternativa possibile migliore che frutti dei guadagni

---

[30] Nel caso di investimenti specifici bilaterali nasce ovviamente il problema di identificare l'agente al quale attribuire la proprietà dei mezzi di produzione: in assenza di altre problematiche, che vedremo in seguito, la soluzione di Williamson è quella di privilegiare la parte che genera la quasi-rendita maggiore, ossia l'investitore maggiormente specifico.

netti attesi (più alti) si presume essere *efficiente*" [Williamson, 2003, p. 924, nota 9, nostra traduzione e nostra enfasi]. Il criterio è dunque un criterio di efficienza relativa da valutarsi caso per caso.

(6) L'ipotesi di *allineamento discriminante*. Avendo caratterizzato diverse strutture di governo delle transazioni in termini di "complessi di attributi", e avendo fatto lo stesso con l'unità di analisi "transazione", il risultato ultimo dell'economia dei costi di transazione consiste nel loro allineamento: "le transazioni, che differiscono tra loro sulla base dei rispettivi attributi, si allineano alle strutture di governo, che variano nel loro costo e nella loro competenza, in modo tale da raggiungere (principalmente) un risultato di economizzazione dei costi di transazione" [Williamson, 2003, p. 926, nostra traduzione]. In breve, sono le caratteristiche delle transazioni a richiedere, per ottenere un risultato relativamente efficiente (secondo il criterio della rimediabilità), una struttura di governo piuttosto che un'altra. Come abbiamo detto, transazioni caratterizzate da attività specifiche, incertezza e frequenza (tale da giustificarne i relativi oneri) si allineano a strutture di governo gerarchiche, quali l'impresa. In assenza di specificità nelle attività transatte, l'allineamento è invece con il mercato, mentre altri allineamenti si prefigurano dovessero essere diverse le ipotesi comportamentali degli agenti coinvolti nelle transazioni. In assenza di opportunismo, ad esempio, ma in presenza di razionalità limitata e specificità, la forma di governo più efficiente risulta un accordo di lungo periodo tra gli agenti, onorato sulla base della loro ipotizzata lealtà.

Attraverso queste sei mosse, la teoria dell'impresa di Williamson si è affermata come una teoria ad elevato potere previsivo. Per quanto le applicazioni empiriche abbiano tardato a fornire un test robusto e consistente di tali previsioni [Shelanski-Klein, 1995], l'operatività e il rigore logico-formale hanno fatto dell'economia dei costi di transazione una nuova "ortodossia" tra le teorie contemporanee dell'impresa [Groenewegen-Vromen, 1996].

2.7.3. La nuova scuola dei diritti di proprietà: Grossman, Hart e Moore

Molti degli elementi della teoria dei costi di transazione elaborata da Williamson vengono ripresi, sul finire degli anni '80 del secolo scorso, da un filone di studi che, riprendendo l'originario focus di Coase sull'allocazione dei diritti di proprietà [Coase, 1960], viene chiamato comunemente *nuova scuola dei diritti di proprietà* (NSDP). I principali lavori di riferimento di questo filone sono quelli di Grossman e Hart [1986] e di Hart e Moore [1988], cosicché lo stesso è anche identificato come approccio GHM all'impresa, dall'acronimo dei tre autori.

Dell'economia dei costi di transazione la NSDP riprende i pilastri portanti, ma con alcune fondamentali novità. Innanzitutto, l'idea di contratti incompleti, che in questo caso non è però sinonimo di razionalità limitata, dacché gli agenti sono in grado di adottare comportamenti ottimizzanti[31]. Ciò che rende i contratti incompleti è semplicemente il fatto che essi disciplinano solo le circostanze note o previste all'atto della loro sottoscrizione. Nelle eventualità impreviste che si dovessero verificare in seguito, invece, il contratto non prevede cosa fare delle attività transatte, lasciando al loro proprietario il diritto esclusivo di disporlo: il *diritto residuale di controllo*. Questo fatto rende cruciale il ruolo dei diritti di proprietà nell'impresa. In effetti, in questo approccio l'impresa altro non è che l'insieme dei beni materiali (e delle connesse obbligazioni e titoli) che sono di proprietà dei suoi proprietari. La questione dei confini dell'impresa ha dunque soluzione immediata. Dalle attività dell'impresa vanno tuttavia escluse le risorse umane che, non potendo essere comprate e vendute, sono di proprietà dei manager e dei lavoratori che le incorporano, indipendentemente da chi ha la proprietà dei mezzi di produzione con cui essi lavorano.

Nella NSDP ad essere cruciale è soprattutto l'allocazione dei diritti di proprietà tra gli agenti che, attribuendo loro il diritto residuale di controllo, incide sui loro incentivi ad effettuare investimenti specifici. Anche questo è un pilastro che la NSDP mutua dall'economia dei costi di transazione, ma ponendo una maggiore enfasi di quella sugli investimenti in capitale umano, piuttosto che fisico: ad esempio, l'investimento fatto da un lavoratore per acquisire una competenza o un'abilità specifica. Sono attività specifiche di questo tipo a creare i problemi maggiori, dacché l'impresa non se ne può appropriare così come fa con le attività materiali. Di conseguenza, la distribuzione delle competenze tra i lavoratori, ossia chi ha il capitale umano specifico, svolge nell'impresa un ruolo tanto cruciale quanto quello dell'allocazione dei diritti di proprietà.

Al fine di comprendere la centralità dell'allocazione dei diritti di proprietà, si consideri dapprima il suo influsso sulla decisione di investire in modo specifico in capitale fisico (cioè in beni materiali). Si ipotizzi un contratto di fornitura settimanale di x componenti da parte dell'impresa A all'impresa B, che utilizza questi componenti (ad esempio scocche) per produrre un certo bene finale (ad esempio auto). Il verificarsi di un inatteso incremento di domanda per quest'ultimo bene richiede evidentemente di rinegoziare la fornitura, incrementandola rispetto alla base settimanale prevista dal contratto. Gli esiti della rinegoziazione per le imprese A e B saranno però diversi a seconda della loro relazione proprietaria iniziale, ossia a seconda dell'allocazione iniziale dei diritti di proprietà. Fossero A e B due imprese indipendenti, il diritto di decidere se incrementare o meno la produzione dei componenti, soddisfacendo così l'aumentata domanda, spetterebbe ovviamente all'impresa A, che ha la proprietà dei mezzi di produzione necessari a farlo. Potendo essa mi-

---

[31] La posizione di Oliver Hart in proposito è chiara: "Non credo che l'ipotesi di razionalità limitata sia necessaria per costruire una teoria dell'organizzazione" [Hart, 1990, pp. 700-701, nostra traduzione]. Questo paragrafo è basato su Hart [1988].

nacciare di rendere questi mezzi non disponibili, così come la relativa forza lavoro, l'impresa B potrebbe essere costretta a pagare ad A un compenso molto elevato per indurla ad aumentare la fornitura. Al contrario, fossero A e B non indipendenti, essendo per esempio A una divisione organizzativa dell'impresa B, il diritto residuale di controllo sui mezzi di produzione spetterebbe all'impresa B stessa, per il fatto di averne la proprietà. In questo caso, la divisione A potrebbe al massimo minacciare di non rendere disponibili i propri lavoratori e manager, che l'impresa B potrebbe però sostituire. In questa seconda circostanza, quindi, l'impresa B potrebbe ottenere l'esecuzione della fornitura addizionale ad un costo molto più basso che nel caso precedente.

I due diversi scenari di rinegoziazione, detti *status-quo*, hanno importanti implicazioni sugli incentivi ad effettuare investimenti specifici dei due contraenti. Nel primo caso (imprese A e B indipendenti), prevedendo una distribuzione del *surplus* creato con l'investimento specifico (ossia della quasi-rendita) più favorevole – ossia una remunerazione come abbiamo visto più elevata – l'impresa A avrebbe un forte incentivo a farlo, mentre basso sarebbe l'incentivo dell'impresa B. Nel secondo caso (in cui A è parte dell'impresa B), invece, l'incentivo maggiore a fare l'investimento specifico sarebbe in capo all'impresa B, che dallo stesso si aspetta, per i motivi visti sopra, una distribuzione più favorevole del *surplus* creato. Sulla base di queste considerazioni, la forma di governo più adatta a regolare la relazione tra A e B va scelta, secondo questa scuola, allocando i diritti di proprietà in modo tale da salvaguardare gli investimenti specifici necessari all'efficienza del processo produttivo. Nel caso in cui, per esempio, l'investimento di B fosse co-specifico a quello di A, e quindi condizionasse la quasi-rendita creata dall'investimento specifico di quest'ultimo, la soluzione migliore sarebbe quella di riunire i due patrimoni, attribuendone a B la proprietà comune. Il controllo separato dei due patrimoni accrescerebbe infatti il numero delle parti con potere di esproprio e diminuirebbe i loro incentivi ad investire. Diversamente, fosse quello dell'impresa A l'investimento specifico più rilevante, e fosse esso indipendente da quello di B, la separazione proprietaria si prospetterebbe la soluzione migliore.

L'allocazione dei diritti di proprietà è ancor più rilevante quando si consideri il suo influsso sull'incentivo dei lavoratori ad investire in capitale umano specifico alla relazione. Si consideri, a titolo di esempio, la decisione di un lavoratore dell'impresa fornitrice A di cui sopra di aumentare le proprie competenze nella produzione dei componenti specificatamente richiesti dall'impresa B (investimento in attività dedicate all'impresa B) che, come sopra, quei componenti usa per produrre un certo bene finale. Nello *status-quo* in cui le due imprese fossero indipendenti, il lavoratore che cerca una ricompensa per questo investimento dovrà rivendicare una porzione della quasi-rendita creata dinanzi al proprietario dei mezzi di produzione con cui lavora, ossia l'impresa A. La quale dovrà, a sua volta e preventivamente, rivendicare la propria parte della stessa quasi-rendita di fronte all'impresa B, per cui l'investimento specifico viene realizzato. In questa circostanza, cioè, le possibili fonti di esproprio della quasi-rendita creata con l'investimento specifico sono, per il lavoratore di A, due: l'impresa A, proprietaria dei mezzi di produzione, e l'impresa B, a cui l'investimento è specifico. Diversamente, le possibilità di esproprio del lavoratore di A si ridurrebbero ad una nel caso in cui l'impresa A fosse di proprietà dell'impresa B, ossia la prima fosse una divisione della seconda: il lavoratore rivendicherebbe la propria quota di quasi-rendita direttamente dinanzi all'impresa B, a cui l'investimento è specifico, e che controlla i propri mezzi di produzione.

Nuovamente, i due diversi *status-quo* influiscono sull'incentivo a fare l'investimento specifico da parte del lavoratore di A, che sarà maggiore nel secondo caso, con proprietà comune dei mezzi di produzione, potendosi egli aspettare una quota di *surplus* elevata. Analogamente, si può argomentare che, nel caso in cui il lavoratore dell'impresa A dovesse decidere se investire in modo specifico all'impresa A stessa, per esempio apprendendo a ridurne i costi di produzione delle componenti, indipendentemente dai clienti, l'incentivo sarebbe maggiore nel caso di proprietà separate, piuttosto che congiunte. Nel primo caso, infatti, la possibilità di esproprio del *surplus* creato proviene solo dall'impresa A, mentre nel secondo caso si aggiunge quella dell'impresa B.

Da queste considerazioni discendono due importanti implicazioni. In primo luogo, relativamente ai confini dell'impresa, se le dimensioni di un'impresa crescono così tanto da rendere di fatto impossibile a una sua divisione di finalizzare gli investimenti specifici in capitale umano alle esigenze del "quartier generale", essendo la "distanza organizzativa" tra le due eccessiva[32], gli investimenti specifici potranno essere recuperati solo scorporando quella divisione dall'impresa. In assenza di complementarità tra divisione e quartier generale, infatti, dare il controllo della divisione al management centrale aumenta il numero possibile delle fonti di esproprio senza alcun guadagno compensativo, diminuendo l'incentivo ad investire. La seconda implicazione ha invece a che vedere con la natura dell'impresa. Pur non essendo il capitale umano dei lavoratori appropriabile da altri, il controllo del patrimonio materiale conduce anche al controllo del patrimonio umano. In altre parole, estendendo l'argomento, il lavoratore obbedisce al datore di lavoro che controlla i suoi mezzi di produzione, non tanto perché il secondo ha autorità sul primo, come sosteneva Coase, ma perché gli conviene: così facendo, infatti, egli riduce le fonti di esproprio del *surplus* creato con il suo investimento specifico.

---

[32] Nelle grandi multinazionali, in effetti, i lavoratori di una divisione specifica della sussidiaria di un Paese non sono solitamente in grado di identificare i fabbisogni specifici della proprietà, localizzata nella sede amministrativa della casa madre in un altro Paese.

Riferimenti bibliografici

ALCHIAN A.-DEMSETZ H. [1972], "Production, information costs, and economic organization", in *American Economic Review*, vol. 62, pp. 772-795.

BOUDON R.-LAZARSFELD P.F. [1965], *Méthodes de la Sociologie*, vol. I, *Le Vocabulaire de Sciences Sociales*, Mouton & Co., Paris-La Haye.

COASE R. [1937], "The Nature of the Firm", in *Economica*, vol. 4, n. 16, pp. 386-405.

COBB C.W.-DOUGLAS P.H. [1928], "A Theory of Production", in *American Economic Review*, vol. 18, pp. 139-65.

GROSSMAN S.-HART O. [1983], "An analysis of the principal-agent problem", in *Econometrica*, vol. 51, pp. 7-45.

HART O. [1990], "Is "bounded rationality" an important element of a theory of institutions?", in *Journal of Institutional and Theoretical Economics*, vol. 146, pp. 696-702.

HART O. [1998], "An economist's perspective on the theory of the firm", in *Columbia Law Review*, vol. 89, pp. 1757-1774.

HART O.-MOORE J. [1990], "Property rights and the nature of the firm", in *Journal of Political Economy*, vol. 98, pp. 1119-1158.

KNIGHT F.H. [1960], *Rischio, incertezza e profitto*, La Nuova Italia, Firenze [pubblicazione originale inglese 1921].

MISHRA S.K. [2007], *A brief History of Production Functions*, Munich Personal RePEc Archive (MPRA) Paper No. 5254, disponibile sul sito: *http://mpra.ub.uni-muenchen.de/5254/*.

NELSON R. [1981], "Research on productivity growth and productivity differences: dead ends and new departures", in *Journal of Economic Literature*, vol. 19, pp. 1029-1064.

NICITA A.-SCOPPA V. [2005], *Economia dei Contratti*, Carocci, Roma.

PASINETTI L. [1975], *Lezioni di teoria della produzione*, Il Mulino, Bologna.

PESSALI H.F. [2006], "The rhetoric of Oliver Williamson's transaction cost economics", in *Journal of Institutional Economics*, vol. 2, n. 1, pp. 45-65.

ROBBINS L. [1932], *An Essay on the Nature and Significance of Economic Science*, New York University Press, New York.

SHELANSKI H.A.-KLEIN P.G. [1995], "Empirical research in transaction cost economics: a review and assessment", in *Journal of Law, Economics, & Organization*, vol. 11, n. 2, pp. 335-361.

SIMON H. [1957], *Models of Man*, John Wiley, New York.

THÜNEN J.H. VON [1848], *Der isolierte Staat in Beziehung auf Landwirthschaft und Nationalökonomie*, 3 volumes: Fischer, Jena, Germany.

WICKSTEED P.H. [1894], *An Essay on the Co-ordination of the Laws of Distribution*, Mac-Millan & Co., London.

WILLIAMSON O.E. [1973], "Markets and hierarchies: some elementary considerations", in *American Economic Review*, vol. 63, pp. 316-325.

WILLIAMSON O.E. [1975], *Markets and Hierarchies: Analysis and Antitrust Applications*, The Free Press, New York.

WILLIAMSON O.E. [2003], "Examining economic organizations through the lens of contracts", in *Industrial and Corporate Change*, vol. 12, n. 4, pp. 917-942.

3 I mercati dei beni e dei fattori produttivi in concorrenza perfetta

Parte I - **Per capire**

Il concetto di concorrenza perfetta, così come sarà sviluppato nel prosieguo del capitolo, è il risultato di un'evoluzione del pensiero economico moderno che parte dalla definizione di Adam Smith. Secondo Stigler (1957), un eminente studioso del pensiero economico oltre che dell'economia industriale, l'analisi di Adam Smith implica l'esistenza di concorrenza quando si realizzano le cinque seguenti condizioni: a) i concorrenti devono agire in modo indipendente l'uno dall'altro, senza collusioni o accordi di alcun tipo; b) il numero dei concorrenti deve essere sufficientemente elevato da garantire l'assenza di "guadagni straordinari"; c) gli operatori devono possedere una piena conoscenza delle opportunità di mercato; d) deve esistere libertà di azione per garantire la possibilità di operare sulla base di queste conoscenze e, infine, e) deve esserci un tempo sufficiente affinché le risorse economiche operino nella direzione e nelle quantità desiderate dai loro proprietari. Un importante affinamento della definizione fornita da Adam Smith (1776) proviene dalle analisi di Cournot (1838), un esponente della scuola matematica di economia. Cournot enfatizza il ruolo giocato dalla numerosità dei produttori: tanto più elevato è il numero di produttori, quanto più contenuta è la distanza fra il prezzo di mercato e il costo marginale di produzione. Jevons (1871), lungo il medesimo filone di ricerca, sottolinea il ruolo della conoscenza, ma è solo con Edgeworth (1881) che si cerca di sviluppare una definizione rigorosa e sistematica di concorrenza perfetta. Secondo Stigler, la definizione di Edgeworth di concorrenza implica: a) un elevato numero di acquirenti e di produttori; b) l'assenza di limitazioni nei comportamenti degli agenti economici e c) la perfetta divisibilità delle merci. In ogni caso è solamente con Clark (1899) e, particolarmente, con Knight (1921) che si raggiunge una formulazione del concetto di concorrenza perfetta coerente con le definizioni tuttora accettate ed adottate anche in questo testo.

Nel Capitolo 2 abbiamo mostrato come un'impresa debba tenere nel debito conto le condizioni che regolano i costi di produzione dei beni che desidera produrre ed in seguito vendere sul mercato. L'impresa, infatti, deve cercare di realizzare la produzione che ritiene necessaria in modo economicamente efficiente, ossia minimizzando i propri costi: un problema di cui ci siamo appunto occupati nel Capitolo 2, esaminando la tecnologia dell'impresa e la struttura dei suoi costi. Tuttavia, secondo le ipotesi che pure abbiamo introdotto in quel capitolo, il fine di un'impresa non è quello di minimizzare i costi di produzione, ma quello di massimizzare il profitto.

Poiché il profitto è determinato dall'eccedenza dei ricavi sui costi, è necessario a questo punto della trattazione vedere come, e se, sia possibile per l'impresa determinare la quantità di produzione, e la relativa combinazione di input, che rende massima la differenza fra i due. Al fine di determinare il piano di produzione che determina il livello massimo di profitto per l'impresa dobbiamo, infatti, analizzare, oltre al profilo dei suoi costi, anche quello relativo ai suoi ricavi.

Nel prosieguo di questo capitolo vedremo quindi, dapprima, come si determinano i *ricavi* totali dell'impresa e, successivamente, come sia possibile per l'impresa determinare la quantità da produrre che massimizza il *profitto*, ossia la differenza fra i ricavi e i costi. Così facendo, saremo in grado di identificare la quantità di produzione che l'impresa è disposta ad offrire sul mercato ad un determinato prezzo.

Associando prezzi diversi alle diverse quantità di output ottimale corrispondenti otterremo quindi una relazione tra prezzo e quantità venduta che chiameremo *curva di offerta dell'impresa*: una relazione che costituisce l'equivalente, dal lato dell'offerta appunto, della curva di domanda individuale ottenuta per il consumatore nel Capitolo 1. In seguito, completando il parallelo con il Capitolo 1, aggregheremo le varie curve di offerta individuali (sommandole orizzontalmente) ed otterremo la *curva di offerta per l'intero settore industriale* in cui l'impresa opera: equivalente, dal lato dell'offerta, della curva di domanda di mercato ottenuta nel Capitolo 1.

Proseguiremo quindi mostrando come il comportamento dell'impresa cambi in relazione alla prospettiva temporale di analisi. Vedremo, infatti, che, nel breve periodo, l'impresa cerca di produrre la quantità che massimizza il profitto (o minimizza le perdite), mentre, nel lungo periodo, essa deve affrontare ulteriori decisioni, in particolare relativamente alla sua capacità/possibilità di rimanere o meno nel settore in cui opera. Verrà quindi presentata la nozione di equilibrio economico generale ed i due teoremi dell'economia del benessere.

Nella parte di approfondimento del capitolo verranno presi in considerazione il mercato del lavoro ed il mercato del capitale.

3.1. L'impresa in concorrenza perfetta: l'equilibrio di breve periodo e la curva di offerta

Nella scelta della quantità da produrre e, quando ciò sia possibile, dei prezzi da applicare, l'impresa deve affrontare una serie di vincoli: tecnologici, economici e di mercato.

I *vincoli tecnologici* sono legati alla funzione di produzione, espressione della conoscenza tecnologica dell'impresa, e rendono impossibile all'impresa stessa spingere la produzione oltre un certo limite, tecnico appunto. Ciò genera, a sua volta, una serie di *vincoli economici*, che sono legati alle funzioni di costo: vincoli che limitano la produzione in termini di convenienza economica relativamente al costo opportunità del prodotto. Infine, i *vincoli di mercato* sono relativi al fatto che le capacità di produzione dell'impresa sono limitate dalla struttura della concorrenza e dalla volontà degli acquirenti, cioè dalla curva di domanda rilevante per l'impresa.

A seconda del modo in cui l'impresa fronteggia quest'ultimo tipo di vincoli, ovvero del modo in cui essa si comporta sul mercato, distinguiamo diversi casi, che chiameremo *forme di mercato*. Più precisamente, una forma di mercato è identificata da una serie di ipotesi sulle caratteristiche, il comportamento e le modalità di interazione degli agenti economici, imprese e consumatori, che vi operano. La loro specificazione è necessaria al fine di risolvere il problema di massimizzazione del profitto di cui ci stiamo occupando. Per questo motivo, in questo capitolo inizieremo la nostra analisi assumendo che la forma di mercato rilevante sia una forma di mercato che chiameremo di *concorrenza perfetta*.

Come vedremo nel Capitolo 6, l'equilibrio che si realizza tra domanda ed offerta in un simile mercato massimizza il benessere della società, vista come la somma di consumatori e produttori. Pertanto, è conveniente considerare la concorrenza perfetta come un caso di riferimento, con il quale confrontare quanto accade in altre forme di mercato, che impareremo a chiamare, nel Capitolo 5, monopolio, concorrenza monopolistica ed oligopolio. In effetti, in questi casi l'allocazione delle risorse realizzata dal mercato non è altrettanto efficiente: in altre parole, in questi casi il mercato "fallisce", ragion per cui considereremo queste forme di mercato sotto la rubrica "fallimenti del mercato".

Vediamo quindi brevemente quali sono le caratteristiche di un mercato di concorrenza perfetta.

3.1.1. La concorrenza perfetta

Un mercato di concorrenza perfetta è un mercato contraddistinto da quattro caratteristiche: i) omogeneità dei beni offerti; ii) numerosità degli agenti economici; iii) assenza di barriere all'entrata; iv) informazione perfetta. Analizziamo brevemente ciascuna di esse.

i) *Omogeneità dei beni offerti.* I beni che sono offerti dalle imprese che operano su questo mercato presentano caratteristiche merceologiche e funzionali identiche: i beni sono cioè omogenei e, quindi, perfetti sostituti tra loro. Ciò implica che i consumatori acquistano il bene indifferentemente da qualunque venditore e, similmente, che le imprese non hanno alcun particolare vantaggio dal vendere il bene ad un consumatore piuttosto che ad un altro. Infine, nessun consumatore è disposto a pagare, sapendolo, un prezzo più alto ad un certo venditore per un certo bene che può ottenere da un altro venditore ad un prezzo più basso.

ii) *Numerosità degli agenti economici.* Il mercato è popolato da un numero elevato di imprese e di consumatori, fatto che ha due importanti conseguenze in termini di prezzo. In primo luogo, ciascuna impresa produce una quota molto piccola, ovvero trascurabile, del totale del settore: variazioni nella produzione di un singolo venditore non si riflettono quindi in variazioni corrispondenti della quantità totale, e perciò non determinano variazioni rilevanti del prezzo. Questo fa sì che per le imprese di questo mercato il prezzo sia dato, ed esse siano, come si suole dire, *price-taker*. Ciò è vero anche per i consumatori: nessuna quantità domandata di un bene da parte di un singolo consumatore può essere talmente grande da far variare il prezzo di vendita. Inoltre, non è possibile impedire che un bene possa essere rivenduto (e ricomprato) ad un prezzo differente, senza incorrere in costi aggiuntivi.

iii) *Assenza di barriere all'entrata.* Non esistono barriere di nessun tipo (economico, legale o tecnologico) che possano impedire a chiunque lo desideri di entrare in quel determinato settore industriale e di organizzare la produzione di beni da vendere sul mercato.

iv) *Informazione perfetta.* Tutte le imprese e tutti i consumatori sono perfettamente informati sulle caratteristiche del mercato, cosicché non ci sono tra di loro asimmetrie informative.

Evidentemente, un mercato in cui valgano tutte queste quattro caratteristiche raramente trova riscontro nella pratica, dato che la concorrenza in realtà è sempre caratterizzata da un certo grado di imperfezione rispetto alle stesse. Ciò nonostante, l'esame di questa forma di mercato è utile, oltre che per l'analisi di mercati che ad essa più si avvicinano [1], per identificare un punto di riferimento rispetto al quale confrontare l'analisi delle altre forme di mercato.

3.1.2. La scelta di produzione dell'impresa nel breve periodo

Per iniziare, supponiamo che l'impresa del mercato perfettamente concorrenziale che stiamo considerando operi nel breve periodo. Le implicazioni di questa ipo-

---

[1] I mercati dei prodotti agricoli e quelli borsistici sono forse i due mercati che più si avvicinano alla caratterizzazione che abbiamo fornito.

tesi sono quelle che abbiamo già visto nel Capitolo 2 relativamente alla presenza di fattori di produzione fissi. Ciò si traduce nel fatto che, nel breve periodo, la decisione di altre imprese di dotarsi degli impianti per entrare sul mercato, qualora lo trovassero profittevole, non trova il tempo di concretizzarsi. Inoltre, questa ipotesi implica che le imprese che si trovano su questo mercato non sono in grado di uscirne. Di conseguenza, nel breve periodo, pur in assenza di barriere all'entrata, il numero delle imprese presenti sul mercato è fisso.

In questo scenario, la scelta della quantità di produzione ottimale dell'impresa è guidata, come si è detto, dall'obiettivo di massimizzazione del profitto. Essendo il *profitto* (π) misurato dalla differenza tra *ricavi totali* (RT) e *costi totali* (CT), ed essendo costi e ricavi totali funzione della quantità prodotta, q, il problema dell'impresa è quello di scegliere q in modo tale che la differenza tra $RT(q)$ e $CT(q)$, ossia $\pi(q)$, sia massima. Questa scelta dipende quindi da come ricavi totali e costi totali variano al variare di q. Quanto accade ai costi totali, e alle altre configurazioni di costo, lo abbiamo già visto nel Capitolo 2; ora si tratta di analizzare cosa accade ai ricavi.

Nel caso del mercato che stiamo analizzando, la funzione dei ricavi totali ha un andamento molto semplice. Essendo i ricavi totali pari al prodotto del prezzo, p, per la quantità, q, ($RT = p \times q$) e dato che l'impresa è *price-taker*, non è cioè in grado di influenzare il prezzo che rimane dato, i ricavi totali varieranno in misura proporzionale al variare di q.

Questo fatto ci consente di definire immediatamente due grandezze legate ai ricavi totali che ci torneranno utili in seguito: i *ricavi marginali* (RMg), definiti, al pari di altre grandezze marginali, come la variazione dei ricavi totali a seguito di una variazione unitaria della quantità prodotta (Δq); i *ricavi medi* (RMe), così come altre grandezze medie, pari al ricavo totale diviso per le unità di output prodotte e vendute. Si dimostra facilmente, attraverso la loro definizione, che entrambe queste due variabili sono pari al prezzo:

$$RMg = \frac{\Delta RT}{\Delta q} = \frac{p \times \Delta q}{\Delta q} = p \qquad [1]$$

$$RMe = \frac{RT}{q} = \frac{p \times q}{q} = p \qquad [2]$$

La [1] discende direttamente dalle ipotesi del mercato perfettamente concorrenziale che stiamo considerando: il prezzo per l'impresa è dato dal mercato, cosicché la variazione dei ricavi totali (ΔRT) corrisponde ad un aumento pari a p per ciascuna unità in più di output venduta, cioè la variazione della quantità (Δq). Questa variazione è quindi pari a $p \times \Delta q$. La [2], invece, è valida in generale: in qualsiasi forma di mercato, il ricavo medio della produzione è dato dal prezzo unitario di vendita.

Si osservi inoltre che anche l'andamento del RMg e del RMe al variare di q discende direttamente dalle caratteristiche del mercato di concorrenza perfetta che stiamo considerando. In concorrenza perfetta, l'impresa non è in grado di influenzare il prezzo, p, tramite variazioni della quantità prodotta del bene stesso. La quantità prodotta dalla singola impresa, infatti, è irrilevante rispetto alla dimensione complessiva del mercato. Perciò il prezzo per la singola impresa in concorrenza perfetta è dato: l'impresa, cioè, vende qualunque ammontare di beni sempre allo stesso prezzo. Ciò equivale ad affermare che per l'impresa la curva di domanda è orizzontale. Infatti, per un dato prezzo, p, l'impresa può produrre qualunque quantità desideri, senza che per questo il prezzo muti. La *curva di domanda dell'impresa*, $p(q)$, è pertanto una retta orizzontale come quella rappresentata in Figura 1, e lo stesso dicasi delle curve di *RMg* e di *RMe*.

Figura 1. – *La curva di domanda dell'impresa in concorrenza perfetta*

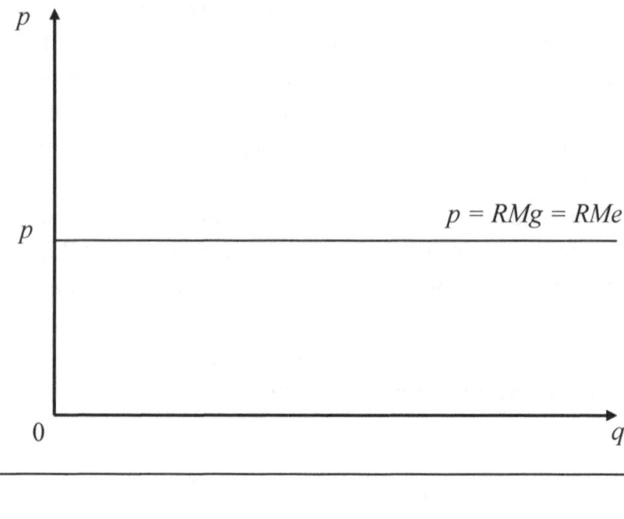

Analizzato l'andamento dei ricavi totali, e memori di quello dei costi totali, siamo finalmente in grado di identificare la quantità di produzione che massimizza il profitto dell'impresa nel breve periodo. Infatti, per scegliere il livello di produzione ottimale, l'impresa adotterà il seguente metodo: aumenterà la produzione se, facendolo, il profitto totale aumenterà, ovvero se l'ultima unità prodotta farà aumentare i ricavi più dei costi, cioè se $RMg > CMg$. Viceversa, l'impresa diminuirà la quantità prodotta se sarà profittevole farlo, ovvero se l'ultima unità prodotta aggiunge di più ai costi che ai ricavi totali, cioè se $RMg < CMg$. Il punto in cui l'impresa non trova conveniente modificare la produzione, cioè il punto di equilibrio di breve periodo, sarà quindi quello in cui l'ultima unità prodotta non fa variare i profitti totali, cioè in cui $RMg = CMg$. In effetti, calcolando la variazione dei profitti totali rispetto alla quantità prodotta, e ponendola uguale a zero si ha:

$$\frac{\Delta\pi}{\Delta q} = \frac{\Delta RT}{\Delta q} - \frac{\Delta CT}{\Delta q} = 0 \qquad [3]$$

da cui:

$$\frac{\Delta RT}{\Delta q} = \frac{\Delta CT}{\Delta q} \qquad [4]$$

che equivale a:

$$RMg = CMg \qquad [5]$$

L'equazione [5] è estremamente importante. Essa ci dice che, in generale, la regola che l'impresa deve seguire per massimizzare il profitto è quella di uguagliare i ricavi marginali (*RMg*) ai costi marginali (*CMg*), cioè uguagliare il contributo che l'ultima unità prodotta apporta ai ricavi e ai costi. Nel caso della concorrenza perfetta, poi, questa regola conosce un'importante specificazione. Essendo, in concorrenza perfetta, il prezzo uguale al ricavo marginale, allora la [5] può essere riformulata come:

$$p = CMg \qquad [6]$$

In altre parole, un'impresa di concorrenza perfetta massimizza il profitto quando il costo marginale di produzione è uguale al prezzo.

A dire il vero, uno sguardo alla Figura 2 ci suggerisce che l'equazione [6] andrebbe meglio specificata.

Figura 2. – *La produzione di equilibrio nel breve periodo*

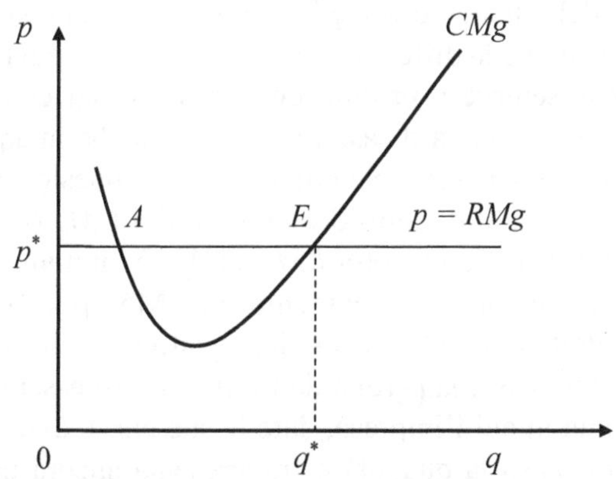

Rappresentando sull'asse delle ascisse la quantità prodotta, e su quello delle ordinate il prezzo (uguale al ricavo marginale) ed il costo marginale, si nota che i punti di intersezione fra la retta del prezzo e la curva dei costi marginali sono in realtà due: il punto *A* ed il punto *E*. La produzione di equilibrio è però solamente quella che corrisponde al punto E, nel tratto crescente della curva dei costi marginali, cioè q^*. Il tratto inclinato negativamente della curva dei costi marginali è invece economicamente irrilevante. Infatti, nel punto A si nota che l'aumento della quantità prodotta aumenta di più i ricavi dei costi, quindi sarà conveniente per l'impresa continuare ad aumentare la produzione fino al punto E.

Nel punto E, invece, il metodo che avevamo presentato per la massimizzazione del profitto funziona. Infatti, producendo un'unità in più di q^* si nota che $CMg > RMg$, mentre nel caso in cui si produca un'unità in meno $CMg < RMg$. Quindi, nel primo caso l'unità addizionale costa più di quanto faccia ricavare, cosicché non sarà conveniente produrla. Nel secondo caso, viceversa, conviene aumentare la produzione in quanto, per ogni unità prodotta per cui vale $CMg < RMg$, si ottiene un ricavo che più che compensa i costi necessari alla produzione di quella unità del bene.

Evidentemente, il profitto che l'impresa realizza producendo q^*, cioè il profitto massimo, π^*, può essere ottenuto a partire da q^* stesso quando solo si ricordino le definizioni di $RMe(RT/q)$ e di $CMe(CT/q)$. Seguendo queste ultime è infatti possibile esprimere il profitto in funzione di q, $\pi(q)$, come segue:

$$\pi(q) = RT - CT = RMe \times q - CMe \times q = q \times (RMe - CMe) \quad [7]$$

Il profitto massimo π^* è pertanto uguale a:

$$\pi^* = q^* \times (RMe - CMe) \quad [8]$$

Introducendo nella Figura 2 la curva dei CMe, con il classico andamento ad U, e ricordando che anche i RMe sono uguali al prezzo, il profitto totale massimo è rappresentato dall'area del rettangolo $BAEp^*$ della Figura 3: la quantità prodotta (il segmento BA), moltiplicata per la differenza fra ricavi e costi medi (il segmento EA).

Si osservi che non sempre il profitto dell'impresa, pur essendo massimo, è anche positivo. La Figura 4 mostra il caso di un'impresa che in equilibrio consegue un profitto negativo, ossia una perdita. Se infatti, come in questo caso, la retta di prezzo interseca la curva di CMg al di sotto del minimo del CMe (ma sempre al di sopra del minimo del CMg), la differenza tra RMe e CMe è un numero negativo: in effetti, il segmento q^*A è più corto del segmento q^*E. Moltiplicando per la quantità di equilibrio, q^*, il prodotto è quindi a sua volta negativo. L'area del rettangolo $BEAp^*$ misura quindi, in questo caso, la perdita dell'impresa. Ad essere più precisi, essa misura la perdita minima in cui l'impresa, date le sue curve di costo, è in grado di incorrere, ed in questo senso la quantità q^* rappresenta ancora una quantità ottimale. Vedremo nel paragrafo successivo qual è il comportamento più razionale che l'impresa deve adottare, in presenza di livelli di profitti negativi.

Figura 3. – *Il profitto dell'impresa*

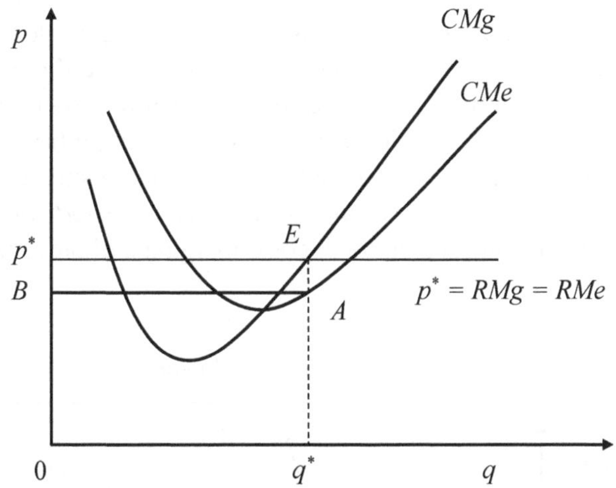

Figura 4. – *L'equilibrio dell'impresa in perdita*

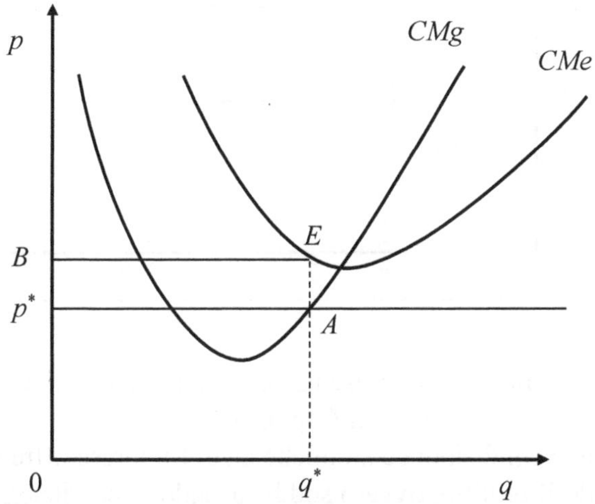

Il quadro delle posizioni di equilibrio possibili nel breve periodo è completato dalla situazione in cui il prezzo uguaglia il *CMg* in corrispondenza del minimo della curva di *CMe*. È immediato che, in questo caso, il profitto unitario dell'impresa, pari alla differenza tra *RMe* e *CMe*, è nullo e, di conseguenza, è nullo anche il profitto totale dell'impresa dato dalla [8].

3.1.3. La curva di offerta di breve periodo dell'impresa

Identificata la scelta di produzione ottimale di breve periodo, si osservi che essa dipende dal livello di prezzo prevalente sul mercato, p^*. Se il prezzo varia, anche la quantità ottimale che l'impresa decide di produrre varia, essendo però sempre identificata dalla condizione [6]. In altre parole, il punto di equilibrio dell'impresa al variare del prezzo sarà identificato dal corrispondente punto sulla curva dei costi marginali. Conseguentemente, la *curva di offerta di breve periodo dell'impresa* può essere derivata a partire dalla sua curva di costo marginale di breve periodo, come mostrato in Figura 5.

Figura 5. – *La curva di offerta di breve periodo dell'impresa*

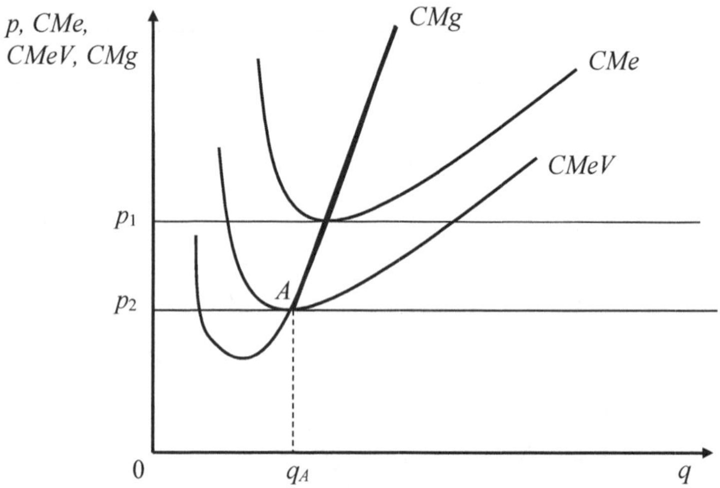

In questa figura abbiamo rappresentato, oltre alla curva dei *CMg*, anche le curve dei *CMe* e dei *CMeV*, analizzate nel Capitolo 2.

Si osservi che le condizioni economiche a cui l'impresa offre la propria produzione massimizzando il profitto, ovvero soddisfacendo la condizione di uguaglianza tra prezzo e costo marginale, variano al variare del livello di prezzo prevalente sul mercato. In effetti, se il prezzo è maggiore del minimo del *CMe*, cioè maggiore di p_1, l'impresa massimizza il profitto realizzando un'eccedenza dei ricavi totali sui costi totali (o, come diremo meglio in seguito, realizzando un extraprofitto positivo): il caso è infatti quello della Figura 3. Se il livello dei prezzi è pari a p_1, invece, l'impresa nel breve periodo realizza un profitto pari a 0. Da ultimo, per livelli di prezzo minori di p_1, cioè con un ricavo medio inferiore al costo medio, l'impresa subisce delle perdite: il prezzo p_1 viene quindi definito il *break-even point* dell'impresa.

A questo punto è importante notare che la decisione dell'impresa di produrre anche subendo delle perdite dipende dall'ammontare di queste ultime. Sebbene in perdita, e cioè per p minore di p_1, ma maggiore di p_2, l'impresa continua a produrre, poiché in questo modo riesce a coprire i costi variabili più una parte dei costi fissi. Infatti, se fermasse la produzione non dovrebbe affrontare costi variabili (che per $q = 0$ sono nulli), ma sopporterebbe interamente i costi fissi, i quali, come si è già osservato, sono incomprimibili nel breve periodo.

Dalla Figura 5 è immediato constatare che i ricavi totali sono maggiori dei costi variabili se il prezzo di mercato è maggiore del minimo del *CMeV*. Il prezzo che corrisponde al minimo del *CMeV*, p_2, identifica quindi il *punto di fermata della produzione* (A in corrispondenza di q_A). Se il prezzo è minore di p_2, pur rimanendo sul mercato, dato che nel breve periodo le è impossibile eliminare i propri fattori fissi, l'impresa decide quindi di produrre una quantità nulla del bene.

Con questa avvertenza siamo finalmente in grado di costruire la curva di offerta di breve periodo per la nostra impresa concorrenziale. Essa coincide infatti con il tratto della sua curva di *CMg* che sta al di sopra della curva del *CMeV*: la curva in grassetto della Figura 5.

Si noti che, essendo in questo tratto la curva del *CMg* crescente, anche la curva di offerta dell'impresa risulta, come era lecito attendersi, positivamente inclinata: all'aumentare del prezzo (di mercato) aumenta infatti la quantità di produzione ottimale dell'impresa, ossia la quantità offerta.

3.2. La curva di offerta di breve periodo dell'industria

La *curva di offerta di breve periodo dell'industria*[2] in cui operano imprese concorrenziali si ottiene per semplice aggregazione delle loro curve di offerta individuale di breve periodo. In questo caso, infatti, data la presenza di fattori fissi, il numero di imprese presenti nel mercato è fisso, e dobbiamo solo preoccuparci della loro offerta individuale.

Basterà quindi, per ciascun livello di prezzo, sommare le quantità vendute da ciascuna impresa. Ripetendo l'operazione per tutti i livelli di prezzo si ottengono le varie coppie prezzo-quantità di un dato settore industriale, coppie che identificano la curva di offerta di breve periodo dell'industria stessa. Da un punto di vista grafico, il procedimento di somma orizzontale, *mutatis mutandis*, è lo stesso di quello descritto per costruire la curva di domanda di mercato del Capitolo 1. La Figura 6 riporta questo procedimento rispetto a due imprese, x e y, che costituiscono un'industria di concorrenza perfetta. La curva di offerta dell'industria, S, è qui identificata consi-

---

[2] Il termine *industria* è qui usato per indicare un insieme di imprese che producono beni simili ed è da intendersi, pertanto, come sinonimo di *settore*.

derando le quantità prodotte dalle due imprese, per due livelli di prezzo: p_0, per cui le quantità di equilibrio delle due imprese sono q_x e q_y, e p_1, per cui sono q'_x e q'_y. I due punti corrispondenti della curva S sono di conseguenza i punti A e B, in corrispondenza dei quali la quantità offerta dall'industria è, rispettivamente, $Q = q_x + q_y$ e $Q' = q'_x + q'_y$.

Figura 6. – *La derivazione della curva di offerta di breve periodo dell'industria*

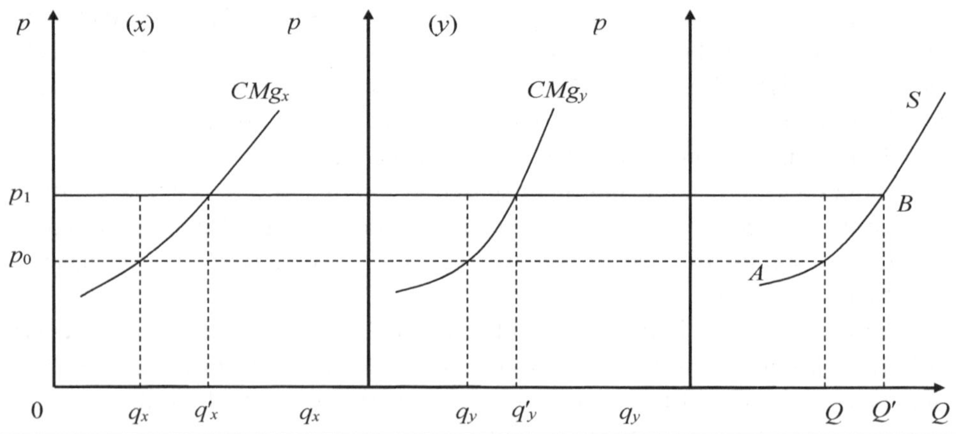

Considerando la curva di offerta dell'industria, S, congiuntamente alla curva di domanda di mercato, D, che abbiamo ottenuto nel Capitolo 1 siamo in grado di identificare il *prezzo di equilibrio del mercato*, p^*. Esso è infatti quel prezzo in corrispondenza del quale l'offerta uguaglia la domanda di mercato, Q^*: nel primo quadrante a sinistra della Figura 7, il prezzo è quello che corrisponde al punto di intersezione tra le curve D e S.

Rimandando l'analisi di questa posizione di equilibrio al paragrafo 3.5, si osservi che non necessariamente questa è una posizione in cui tutte le imprese che costituiscono l'industria conseguono un profitto positivo. In corrispondenza di p^*, prezzo dato dal mercato e non modificabile dalle singole imprese, la performance economica di ciascuna di esse dipenderà infatti dalla varietà delle strutture dei costi. Per cui si potranno avere contemporaneamente imprese che conseguono profitti positivi, nulli, o negativi.

Si consideri l'esempio di Figura 7, in cui sono mostrate tre imprese in un certo mercato in concorrenza perfetta. Al prezzo di equilibrio (p^*), determinato a livello di industria, cioè dall'incrocio fra domanda e offerta di mercato, le varie imprese fronteggiano situazioni radicalmente diverse, a seconda del livello dei costi di produzione. L'impresa 1, ad esempio, consegue profitti positivi: il prezzo p^*, infatti, interseca la sua curva di costo marginale CMg_1 in corrispondenza della quantità q_1, maggiore di quella che minimizza il *CMe*, come in Figura 3. Analogamente si dimostra che l'impresa 2 consegue profitti nulli[3], mentre l'impresa 3 produce in perdita. La somma delle quantità prodotte dalle singole imprese è esattamente corrispondente alla quantità prodotta a livello di industria (Q^*).

Si noti che una situazione come quella descritta in Figura 7 (imprese con performance economiche diverse) può aversi solo se un'impresa, nel caso in parola l'impresa 1, ha un vantaggio competitivo rispetto alle altre, per esempio perché possiede un'innovazione (un brevetto) che le altre non hanno. La stessa situazione, poi, può essere mantenuta nel tempo solo se le altre imprese, nell'esempio la 2 e la 3, non possono ottenere quel particolare mezzo (il brevetto) che garantisce alla prima un vantaggio competitivo. Vedremo nel paragrafo 3.3 come certe situazioni diventino però insostenibili nel lungo periodo.

Figura 7. – *L'equilibrio di breve periodo dell'industria*

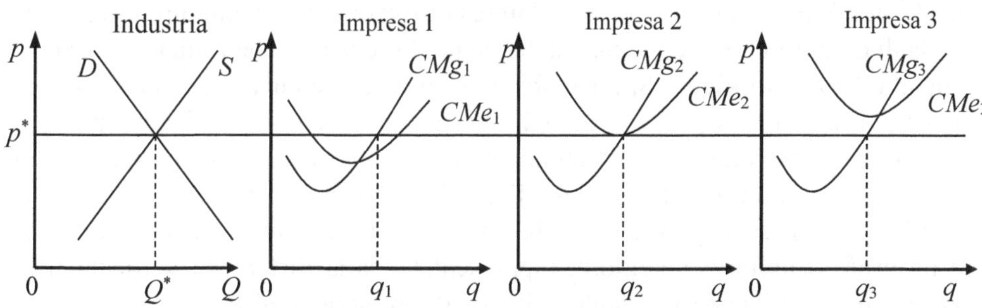

3.3. L'equilibrio dell'impresa e la curva di offerta di lungo periodo

Nel lungo periodo, come abbiamo già visto, non esistono fattori di produzione fissi, cosicché tutti i costi di produzione sono variabili. Inoltre, in un mercato in concorrenza perfetta non esistono barriere all'entrata, né di tipo economico né tantomeno tecnologico o legale. Quindi, se un imprenditore ritiene profittevole entrare in un dato mercato concorrenziale, lo farà. All'opposto, un produttore che incorra in perdite, non trovando profittevole rimanere in quel particolare mercato, potrà chiudere l'impresa a costi nulli. Infatti, se nel lungo periodo tutti i costi sono variabili, i costi connessi ad una produzione nulla sono ovviamente pari a zero. Questo insieme di considerazioni modifica le condizioni di scelta produttiva ottimale dell'impresa nel

[3] L'equilibrio di ottimo di breve periodo per l'impresa che consegue profitti nulli si ha, infatti, come si diceva, quando il prezzo interseca il *CMg* in corrispondenza del minimo *CMe*.

lungo periodo. Anche la curva di offerta, poi, assume una definizione diversa da quella che abbiamo fornito con riferimento al breve periodo. Occupiamoci dunque di queste due questioni in successione.

3.3.1. La scelta di produzione dell'impresa nel lungo periodo

Supponiamo di trovarci di fronte ad un'impresa che, nel breve periodo, realizza un extraprofitto positivo, come quella della Figura 3. Nel passaggio al lungo periodo l'impresa è in grado di modificare la dimensione dei propri impianti. Conseguentemente, come abbiamo visto nel Capitolo 2, l'impresa si sposterà lungo la curva dei costi medi di lungo periodo, *CMeLP*, al fine di trovare quella combinazione produttiva cui corrisponderà l'impianto che produce nel modo economicamente più efficiente. La condizione di massimizzazione del profitto va pertanto riferita a questa curva dei costi, e a quella dei corrispondenti costi marginali di lungo periodo, *CMgLP*. In effetti, in prima battuta, l'impresa troverà conveniente produrre quella quantità di output in corrispondenza della quale il prezzo, p, che rimane invariato, è uguale al *CMgLP*. In Figura 8, dove abbiamo riportato le curve di costo di breve e di lungo periodo apprese nel Capitolo 2, questa condizione si verifica nel punto *B*, che sta a destra del punto *A* corrispondente all'equilibrio di breve periodo. L'impresa passa quindi da una produzione di equilibrio di breve periodo, pari a q^*, ad una pari a q'_{LP} cui corrisponde un costo unitario minore. Ciò le consentirà di ottenere un profitto unitario maggiore, rappresentato dalla differenza verticale fra il prezzo p e il *CMeLP* corrispondente al livello di produzione q'_{LP}.

Figura 8. – *La scelta produttiva di un'impresa nel lungo periodo*

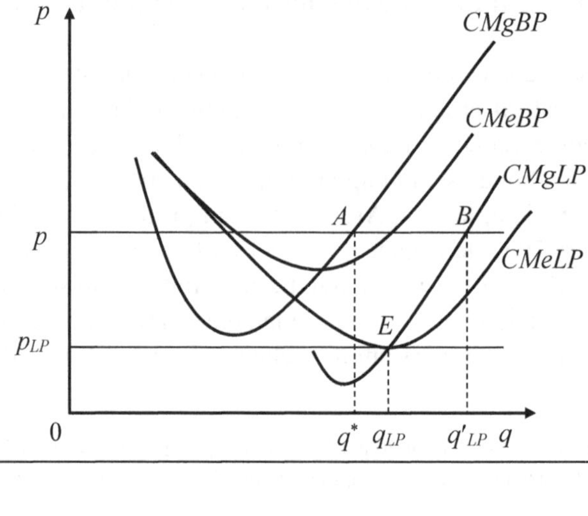

Ciononostante, q'_{LP} non è ancora la quantità di equilibrio di lungo periodo dell'impresa. Infatti, l'impresa in questione stava ottenendo extraprofitti positivi (oltre al profitto normale) nel breve periodo e, nel passaggio dalla struttura dei costi di breve periodo a quella di lungo periodo, gli extraprofitti sono a loro volta incrementati. L'esistenza di questi extraprofitti rende appetibile ad altri imprenditori l'ingresso in questo mercato. Essi sono, infatti, attratti dalla possibilità di ottenere un profitto superiore al costo opportunità del loro investimento. Come abbiamo detto, non esistono barriere all'entrata e, inoltre, con informazione perfetta chiunque è al corrente del fatto che un certo settore è profittevole. Nuove imprese entreranno quindi nel mercato attratte dalla prospettiva di conseguire un profitto positivo.

D'altra parte, l'ingresso di nuove imprese nell'industria modifica le condizioni del mercato nel modo descritto in Figura 9. Più precisamente, se nuove imprese cominciano a produrre, l'offerta totale del settore comincia ad ampliarsi: a parità di prezzo, quindi, la quantità prodotta dall'industria complessivamente aumenta, dando luogo ad una nuova curva di offerta che, rispetto a quella originaria, S, è traslata parallelamente verso il basso, in S'. Questa variazione nella curva di offerta modifica il prezzo di equilibrio del mercato, che si riduce da p^* a p_0, in corrispondenza dell'intersezione tra la curva di domanda, D, e la nuova curva di offerta dell'industria, S' (riquadro (a)). Da ultimo, il riquadro (b) della Figura 9 mostra che questa riduzione di prezzo a livello di settore riduce il profitto dell'impresa, per due vie. Innanzitutto, l'impresa riduce la propria produzione ottimale da q^* a q', punto di intersezione (F) tra la nuova retta di prezzo, p_0, e la curva dei CMg.

Figura 9. – *Aumento dell'offerta dell'industria e profitto dell'impresa*

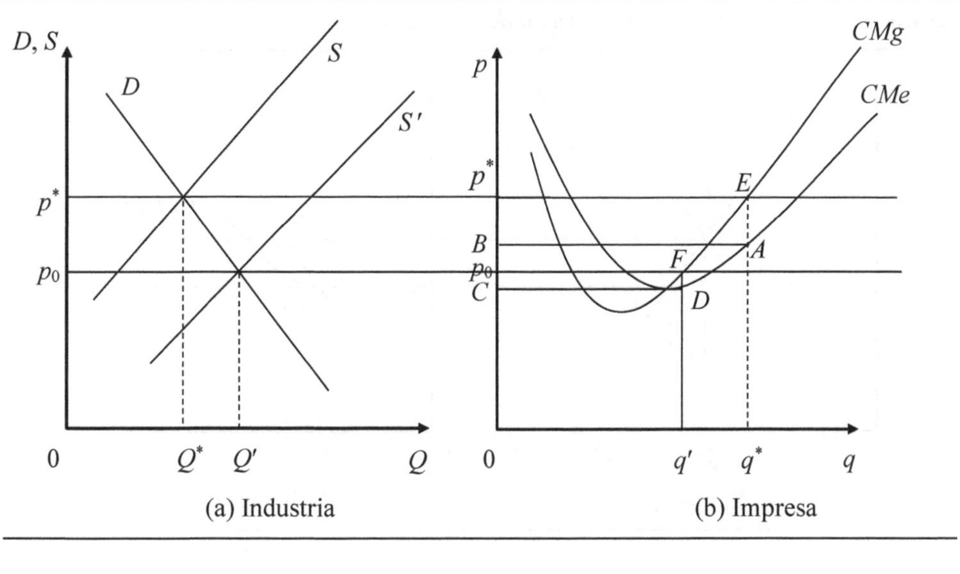

In secondo luogo, anche il profitto unitario, differenza tra *RMe* e *CMe*, si riduce, essendo ora misurato da *FD* (in luogo di *EA*). Di conseguenza, il profitto totale dell'impresa, prodotto tra la quantità (il segmento *CD*) e il profitto unitario (il segmento *FD*) si riduce anch'esso: l'area di profitto è infatti quella del rettangolo p_0DFC anziché p^*EAB.

Per quanto ridotto, dunque, il profitto rimane positivo, e ciò induce altre imprese ad entrare nel mercato, aumentando ulteriormente l'offerta dell'industria, riducendo ancora il prezzo di equilibrio, ed assottigliando ulteriormente il profitto dell'impresa. Evidentemente, il processo termina quando svanisce l'incentivo all'ingresso, cioè nel momento in cui la prospettiva di profitti per le imprese esterne al mercato si azzera. Ciò si verifica quando il prezzo di mercato scende fino al punto p_{LP} (Figura 10). In corrispondenza di questo livello di prezzo, infatti, l'impresa, pur ottimizzando la propria produzione, e producendo quindi una quantità q_{LP} tale per cui $p_{LP} = CMgLP$, realizza un profitto nullo, poiché si ha che $RMe = p_{LP} = CMgLP$. Essendo, per ipotesi, a conoscenza di questo fatto, le imprese al di fuori del mercato non avranno convenienza ad entrare per realizzare un profitto nullo, se non anche una perdita. A questo punto, infatti, per un imprenditore che osserva questo settore dal di fuori, essendo le opportunità legate al profitto nulle, queste si limitano al solo costo opportunità. E quindi, poiché il costo opportunità viene coperto in ogni caso, non esiste alcun incentivo per l'imprenditore ad entrare in quel determinato settore.

L'equilibrio di lungo periodo dell'impresa è quindi raggiunto quando si ha che il prezzo è uguale al *CMgLP* ed al *CMeLP*:

$$p_{LP} = CMgLP = CMeLP \qquad [9]$$

Figura 10. – *L'equilibrio di lungo periodo dell'impresa*

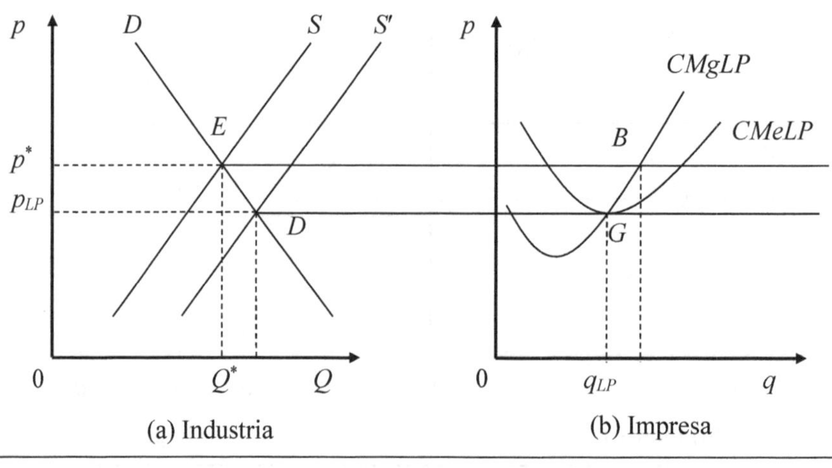

La Figura 10 mostra che tale posizione di equilibrio corrisponde al punto *G*, punto in cui la retta di prezzo interseca la curva dei *CMgLP* in corrispondenza del punto di minimo del *CMeLP*.

Si noti che, poiché nel punto *G* la curva dei costi marginali incrocia quella dei costi medi nel suo punto di minimo, l'equilibrio di lungo periodo (cioè di indifferenza all'entrata per imprenditori esterni al settore) corrisponde anche a quello di breve periodo (cioè di massimizzazione del profitto).

Abbiamo quindi ottenuto un risultato estremamente interessante. Un mercato in concorrenza perfetta opera in modo tale da far massimizzare alle imprese il proprio profitto di breve periodo. D'altra parte, nel lungo periodo le costringe ad operare al massimo dell'efficienza produttiva, in corrispondenza cioè del minimo dei costi medi totali, e ad offrire così la propria produzione al prezzo più basso con essa compatibile.

3.3.2. La curva di offerta di lungo periodo

La condizione di equilibrio che abbiamo appena ottenuto ci fornisce un importante elemento per definire le curve di offerta di lungo periodo dell'impresa e dell'industria in un mercato di concorrenza perfetta.

Anche nel lungo periodo, la regola di massimizzazione del profitto dell'impresa (prezzo uguale a costo marginale) garantisce all'impresa condizioni economiche diverse a seconda del livello di prezzo. Se il prezzo è maggiore del minimo del *CMeLP*, l'impresa realizza un profitto positivo, con le conseguenze che abbiamo discusso nel paragrafo precedente in termini di entrata nel mercato. Ma se il prezzo è minore di detto minimo, supponiamo pari a p_3, l'impresa realizza dalla propria produzione un ricavo totale che è minore del costo totale sostenuto per ottenerla: basta infatti osservare che da $p < CMeLP$ discende, moltiplicando entrambi i lati per q, che $p \times q < CMeLP \times q$ ossia $RT < CTLP$. In queste condizioni, all'impresa non converrà quindi rimanere sul mercato. Al contrario, potendo nel lungo periodo eliminare i propri fattori fissi, per p minore di p_3 l'impresa uscirà dal mercato.

Il prezzo p_3 identifica quindi il *punto di uscita* dell'impresa dal mercato (*B* in corrispondenza di q_B) diverso dal punto di fermata della produzione esaminato per il breve periodo: esso coincide infatti con il minimo del *CMeLP* anziché con il minimo del *CMeV*.

Sulla base di quest'ultima osservazione siamo finalmente in grado di definire la *curva di offerta di lungo periodo dell'impresa*. Essa coincide infatti con il tratto della curva del *CMgLP* che sta al di sopra del minimo del *CMeLP*, come in Figura 11.

Ancora una volta la curva di offerta dell'impresa è, come ci aspettavamo, crescente: la quantità offerta dall'impresa nel lungo periodo cresce all'aumentare del prezzo.

Figura 11. – *La curva di offerta di lungo periodo dell'impresa*

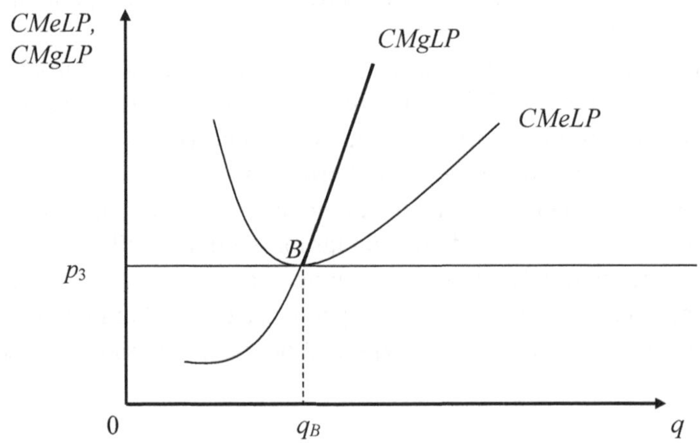

Per quanto concerne la *curva di offerta dell'industria nel lungo periodo*, il processo di entrata e di uscita delle imprese, nel e dal mercato, ci impedisce di sommare orizzontalmente le curve di offerta individuale come abbiamo fatto nel breve periodo. In effetti, la curva di offerta di lungo periodo per l'industria è in questo caso rappresentata da una retta orizzontale in corrispondenza dell'unico livello di prezzo coerente con il profitto nullo, cioè p_{LP} (Figura 12, riquadro (b)).

Figura 12. – *La curva di offerta di lungo periodo dell'industria a costi costanti*

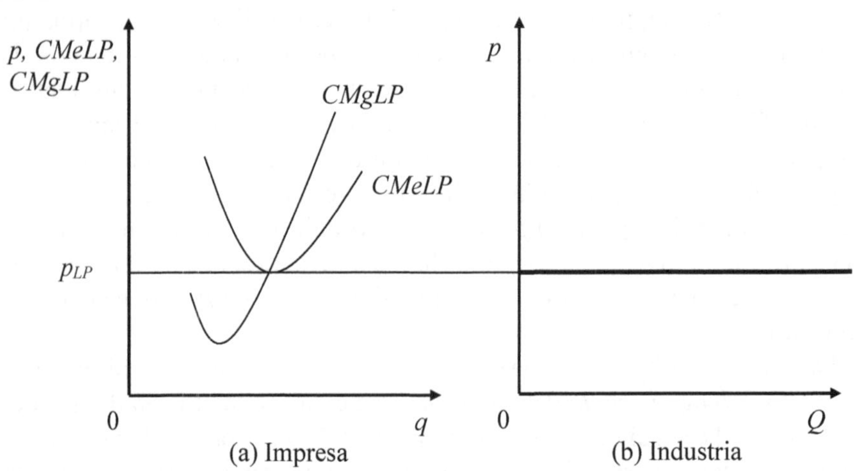

Un prezzo maggiore di questo, generando profitti, attirerebbe nuove imprese nel mercato e farebbe aumentare la quantità totale offerta; un prezzo minore, invece, determinando delle perdite, stimolerebbe le imprese ad uscire dal mercato e farebbe diminuire la quantità totale offerta. Di conseguenza, il numero delle imprese operanti nel mercato si adegua in modo tale che il prezzo sia uguale al minimo del *CMeLP*, e in modo tale che il numero delle imprese presenti soddisfi interamente la domanda per quel prezzo. La curva di offerta per l'industria è dunque, nel lungo periodo, una retta orizzontale come quella disegnata in grassetto in Figura 12 (riquadro (b)).

Questa curva di offerta di lungo periodo dell'industria è stata ottenuta sotto le ipotesi che (i) le nuove imprese che entrano nel mercato abbiano le stesse funzioni di costo delle imprese già operanti nel settore; (ii) l'entrata di nuove imprese non modifichi le funzioni di costo di queste ultime.

Queste ipotesi sono plausibili per molte tipologie di attività economiche (cosiddette *industrie a costi costanti*), ma non per tutte. Dobbiamo considerare che, in alcuni casi, entrare in un mercato per un'impresa nuova comporta costi addizionali (per esempio, a causa della minore esperienza), e quindi le curve dei costi di queste imprese saranno situate più in alto rispetto a quelle già esistenti. Perciò, partendo da una situazione di equilibrio, l'ingresso di nuove imprese potrà avvenire in tali casi soltanto se il prezzo aumenta, in modo da coprire i costi più elevati dei nuovi entranti.

Inoltre, se l'offerta di alcuni input è scarsa e il settore preso in considerazione impiega una quota rilevante di questi input, l'entrata di nuove imprese comporterà un aumento del prezzo degli input stessi e questo a sua volta farà lievitare i costi di tutte le imprese.

Nei casi precedenti, la curva di offerta di lungo periodo dell'industria è perciò inclinata verso l'alto: la relazione fra prezzo e quantità è positiva e l'industria è detta *a costi crescenti*.

Infine, vi sono casi di *industrie a costi decrescenti*, in cui l'entrata di nuove imprese fa diminuire il costo di alcuni fattori di produzione (ad esempio, perché permette ai fornitori di input di trarre vantaggio da rendimenti di scala crescenti non completamente sfruttati) o ne aumenta la produttività. In questi casi la curva di offerta di lungo periodo dell'industria è inclinata verso il basso: la relazione fra prezzo e quantità è negativa.

Non escludendo comunque la possibilità che l'industria considerata possa rientrare in una qualsiasi delle tre tipologie sopra elencate, nel prosieguo prenderemo in considerazione solo il secondo caso: quello canonico di industria a costi crescenti e curva di offerta inclinata positivamente.

3.4. L'elasticità dell'offerta di mercato

A questo punto possiamo introdurre il concetto di elasticità dell'offerta di mercato, sulla falsariga di quanto è stato fatto nel Capitolo 1 per ciò che riguarda l'elasticità della domanda.

Più precisamente possiamo scrivere la seguente definizione di elasticità rispetto al prezzo dell'offerta di mercato:

$$\varepsilon_{Qp} = \frac{\frac{\Delta Q}{Q}}{\frac{\Delta P}{P}} \qquad [10]$$

Manipolando questa relazione, in maniera del tutto identica a quanto fatto in precedenza per l'elasticità della domanda, la formula dell'elasticità dell'offerta diventa:

$$\varepsilon_{Qp} = \frac{\Delta Q}{\Delta P} \times \frac{P}{Q} \qquad [11]$$

Nel caso dell'elasticità dell'offerta, poiché sia la variazione della quantità sia la variazione di prezzo hanno il medesimo segno, il valore dell'elasticità risulta positivo.

L'interpretazione economica dell'elasticità dell'offerta è relativamente semplice: questo indicatore ci dice come varia la quantità offerta sul mercato da parte del singolo produttore, se ci riferiamo ad una curva di offerta individuale, o di tutti i produttori, se ci riferiamo alla curva di offerta di mercato, in corrispondenza di una variazione del prezzo di mercato del bene prodotto. Tanto più elevato sarà il valore dell'elasticità, quanto più accentuata sarà la variazione della quantità prodotta, in corrispondenza di una variazione del prezzo di mercato.

Nel caso di una curva di offerta lineare è evidente che, tanto più piatta sarà la curva di offerta, quanto più elevata sarà l'elasticità dell'offerta; viceversa quanto più ripida sarà la curva di offerta, tanto più contenuta sarà l'elasticità. Nel primo caso parleremo di una curva di offerta relativamente elastica, mentre nel secondo caso ci riferiremo ad una curva di offerta rigida. Nella Figura 13, sono presentati questi due casi. La curva nel quadrante (a) è estremamente ripida. Questo significa che un aumento od un decremento del prezzo non danno luogo ad elevati variazioni della quantità prodotta. Al contrario, la curva nel quadrante (b) è estremamente elastica. Questo implica che un aumento od un decremento del prezzo danno luogo ad elevate variazioni della quantità prodotta.

Anche per la curva di offerta è possibile distinguere fra elasticità di lungo e di breve periodo. In questo caso, tuttavia, tendenzialmente l'offerta di breve periodo è meno elastica di quella di lungo, in quanto le imprese, nel breve periodo, sono soggette a maggiori vincoli alla trasformazione della loro capacità produttiva. Infatti, utilizzando le attrezzature produttive esistenti, le imprese hanno difficoltà ad espandere la produzione oltre un certo livello e, se lo fanno, lo faranno a costi crescenti (ad esempio, pagando più straordinari o utilizzando macchine obsolete). Esse, cioè, necessitano di tempo per espandere la loro capacità produttiva, adeguandola ai nuovi livelli di domanda. Tipicamente, quindi, le curve di offerta di breve e di lungo periodo si presentano come in Figura 14.

Figura 13. – *Curva di offerta rigida (a) ed elastica (b)*

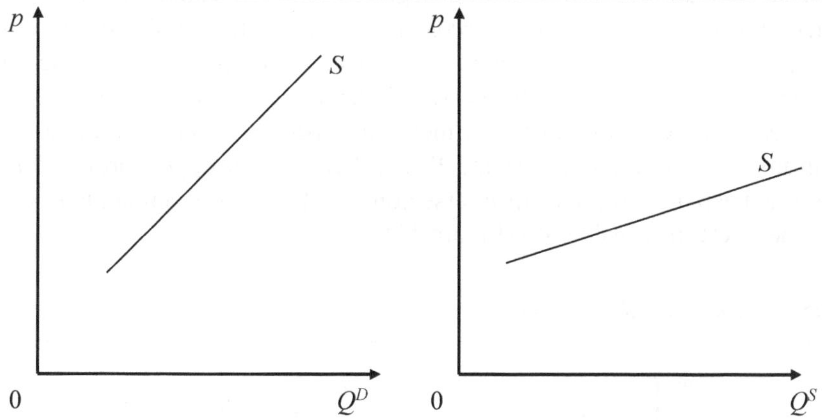

(a) Curva di offerta rigida (b) Curva di offerta elastica

Figura 14. – *Curva di offerta di breve e di lungo periodo*

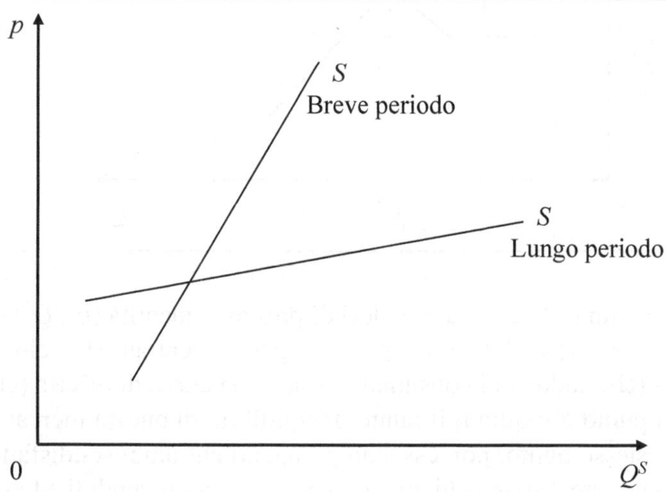

3.5. L'equilibrio fra domanda e offerta sul mercato dei beni di concorrenza perfetta

Abbiamo visto nei capitoli precedenti come, a partire da ipotesi abbastanza generali sul comportamento di consumatori e imprese, sia possibile costruire le rispettive curve di domanda ed offerta. Attraverso il loro utilizzo, descriveremo le caratteristiche principali del relativo mercato e le connesse implicazioni di politica economica. Come vedremo, ciò può essere fatto identificando la condizione di equilibrio di un mercato e considerandone le variazioni in seguito a *shock* di natura esogena.

Per identificare l'*equilibrio del mercato* l'unica cosa che dobbiamo fare è determinare il prezzo ottimale, p^*, al quale tutti i consumatori che desiderano acquistare un'unità del bene la trovano e tutti i venditori che a quel prezzo desiderano vendere unità di quel bene riescono a farlo. Se mettiamo insieme le curve di domanda e di offerta in un sistema di assi cartesiani, l'identificazione di questo prezzo è immediata: esso corrisponde al punto di intersezione tra la curva di domanda e la curva di offerta del mercato considerato (Figura 15).

Figura 15. – *L'equilibrio del mercato*

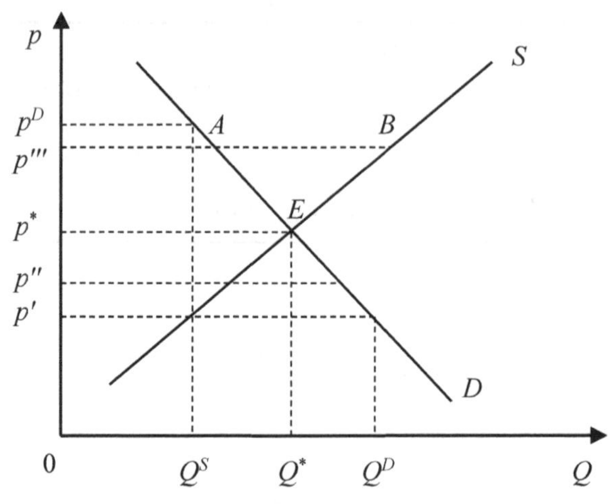

Per definizione, infatti, la coppia di valori di prezzo e quantità (p^*, Q^*) che identifica il punto di intersezione delle due curve, *E*, giace su entrambe, e cioè sia sulla curva di domanda (che soddisfa i consumatori) sia sulla curva di offerta (che soddisfa i venditori). Il punto *E* è quindi il punto di equilibrio di questo mercato. In corrispondenza dello stesso punto, poi, essendo gli agenti entrambi soddisfatti, il mercato è, come si suole dire, "sparecchiato": non ci sono beni invenduti ed i consumatori non richiedono più beni di quanti sono disponibili a quel prezzo.

Come in ogni altro punto di equilibrio, anche in questo gli agenti coinvolti nella transazione ottengono il risultato ottimale perseguito e non desiderano quindi modificare il proprio comportamento. Una simile considerazione può essere compresa confrontando il prezzo di equilibrio, p^*, con altri prezzi non di equilibrio. Supponiamo, per esempio, che il prezzo prevalente sia p'. Essendo p' più basso di p^*, i venditori saranno disposti a vendere una quantità (Q^S) minore di Q^*. I consumatori, dall'altro lato, ad un prezzo più basso desidererebbero acquistare una quantità maggiore del bene, nel nostro caso Q^D.

In ragione di questi due motivi, in corrispondenza di p' sul mercato si registrerebbe una discrepanza fra quantità domandata e quantità offerta, pari al segmento $Q^D - Q^S$: discrepanza alla quale si dà il nome di *eccesso di domanda*.

Proprio a causa dell'esistenza di tale eccesso di domanda, il prezzo p' non può essere considerato di equilibrio, cioè un prezzo al quale consumatori e produttori non desiderano alterare il proprio comportamento. Infatti, poiché l'offerta è minore della domanda, soltanto alcuni dei consumatori presenti sul mercato riusciranno ad acquistare il bene, mentre altri saranno esclusi dall'acquisto. Ciò finirà con l'innescare un processo per cui i consumatori che temono di essere esclusi dalla transazione saranno disposti a pagare di più pur di ottenere un'unità del bene. Perciò, proporranno ad un venditore di vendere loro un'unità del bene ad un prezzo maggiore, cosa che puntualmente il venditore (che desidera ottenere il massimo dalla transazione) farà. In questo modo, poiché tutti i consumatori che temono di non poter ottenere un'unità del bene a quel prezzo agiranno nello stesso modo, il prezzo comincerà a salire, per esempio fino a p''. Questo determinerà, in Figura 15, una diminuzione dell'eccesso di domanda. Infatti, al prezzo superiore, alcuni consumatori si ritireranno dal mercato (poiché il prezzo al quale erano disposti ad acquistare un'unità del bene è più basso del prezzo attuale), e alcuni produttori si aggiungeranno (visto che un prezzo più elevato è in grado di coprire costi maggiori).

Tuttavia, il prezzo p'' non è ancora di equilibrio, in quanto esiste ancora un eccesso di domanda, benché di dimensioni minori rispetto al precedente. Ci saranno così ulteriori proposte di prezzi più elevati ai produttori da parte di consumatori timorosi di non poter acquistare il bene. E il processo continuerà, reiteratamente, fermandosi soltanto quando nessun consumatore avrà timore di rimanere escluso dall'acquisto di quel bene. Questo particolare momento coincide con il punto in cui si determina un prezzo tale per cui tutti i consumatori ottengono le unità del bene che desiderano acquistare e tutti i venditori che desiderano venderle le vendono (il punto E). Perciò, se il prezzo prevalente è più basso del prezzo di equilibrio, il mercato garantisce che quest'ultimo verrà raggiunto tramite il processo appena descritto, generato dall'esistenza di un eccesso di domanda.

Un processo analogo si verifica nel caso in cui il prezzo prevalente sul mercato sia maggiore di quello di equilibrio, per esempio p''' in Figura 15. In questo caso, è immediato constatare che esisterà un *eccesso di offerta*, misurato in Figura 15 dalla proiezione del segmento *AB* sull'asse *Q*. A quel prezzo, infatti, molti venditori saranno disposti a vendere, mentre soltanto un piccolo numero di compratori potrà affrontare un prezzo così elevato. In questo caso, e simmetricamente rispetto a quanto detto prima, alcuni venditori, temendo di non vendere la propria merce, la offriranno ad un prezzo più basso. Ciò determinerà una diminuzione progressiva del numero dei venditori ed un aumento di quello dei compratori, finché, come prima, non ci sarà nessun incentivo a cambiare il proprio comportamento. Anche in questo caso, il punto di equilibrio (*E*) rappresenta quel punto. Perciò, anche nel caso in cui il prezzo è maggiore di quello di equilibrio, si metteranno in moto meccanismi tali da ricondurlo a quel livello.

3.6. Il *surplus* del produttore

Il *surplus* può essere definito anche per il produttore, in maniera del tutto analoga a quanto fatto per il consumatore. Anche il produttore, infatti, percepisce un sovrappiù, questa volta per il fatto che il prezzo che ottiene dalla vendita della propria produzione è maggiore di quanto egli si accontenterebbe di ricevere per coprire i relativi costi di produzione. Il *surplus del produttore* è costituito proprio dalla differenza fra questi due valori: il prezzo pagato al venditore e il costo da lui sostenuto. Ricordando che la curva di offerta dell'impresa coincide con un opportuno tratto della curva dei costi marginali dell'impresa, il *surplus* della prima unità marginale venduta dall'impresa (vicino a zero) è approssimativamente pari alla differenza tra p^* e *OB* (Figura 16). Similmente, anche le altre unità marginali garantiscono un *surplus* pari alla differenza tra il prezzo di mercato ed il corrispondente costo sulla curva di offerta. Aggregando di nuovo i valori del *surplus* per tutte le unità che costituiscono Q^*, in coincidenza della quale il *surplus* marginale del produttore è nullo, si otterrà che il *surplus totale* del produttore è pari alla superficie compresa fra la curva di offerta ed il prezzo di vendita del bene, e cioè al triangolo Bp^*E[4].

Anche rispetto ai produttori, quindi, così come rispetto ai consumatori, diventa possibile misurare le eventuali variazioni di benessere collegate ai cambiamenti nelle condizioni di mercato.

---

[4] Quest'area risulta pari a $\frac{1}{2}Q^*(p^* - OB)$. Il rettangolo Op^*EQ^* costituisce invece il ricavo totale dei produttori.

Figura 16. – Surplus *del produttore*

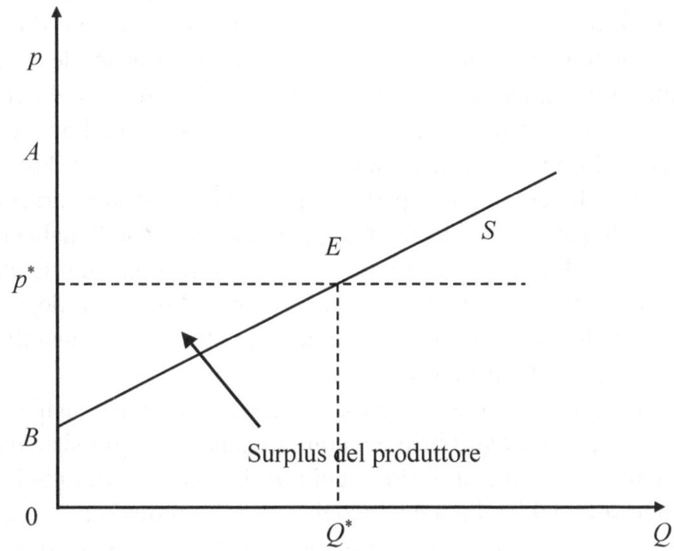

3.7. L'equilibrio economico generale e i due teoremi dell'economia del benessere

Nei paragrafi precedenti abbiamo fissato l'attenzione sull'equilibrio di un singolo mercato concorrenziale. Nel farlo abbiamo ignorato quanto accade in mercati diversi da quello considerato, assumendo implicitamente che gli altri mercati rientrassero tra le condizioni tenute costanti nel corso dell'analisi (attraverso la clausola *ceteris paribus*).

Questo tipo di analisi, che identifica il prezzo e la quantità di equilibrio di un mercato indipendentemente da quello che succede negli altri, prende il nome di analisi di *equilibrio parziale*. Per quanto utile, essa prescinde dal fatto, più volte evidenziato nei capitoli precedenti, che il bene (o servizio) prodotto e scambiato in un mercato presenta dei rapporti di sostituibilità o di complementarità con i beni prodotti e scambiati in altri mercati. È stata così sviluppata una metodologia di analisi che consente di considerare tutte le interdipendenze e le interazioni che sussistono tra i diversi mercati che costituiscono un sistema economico, metodologia che prende il nome di analisi di *equilibrio economico generale*[5].

[5] Benché l'idea di equilibrio economico generale sia stata sviluppata nel XIX secolo, la dimostrazione formale della sua esistenza è stata fornita dagli economisti Kenneth J. Arrow e Gerard Debreu soltanto nei primi anni '50 del secolo scorso.

L'analisi di equilibrio economico generale è senza dubbio uno strumento più potente dell'analisi di equilibrio parziale. Essa consente, per esempio, di valutare come uno shock si ripercuote, oltre che nel mercato in cui si è verificato, anche su tutti gli altri, generando un nuovo equilibrio economico generale, che poi retroagisce sul mercato di partenza. Ad esempio, l'aumento del prezzo del petrolio fa diminuire la domanda di automobili, che a sua volta fa calare la domanda di acciaio e di benzina, che a loro volta si ripercuotono sui salari e su altri redditi, che a loro volta retroagiscono sulla domanda di petrolio, generando ulteriori variazioni.

Alla luce di queste considerazioni, appare evidente che l'analisi di equilibrio parziale ci permette di avere solo una prima approssimazione del risultato finale di uno shock, e che il suo effetto pieno non può essere colto se non dopo avere osservato, attraverso l'analisi di equilibrio generale appunto, i cambiamenti e le retroazioni che hanno luogo negli altri mercati.

Anche in ragione di questo fatto, in questo paragrafo analizzeremo come sia possibile identificare l'equilibrio economico generale di un sistema economico, intendendo con questo un equilibrio in cui tutti i consumatori, tutte le imprese e tutti i mercati (non solo dei beni ma anche dei fattori di produzione) raggiungono una posizione tale per cui non hanno più alcun incentivo a mutare il proprio comportamento. Più precisamente, con riferimento ad un sistema economico costituito da un numero n di mercati, tale posizione di equilibrio è una particolare configurazione di n prezzi $(p_1^*, p_2^*, ..., p_n^*)$ e di n quantità $(Q^*, Q_2^*, ..., Q_n^*)$ per le quali si verificano simultaneamente le seguenti tre condizioni: (i) *equilibrio dei consumatori*: ciascun consumatore massimizza il proprio benessere sotto il proprio vincolo di reddito, acquistando beni e vendendo lavoro; (ii) *equilibrio delle imprese*: ciascuna impresa massimizza il profitto sotto il vincolo dei costi, comprando fattori della produzione e vendendo output; (iii) *equilibrio dei mercati*: in ciascun mercato la domanda e l'offerta sono uguali. Si osservi che l'equilibrio parziale che abbiamo analizzato nel capitolo precedente può essere considerato un caso limite di quello generale in cui il numero dei mercati, n, è uguale a 1. Nella posizione di equilibrio parziale (p^*, Q^*), infatti, le tre condizioni sono verificate con riferimento all'unico mercato considerato. Come in precedenza, anche in questo caso tutti gli n mercati considerati sono, per ipotesi, mercati perfettamente concorrenziali.

Un primo importante risultato di questo paragrafo è che un simile equilibrio economico generale esiste e viene ottenuto dagli agenti economici attraverso rapporti ordinati di scambio, in maniera spontanea e non intenzionale. Questo risultato conferma lo "straordinario" potere di coordinamento del mercato: attraverso il meccanismo dei prezzi, esso contribuisce a rendere vantaggiose per ciascuno le attività che soddisfano i propri bisogni.

Il secondo risultato notevole di questo paragrafo concerne le implicazioni di benessere dell'equilibrio economico generale. Utilizzando gli stessi strumenti impiegati in precedenza, ovvero attingendo ancora una volta all'economia del benessere (si veda il Capitolo 6), è possibile dimostrare due importantissimi teoremi dai quali emerge la desiderabilità, in termini di benessere appunto, dell'equilibrio economico generale. Prima di illustrare questi due teoremi è essenziale introdurre il concetto di ottimo paretiano. Si definisce ottimo Paretiano quell'allocazione di beni e servizi tale per cui la situazione di ciascun individuo non può essere migliorata, senza peggiorare quella di un altro individuo.

Il *primo teorema fondamentale dell'economia del benessere* afferma che un equilibrio economico generale è anche un ottimo paretiano. Infatti, se, come abbiamo ipotizzato, i mercati sono concorrenziali, le risorse produttive sono sfruttate nella maniera più efficiente per produrre esattamente quelle quantità richieste dai consumatori. Inoltre, non è possibile riallocare le risorse in modo tale da aumentare il benessere di qualcuno senza peggiorare quello di almeno qualcun altro.

Le implicazioni del primo teorema fondamentale dell'economia del benessere sono assai importanti. In primo luogo, abbiamo a disposizione un risultato fondamentale per quanto riguarda le proprietà autoregolanti del mercato concorrenziale nel pervenire all'efficienza nel senso di Pareto. Il mercato è, per così dire, il solo meccanismo necessario per regolare il processo di scambio fra agenti che ottengono vantaggi reciproci. Se si considera un qualunque sistema, con un qualunque numero di agenti, il mercato concorrenziale permette di avere un meccanismo decentrato di "controllo" dei processi di scambio, in cui, senza bisogno di alcun "pianificatore" si ottiene spontaneamente il risultato più vantaggioso per tutti. E ciò è possibile perché l'equilibrio concorrenziale si determina sulla base dei soli prezzi dei beni. Nessuna informazione ulteriore è necessaria, e questo rappresenta un enorme risparmio di risorse per il sistema economico.

D'altra parte, benché efficiente, l'equilibrio concorrenziale non permette di scegliere fra due allocazioni alternative. Cioè, esistono tante situazioni Pareto-ottimali (non confrontabili) quante sono le distribuzioni del reddito di partenza. Da notare a questo proposito che un'allocazione Pareto-efficiente potrebbe essere anche quella in cui un agente dispone della totalità delle risorse, mentre l'altro non ha nulla. Anche dopo che il processo di determinazione dell'equilibrio economico generale è terminato si avrebbe un equilibrio con le proprietà già descritte, ma con ancora un agente in possesso di tutti i beni e con l'altro sempre con zero unità a disposizione. Perciò, un equilibrio concorrenziale è sicuramente efficiente, ma potrebbe non essere equo. Naturalmente un giudizio di questo tipo necessita di ulteriori precisazioni, poiché definire un equilibrio più equo di un altro implica il far ricorso a un giudizio di valore, che esula dall'analisi positiva fino ad ora effettuata e ci porterebbe verso un'analisi di tipo normativo.

Il secondo teorema fondamentale dell'economia del benessere afferma che ogni allocazione Pareto-ottimale può essere ottenuta come risultato di un equilibrio economico generale mediante un'opportuna redistribuzione delle dotazioni iniziali (cioè della distribuzione del reddito). Per esempio, partendo da una configurazione iniziale, cui corrisponde un equilibrio economico generale, è sempre possibile ottenere una nuova configurazione di equilibrio economico generale tramite una serie di trasferimenti di beni che modifichi le dotazioni iniziali.

Anche il secondo teorema fondamentale dell'economia del benessere è molto importante e ha anch'esso importanti implicazioni. Esso sancisce, di fatto, la separazione fra problemi di efficienza e problemi di distribuzione del reddito. Il mercato è, si potrebbe dire in questo caso per definizione, un meccanismo allocativo efficiente (il meccanismo allocativo per antonomasia), e se esiste ingiustizia distributiva che consegue al processo di contrattazione competitiva, questo non necessariamente deriva da "distorsioni" nel funzionamento del mercato. Infatti, quello che bisogna fare è semplicemente cambiare la dotazione iniziale degli agenti.

Così facendo, i due momenti "produzione della ricchezza" e "distribuzione della ricchezza" vengono fatti rientrare in sfere separate, e quindi l'intervento esterno (pubblico) può essere giustificato soltanto se è focalizzato sul secondo aspetto, non avendo invece nulla a che fare con il primo dei due problemi, quello dell'efficienza produttiva e allocativa. Otteniamo perciò un'ulteriore conferma del fatto che non esiste ragione per influenzare, modificandoli, i risultati dell'equilibrio economico generale concorrenziale, che di per sé garantisce un risultato Pareto-ottimale. Ma piuttosto, occorre essere disposti a redistribuire reddito, modificando le dotazioni iniziali a seconda del tipo di equilibrio che si desidera ottenere. Non vi è quindi necessità alcuna, per esempio, di un intervento statale sul sistema dei prezzi.

Un simile tipo di interventi diviene invece necessario se, come vedremo nel prossimo capitolo, il mercato, per qualche motivo fallisce.

Parte II - **Per approfondire**

3.8. La domanda di lavoro di breve periodo in mercati di concorrenza perfetta

La determinazione dell'equilibrio di un'impresa che opera su un mercato del prodotto di concorrenza perfetta consente di calcolare la quantità ottimale di produzione dell'impresa stessa e, successivamente, dell'industria complessiva. Come si è visto, ipotizzando siano necessari solo due fattori produttivi, le variabili che contribuiscono alla determinazione di questo equilibrio sono le seguenti: a) la tecnologia di produzione, b) il livello del salario unitario, c) il livello dei costi fissi, d) il livello del prezzo di mercato del bene. Una volta determinato l'equilibrio della singola impresa e dell'industria, poi, è facile risalire alla quantità di servizi lavorativi necessari per raggiungere quel livello produttivo. Per questo motivo si deve ritenere che la domanda di lavoro, espressa dalle imprese, sia una domanda derivata: i lavoratori sono assunti dalle imprese per soddisfare le esigenze produttive di queste ultime; le variazioni della domanda di lavoro sono sempre determinate da variazioni del livello della produzione.

Sul mercato del lavoro l'oggetto dello scambio che avviene fra imprese e lavoratori è costituito dai servizi lavorativi erogati dai lavoratori. Questi servizi sono acquistati dai datori di lavoro in cambio di un salario. Dobbiamo considerare i servizi lavorativi come l'oggetto dello scambio, alla stregua di un qualunque altro bene o servizio scambiato su un mercato.

Allo scopo di esplicitare la funzione di domanda di lavoro di un'impresa che opera su un mercato del prodotto di concorrenza perfetta, ipotizziamo che l'impresa operi anche su un mercato del lavoro caratterizzato da concorrenza perfetta. Applicando la definizione di mercato di concorrenza perfetta vista nei paragrafi precedenti, un mercato del lavoro di concorrenza perfetta implica: i) omogeneità dei servizi lavorativi offerti. Tutti i lavoratori sono uguali per il datore di lavoro. Quest'ultimo non percepisce differenze fra lavoratori in termini di competenze, genere, età, esperienze lavorative, ecc.; ii) numerosità degli agenti economici. Il mercato del lavoro è popolato da un numero elevato di imprese e di lavoratori. Ciascuna impresa esprime una domanda di servizi lavorativi che è infinitamente piccola rispetto alla domanda complessiva. In questo modo, il datore di lavoro è sempre in grado di trovare sul mercato del lavoro la quantità di servizi lavorativi di cui necessita; iii) assenza di barriere all'entrata. Lavoratori ed imprese possono liberamente, e senza costi, entrare ed uscire dal mercato del lavoro; iv) informazione perfetta. Imprese e lavoratori sono sempre informati sulle rispettive caratteristiche operative e sul salario reale di mercato. Non vi sono asimmetrie informative.

Analogamente a quanto avviene sul mercato del prodotto, una volta accettate queste ipotesi estremamente restrittive sul mercato del lavoro, ne consegue che il salario, che altro non è se non il prezzo dei servizi lavorativi, è una variabile che né il singolo lavoratore, né la singola impresa sono in grado di influenzare e devono prendere per dato.

Ricordando che l'obiettivo dell'impresa è sempre quello della massimizzazione del profitto, per determinare la domanda di lavoro di breve periodo occorre esprimere il profitto in funzione della quantità di servizi lavorativi. La funzione di profitto di breve periodo di un'impresa che opera su mercati del bene e del lavoro è data da:

$$\pi = pq(L, \bar{K}) - WL - P_k\bar{K} \qquad [12]$$

dove $\bar{K}$ rappresenta la dotazione fissa di capitale fisico e P_k il suo costo.

A questo punto dobbiamo procedere analogamente a quanto fatto nei paragrafi precedenti per la determinazione della quantità ottimale. In questo caso la variabile di scelta è la quantità di servizi lavorativi, misurati, in ore di lavoro[6]. Ogni minima variazione della quantità di servizi lavorativi dà luogo sia ad un incremento del prodotto, e di conseguenza dei ricavi, sia ad un incremento dei costi, in quanto questa accresciuta quantità di servizi lavorativi deve essere retribuita. Complessivamente ogni piccolo incremento di L determina una variazione marginale del livello del profitto pari a:

$$\Delta\pi = p\Delta q - W\Delta L \qquad [13]$$

Come si è visto nel Capitolo 2, la variazione della quantità prodotta corrisponde al prodotto della produttività marginale del fattore lavoro per la variazione della quantità di lavoro:

$$\Delta q = PMgL\Delta L \qquad [14]$$

Sostituendo la [14] nella [13] si ricava:

$$\Delta\pi = pPMgL\Delta L - W\Delta L \qquad [15]$$

È evidente che se $\Delta\pi > 0$ si avrà che $pPMgL\Delta L - W\Delta L > 0$. Da questa diseguaglianza, dopo alcuni semplici passaggi algebrici si ottiene che, affinché $\Delta\pi > 0$ deve valere la seguente relazione:

$$PMgL > \frac{W}{P}$$

---

6 Come unità di misura dei servizi lavorativi possiamo considerare le ore di servizi lavorativi erogati oppure, in alternativa, il numero di lavoratori occupati.

Ogni incremento di servizi lavorativi dà luogo ad aumenti del livello del profitto solo se il prodotto marginale del lavoro è superiore al livello del salario reale (W/P).

L'impresa continuerà ad accrescere la quantità di servizi lavorativi fintantoché varrà la seguente diseguaglianza: $\Delta\pi > 0$. La massimizzazione del profitto avverrà in corrispondenza di quella quantità di servizi lavorativi per cui vale:

$$\Delta\pi = 0$$

e quindi deve anche valere:

$$PMgL = \frac{W}{P} \quad [16]$$

L'impresa massimizzerà il livello dei profitti in corrispondenza di quella quantità di servizi lavorativi per cui il prodotto marginale del lavoro eguaglia il salario reale. La condizione [16] è detta condizione marginale.

L'equazione [16] rappresenta la condizione necessaria, ma non sufficiente, affinché l'impresa domandi sul mercato del lavoro una quantità positiva di servizi lavorativi. Infatti, affinché l'impresa esprima una domanda non nulla di servizi lavorativi, è necessario non solo che il salario reale coincida con il prodotto marginale del lavoro, ma anche che, in corrispondenza della quantità di L per cui vale l'eguaglianza fra salario reale e prodotto marginale del lavoro, i ricavi riescano a coprire i costi variabili (W^*L). Il ragionamento è del tutto analogo a quanto visto nel paragrafo 3.1.3, quando si è mostrato che l'impresa trova conveniente attivare la produzione solo se riesce a coprire i costi variabili.

Infatti, se i ricavi sono superiori ai costi variabili allora vale la seguente diseguaglianza:

$$pq(L,\bar{K}) - WL > 0 \quad [17]$$

Questo significa anche che deve valere:

$$pq(L,\bar{K}) - WL - P_k K > -P_k K$$

Se i ricavi sono superiori ai costi variabili di produzione, il livello degli extra-profitti è sempre superiore ai costi fissi di produzione e, di conseguenza, l'impresa troverà conveniente attivare la produzione, anche in presenza di extra-profitti di segno negativo. Si ricordi che i costi fissi nel breve periodo sono incomprimibili e devono essere sempre sostenuti, anche nel caso in cui l'impresa decidesse di fermare la produzione.

Dalla diseguaglianza [17] si ricava, dopo alcuni semplici passaggi algebrici:

$$\frac{q(L,\bar{K})}{L} > \frac{W}{p} \quad [18]$$

Questo significa che, affinché i ricavi siano superiori ai costi variabili di produzione, il prodotto medio del lavoro deve essere superiore al salario reale. La condizione [17] è detta condizione media.

In conclusione, si può affermare che condizione necessaria e sufficiente affinché un'impresa che opera su mercati di concorrenza perfetta esprima una domanda positiva di servizi lavorativi è che siano soddisfatte contemporaneamente sia la condizione marginale,

$$PMgL = \frac{W}{p} \quad [19]$$

sia la condizione media

$$\frac{q(L,\bar{K})}{L} > \frac{W}{p} \quad [20]$$

Si osservi che se valesse la condizione marginale, ma non la condizione media si avrebbe che:

$$\frac{q(L,\bar{K})}{L} < \frac{W}{p} \quad [21]$$

e quindi anche che:

$$pq(L,\bar{K}) < WL \quad [22]$$

In questo caso anche se la condizione marginale è soddisfatta, i ricavi non riescono a coprire i costi variabili e le perdite sono superiori, in valore assoluto, ai costi fissi di produzione. Pertanto, l'impresa fermerà la produzione. In questo caso, in cui il salario reale è pari al prodotto marginale del lavoro, ma il prodotto medio del lavoro è inferiore al salario reale, il livello massimo di extra-profitti che l'impresa è in grado di raggiungere non solo è negativo, ma è anche inferiore al livello dei costi fissi.

L'analisi grafica della domanda di lavoro è relativamente immediata. Come si è visto nel Capitolo 2, la relazione fra il prodotto marginale e il prodotto medio di un fattore produttivo è rappresentato dalla Figura 17. Il livello del salario reale (W/p) è dato ed è rappresentato da una retta orizzontale. È immediato osservare che la condizione necessaria e sufficiente si realizza quando la retta orizzontale che rappresenta il salario reale interseca la curva del prodotto marginale del lavoro in un punto che giace al di sotto dell'intersezione fra la curva del prodotto medio e quella di prodotto marginale. Si consideri, per esempio, il punto E. In corrispondenza di L_E la condizione marginale è soddisfatta, in quanto vale l'identità:

$$PMgL = \frac{W}{p} \quad [23]$$

Inoltre, si osservi che nel punto E il prodotto medio è superiore al salario reale. Vale quindi la seguente diseguaglianza:

$$\frac{q(L,\bar{K})}{L} > \frac{W}{p} \quad [24]$$

Figura 17. – *La domanda di lavoro delle imprese nel breve periodo*

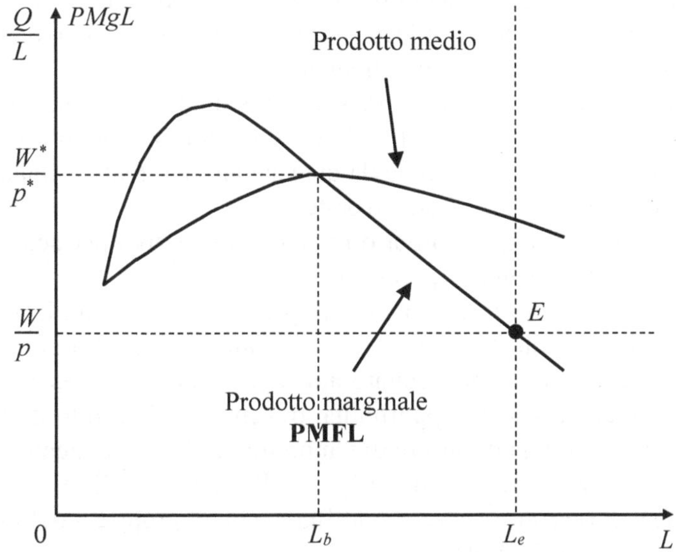

Anche la condizione media è soddisfatta. L'impresa, quindi, domanderà sul mercato del lavoro la quantità L_E di servizi lavorativi.

Da queste considerazioni si può affermare che la curva di domanda di lavoro di breve periodo, per un'impresa che opera su mercati di concorrenza perfetta, è costituita da quel tratto della curva di prodotto marginale del lavoro che giace al di sotto dell'intersezione fra quest'ultima e la curva di prodotto medio.

3.9. L'offerta di lavoro in mercati di concorrenza perfetta

La teoria dell'offerta di servizi lavorativi da parte dei lavoratori costituisce un'applicazione della teoria del consumatore. Come si ricorda, il problema del consumatore è rappresentabile come un problema di massimizzazione vincolata; il consumatore deve massimizzare una funzione di utilità, dato un vincolo di risorse economiche (il reddito) ed un vettore di prezzi dei beni. Per analizzare l'offerta individuale di lavoro nel breve periodo applicando la teoria del consumatore introdurremo una serie di specificazioni:

a) essendo un'analisi di breve periodo, ipotizziamo che le caratteristiche del lavoratore, in termini di preferenze, competenze, esperienze lavorative ecc. siano date;

b) il lavoratore ha a disposizione 24 ore nel corso di una giornata e deve scegliere l'ammontare di ore di lavoro (T_W) e di tempo libero (T_L). Non esistono diverse modalità di utilizzo del tempo a disposizione (tempo di trasporto, lavoro non retribuito, ecc.); tutto il tempo sottratto al tempo di lavoro è definito come tempo libero. Vale pertanto la seguente identità $24 = T_W + T_L$. Il lavoratore non incontra vincoli sulla quantità di tempo da allocare a tempo libero o a tempo di lavoro e può quindi liberamente scegliere le ore di lavoro;

c) il tempo di lavoro è remunerato sulla base di un salario orario di mercato;

d) il lavoratore ha due fonti di reddito: il reddito da lavoro e il reddito non da lavoro (Y_{NL}). Quest'ultimo dipende da qualche attività, reale o finanziaria, ed è indipendente dall'ammontare di ore lavorate;

e) il lavoratore utilizza il proprio reddito complessivo per acquistare una serie di beni (G) per i quali paga un prezzo p;

f) la funzione di utilità del lavoratore presenta due variabili: un indicatore del livello di beni che acquista sul mercato e il tempo libero. Il prezzo dell'indicatore dei beni di consumo (G) è il succitato indice di prezzi, p. Il prezzo del tempo libero (T_L) è dato dal suo costo opportunità, ovverosia dal reddito da lavoro a cui rinuncia quando beneficia di un'ora di tempo libero. Evidentemente questo prezzo è costituito dal salario orario reale (W/p). Dalla funzione di utilità, indicata come $U = u(G, T_L)$, si ricavano curve di indifferenza con proprietà del tutto identiche a quelle introdotte nel Capitolo 1.

Il problema del lavoratore diventa quello di massimizzare una funzione di utilità data da $U = u(G, T_L)$, sotto il seguente vincolo di bilancio:

$$pG = W(24 - T_L) + Y_{NL}. \qquad [25]$$

Dividendo ambo i membri dell'equazione per P, il vincolo di bilancio diventa:

$$G = \frac{W}{p}(24 - T_L) + \frac{Y_{NL}}{p} \qquad [26]$$

Dove G costituisce la spesa del consumatore, $W/p(24 - T_L)$, il suo reddito reale da lavoro e Y_{NL} il suo reddito reale non da lavoro.

È chiaro che, una volta scelta la quantità di tempo libero "da acquistare", il lavoratore determina la quantità di ore di lavoro che è disponibile ad offrire sul mercato del lavoro.

La Figura 18 rappresenta il grafico della soluzione del problema. Il punto E rappresenta la combinazione di beni di consumo e tempo libero scelta dal consumatore. Evidentemente il suo tempo di lavoro è dato da $TW = 24 - TL$.

A questo punto disponiamo di tutti gli strumenti analitici necessari per costruire una curva di offerta individuale di lavoro. Quest'ultima altro non è se non una relazione fra ore che il lavoratore è disposto a lavorare dietro una retribuzione di mercato e livello del salario reale orario. Per determinare questa relazione si può, per esempio, partire dal punto di equilibrio E e vedere il comportamento ottimizzante del lavoratore quando, *ceteris paribus*, si esegue il solito esercizio di statica comparata, modificando il livello del salario reale W/p.

Figura 18. – *L'equilibrio del lavoratore*

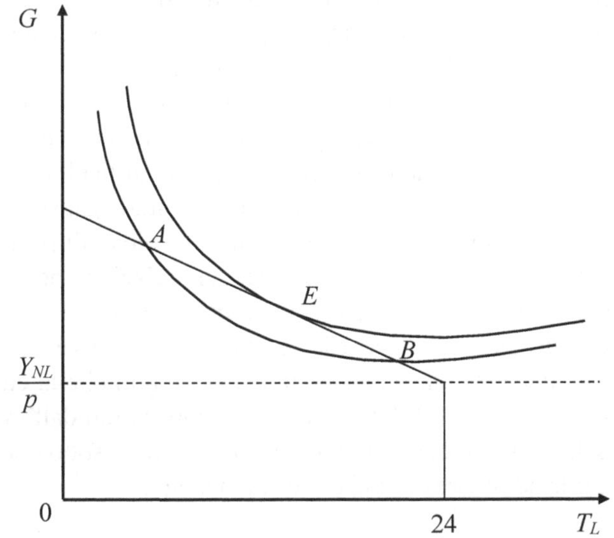

Ipotizzando che il tempo libero, T_L, sia un bene normale, un incremento del suo prezzo, W/p, comporta, come si è visto nel Capitolo 1, un effetto di reddito ed un effetto di sostituzione sulla domanda di tempo libero. Se l'effetto di sostituzione è più intenso dell'effetto di reddito, in corrispondenza di un incremento di W/p, si osserverà un decremento della domanda di tempo libero e, poiché tempo libero e tempo di lavoro sono legati dalla relazione $TW = 24 - TL$, si osserverà un incremento del tempo di lavoro. Viceversa, se predomina l'effetto di reddito in corrispondenza di un incremento di W/p, si osserverà un aumento della domanda di tempo libero e una riduzione del tempo di lavoro.

Un discorso del tutto analogo può essere sviluppato se prendiamo in considerazione un decremento del salario reale orario, W/p. Se l'effetto di sostituzione è più forte dell'effetto di reddito un decremento di W/p comporterà un aumento della domanda di tempo libero e una contestuale riduzione del tempo di lavoro offerto sul mercato del lavoro. Viceversa, Se l'effetto di sostituzione è più debole dell'effetto di reddito un decremento di W/p comporterà una riduzione della domanda di tempo libero e un contestuale incremento del tempo di lavoro offerto.

Questi semplici esercizi di statica comparata ci dicono che ogni volta che si osserva una variazione del livello del salario reale orario cambiano le ore offerte dal lavoratore sul mercato del lavoro. In particolare, se l'effetto di sostituzione è più intenso dell'effetto di reddito, il salario reale orario e le ore di lavoro offerte sono legati da una relazione funzionale di segno positivo: se il salario reale aumenta, aumentano anche le ore offerte, se il salario reale diminuisce le ore offerte diminuiscono. Naturalmente la relazione fra salario reale orario e ore di lavoro offerte diventa negativa, se si ipotizza che l'effetto di reddito prevalga sull'effetto di sostituzione. Il prevalere o meno dell'effetto di sostituzione non può essere univocamente stabilito a priori e dipende dalla natura delle preferenze dell'individuo.

In conclusione, la teoria del consumatore non dà luogo ad un modello univoco di curva di offerta di lavoro. Sono le preferenze individuali che ci dicono se la curva di offerta di lavoro sia legata positivamente o negativamente al livello del salario reale. Tuttavia, l'evidenza empirica, contenuta in un'infinità di studi statistici relativi a svariati contesti nazionali, mostra che, per livelli di salario reale al di sotto di una determinata soglia, la curva di offerta di lavoro implica una relazione positiva fra salario reale ed ore di lavoro offerte sul mercato (predominio dell'effetto di sostituzione). Quando però il livello di salario reale eccede questa soglia, la curva di offerta di lavoro può presentare una pendenza negativa (Figura 19). Si noti che la curva di offerta non passa per l'origine degli assi. Infatti, si ipotizza, corroborati dall'evidenza empirica, che esista un salario minimo, detto salario di riserva, al di sotto del quale il lavoratore non è disponibile ad offrire ore di lavoro sul mercato.

Figura 19. – *La curva di offerta di lavoro*

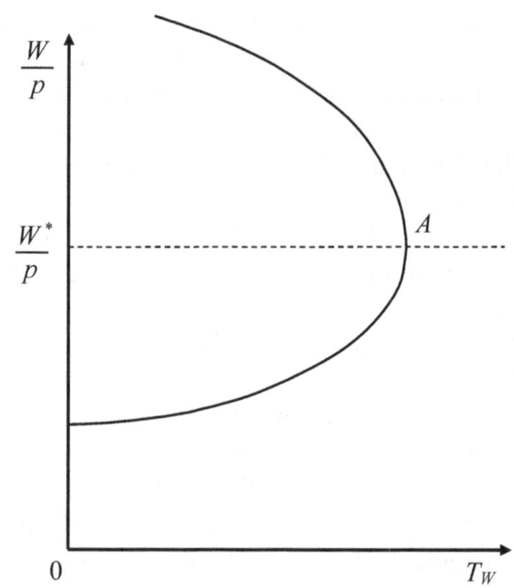

3.10. Interazioni tra domanda e offerta ed equilibrio del mercato del lavoro

Per illustrare l'equilibrio su un mercato del lavoro di concorrenza perfetta sono necessarie le curve di domanda e di offerta di lavoro aggregata. Nei paragrafi precedenti ci siamo limitati a costruire la curva di domanda di lavoro di una singola impresa e la curva di offerta individuale di lavoro da parte di un lavoratore. Ora supponendo che, nel breve periodo, il mercato sia costituito da m imprese e da n lavoratori, si rende necessario aggregare questi comportamenti individuali per ottenere curve di mercato di domanda e di offerta di lavoro. La curva di offerta di lavoro di mercato non rappresenta un problema, in quanto è data dalla sommatoria orizzontale delle n curve di offerta dei lavoratori presenti su questo mercato del lavoro. Per la curva di domanda di lavoro di mercato, il discorso è più complesso e va oltre i limiti di questo manuale. È sufficiente sapere che la curva di domanda aggregata di lavoro non è data dalla sommatoria orizzontale delle m curve di domanda individuali. Tuttavia, anch'essa è una curva con pendenza negativa, così come si vede in Figura 20.

Figura 20. – *Equilibrio sul mercato del lavoro*

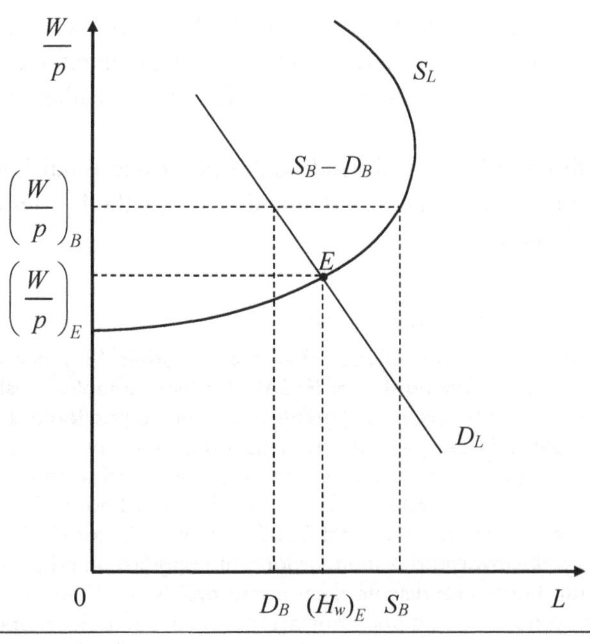

Una volta costruite le curve di domanda e di offerta aggregata di lavoro, possiamo analizzare, per ogni industria o mercato del lavoro, come la loro interazione possa determinare saggi di salario e livelli occupazione di equilibrio. Possiamo, inoltre, analizzare come variazioni esogene nelle determinanti dell'offerta e della domanda di lavoro influiscano su queste curve e quindi sulle relative posizioni di equilibrio.

Per capire come le forze della domanda e dell'offerta di lavoro possano far convergere il mercato verso l'equilibrio, prendiamo in esame un singolo mercato del lavoro di concorrenza perfetta nel breve periodo. In questa circostanza il numero di lavoratori e imprese è fisso.

Per semplicità, supponiamo che la curva di domanda (D_L nella Figura 20) sia espressa da un insieme di imprese operanti in un'industria di concorrenza perfetta e presenti un'inclinazione negativa nello spazio (L, W/p). Supponiamo, inoltre, che la curva di offerta (S_L nella Figura 20), sia espressa da un insieme di individui aggregati in un mercato del lavoro di concorrenza perfetta.

L'equilibrio sul mercato del lavoro viene raggiunto nel punto E, in corrispondenza del saggio di salario reale $(W/p)_E$ e dell'ammontare di servizi lavorativi L_E: in E il salario reale uguaglia domanda e offerta di servizi lavorativi.

Per livelli di salario più elevati l'offerta di servizi lavorativi eccederà la domanda. Ad esempio, al salario $(W/p)_B > (W/p)_E$ si avrà un eccesso di offerta ($S_B - D_B$): alcuni lavoratori saranno disoccupati o, perlomeno, lavoreranno un numero di ore inferiore a quello che ritengono ottimale. Se il livello di (W/p) si collocasse al disotto di quello d'equilibrio, si determinerebbe viceversa una situazione di eccesso di domanda di lavoro. In entrambi i casi il mercato del lavoro risulterebbe in disequilibrio.

La configurazione di equilibrio, E, dipende dalla posizione e dall'inclinazione delle due curve. Spostamenti della curva di domanda e di quella di offerta determinano modificazioni dell'equilibrio.

Box 1. – *Gli effetti occupazionali del salario minimo*

Uno dei primi governi ad introdurre un salario minimo obbligatorio fu quello degli Stati Uniti nel 1938 con il Fair Labor Standard Acts (FLSA). Il provvedimento legislativo non includeva tutti i lavoratori, ma solo alcuni segmenti del lavoro dipendente. I lavoratori occupati nel settore agricolo, ad esempio, erano esclusi da questo tipo di provvedimento. Nel 1938, il salario minimo orario, in termini nominali, era pari a 25 cents all'ora. Ovviamente, nel corso del tempo, questo livello è stato ritoccato fino a diventare 5.85 dollari all'ora nel 2007, 6,55 dollari all'ora nel 2008 e, infine, 7,25 nel 2009 (Borjas, 2010). Anche la copertura dei lavoratori è stata largamente aggiornata ed allargata.
Esiste una letteratura sterminata che discute il seguente problema: l'introduzione, *ope legis*, di un salario minimo dà luogo ad una contrazione del livello dell'occupazione?
Cerchiamo di rispondere al quesito, utilizzando il semplice modello di mercato del lavoro di concorrenza perfetta, illustrato in questo capitolo. La Figura 21 evidenzia le

curve di domanda e di offerta di servizi lavorativi che caratterizzano mercati del lavoro e del prodotto di concorrenza perfetta. L'equilibrio può essere osservato in corrispondenza del livello salariale $(W/p)_E$. A questo livello del salario reale corrisponde un livello di occupazione pari a E_C.

Se il governo, o l'Autorità preposta alla regolazione del mercato del lavoro, fissa in corrispondenza del livello $(W/p)_1$ il livello del salario reale, è chiaro che $(W/p)_E$, essendo inferiore a $(W/p)_1$ costituisce una remunerazione oraria illegale. In corrispondenza del salario $(W/p)_1$, il mercato del lavoro non è in equilibrio. La domanda di lavoro, infatti, è pari a D_C, mentre l'offerta corrisponde a S_C: l'offerta di lavoro è superiore alla domanda di lavoro la quale, a sua volta, è inferiore al livello di occupazione E_C, osservabile in corrispondenza dell'equilibrio di concorrenza perfetta.

Pertanto, gli effetti dell'introduzione di questo salario minimo, sulla base di questo modello del mercato del lavoro sono i seguenti:

a) il livello della remunerazione si è effettivamente elevato rispetto a quanto si poteva osservare prima dell'introduzione del salario minimo;

b) Il livello dell'occupazione si è ridotto: i datori di lavoro acquisteranno una quantità di servizi lavorativi pari a D_C che, come si può vedere dal grafico, è inferiore a E_C.

c) In corrispondenza del salario minimo $(W/p)_1$, la quantità di servizi offerti sul mercato del lavoro, è superiore alla quantità domandata di servizi lavorativi. Di conseguenza esiste una quantità di servizi lavorativi offerti sul mercato del lavoro, pari a $(S_C - D_C E_1)$ per i quali non esiste una domanda: alcuni lavoratori si troveranno disoccupati o costretti a lavorare per un ammontare di ore inferiore a quanto sarebbero disposti a lavorare in corrispondenza del salario minimo $(W/p)_1$

Naturalmente è fondamentale osservare come questa valutazione sugli effetti dell'introduzione del salario minimo dipendano strettamente dal modello di mercato del lavoro di concorrenza perfetta che abbiamo deciso di utilizzare. La letteratura teorica dimostra che, se alcune delle ipotesi del modello di concorrenza perfetta sono abbandonate, le conclusioni che abbiamo visto non valgono necessariamente più.

In ogni caso è interessante osservare come il salario minimo fissato per legge sia presente nella maggior parte dei paesi dell'Unione europea, come dimostra la tabella riportata qui di seguito.

Paesi dell'Unione europea in cui è presente il salario minimo	Paesi dell'Unione europea in cui è non presente il salario minimo
Belgio, Bulgaria, Croazia, Repubblica Ceca, Estonia, Francia, Germania, Grecia, Ungheria, Irlanda, Lettonia, Lituania, Lussemburgo, Malta, Olanda, Polonia, Portogallo, Romania, Slovacchia, Slovenia, Spagna, Regno Unito	Austria, Cipro, Danimarca, Finlandia, Italia, Svezia

Fonte: Eurofound, *Statutory minimum wages in the EU 2017*.

3.11. Disequilibrio sul mercato del lavoro

Immaginiamo di trovarci in corrispondenza di un saggio di salario reale $(W/p)_1$ maggiore di quello di equilibrio $(W/p)_E$. Come si nota nella Figura 21, questo salario dà luogo a un eccesso di offerta ($S_C - D_c$): al salario reale $(W/p)_1$ alcuni lavoratori, pur essendo disponibili, non riescono a lavorare il numero di ore per loro ottimale o, addirittura, non lavorano affatto.

Figura 21. – *Disequilibrio nel mercato del lavoro*

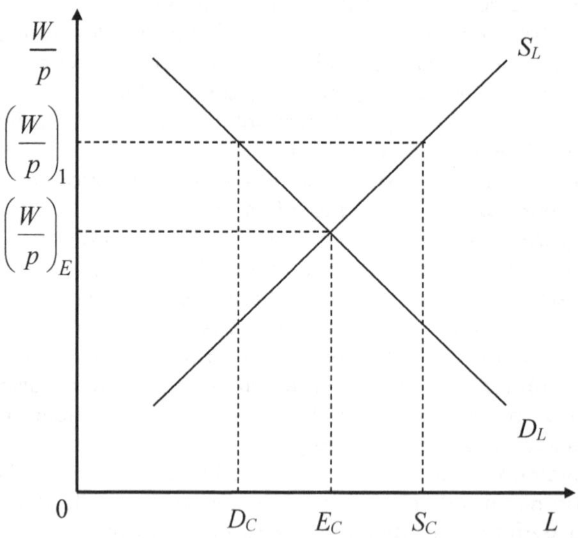

Questi lavoratori sono, pertanto, o sottoccupati, se lavorano per un ammontare di ore inferiore a quello ottimale, o involontariamente disoccupati, se non riescono a lavorare affatto.

In presenza di concorrenza perfetta nel mercato del lavoro l'eccesso di offerta determinerà una pressione verso il basso sul saggio di salario reale. Se il salario è libero di aggiustarsi, esso tenderà a contrarsi, riducendo progressivamente lo squilibrio fino a ripristinare l'equilibrio.

Possiamo ragionare simmetricamente se partiamo da un saggio di salario reale inferiore a quello di equilibrio. In questo caso l'eccesso di domanda determinerà una pressione verso l'alto del salario, riconducendo il mercato alla configurazione di equilibrio.

Per concludere, è opportuno notare che questo modello di equilibrio presenta diversi limiti. Innanzitutto, abbiamo ipotizzato che gli aggiustamenti sia nelle quantità dei servizi lavorativi sia nei saggi di salario reale avvengano senza costi per gli operatori e senza "frizioni" che ostacolino il raggiungimento dell'equilibrio. Inoltre, non abbiamo specificato quanto tempo è necessario perché il processo di convergenza verso l'equilibrio si completi. Questo limite non è irrilevante. Lo squilibrio fra domanda e offerta di lavoro comporta fenomeni di sottoccupazione, disoccupazione involontaria o di irreperibilità di manodopera appropriata. La gravità di questi fenomeni dipende in modo cruciale dalla durata del processo di convergenza. Se il tempo necessario al ripristino della situazione di equilibrio è contenuto, si tratta di fenomeni, tutto sommato, poco preoccupanti. Se, viceversa, il ripristino dell'equilibrio richiede tempi relativamente lunghi, i costi economici e sociali divengono considerevoli. Un ulteriore limite riguarda la natura degli aggiustamenti: domanda e offerta di lavoro reagiscono con aggiustamenti che avvengono simultaneamente nei prezzi e nelle quantità. Se ipotizziamo altre modalità di aggiustamento e altre regole di comportamento in situazioni di disequilibrio, è possibile che il processo di convergenza risulti complesso e problematico.

3.12. Mercati del capitale in concorrenza perfetta

Il lavoro e il capitale fisico sono richiesti dalle imprese per i servizi che sono in grado di erogare e, per omogeneità, nell'analisi abbiamo supposto che entrambi vengano "affittati" ad un certo prezzo: rispettivamente, il saggio di salario e il prezzo d'uso del capitale.

Tuttavia, mentre le ore di lavoro vengono normalmente "prese in affitto" dall'impresa per un determinato periodo di tempo mediante i contratti di lavoro, i beni capitali vengono spesso acquistati e diventano di proprietà dell'impresa. Quindi, è importante analizzare quali sono le ragioni per cui l'impresa decide di acquistarli.

Gli investimenti in capitale delle imprese[7] possono essere finanziati con fondi propri o con fondi prestati da banche e da altri intermediari finanziari in cambio del pagamento di un tasso d'interesse. Studiando i mercati delle azioni e delle obbligazioni, vedremo come vengono determinati, secondo la teoria neoclassica, i tassi di interesse nei mercati del credito. Occorre anche studiare la distinzione tra tasso d'interesse nominale e reale, perché il secondo tende a crescere di pari passo con l'inflazione.

L'analisi, dato il carattere introduttivo di questo testo, dedicherà solo brevi cenni alle teorie alternative e alla natura complessa di un fattore produttivo come il capitale, che, nell'economia della conoscenza, incorpora progressivamente elementi immateriali accanto a quelli materiali e interagisce fortemente con il capitale umano, il capitale sociale e il capitale naturale nel favorire cambiamento tecnologico e innovazione.

---

[7] A questo proposito, va tenuto presente che in economia gli investimenti (reali e finanziari) consistono in attività che creano nuovo capitale. Non comprendono attività che rappresentano semplicemente una riallocazione del patrimonio esistente tra i suoi proprietari.

3.13. Domanda di capitale fisico in concorrenza perfetta

In questo ambito, il termine capitale si può riferire sia al capitale finanziario sia a quello fisico. Il *capitale finanziario* è costituito da moneta e da altre attività finanziarie, più o meno liquide (cioè, convertibili in moneta): ad esempio, prestiti bancari, azioni e obbligazioni. Il *capitale fisico* (o *reale*) è costituito, invece, da macchine, impianti, attrezzature produttive e fabbricati che nel tempo generano un flusso di servizi produttivi.

Quando si studia il capitale come fattore di produzione, ci si riferisce in prevalenza al capitale fisico[8]. Invece, quando si studia il *mercato dei capitali*, ci si riferisce in prevalenza al capitale finanziario. I *mercati finanziari*, se operano in modo ordinato, consentono alle imprese di reperire finanziamenti per l'acquisto di capitale fisico.

Il capitale, dunque, *ex ante*, come capitale finanziario, è quasi completamente fungibile[9], mentre *ex post*, come capitale fisico, vede notevolmente ridotta la sua fungibilità, che diviene inferiore a quella del lavoro[10].

Dal punto di vista dell'impresa, due sono le decisioni principali da prendere con riferimento al capitale come fattore di produzione. L'impresa deve decidere: (i) qual è lo stock di capitale desiderato; (ii) qual è il flusso di investimento desiderato.

Affrontiamo la prima decisione e per semplicità impostiamo il problema assumendo che il capitale necessario venga preso in affitto presso un'altra impresa specializzata nel nolo di attrezzature.

La risposta ci viene fornita dalla teoria microeconomica già utilizzata per derivare la domanda di lavoro: l'impresa decide di affittare quell'ammontare di capitale che le consente di uguagliare ricavo marginale e costo marginale. In concorrenza perfetta, dati l'ammontare di servizi lavorativi impiegati e il canone di locazione (p_K), l'impresa domanda servizi di capitale fino al punto in cui viene soddisfatta la condizione di massimizzazione dei profitti totali:

$$\Delta\Pi = p\frac{\Delta q}{\Delta K} - p_K = 0 \qquad [27]$$

Tale condizione può anche essere scritta come:

$$p\frac{\Delta q}{\Delta K} = p_K \qquad [28]$$

---

[8] Fa eccezione il cosiddetto *capitale circolante*: il contante che l'impresa detiene per effettuare pagamenti tempestivi quando le entrate correnti non sono sufficienti. Viene considerato un vero e proprio fattore di produzione perché consente all'impresa maggiore efficienza.

[9] Infatti, le attività finanziarie possono essere utilizzate per costruire qualunque bene.

[10] I lavoratori, infatti, se l'impresa o essi stessi sono disposti a sostenere un certo costo, possono essere addestrati a svolgere mansioni differenti da quelle svolte in precedenza.

L'espressione a sinistra del segno uguale rappresenta il *valore del prodotto marginale del capitale*; quella a destra rappresenta, invece, il canone di locazione o costo marginale del capitale. Indicheremo tale canone con il termine prezzo d'uso del capitale.

Se, come abbiamo fatto anche per il lavoro, assumiamo che il capitale abbia un prodotto marginale fisico decrescente [11], la *domanda di capitale* in affitto da parte dell'impresa sarà decrescente e l'impresa domanderà capitale fino al punto in cui il suo ricavo marginale uguaglia il suo prezzo d'uso.

Nella [28] dividendo entrambi i membri per p otteniamo sotto altra forma la condizione di massimizzazione dei profitti totali:

$$\frac{\Delta q}{\Delta K} = \frac{p_K}{p} \qquad [29]$$

In questo caso, la soddisfazione della condizione comporta che il prodotto marginale fisico del capitale uguagli il suo prezzo d'uso espresso in termini reali [12].

Per costruire la *curva di domanda di capitale di un'industria in concorrenza perfetta* seguiamo la medesima procedura utilizzata nel caso della domanda di lavoro. Una riduzione di p_K aumenta sia la quantità domandata di capitale da parte delle singole imprese sia l'output totale dell'industria. L'aumento dell'output determina a sua volta una riduzione del prezzo del prodotto e, quindi, una parziale riduzione del capitale domandato. Ciò comporta che l'elasticità in valore assoluto della curva di domanda aggregata di capitale sia inferiore a quella della curva di domanda di capitale della singola impresa.

Riferimenti bibliografici

COURNOT A. [1838], *Researches into the Mathematical Principles of the Theory of Wealth*, MacMillan, Reprinted New York, 1927.

EDGEWORTH F.Y. [1881], *Mathematical Psychics*, Kegan Paul, London, 1932.

EUROFOUND [2017], *Statutory minimum wages in the EU 2017*, Publications Office of the European Union, Luxembourg.

KNIGHT F.H. [1921], *Risk, Uncertainty and Profit, Part 2*, Houghton Mifflin Co., Boston.

SMITH A. [1776], *The Wealth of Nations. Glasgow edn*, Oxford University Press, Oxford.

STIGLER G.J. [1957], "Perfect competition, historically contemplated", in *Journal of Political Economy*, vol. 65, pp. 1-17.

---

[11] Questo viene fatto badando più alla coerenza con l'impostazione neoclassica che al realismo delle ipotesi.

[12] Ovvero, come rapporto tra il prezzo d'uso del capitale e il prezzo del prodotto.

4 I fallimenti di mercato

Parte I - **Per capire**

Le proprietà dell'equilibrio concorrenziale emerse nei precedenti capitoli, mostrano che l'equilibrio di concorrenza perfetta costituisce la soluzione migliore al problema dell'allocazione di risorse scarse fra agenti economici liberi di decidere se affrontare uno scambio oppure no. Abbiamo visto che il mercato di concorrenza perfetta ottiene il notevole risultato di 'costringere' i produttori a produrre esattamente la quantità desiderata dai consumatori (cioè la quantità di equilibrio fra domanda e offerta) con il massimo dell'efficienza (cioè nel punto di minimo dei costi medi di lungo periodo) e a venderla al prezzo più basso possibile (cioè il prezzo corrispondente al minimo dei costi medi di lungo periodo, che è il prezzo al di sotto del quale l'impresa esce dal mercato) ottenendo extra profitti nulli (cioè guadagnando soltanto il profitto normale, ovvero il costo opportunità della produzione). Questo risultato conferma l'intuizione di Adam Smith sulla capacità del sistema economico capitalista basato sulle interazioni di mercato di fornire un risultato che, a prescindere dai *desiderata* dei singoli agenti di ottenere quanto più possibile dallo scambio di mercato, li costringe ad agire facendo il meglio, non soltanto per sé stessi, ma anche per gli altri agenti economici. Vedremo, inoltre, nel Capitolo 6 come anche dal punto di vista dell'efficienza l'equilibrio di concorrenza costituisca il migliore 'produttore' di benessere per la società.

Tuttavia, questi risultati sono strettamente dipendenti dal set di ipotesi che abbiamo utilizzato. Questo fa pensare che l'eventuale rimozione di alcune delle ipotesi che sono alla base della costruzione del modello di concorrenza perfetta, possa generare inefficienza. Vedremo, infatti, che quando si opera la rimozione di alcune delle ipotesi che abbiamo posto alla base del modello deduttivo con cui abbiamo costruito la teoria del consumatore e quella dell'impresa, si ottengono risultati che, sempre sulla base di interazioni di mercato, non sono più ottimali per la collettività degli agenti che partecipano allo scambio.

Quindi, a questo punto della trattazione, ci poniamo alcune domande cruciali legate, per esempio, a quali tipologie di modificazioni della struttura del modello di base generano inefficienza, e per quale via. Tratteremo poi le modalità attraverso cui è possibile correggere queste inefficienze.

In situazioni di questo genere, si dice che ci troviamo di fronte a *fallimenti del mercato*. Infatti, il mercato, in quanto allocatore di risorse, fallisce, poiché invece di generare una situazione che soddisfa tutti gli agenti, ne determina una che *non* soddisfa alcuni degli agenti. Il fallimento di mercato si può avere nei seguenti casi.

Esternalità. Si hanno esternalità quando l'operare di un agente economico fa stare 'peggio' o 'meglio' altri agenti, senza che il primo paghi per il danno creato o sia compensato per gli effetti positivi generati dal suo agire. Detto in altro modo, i costi o i benefici generati dai produttori e dai consumatori non vengono compresi nel prezzo di mercato. Per esempio, si consideri il caso dell'inquinamento atmosferico. Se un'impresa chimica inquina l'aria, in mancanza di una legge che lo vieta, non avrà nessun incentivo ad ammettere l'esistenza di un costo sociale legato all'inquinamento e perciò non sarà disposta a pagare per questo (per esempio, installando filtri appropriati, che comporterebbero un aumento dei costi). L'impresa si limiterà quindi a ignorare l'inquinamento e a sentirsi autorizzata a trasferire nell'aria elementi del cui smaltimento dovrebbe invece farsi carico.

Beni pubblici. Nel caso di beni privati, come abbiamo visto, il mercato riesce a discriminare fra agenti che desiderano e/o possono ottenere unità di un certo bene e coloro che invece non desiderano e/o non possono ottenere unità del bene. Tuttavia, esistono casi in cui le caratteristiche dei beni sono tali da conferire loro la natura di beni non più privati, ma 'pubblici', cioè a disposizione di chiunque ne desideri un'unità, indipendentemente dal fatto che paghi o meno per disporne. Il mercato perciò non riesce ad offrire un bene che sarebbe richiesto dai consumatori perché non è possibile stabilire diritti di proprietà tali da escludere dal consumo chi non paga. Per esempio, se un'impresa non riesce a brevettare un'innovazione, di cui tutti possono appropriarsi a costo (più o meno) pari a zero, allora la stessa impresa tenderà a non realizzare quella innovazione.

Informazione incompleta. In questo caso gli agenti non dispongono di informazioni accurate sul prezzo e sulla qualità di un bene. In casi di questo genere si viola una delle ipotesi cardine del nostro modello, quella della simmetria delle informazioni fra i vari agenti: se l'informazione è distribuita in maniera non perequata, allora si dice che l'informazione è asimmetrica. Quindi, nel caso di informazione asimmetrica, un agente deve prendere le sue decisioni (siano esse sul consumo o sulla produzione) avendo un quantitativo di informazioni diverso dall'altro agente. Si pensi all'acquisto di un'automobile usata: a meno che non sia un meccanico, l'acquirente ha sempre informazioni inferiori sulla qualità dell'automobile rispetto a chi la vende. Oppure si pensi all'assunzione di un lavoratore: il principale non sa con certezza la capacità e la volontà di lavorare che il lavoratore metterà in campo una volta assunto (mentre invece il lavoratore lo sa con certezza).

Potere di mercato. I risultati ottenuti fino ad ora sono stati ottenuti in una situazione di mercato di concorrenza perfetta. In questa configurazione di mercato, abbiamo visto che i singoli produttori non hanno la possibilità di influenzare il prezzo di vendita a causa dell'elevato numero di imprese presenti sul mercato o a causa dell'omogeneità del prodotto. Tuttavia, esistono configurazioni di mercato in cui il numero di imprese può essere ridotto (al limite può esistere una sola impresa: il monopolio), oppure in cui le imprese differenziano il prodotto fra di loro. In configurazioni di mercato di questo tipo le imprese hanno un certo potere (che chiameremo potere di mercato) tramite il quale possono influenzare il prezzo finale a cui verranno effettuate le transazioni. Se questo prezzo risulta essere maggiore (o in generale diverso) da quello di concorrenza perfetta, ecco che le imprese possono alterare il bilanciamento fra costi e guadagni a danno dei consumatori.

In questo capitolo ci occuperemo delle prime tre cause di fallimento del mercato, lasciando al capitolo seguente la più ampia trattazione delle varie forme di mercati non concorrenziali.

4.1. Un inquadramento storico-metodologico

L'evoluzione delle idee sulle prescrizioni più utili per migliorare le istituzioni economiche e l'economia reale sul piano internazionale, nazionale e locale è contraddistinta, sin dalle origini del pensiero economico, da un'oscillazione continua tra due scuole di pensiero: i sostenitori del libero mercato (o *liberisti*) e i sostenitori dell'intervento pubblico (o *interventisti*). Il dibattito tra queste due scuole ha radici fondamentalmente ideologiche e caratteri di economia normativa. Ma ha spesso dato luogo a contributi di economia positiva, volti ad approfondire ed arricchire la controversia con strumenti analitici innovativi.

I sostenitori del libero mercato puntano sul fatto che i mercati concorrenziali garantiscono condizioni di efficienza nel consumo e nella produzione, oltre alla compatibilità tra consumo e produzione: mercato in 'equilibrio' significa che domanda e offerta si eguagliano [Hayek, 1945; Friedman, 1962].

I sostenitori dell'intervento pubblico fondano le loro argomentazioni su tre considerazioni principali. Anzitutto, il controllo del ciclo economico, che serve a contenere i rischi e i costi connessi ad una crescita senza regole [Keynes, 1936] [1]. In secondo luogo, la conoscenza della dinamica strutturale e dell'evoluzione dei sistemi economici, che aiuta a identificare le spinte e gli stimoli funzionali all'aumento del potenziale di crescita futuro che, unitamente all'oculato sfruttamento del potenziale presente, è in grado di genere maggiori opportunità di sviluppo [Pasinetti, 1989;

---

[1] Come quelli sperimentati con la Grande Depressione iniziata nel 1929 e con la crisi finanziaria e reale avvertita su scala globale a partire dall'estate del 2007.

Abramovitz, 1989]. In terzo luogo, dato che ogni configurazione di equilibrio generale effettivamente raggiunta dipende dalle dotazioni iniziali degli agenti, essa può comportare anche forti disuguaglianze. L'intervento pubblico in economia può, quindi, essere desiderabile dal punto di vista etico, anche se induce a sacrificare parte dell'efficienza, a favore di una maggiore equità [Rawls, 1971].

Queste due visioni del mondo si sono variamente cimentate nell'individuazione delle cause nodali di inefficienza, disuguaglianza e crisi, nonché nella messa a punto di strumenti di intervento appropriati. Ne sono scaturite soluzioni private e forme di intervento pubblico, che costituiscono le due principali tipologie di azione nella scatola degli attrezzi dell'economista e che vengono messe in atto a volte in maniera alternativa e a volte in modo complementare.

Nel seguito di questo capitolo analizzeremo i fallimenti del mercato e come questi modifichino i comportamenti degli agenti e le conseguenti configurazioni di equilibrio. Secondo i fautori del libero mercato, quando l'economia si trova di fronte a problemi che possono essere risolti con la creazione di mercati perfettamente concorrenziali, si dovrebbe delegare ad essi ogni ruolo di coordinamento, evitando qualsiasi intervento esterno. Tuttavia, in varie circostanze non sussistono i prerequisiti per la creazione di tali mercati. Una manifestazione evidente di fallimento del mercato è quella constatata in occasione della crisi finanziaria avvertita su scala globale a partire dall'estate del 2007. Quando tra gli strumenti per affrontare la bancarotta delle banche all'inizio del 2009 è stata proposta la loro nazionalizzazione, dopo decenni in cui questo termine aveva provocato il dissenso più assoluto dell'*establishment*, alcuni suoi esponenti hanno osservato che essa può essere accolta come strumento temporaneo, dato che il mercato non riesce ad attribuire un prezzo (di equilibrio) ai "titoli tossici".

D'altra parte, anche l'intervento pubblico può andare incontro a *fallimenti del Governo* (o *dello Stato*), che si verificano quando il Governo competente commette *errori di omissione*, non adoperandosi per migliorare le prestazioni dell'economia, o *errori di commissione*, realizzando azioni che ne peggiorano le prestazioni [Krueger, 1990; Khan, 2002] [2].

Quindi, entrambe le visioni del mondo propongono opportunità di accrescimento del benessere economico, ma soffrono anche di limiti evidenti. Il peso relativo di opportunità e limiti in ciascuna posizione dipende dal contesto di riferimento. Questo spiega anche l'oscillazione continua tra le due. In ogni caso, qualsiasi prescrizione realistica di politica economica deve essere consapevole di ciò. L'intervento pubblico in economia si configura, quindi, come un angusto sentiero condizionato, da un lato, dai fallimenti del mercato e, dall'altro, dai fallimenti dello Stato. Tutti

---

[2] Tali fallimenti hanno luogo perché la pubblica amministrazione non agisce normalmente come un'organizzazione integrata e *super partes*, animata da spirito meritocratico, ma come una galassia di agenzie con intenti autonomi e, a volte, devianti. Nepotismo e corruzione trovano così un terreno fertile per diffondersi.

gli strumenti di intervento pubblico e tutte le soluzioni private vanno ponderati congiuntamente. Ne consegue un quadro di riferimento in cui, più che le alternative estreme, contano le combinazioni (o *mix*) di azioni attentamente dosate e la capacità di formulare appropriati criteri di regolamentazione del mercato.

4.2. Esternalità

Si consideri un consumatore che si reca al ristorante. Il suo benessere sarà sicuramente legato alle proprie scelte di pietanze e vini, ma non solo. Se i suoi vicini di tavolo fumano accanitamente, o se il ristoratore ha deciso di tenere basso il riscaldamento, il suo benessere sarà influenzato, in questo caso negativamente, dalle scelte di altri agenti su cui egli non ha alcun modo di intervenire (se non *ex-post*), e che sono pertanto un *effetto esterno negativo* (o esternalità negativa) *nel consumo*. Se il ristoratore avesse, invece, deciso di offrire gratuitamente a tutti uno stuzzichino per antipasto, l'*esternalità nel consumo* sarebbe *positiva*. Occorre sottolineare come in questi due casi, dato il benessere ottenuto dal consumo del solo pasto, il benessere del consumatore sarà aumentato o diminuito dalla presenza dell'esternalità.

Situazioni analoghe possono essere riferite anche al comportamento del produttore. Pensiamo, ad esempio, ad un'impresa che introduca un'innovazione per ridurre i propri costi di produzione. Qualora e nei limiti in cui tale innovazione diventi di pubblico dominio e possa essere utilizzata anche dalle altre imprese, che non hanno preso parte al suo sviluppo, queste ultime beneficeranno di un'*esternalità positiva nella produzione*. L'esternalità nella produzione può essere però anche *negativa*, come accade, ad esempio, quando un'impresa immette nell'aria dei fumi industriali che danneggiano l'attività produttiva di altre imprese.

La presenza nell'economia reale di esternalità è dunque un fatto evidente. Al fine di procedere nell'analisi, il primo passo da compiere è quello di definire cosa intendiamo esattamente per esternalità (definite anche *effetti esterni*, oppure *economie/diseconomie esterne*). Questo concetto esprime l'idea che le decisioni di alcuni agenti economici possano esercitare effetti diretti sul benessere di altri agenti esclusi dal processo decisionale. Ciò significa che in tal caso le funzioni obiettivo di certi agenti (come ad esempio, la funzione di utilità, o la funzione di profitto) contengono anche argomenti dipendenti dal comportamento di agenti differenti. In altri termini, le scelte di alcuni soggetti vengono a dipendere *direttamente* dai comportamenti e dai livelli di attività di altri soggetti: direttamente, si badi bene e non, come avviene normalmente in un mercato, indirettamente, mediante i prezzi[3].

Secondo l'impostazione tradizionale [Marshall, 1920; Pigou, 1920], in un'eco-

---

[3] Si ricordi che in un mercato di concorrenza perfetta l'interazione di ciascun agente con tutti gli altri è mediata dai soli prezzi di mercato.

nomia di mercato si possono manifestare esternalità riferite sia alla produzione sia al consumo.

Si hanno *esternalità nella produzione* ogniqualvolta il risultato dell'attività produttiva di una singola impresa è influenzato direttamente anche dalle scelte produttive di altre imprese: tecnicamente, ogni volta che nella funzione di produzione di un'impresa compaiono tra le variabili indipendenti non solo gli stock di input, ma anche effetti dell'attività di altre imprese. Per esempio, la produzione di acqua potabile di un acquedotto può essere significativamente influenzata dal fatto che a monte dei suoi captatori esista o meno un'impresa che scarica i propri rifiuti di produzione. Infatti, nel caso in cui non esistano imprese a monte, l'acquedotto potrà produrre acqua potabile a costi di depurazione molto bassi (ad esempio, per il solo filtraggio delle particelle di dimensione relativamente grande). Mentre, se un'impresa chimica scarica i rifiuti della propria produzione a monte dell'acquedotto, quest'ultimo si dovrà munire di dispositivi di filtraggio più sofisticati, e quindi normalmente più costosi.

Gli esempi di esternalità nella produzione sono molteplici. Solo per citarne un altro, un aumento nel prodotto di un'industria (o di un distretto industriale) può migliorare la formazione e l'efficienza della manodopera, con una conseguente riduzione dei costi totali di alcune o di tutte le imprese dell'industria o del distretto.

In generale, si hanno esternalità nella produzione, negative o positive, quando il comportamento di alcune imprese determina, rispettivamente, un danno o un beneficio ad altre imprese, senza che le prime debbano per questo, rispettivamente, sopportare l'onere di un pagamento o vedersi riconosciuto un rimborso, commisurato all'entità dell'esternalità.

Analogamente, si possono avere *esternalità nel consumo* quando il benessere di un singolo consumatore viene a dipendere direttamente anche dal consumo di altri consumatori. Un esempio tipico di esternalità nel consumo riguarda il benessere che un agente può derivare dal fatto che il suo vicino tenga in ordine il proprio giardino, piuttosto che utilizzarlo come discarica per i rifiuti. Nel primo caso, in cui il benessere del singolo dipende positivamente dalle scelte altrui, si parla di *esternalità positiva* nel consumo. Nel secondo caso, in cui, invece, il livello di utilità individuale è funzione negativa del comportamento altrui, si parla di *esternalità negativa* nel consumo. Gli esempi, sia del primo sia del secondo caso, sono ovviamente molteplici e ognuno di noi può scovarne molti pensando alla propria vita di tutti i giorni.

Tutti questi esempi, mostrano che esistono casi in cui non è possibile definire l'utilità connessa alla fruizione di determinate quantità di un certo bene, senza definire anche il livello di consumo di un altro consumatore o di numerosi altri consumatori. Esistono cioè casi in cui non è possibile non tenere conto delle decisioni altrui.

Sulla base delle considerazioni svolte finora, siamo in grado di fornire una definizione più generale del concetto di esternalità. Più precisamente, possiamo definire le esternalità come economie – o diseconomie – esterne per un'impresa (o per un consumatore), che dipendono da interdipendenze non rivelate dal mercato e che determinano divergenze, anche consistenti, tra costi (o benefici) sociali e costi (o benefici) privati.

4.2.1. Il pianificatore saggio

Un modo semplice e immediato per comprendere in generale gli effetti di un'esternalità è quello di ricorrere ad un artificio teorico molto utilizzato dall'economia del benessere: la figura del cosiddetto *pianificatore saggio*. Dato che le esternalità, per definizione, sfuggono al controllo degli agenti economici, per comprenderne gli effetti viene messa in campo una figura ipotetica, il pianificatore saggio appunto, che è invece in grado di valutare l'effetto delle esternalità e di confrontare i risultati ottenibili spontaneamente dai mercati con quelli socialmente desiderabili. Più precisamente, può essere utile confrontare il funzionamento di un mercato in cui gli agenti scambiano liberamente i beni, seguendo criteri di benessere esclusivamente privati, con una situazione, evidentemente artificiale, in cui un pianificatore saggio decide le quantità dei beni da domandare e da offrire seguendo criteri di benessere sociale.

Per farlo, è sufficiente affiancare alle curve di domanda (D) e di offerta (S) del mercato, lungo le quali, come si ricorderà, leggiamo, rispettivamente, il valore privato che gli agenti economici attribuiscono ai beni (la loro disponibilità a pagare), ed il costo privato dei beni, le curve di domanda (D_{PS}) e di offerta (S_{PS}) del nostro pianificatore saggio.

Per definizione, la curva di domanda del pianificatore saggio (D_{PS}) misura il valore sociale (V_S), del bene piuttosto che il suo valore privato (V_{PR}). In altre parole, essa tiene conto del fatto che il consumo di una certa quantità del bene non influisce solo sul benessere del consumatore che ne fruisce direttamente, ma anche su quello di altri consumatori che vengono influenzati dalle esternalità di consumo del primo. Conseguentemente, la curva di domanda del pianificatore saggio si colloca più in alto a destra o più in basso a sinistra rispetto alla curva di domanda di mercato, a seconda che ci troviamo in presenza di un'esternalità positiva (il pianificatore attribuisce al consumo un valore sociale maggiore di quello privato) o negativa (il pianificatore attribuisce al consumo un valore sociale minore di quello privato) nel consumo. La natura di un'esternalità nel consumo può, dunque, essere identificata confrontando le due curve, come facciamo nelle Figura 1. Inoltre, la distanza verticale tra le due curve ci fornisce il valore dell'esternalità.

Analogamente, la curva di offerta del pianificatore saggio (S_{PS}) riflette, anziché il solo costo privato della produzione di un bene (C_{PR}), il suo costo sociale (C_S). In altre parole, essa tiene conto del fatto che le scelte produttive di un'impresa non incidono solo sul costo di produzione che essa sostiene direttamente, ma anche sul costo di altre imprese che vengono influenzate dalle esternalità di produzione della prima. Di conseguenza, la curva di offerta del pianificatore saggio si colloca più in basso a destra o più in alto a sinistra della curva di offerta di mercato a seconda che ci troviamo in presenza di un'esternalità positiva (il pianificatore valuta il costo sociale minore di quello privato) o negativa (il pianificatore valuta il costo sociale maggiore di quello privato). Le due forme di esternalità nella produzione vengono esaminate nella Figura 2. Anche in questo caso, la distanza verticale tra le due curve misura il valore dell'esternalità.

Figura 1. – *Domanda di mercato ed esternalità nel consumo*

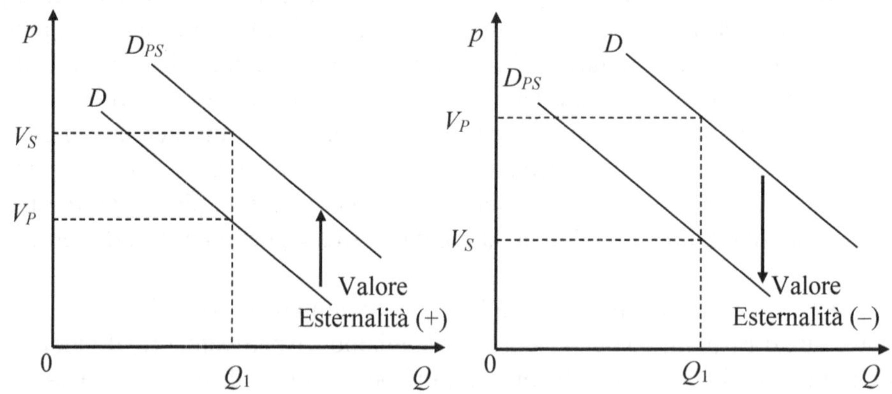

(a) Esternalità positiva nel consumo (b) Esternalità negativa nel consumo

Figura 2. – *Offerta di mercato ed esternalità nella produzione*

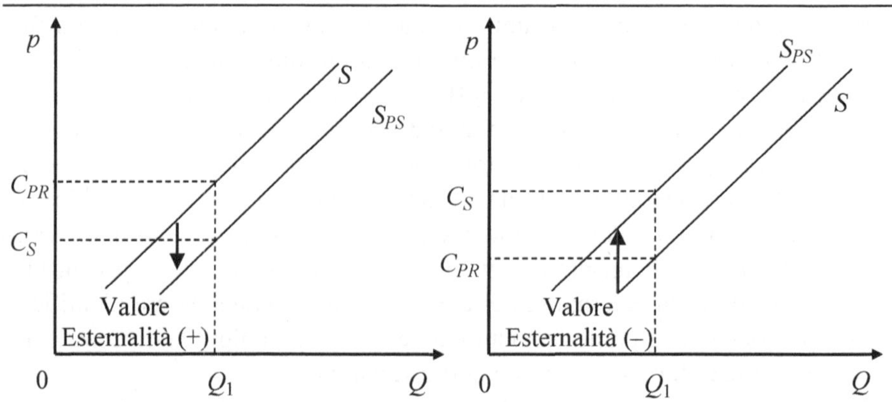

(a) Esternalità positiva nella produzione (b) Esternalità negativa nella produzione

Vediamo ora alcuni esempi caratterizzati dalla presenza di esternalità.

Prendiamo in esame il mercato dei superalcolici e consideriamo le esternalità negative che il consumo di superalcolici comporta se, come purtroppo spesso accade, chi li ha bevuti si mette al volante, mettendo a rischio la salute degli altri cittadini oltre alla propria. Considerando le esternalità dal lato della domanda, la nostra impostazione di analisi ci consente di tracciare la curva di domanda del pianificatore saggio (D_{PS}), riferita ad un valore sociale del consumo di superalcolici, che risulterà minore di quello privato, in basso a sinistra rispetto alla curva di domanda privata. *Ceteris paribus* e in presenza di una data curva di offerta privata (S), come si nota nella Figura 3, la quantità di equilibrio determinata spontaneamente dal mercato (Q^*) risulta maggiore di quella socialmente desiderabile (Q_S). Se valutiamo i due punti di equilibrio e li confrontiamo tra loro, avremo che: (i) l'equilibrio 'privato' del mercato (E), dato dall'intersezione tra le curve di domanda e offerta 'private', e (ii) l'equilibrio 'socialmente desiderabile' (E_S) del medesimo mercato, identificato dal punto di intersezione tra la curva di offerta "privata" e la curva di domanda del "pianificatore saggio", non coincidono.

In altre parole, non considerando l'esternalità provocata dall'aumento del rischio di incidenti, i consumatori di superalcolici finiscono col bere più di quanto è socialmente desiderabile.

Figura 3. – *Effetti di un'esternalità negativa nel consumo*

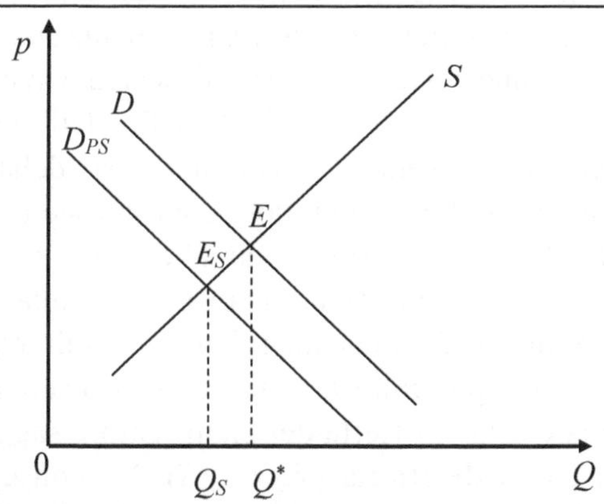

Analogamente, si può considerare il caso di un mercato (ad esempio, quello della verdura) in cui si verifica un'esternalità positiva nel consumo: un maggiore consumo di verdura riduce i rischi di malattie dovute a cattiva alimentazione nell'intera popolazione. In questo caso, la quantità di equilibrio socialmente desiderabile risulta maggiore di quella che prevarrebbe in un equilibrio spontaneo di mercato – che sarebbe inefficiente (Figura 4).

Figura 4. – *Effetti di un'esternalità positiva nel consumo*

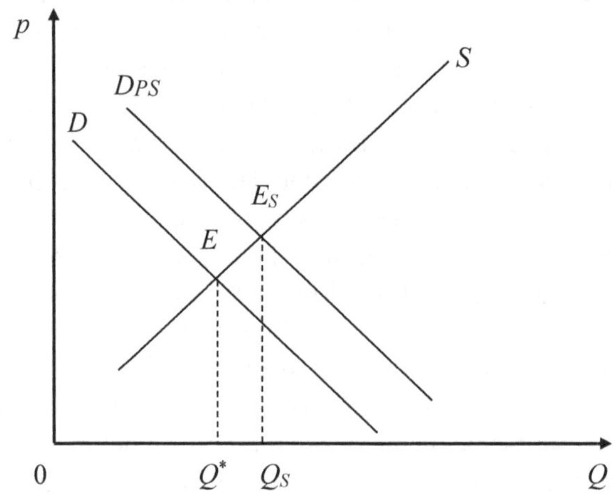

Consideriamo ora gli effetti di esternalità nella produzione. Per rappresentare il caso di un'esternalità positiva dal lato della produzione, possiamo fare riferimento al caso di imprese che realizzano innovazioni – come ad esempio le imprese *high-tech* del settore delle tecnologie dell'informazione e della comunicazione. L'esternalità positiva deriva dal fatto che ogni singola impresa realizza innovazioni e se ne avvantaggia, ma parte dei benefici dell'innovazione realizzata si riversa anche sulle altre imprese (che non hanno sostenuto i costi di ricerca e sviluppo). L'impresa innovatrice si appropria spesso solo di parte dei benefici dell'innovazione, tutelandosi ad esempio attraverso un brevetto. Tuttavia, una parte della conoscenza innovativa diviene comunque di pubblico dominio e contribuisce a migliorare prodotti e processi produttivi di altre imprese, riducendo ad esempio i loro costi di produzione. Di conseguenza, il costo sociale di tali innovazioni risulta minore del loro costo privato, per cui sarebbe auspicabile una maggiore offerta di innovazioni.

Rileggendo questo esempio con l'ausilio del nostro schema analitico (Figura 5), ciò significa che la curva di offerta del pianificatore saggio (S_{PS}) giace più in basso a destra della curva di offerta privata (S). Ne consegue che, a parità di domanda (D), la quantità di prodotto socialmente desiderabile (Q_S) è maggiore di quella che tiene in equilibrio spontaneamente il mercato (Q^*). In altre parole, se non vengono considerati gli effetti benefici dei loro risultati sulle altre imprese, gli innovatori innovano troppo poco, conducendo ad un equilibrio socialmente non desiderabile.

Per rappresentare, infine, il caso di un'esternalità negativa solo dal lato della produzione possiamo ricorrere all'esempio delle emissioni di gas-serra realizzate da un'impresa che opera nel settore dell'acciaio. Tale caso può essere letto in modo analogo al precedente, ma con una curva S_{PS} che ora si colloca più in alto a sinistra della S (Figura 6). Il risultato risulta invertito ed ancora socialmente inefficiente: non tenendo in considerazione gli effetti del suo inquinamento sulle altre imprese, l'acciaieria produce troppo ($Q_S < Q^*$).

Figura 5. – *Effetti di un'esternalità positiva nella produzione*

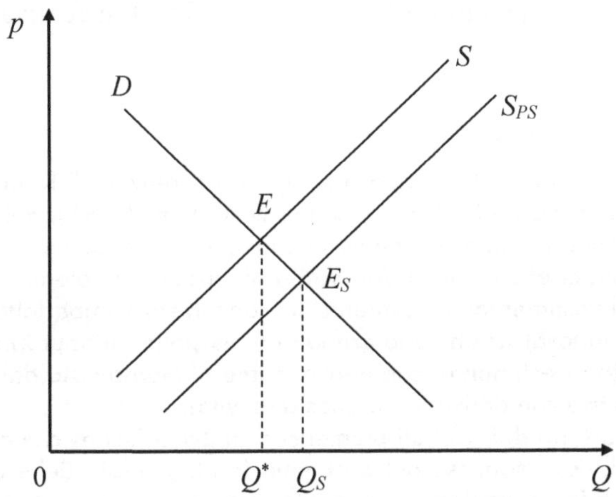

Figura 6. – *Effetti di un'esternalità negativa nella produzione*

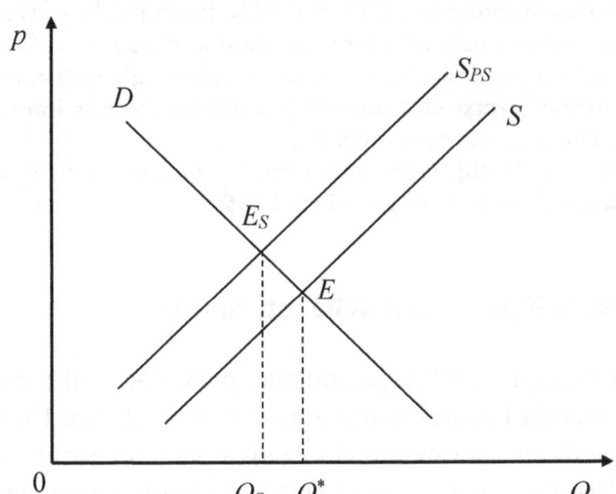

Di fronte a tutte queste inefficienze e in assenza di un vero pianificatore saggio, la pubblica amministrazione può cercare di intervenire nel tentativo di raggiungere un equilibrio socialmente desiderabile. Limitandoci alle esternalità nella produzione, si può dire che nel caso dell'esternalità negativa dell'inquinamento, essa potrebbe intervenire proibendo le emissioni, facendo pagare un'imposta per l'inquinamento provocato o creando un mercato dei permessi negoziabili di emissione, nel tentativo di ridurre la quantità di inquinamento spontaneamente generata. Nel caso di esternalità positiva, per esempio, connessa alle innovazioni la pubblica amministrazione potrebbe intervenire erogando finanziamenti (ovvero, sussidi) alla R&S, detassando o sostenendo lo sviluppo del *venture capital*, al fine di incentivare le imprese ad innovare di più.

Box 1. – *Esternalità nella R&S*

"Nelle economie avanzate si fa troppa o troppo poca attività di Ricerca e Sviluppo?" Con questa domanda si apre l'articolo di Jones & Williams (1998), nel quale i due autori analizzano il fondamentale contributo che la spesa in Ricerca e Sviluppo (R&S) dà alla crescita dei sistemi economici. I due autori analizzano gli elementi che favorirebbero sia il sovra investimento (tipicamente la concorrenza imperfetta che permette, avendo le imprese innovatrici un certo grado di monopolio, di appropriarsi dei risultati della R&S), e il sotto investimento (che deriva, come abbiamo visto dai problemi legati alle esternalità positive che derivano da questa attività).
Jones e Williams partono dai risultati pionieristici di Zvi Griliches che aveva evidenziato come la spesa in R&S soffrisse del problema fondamentale delle esternalità nella produzione e quindi fosse prodotta in quantità minore di quella che sarebbe stata altrimenti ottimale. Jones e Williams analizzano quindi la spesa in R&S negli Usa, per trovare che in effetti, anche con una stima conservativa, il beneficio sociale della spesa in R&S risulta essere pari al 30% mentre quello privato relativo al tasso di rendimento del capitale investito è compreso fra il 7% e il 14%. Pertanto, la spesa ottimale in R&S in percentuale del prodotto nazionale sarebbe (da due a quattro volte) maggiore della spesa effettiva. Questo fallimento del mercato ha indotto gli Stati a favorire la ricerca e sviluppo tramite forme diverse di supporto (sia diretto, tramite infrastrutture dedicate, sia indiretto, tramite agevolazioni fiscali).
Jones C.I.-Williams J.C. [1998], "Measuring the Social Return to R&D", in *Quarterly Journal of Economics*, vol. 113, n. 4, pp. 1119-1135.

4.2.2. Come risolvere il problema delle esternalità

Ripensiamo all'esempio dell'inquinamento provocato all'acquedotto dall'impresa chimica che scarica i propri rifiuti a monte dello stesso. Un primo modo per risolvere il problema di questa esternalità negativa potrebbe essere quello di fondere l'impresa che gestisce l'acquedotto con l'impresa chimica inquinante. Questa soluzione trasformerebbe l'esternalità in un problema di allocazione "interno" all'impresa costituita dalla fusione tra le due, e prende per questo il nome di *internalizzazione dell'esternalità* mediante *integrazione verticale*.

Infatti, se supponiamo che le due imprese vengano fuse in una sola nuova impresa, la quale svolge tutte le fasi di produzione prima realizzate dall'impianto chimico e da quello di fornitura dell'acqua potabile, allora è del tutto evidente che l'inquinamento prodotto dall'impianto chimico costituisce un costo "effettivo" per l'impresa, e non più una diseconomia esterna. Infatti, quanto maggiori saranno gli scarichi inquinanti, tanto maggiori saranno i costi necessari per depurare l'acqua che l'impianto di potabilizzazione produce.

Anche qui, come abbiamo già fatto nei capitoli precedenti, dobbiamo cercare la condizione di equilibrio al margine che determina la scelta ottimale di output, in questo caso inteso come combinazione di prodotti chimici e di acqua potabile, che l'impresa dovrebbe produrre. La condizione ricercata sarà tale da indurre l'impresa a ridurre l'inquinamento, per non dover incorrere in costi troppo elevati di produzione dell'acqua potabile. Ne discende che l'impresa produrrà le due tipologie di beni (prodotti chimici ed acqua) in equilibrio solo quando il beneficio di un'unità aggiuntiva di inquinamento (beneficio in quanto esso "serve" per produrre i prodotti chimici) uguaglia il costo marginale di produzione dell'acqua potabile. In questo modo, l'impresa sarà in grado di produrre con il massimo di efficienza e l'equilibrio che si realizza sarà Pareto-ottimale. Infatti, poiché l'esternalità è stata "internalizzata", i costi privati dell'impresa nata dalla fusione coincidono con i costi sociali.

Naturalmente, la soluzione sopra riportata non può avere una valenza di tipo universale. Anche se non bastassero ad impedirlo le caratteristiche strutturali che in una società complessa rendono ogni problema specifico e non trattabile in modo univoco, sarebbe perlomeno paradossale pensare di risolvere, "internalizzandoli", tutti i problemi di esternalità. Infatti, spingendo al limite il ragionamento, finiremmo col costituire nell'economia un'unica enorme impresa che internalizza tutte le esternalità esistenti!

Proseguendo di questo passo, siamo giunti alla domanda cruciale per quanto riguarda le possibilità di intervento: quali sono le risposte ragionevoli di una pubblica amministrazione efficace ad un problema di allocazione inefficiente delle risorse provocato dalla presenza di esternalità?

Basandoci sulle premesse teoriche delineate in precedenza, il livello di governo competente può rispondere sostanzialmente in due modi:

a) adottando forme di *regolamentazione diretta* (o *inderogabile*), ricorrendo, cioè, a norme e controlli, ovvero vietando o rendendo obbligatori o regolando direttamente determinati comportamenti;

b) utilizzando *incentivi di mercato*, impostando, cioè, un sistema di incentivi in grado di indurre gli agenti a risolvere autonomamente il problema tramite le forze di mercato.

Con la soluzione (a), che alcuni definiscono "paternalistica", la pubblica amministrazione cerca di proibire i comportamenti non conformi al benessere sociale. Il ricorso a tale soluzione è tanto più probabile quanto più evidente è il danno sociale temuto e quanto più condivisa ne è la causa. Perciò, nella maggior parte dei paesi vengono promulgate leggi che affrontano i problemi causati dalle esternalità: valga per tutti l'esempio delle leggi contro l'inquinamento o, ancora, delle leggi sugli standard di qualità. Così, ad esempio, inquinare la falda acquifera per smaltire rifiuti tossici è generalmente considerato un reato molto grave. Mentre, è più controverso considerare reato la coltivazione di vegetali che possiedono un patrimonio genetico modificato e che possono determinare effetti esterni su altre coltivazioni. In campo ambientale sono state istituite agenzie che hanno il compito di progettare e implementare regole di tutela ambientale, ad esempio, stabilendo livelli massimi di emissioni e imponendo tecnologie meno inquinanti. Le informazioni, le conoscenze e la competenza degli apparati tecnico-giuridici necessari per mettere in campo buone regole sono spesso complicati e costosi da ottenere. E, in ogni caso, tale modalità di risposta deve tener conto del limite posto dal fatto che i controllori non possono essere più numerosi dei controllati.

La rigidità di questa modalità di risposta e l'onerosità degli apparati giudiziari e amministrativi necessari per fornirla, ha incoraggiato la ricerca di alternative più flessibili e in grado di sfruttare la capacità di auto-coordinamento dei mercati. Due sono le principali alternative messe a punto dalla teoria economica: b.1) le imposte ed i sussidi 'pigouviani' (dal nome dell'economista britannico Arthur Cecil Pigou); b.2) i permessi negoziabili.

Il fondamento della soluzione (b.1) si ritrova nella teoria tradizionale delle esternalità. In questo caso la pubblica amministrazione cerca di internalizzare le esternalità, imponendo imposte quando le attività provocano esternalità negative e fornendo sussidi quando le attività generano esternalità positive. In sintesi, come abbiamo visto nel paragrafo precedente, l'idea è che se un'impresa provoca un'esternalità negativa (ad esempio, inquinamento), ciò significa che essa non sostiene direttamente parte dei costi, perché li riversa su altre imprese o, più in generale, sulla collettività. Allora, applicando il principio "chi inquina paga", tale impresa può essere assoggettata ad un particolare tipo di imposta, detta *imposta pigouviana*. Essa comporta che su ogni unità prodotta l'impresa paghi alla pubblica amministrazione un importo pari al costo (danno) marginale che essa infligge alla società (comprensiva delle altre imprese). Così, nel nostro esempio, mentre con la regolamentazione viene determinato il livello di inquinamento consentito, con l'imposta pigouviana viene introdotto un incentivo alla sua riduzione.

Se è possibile determinare la 'esatta' imposizione fiscale, l'impresa in questione si ritroverà a produrre con costi marginali più elevati, che tengono conto del costo sociale aggiuntivo: nella Figura 7 la curva d'offerta dell'impresa, che coincide con il costo marginale 'privato', traslerà verso l'alto a sinistra, da S a S_{PS}, con un effetto sulla quantità prodotta di equilibrio, che diminuisce da Q^* a Q_S, e sul prezzo, che aumenta, da p a p_S. Se l'imposta è inferiore a quella 'esatta', la curva d'offerta privata traslerà verso l'alto a sinistra solo da S a S', con un effetto minore sia sulla quantità prodotta di equilibrio, che diminuisce da Q^* a Q', sia sul prezzo, che aumenta, da p a p'.

Figura 7. – *Effetti di un'imposta pigouviana*

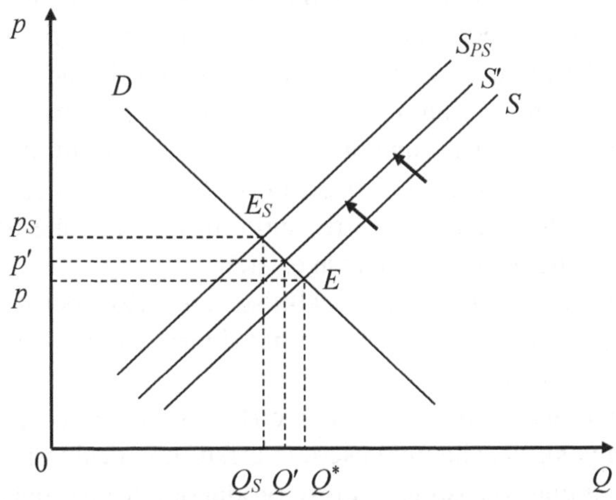

Se l'imposta è esattamente pari al danno che l'impresa causa alla società, ovvero al valore dell'esternalità negativa l'equilibrio che incorpora anche l'imposta sarà Pareto-efficiente. In altri termini, la curva di offerta privata coinciderà con quella del pianificatore saggio, e la quantità prodotta in equilibrio coinciderà con quella socialmente desiderabile (Figura 8). In questo modo è cioè possibile ottenere, da parte dell'impresa, il rispetto di regole di produzione "pulita", cioè al netto dell'esternalità.

Figura 8. – *Imposta pigouviana e Pareto-efficienza*

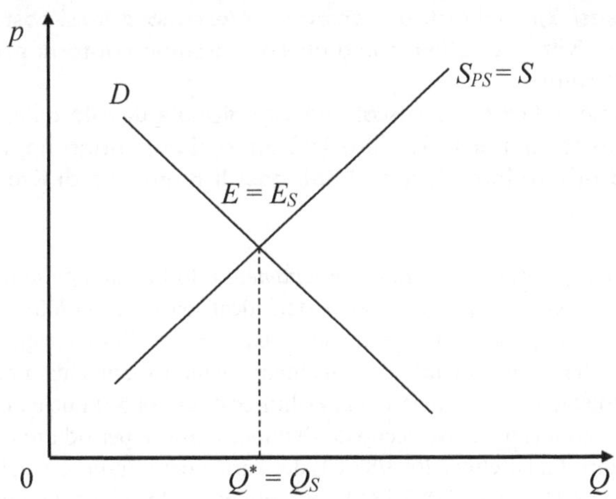

L'imposizione di un'imposta pigouviana efficiente presuppone che si conosca con precisione l'entità del danno causato dall'esternalità. In caso contrario si rischia, infatti, di disincentivare certe produzioni, generando profitti negativi per le imprese, se l'imposta è troppo elevata, oppure di non riuscire ad impedire il fenomeno che si desidera limitare, se l'ammontare dell'imposta è troppo basso.

Inoltre, affinché l'imposta funzioni, i costi marginali di tutti i produttori non devono essere troppo diversi gli uni dagli altri. Altrimenti si rischia di distorcere la concorrenza fra le diverse imprese, fissando un'imposta che potrebbe comportare la chiusura solo di alcune tra le imprese esistenti.

In sintesi, un'imposta pigouviana stabilisce un prezzo per il diritto ad inquinare. Le imprese o affrontano costi più elevati per ridurre l'inquinamento oppure devono pagare imposte più elevate.

Come abbiamo accennato, la soluzione (b.1) si può attuare anche nei confronti di un'esternalità positiva, che pure esercita effetti non desiderabili per la società nel suo complesso. In questo caso le imprese producono troppo poco, e dunque occorre definire un *sussidio*, in grado di traslare la curva S verso il basso a destra, fino a farla coincidere con la S_{PS} (come nella Figura 5). L'identificazione del giusto sussidio può essere problematica.

Nel caso di esternalità negative come quelle connesse all'inquinamento, la soluzione (b.2) cerca di internalizzare le esternalità creando un nuovo quasi-mercato in cui viene scambiata la nuova risorsa scarsa costituita dai *permessi negoziabili di emissione* [4].

Box 2. – *Inquinamento, gas serra e cambiamenti climatici: dal Protocollo di Kyoto all'Accordo di Parigi*

In un mondo globalizzato in cui Paesi come Cina ed India – con una popolazione congiunta pari a quasi 2,8 miliardi di persone – crescono a tassi sostenuti, la pressione esercitata dalle attività produttive sull'ambiente assume contorni sempre più preoccupanti a livello planetario.

Consci della problematica del surriscaldamento globale dovuto all'emissione di gas che generano l'effetto serra, nel 1997 oltre 160 Paesi si impegnarono, attraverso il 'Protocollo di Kyoto' a ridurre le emissioni di tali gas. Il Protocollo di Kyoto è un trattato in-

[4] Denominati anche *permessi* o *diritti di inquinamento*. In lingua inglese il loro commercio viene chiamato *emission trading*. Tali permessi sono stati ideati da Dales [1968]. J. Stuart Mill nel 1848 aveva anticipato l'idea. La prima applicazione dell'idea è stata realizzata negli Stati Uniti con il *Clean Air Act* del 1974. Anche il Regno Unito e la Danimarca hanno sperimentato modelli di *emission trading*. Sul piano internazionale, i permessi negoziabili costituiscono il nucleo centrale del 'Protocollo di Kyoto', nonché lo strumento chiave scelto dall'Unione europea per ridurre le emissioni di gas-serra in tutti gli stati membri. La Direttiva 2003/87/CE del Parlamento Europeo e del Consiglio del 13 ottobre 2003, emendata con Decisione 2015/1814 del 6 ottobre 2015, ha istituito un sistema per lo scambio di quote di emissioni dei gas a effetto serra nell'UE. Si veda anche il Box 2.

ternazionale sottoscritto nell'ambito della Convenzione Quadro delle Nazioni Unite sui Cambiamenti Climatici (UNFCCC) – quest'ultima istituita nell'ambito delle Nazioni Unite nel 1992.
Il 'Protocollo' prevede il ricorso a vari meccanismi flessibili, o meccanismi di mercato, per l'acquisizione di crediti di emissione. Tra questi meccanismi figura l'*emissions trading*. Questo, in sostanza, dà la possibilità a Paesi che non riescono a rispettare l'impegno di riduzione dell'emissione di gas serra di acquistare da Paesi più virtuosi – che abbiano conseguito una diminuzione delle proprie emissioni di gas serra *superiore* al proprio obiettivo – il diritto di emettere gas serra in misura maggiore di quanto dovrebbero. Il 'Protocollo', per diventare vincolante, richiedeva che fosse ratificato da almeno 55 dei Paesi aderenti – numero raggiunto nel 2005.
Un ulteriore sviluppo, sempre realizzato nell'ambito della Convenzione Quadro UNFCCC, è costituito dall'*Accordo di Parigi* del 2015, sottoscritto da 195 Paesi. Anche in questo caso l'*Accordo*, per diventare vincolante, doveva essere ratificato dai parlamenti nazionali di almeno 55 Paesi, che rappresentassero almeno il 55% delle emissioni di gas-serra. Questi requisiti sono stati soddisfatti in meno di un anno: l'*Accordo* è infatti operativo da novembre 2016. Questo *Accordo* fissa gli obiettivi per gli anni a partire dal 2021 (fino al 2020 le riduzioni delle emissioni sono regolate dal 'Protocollo di Kyoto').
L'*Accordo* del 2015 nel *Preambolo* fa riferimento a temi ambientali e sociali fondamentali quali la protezione della biodiversità, la tutela dei diritti delle popolazioni indigene, l'equa accessibilità allo sviluppo sostenibile, ed altri ancora.
Tra gli obiettivi da raggiungere entro il 2030 vale la pena di ricordare l'abbattimento dell'emissione di gas serra del 40% rispetto ai livelli dell'anno base (1990) e la produzione di almeno il 32% dell'energia necessaria alle attività umane attraverso fonti rinnovabili.
L'articolo 9 dell'*Accordo* prevede che i Paesi più ricchi mettano risorse finanziarie a disposizione di quelli più poveri; l'articolo 10 fa riferimento al trasferimento tecnologico e all'innovazione come strumenti per aiutare i Paesi meno ricchi a raggiungere gli obiettivi; gli articoli 11 e 12 fanno esplicito riferimento al *capacity building*, all'istruzione e alla formazione, sempre come strumenti finalizzati al raggiungimento degli obiettivi.
Vale la pena di notare che gli Stati Uniti, dopo aver aderito all'*Accordo* nel settembre 2016 durante la presidenza di Barack Obama, hanno ritirato la propria adesione nel giugno 2017 su decisione del presidente Donald Trump.

L'idea di base è che gli agenti economici, negoziando tra di loro, possano trovare risposte efficienti al problema posto dalle esternalità. Ma questo richiede un'architettura istituzionale alquanto sofisticata.

Anzitutto, deve essere fissato dall'autorità competente un livello aggregato "accettabile" di inquinamento o di qualità dell'ambiente. L'autorità emette i permessi negoziabili e li distribuisce agli inquinatori i quali possono, poi, utilizzarli per inquinare o venderli sul mercato. La caratteristica fondamentale dei permessi di inquinamento è la loro trasferibilità.

Con la regolamentazione diretta (a), il regolatore decide quale può essere il livello di inquinamento ammesso per ogni partecipante, mentre con i permessi negoziabili (b.2) la loro allocazione tra gli inquinatori viene affidata al mercato. Gli inquinatori con elevati costi di abbattimento possono acquistare permessi e inquinare più di quanto farebbero nel caso della regolazione diretta. Per essi è conveniente acquistare permessi nella misura in cui il loro prezzo è inferiore ai costi che dovrebbero sopportare per abbattere autonomamente le emissioni. Gli inquinatori con bassi costi di abbattimento possono, invece, trovare conveniente vendere i propri permessi. Per essi è conveniente cedere permessi nella misura in cui ricevono un corrispettivo superiore al costo che dovrebbero sostenere per abbattere le proprie emissioni.

La tesi dei sostenitori di tale sistema è che, se esso viene confrontato con l'imposizione di standard individuali inderogabili, si rivela potenzialmente vantaggioso sia per gli inquinatori con elevati costi di abbattimento sia per quelli con bassi costi. Se l'architettura istituzionale riesce a dar vita ad un mercato dei permessi negoziabili, in equilibrio si ha una loro allocazione Pareto-efficiente tra gli inquinatori. In pratica, le condizioni di equilibrio richiedono l'uguaglianza tra i costi marginali di abbattimento di tutti i partecipanti e la minimizzazione del costo totale di disinquinamento.

4.3. Beni pubblici

Per comprendere cosa si intende per 'bene pubblico' consideriamo anzitutto cosa si intende per 'bene privato'. Un esempio di quest'ultima categoria è una pizza. Questo bene presenta le due seguenti caratteristiche: (1) se non si può, o non si vuole, pagarne il prezzo, si viene esclusi dalla fruizione del bene – caratteristica della *escludibilità*; (2) se la pizza è solo una e la mangia Paolo, allora Maria rimane a digiuno – caratteristica della *rivalità*.

Si pensi ora all'illuminazione notturna delle strade di una città. Chiunque transiti di notte per quelle strade usufruisce dell'illuminazione, indipendentemente dal fatto che paghi un prezzo (o una tassa comunale) per quel servizio – dunque *non* c'è escludibilità. Se Paolo e Maria transitano contemporaneamente per quelle strade, la presenza di Paolo non riduce l'efficacia del servizio per Maria – dunque *non* c'è rivalità.

Quello dell'illuminazione è un esempio di bene pubblico [5], in quanto gode della proprietà della *non escludibilità* e della *non rivalità* nel consumo.

Un problema tipico che si pone in presenza di beni pubblici è quello del *free rider* (termine inglese traducibile con "scroccone"): essendo il servizio di illuminazione non escludibile dal consumo, anche se venisse imposto un prezzo, alcuni fruitori potrebbero non pagarlo, confidando nel fatto che altri lo farebbero comunque.

---

[5] La nozione di bene pubblico è stata introdotta in ambito economico da Samuelson [1954] e Musgrave [1959].

Ciò consente al *free-rider* di beneficiare ugualmente di tale bene. Gli esempi di beni e servizi che condividono tale caratteristica sono molteplici: oltre a quello già utilizzato, possiamo pensare agli spettacoli pirotecnici e ai servizi resi dalla protezione civile, dalla difesa nazionale, dalla ricerca di base, dal corpo diplomatico.

I beni pubblici costituiscono una particolare categoria di beni e servizi che, in virtù delle loro caratteristiche, sfuggono al meccanismo allocativo del mercato. In effetti, come vedremo, essi comportano per definizione degli effetti esterni, del tipo di quelli analizzati nel paragrafo precedente, molto elevati. Conseguentemente, i beni pubblici generano problemi di fallimento del mercato analoghi a quelli generati dalle esternalità, con ripercussioni negative sull'efficienza del sistema economico. Anche i beni pubblici, quindi, richiedono una risposta da parte della pubblica amministrazione che può utilizzare varie modalità di intervento.

(i) Si ha *non rivalità nel consumo* quando la fruizione di un'unità del bene da parte di un agente non impedisce che la *medesima* unità possa essere fruita anche da altri agenti appartenenti alla collettività. Si pensi, ad esempio, al "consumo" di informazioni giornalistiche: se un agente apprende dal telegiornale che in un Paese del Medioriente è scoppiata una guerra, la sua informazione (ovvero il suo consumo di quella particolare notizia) non impedirà ad altri di ottenere (ovvero di consumare) la medesima notizia.

I beni che, come l'informazione giornalistica, godono di questa proprietà sono evidentemente diversi dai beni privati, i quali sono caratterizzati, invece, da rivalità nel consumo, come, ad esempio, le abitazioni: se un agente acquista un appartamento, il medesimo non potrà essere acquistato da altri nello stesso momento.

La proprietà della non rivalità ha dunque un'importante implicazione: una volta che un bene non rivale è stato reso disponibile alla collettività, diversamente dai beni privati, non esistono costi aggiuntivi connessi al godimento di quel particolare bene da parte di nessun altro agente.

(ii) Si ha *non escludibilità dal consumo* quando non è possibile escludere alcun agente dalla fruizione del bene. Tantomeno un agente può auto-escludersi da tale fruizione, quand'anche questo fosse per lei/lui pregiudizievole. Si pensi di nuovo al caso delle informazioni giornalistiche. Il tentativo di un'impresa privata di limitarne il godimento ai soli agenti che pagano per le stesse un certo prezzo non avrebbe evidentemente successo: gli agenti non paganti avrebbero, infatti, modo di ottenere le informazioni da altri mezzi di comunicazione, o semplicemente parlando con i paganti. Ancora una volta, tale proprietà rende questi beni diversi dai beni privati, per i quali è invece l'escludibilità ad essere la regola.

Si noti che la non escludibilità implica, innanzitutto, una particolarità che abbiamo già incontrato parlando di esternalità (e di teorema di Coase), e cioè che non sono ben definiti i diritti di proprietà. La stessa particolarità ha poi una seconda importante implicazione. Un'impresa privata che imponesse un prezzo su di un bene non escludibile, incentiverebbe alcuni consumatori a non pagarlo nella convinzione che altri comunque lo farebbero e che, quindi, il bene verrebbe offerto anche senza il loro contributo. Un simile comportamento prende il nome di *free-riding*: l'agente – il *free-rider* appunto –, pur godendo del beneficio di un bene, non ne paga il prezzo. Come diremo in seguito, questo fatto genera inefficienza e, conseguentemente, interventi da parte della pubblica amministrazione.

Come si è detto, poiché le proprietà (i) e (ii) sono antitetiche a quelle di cui godono i beni privati, i beni per i quali valgono entrambe vengono detti beni pubblici.

L'attributo di "pubblico" è riferito unicamente al carattere collettivo del "consumo" di tali beni e servizi e non alla natura (pubblica o privata) dell'organizzazione che provvede alla loro produzione e fornitura[6]. L'identità di tale organizzazione non incide quindi sulla natura dei beni in questione, anche se incide sulle caratteristiche del lato offerta nei mercati in cui essi vengono scambiati.

La natura pubblica del bene non è nemmeno da mettere in relazione con le caratteristiche materiali o naturali dello stesso, come definite per esempio dal legislatore (si pensi al demanio).

Da quanto detto sino ad ora, risulta chiaro che la definizione economica di bene e servizio pubblico *non coincide* con quella giuridica.

Se ci guardiamo attorno, si nota che i beni pubblici che ogni giorno consumiamo sono molti. Si pensi, solo per fare alcuni esempi, alla difesa nazionale, ai servizi per il mantenimento delle relazioni con l'estero e per la tutela degli interessi dei cittadini all'estero (ambasciate, consolati, addetti commerciali), ai servizi delle amministrazioni centrali e degli organi costituzionali (Ministeri, Consiglio dei Ministri, Parlamento, Corte Costituzionale), alla ricerca scientifica di base e alle strade[7]. D'altra parte, non tutti questi beni pubblici sono uguali. In effetti, la definizione economica di bene pubblico spazia da beni pubblici cosiddetti "*puri*", ai quali si applicano cioè in senso stretto le proprietà di non rivalità e non escludibilità di cui sopra, come nel caso del servizio della difesa nazionale, a beni pubblici "*impuri*", per i quali l'applicazione di entrambe le proprietà non è, per così dire, perfetta, come nel caso della salute e dell'istruzione.

Inoltre, anche il congestionamento nell'uso di tali beni influisce sulla loro natura. Il grado di congestione, che si ha quando il consumo di un bene pubblico da

---

[6] Si deve notare che tale carattere collettivo non è definibile in modo assoluto, ma varia nello spazio e nel tempo, a seconda della struttura tecnologica e istituzionale di riferimento. Gli attributi di non rivalità e non escludibilità hanno comunque un carattere storico e relativo. Si pensi, per fare alcuni esempi, alle orbite satellitari e alle frequenze radiofoniche, beni diventati congestionabili solo nell'ultimo trentennio; oppure, a come le nuove tecnologie dell'informazione e delle comunicazioni hanno ampliato la gamma dei beni escludibili.

[7] Va precisato che le strade sono congestionabili e, almeno in teoria, escludibili. Ma, anche con l'ausilio delle più sofisticate tecnologie, vi sono ostacoli non trascurabili alla loro totale sottomissione al sistema dei pedaggi. In pratica, la loro escludibilità è utilizzata solo molto selettivamente.

parte di un agente causa una riduzione delle possibilità di consumo da parte di altri agenti, influisce sull'entità della non rivalità nel consumo.

Si possono così individuare alcune categorie "intermedie". Tra quelle più studiate in economia figurano, anzitutto, le *risorse collettive* (*commons*) o beni comuni. Esse sono costituite da beni rivali, almeno oltre un certo limite di consumo, ma non escludibili. Ad esempio, le riserve ittiche e le strade a pagamento congestionate sono rivali, ma non escludibili. Si tratta, cioè, di risorse il cui consumo da parte di alcuni, per effetti di congestione o per ragioni di localizzazione territoriale, finisce con l'essere concorrente con il consumo di altri, come succede anche nel caso delle foreste[8].

Un'ulteriore categoria è quella costituita dai beni non rivali, ma escludibili. Si parla in questo caso di beni offerti in condizione di *monopolio naturale*. Gli esempi classici sono quelli del servizio di vigilanza anti-incendio, della televisione via cavo e delle strade a pagamento non congestionate.

La Tabella 1 fornisce una rappresentazione sintetica delle caratteristiche delle quattro principali categorie di beni prese in esame finora.

Tabella 1. – *Principali categorie di beni a seconda delle proprietà che possiedono*

	Escludibilità	**Non escludibilità**
Rivalità	*Beni privati*	*Risorse collettive*
Non rivalità	*Beni offerti in condizione di monopolio naturale*	*Beni pubblici*

Un'ulteriore categoria, che riveste una certa importanza in economia, è quella dei *beni di club*. Essi, oltre che escludibili, sono anche *parzialmente rivali*. Esempi tipici sono quelli delle strutture sportive, ricreative e culturali utilizzabili allo stesso tempo da più individui[9]. Il club è spesso identificato come una comunità locale. Il consumo dipende dalla localizzazione degli individui e dalla loro lontananza rispetto al luogo in cui viene fornito il bene pubblico. La parziale rivalità nel consumo dipende dal fatto che ogni individuo occupa un certo spazio e preclude ad altri individui l'occupazione del medesimo spazio.

---

[8] Un rilevante progetto volto a rendere disponibili nell'economia dell'informazione beni semipubblici riconducibili a tale categoria è noto come "*Creative Commons*". Il progetto, nato nel 2001 negli Stati Uniti, ha consentito di realizzare licenze *open source* studiate per sviluppare l'industria creativa (come, ad esempio, la produzione e la distribuzione di audio, immagini, video, testi e formazione), permettendo di scegliere volontariamente quali diritti cedere agli utilizzatori finali e quali conservare nel momento i cui viene decisa la distribuzione in rete di un'opera. Tali licenze offrono modalità di rilascio più flessibili rispetto alle normative vigenti sul *copyright* e sono state successivamente adottate e riadattate a livello internazionale da almeno altri trenta paesi.

[9] Si pensi al campo da golf di un circolo per aderire al quale è richiesta una quota di iscrizione, e quindi risulta escludibile.

4.3.1. Onere di fornitura dei beni pubblici

Perché il mercato fallisce in presenza di un bene pubblico? Se, da un lato, le proprietà di cui godono i beni pubblici sono alquanto singolari, dall'altro, esse possono essere ricondotte al concetto di esternalità. La fornitura di un bene pubblico può essere di fatto considerata, alla luce della non escludibilità e della non rivalità, come la massima forma di esternalità possibile: i suoi effetti ricadono, per definizione, su tutta la collettività, senza limitazioni e senza che questo ostacoli la ricaduta individuale degli effetti stessi [10]. Come tutte le esternalità, dunque, anche i beni pubblici determinano un fallimento del mercato. Cerchiamo di capire il perché, ancora una volta tramite un esempio.

Si pensi al caso di una grande spiaggia libera. Essendovi libero accesso, ciascun agente ha la possibilità di fruire liberamente del bene e, se ipotizziamo che la spiaggia sia così grande da non potere essere congestionabile, l'utilizzo della stessa da parte di un agente non ne compromette l'uso da parte di un altro. In altre parole, il bene in questione è perfettamente non escludibile e perfettamente non rivale.

Supponiamo che la spiaggia debba essere ripulita giornalmente, ad un certo costo, altrimenti ne viene compromesso il godimento da parte degli agenti. La prima domanda è: in queste condizioni, chi provvederà a fornire ai bagnanti una spiaggia pulita? Alla risposta concorrono entrambe le due proprietà dei beni pubblici.

In primo luogo, poiché la spiaggia non è congestionabile, ovvero non rivale, la fornitura di un posto supplementare su questa spiaggia ad un altro agente ha un costo marginale pari a zero: in altre parole, il costo per tenerla pulita non aumenta se a fruirne sono 100, 101, o 102 bagnanti. Questa è una proprietà generale dei beni non rivali: il costo di fornire il bene ad un utilizzatore aggiuntivo è pari a zero [11]. Conseguentemente, praticare un prezzo positivo scoraggerebbe dall'uso della spiaggia, divenuta in questo modo privata, quei bagnanti, potenziali utilizzatori della stessa, che non sarebbero disposti a pagare il prezzo sapendo che un utilizzatore extra beneficia del bene senza alcun costo addizionale per chi lo fornisce. In questo caso, quindi, e più in generale nel caso di beni non rivali, l'applicazione di un prezzo scoraggerebbe alcuni consumatori potenziali del costituito mercato e risulterebbe, come sappiamo, in una perdita di benessere per la società (in questo caso in termini di *surplus* del consumatore).

---

[10] Si osservi che se tutti i beni pubblici costituiscono delle esternalità, il contrario non è necessariamente vero: 'economie' e 'diseconomie' esterne possono costituire il risultato della produzione e del consumo di beni privati.

[11] Si pensi ancora una volta all'esempio dell'illuminazione di una certa strada della città. Se di sera lungo la strada camminano tre persone, anziché due, la luce di cui gode il terzo passante non determinerà un incremento di costo nella sua fornitura, così come non comporterà una diminuzione della luce per gli altri due.

Se la non rivalità rende l'imposizione di un prezzo di mercato non efficiente, la non escludibilità la rende di fatto impossibile. Infatti, non essendo possibile escludere nessuno dal godimento del bene, in presenza di un prezzo positivo ciascuna persona avrà la possibilità di comportarsi in maniera opportunistica, godendo del bene, ma senza accollarsi la propria quota di costi per la sua produzione, nella convinzione che altri lo faranno. Quanto accadrebbe è simile a quanto spesso accade con i mezzi pubblici di trasporto, su cui alcuni viaggiatori non pagano il biglietto nella convinzione, opportunistica, che il servizio sarà comunque offerto grazie al contributo del biglietto pagato da altri (il *free-riding*). È chiaro che un simile comportamento, tanto nei trasporti quanto nel caso della spiaggia, è fonte di inefficienza. Se tutti i viaggiatori si comportassero come *free-rider*, cosa che a priori non può essere esclusa, e se il funzionamento del mezzo di trasporto venisse finanziato con il solo ricavato dei biglietti, alla fine il mezzo non potrebbe più circolare. Similmente, se tutti i bagnanti della nostra spiaggia facessero *free-riding*, nessuno ne coprirebbe le spese di manutenzione e la spiaggia sarebbe inutilizzabile. In entrambi i casi si verifica cioè una discrasia fra la percezione del costo dei beni pubblici e il loro libero utilizzo. Ciascuno è disposto ad usare questi beni solo finché non ne deve sopportare i costi e, per questo, mette in atto comportamenti di tipo opportunistico. Per esempio, si nega che un certo bene pubblico abbia importanza, e quindi si evita di partecipare alla copertura dei costi per la sua fornitura, salvo poi usufruire del bene una volta che questo è prodotto (dato che non è possibile escludere nessuno dal suo consumo).

Per evitare questi problemi un bene pubblico è tradizionalmente erogato in modo gratuito a tutti gli individui dalla pubblica amministrazione: lo Stato, è infatti l'unica "organizzazione" che può permettersi il lusso di praticare un prezzo nullo [12].

Ma le premesse teoriche che abbiamo studiato, e l'esperienza più recente, ci propongono un'impostazione più articolata.

Anzitutto, è importante distinguere tra controllo, fornitura e produzione di beni pubblici. Stante il fatto che il controllo rimane in mano pubblica e che può esercitarsi anche nella ricerca di forme di sfruttamento delle economie di scala di cui gode la pubblica amministrazione [13], la fornitura e la produzione possono essere realizzate, per varie ragioni, da privati.

In secondo luogo, la precisazione fatta sulla natura dei beni pubblici e sulle diverse categorie in cui essi sono classificabili, ha implicazioni concrete rilevanti: purché venga garantito il carattere pubblico della fruizione di tali beni, in linea di

[12] In Contabilità Nazionale che studieremo più avanti si parla, a questo proposito, di "beni e servizi non destinabili alla vendita".

[13] Ad esempio, mediante la costituzione di società per azioni, come la CONSIP, per un approvvigionamento più efficiente dei beni necessari alla pubblica amministrazione. Non va, tuttavia, dimenticato che oltre alle economie di scala sono rilevanti anche le economie di gamma o di scopo.

principio, il settore privato non solo può produrre, ma anche fornire tali beni.

In terzo luogo, lo sviluppo delle organizzazioni non-profit ha condotto in vari campi alla disponibilità di un agente che combina caratteri del privato con quelli del pubblico. Di conseguenza, soprattutto nel settore dei servizi di pubblica utilità alla persona, caratterizzati spesso da escludibilità e parziale rivalità, si è sviluppato un sistema composito, variamente indicato come *terzo settore*, *welfare mix* o *privato sociale*, all'espansione del quale la pubblica amministrazione contribuisce abbondantemente "esternalizzando" servizi.

4.4. Informazione asimmetrica

Nei paragrafi precedenti abbiamo utilizzato l'ipotesi che gli agenti posizionati sui due lati del mercato abbiano lo stesso set informativo, abbiamo cioè ipotizzato l'esistenza di informazione completa (o perfettamente distribuita). Abbiamo inoltre visto nei due paragrafi precedenti che anche in caso di informazione perfetta si può avere fallimento di mercato nel caso siano presenti esternalità o beni pubblici. Vediamo ora invece cosa succede se (in assenza di altri elementi che generino fallimento di mercato) gli agenti sono lasciati liberi di contrattare in presenza di informazione *non* perfetta, cioè nel caso in cui l'informazione sia distribuita in maniera ineguale fra i due lati del mercato – caso questo che definiamo di *informazione asimmetrica.*

Il concetto di informazione asimmetrica si riferisce a situazioni in cui alcuni agenti economici coinvolti in transazioni possiedono informazioni su certi aspetti del bene oggetto della transazione, oppure sulle condizioni della transazione, mentre altri agenti coinvolti nello stesso negozio non le possiedono e non sono in grado di ottenerle.

La situazione di asimmetria informativa genera rilevanti problemi nella gestione e nell'esecuzione del rapporto. Problemi così diffusi nelle relazioni tra gli agenti economici che intorno alla loro analisi e alla loro possibile soluzione si è sviluppato un vero e proprio corpo di teorie, divenuto noto come economia dell'informazione.

Una volta ipotizzato che gli agenti economici generalmente non abbiano lo stesso grado (ossia la stessa quantità) di informazione, si possono venire a creare situazioni del tutto nuove che riguardano la gestione delle caratteristiche principali del bene che è oggetto della transazione. Possiamo pertanto avere i due casi in cui si può avere, da un lato, la cosiddetta *informazione* nascosta (*hidden information*) secondo la quale uno degli agenti presenti su uno dei due lati del mercato ha informazioni private sulla natura dell'oggetto della transazione che rifiuta di rendere pubbliche. Dall'altro lato, possiamo avere il caso in cui si ha la cosiddetta *azione* nascosta (*hidden action*), secondo cui un agente possiede informazioni private (che anche in questo caso rifiuta di rendere pubbliche) sulle caratteristiche delle sue azioni.

La presenza di informazione asimmetrica può caratterizzare una transazione sia essendo presente *ex ante* sia essendo presente *ex post*. Il primo caso, si può riferire all'acquisto di un'automobile usata, per la quale, l'acquirente dispone di un grado minore di (o di nessuna) informazione rispetto al venditore. Infatti, se da un lato, quest'ultimo, essendo il proprietario utilizzatore dell'automobile, sa perfettamente in che stato è il mezzo che ha in animo di vendere, il compratore nulla sapendo dello stato dell'automobile che gli viene proposta in acquisto deve decidere se fidarsi o meno del venditore. In questo caso, è evidente che l'asimmetria informativa di stabilisce prima che il bene (l'automobile) venga venduto.

Il secondo caso, si riferisce invece alla presenza di asimmetria informativa *ex post*, cioè una volta che la transazione ha avuto luogo. In questo ci si può riferire, per esempio, alla sottoscrizione di una polizza assicurativa che copra il proprietario di un'automobile dall'eventuale furto del mezzo. Una volta che il contratto è stato stipulato, l'assicuratore ed il contraente hanno un set informativo asimmetrico a proposito della diligenza con cui il contraente si comporterà nei confronti del bene assicurato. Infatti, nel caso in cui si verificasse l'eventuale furto dell'automobile, questo potrebbe essere dovuto ad una condotta non diligente dell'assicurato (che, potrebbe averla lasciata parcheggiata in condizioni non sicure, per esempio, non chiudendo le portiere o i finestrini) oppure no. In entrambi i casi l'assicuratore dovrà onorare il contratto, ma è evidente che se questi avesse avuto informazione completa sul comportamento negligente dell'assicurato, avrebbe avuto motivazioni legali sufficienti ad invalidare il contratto.

Definiamo il primo caso, cioè la presenza di asimmetria informativa *ex-ante*, come selezione avversa. Definiamo invece azzardo morale, il caso in cui si abbia asimmetria informativa *ex post*.

4.4.1. Selezione avversa

Il primo e più famoso modello di selezione avversa è quello proposto da George Akerlof [1970], nel quale si considerano una serie di venditori di auto usate, che hanno informazioni private sulla qualità dell'auto che intendono porre in vendita, e una serie di acquirenti che sono disposti a pagare un prezzo che ritengono giusto, cioè un prezzo che sia in qualche maniera proporzionale alla qualità dell'auto che desiderano acquistare.

Si consideri che in questo mercato delle automobili esistano due tipologie di auto: una di buona e una di cattiva qualità. Il valore di un'auto di buona qualità è pari a 5.000 € e quello di un'auto di cattiva qualità a 3.000 €. Nel caso in cui sul mercato delle automobili esista perfetta informazione, le due tipologie di automobili verranno vendute ad un prezzo che riflette la loro differente qualità, a seconda delle preferenze dei consumatori. Ma nel caso in cui non sia possibile ottenere informazioni precise sulla qualità delle due tipologie di auto, il mercato non sarà in grado di differenziare i prezzi per le due differenti qualità. Si formerà quindi un prezzo unico che sarà, di norma, equivalente alla media dei due prezzi: (5.000 + 3.000)/2 = 4.000. Pertanto, sul mercato (tutte) le auto verranno vendute ad un prezzo pari a 4.000 €.

Questo prezzo tuttavia determina importanti conseguenze sul mercato. Infatti, i proprietari di automobili di buona qualità, che valutano la propria automobile 5.000 €, non saranno disposti a cederla per un prezzo inferiore. Pertanto, ritireranno le proprie automobili dal mercato. Al contrario, i proprietari di auto di cattiva qualità otterranno dalla vendita sul mercato un prezzo superiore al valore delle loro automobili (4.000 > 3.000) e quindi saranno più che disposti a vendere le proprie automobili.

Il risultato è paradossale. Il mercato vedrà scomparire automobili di buona qualità, e sarà 'invaso' da automobili di cattiva qualità, finché solo automobili di cattiva qualità resteranno a disposizione per essere acquistate. Ma non si avrà solo questo primo indesiderabile risultato, poiché le automobili di cattiva qualità verranno vendute ad un prezzo superiore a quello che otterrebbero nel caso in cui il mercato fosse caratterizzato da perfetta informazione!

La situazione è del tutto analoga a quella che si verifica nella stipula di contratti di assicurazione sulla salute [Rothschild e Stiglitz, 1976]. Poiché le compagnie assicurative offriranno polizze con premi che riflettono la salute media degli assicurati, queste saranno troppo care per gli assicurati più sani, ma vantaggiose per quelli più malati. Anche in questo caso si ha un mercato inefficiente, che alloca polizze a prezzi inferiori a quelli che si stabilirebbero nel caso di informazione perfetta, e che oltretutto aumenteranno il rischio sopportato dalla compagnia di assicurazione sottoscrivendole. Lo stesso fenomeno si può verificare per molti diverse tipologie di polizza assicurativa: si pensi, per esempio, ad un guidatore che non rivela le proprie abilità di guida nel caso di un'assicurazione relativa ad un'automobile.

Infine, si pensi al caso di un lavoratore che offra la propria forza lavoro ad un'impresa. Nella scelta del lavoratore da assumere per svolgere una certa mansione nella sua impresa, il proprietario (che viene di norma definito *principale*) non riuscirà mai ad avere un grado di informazione perfetta sulle competenze dei candidati (definiti *agenti*), cosa che è di dominio esclusivo di ciascuno di questi ultimi: possiamo parlare di informazione nascosta [Spence, 1973]. In casi di questo genere, le carenze informative che il principale ha nei confronti dell'agente possono generare il tipico problema di asimmetria informativa *ex ante*, che genererà *selezione avversa*. Infatti, anche in situazioni di questo genere, mancando di informazioni specifiche sugli agenti da selezionare, il principale sarà in grado di proporre loro soltanto dei termini contrattuali (cioè, semplificando, un prezzo) che riflettono le caratteristiche medie degli agenti. Come già detto, queste caratteristiche medie risulteranno, da un lato, poco vantaggiose per agenti migliori della media, che pertanto non aderiranno al contratto di agenzia, e, dall'altro lato, molto vantaggiose per gli agenti peggiori della media, che invece saranno incentivati ad accettarle. Anche qui si può agevolmente notare come la selezione degli agenti avverrà quindi in maniera avversa al principale.

In generale, esistono alcuni strumenti per cercare di ridurre parzialmente il fallimento di mercato generato dalla selezione avversa. Per esempio, il principale può cercare di predisporre dei termini contrattuali che inducano gli agenti a rivelare le informazioni in loro possesso, in modo da potere trattare con loro in modo separato (il cosiddetto *screening*). Tale è il caso in cui vengano offerti contratti di assicurazione con premi differenziati rispetto alla classe di rischio al fine di indurre i sottoscrittori a rivelare la loro rischiosità specifica. Poiché i soggetti migliori sono coloro che risultano maggiormente danneggiati dalla presenza sul mercato di soggetti peggiori di loro che generano la selezione avversa, i primi hanno l'incentivo a rivelarsi al principale come tali (il cosiddetto *signalling*). Per esempio, i venditori di beni usati in buono stato possono decidere di offrire una garanzia per distinguersi dai venditori di beni usati di cattiva qualità, oppure possono decidere di adottare una politica di vendita del tipo "soddisfatti o rimborsati". In entrambi i casi, il venditore segnala la buona qualità del suo prodotto, impegnandosi a rispondere in prima persona di possibili difetti, e dimostrando così la sua convinzione di vendere beni di buona qualità. Un'altra soluzione è rappresentata dal razionamento del mercato (il cosiddetto *rationing*), in cui al fine di limitare gli effetti perversi della selezione avversa, il principale può scegliere di non adeguare il prezzo in risposta ad eccessi di domanda, perdendo parte dei contraenti, possibilmente quelli peggiori.

4.4.2. Azzardo morale (*moral hazard*)

L'espressione inglese '*moral hazard*', tradotta in italiano con 'azzardo morale', è entrata nel gergo economico attraverso lo studio dei problemi legati alle assicurazioni. Il tema lo abbiamo introdotto – sia pure con una sfumatura diversa – in apertura di questo paragrafo e riguarda il meccanismo degli incentivi: se sono assicurato contro il furto della mia automobile è molto probabile che io faccia meno attenzione a dove la parcheggio o non provveda a dotarla di antifurto in quanto in caso di furto il danno ricade sull'assicurazione.

Il problema dell'azzardo morale si propone nel rapporto principale-agente: una delle due parti (il principale) conferisce un incarico all'altra (agente) dietro il pagamento di un corrispettivo che dipende dall'esecuzione dell'incarico stesso. Benché tutti i rapporti di lavoro possano essere ricompresi all'interno di questa categoria, un tipico esempio di questa relazione può essere pensato come quello legato alla necessità di avere agenti sparsi sul territorio per la tentata vendita da parte di un'impresa di distribuzione all'ingrosso.

In questo genere di casi, non essendo completamente osservato dal principale, l'agente può decidere di non svolgere certe azioni (azione nascosta) di cui dovrebbe sopportare i costi, ma i cui benefici ricadono sul principale, il quale per questo motivo li vedrà diminuire. Una volta assunto un lavoratore, il proprietario dell'impresa non sarà in grado di monitorare in modo completo il suo operato. Pertanto, il lavoratore potrà decidere di lavorare meno di quanto pattuito, senza che il proprietario dell'impresa (il principale) possa saperlo e quindi possa intervenire. Ad esempio, un agente pagato per la tentata vendita potrebbe passare il suo tempo al bar anziché girando per i negozi a fare la tentata vendita, lamentandosi al proprio ritorno di quanto poco i negozianti siano disposti ad acquistare il prodotto proposto.

Altri esempi possono essere riferiti a molte situazioni della vita quotidiana: si pensi ancora una volta, al rapporto fra assicuratore (principale) e assicurato (agente). Chi avrà sottoscritto una polizza di assicurazione contro l'incendio del proprio immobile, potendo non rivelarlo alla compagnia di assicurazione, non installerà un numero adeguato di estintori per prevenirlo.

Risulta pertanto evidente che la possibilità di nascondere le proprie azioni, generando azzardo morale, determina un fallimento di mercato poiché l'agente impone al principale dei costi che questo non dovrebbe sostenere. Se invece, ad esempio in un rapporto di lavoro, l'informazione fosse perfetta e il principale potesse osservare il comportamento dell'agente con certezza, uno schema di compensazione condizionato alla profusione dell'impegno previsto sarebbe sufficiente ad ottenere il massimo dell'impegno da parte dell'agente. Si avrebbe quindi un contratto ottimale, senza alcun fallimento di mercato, poiché l'agente sarebbe pagato per il proprio sforzo lavorativo e solo per quello: l'agente otterrebbe un compenso commisurato al bilanciamento fra (i) il beneficio marginale crescente derivante dal maggiore salario ottenuto, e (ii) la diminuzione del proprio benessere derivante dal maggiore impegno lavorativo richiesto per ottenere un salario crescente.

Un modo per ottenere lo sforzo ottimale dell'agente potrebbe essere quello di remunerarlo con un compenso variabile anziché fisso, riconoscendo all'agente una percentuale in ragione del venduto. L'incentivo ad impegnarsi per ottenere un risultato finirebbe quasi integralmente nelle mani dell'agente, il quale sarebbe ovviamente impegnato al massimo del proprio sforzo. Tuttavia, se dovessero verificarsi delle circostanze impreviste, l'agente, pur essendosi impegnato al massimo non sarebbe in grado di produrre il risultato atteso. A causa di ciò, sopporterebbe interamente le conseguenze negative avveratesi tuttavia indipendentemente dal suo impegno lavorativo, ottenendo (nel caso estremo) una remunerazione pari a zero. In sintesi, il rischio d'impresa (legato cioè ad imponderabili elementi che possono determinare il successo o meno di un prodotto) verrebbe, nel caso di compenso variabile, a gravare interamente sull'agente, e non sul principale, come era invece nel caso del compenso fisso.

Data la propensione dei due attori del rapporto a sopportare il rischio, questa implicazione è tutt'altro che desiderabile. L'imprenditore, ossia il principale, per il fatto stesso di essersi impegnato in una simile attività, sconta il fatto che una certa dose di rischio è inevitabile nella gestione dei suoi affari. Per questa ragione, definiamo il principale un agente *neutrale rispetto al rischio*. Per converso, non avendo solitamente altre alternative a disposizione oltre a quelle del rapporto di lavoro in cui è coinvolto, e non potendo diversificare il rischio, l'agente sarà tipicamente *avverso al rischio*, e richiederà pertanto un compenso aggiuntivo per sopportarlo. A causa di ciò, pur essendo incentivante, il ricorso ad un compenso variabile comporta un'inefficiente allocazione del rischio. D'altro lato, un eventuale compenso fisso, pur allocando il rischio conformemente alle propensioni dei due soggetti, risulta soggetto ad azione nascosta e quindi non è incentivante.

In definitiva, la presenza di asimmetria informativa *ex post* fa emergere un *trade-off*[14], tra efficienza nella produzione (incentivazione) ed efficienza nella allocazione del rischio (assicurazione). Se il principale pagasse un salario costante, l'agente potrebbe prestare, al limite, uno sforzo nullo, mentre una remunerazione che dipendesse interamente dal risultato conseguito, farebbe gravare eccessivi rischi sul lavoratore. Avendo gli schemi di compensazione fissa e variabile vantaggi e svantaggi in qualche modo reciproci, il ricorso ad una forma di compensazione cosiddetta lineare, che combini i due (una parte fissa e una parte variabile, come spesso accade per gli agenti nelle imprese moderne) potrebbe essere la soluzione. Sfortunatamente non è così. Il *trade-off* si trasferisce infatti in questo caso sulla scelta del coefficiente (la famosa percentuale di provvigione degli agenti) che lega il premio al risultato.

Box 3. – *Assicurazioni e asimmetria informativa*

Il problema dell'azzardo morale dovuto all'asimmetria informativa fra assicurato ed assicuratore è probabilmente uno degli elementi più importanti nel generare elevati costi per entrambe le parti. A questo scopo, sono oramai relativamente diffuse polizze assicurative a cui sono associati alcuni congegni elettronici atti a diminuire (azzerare) l'asimmetria informativa fra assicuratore e assicurato. Sono sempre di più le compagnie assicurative che propongono polizze auto legate all'installazione sull'autoveicolo della cosiddetta scatola nera o di videocamere. In questi casi i contratti di assicurazione prevedono costi della copertura assicurativa sostanzialmente più bassi.

Questi congegni tecnologici, fornendo dati relativi alle abitudini di guida e di mantenimento del veicolo, permettono di abbattere in maniera consistente (se non di azzerare) i rischi connessi con l'azzardo morale. Infatti, questi *device* permettono di registrare e tenere traccia di tutto quello che accade al veicolo ed ai suoi passeggeri, consentendo di avere informazioni precise sulle dinamiche e le responsabilità relative ad

[14] Con *trade-off* si fa riferimento ad una situazione in cui si deve trovare un bilanciamento tra due situazioni inconciliabili.

eventuali sinistri. Oltre alle registrazioni video, questi congegni sono in grado di registrare, tramite un dispositivo satellitare (GPS) per la geo-localizzazione, tutta una serie di dati relativi, per esempio, a posizione, orario, velocità. Ma oltre a ciò, questi congegni sono utili a ricostruire eventuali condotte moralmente azzardate da parte del conducente, nonché le dinamiche relative all'eventuale sinistro, quali spostamenti dall'asse di percorrenza, accelerazione e frenata.
Naturalmente, l'utilizzo di questo tipo di congegni ha sollevato evidenti preoccupazioni legate alla privacy: le compagnie assicurative, grazie all'installazione di queste scatole nere, sono in grado di costituire delle vere e proprie banche di profili riferiti alle abitudini di viaggio degli automobilisti. A causa di ciò, il Garante della Privacy è dovuto intervenire per introdurre maggiori garanzie e soprattutto per imporre la distruzione dei dati dopo un certo numero di giorni dall'acquisizione.

Parte II - **Per approfondire**

4.5. Esternalità e la soluzione di Ronald Coase

Prendiamo in esame il caso di un suonatore di trombone che desidera esercitarsi durante la notte. Quest'attività provoca un'esternalità negativa nei confronti del suo vicino di casa, che si lamenta perché non riesce a dormire in pace. In questo caso, esiste un conflitto circa l'utilizzo di un bene per il quale non esiste un mercato, e che quindi non può essere acquistato o venduto da nessuno dei due agenti. Il bene in questione è il silenzio notturno, per il quale non è possibile definire i diritti di proprietà (di chi è la quiete pubblica?) [15], e quindi non è possibile definire un mercato su cui effettuare transazioni di quantità positive di quel bene ad un prezzo di equilibrio. A quali soluzioni si potrebbe ricorrere per non lasciar degenerare il conflitto?

Secondo Ronald Coase [1960], il caso appena descritto può essere osservato da due punti di vista, e, a seconda di quale dei due prevale, il risultato finale muta.

Mettendoci dal primo punto di vista, si può ipotizzare che il suonatore di trombone, nel tentativo di trovare una via di uscita al problema del vicino, proponga di indennizzarlo, in modo tale da poter continuare ad esercitarsi quando lo desidera. Utilizzando la teoria che abbiamo studiato, se disponiamo dei dati riguardanti i costi e i benefici delle parti in causa, non è difficile identificare l'indennizzo appropriato: basterà che il suonatore scelga quell'indennizzo in corrispondenza del quale i costi e i benefici marginali sono uguali per ciascun agente e tra loro. Più precisamente, l'indennizzo deve uguagliare il beneficio marginale procuratogli dal suonare il trombone di notte, il quale corrisponde alla sua disponibilità a pagare per suonarlo di notte. Al tempo stesso, l'indennizzo deve uguagliare il costo (danno) marginale causato al vicino dal "rumore" del trombone in orario notturno.

Mettendoci dal secondo punto di vista, possiamo immaginare una situazione perfettamente capovolta, in cui è colui che desidera dormire a decidere di "comprare" il silenzio del vicino "rumoroso". Anche in questo caso, e in maniera del tutto analoga alla precedente, è possibile trovare un punto di equilibrio in cui il vicino è disposto a monetizzare il proprio benessere (dormire di notte) per indennizzare il suonatore che avrà una diminuzione del suo benessere dovuta al non poter più suonare il trombone. In entrambi i casi si è ottenuto un risultato efficiente, ma i due casi differiscono per la distribuzione dei due "beni" oggetto della transazione. Nel pri-

[15] Ipotizziamo per il momento che non esista un Codice Civile che vieta rumori molesti.

mo caso, l'indennizzo va a chi vuol dormire e tutta la quiete è "acquistata" da chi la "vuole disturbare". Viceversa, nel secondo caso, tutta la quiete è "acquistata" da chi desidera utilizzarla per dormire in cambio dei soldi che vanno ad indennizzare chi (il suonatore di trombone) vorrebbe utilizzarla in altro modo.

Abbiamo così definito chiaramente i confini del problema: il risultato finale dipenderà da come sono definiti i diritti di proprietà, in questo caso del bene "quiete notturna". Se non esiste nessuna legge che impedisce al suonatore di suonare il trombone di notte, sarà quest'ultimo a dover essere indennizzato. Mentre se esiste una legge che definisce il bene "quiete notturna" e ne attribuisce la proprietà ai cittadini, allora il suonatore dovrà acquistare questi diritti dal vicino per potersi esercitare.

Come ha fatto notare Coase con il suo teorema, se i costi di transazione tra gli agenti fossero nulli, essi riuscirebbero a trovare per proprio conto soluzioni in grado di massimizzare il reddito totale (o soluzioni efficienti), indipendentemente dal modo in cui sono inizialmente allocati nella società i diritti di proprietà. Va da sé che, se i costi di transazione tra gli agenti fossero invece positivi, come è solitamente il caso (il suonatore di trombone presumibilmente dovrà perdere tempo e denaro per identificare il giusto indennizzo, e così pure il vicino che volesse trovare il giusto prezzo del suo silenzio), la soluzione basata sulla negoziazione privata non regge.

Notiamo qui con riferimento al ruolo delle istituzioni, che il modo in cui sono distribuiti i diritti di proprietà non è altro che il risultato di regole (o istituzioni). Tenendo conto di questo, il teorema di Coase potrebbe essere enunciato in modo diverso, ma equivalente, dicendo che, in assenza di costi di transazione, le regole sono del tutto irrilevanti ai fini della soluzione economica del problema dell'esternalità. Questa sarebbe una conclusione, a nostro avviso, troppo forte. In effetti, appare del tutto singolare che proprio Coase, l'inventore del concetto di costi di transazione, ipotizzasse che questi normalmente siano nulli. Al contrario, egli attribuiva molta importanza alla ricerca dell'ampia varietà di modi in cui tali costi si possono determinare, cosicché il suo interesse era piuttosto rivolto alle numerose circostanze che impediscono al teorema di avere applicazione nella realtà. L'enfasi sulla versione forte, o irrealistica del teorema, è di fatto il frutto della revisione fattane dagli economisti liberisti: di nuovo, un caso in cui la storia del pensiero ci aiuta a comprendere i contenuti della teoria. Seguendo il loro ragionamento, se vi sono costi di transazione positivi, gli agenti economici cercheranno il modo di ridurli: se vi è carenza di informazione essi cercheranno il modo di acquisirla. Procedendo così, quindi, al limite l'informazione sarà completa e pienamente distribuita, i costi di transazione nulli, ed il teorema valido anche nella realtà. In tali condizioni, le convenzioni giuridiche vigenti e la struttura economica non avrebbero alcun valore. Nell'analisi del puro equilibrio competitivo neoclassico, infatti, la conoscenza delle istituzioni non aggiunge nessuna informazione utile. D'altra parte, se si cerca di approfondire la versione realistica del teorema, quella che ammette, cioè, costi di transazione positivi, ci si accorge rapidamente che lo studio del ruolo delle istituzioni nella crescita economica riconduce al problema generale della "complessità" dei processi economici. Questo problema riguarda anche altri aspetti dell'attività economica, come, ad esempio, il cambiamento tecnologico o la dinamica delle preferenze e delle aspettative. In altri termini, risulta sempre più difficile e discutibile impostare l'analisi delle strutture e dei comportamenti economici indipendentemente dal contesto di riferimento istituzionale, delle preferenze, delle tecnologie. Ma, al tempo stesso, i modelli di cui disponiamo e la stessa concezione dell'analisi applicata, con il passaggio alle simulazioni, rischiano di essere scompaginati, con i rischi di perdita di rigore che ne conseguono.

L'esempio della quiete notturna, classico caso di esternalità negativa nel consumo, ci ha quindi fornito l'occasione per introdurre delle nozioni importanti. Ma è possibile considerare una miriade di altri esempi nei quali si pone il problema di come affrontare le esternalità, di vario tipo. Si pensi alle esternalità negative nella produzione: è l'impresa che inquina a dover indennizzare le altre imprese per continuare a farlo, oppure sono le altre imprese inquinate che devono pagare perché l'inquinamento cessi? Ancora, si pensi ad un'altra esternalità negativa nella produzione: se le api da me allevate producono miele utilizzando anche il polline delle piante che crescono nel campo del mio vicino, dovrò essere io ad indennizzarlo perché le mie api prelevano il polline dalle sue piante, oppure dovrà essere lui ad indennizzare me per il "lavoro" di impollinazione che le mie api svolgono anche a favore delle sue piante?

4.6. I permessi negoziabili e l'imposta pigouviana

Confrontiamo ora l'imposta pigouviana con l'introduzione di permessi negoziabili. Mentre con l'imposta pigouviana viene introdotto un incentivo alla riduzione dell'inquinamento fissandone il prezzo, con i permessi negoziabili viene fissata la quantità di inquinamento ammessa. Tuttavia, in pratica, le due soluzioni sono abbastanza simili. In entrambi i casi le imprese devono pagare per poter inquinare: il tributo nel caso dell'imposta pigouviana; il prezzo dei diritti negoziabili nell'altro caso. In entrambi i casi, l'esternalità viene internalizzata, trasferendone il costo alle imprese inquinanti.

Lo sviluppo di un mercato di permessi negoziabili è condizionato però alla soluzione di alcuni problemi cruciali. Tra questi, quelli prioritari sono rappresentati: dalla determinazione della norma di qualità ambientale; dalla definizione di regole per lo scambio dei permessi; dall'assegnazione iniziale dei certificati; dalla definizione dei partecipanti al mercato; dalla ricerca della massima flessibilità nelle decisioni.

Sono possibili vari modelli di funzionamento del mercato. Nel cosiddetto modello di *cap and trade*, si fissa un tetto massimo di inquinamento; quel tetto viene suddiviso in un certo numero di quote (*emissions permits*) e ogni quota rappresenta una quantità di emissioni autorizzate. In sostanza, semplificando il più possibile il ragionamento, il meccanismo funziona così: alcune imprese 'virtuose' non utilizzeranno la propria quota al 100% e potranno vendere alle imprese che necessitano di inquinare in misura maggiore la parte inutilizzata della propria quota di 'diritto di inquinamento'. In questo modo si crea un prezzo per l'inquinamento e c'è un incentivo a ridurre le emissioni inquinanti: le imprese che devono acquistare quote aggiuntive di 'diritto di inquinare' dovranno applicare prezzi più elevati, venendo così penalizzate sul mercato.

Un secondo modello volto a creare un mercato di permessi negoziabili è quello definito *baseline and credit*. In questo caso viene identificato un livello di base iniziale di emissioni inquinanti, e, col passare del tempo, si creano dei crediti per le imprese che raggiungono emissioni inferiori a quelle fissate inizialmente. Questi crediti possono essere venduti dalle imprese 'virtuose' alle imprese che necessitano di inquinare in misura maggiore di quella prevista (ad esempio perché vogliono espandere la produzione). Anche in questo caso si crea un incentivo alla riduzione dell'inquinamento: le imprese che dovranno acquistare 'diritti di inquinamento' dovranno sostenere un costo aggiuntivo che porterà ad un prezzo più alto sul mercato del bene prodotto.

Qui sopra, per semplificare, abbiamo fatto riferimento alle sole imprese. In realtà, gli agenti che possono partecipare al mercato sono molteplici e di diversa natura: Stati; enti autorizzati dagli Stati a livello internazionale; enti autorizzati all'interno di uno Stato (come Regioni e sistemi locali), di specifici settori produttivi o di gruppi industriali multinazionali e/o multi sito; altri soggetti, incluse le ONG ambientaliste.

In sintesi, uno dei vantaggi del sistema basato sui permessi negoziabili è che, se il mercato di tali permessi è di concorrenza perfetta, l'allocazione finale sarà efficiente indipendentemente dalla loro allocazione iniziale, come suggerisce il teorema di Coase.

Per chiarire meglio queste affermazioni, è opportuno procedere utilizzando l'analisi grafica, continuando a riferirci ad un ipotetico mercato dell'inquinamento. In entrambi i riquadri della Figura 9 riportiamo la curva di domanda di permessi negoziabili (D_{PN}): quanto più basso è il prezzo del diritto ad inquinare, tanto più numerose sono le imprese che inquinano.

Nel riquadro (a) il prezzo di inquinamento (p_I) è determinato dall'imposta pigouviana al livello p_{I0}. In corrispondenza di tale prezzo possiamo dire che la curva di offerta di permessi negoziabili (S_{PN}) è infinitamente elastica: le imprese possono scegliere di inquinare quanto vogliono, purché paghino l'imposta. L'intersezione della curva di offerta con quella di domanda determina la quantità di inquinamento (Q_I) effettivamente scelta.

Nel riquadro (b) l'agenzia per la protezione ambientale immette nel mercato una quantità di permessi negoziabili commisurata alla quantità di inquinamento ritenuta socialmente accettabile. In questo caso la curva di offerta di permessi negoziabili risulta verticale e la sua intersezione con la curva di domanda determina il prezzo di inquinamento p_{I0}.

In conclusione, se è nota la curva di domanda di permessi negoziabili, l'agenzia per la protezione ambientale può ottenere il risultato desiderato sia mediante l'imposizione di un'imposta pigouviana sia mediante l'emissione di permessi negoziabili. Tuttavia, se in pratica la domanda di inquinamento non è nota con precisione, è più efficace il sistema dei permessi di inquinamento.

Figura 9. – *Equivalenza tra imposta pigouviana e permessi negoziabili*

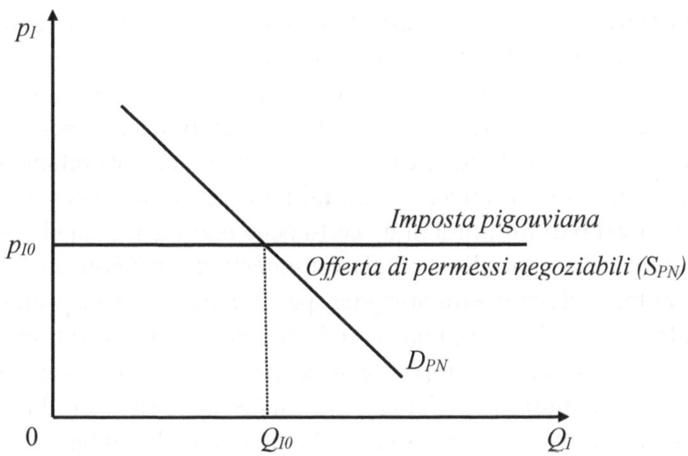

(a) Imposta pigouviana

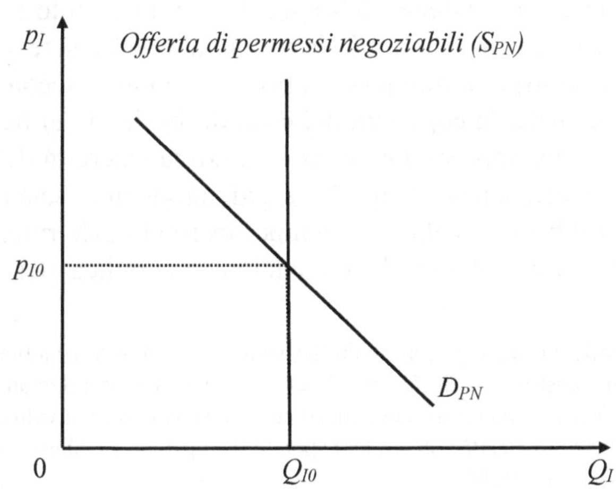

(b) Permessi negoziabili

4.7. Varietà e quantità offerta di beni pubblici

Come viene deciso quali beni pubblici fornire e in quale quantità? La risposta a questa domanda è tutt'altro che immediata. Cosa garantisce, infatti, che la fornitura del bene pubblico da parte della pubblica amministrazione garantisca maggior efficienza di quella consentita dal mercato? Inoltre, cosa garantisce che la pubblica amministrazione sia in grado di interpretare il fabbisogno espresso dai cittadini?

Un possibile strumento a disposizione per evitare o ridurre i rischi di inefficienza e di incoerenza tra domanda e offerta è costituito dall'*analisi costi-benefici*. Si tratta di uno strumento molto importante per l'economia del benessere, mediante il quale si cerca di calcolare tutti i costi economici (diretti e indiretti, privati e sociali) di una risorsa e di confrontarli con tutti i suoi possibili benefici sociali (diretti e indiretti, privati e sociali). Evidentemente, per effettuare concretamente un simile confronto è necessario esprimere in termini monetari tutti i costi e tutti i benefici rilevanti nel progetto di fornitura di un certo bene pubblico, cosa che, data la natura spesso qualitativa dei secondi, si rivela estremamente difficoltosa [16]. Nel caso del progetto di pulitura della nostra spiaggia, per esempio, che in prima approssimazione consideriamo molto prossima ad un bene pubblico puro, si tratterà di calcolare tutti i costi necessari (ad esempio, le spese per gli spazzini e per i disinfestatori) e di confrontarli con tutti i benefici che la collettività ne ricava (ad esempio, in termini di valore attribuito all'aria marina e alla qualità della sabbia). Ammesso, ma è solo una supposizione, che questa identificazione e monetizzazione dei costi e dei benefici possa essere completa e accurata, la quantità ottimale del bene pubblico da offrire si otterrà in corrispondenza dell'uguaglianza tra costi totali e benefici totali, entrambi attualizzati. In caso contrario la fornitura dovrà essere aumentata (se i secondi eccedono i primi) o diminuita (se i primi eccedono i secondi). Una volta decisa la quantità ottimale, la copertura dei costi di fornitura del bene pubblico, affidata solitamente ad un'appropriata tassazione, dovrà tenere in debito conto, e cioè secondo principi di efficienza ed equità, i saggi marginali di sostituzione che gli individui hanno tra il bene pubblico e il tempo libero al quale rinunciano per contribuire, con il loro lavoro, alla produzione del bene pubblico stesso [17]. Per ciascuna

---

[16] Come è possibile, per esempio, attribuire un valore monetario al beneficio che gli agenti economici traggono dalla costruzione di un ponte? Per rispondere a questa domanda gli economisti utilizzano sia metodi *diretti* – come i questionari, in cui la disponibilità individuale a pagare è rilevata direttamente – sia metodi *indiretti* – in cui la disponibilità a pagare è dedotta con tecniche statistiche dai comportamenti degli individui.

[17] Più precisamente, le somme raccolte mediante l'imposizione vengono ridistribuite tra le voci di spesa che contengono beni pubblici, in modo tale che vengano realizzate due condizioni: una *condizione di efficienza*, in base alla quale la somma dei saggi marginali di sostituzione individuali tra bene pubblico e tempo libero deve uguagliare il costo marginale di produzione; una *condizione di equità distributiva*, in base alla quale il beneficio marginale sociale dell'ultima ora di tempo libero che resta

attività o progetto si può anche calcolare il saggio di rendimento interno [18]. Il confronto, tra settori e all'interno di ciascun settore, dei saggi di rendimento ottenibili fornisce anche un criterio per ordinarli in termini di redditività sociale e, quindi, per deciderne, assieme ad altri criteri, la composizione.

Un altro metodo, di natura empirica, per determinare un assortimento nell'offerta dei beni pubblici che mantenga una certa sintonia con i fabbisogni dei cittadini, in assenza di un vero mercato, consiste nel ricorso a forme di quasi-mercato. In esse, il lato domanda viene attivato mediante la concessione di buoni (*voucher*) agli utenti (ad esempio, le famiglie), mentre il lato offerta viene affidato al "terzo settore".

In particolare, si osserva come la distinzione netta tra domanda e offerta tenda a sfumare nel contesto del quasi-mercato. Questo fenomeno è, almeno in parte, interpretabile come conseguenza del fatto che, a loro volta, tendono a sfumare i confini tra l'istituzione mercato, da un lato, e le organizzazioni famiglia e impresa, *for profit* e *not for profit*, dall'altro. Il processo di trasformazione in atto ha componenti transitorie e permanenti non pienamente anticipabili, ma sembra manifestare una certa simbiosi tra evoluzione della domanda dei servizi alla persona ed evoluzione delle esperienze di organizzazioni ed enti nati per garantire o stimolare la produzione di servizi in precedenza non disponibili [19].

Nel contesto italiano, le preferenze non soddisfatte e/o non percepite dal mercato possono essere ricondotte a fenomeni come il rapido invecchiamento della popolazione e i radicali cambiamenti verificatisi nella composizione dei nuclei familiari, le modificazioni nella struttura di incentivi e nel costo opportunità del tempo, il cambiamento tecnologico e organizzativo, l'apertura internazionale dei sistemi economici e sociali e le modificazioni nella capacità di copertura dello stato sociale.

Lo sviluppo del terzo settore è quindi una delle risposte fornite alle modificazioni in atto nei comportamenti e nella struttura della famiglia.

Le conclusioni ottenute con riferimento ai beni pubblici puri cambiano, ma soltanto in parte, quando si considerino invece i casi più diffusi di beni pubblici impuri. Con riferimento all'esempio della spiaggia, una seconda approssimazione più verosimile è che la spiaggia, per quanto grande (e perciò senza il rischio di escludere qualcuno dal suo utilizzo), possa essere circondata da reti che ne impediscano l'accesso. In questo caso, dunque, la spiaggia diventa un bene per il quale vale il principio di escludibilità. In terza approssimazione la spiaggia, pur essendo ad accesso

---

all'individuo, dopo aver contribuito con il proprio lavoro alla produzione del bene pubblico, deve essere uguale per ogni coppia di individui. Poiché una piena comprensione di questo principio richiederebbe strumenti analitici più sofisticati dell'economia del benessere, essa viene accennata solamente in maniera intuitiva.

[18] Definito come quel particolare tasso di sconto che uguaglia il valore attuale dei benefici totali al valore attuale dei costi totali.

[19] Ad esempio, nel campo della cura delle tossicodipendenze e dell'handicap.

libero, non è di dimensioni sufficientemente grandi, dando luogo, quando i bagnanti superano un certo numero, a fenomeni di congestione. In questo caso, dunque, si manifesta rivalità nel consumo, in quanto un'ulteriore persona che desiderasse recarsi sulla spiaggia non troverebbe posto.

In generale, come si diceva, anche in questi casi valgono le conclusioni raggiunte per i beni pubblici puri, ma con alcune importanti specificazioni. Per quanto riguarda i beni pubblici parzialmente rivali, ma escludibili (come i beni di club), è evidente che nella determinazione della fornitura ottima del bene stesso saranno rilevanti solo i saggi marginali di sostituzione degli individui che considerano utile il bene pubblico. Coloro che invece lo considerano un "male" possono essere esclusi, o autoescludersi, senza alcun costo, dal consumo del bene pubblico.

La suddetta conclusione si applica anche nel caso in cui il bene pubblico è escludibile solo sostenendo costi specifici di esclusione. In effetti, in questi casi non è socialmente ottimale usare un prezzo di razionamento per escludere gli individui non disposti a pagare. Data la non rivalità, a fronte della loro perdita di utilità per il mancato consumo, non si avrebbe, infatti, alcun risparmio di costo. L'esclusione dal consumo del bene pubblico andrebbe considerata solo se lo stesso determinasse una perdita di utilità per qualche agente. In questo caso, se i costi sono nulli o inferiori alla perdita di utilità dell'individuo, è allora preferibile, dal punto di vista sociale, che egli venga escluso dal consumo del bene pubblico. Viceversa, se i costi di esclusione sono più elevati della perdita di utilità, è allora preferibile, dal punto di vista sociale, che l'individuo consumi il bene pubblico.

Particolare attenzione meritano infine quei beni pubblici che sono, da un lato, congestionabili e, dall'altro, fonti di esternalità positive nel consumo aggregato. Si consideri, ad esempio, un corso di istruzione universitaria. Da un lato, esso può essere fruito da numerosi studenti, e quindi essere soggetto a tipici fenomeni di congestione; dall'altro, esso comporta esternalità positive legate al miglioramento nel livello culturale e professionale complessivo dovuto all'istruzione universitaria, di cui beneficia l'intera collettività. Un altro esempio è dato dai servizi ospedalieri. Anche in questo caso esistono forme di congestione che possono determinare una riduzione nel livello di assistenza medica. Tuttavia, esistono d'altra parte esternalità positive per la collettività dovute al miglioramento della qualità dei servizi sanitari.

In questi casi, decisamente più complessi, la pubblica amministrazione può ottenere condizioni di efficienza, ma la presenza di esternalità positive comporta che per farlo si debba tenere conto di un complesso saldo fra tre grandezze: i) il totale delle disponibilità a pagare degli individui che beneficiano delle esternalità; ii) il totale degli indennizzi che gli individui desiderano per compensare gli effetti della congestione; iii) il totale degli indennizzi necessari per compensare la riduzione degli effetti esterni positivi causata dalla congestione.

Come si può notare, tanto più complesso è il quadro del fallimento del mercato che si determina, ovvero tanto maggiore è l'interazione tra le due cause di fallimento analizzate in questo capitolo (esternalità e beni pubblici), tanto più difficoltoso sarà per la pubblica amministrazione trovare un modo per ripristinare l'efficienza della collettività. Strumenti come l'analisi costi-benefici e le tecniche di valutazione dei progetti in genere diventano, pertanto, essenziali, anche se non possono e non devono sostituire la decisione di carattere politico.

4.8. Selezione avversa, azzardo morale e teoria dell'impresa

Un esempio rilevante di rapporto principale-agente è relativo all'affermarsi delle grandi imprese a proprietà diffusa, nelle quali la direzione aziendale non è in mano ai proprietari, ma a manager da questi assunti. Come molti lavori (e molti casi concreti) hanno mostrato, gli obiettivi dei proprietari e dei manager potrebbero non coincidere, creando quindi le condizioni per l'esistenza di problemi legati all'asimmetria informativa fra manager e proprietari: i primi hanno ovviamente un set informativo sulle caratteristiche e le performance dell'impresa che dirigono sicuramente superiore (asimmetrico) rispetto ai proprietari.

Se è vero che, così come evidenziato dai modelli managerialisti elaborati a partire dal contributo di Marris [1964], in determinate circostanze il conflitto tra proprietari e manager può essere evitato [20], esso introduce nell'analisi dell'impresa un aspetto nuovo e di cruciale importanza. Infatti, le teorie managerialiste hanno esplorato le relazioni fra principale e agente sulla base *economia dell'informazione.*

Ancora più rilevante quando si consideri che gli *stakeholder* all'interno dell'impresa sono solitamente molti più di due – basti pensare a lavoratori, fornitori e alle diverse tipologie di agenti che possono essere riconosciute in ciascuna categoria (ad esempio, *junior-manager*, *middle-manager* e *top-manager*) – e caratterizzati da una forma di razionalità limitata, piuttosto che perfetta. A questo fine occorre fare riferimento alle scienze dell'organizzazione, di cui vedremo in seguito le cosiddette teorie comportamentiste dell'impresa.

4.8.1. Rapporto principale-agente e asimmetrie informative nell'impresa padronale

La separazione tra proprietà e controllo che caratterizza l'impresa moderna ha portato in primo piano il ruolo che, all'interno della stessa, è giocato dal *rapporto principale-agente*: relazione fra due parti, una delle quali, il *principale*, conferisce

[20] Per esempio, nel caso in cui i secondi adottino per l'impresa delle politiche finanziare debitamente prudenti, non esponendo cioè i proprietari a rischi eccessivi, o tenendo un livello minimo di riserve di cassa facilmente liquidabili.

un incarico all'altra, l'*agente*, dietro il pagamento di un corrispettivo che dipende dall'esecuzione dell'incarico stesso. L'incarico di gestione dell'impresa che il proprietario affida al manager è chiaramente un esempio di questa relazione.

In questa sede siamo interessati ad esplorare quali sono i problemi informativi che emergono quando principale e agente sono entrambi parte di un'impresa. Problemi che hanno specificazione diversa, come vedremo, a seconda che il riferimento sia a quella che viene comunemente detta l'*impresa padronale*, piuttosto che all'*impresa manageriale*. Nella prima, di cui ci occuperemo nel seguito di questo paragrafo, il rapporto si instaura tra un proprietario che è anche manager (il padrone, appunto) – nella veste di principale – e uno o più lavoratori a lui subordinati – nella veste di agenti. Nella seconda tipologia di impresa, di cui ci occuperemo nel prossimo paragrafo, il rapporto rilevante è invece tra il proprietario, nella veste di principale, e il manager, nella veste di agente; in questo caso il principale affida la gestione dell'impresa all'agente.

Nel caso dell'impresa padronale, il comportamento moralmente azzardato è tipicamente quello che il lavoratore (agente) assume nei confronti del suo datore di lavoro (il proprietario-imprenditore, nella veste di principale). Se il risultato richiesto dal secondo al primo dipende, oltre che dal suo sforzo lavorativo, da alcuni elementi di natura casuale, il lavoratore che venga per questo remunerato con un *compenso fisso* (una mensilità dello stipendio, per esempio) non sarà incentivato ad impegnarsi al massimo, cioè per ottenere il risultato che massimizza l'utilità del principale. Non essendo il comportamento del lavoratore completamente osservato, infatti, questi potrà sempre giustificarsi di fronte all'imprenditore per lo sforzo subottimale, e pretendere di essere comunque pagato, adducendo l'intervento di impreviste circostanze sfavorevoli (la rottura di una macchina, per esempio), non osservabili dall'imprenditore[21]. Un modo per ottenere lo sforzo ottimale dell'agente potrebbe essere quello di remunerarlo con un *compenso variabile*: per esempio, riconoscendogli l'intero frutto del proprio lavoro, al netto di una quota riservata al principale (in un'impresa agricola, questo potrebbe corrispondere all'affitto di un terreno al mezzadro). L'incentivo ad impegnarsi per ottenere un risultato che finirebbe quasi integralmente nelle proprie mani sarebbe ovviamente in questo caso massimo per l'agente. D'altra parte, dovessero verificarsi delle circostanze impreviste, pur essendosi l'agente impegnato al massimo, egli ne sopporterebbe integralmente le conseguenze: intascando un basso risultato e dovendo, per giunta, versarne una parte al principale. In sintesi, il *rischio* insito nella relazione verrebbe, nel caso di compen-

---

[21] Si noti che sia l'incertezza che l'asimmetria informativa sono cruciali per il verificarsi di azzardo morale. In assenza di eventi imprevedibili, infatti, l'agente non potrebbe giustificare con gli stessi il suo basso sforzo. E lo stesso accadrebbe se l'informazione fosse perfetta e il principale potesse osservare completamente l'agente: uno schema di compensazione fisso condizionato alla profusione dell'impegno previsto sarebbe infatti sufficiente ad ottenerlo.

so variabile, a gravare sull'agente, e non sul principale, come era invece nel caso del compenso fisso.

Il *trade-off* tra incentivazione e assicurazione nella relazione tra imprenditore e lavoratore viene ampiamente analizzato anche da alcuni degli autori che guardano all'impresa come un meccanismo di allocazione dei diritti di proprietà [Grossman-Hart, 1983]. In effetti, i due approcci presentano importanti aree di sovrapposizione [Hart-Holmstrom, 1987][22]. D'altra parte, il ruolo dell'informazione asimmetrica nel determinare comportamenti moralmente azzardati emerge anche da altri due filoni di indagine sull'impresa, relativamente autonomi dal filone contrattualista di cui sopra, i quali si concentrano su situazioni in cui l'imprenditore si affida, anziché ad un solo agente, ad una pluralità di agenti/lavoratori[23]: la teoria dell'impresa come *team production* e la teoria dei *tornei*.

Il primo di questi due filoni si focalizza sugli effetti dei comportamenti moralmente azzardati che emergono nell'impresa per il fatto che in essa il processo produttivo avviene "in squadra" (*team production*); questo pone due problemi: anzitutto, il contributo del singolo lavoratore non è pienamente osservabile; in secondo luogo, la remunerazione dipende dal risultato collettivo del gruppo. L'idea di base, evidenziata da Alchian e Demsetz [1972], è piuttosto intuitiva. Non potendo osservare il contributo di ogni singolo lavoratore, l'imprenditore è costretto a retribuire il lavoro del gruppo (supponiamo composto da N lavoratori) ripartendo tra loro il risultato della loro azione congiunta (cioè la quantità prodotta Y) in modo esattamente uguale (cioè con un compenso individuale pari a Y/N). Così facendo, tuttavia, la remunerazione individuale finisce con l'essere diversa dalla produttività marginale di ciascun lavoratore: a parità di remunerazione, qualcuno si sforzerà di più, qualcuno di meno. In ragione di ciò, alla fine, ciascun agente si sforzerà meno di quanto richiesto dall'imprenditore, contando sul fatto che lo sforzo degli altri compenserà il suo "sotto-sforzo": un caso di *free-riding*, che prende in questo caso il nome di *shirking*, letteralmente "scansa fatiche". Ciò che più importa, l'intensità di questo

[22] In particolare, tale rapporto viene analizzato modellizzando la relazione tra principale e agente secondo la teoria dei giochi, in cui, in successione: 1) il principale propone un contratto all'agente; 2) l'agente decide se accettarlo o meno; 3) l'agente si impegna a sforzarsi per ottenere il risultato previsto nel contratto; 4) si realizza un evento incerto; 5) si osserva il risultato dell'azione dell'agente e si determina il suo compenso. Un simile gioco ha struttura molto complessa, e non verrà qui esaminato. È importante però sottolineare che, come spesso accade in giochi complessi, esso non ha molti risultati generalizzabili: la maggior parte dei risultati ottenuti dipendono infatti dalle numerose variabili che occorre specificare per risolvere il modello. Tra quelli generali, tuttavia, il *trade-off* tra incentivazione e assicurazione emerge come quello più importante.

[23] Nel filone contrattualista l'attenzione si estende invece a situazioni in cui il principale incarica l'agente di svolgere una pluralità di compiti (il cosiddetto *multi-tasking*), e sui problemi che nascono dal fatto che l'agente, in presenza di informazione asimmetrica, ha incentivo a svolgerne alcuni piuttosto che altri [Nicita-Scoppa, 2005, p. 97].

comportamento moralmente azzardato sarà tanto maggiore, quanto più ampia sarà la composizione del gruppo (cioè quanto maggiore sarà *N*).

Secondo Alchian e Demsetz [1972], questo problema di azzardo morale, fonte di inefficienze, nasce dal fatto che tutto il risultato del lavoro di squadra viene ripartito in modo proporzionale tra i lavoratori. Una possibile soluzione del problema è quella di nominare un "controllore" con i seguenti diritti: (i) osservare e remunerare di conseguenza il comportamento degli input del processo produttivo (cioè della squadra); (ii) essere l'elemento comune a tutti i contratti con gli input; (iii) scegliere ed eventualmente sostituire i membri della squadra in modo indipendente l'uno dall'altro; (iv) ricevere ciò che residua del reddito prodotto dalla squadra, una volta remunerati gli input; (v) alienare i diritti da (i)-(iv) a terzi. Tra questi cinque diritti, quello cruciale è evidentemente il quarto. Esso ha infatti l'importante funzione di prevenire l'azzardo morale del controllore stesso, ossia la possibilità che egli si accordi con qualcuno del team per consentirgli uno sforzo minore. Così facendo, infatti, il suo reddito residuale sarebbe più basso.

Una diversa modalità attraverso cui attenuare i problemi di azzardo morale dovuti alla difficoltà di osservare il comportamento individuale dei lavoratori è quella che fa riferimento alla cosiddetta *teoria dei tornei* [Lazear-Rosen, 1981, Green-Stokey [1983], Malcomson [1984]. L'idea di base è relativamente semplice: il principale individua *ex-ante* una serie di 'premi' – monetari, possibilità di avanzamento di carriera, attribuzione dell'auto aziendale – da destinare agli agenti per lo svolgimento di una certa mansione. Una volta individuati i premi, il principale comunica esplicitamente la lista agli agenti di cui osserverà le prestazioni, assegnando i premi in modo coerente. Il meccanismo di incentivazione per gli agenti è dunque diverso da quello implicito nell'uso di un compenso variabile. Aumentando il proprio sforzo il lavoratore, in questo caso, non aumenta l'entità del risultato a cui è agganciato il suo compenso, quanto invece la sua probabilità di vincere il torneo. Questa circostanza ha numerose implicazioni positive che giustificano il diffuso ricorso a meccanismi premianti di questo tipo all'interno delle imprese. Prima fra tutte, il fatto che nessun agente potrà giustificare al principale il suo scarso risultato imputandolo all'intervento di circostanze impreviste: alle stesse circostanze sono infatti esposti anche gli altri agenti che partecipano al torneo [24]. Oltre a ciò, il premio costituisce un meccanismo di retribuzione di facile adeguamento ai cambiamenti organizzativi che, essendo relativo, neutralizza i giudizi di valore sugli agenti espressi dal principale con l'uso di meccanismi di remunerazione di tipo assoluto.

Il ricorso ai tornei ha però anche importanti contro-indicazioni. Innanzitutto, il loro funzionamento è fortemente condizionato dal grado di eterogeneità degli agenti. In presenza di agenti molto diversi tra loro, infatti, i migliori si impegnerebbero poco aspettandosi di vincere comunque e per motivi opposti poco si impegnerebbe-

---

[24] Tecnicamente, si dice che il torneo filtra l'effetto di rischi comuni.

ro anche i peggiori, aspettandosi comunque di perdere: fenomeno questo che giustifica l'articolazione dei tornei in classi di agenti omogenei (le famose serie A e serie B del calcio ne sono un esempio). Il problema più rilevante è però rappresentato dal fatto che il torneo incentiva atteggiamenti opportunistici, scoraggiando qualsiasi forma di cooperazione tra i lavoratori[25]. A ciò si aggiunga che gli agenti potrebbero essere incentivati a colludere verso un basso livello di sforzo cercando di ripartirsi poi i premi tra loro, se non anche di coinvolgere in questi fenomeni di collusione un eventuale "controllore".

4.8.2. Rapporto principale-agente e asimmetrie informative nell'impresa manageriale

I problemi di azzardo morale sopra analizzati con riferimento all'impresa padronale, ossia nella relazione tra proprietario/manager e lavoratore, si pongono anche con riferimento all'impresa manageriale. In effetti, molte delle considerazioni svolte possono essere ripetute, *mutatis mutandis*, guardando alla relazione tra azionisti e manager. Rispetto all'impresa manageriale, tuttavia, assume maggiore rilevanza un diverso problema di azzardo morale, connesso al finanziamento della stessa, a cui rivolgiamo ora la nostra attenzione.

Nell'impresa manageriale, tipicamente di grandi dimensioni, il problema del finanziamento, ovvero del reperimento dei fondi finanziari attraverso i quali sostenere la crescita, e le operazioni aziendali ordinarie e straordinarie in generale, è un problema di cruciale rilevanza. Non solo per il fatto stesso della ricerca dei fondi, ma anche perché i rapporti che si vengono ad instaurare con il finanziamento si configurano come relazioni principale-agente in cui si annidano problemi di azzardo morale simili a quelli già visti. Più precisamente, la natura di questi problemi varia con la modalità di finanziamento e ne influenza la scelta. Il riferimento al modello di Jensen e Meckling [1976], in cui la questione trova la prima analisi sistematica, può essere utile ad illustrare questo punto.

Si supponga di essere di fronte ad un'impresa di tipo padronale, in cui cioè il proprietario è azionista unico e anche manager, e che questa impresa abbia la necessità di finanziare un'espansione delle proprie dimensioni aziendali. Un primo modo per finanziarsi potrebbe essere il ricorso al *capitale*, ossia all'emissione di nuove azioni. Con questa modalità, i sottoscrittori delle nuove azioni di fatto affidano le proprie risorse in gestione al manager-proprietario iniziale, e si configurano quindi per lui (nella veste di agente) come principali. Il punto cruciale di questa relazione è che, come tutti i principali, anche i nuovi azionisti non sono in grado di osservare

---

[25] Collaborare con un altro agente comporterebbe, infatti, oltre che aumentare la sua probabilità di vincere il torneo, diminuire la propria.

pienamente il comportamento dell'agente affidatario: in altre parole, anche questo rapporto è caratterizzato da asimmetrie informative (precisamente, del tipo azione nascosta). Ancora una volta, questa situazione può incentivare il manager-proprietario a porre in atto comportamenti moralmente azzardati, ad esempio distraendo parte delle risorse ottenute verso fini personali, per disporre di auto di grossa cilindrata, ristoranti di lusso e viaggi costosi (i cosiddetti *perks*). Il motivo che incentiva il manager-proprietario a fare questo è immediato. Avendo frazionato il capitale azionario dividendolo con altri investitori, da unico *residual claimant*, il proprietario-manager diventa *co-residual claimant*: beneficia cioè del reddito netto dell'impresa (pagati i fattori di produzione) in misura non più totale, ma proporzionale alla propria quota di partecipazione alla società. Nella stessa misura proporzionale, e cioè non più in misura integrale, egli subirà quindi anche le perdite che i suoi comportamenti "azzardati" comporteranno per l'impresa (cioè per il suo valore azionario): comportamenti, dei cui vantaggi egli si appropria per converso integralmente. Ancora una volta, l'azzardo morale si presenta secondo la definizione iniziale, con un sensibile adattamento: non essendo completamente osservato dal principale, l'agente si può permettere di svolgere azioni di cui riceve integralmente i benefici, ma di cui sopporta solo parzialmente i costi, aumentando per questa via quelli sopportati dal principale.

Supponiamo, in alternativa, che il manager-proprietario decida di finanziare l'espansione delle dimensioni aziendali ricorrendo al *debito*, ossia chiedendo un prestito. In questo caso, dunque, sono i creditori (le banche, ad esempio) che si configurano come il principale che affida in gestione il capitale al manager-proprietario, di nuovo nella veste di agente. Anche in questo caso la relazione di agenzia è caratterizzata da informazione asimmetrica, e anche in questo caso dunque il manager-proprietario ha un incentivo ad adottare comportamenti moralmente azzardati, ma di tipo e per motivi diversi da quelli del caso precedente. Non essendo completamente monitorato dai creditori, il manager-proprietario sarà incentivato in questo caso ad impiegare le risorse avute in prestito in progetti di investimento molto rischiosi, più rischiosi di quanto i creditori desidererebbero. Il motivo, in questo caso, non è la *co-claimance* del reddito generato, come nel precedente: il manager è di fatto ancora l'unico proprietario. Piuttosto, il manager-proprietario considera che, dovesse il progetto rischioso andare a buon fine, egli ne trarrebbe il maggiore vantaggio, al netto degli interessi e del rimborso dovuti ai creditori. Dovesse invece il progetto non andare a buon fine, la perdita graverebbe principalmente sui creditori, che non sarebbero più in grado di recuperare le loro risorse, mentre la perdita del manager-proprietario, a meno di non introdurre altre clausole contrattuali (ad esempio, il pignoramento dei beni), sarebbe più contenuta.

Sia il ricorso al capitale che il ricorso al debito, dunque, comportano inefficienza a causa di comportamenti moralmente azzardati da parte degli agenti. L'aspetto interessante è che i limiti dell'una forma di finanziamento sono attenuati dal ricorso all'altra, dando origine all'ennesimo caso di *trade-off*: volendo contenere il rischio di *perks*, l'impresa potrebbe scegliere di aumentare il ricorso al debito, aumentando però per questa via l'esposizione a progetti rischiosi, e viceversa. Tra le due problematiche l'impresa deve giungere ad un compromesso, trovando un'adeguata forma di quella che viene oggi definita *corporate finance*. Il punto cruciale è, come evidenziato da Jensen e Meckling [1976], che la *corporate finance* prescelta, ossia il *mix* di forme di finanziamento selezionato, incide in modo cruciale sul modo in cui l'impresa governa le relazioni tra i suoi *stakeholder*, ossia sulla propria *corporate governance* [Shleifer-Vishny, 1997]. E, ancor più rilevante, che la *corporate finance* incide sul valore di mercato dell'impresa stessa, confutando uno dei risultati più importanti della finanza moderna, noto come *teorema di Modigliani-Miller* [1958], secondo il quale il valore dell'impresa sarebbe indipendente dalla forma di finanziamento da essa prescelta.

Anche quest'ultima questione, come le precedenti, a seguito dei contributi seminali passati in rassegna sopra, ha ricevuto di recente notevole attenzione. Nello spirito manualistico di questo capitolo, tuttavia, anziché dedicarci alla frontiera della ricerca in tema di economia dell'informazione e dei contratti, ci occuperemo in seguito di un corpo di teorie dell'impresa che dalle prime si discostano in modo sostanziale e per questo sono anche dette teorie "eterodosse" dell'impresa.

4.8.3. Razionalità limitata, decisioni e comportamenti dell'impresa nelle teorie eterodosse: il contributo di Herbert Simon

Al di là di rilevanti diversità, le teorie dell'impresa che abbiamo analizzato nei paragrafi precedenti condividono una visione degli agenti individuali che non si discosta molto dall'*homo economicus* perfettamente razionale che abbiamo già utilizzato. Anche l'*homo contractualis* di Williamson, pur etichettato come "razionalmente limitato", è in grado di prendere decisioni "economizzanti" che, così come evidenziato da Hodgson [1993], non sono chiaramente distinguibili da un comportamento ottimizzante che richiede razionalità perfetta [26]. Per quanto in alcuni scritti vi si rifaccia esplicitamente, l'idea di razionalità limitata impiegata da Williamson è infatti molto diversa da quella sviluppata da Herbert A. Simon [1957], il quale muove invece in maniera ferma dalla critica alla teoria neoclassica standard.

Le ipotesi neoclassiche che le alternative di scelta siano date, che tutte le possibili conseguenze delle alternative siano conosciute, e che l'agente abbia un preciso

---

[26] "Williamson deve scegliere. Può accettare o rifiutare l'ipotesi che la minimizzazione dei costi di transazione sia compiuta da … un agente in modo deliberato. Tuttavia, se egli accetta l'ipotesi non può simultaneamente abbracciare il concetto di razionalità limitata" [Hodgson, 1993, p. 86, nostra traduzione].

criterio di ordinamento per tutte le possibili conseguenze, sono, secondo Simon, eccessivamente semplicistiche [Simon-March, 1966, p. 173]. E da ciò nasce la necessità, obiettivo del programma di ricerca di Simon, di costruire una teoria alternativa che descriva

> "come le decisioni [possono] essere [...] prese nel caso in cui si [debba] andare a cercare le alternative di scelta, non si [conoscono], se non molto imperfettamente, le conseguenze della scelta di determinate alternative (sia a causa del limitato potere di calcolo, sia a causa dell'incertezza riguardo al mondo esterno) ed il decisore non [possieda] una funzione di utilità coerente e generale per confrontare alternative eterogenee" [Simon, 1985, pp. 295-296].

Sinteticamente, due sono gli elementi di questa nuova teoria della scelta limitatamente razionale: la ricerca e il soddisfacimento. La *ricerca* (*search*) diventa evidentemente cruciale quando l'insieme delle alternative non è conosciuto in anticipo, ma è invece un insieme aperto che va investigato e scoperto. A questo riguardo, argomenta Simon, la razionalità degli agenti risiede nel fatto che essi si affidano a delle "procedure" di ricerca (da cui la dizione alternativa di *razionalità procedurale*), anche relativamente alle informazioni, sempre più precise, sugli esiti che divengono via via conosciuti per le loro azioni. Ed è a questo proposito che diventa cruciale l'idea di *soddisfacimento* (*satisficing*), come criterio di selezione tra le opzioni ricercate alternativo a quello ottimizzante della teoria neoclassica.

La teoria neoclassica standard, si ricordi, non ammette che le scelte degli agenti non rispondano alle ipotesi comportamentali, quali, in particolare, completezza e transitività, mentre nella pratica spesso gli agenti le violano[27]. Simon risolve questa contraddizione prendendo a prestito dalla psicologia cognitiva l'idea di *livello di aspirazione*:

> "Le aspirazioni hanno molte dimensioni: si può aspirare ad un lavoro piacevole, all'amore, al buon cibo, a viaggiare. In ogni dimensione l''aspettativa' di ciò che si può ottenere determina un livello di aspirazione con cui si confronta il livello reale dell'esperienza. Se l'esperienza supera il livello di aspirazione, si registra 'soddisfazione'; se il livello di aspirazione è più alto si registra 'insoddisfazione'" [Simon, 1985, p. 369].

Definito il livello di aspirazione, il criterio di scelta diventa immediato:

---

[27] In effetti, sono numerosi gli studi nel campo della psicologia e dell'economia sperimentale che rivelano come gli agenti, soprattutto in presenza di rischio ed incertezza, si comportano in generale in modo assai diverso dal paradigma neoclassico. Per una rassegna di questi esperimenti – come l'esperimento della "associazione di eventi" di Feldman, 1963 e il fenomeno delle "inversioni di preferenze" di Lichtenstein e Slovic, 1973 – si veda Cerulli [2005].

"Non appena avesse scelto un'alternativa di scelta corrispondente al suo livello di aspirazione, l'agente avrebbe posto fine alla ricerca e scelto quella alternativa. Ho chiamato questo tipo di selezione '*satisficing*'" [Simon, 1985, p. 301].

Il punto chiave è che questa visione limitatamente razionale del processo di scelta non ha bisogno di alcuna delle ipotesi della teoria neoclassica standard, e consente di fare riferimento ad un *homo economicus* molto più "umano". In ciò risiede la radicale diversità rispetto al paradigma neoclassico, e anche la diversità rispetto al paradigma dell'economia dei costi di transazione, che della nozione di Simon non prende a bordo la nozione gemella di "soddisfazione" [Pessali, 2006].

L'impatto del programma di ricerca di Simon sullo sviluppo della teoria economica dell'impresa è stato molto forte. Da un lato, il paradigma neoclassico ha fornito vari di tipi risposte alla critica di Simon. La più nota di queste è la cosiddetta difesa "evolutiva" dell'ipotesi di razionalità perfetta, che invoca metaforicamente l'idea di selezione della biologia Darwiniana: dacché sul mercato sopravvivono gli agenti che hanno ottimizzato il loro comportamento, di fatto, vuol dire che gli agenti si comportano in modo perfettamente razionale anche senza volerlo deliberatamente, ossia "come se" fossero tali [Friedman, 1953] [28].

Dall'altro lato, intorno al contributo di Simon, sebbene con diversi gradi di "vicinanza", si sono sviluppate altre teorie alternative al paradigma neoclassico che, in contrapposizione all'affermazione di quest'ultimo e alla sua connessa natura "ortodossa", sono spesso chiamate *teorie eterodosse dell'impresa*. Anche all'interno di questo ambito di indagine i contributi sono molto numerosi e diversificati. Per esigenze di spazio, nel seguito ci limiteremo ad illustrare le caratteristiche principali dei principali filoni eterodossi, rimandando il lettore interessato ad alcuni degli approfondimenti indicati.

La *teoria comportamentista dell'impresa* prende direttamente le mosse dal contributo di Herbert Simon. Nella celebre opera di Cyert e March [1963] l'impresa viene infatti concettualizzata come una coalizione di "gruppi" di agenti, caratterizzati da razionalità limitata, livelli di aspirazione e interessi diversi e facilmente contrastanti, dalla cui combinazione deriva la performance ultima dell'impresa.

L'impresa costituisce infatti in questo approccio l'istanza superiore in cui gli eventuali conflitti fra gli obiettivi di questi gruppi sono risolti: una sorta di "trattato" in cui i singoli gruppi si riconoscono nella misura in cui i loro livelli di aspirazione vi trovano soddisfazione. In questo modo, a differenza delle teorie manageerialiste, che pure avevano riconosciuto il conflitto tra proprietari e manager, ma

---

[28] Il dibattito, in parte ancora aperto, ha dato luogo ad un inteso scambio di vedute tra Lawrence A. Boland e Bruce J. Caldwell sulle pagine della *American Economic Review* negli anni '80 del secolo scorso (1981, vol. 71, n. 5 e 1983, vol. 73, n. 4). Sulle contro-critiche all'interpretazione evolutiva dell'ipotesi di razionalità perfetta si veda Cerulli [2005].

identificando poi l'impresa con i manager, la teoria comportamentista delinea una netta dicotomia fra singoli membri della coalizione e la coalizione stessa (l'impresa).

Quanto alla decisione dei gruppi di aderire o meno all'impresa, la loro razionalità limitata ha profonde implicazioni per la natura dell'organizzazione che ne discende. Così come gli agenti-gruppi che la compongono, infatti, anche l'impresa, dati i vincoli conoscitivi e procedurali, interni ed esterni, che la caratterizzano, opera in un contesto caratterizzato da razionalità limitata. Essendo impegnata a fissare i suoi obiettivi tenendo conto dei conflitti causati dalla diversità delle richieste dei vari gruppi, l'impresa non è in grado di realizzare una piena corrispondenza fra i suoi risultati e i livelli di aspirazione dei singoli. Essa mirerà pertanto a soddisfare, piuttosto che a massimizzare, certi (meta) livelli di aspirazione.

Strettamente relazionata alla teoria comportamentista è la cosiddetta *teoria evolutiva dell'impresa*. Dichiaratamente ispirata alla prima, seguendo le parole dei suoi due fondatori, Richard Nelson e Sidney Winter, la teoria evolutiva ha rispetto a quella un focus maggiore "sui processi che legano i cambiamenti nelle regole decisionali dell'impresa e le procedure (ivi incluse le tecniche di produzione) ad un ambiente economico in cambiamento" [Nelson-Winter, 1982, p. 36, nostra traduzione].

In effetti, all'analisi comportamentista della definizione degli obiettivi, la teoria evolutiva aggiunge ulteriori considerazioni circa il comportamento in cui l'impresa traduce gli obiettivi stessi. In breve, la definizione di livelli di aspirazione e la conseguente selezione di una strategia soddisfacente si manifestano in concreto nell'adozione, da parte dell'impresa, di *routine organizzative*: comportamenti regolari e prevedibili che possano riguardare tutte le attività dell'impresa (la produzione, la gestione delle scorte, la R&S, e così via).

Nella teoria evolutiva le routine organizzative giocano un ruolo chiave per l'impresa, al punto tale da rappresentare il suo "minimo elemento ontologico": tutto ciò che è necessario, cioè, per definirne l'esistenza [Nelson-Winter, 1982, Cap. 3]. Esse sono la sede (metaforica ovviamente) della *conoscenza organizzativa* dell'impresa, dove risiede cioè il saper fare, la competenza dell'impresa come organizzazione [Winter, 1988]. Alle routine l'impresa ricorre, inoltre, ogni qual volta si trova a dover riaffrontare situazioni verificatesi in precedenza, senza per questo doversi impegnare nuovamente in onerosi calcoli: esse rappresentano cioè anche la *memoria organizzativa* dell'impresa, importante strumento "economizzatore" di razionalità limitata. Non da ultimo, attraverso il "mutuo adattamento" che caratterizza gli agenti che vi sono coinvolti e le pongono in essere, le routine funzionano come strumento di *governance* informale per il coordinamento dell'impresa, non meno efficace di sistemi di *governance* formali basati sull'autorità e sul comando [Coriat-Dosi, 1988].

In ragione di queste proprietà, le routine sono un elemento essenziale dell'impresa evolutiva. Ad esse, la teoria stessa si riferisce metaforicamente, traendone da questo il nome, come all'equivalente dei geni per gli organismi studiati dalla biologia evolutiva[29]: il DNA delle organizzazioni. Questa corrispondenza è estremamente importante dacché consente di analizzare metaforicamente anche la dinamica delle imprese, preoccupazione principale della teoria evolutiva. In effetti, tutti gli elementi costitutivi di quest'ultima trovano una corrispondenza nel cambiamento di cui sono testimoni le imprese: (i) *varietà* – ogni impresa ha il proprio patrimonio (genetico) di routine, che la contraddistingue dalle altre e la rende intrinsecamente diversa, cosicché il riferimento all'impresa rappresentativa (tipico della teoria neoclassica) è di fatto impossibile; (ii) *selezione* – le imprese con le routine più adatte all'ambiente competitivo "sopravvivono" allo stesso, mentre le forze del mercato selezionano per "estinzione" (in modo analogo all'evoluzione della specie darwiniana) le imprese meno adatte; (iii) *persistenza* (o *ereditarietà*) – le routine che si sono affermate nel gioco competitivo vengono, più o meno consciamente, replicate (al limite, copiate) e sono così in grado di trasmettersi, sia nello spazio (ossia, ad altre imprese) che nel tempo; risultando la loro replica imperfetta ciò dà origine a processi di mutazione che alimentano la varietà e per questa via la dinamica evolutiva.

Il fatto che i processi di cambiamento delle imprese rivelino queste caratteristiche conferisce alla loro dinamica delle proprietà molto particolari, diffusamente riscontrabili nella pratica. Tra queste, vale la pena ricordare il ruolo delle condizioni iniziali, in cui la dinamica delle imprese rimane spesso intrappolata in stati inefficienti [il cosiddetto *lock-in*, Arthur, 1989], e la dipendenza del cambiamento futuro dal percorso intrapreso nel passato [la cosiddetta *path-dependence*, David, 2000]. Queste e altre caratteristiche della dinamica d'impresa male si prestano ad essere investigate con gli strumenti di analisi dell'economia neoclassica standard.

Riferimenti bibliografici

ABRAMOVITZ M. [1989], *Thinking about growth*, Cambridge University Press, Cambridge.

AKERLOF G. [1970], "The market for lemons: Quality uncertainty and the market mechanism", in *Quarterly Journal of Economics*, vol. 89, pp. 488-500.

ALCHIAN A.-DEMSETZ H. [1972], "Production, information costs, and economic organization", in *American Economic Review*, vol. 62, pp. 772-795.

ARTHUR W.B. [1989], "Competing technologies, increasing returns, and lock-in by historical event", in *Economic Journal*, vol. 99, pp. 116-131.

BLAUG M. [1978 trad. it. 1970], *Storia e critica della teoria economica*, Boringhieri, Torino.

[29] È bene ricordare ancora che il trattamento metaforico delle routine introdotto da Nelson e Winter rappresenta un'importante novità rispetto all'uso della biologia evolutiva nell'analisi dell'impresa che, come abbiamo detto, risale almeno agli inizi degli anni '50 del secolo scorso, al dibattito sull'ipotesi di razionalità perfetta (a dire il vero, l'uso della stessa si ritrova già nei *Principles* di Marshall).

BOLAND L.A. [1981], "On the futility of criticizing the neoclassical maximization hypothesis", in *American Economic Review,* vol. 71, pp. 1031-1036.

BOLAND L.A. [1983], "The neoclassical maximization hypothesis: reply", in *American Economic Review,* vol. 73, pp. 828-830.

BROMLEY D. [2006], *Sufficient reason*, Princeton University Press, Princeton.

BULCKAEN F. [1994], *Beni pubblici. Condizioni di efficienza allocativa*, Giappichelli, Torino.

CALDWELL B.J. [1983], "The neoclassical maximization hypothesis: comment", in *American Economic Review,* vol. 73, pp. 824-827.

CERULLI G. [2005], "Ottimizzazione versus razionalità procedurale: un'analisi del dibattito sulla natura della scelta razionale in economia", Working Paper 01/2005, Dipartimento di Economia "S. Cognetti de Martiis", Centro di Studi sulla Storia e i Metodi dell'Economia Politica "Claudio Napoleoni" (CESMEP).

COASE R. [1937 trad. it. 1993], "La natura dell'impresa", in L. FILIPPINI-A. SALANTI (a cura di), *Razionalità, impresa e informazione. Letture di microeconomia*, Giappichelli, Torino.

COASE R. [1960 trad. it. 1980], "Il problema del costo sociale", in F. FORTE-E. GRANAGLIA (a cura di), *La nuova economia politica americana*, SugarCo, Milano.

CORIAT B.-DOSI G. [1998], "Learning how to govern and learning how to solve problems: on the co-evolution of competences, conflicts and organizational routines', in A. CHANDLE-P. HAGSTRÖM-Ö. SÖLVELL (a cura di), *The Dynamic Firm*, Oxford University Press, Oxford-New York.

CYERT R.-MARCH J. [1963], *A Behavioral Theory of the Firm*, Prentice-Hall, Engelwood Cliffs.

DALES J.H. [1968], *Pollution, Property and Prices. An Essay in Policy Making and Economics*, University of Toronto Press, Toronto

DAVID P.A. [2000], "Path dependence, its critics and the quest for 'historical economics'", in P. GARROUSTE-S. IOANNIDES (a cura di), in *Evolution and Path Dependence in Economic Ideas: Past and Present*, Edward Elgar Publishing, Cheltenham, England.

FAGERBERG J. [2003], "Schumpeter and the revival of evolutionary economics: an appraisal of the literature", in *Journal of Evolutionary Economics*, vol. 13, pp. 125-159.

FELDMAN H. [1963], "Simulation of behavior in the binary choice experiment", in E.A. FEIGEMBAUM-J. FELDMAN [1963] (a cura di), *Computers and Thought*, McGraw-Hill, New York.

FRIEDMAN D.D. [1991], "The world according to Coase", in *The Law School Record*, University of Chicago Law School.

FRIEDMAN M. [1953], "The methodology of positive economics", in M. FRIEDMAN (a cura di), *Essays in Positive Economics*, University of Chicago Press, Chicago, pp. 2-43.

FRIEDMAN M. [1962 trad. it. 1995], *Capitalismo e libertà*, Studio Tesi, Pordenone.

GREEN J.R.-STOKEY N.L. [1983], "A comparison of tournaments and contracts", in *Journal of Political Economy*, vol. 91, pp. 349-364.

GROSSMAN S.-HART O. [1983], "An analysis of the principal-agent problem", in *Econometrica*, vol. 51, pp. 7-45.

HART O.-HOLMSTRÖM B. [1987], "The Theory of Contracts", in T.F. BEWLEY (a cura di), *Advances in Economic Theory. Fifth World Congress*, Cambridge University Press, Cambridge.

HAYEK F.A. [1945], "The use of knowledge in society", in *American Economic Review*, vol. XXXV, n. 4, September, pp. 519-530.

HODGSON G.M. [1993], "Transaction costs and the evolution of the firm', in C. PITELIS (a cura di), *Transaction Costs, Markets and Hierarchies*, Blackwell, Oxford.
HOLMSTRÖM B. [1982], "Moral hazard in teams", in *Bell Journal of Economics*, vol. 13, pp. 324-340.
JENSEN M.C.-MECKLING W. [1976], "The theory of the firm: managerial behavior, agency costs and ownership structure", in *Journal of Financial Economics*, vol. 3, pp. 305-360.
KAPP K.W. [1963], *The social cost of business enterprise*, Asia Publishing House, London, (edizione rivista, 1978).
KEYNES J.M. [1936 trad. it. 2001], *Teoria generale dell'occupazione, dell'interesse e della moneta e altri scritti*, Utet, Torino.
KHAN M.H. [2002], "State failure in developing countries and strategies of institutional reform", mimeo, Department of Economics, SOAS, University of London.
KRUEGER A.O. [1990], "Government failures in development", in *The Journal of Economic Perspectives*, vol. 4, n. 3, Summer, pp. 9-23.
LAZEAR E.P.-SHERWIN R. [1981], "Rank-order tournaments as optimum labor contracts", in *Journal of Political Economy*, vol. 89, n. 5.
LICHTENSTEIN S.-SLOVIC P. [1973], "Response-induced reversals of preference in gambling: an extended replication in Las Vegas", in *Journal of Experimental Psychology*, n. 101, pp. 16-20.
MALCOMSON J.M. [1984], "Work incentives, hierarchy, and internal labor markets", in *Journal of Political Economy*, vol. 92, pp. 486-507.
MARRIS R. [1964 trad. it. 1972], *La teoria economica del capitalismo manageriale*, Einaudi, Torino.
MARSHALL A. [1920 trad. it. 1987], *Principi di economia*, Utet, Torino.
MODIGLIANI F.-MILLER M. [1958], "The cost of capital, corporation finance, and the theory of investment", in *American Economic Review*, vol. 48, pp. 261-297.
MUSGRAVE R.A. [1959], *The theory of public finance*, McGraw-Hill, New York.
NELSON R.-WINTER S. [1982], *An Evolutionary Theory of Economic Change*, Harvard University Press, Cambridge.
NICITA A.-SCOPPA V. [2005], *Economia dei Contratti*, Carocci, Roma.
PASINETTI L. [1989], *Lezioni di teoria della produzione*, Il Mulino, Bologna.
PESSALI H.F. [2006], "The rhetoric of Oliver Williamson's transaction cost economics", in *Journal of Institutional Economics*, vol. 2, n. 1, pp. 45-65.
PIGOU A.C. [1920 trad. it. 1968], *Economia del benessere*, Utet, Torino.
RAWLS J. [1971 trad. it. 1985], *Una teoria della giustizia*, Feltrinelli, Milano.
ROTHSCHILD, M.-J.E. STIGLITZ (1976), "Equilibrium in competitive insurance markets: An essay in the economics of imperfect information", in *Quarterly Journal of Economics*, 80, pp. 629-649.
SAMUELSON P.A. [1954 trad. it. 1972], "La teoria pura della spesa pubblica", in F. FORTE-G.F. MOSSETTO (a cura di), *Economia del benessere e democrazia*, Franco Angeli, Milano.
SHLEIFER A.-VISHNY R. [1997], "A survey of corporate governance", in *Journal of Finance*, vol. 52, pp. 737-783.
SIMON H. [1957], *Models of Man*, John Wiley, New York.
SIMON H.A. [1985], *Causalità, Razionalità, Organizzazione*, Il Mulino, Bologna.

SIMON H.A.-MARCH J.G. [1966], *La Teoria dell'Organizzazione*, Edizioni di Comunità, Milano.

SPENCE A.M. (1973), "Job market signaling", in *Quarterly Journal of Economics*, 87, pp. 355-374.

WINTER S.G. [1988], "On Coase, competence, and the corporation", in O.E. WILLIAMSON-S.G. WINTER (a cura di), *The Nature of the Firm*, Basil Blackwell, Oxford.

5 Mercati non concorrenziali

Parte I - **Per capire**

5.1. Monopolio, concorrenza monopolistica e oligopolio in prospettiva storica

Nei mercati concorrenziali nessun agente ha un potere di mercato – in sostanza nessun agente può influenzare il prezzo dei beni, la remunerazione dei fattori produttivi, e i beni e fattori sono omogenei e dunque sostituibili. Nei mercati non concorrenziali gli agenti hanno un potere di mercato che si può concretizzare in più modi, sulla base delle ipotesi e condizioni cui facciamo riferimento.

In questo paragrafo introduttivo vengono presentate alcune definizioni minime – che approfondiremo nei paragrafi successivi – per illustrare in prima approssimazione la visione economica di questi mercati.

Il caso più immediato di mercato non concorrenziale è quello del monopolio, in cui un unico operatore soddisfa l'intera domanda del mercato di un dato bene o servizio.

Il secondo tipo di mercato non concorrenziale è quello della concorrenza monopolistica: l'elemento di fondo consiste nella differenziazione dei prodotti. Ogni produttore è monopolista nella produzione di un dato bene, che però viene prodotto con caratteristiche diverse, anche da altri produttori. Vediamo un esempio: nel mercato dei servizi legali, ogni avvocato specializzato gode di un determinato potere monopolistico: molti clienti vogliono proprio il tipo di consulenza per il quale l'avvocato si è specializzato. Tuttavia, molti altri avvocati forniscono servizi legali che possono essere considerati come imperfetti sostituti rispetto a quelli dell'avvocato in questione. Dunque, abbiamo elementi di monopolio – la domanda rivolta a *quel* prodotto/servizio – affiancati da elementi di concorrenza – altri produttori sono in grado di soddisfare con prodotti simili la stessa esigenza.

Il terzo caso che consideriamo è quello dell'oligopolio. Questo sostantivo indica un mercato in cui vi sono alcuni grandi operatori, ognuno dei quali detiene una quota rilevante di mercato. Ciò che caratterizza l'oligopolio è l'*interazione strategica* tra le imprese: quando una delle poche (grandi) imprese cambia il proprio comportamento, le altre imprese risponderanno, variando, a loro volta, la propria politica. Come già detto, nei prossimi paragrafi saremo più precisi. In prima battuta possiamo pensare al caso della telefonia mobile in Italia, dove TIM, Wind-Tre, Vodafone e pochi altri operatori soddisfano l'intero mercato offrendo servizi sostanzialmente simili. Se TIM abbassa il prezzo del proprio servizio, gli altri operatori non staranno a guardare, ma risponderanno – abbassando il prezzo a loro volta, oppure ampliando la gamma dei servizi offerti a parità di prezzo.

La situazione di interazione strategica è ben illustrata dalle parole di John von Neumann in un articolo pubblicato originariamente in lingua tedesca nel 1928. In un gioco di strategia cui partecipano *n* giocatori, "il destino di ogni giocatore dipende non solo dalle proprie azioni, ma anche da quelle degli altri giocatori, il cui comportamento è motivato dagli stessi interessi egoistici che motivano il comportamento del primo giocatore"[1]. Questa citazione ci consente anche di fare riferimento allo strumento che vedremo nel paragrafo 5.8 che prende il nome di *teoria dei giochi* e che viene utilizzato per lo studio, appunto, dei mercati oligopolistici.

La teoria economica neoclassica[2] ha posto al centro della propria analisi i mercati concorrenziali, che diventano il termine di paragone – o *benchmark* – per tutte le altre forme di mercato. Spesso, la concorrenza perfetta è un termine di riferimento teorico in quanto mercati perfettamente concorrenziali tendono a costituire l'eccezione piuttosto che la regola. Se pensiamo al nostro paniere di consumo di beni e servizi, dalla telefonia cellulare alle automobili, dalle bevande al software che utilizziamo, dalle compagnie aeree all'elettronica di consumo (televisori, playstation, stereo, computer, stampanti, ecc.), abbiamo tutti in mente un numero relativamente limitato di produttori o fornitori di servizi.

Non è dunque un caso che nel 1933 vennero pubblicati due contributi simili, concepiti indipendentemente l'uno dall'altro, dedicati ai mercati non concorrenziali. Il primo libro è dovuto a Joan Robinson, e si intitola *Economia della concorrenza imperfetta*; il secondo è dovuto a Edward Chamberlin, e si intitola *Teoria della concorrenza monopolistica*[3]. Il primo libro – come scrive Pasinetti nell'articolo sul-

[1] Citazione, tradotta con qualche libertà, tratta da J. von Neumann [1928], "Zur Theorie der Gesellschaftsspiele", in *Mathematische Annalen*, vol. 100, pp. 295-320, disponibile anche in lingua inglese con il titolo "On the theory of games of strategy" nel libro a cura di A.W. Tucker-R.D. Luce [1959], *Contributions to the theory of games*, vol. IV, Princeton University Press, Princeton, pp. 13-42. Vale la pena di notare che von Neumann aggiunge poco dopo nella nota 2: "Questo è il problema fondamentale dell'Economia Politica [neo]classica: cosa farebbe l'*homo œconomicus* completamente egoista date certe condizioni esterne?".

[2] Affermatasi in seguito alla pubblicazione dei lavori di W.S Jevons, C. Menger e L. Walras tra il 1871 e il 1874, conosce un forte impulso con la sistematizzazione operata da Alfred Marshall tra il 1890 e il 1920.

[3] I titoli originali sono: *The economics of imperfect competition* e *Theory of monopolistic competition*.

l'opera della Robinson del *Palgrave Dictionary of economics* – conteneva una nuova e più completa analisi sul funzionamento dei mercati, di cui quello di concorrenza perfetta è un caso particolare. Il libro della Robinson costituiva il completamento dell'analisi marshalliana. Il lavoro di Chamberlin affrontava problematiche simili, guardando alla struttura del mercato come ad un continuum che va dalla concorrenza perfetta al monopolio in cui le imprese avvertono la pressione della forza della concorrenza. Quest'ultima viene però ad essere temperata in vari gradi da un qualche potere monopolistico di cui le imprese godono comunque [4].

Rimane comunque il fatto che la maggior parte degli economisti guarda da sempre con diffidenza alla presenza di posizioni monopolistiche. Già Adam Smith (1723-1790) – considerato dai più il fondatore della moderna economia politica – scriveva nel 1776 che i monopolisti, mantenendo artificialmente bassa l'offerta dei beni rispetto alla domanda di mercato, vendono i propri beni molto al di sopra del prezzo naturale, e incrementano la propria remunerazione abbondantemente al disopra del tasso naturale [5].

Vale la pena di notare la voce dissenziente di Joseph Schumpeter (1883-1950) il quale vede nelle imprese di grandi dimensioni il motore dell'innovazione. Solo imprese di grandi dimensioni, infatti, potranno svolgere sistematicamente quelle attività di ricerca e sviluppo che stanno necessariamente alla base dell'innovazione. In una economia in cui le imprese sono orientate dalla ricerca di profitti, le imprese stesse cercheranno di offrire beni e servizi migliori delle proprie concorrenti. Per fare questo cercheranno di innovare, dando così vita a quello che Schumpeter chiamava il processo di *distruzione creatrice*: in una economia di mercato, basata sulla ricerca del profitto, osserveremo necessariamente la nascita, sviluppo e scomparsa di beni e servizi e di interi settori produttivi. In tutto questo, scrive Schumpeter in *Capitalismo, socialismo, democrazia*, se seguiamo il sentiero che porta ai settori in cui il progresso economico è stato più accentuato, questo stesso sentiero ci conduce non alle porte delle imprese che operano in condizioni di concorrenza relativamente libera, ma a quelle delle grandi imprese – il che ci fa capire che il *big business* ha contribuito a innalzare il livello di vita più che a comprimerlo [6].

---

[4] Si veda a questo proposito l'articolo di F.A. Cowell dedicato a Chamberlin sul Palgrave Dictionary of Economics da cui sono tratti gli spunti qui sopra.

[5] Gli economisti classici parlavano di prezzi "naturali"; non è questa la sede per discutere se, ed eventualmente quale sia, il rapporto tra prezzi naturali e prezzi di mercato. Le parole testuali di Adam Smith sono le seguenti: "The monopolists by keeping the market constantly understocked, by never fully supplying the effectual demand, sell their commodities much above the natural price, and raise their emoluments ... greatly above their natural rate" (*An Inquiry into the Nature and Causes of the Wealth of Nations*, libro I, cap. 7, p. 78 dell'edizione inglese curata da R.H. Campbell *et al.* per la Oxford University Press, pubblicata nel 1976, in occasione del bicentenario del contributo originale di Adam Smith).

[6] Cfr. l'edizione italiana del libro suindicato, p. 77.

5.2. Potere di mercato

Per quanto esistano forme di mercati non concorrenziali tra loro diverse, tutte hanno come comune denominatore la presenza di un potere di mercato: in particolare le imprese non sono *price-taker*. In altre parole, in queste forme di mercato i singoli venditori, per motivi diversi, sono in grado di operare un controllo più o meno diretto e sostanziale sui fondamentali del mercato in cui operano, in particolare sui prezzi. In generale, ciò fornisce loro la possibilità di praticare dei prezzi che eccedono i costi marginali sostenuti nella produzione. Ciò consente alle imprese di appropriarsi di tutto o di parte del *surplus* dei consumatori, facendo anche venire meno una parte del *surplus* complessivo, determinando così situazioni di equilibrio non ottimali.

In alcuni casi questo potere di mercato deriva dal controllo di una risorsa chiave: ad esempio una risorsa naturale come il petrolio (si pensi al potere di controllo del prezzo delle compagnie petrolifere dell'area OPEC). In altri, invece, dalla specificità del bene che è prodotto: specificità che le imprese possono sfruttare introducendo innovazioni, o ricorrendo a delle strategie di differenziazione del prodotto, o di *marketing*.

Inoltre, la misura in cui il potere di mercato è esercitato dipende da diversi fattori, in particolare: i) dall'elasticità della domanda; ii) dal numero di imprese presenti sul mercato; iii) dall'interazione tra le imprese. Cerchiamo di chiarire questi tre punti.

Per quanto riguarda l'elasticità della domanda di mercato, è evidente che se una sola impresa opera sul mercato, allora la domanda rivolta a quell'impresa coinciderà con la domanda dell'intero mercato. Se sul mercato opera invece un certo numero, ancorché limitato, di imprese ognuna avrà una curva di domanda individuale che sarà tanto più elastica di quella del mercato quanto maggiore è il grado di concorrenza tra le imprese stesse (in concorrenza perfetta, si ricordi, l'elasticità della domanda delle singole imprese tende all'infinito – cioè la singola impresa ha di fronte a sé una funzione di domanda orizzontale). La differenza, in termini di elasticità, tra le curve di domanda individuali rivolte alle imprese e la curva domanda di mercato fornisce pertanto una misura della concorrenza fra le imprese e quindi della (im)possibilità di imporre un prezzo superiore ai costi marginali.

Il potere di mercato dipende dal numero di imprese che operano nel mercato da un lato, e dalla peculiarità dei beni e servizi forniti dall'altro. In particolare, *ceteris paribus*, il potere di mercato diminuisce all'aumentare del numero di imprese, divenendo infatti così più difficile aumentare il prezzo senza perdere contestualmente una quota di mercato. Si noti, tuttavia, che il potere di mercato non dipende semplicemente dal numero di imprese presenti sul mercato, quanto dal numero di imprese "rilevanti". Per esempio, un mercato in cui operano 20 imprese, le prime 4 delle quali detengono, congiuntamente, una quota pari al 90% del fatturato totale, sarà molto diverso da quello costituito sempre da 20 imprese, ma le prime 4 delle quali raggiungono insieme solo il 25% del fatturato totale. Nel primo caso, infatti, il mercato è molto più concentrato, ed il potere di mercato delle 4 imprese più grandi sarà maggiore di quello che hanno 4 delle venti imprese del secondo mercato. Il calcolo della quota percentuale delle vendite (o, alternativamente, della produzione o degli addetti) detenuta dalle prime 4 imprese del settore prende il nome di *indice di concentrazione C4*. Più elevato sarà il valore di tale indice, più alto il grado di concentrazione, maggiore il potere di mercato delle quattro imprese considerate. In alcuni casi, anziché rispetto alle prime 4, l'indice di concentrazione si calcola rispetto alle prime 5 imprese di un mercato (*indice C5*). La scelta della numerosità di riferimento è un fatto puramente convenzionale, da cui il calcolo del grado di concentrazione è evidentemente dipendente con un certo grado di arbitrarietà. Per superare questo problema, gli economisti usano spesso un indice di concentrazione più articolato, detto *indice di Herfindahl-Hirschman* (HHI), dato dalla somma dei quadrati delle quote di mercato (espresse in percentuale) di *tutte* le imprese del mercato (la somma semplice darebbe in effetti sempre 100) [7].

L'ultimo fattore da cui dipende l'esercizio del potere di mercato è il grado di interazione tra le imprese. Questo è forse l'aspetto principale. Infatti, è possibile avere un mercato in cui operano poche imprese, ed in cui il potere di mercato è comunque basso, se le imprese si fanno una concorrenza sfrenata (per esempio, attraverso diminuzioni dei prezzi) per aumentare le proprie quote di mercato. Per converso, potremmo avere un mercato in cui operano invece numerose imprese, ed in cui il potere di mercato è comunque alto, se le imprese colludono, tipicamente limitando l'output per mantenere elevati i prezzi. In altre parole, le imprese possono interagire in diversi modi e, a parità di numerosità e di altre condizioni, il potere di mercato è tanto maggiore, quanto minore è la concorrenza fra di loro.

Si osservi, infine, che tutti e tre i fattori che abbiamo esaminato mutano nel tempo, cosicché anche il potere di mercato cambia con l'evolvere delle condizioni del mercato e deve essere pertanto considerato in un contesto dinamico.

Nel distinguere diverse forme di mercato non concorrenziale, i fattori che influenzano il potere di mercato delle imprese vanno evidentemente considerati congiuntamente alle caratteristiche dei beni e servizi offerti. Operando questo incrocio siamo in grado di identificare tre tipi di mercati non concorrenziali [8]: i) il *monopolio*,

---

[7] Per un approfondimento sulla costruzione e sulla lettura di questo indice si veda, per esempio, Borra-Di Ciaccio [2004]. È interessante notare che, dal 1982, il Dipartimento di Giustizia degli Stati Uniti, la *Federal Trade Commission* ed altri organismi americani utilizzano questo indice per determinare il grado di concentrazione ammissibile nei confronti della disciplina antitrust, un aspetto su cui torneremo in seguito.

[8] Per quanto concerne il lato della domanda dei mercati, continuiamo a supporre che il numero di compratori sia elevato, cosicché nessuno dei compratori ha il potere di influenzare il prezzo. Il monopolio dal lato della domanda si definisce *monopsonio*, e nel caso di pochi grandi acquirenti parleremmo di *oligopsonio*.

in cui un unico produttore vende un unico bene, quindi *de facto* perfettamente omogeneo; ii) la *concorrenza monopolistica*, in cui numerosi venditori offrono prodotti differenziati, rispetto ai quali si configurano come piccoli monopolisti, senza avere quindi interazioni di tipo strategico; iii) l'*oligopolio*, in cui pochi venditori vendono un bene relativamente (anche se non perfettamente) omogeneo, instaurando tra loro interazioni di tipo "strategico" (il numero minimo di imprese è evidentemente due, e definisce il cosiddetto *duopolio*);

Si noti che la distinzione tra concorrenza monopolistica e oligopolio consiste nel grado di interazione tra le imprese e sostituibilità tra i beni da queste prodotte. Tipico dell'oligopolio è il fatto che quando una delle imprese modifica il proprio comportamento, le altre imprese a loro volta dovranno modificare il proprio – fatto questo meno pressante in condizioni di concorrenza monopolistica.

5.3. Monopolio

Il monopolio è una forma di mercato in cui due delle caratteristiche chiave della concorrenza perfetta vengono ribaltate: innanzitutto, la *numerosità* di imprese della concorrenza perfetta si riduce, in monopolio, ad un unico, esclusivo venditore; in secondo luogo, le *barriere all'entrata*, assenti in concorrenza perfetta, sono invece presenti in monopolio e cruciali nel proteggere il potere di mercato del monopolista impedendo l'entrata nel mercato di altri concorrenti.

A quest'ultimo proposito, il tipo di barriere all'entrata concorre a determinare diversi tipi di monopolio, identificabili, sia pure con qualche eccezione, in diversi settori economici. Un primo caso è quello in cui l'impresa è l'unica a detenere la proprietà di una risorsa naturale fondamentale per un certo processo produttivo: ad esempio, di un appezzamento di terreno dal quale sgorga l'unico tipo di acqua sorgiva curativa di una certa malattia. Molti degli stabilimenti del settore delle acque termali (ad esempio, le terme di Sirmione, nel bresciano) costituiscono esempi di monopoli di questo tipo, detto anche *monopolio delle risorse*. D'altra parte, nelle economie moderne, in cui le risorse naturali sono normalmente di proprietà di molti soggetti e i relativi mercati hanno quasi sempre una dimensione globale, questo tipo di barriera all'entrata funziona prevalentemente su scala locale e rappresenta sempre più una causa potenziale, piuttosto che effettiva, di monopolio.

Un secondo caso è quello in cui lo Stato, per qualche ragione, solitamente detta di "pubblica utilità", concede ad un'impresa il diritto esclusivo di vendere un certo prodotto o servizio. Il caso della tutela brevettuale garantita, al fine di incentivare l'innovazione, a chi introduce un nuovo bene o un nuovo processo produttivo rappresenta l'esempio più rilevante di questo tipo di monopolio, detto *monopolio legale*[9].

---

[9] È infatti evidente che, se l'innovatore sapesse di non avere alcuno strumento per appropriarsi del risultato della propria innovazione, non avrebbe alcun incentivo ad innovare.

Nella stessa tipologia ricadono i monopoli costituiti dallo Stato mediante la concessione in esclusiva, a società private o miste (spesso municipalizzate), della erogazione di servizi di pubblica utilità (le cosiddette *public utilities*) – quali acqua, gas ed energia elettrica – in determinati ambiti territoriali.

Il terzo caso è rappresentato da barriere all'entrata di tipo economico, piuttosto che istituzionale, quali la presenza di economie di scala così consistenti per un'impresa da rendere l'ingresso di ulteriori imprese, e la trasformazione del mercato in senso concorrenziale, fortemente sconvenienti in quanto maggiormente costosi. In quest'ultima circostanza si parla di *monopolio naturale*: un caso estremamente importante, su cui torneremo in seguito, che si riscontra, almeno potenzialmente, in settori in cui la cosiddetta scala minima efficiente è particolarmente elevata. Nel settore della produzione di aeromobili, per esempio, per molto tempo la indivisibilità degli investimenti – ossia la necessità di cospicui investimenti *una tantum*, non parcellizzabili e cumulabili nel tempo – ha reso la statunitense Boeing il monopolista naturale *de facto* del settore [10].

Indipendentemente dalla sua natura, il monopolio costituisce la forma di mercato non concorrenziale antitetica rispetto alla concorrenza perfetta. Il comportamento dell'impresa monopolistica differisce radicalmente da quello dell'impresa in condizioni di concorrenza perfetta in relazione al modo in cui la prima fissa il prezzo, con conseguenze importanti in termini di benessere dell'equilibrio finale.

Quanto al primo punto, a differenza della concorrenza perfetta, dove le imprese sono, come abbiamo detto, *price-taker*, in monopolio l'impresa ha la possibilità di imporre un prezzo, per il prodotto che vende, più alto del costo marginale di produzione: essa è cioè *price-maker*. Detto questo, dobbiamo immediatamente sottolineare il fatto che "price-maker" non significa che il monopolista non ha alcun limite alla propria libertà di fissare il prezzo: il potere del monopolista è limitato dall'elasticità della domanda, per cui se il prezzo è troppo alto la domanda si azzera. Nel prossimo paragrafo vedremo precisamente qual è la condizione sulla cui base il monopolista fissa la quantità da produrre e a quale prezzo vende quella quantità. Quello che di norma succede è dunque che avremo un prezzo più alto di quello di concorrenza perfetta e una quantità immessa sul mercato inferiore. Ciò, come vedremo, ha importanti implicazioni in termini normativi. In particolare, le caratteristiche dell'equilibrio che si determina in un mercato di monopolio sono tali per cui la società subisce, rispetto al caso della concorrenza perfetta, una *perdita secca* di benessere, ed è pertanto un equilibrio sub-ottimale in senso paretiano.

Il monopolista *price-maker* è un agente razionale che massimizza il profitto e tra poco vedremo quali sono le condizioni che portano a questa massimizzazione.

---

[10] Attualmente il settore è strutturato come un duopolio, di cui diremo in seguito, in cui a fianco di Boeing opera il consorzio europeo Airbus.

5.3.1. Equilibrio del monopolista

Il monopolista ha una struttura di costi che dipende dalla tecnologia, per cui continua a valere la rappresentazione delle curve di costo che abbiamo visto nel Capitolo 2. Rimane vero che l'impresa massimizza il proprio profitto producendo quella quantità del bene per cui la differenza tra ricavi totali e costi totali è massima, il che implica – indipendentemente dalla forma di mercato – che l'impresa produrrà quella quantità del bene tale per cui il ricavo marginale (*RMg*) deve essere uguale al costo marginale (*CMg*):

$$RMg = CMg \qquad [1]$$

Se il ricavo marginale è maggiore del costo marginale, l'impresa aumenta i profitti aumentando la produzione; per converso se il ricavo marginale fosse inferiore al costo marginale, l'impresa – per massimizzare il profitto – dovrebbe ridurre la quantità prodotta. L'equilibrio è quindi dato dal punto in cui l'impresa uguaglia il ricavo ottenuto dall'ultima unità prodotta (marginale appunto) con il costo (anch'esso marginale) necessario per la sua produzione.

Non si estende al caso del monopolio il risultato valido per la concorrenza perfetta, secondo il quale il prezzo è uguale al costo marginale:

$$p = CMg \qquad [2]$$

Ciò determina una serie di conseguenze, che vedremo in seguito, in termini di analisi del benessere.

Data la sua importanza, cerchiamo di vedere perché la [2] non vale per il monopolio. Il punto chiave è che il monopolista ha di fronte a sé l'intera curva di domanda, cioè ha di fronte a sé la funzione di domanda del mercato, che è inclinata negativamente [11]. Il monopolista ha dei margini di libertà nel fissare il prezzo senza doversi preoccupare della presenza di rivali. Ciononostante, il monopolista non può imporre qualsiasi prezzo a parità di quantità prodotta. Al contrario, scegliendo un certo prezzo, egli sa qual è la quantità domandata; se impone un prezzo più elevato, la quantità domandata sicuramente si ridurrà. In altre parole, il monopolista dovrà lasciare decidere ai consumatori il valore della variabile collegata a quella che lui controlla, ossia dovrà lasciar variare la quantità. Data la funzione di domanda che mette in relazione prezzo e quantità, è possibile rovesciare il discorso, e ipotizzare che il monopolista operi sulla quantità prodotta del bene, sapendo quale sarà il prezzo corrispondente ad ogni quantità prodotta e immessa sul mercato.

Dunque in condizioni di concorrenza perfetta, data la definizione di ricavo totale ($RT = p \times q$) – definizione vera per ogni forma di mercato –, una variazione della

---

[11] Ricordiamo ancora una volta che l'impresa in condizioni di concorrenza perfetta ha di fronte a sé una funzione di domanda orizzontale e dunque infinitamente elastica.

quantità prodotta (Δq) genera una variazione del ricavo totale $\Delta RT = p \times \Delta q$ (dividendo a sinistra e a destra per Δq otteniamo $RMg = p$); l'impresa concorrenziale è talmente "piccola" rispetto al mercato nel suo complesso per cui per aumentare la quantità venduta non c'è bisogno di una riduzione del prezzo – detto in altro modo l'impresa concorrenziale ha di fronte a sé una funzione di domanda orizzontale. Per l'impresa monopolistica, che ha di fronte a sé la funzione di domanda dell'intero mercato – inclinata negativamente – l'espressione del ricavo marginale è più complicata.

La variazione del ricavo totale del monopolista, a fronte di una variazione della quantità prodotta, deve tener conto di un duplice effetto. Se il monopolista vuole aumentare la quantità venduta (Δq) dovrà necessariamente ridurre il prezzo del bene (avremo un Δp negativo). Dunque, da un lato la vendita di una maggiore quantità di output determina un aumento dei ricavi totali pari all'incremento della produzione (Δq) moltiplicato per il prezzo di vendita: $p \times \Delta$q. Questo effetto, detto *effetto produzione*, è lo stesso che abbiamo visto in concorrenza perfetta. Dall'altro lato, però, poiché la domanda che ha di fronte il monopolista è inclinata negativamente, una quantità maggiore di output potrà essere venduta soltanto ad un prezzo più basso (ossia scorrendo lungo la curva di domanda), cioè solo se p diminuisce di Δp. Conseguentemente, tutto l'output (q) sarà venduto ad un prezzo più basso, e ciò comporterà una diminuzione dei ricavi pari alla diminuzione del prezzo che si applica a tutta la produzione: $q \times \Delta p$. Questo secondo effetto, detto *effetto prezzo*, è sconosciuto all'impresa in concorrenza perfetta.

La variazione netta dei ricavi totali (ΔRT) del monopolista sarà dunque data dalla somma algebrica (si ricordi che le due variazioni hanno segno opposto) dei due effetti precedenti, cioè:

$$\Delta RT = p \times \Delta q + q \times \Delta p \qquad [3]$$

Dividendo ambo i membri della [3] per Δq si ottiene:

$$\frac{\Delta RT}{\Delta q} = p + q \times \frac{\Delta p}{\Delta q} \qquad [4]$$

Si osservi che il termine a sinistra del segno di uguaglianza indica il ricavo marginale (che avevamo visto in condizioni di concorrenza perfetta nella [1] del Capitolo 3). A destra del segno di uguaglianza abbiamo il primo termine, il prezzo, che è positivo; il secondo termine, invece, è necessariamente un numero negativo: esso è infatti il prodotto tra q, quantità del bene e quindi numero positivo, e il rapporto tra Δp e Δq in cui prevale il segno negativo di Δp. (Si noti che il discorso rimane valido, *mutatis mutandis*, considerando una riduzione della quantità; riducendo la quantità immessa sul mercato – Δq negativo – il monopolista può aumentare il prezzo – Δp positivo – e il segno del rapporto tra i due Δ rimane comunque negativo).

Chiarito questo possiamo riscrivere la [4] tenendo conto del segno:

$$\Delta RT/\Delta q = p - q(\Delta p/\Delta q) \qquad [4\ bis]$$

Portando a sinistra del segno di uguaglianza il secondo termine di destra, riscriviamo la [4 *bis*] come segue:

$$\Delta RT/\Delta q + q(\Delta p/\Delta q) = p \qquad [4\ ter]$$

o, riscrivendola con il prezzo sul lato sinistro del segno di uguaglianza,

$$p = \Delta RT/\Delta q + q(\Delta p/\Delta q) \qquad [4\ quater]$$

Dunque, otteniamo un risultato fondamentale: in condizioni di monopolio il prezzo è più alto del ricavo marginale: infatti, nella formula qui sopra, il prezzo p è uguale al ricavo marginale, $\Delta RT/\Delta q$, cui si somma una grandezza positiva, $q(\Delta p/\Delta q)$. Questo significa che in condizioni di monopolio il prezzo è più alto di quello in condizioni di concorrenza perfetta (in quest'ultima forma di mercato vale l'uguaglianza $p = RMg$).

Dobbiamo richiamare anche la relazione che esiste tra ricavo medio e ricavo marginale, comparando sempre cosa succede in condizioni di concorrenza da un lato, e di monopolio dall'altro.

In tutte le forme di mercato – dunque sia nel caso della concorrenza che in quello del monopolio – vale l'uguaglianza tra prezzo e ricavo medio, cioè $p = RMe$ [12].

Come abbiamo visto poco più sopra, in condizioni di monopolio il prezzo p è maggiore del ricavo marginale. Dunque, se indipendentemente dalla forma di mercato vale l'uguaglianza $p = RMe$, dato che in monopolio il prezzo è maggiore del ricavo marginale, allora in condizioni di monopolio necessariamente avremo:

$$RMe > RMg \qquad [5]$$

Dato che la [5] vale per ogni livello di produzione q, essa ci dice anche che, in monopolio, la curva del ricavo medio sta al di sopra di quella del ricavo marginale.

La curva del ricavo medio coincide con la curva di domanda di mercato, e utilizzando una funzione di domanda lineare possiamo iniziare a tracciare la Figura 1. Graficamente la funzione di domanda sta sempre al di sopra della funzione del ricavo marginale ad eccezione del punto in cui la domanda si azzera (intercetta sull'asse verticale, che ci dice, tra l'altro, che quando il prezzo eccede il punto *a* la quantità domandata sarà zero) [13].

---

[12] Vale la pena di ricordare che il prezzo è funzione della quantità – fatto che possiamo sintetizzare con l'espressione $p(q)$.

[13] Per la spiegazione dettagliata del rapporto tra ricavo medio e marginale si veda la Parte seconda, dedicata agli approfondimenti.

Come abbiamo già indicato – e qui lo ripetiamo – il monopolista massimizza il profitto eguagliando ricavi marginali e costi marginali.

$$RMg = CMg \qquad [6]$$

Dunque, se in condizioni di monopolio il prezzo è maggiore del ricavo marginale, evidentemente avremo:

$$p > CMg \qquad [7]$$

Sulla base della [7] siamo finalmente in grado di qualificare l'equilibrio di massimo profitto per il monopolista, e di rappresentarlo graficamente (Figura 1).

Figura 1. – *Equilibrio del monopolista*

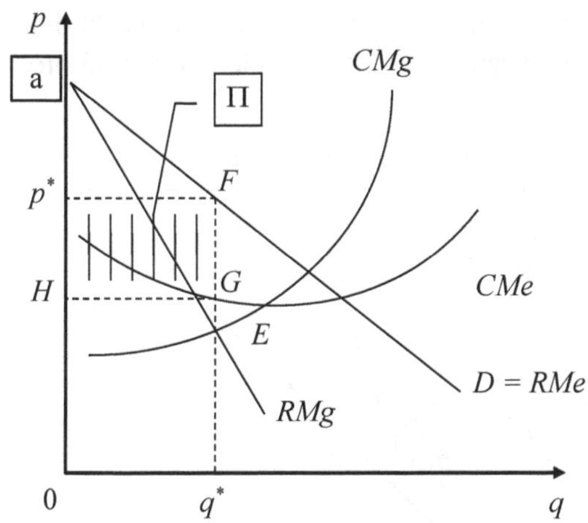

Il monopolista fissa la quantità ottimale da produrre laddove il costo marginale eguaglia il ricavo marginale e questo graficamente avviene dove le due funzioni si intersecano generando il punto E che, proiettato sull'asse orizzontale indica il punto q^*. Il monopolista "legge" il prezzo cui può vendere la quantità q^* sulla funzione di domanda, dunque proiettiamo *E* verso l'alto fino a quando incontriamo la funzione di domanda in corrispondenza del punto *F*. Proiettando *F* sull'asse dei prezzi (asse verticale) otteniamo il prezzo p^* che il monopolista applica.

La Figura 1 ci consente anche di misurare il profitto guadagnato dal monopolista, pari, come di consueto, alla differenza tra ricavi e costi totali. Il ricavo totale è dato dal prodotto del prezzo, p^*, per la quantità, q^*, e quindi dall'area del rettangolo p^*Fq^*O. Il costo totale, invece, è dato dal prodotto della quantità, q^*, per il costo medio di produzione della stessa, misurato dal segmento q^*G (all'intersezione con la curva dei costi medi). Il costo totale è quindi dato dall'area del rettangolo HGq^*O. Per differenza, il profitto è dato dall'area del rettangolo evidenziato p^*FGH.

5.3.2. Analisi di benessere e monopolio: perdita secca

Poiché in condizioni di monopolio si produce una quantità di equilibrio che è venduta ad un prezzo superiore al costo marginale, ci domandiamo se questo produttore (il monopolista) sia più o meno efficiente di quello concorrenziale. In secondo luogo, ci chiediamo se sia desiderabile, dal punto di vista del benessere sociale, che la produzione sia organizzata da un'unica impresa piuttosto che da un numero elevato di imprese di dimensione minore.

Innanzitutto, per effettuare un confronto fra monopolio e concorrenza perfetta (Figura 2) è necessario determinare quale sarebbe, a parità di struttura dei costi, la quantità prodotta in concorrenza perfetta e quale la quantità prodotta in monopolio.

Figura 2. – *Costo sociale del monopolio: perdita secca*

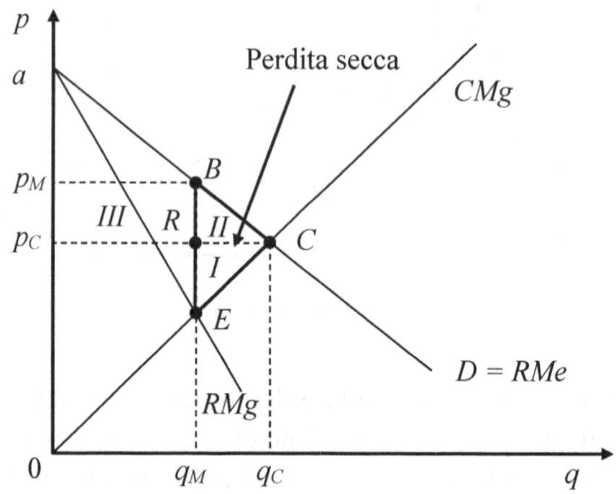

Si ricordi che la condizione di equilibrio per l'impresa in concorrenza perfetta è che il prezzo sia uguale al costo marginale, poiché, come abbiamo già più volte argomentato, per un'impresa in concorrenza perfetta la curva di domanda (cioè la relazione che collega prezzo a quantità) corrisponde a quella del ricavo marginale. La produzione ottimale dell'impresa concorrenziale è pertanto q_C, identificata dal punto C di intersezione tra la curva di ricavo medio o domanda (D), lungo la quale misuriamo il prezzo, e la curva del costo marginale (per semplicità, disegnata nella Figura 2 come lineare). Tale quantità è venduta al prezzo p_C, identificato appunto dalla curva di domanda. Detto in altro modo, prezzo e quantità in condizioni di concorrenza si ottengono all'intersezione tra domanda e offerta – quest'ultima, come abbiamo visto nel capitolo sulla teoria della produzione, coincide col ramo crescente della curva del costo marginale.

In condizioni di monopolio si produce una quantità q_M, identificata dal punto *E*, in cui costi marginali e ricavi marginali si uguagliano, e il monopolista sa di poter vendere quella quantità al prezzo p_M, identificato dal punto *B* sulla curva di domanda.

A questo punto, è possibile effettuare un confronto fra monopolio e concorrenza perfetta, valutando le differenze nelle due posizioni di equilibrio (Figura 2). Emerge immediatamente che la quantità prodotta in concorrenza perfetta, q_C, è maggiore di quella prodotta in condizioni di monopolio, q_M, ed è inoltre venduta ad un prezzo minore, pari a $p_C < p_M$.

Questa osservazione ci conduce ad un'importante conclusione: il livello di output del monopolista è inefficiente. Infatti, partendo dal livello di prodotto pari a q_M, si potrebbero produrre ulteriori unità che hanno un costo marginale inferiore al prezzo, e che quindi troverebbero consumatori disposti ad acquistarle. Infatti, nel tratto *BC* della curva di domanda, si trovano consumatori con una disponibilità a pagare superiore al costo marginale.

In sintesi, a parità di struttura dei costi, il monopolio è inefficiente, poiché comporta una produzione inferiore a quella ottimale con un conseguente prezzo superiore.

Un secondo aspetto del confronto fra monopolio e concorrenza perfetta riguarda la sua desiderabilità sociale, in termini cioè di benessere totale che ne deriva alla società. Ciò si può misurare ricorrendo alla somma dei *surplus* di consumatori e produttori. Sulla base di questo fatto, analizziamo come variano i due *surplus*, e quindi la loro somma (*surplus totale*), nel passaggio dall'equilibrio concorrenziale (punto *C*) a quello monopolistico (punto *E*). Per quanto concerne i consumatori, il loro *surplus*, in concorrenza perfetta pari al triangolo aCp_c, nel passaggio al monopolio diminuisce, diventando pari all'area del triangolo aBp_M. Il *surplus* dei consumatori diminuisce per due motivi. Da un lato, la quantità a loro disposizione per il consumo è minore (q_M anziché q_C). Questa perdita è misurata dal triangolo II, *BCR*. Dall'altro lato, anche la quantità che possono consumare, q_M, è ora acquistabile ad un prezzo più alto (p_M anziché p_C). Questa perdita è misurata dal rettangolo III, $p_M BRp_C$. Per quanto riguarda il produttore monopolista, si ha un aumento del *surplus*, pari al rettangolo III ($p_M BRp_C$), essendo in grado di vendere la quantità q_M ad un prezzo maggiore, ma anche una diminuzione, pari al triangolo I (*RCE*), dovuta alla diminuzione della quantità prodotta da q_C a q_M. Il risultato finale per i produttori dipenderà naturalmente dalle dimensioni assolute delle due variazioni e potrebbe quindi essere positivo o negativo.

Tuttavia, calcolando la variazione del *surplus* totale, e cioè calcolando il saldo fra le variazioni dei due *surplus*, otteniamo che i consumatori sperimentano una diminuzione del *surplus* data dal rettangolo III e dal triangolo II, mentre i produttori acquisiranno il rettangolo III e perderanno il triangolo I. Elidendosi il rettangolo III, che infatti corrisponde ad un semplice trasferimento di *surplus* dai consumatori ai produttori, il risultato è quindi una variazione complessiva negativa, pari alla somma dei due triangoli *BRC* e *RCE*. Nel passaggio dalla concorrenza al monopolio, si verifica una *perdita secca* di benessere per la società, a prescindere dal risultato netto per le due categorie di agenti coinvolti. Si noti che il triangolo che identifica la perdita secca totale (*BCE*) è costituito dalla perdita di *surplus* causata ai due tipi di agenti dalla diminuzione della quantità prodotta: il produttore perderà *surplus* per il minore output, mentre la perdita dei consumatori è legata al fatto che alcuni di loro non saranno in grado di ottenere un prodotto per il quale sarebbero stati disposti a pagare un prezzo superiore al suo costo di produzione [14].

5.3.3. *Antitrust*, monopoli pubblici e regolamentazione dei prezzi

Considerando i risultati fondamentali, cioè che in condizioni di monopolio si produce una quantità inferiore rispetto a quanto si produrrebbe in concorrenza, che il prezzo è più elevato e che si verifica una perdita secca di benessere, non stupirà il fatto che sostanzialmente in tutti gli Stati e in altri aggregati politico-economici – come ad esempio l'Unione europea – esistano normative tese a contrastare o a regolamentare i monopoli.

Ci si riferisce spesso al complesso di norme che incide sulle posizioni monopolistiche come normativa *antitrust*, o normativa finalizzata a favorire la concorrenza.

La normativa antitrust può riguardare: l'abuso di posizione dominante; le pratiche collusive tra imprese finalizzate a ridurre la concorrenza; la fusione tra imprese di grandi dimensioni; gli aiuti di stato che potrebbero distorcere la concorrenza concedendo a specifiche imprese benefici quali sconti fiscali, finanziamenti agevolati ed altro.

Nell'*Unione europea* la normativa antitrust è molto articolata (si veda Box 1), e ogni Stato membro deve adeguarsi a quella normativa. Tutti gli stati membri hanno una qualche istituzione nazionale che si occupa di antitrust, potendosi occupare anche di altri aspetti. In Italia abbiamo – dal 1990 – una *Autorità Garante della Concorrenza e del Mercato* (AGCM), che oltre ad occuparsi della tutela della concorrenza e del mercato, si occupa di altri aspetti quali ad esempio la pubblicità ingannevole e i conflitti di interesse che riguardano titolari di cariche di Governo.

---

[14] Si noti, infine, che si può avere un costo sociale ulteriore dovuto alle spese necessarie a mantenere o acquisire potere di monopolio. Risorse, queste, che sono spese in maniera improduttiva dal punto di vista sociale (pubblicità, gruppi di pressione, sforzi legali per evitare regolamentazioni o sanzioni antitrust da parte del governo).

Box 1. – *Commissione europea. Le regole principali per migliorare il funzionamento dei mercati*

La normativa europea vieta alle imprese di:
- accordarsi per fissare i prezzi o ripartire i mercati tra loro (articolo 101 del trattato sul funzionamento dell'Unione europea);
- abusare della propria posizione dominante in un determinato mercato per escludere i concorrenti più piccoli (articolo 102 del trattato sul funzionamento dell'Unione europea);
- realizzare fusioni tali da consentire loro di assumere una posizione di controllo del mercato. Le grandi imprese con un cospicuo giro d'affari all'interno dell'UE non possono fondersi senza l'autorizzazione della Commissione europea, anche se la loro sede è al di fuori dell'Unione (regolamento sulle concentrazioni).

La normativa dell'UE regola anche l'assistenza pubblica alle imprese (aiuti di Stato), che è oggetto di controllo da parte della Commissione (articolo 107 del trattato sul funzionamento dell'Unione europea). Ad esempio, sono vietati, a meno che non rispettino una serie di criteri:
- i prestiti e le sovvenzioni;
- le agevolazioni fiscali;
- la fornitura di beni e servizi a tassi preferenziali;
- le garanzie statali che migliorano il rating di credito di un'impresa rispetto ai suoi concorrenti.

Inoltre, non è consentito fornire alcun tipo di aiuti di Stato a un'impresa in sofferenza e senza speranze di diventare economicamente autonoma.

Antitrust

Il termine antitrust si riferisce all'azione di prevenire o controllare i trust o altri monopoli. L'obiettivo dell'azione è sempre quello di promuovere la concorrenza in ambito commerciale.

Accordi anticoncorrenziali

L'articolo 101 del trattato sul funzionamento dell'Unione europea vieta gli accordi anticoncorrenziali, ossia tutti gli accordi che riducono la concorrenza, a prescindere se le parti dell'accordo intendano o meno limitarla nei fatti.

Le regole antitrust sugli accordi anticoncorrenziali figurano in vari regolamenti, alcuni dei quali riguardano determinati tipi di comportamento o settori specifici. Essi definiscono anche i poteri della Commissione in materia di indagini sulle imprese, tra cui il diritto di effettuare perquisizioni sul posto per acquisire elementi di prova.

La Commissione ha inoltre adottato diversi documenti di tipo non normativo (comunicazioni, orientamenti ecc.) che spiegano la sua politica in maggior dettaglio e riguardano l'interpretazione della normativa sostanziale antitrust o le questioni procedurali, come ad esempio l'accesso al fascicolo.

Cosa si intende per "accordi anticoncorrenziali"?

Si tratta di accordi tra imprese che restringono la concorrenza, ad esempio i cartelli, dove le imprese si mettono d'accordo per non farsi concorrenza o fissano il prezzo di vendita dei loro prodotti.

Commissione Europea [2016], *Concorrenza. Migliorare il funzionamento dei mercati*, p. 4.

Negli *Stati Uniti* la normativa antitrust trova un primo caposaldo nello *Sherman Act* del 1890 – un provvedimento che ha fatto scuola in tutto il mondo.

Sebbene vi siano importanti differenziazioni nelle modalità di sanzione – negli Stati Uniti alcune violazioni hanno rilevanza penale mentre nel diritto europeo la sanzione è "solo" amministrativa [15] – gli elementi comuni delle varie normative antitrust sono dati dalla tutela della concorrenza e dalle limitazioni imposte a situazioni di monopolio in essere.

Si possono trovare molti esempi di sanzioni comminate per abuso di posizione dominante e collusione. Microsoft è stata sanzionata per abuso di posizione dominante sia negli Stati Uniti (1999) che in Europa (2004). Anche Google è stata sanzionata in Europa, per abuso di posizione dominante (2017).

Riguardo le fusioni tra grandi imprese, ad esempio nel 2017 in Italia è stato dato il via libera alla fusione tra gli operatori telefonici Wind e Tre. Possono esistere casi più complicati: uno è quello della tedesca Bayer che intende acquisire la statunitense Monsanto. La Commissione Europea ha avviato nel 2017 un'indagine conoscitiva per valutare l'impatto di questa acquisizione, che creerebbe la più grande impresa al mondo che integra la produzione di sementi e pesticidi. Il dubbio di fondo è che un'impresa di queste proporzioni ridurrebbe la concorrenza in più ambiti e avrebbe come conseguenza prezzi più alti, minore qualità dei prodotti, minori possibilità di scelta per i consumatori e minore innovazione. A quest'ultimo proposito si deve sottolineare che Bayer e Monsanto sono (erano?) tra loro in competizione proprio nella realizzazione di sementi e pesticidi, ma anche nella selezione delle caratteristiche dei vegetali, quali ad esempio la loro capacità di resistere a parassiti, siccità e pesticidi, fino al limitare o stimolare la dimensione delle piante. È evidente che un colosso che sommi il potere di mercato di due grandi imprese, che già hanno un enorme potere individualmente considerate, qualche problema lo può creare.

Per quanto riguarda gli aiuti di stato, questi sono consentiti in ambiti selezionati – come ad esempio il finanziamento di attività di ricerca e sviluppo – e di norma sono vietati in relazione al finanziamento, diretto o indiretto, di grandi imprese, in quanto questi interventi potrebbero distorcere le condizioni del mercato. Una delle forme di aiuto che viene concesso a grandi imprese in difficoltà è un qualche "prestito ponte" – concesso a condizioni di mercato – che consenta alle imprese in difficoltà di rimanere in vita il tempo sufficiente per rimettersi in sesto o per essere acquisite da altre imprese. Questo è ad esempio il caso delle compagnie aeree italiana e tedesca, *Alitalia* ed *Air Berlin*: nel 2017 entrambe le compagnie aeree hanno ottenuto dai rispettivi governi un prestito ponte finalizzato a consentire il funzionamento delle compagnie stesse per alcuni mesi in vista dell'acquisizione da parte di altri vettori.

---

[15] Ovviamente esistono comportamenti che hanno rilevanza penale anche in sede europea e italiana; un esempio è quello della "turbativa d'asta" in cui le imprese colludono per mantenere alti i prezzi o ridurre la qualità dei beni e servizi destinati ai committenti.

Si deve mettere in risalto il fatto che la normativa antitrust non punisce il monopolio in sé: infatti, se un monopolista è tale perché è più efficiente degli altri, non può essere sanzionato. Ad esempio, tra il 1969 e il 1980 la IBM venne sottoposta ad un lungo e severo scrutinio dal Governo e dall'Antitrust degli Stati Uniti proprio con l'accusa di abuso di posizione dominate. IBM era il maggior produttore mondiale di computer e riuscì a dimostrare che il perdurare di una posizione dominante per decenni era dovuto a competenze superiori rispetto a quelle della concorrenza e, in particolare, ad una capacità innovativa superiore.

Se lo Stato da un lato utilizza norme antitrust contro i monopoli delle grandi imprese private, dall'altro a volte può sostituirsi al monopolista. In questo caso abbiamo la costituzione di un *monopolio pubblico*, creato per via legale. In alcuni casi si può ritenere preferibile un monopolio pubblico che, almeno in teoria, eviterebbe l'uso e l'abuso del potere di mercato tipico delle imprese private. I settori in cui spesso si creano monopoli pubblici sono quelli delle cosiddette *public utilities*, quali luce, acqua, gas, rifiuti e servizi postali.

Il principio che conduce alla nascita di questi monopoli è un principio di equità, nel senso che si ritiene che lo Stato, essendo per definizione interessato al bene pubblico, sia in grado di amministrare questi settori con una sensibilità rispetto al benessere sociale che le imprese private non hanno. D'altra parte, però, ciò non garantisce che in questi casi lo Stato operi in maniera efficiente. Spesso, al contrario, questi settori finiscono con l'essere gestiti da complesse burocrazie che si riferiscono a criteri politici piuttosto che a criteri economici di minimizzazione dei costi. Come il noto economista americano Joseph Stigler ha osservato, in questi casi si possono verificare situazioni di *public failure*, per nulla meno perniciose di quelle di *market failure*.

Un ulteriore modo per fronteggiare i monopoli consiste nel regolamentarne i prezzi, imponendo al monopolista di praticare un prezzo che si avvicini a quello che si avrebbe in concorrenza perfetta. La regolamentazione dei prezzi riguarda soprattutto i settori su cui, per legge, lo Stato ha imposto dei monopoli pubblici, quali quelli delle *public utilities* di cui si è accennato qui sopra.

Le implicazioni della regolamentazione in senso concorrenziale dei monopoli possono essere facilmente apprezzate sulla base della Figura 3. Prezzo e quantità di concorrenza sarebbero q_c e p_c, cioè dove domanda e offerta si intersecano (punto di intersezione H – ricordiamo ancora una volta che la curva di offerta coincide con quella del costo marginale). Se obbligassimo il monopolista a ridurre il prezzo da p_M a p_C, la perdita secca dovuta al potere monopolistico si ridurrebbe a zero. Qualsiasi prezzo inferiore a p_M, come ad esempio p_1, ridurrebbe la perdita secca e ritrasferirebbe parte del *surplus* ai consumatori (area del trapezio $p_M FM p_1$).

Si noti che, nel caso mostrato in Figura 3, anche nel caso di applicazione del prezzo p_C, il monopolista continua ad ottenere profitti positivi: il prezzo di vendita è infatti sempre superiore al costo medio e, graficamente, il profitto sarebbe rappresentato dall'area $p_C HLN$.

Figura 3. – *Regolamentazione del monopolio*

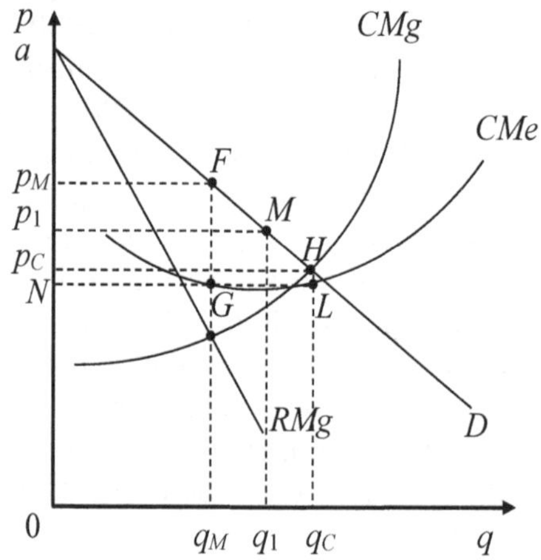

Dobbiamo considerare esplicitamente cosa succede nel caso di quella particolare forma di monopolio che abbiamo definito *monopolio naturale*. Situazioni di questo genere sono indotte dalla presenza di forti economie di scala e dal livello della domanda dell'intero mercato. Si pensi al trasporto locale di una piccola città: i costi di acquisto e manutenzione di un certo numero di autobus e la remunerazione degli autisti costituiscono costi elevati e la domanda proveniente dai passeggeri è relativamente limitata: è dunque difficile che, date queste premesse, si possano avere più imprese che competono su questo mercato.

Vediamo come possiamo rappresentare graficamente queste situazioni. Fino ad ora abbiamo rappresentato i casi "standard", in cui l'intersezione tra la funzione di domanda e quella del costo marginale avviene laddove quest'ultima è crescente. Se vi sono forti economie di scala e/o se la domanda proveniente dal mercato è relativamente limitata, graficamente saremo nella situazione rappresentata dalla Figura 4. Qui la curva del costo marginale è ancora sistematicamente al disotto di quella del costo medio [16].

Se l'impresa monopolistica non viene regolamentata, produce la quantità q_M (fissata in corrispondenza del punto di intersezione *E*, tra costo marginale e ricavo marginale) che vende al prezzo p_M che l'impresa "legge" sulla funzione di domanda (in corrispondenza del punto *F*); l'impresa godrebbe dunque di un profitto pari all'area $VGFp_M$.

[16] Se espandessimo il grafico verso destra arriveremmo alla rappresentazione sin qui vista molte volte in cui la curva del costo marginale interseca quella del costo medio, per cui la curva del costo marginale prima sta sotto e poi sta sopra a quella del costo medio (cfr. Figura 3 del Capitolo 2).

Figura 4. – *Regolamentazione del monopolio naturale*

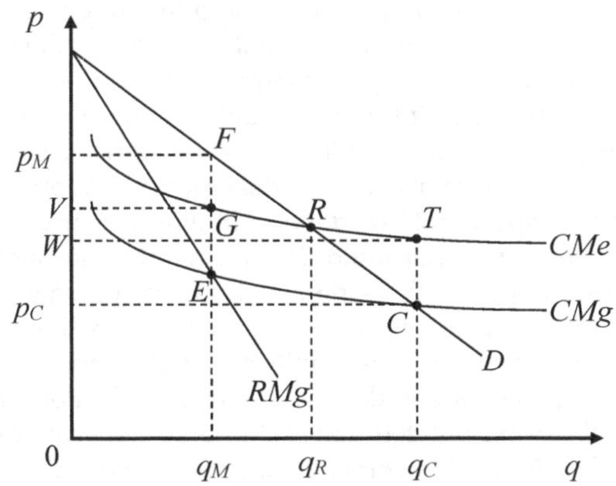

Supponiamo che lo Stato cerchi di regolamentare questo mercato imponendo il prezzo concorrenziale p_C (in corrispondenza del punto *C*, dove domanda = offerta, cioè $D = CMg$). La Figura 4 ci mostra che, così facendo, la quantità prodotta q_C sarebbe tale per cui il costo medio unitario per produrla (segmento verticale q_CT) eccederebbe il prezzo di vendita (da leggersi sulla curva di domanda *D*, e corrispondente al segmento verticale q_CC). Pertanto, per ogni unità venduta, l'impresa subirebbe una *perdita* pari al segmento *TC*, e le perdite complessive sarebbero rappresentate dall'area p_CCTW. Evidentemente nessuna impresa può produrre sistematicamente in perdita – a meno che non sia sovvenzionata, tipicamente dallo Stato.

Il prezzo più basso che non implichi perdite per l'impresa, e profitti pari a zero, applicabile è in corrispondenza del punto *R* (che dovremmo proiettare sull'asse verticale), cui corrisponde una quantità prodotta pari a q_R.

Questa rappresentazione ci fa capire che in un mercato con queste caratteristiche può esistere soltanto un produttore: più impianti, ognuno dei quali dovesse produrre quantità limitate, genererebbero una struttura di costo che richiederebbe prezzi ancora più elevati di quanto succede in monopolio che, non a caso, viene in questi casi definito *naturale*.

Box 2. – *La regolamentazione del monopolio naturale*

Il problema della regolamentazione dei monopoli naturali, unitamente a quello di aumentare l'efficienza dei monopoli pubblici e legali in generale, ha spinto gli economisti a formulare modelli di regolamentazione dei prezzi (*price regulation*) alternativi a quello concorrenziale – quest'ultimo basato, come si è detto più volte, sulla regola del costo marginale. Il dibattito, soprattutto per quel che concerne la regolamentazione dei prezzi dei servizi di pubblica utilità, si è di recente concentrato sulla scelta tra due metodolo-

gie diverse: la *regolazione del tasso di crescita del capitale investito* (*rate of return regulation*) e la *regolazione con vincolo sui prezzi* (*price-cap regulation*).
Sinteticamente: la prima metodologia stabilisce i prezzi di un servizio di pubblica utilità in modo tale da permettere al monopolista di raggiungere un certo tasso di rendimento atteso sul capitale investito o, alternativamente, un certo volume di ricavi totali.
La seconda metodologia è quella maggiormente utilizzata in molti Paesi a partire dagli anni '90 del secolo scorso, ed è stata ideata dall'economista britannico Stephen Littlechild. La *price-cap regulation* regolamenta i prezzi del servizio sulla base della formula (*IPC* – *X*). *IPC* è l'indice dei prezzi al consumo del sistema economico; è una sorta di media dei prezzi dei beni rappresentativi delle abitudini di consumo di un sistema economico e viene calcolato anno per anno. *X* è un fattore che riflette riduzioni di costo specifiche dell'impresa monopolistica – riduzioni dovute a maggiore efficienza o a progresso tecnologico. *IPC* è un indice macroeconomico che non dipende dall'impresa monopolistica; *X* viene stimato *ex ante* dall'Autorità che regolamenta il prezzo, e dovrebbe rappresentare gli incrementi di produttività specifici del settore regolamentato. Dunque, attraverso *IPC* si ha un'idea dell'andamento generale dei prezzi, mentre attraverso *X* si cerca di valutare l'incremento di produttività dell'impresa monopolistica che supera gli incrementi di produttività dell'economia in generale. In altre parole, *X* è lo strumento attraverso il quale l'Autorità che regolamenta il prezzo fa in modo che riduzione di costi e progresso tecnologico dell'impresa monopolistica vengano almeno in parte condivisi con i consumatori. *X* viene fissato *ex ante* dall'Autorità regolamentatrice sulla base di incrementi futuri *attesi* della produttività. Se l'Autorità fissa un valore di *X* che *ex post* si rivela troppo elevato, l'impresa oggetto di regolamentazione subirà delle perdite. Se invece l'Autorità fissa un *X* troppo basso l'impresa monopolistica avrà dei profitti sproporzionati e il prezzo del servizio che questa fornisce sarà troppo elevato.
Per concludere, vale la pena di notare che la *price-cap regulation* è stata adottata in Italia nei settori dell'energia elettrica, dell'acqua, del gas, nonché delle telecomunicazioni (cfr. legge 14 novembre 1995, n. 481 – Norme per la concorrenza e la regolazione dei servizi di pubblica utilità. Istituzione delle autorità di regolazione dei servizi di pubblica utilità, e legge 31 luglio 1997, n. 249).

5.3.4. Discriminazione dei prezzi

Il fatto di disporre di un potere di mercato consente al monopolista di beneficiare di un'opportunità per aumentare il profitto che l'impresa concorrenziale invece non ha: praticare prezzi diversi a diverse tipologie di consumatori. Possiamo distinguere tra tre diverse tipologie di discriminazione dei prezzi.

Il primo tipo di discriminazione dei prezzi viene anche detto "discriminazione perfetta". Il motivo per cui viene definito in questo modo è semplice da capire: il monopolista fa pagare ad ogni consumatore il prezzo massimo che quello stesso consumatore è disposto a pagare. Come abbiamo visto nel Capitolo 1, il *surplus* del consumatore è dato dalla differenza tra quanto i consumatori sarebbero collettivamente disponibili a pagare (curva di domanda inclinata negativamente) e ciò che effettivamente pagano. Nel caso di un mercato concorrenziale il prezzo è unico ed è uguale per tutti. Se il monopolista fosse in grado di discriminare perfettamente, applicherebbe ad ogni consumatore il prezzo massimo che questo è disponibile a pagare, soddisfacendo così la domanda, ma azzerandone il *surplus*. La situazione che si viene a creare è che non c'è perdita secca di benessere perché la quantità immessa sul mercato dal monopolista è uguale a quella che sarebbe immessa in condizioni di concorrenza perfetta. La grossa differenza consiste nel fatto che il monopolista si appropria dell'intera area di *surplus* – mentre nella situazione di monopolio "standard" c'è perdita secca, ma ai consumatori rimane un'area, per quanto ridotta, di *surplus*. Chiaramente casi di discriminazione perfetta sono rarissimi da riscontrare nella realtà.

Il secondo tipo di discriminazione dei prezzi è detto "discriminazione di secondo grado". Per comprendere questo tipo di discriminazione conviene partire da un esempio. Supponiamo di avere un'unica copisteria vicino all'Università, cosicché questo è l'unico luogo in cui si possano fare fotocopie. Il proprietario-monopolista decide che fino a quindici fotocopie, il prezzo per ogni fotocopia è di 10 centesimi; dalla sedicesima alla trentesima il prezzo è 7 centesimi l'una; dalla trentunesima alla cinquantesima il prezzo è di 5 centesimi; infine dalla cinquantunesima fotocopia in avanti il prezzo è di 3 centesimi l'una. Dunque, il monopolista procede con discriminazione di prezzi a scaglioni. Chiunque faccia fotocopie paga sulla base dello scaglione di riferimento. *Mutatis mutandis*, questo è ciò che spesso succede nei supermercati, quando ci sono offerte in cui il prezzo di un bene risulta più basso se si acquista almeno un certo numero di unità di quel bene. La caratteristica di base è dunque che il prezzo varia al variare della quantità acquistata – ed è dunque indipendente dal tipo di consumatore.

Il terzo tipo di discriminazione dei prezzi viene indicato come "discriminazione di terzo grado" e consente di segmentare il mercato. Qui è rilevante la tipologia di consumatore. Ancora una volta conviene partire da un esempio. In una piccola cittadina vi è un'unica libreria [17] che applica uno sconto del 20% agli studenti, del 15% ai docenti e del 10% ai pensionati. Dunque, a tutti gli studenti – e alle altre due categorie di consumatori – viene applicata la stessa percentuale di sconto, indipendentemente dal numero di libri che viene acquistato. Detto in altro modo, il prezzo applicato dipende dalla tipologia di consumatore. Un ulteriore esempio di discriminazione di terzo tipo, che distingue tra tipologie di consumatori, può essere quello dell'ingresso nei musei in paesi poveri o in via di sviluppo: spesso succede che i visitatori stranieri per entrare in un dato museo, devono pagare un prezzo maggiore di quanto fanno i cittadini locali [18].

---

[17] Assumiamo che non esistano alternative, né di acquisto on-line, né di recarsi in altre città.

[18] Qualcosa di simile avveniva – e continua ad avvenire – nei paesi ad economia pianificata. Prima del 1989, in quello che era nota come l'area dei paesi comunisti del "Patto di Varsavia" i visitatori occidentali pagavano prezzi molto più alti dei cittadini del blocco sovietico per accedere agli stessi hotel.

La distinzione tra i diversi tipi di discriminazione può non essere così netta, potendo esistere casi in cui quella di secondo e di terzo grado si combinano. L'analisi degli effetti di benessere diventa molto complicata, ma è pur sempre possibile mostrare che, ancora una volta, il profitto del monopolista aumenta rispetto al caso di assenza di discriminazione.

Per capire meglio le implicazioni di quanto appena detto, consideriamo un esempio numerico. Si pensi ad una casa discografica leader (ovvero monopolista) nel settore della musica jazz che è chiamata a decidere il prezzo di vendita da applicare all'ultimo CD di un conclamato autore di *piano solo*. Mediante indagini di mercato, la casa discografica riesce a sapere che 1.000 consumatori amanti di quel genere sarebbero disposti a pagare ben 72 € per quel CD. D'altra parte, 5.000 consumatori inesperti sarebbero disposti a pagare non più di 20 €, semplicemente per provare un nuovo genere musicale.

Supponiamo che il costo medio unitario di produzione di quel CD sia di 10 €. Nel decidere quale prezzo applicare l'impresa segue questo ragionamento. Vendendo il CD a 72 €, il profitto totale sarebbe di 62.000 €, pari alla differenza fra il ricavo di vendita del CD ai mille consumatori esperti (72.000 €) ed il costo totale dei soli mille CD che la casa discografica riesce a vendere (10.000 €); i cinquemila consumatori inesperti, infatti, non sarebbero disposti a spendere così tanto. D'altra parte, piazzando il CD a 20 €, invece, l'impresa "catturerebbe" questi cinquemila e, in più, anche i mille amanti del jazz, con un profitto totale che è pari al numero totale dei consumatori (5.000 + 1.000), moltiplicato per il profitto medio (20 – 10) €, ovvero 60.000 €. Apparentemente, dunque, la prima opzione (con un profitto pari a 62.000 €) sembrerebbe la migliore per l'impresa. Ma è davvero così? L'impresa sta infatti rinunciando ad un profitto pari a 5.000 × (20 – 10) €, ossia 50.000 €, cioè al profitto che sarebbe garantito dall'acquisto del CD da parte dei 5.000 consumatori inesperti. Non c'è davvero un modo per estrarre dai consumatori anche questo *surplus*? La risposta è affermativa. Se sussistono certe condizioni, tali per cui la casa discografica è in grado di discriminare i prezzi tra le due tipologie di consumatori, ponendoli uguali alla disponibilità a pagare di entrambi, cioè 72 € per gli esperti e 20 € per i non esperti, il suo profitto sarebbe maggiore che nel caso apparentemente più profittevole, ossia quello di un unico prezzo pari a 72 €. Infatti, nel caso di discriminazione, il profitto totale sarebbe pari alla differenza fra i ricavi totali di vendita alle due categorie di consumatori (pari a 172.000 € = 72.000 € + 100.000 €), e i costi totali di produzione delle 6.000 unità vendute (cioè 60.000 €): ossia 112.000 €. Questa cifra supera il profitto del caso precedente (62.000 €), esattamente di 50.000 €, ossia di ciò a cui l'impresa rinuncerebbe non discriminando.

Si noti che, per quanto profittevole, la discriminazione è possibile solo in presenza di determinate condizioni. Innanzitutto, l'impresa che la pratica deve essere effettivamente un'impresa monopolistica. Se fosse concorrenziale, differenziare il prezzo non le sarebbe possibile. Infatti, se imponesse un prezzo più alto ad alcuni consumatori li spingerebbe ad acquistare il CD da altre imprese che praticano il prezzo di mercato. Mentre anche imporre un prezzo più basso non sarebbe conveniente, in quanto qualsiasi altra impresa sarebbe in grado di vendere qualsiasi quantità al prezzo di mercato.

Anche in monopolio, però, la possibilità di discriminare il prezzo non è garantita. Nel caso del nostro CD, per esempio, gli esperti potrebbero rivolgersi ai consumatori inesperti chiedendo loro di rivendergli il CD a qualcosa di più dei 20 € da loro pagati, ma comunque meno di 72 €. Più in generale, per funzionare, la discriminazione richiede l'assenza di *arbitraggio*. Occorre cioè che non esista la possibilità di trarre vantaggio da eventuali differenze di prezzo comprando su un mercato e vendendo su un altro a un prezzo più alto. Nel nostro esempio, questa situazione potrebbe essere esclusa se le due categorie di acquirenti risiedessero in due Paesi lontani, con l'impossibilità pratica di comunicare tra loro.

Come il lettore avrà intuito, la chiave del successo di una strategia di discriminazione del prezzo sta nella capacità del monopolista di individuare la disponibilità a pagare dei consumatori. Nel caso (in realtà ipotetico) in cui il monopolista sia in grado di conoscere la disponibilità a pagare di tutti i consumatori, e di applicare a ciascuno un prezzo differente e uguale alla sua disponibilità a pagare, il monopolista si dice attuare una *discriminazione di prezzo perfetta*. Tale discriminazione gli garantisce di conseguire il massimo profitto tra le diverse politiche di prezzo possibili. Non solo, seguendo una simile strategia il monopolista è anche in grado di aumentare il benessere della società, consentendo a tutti i consumatori di essere inclusi nell'acquisto: nel nostro esempio, infatti, in assenza di discriminazione l'impresa avrebbe escluso ben 5.000 consumatori dal mercato. D'altra parte, se un miglioramento di benessere c'è, questo va tuttavia completamente nelle mani del produttore. Essendo infatti, per definizione, il *surplus* dei consumatori pari alla differenza tra prezzo e disponibilità a pagare, discriminando in maniera perfetta, il produttore è in grado di estrarre tutto il loro *surplus*.

La Figura 5 ci aiuta a capire quest'ultimo fatto. Supponiamo, per semplificare le cose, che l'impresa chiamata a differenziare disponga di una tecnologia che le consente di produrre qualsiasi volume di produzione con costi unitari (ovvero *CMe*) costanti ed uguali ai costi marginali [19]. Il riquadro (a) della Figura mostra il caso in cui il monopolista non differenzia, producendo invece la quantità q_M che massimizza il profitto e vendendola al prezzo p_M. Il suo profitto è positivo e pari all'area del rettangolo p_MGLH. Il *surplus* dei consumatori è anch'esso positivo, e pari all'area del triangolo aGp_M. D'altra parte, si noti che, se confrontata con il caso perfettamente concorrenziale, tale situazione di equilibrio determina una perdita secca, pari all'area del triangolo GFL.

---

[19] Curve di costo di questo tipo assumono quindi la forma di due rette coincidenti parallele all'asse delle ascisse, semplificando l'analisi senza farle perdere di significatività.

Figura 5. – *Discriminazione perfetta dei prezzi e benessere della società*

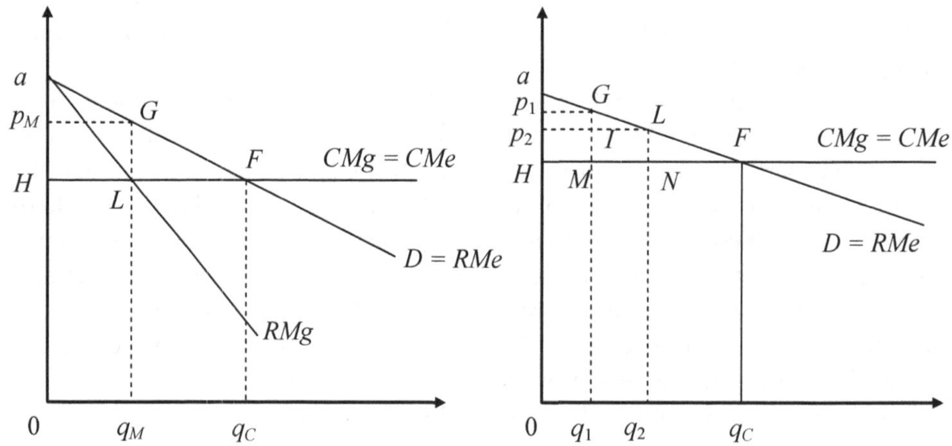

(a) Assenza di discriminazione (b) Discriminazione

Il riquadro (b) mostra la situazione in cui l'impresa vende il bene a due prezzi differenti a due categorie di consumatori diversi. In questo caso, il profitto dell'impresa è dato dalla somma delle aree dei rettangoli p_1GMH e *ILNM*. Ipotizzando che l'impresa spinga al limite questa strategia, ed applichi tanti livelli di prezzo diversi quante sono le disponibilità a pagare nel tratto *aF* della curva di domanda, il profitto del monopolista sarà dato dalla somma di tanti (infiniti) piccoli rettangoli come i primi due di cui sopra. Conseguentemente, il profitto totale finirà con l'estendersi al triangolo *aFH*, annullando il *surplus* del consumatore e la perdita secca. Si noti che in questo riquadro non è stato necessario tracciare la funzione del ricavo marginale, perché il monopolista non fa più riferimento all'uguaglianza tra costo marginale e ricavo marginale come punto in cui determina la quantità prodotta.

5.4. Concorrenza monopolistica

L'espressione "concorrenza monopolistica" evidenzia immediatamente il fatto che questo tipo di mercato presenta alcune caratteristiche tipiche del monopolio e altre caratteristiche tipiche della concorrenza.

Quando parliamo di concorrenza monopolistica facciamo riferimento a una forma di mercato in cui è presente un numero elevato di produttori e un numero elevato di consumatori; inoltre le barriere all'entrata non sono particolarmente significative. Ciò che avvicina questa forma di mercato di mercato al monopolio è la differenziazione del prodotto. Quest'ultima consiste nel rendere il proprio prodotto riconoscibile e diverso da quello di altri produttori. Ad esempio, se consideriamo i servizi di ristorazione di qualità medio-bassa, ogni impresa (ristorante o trattoria) fornirà dei cibi che non sono perfettamente sostituibili rispetto a quelli delle altre strutture di ristorazione di pari livello in una determinata destinazione turistica. Lo stesso vale per l'editoria di piccole e medie dimensioni. Ogni casa editrice si specializza in un determinato genere e su determinati autori sperando di cogliere i gusti dei lettori. Poco importa se le differenze sono reali o illusorie: ciò che conta è che il consumatore percepisce il prodotto come particolare, e solo parzialmente sostituibile da altri prodotti simili.

Considerando che i prodotti sono differenziati e riconoscibili[20], ogni produttore è un piccolo monopolista, che ha dunque di fronte a sé una curva di domanda inclinata negativamente.

Il grafico che rappresenta l'equilibrio di *breve periodo* dell'impresa in condizioni di concorrenza monopolistica è dunque quello del monopolista standard – anche se data la presenza di prodotti simili su cui il consumatore potrebbe spostare la propria preferenza, possiamo aspettarci che la funzione di domanda dell'impresa in concorrenza monopolistica abbia un'inclinazione meno accentuata di quella dell'impresa in condizioni di monopolio puro. L'equilibrio di breve periodo viene riprodotto nella Figura 6. Il monopolista fissa la quantità prodotta in corrispondenza dell'intersezione tra ricavo marginale e costo marginale (punto E), e avrà un profitto Π pari all'area $HGFP^*$.

Nel lungo periodo, in questo mercato, osserveremo l'ingresso di nuove imprese, attratte dalla presenza di profitti. Le nuove imprese, nell'offrire un prodotto simile – ma non identico – sottrarranno quote di mercato alle imprese già presenti, e dunque ridurranno i profitti per le imprese già operanti sul mercato. Graficamente possiamo rappresentare questa situazione come nella Figura 7. La situazione iniziale per questa impresa in concorrenza monopolistica è data dalle curve di costo medio e marginale e dalla funzione di domanda D (e conseguente posizione della funzione del ricavo marginale). L'ingresso di altre imprese fa diventare la domanda più elastica e fa spostare la funzione di domanda a D' (e conseguente spostamento della funzione del ricavo marginale fino a RMg'). Ora il profitto è pari all'area Π', dato dal rettangolo $H'G'F'p'$.

[20] Possiamo distinguere tra differenziazione *orizzontale* e differenziazione *verticale* di prodotto. Nel primo caso abbiamo prodotti con prestazioni simili, in cui i prodotti sono però riconoscibili: si pensi alle automobili di cilindrata medio-piccola, in cui spesso i consumatori sono fidelizzati a un modello specifico – ad esempio la Fiat Punto. La differenziazione verticale implica differenze nelle prestazioni e/o nella qualità del prodotto: rimanendo nell'esempio delle automobili, si pensi alle differenze tra il modello base e il modello con motorizzazione diversa e maggiori dotazioni di bordo (navigatore satellitare, *park assist*, ecc.).

Figura 6. – *Equilibrio di breve periodo in concorrenza monopolistica*

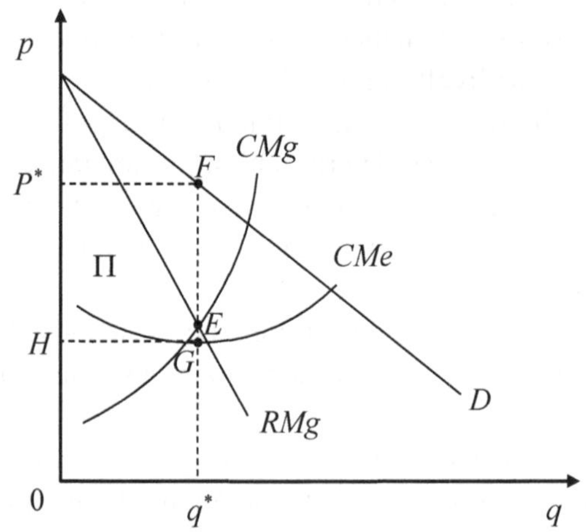

Figura 7. – *L'ingresso in un mercato di concorrenza monopolistica*

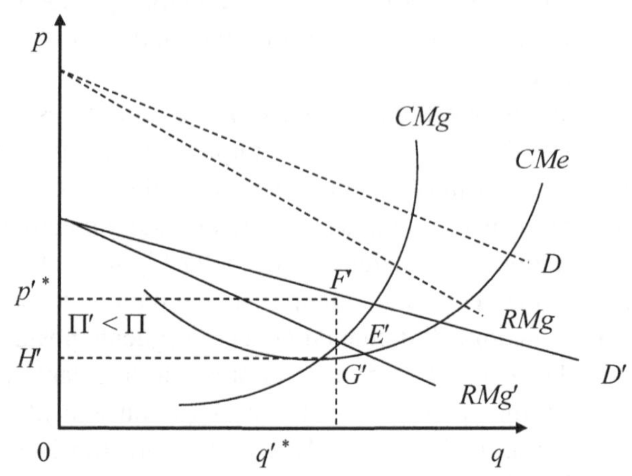

Entreranno nuove imprese fino al punto in cui non vi sono più profitti da realizzare. L'equilibrio di lungo periodo porterà ad un annullamento dei profitti. Questa situazione è rappresentata dalla Figura 8, in cui la curva del costo medio *CMe* è tangente alla funzione di domanda *D* nel punto *B*. Detto in altro modo, il prezzo è uguale al costo medio unitario, il che implica l'assenza di profitto.

La quantità di equilibrio di lungo periodo, q^*_{LP}, sarà quindi identificata in Figura 8 dal verificarsi simultaneo di due condizioni: l'equilibrio di breve periodo (nel punto *A* si ha infatti *CMg* = *RMg*) e quello di lungo periodo (nel punto *B*, in cui si ha *CMe* = *RMe*).

Per quanto il processo attraverso il quale vi si giunge sia il medesimo, è evidente che la posizione di equilibrio di lungo periodo in concorrenza monopolistica differisce da quella ottenuta in concorrenza perfetta. Il confronto fra le due è riportato, a parità di costi, in Figura 9.

Figura 8. – *Equilibrio di lungo periodo in concorrenza monopolistica*

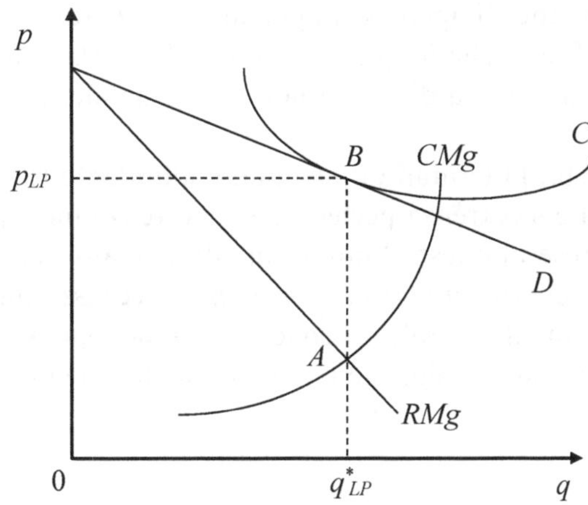

Figura 9. – *Confronto di lungo periodo fra concorrenza monopolistica e concorrenza perfetta*

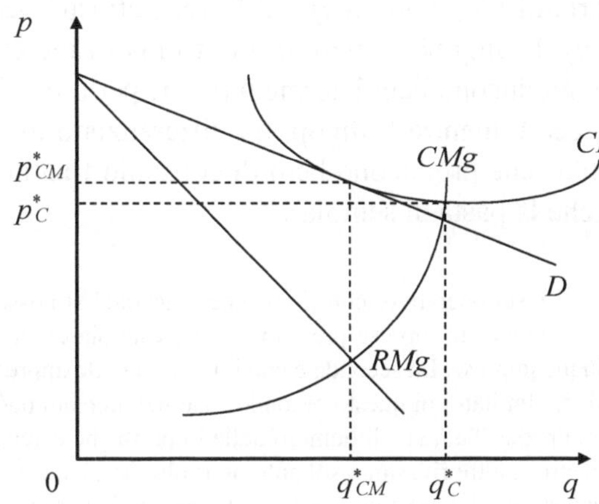

Come si può agevolmente constatare, nel lungo periodo, una struttura di mercato caratterizzata da concorrenza monopolistica consente di produrre una quantità di equilibrio (q^*_{CM}) minore di quella che si ottiene in concorrenza perfetta (q^*_C), la quale, si ricordi, è la quantità in corrispondenza del minimo della curva dei *CMe*. Tale quantità, inoltre, è venduta ad un prezzo maggiore: p^*_{CM} anziché p^*_C.

Entrambi questi risultati sono degni di nota. Cominciamo dal secondo, ovvero dal fatto che p^*_{CM} è maggiore di p^*_C. Essendo il prezzo in concorrenza perfetta uguale al costo marginale, lo stesso risultato si può esprimere affermando che $p^*_{CM} > CMg$. Anche nel lungo periodo, dunque, nonostante l'extraprofitto sia uguale a zero, è possibile che l'impresa estragga un *surplus* sui costi marginali. Ciò è dovuto, si ricordi, al fatto che in questa struttura di mercato la curva di domanda che ciascuna impresa si trova di fronte non è orizzontale, ma è inclinata negativamente.

Il secondo risultato, in termini di quantità, è altrettanto rilevante. Il confronto di lungo periodo tra concorrenza perfetta e concorrenza monopolistica evidenzia infatti come le imprese di quest'ultima forma di mercato siano soggette a quello che si definisce un *eccesso di capacità produttiva*: eccesso misurato dalla differenza tra q^*_C e q^*_{CM}. In altre parole, in concorrenza monopolistica il livello di produzione di equilibrio è strutturalmente minore di quello che minimizza i costi medi totali.

5.5. Oligopolio

L'oligopolio è una forma di mercato caratterizzata dalla presenza di un "piccolo" numero di imprese che producono e vendono un certo prodotto[21]. I beni prodotti dalle imprese che operano in questa forma di mercato possono essere omogenei (in questo caso si parla di *oligopoli puri*) o differenziati (in questo caso si parla di *oligopoli differenziati*). L'oligopolio puro è una forma di mercato particolarmente diffusa nei settori che producono beni intermedi (come per esempio, i prodotti in metallo, quelli chimici, ecc.), mentre l'oligopolio differenziato lo si ritrova con maggior frequenza in settori che producono beni di consumo finali (come le automobili, le lavatrici, ma anche la pasta di semola).

[21] In realtà, dal punto di vista operativo, con il termine "piccolo" si possono intendere due cose diverse. La prima è che il numero di imprese presenti nel mercato sia effettivamente molto ridotto: per esempio, quattro o cinque imprese. La seconda è che il numero delle imprese che detiene una quota significativa di mercato sia limitato. In questo secondo caso nel mercato può anche essere presente un numero più elevato di imprese. Tuttavia, il numero delle imprese che detengono una quota di mercato elevata è limitato, mentre le altre rivestono soltanto un ruolo marginale. Comunque, in entrambi i casi, la concentrazione industriale del mercato, misurata tramite indici come il C4 o l'indice di Herfindahl-Hirschman, risulterà essere elevata.

Nonostante le differenze che possono sussistere tra le diverse tipologie di oligopolio, questa forma di mercato si differenzia dalle forme di mercato concorrenziale per due fondamentali caratteristiche: (i) l'interdipendenza strategica tra le imprese; e (ii) la presenza di barriere all'entrata.

La prima caratteristica – ossia, l'*interdipendenza strategica tra le imprese* – discende dal fatto che in oligopolio le imprese sono poche. Ciò implica, necessariamente, che ciascuna impresa debba tenere conto quando prende le proprie decisioni di quello che fanno le altre imprese rivali. Se, per esempio, un'impresa decide di cambiare il prezzo del prodotto o di realizzare una campagna pubblicitaria per promuoverlo, è molto plausibile che le altre imprese reagiranno variando a loro volta il prezzo del bene prodotto o realizzando anch'esse una campagna pubblicitaria.

Questo tipo di comportamenti è quello che comunemente si intende per *interdipendenza strategica*. In altre parole, in questa forma di mercato il profitto di ogni impresa, oltre che dipendere dalle proprie decisioni (come avviene in concorrenza perfetta o in monopolio), dipende anche da quelle delle imprese rivali. Tuttavia, se in oligopolio un'impresa non può prescindere, nel prendere le proprie decisioni, dal comportamento dei suoi concorrenti, d'altra parte, essa non può sapere con certezza quale reazione avranno i suoi concorrenti di fronte ad una determinata variazione del suo comportamento. In altre parole, l'oligopolista è tipicamente incerto circa la curva di domanda di mercato che egli dovrà fronteggiare.

Un esempio potrà aiutarci a capire meglio quest'ultimo aspetto. Si supponga, per esempio, che un oligopolista decida di diminuire il prezzo del proprio prodotto nel tentativo di incrementare le vendite, e quindi la propria quota di mercato. Un simile risultato non è scontato. Infatti, esso sarà garantito solo se i suoi concorrenti non cambieranno i propri prezzi a seguito della sua decisione. Se li cambieranno, invece, il risultato finale per il nostro oligopolista dipenderà dalla direzione e dall'entità delle variazioni di prezzo che i concorrenti effettueranno. Più precisamente, se i concorrenti diminuiranno i loro prezzi in misura maggiore, allora l'oligopolista in questione si troverà con prezzi più elevati e perderà quindi quote di mercato. Se invece i concorrenti li diminuiranno in misura inferiore, l'oligopolista incrementerà la propria presenza sul mercato. Da ultimo, se i rivali diminuiranno i prezzi nella stessa proporzione, allora non si avrà alcun mutamento nelle quote di mercato. Tutte e tre le reazioni sono ipotizzabili, cosicché, di fronte ad una diminuzione del prezzo di vendita, si possono avere tutte tre le situazioni possibili (aumento, diminuzione e invarianza del livello di vendite).

La seconda caratteristica fondamentale dell'oligopolio riguarda la presenza di *barriere all'entrata*: ossia, di barriere che ostacolano l'entrata di nuove imprese nel mercato. La dimensione di queste barriere può variare molto da settore a settore. Le barriere all'entrata possono a loro volta essere distinte a seconda che siano di tipo *reale* (conoscenze tecniche, estensione della rete di distribuzione, difficoltà di ottenere permessi e licenze, presenza di economie di scala e di costi medi inizialmente molto elevati) o *finanziario*.

Talvolta, gli oligopoli sono anche caratterizzati da *barriere all'uscita*. A questo proposito si parla di *costi non recuperabili* (*sunk costs*), legati cioè all'introduzione di un prodotto (come, ad esempio, i costi di impianti di grande dimensione non facilmente smantellabili), o di costi di uscita da un particolare mercato (come, ad esempio, le spese di indennizzo dei clienti che avessero ordinato il bene o dei lavoratori impiegati nelle linee produttive di un prodotto).

Pur in presenza di questi notevoli elementi di complessità, si rivela estremamente importante poter fornire, come nel caso delle altre forme di mercato viste sino ad ora, delle indicazioni positive e normative in merito all'equilibrio anche di questo mercato.

Deve essere però chiaro che le situazioni di oligopolio sono caratterizzate da molteplici aspetti e sfaccettature, per cui *non* esiste un unico modello, o un modello per eccellenza, in grado di spiegare questa forma di mercato.

Nella parte avanzata di questo capitolo prenderemo spesso spunto dal caso più semplice possibile di oligopolio, cioè il duopolio – che prevede la presenza di due imprese – e cercheremo di studiare l'interdipendenza strategica attraverso lo strumento della teoria dei giochi. Dobbiamo sottolineare ancora una volta il fatto che i mercati oligopolistici presentano una gamma di situazioni molto variegata, le cui varianti principali sono la omogeneità o la differenziazione del prodotto, la non collusione o collusione tra imprese, la simultaneità o sequenzialità delle decisioni prese dalle imprese. L'analisi proposta qui di seguito necessariamente affronta un sottoinsieme limitato di situazioni.

5.5.1. Oligopoli non collusivi e collusivi

Il mercato oligopolistico è caratterizzato, come abbiamo già visto, da interdipendenza strategica tra le imprese. Questa proprietà si traduce in due diverse modalità di comportamento delle imprese.

Nella prima modalità, le imprese possono decidere di farsi concorrenza tra loro. In questo caso ciascuna impresa deve prevedere le possibili reazioni delle imprese rivali e sulla base delle proprie congetture si comporta in modo tale da massimizzare il proprio profitto. Se le strategie adottate indipendentemente dalle diverse imprese dell'oligopolio risultano essere *ex post* tra loro compatibili – ossia, le congetture formulate dalle diverse imprese circa la reazione dei loro concorrenti sono corrette – si determina quello che viene definito un equilibrio *non-cooperativo*.

Nella seconda modalità di comportamento, le imprese decidono invece di colludere: ossia, decidono di adottare una strategia comune al fine di massimizzare il profitto complessivo del settore. In questo caso si ottiene quello che viene comunemente definito come un equilibrio *collusivo* o *cooperativo*.

Tre modelli ampiamente utilizzati per studiare l'oligopolio non-cooperativo sono il modello di *Cournot*, il modello di *Bertrand* e il modello di *von Stackelberg*[22]. Questi tre modelli considerano la presenza di due sole imprese – un duopolio –, che producono un bene omogeneo, e competono tra loro nei modi indicati qui di seguito. Nel caso del duopolio di Cournot le imprese si fanno concorrenza scegliendo la quantità da produrre. Nel caso del duopolio di Bertrand le imprese si fanno concorrenza sul prezzo. In questi primi due modelli le imprese fissano o la quantità o il prezzo; le imprese agiscono simultaneamente. Il terzo modello, quello del duopolio di Stackelberg, è caratterizzato da una sequenzialità nelle mosse strategiche delle due imprese: avremo un'impresa *leader*, che decide per prima, e un'impresa *follower* che decide per seconda. Illustriamo brevemente (verbalmente) questi tre modelli[23].

Il modello di *Cournot* analizza il comportamento di due imprese che cercano di produrre e di vendere la quantità ottimale di un bene omogeneo al fine di massimizzare il profitto. Date queste condizioni le due imprese, che sono in concorrenza tra loro, sono costrette a tenere in considerazione le decisioni di produzione prese dall'impresa rivale. In altre parole, ciascuna delle due imprese deve stimare quanto produrrà l'altra impresa: l'impresa 1 deve decidere la quantità da produrre per ottenere il massimo profitto facendo ipotesi su quanto l'impresa 2 potrebbe produrre. L'impresa 2, analogamente, cerca di stimare quanto produrrà l'impresa 1. L'ipotesi fondamentale introdotta dal matematico ed economista francese Antoine Augustin Cournot in un libro pubblicato nel 1838, è che le due imprese considerino la quantità prodotta dall'impresa rivale come un *parametro*.

Attraverso la costruzione delle *funzioni* (o *curve*) *di reazione* – una per ognuna delle due imprese – è possibile individuare la quantità ottimale da produrre. In particolare, le curve di reazione descrivono come varia l'output ottimale di ciascuna delle due imprese al variare della quantità prodotta dell'altra. L'equilibrio che si raggiunge, comparandolo con il risultato di concorrenza perfetta e monopolio, ha le seguenti caratteristiche:

(i) la quantità congiuntamente prodotta dalle due imprese è minore di quella prodotta in condizioni di concorrenza, ma maggiore di quella prodotta in condizioni di monopolio;

(ii) il prezzo di vendita del bene è maggiore del prezzo di concorrenza perfetta, ma inferiore al prezzo di monopolio.

Il modello di *Bertrand*, elaborato da questo studioso in una recensione del 1883 del libro pubblicato 45 anni prima da Cournot, prevede che le due imprese si facciano concorrenza sul prezzo. Si può dimostrare che l'equilibrio che viene raggiunto ha le stesse caratteristiche di quello della concorrenza perfetta, sia in termini di prez-

---

[22] I modelli prendono il nome dagli studiosi che li hanno elaborati, cioè Antoine A. Cournot (1801-1877), Joseph Bertrand (1822-1900) e Heinrich F. von Stackelberg (1905-1946).

[23] Occorre premettere che l'analisi che faremo sarà per forza di cose intuitiva.

zo (avremo cioè che il prezzo eguaglia il costo marginale, $P = CMg$), sia in termini di quantità complessivamente prodotta.

Il motivo per cui questo accade non è difficile da comprendere. Infatti, dal momento che i consumatori possono acquistare le quantità del bene che desiderano da uno qualunque dei due venditori (il bene è infatti omogeneo) e non sono legati a un'impresa da alcun legame di fedeltà, allora l'impresa che pratica il prezzo più basso finirà per accaparrarsi tutti i compratori in quel particolare mercato. Ogni produttore sarà quindi incentivato ad abbassare il prezzo, anche di poco, al fine di vendere il proprio prodotto a tutti i compratori, estromettendo il rivale. Ma poiché anche quest'ultimo sarà incentivato a comportarsi nello stesso modo (e a maggior ragione se corre il rischio di trovarsi a vendere una quantità nulla), i due produttori daranno vita ad una guerra dei prezzi al ribasso, finché non si otterrà un prezzo al di sotto del quale non è possibile scendere, pena l'insorgere di perdite. Tale prezzo, prezzo di equilibrio di questo duopolio, è evidentemente dato dal livello che uguaglia il costo marginale. Infatti, al di sotto di questo prezzo (cioè se fosse $p < CMg$), ogni unità prodotta, genererebbe un costo maggiore del ricavo, dunque una produzione in perdita, che ovviamente non sarà prodotta. Perciò, un prezzo pari ai costi marginali è il prezzo al di sotto del quale nessun produttore può scendere. Poiché entrambi i produttori dovranno vendere a quel prezzo, pena l'esclusione dal mercato, il risultato che otteniamo è quello suindicato: prezzo e quantità uguali a quelli di concorrenza perfetta.

Nel modello di duopolio di *Stackelberg*, da questi elaborato nel 1934, le due imprese decidono il volume di produzione – dunque competono sulla quantità prodotta – in modo sequenziale: la quantità da produrre è decisa prima da una e poi dall'altra impresa. Ne discende che l'impresa che decide per prima – il cosiddetto *leader* – deve considerare la possibile reazione dell'altra impresa – il cosiddetto *follower* –, mentre quest'ultima assume la quantità prodotta come data, e, sulla base di questa quantità, decide a sua volta quanto produrre. Il *leader* ha dunque il vantaggio della prima mossa. Per questo, il modello di Stackelberg viene anche detto *modello della leadership di quantità.*

Supponiamo che l'impresa 1 sia il *leader* (fissi cioè per prima il proprio livello di output) e l'impresa 2 sia il *follower* (determini cioè la propria scelta produttiva ottimale solo dopo aver conosciuto la scelta dell'impresa 1). Naturalmente il *leader*, nel determinare la propria scelta produttiva, terrà conto di cosa farà il *follower*. Si può dimostrare che la quantità di equilibrio complessivamente prodotta è maggiore di quella prodotta nel caso di duopolio di Cournot, ma minore di quella prodotta in concorrenza perfetta. Il prezzo di mercato è inferiore a quello che si ottiene con una concorrenza sulla quantità *à la Cournot*, ma più alto di quello di concorrenza perfetta.

Sin qui abbiamo imprese che, in un qualche modo competono. Tuttavia, nella realtà economica troviamo spesso casi di collusione tra imprese. La collusione può essere esplicita o implicita.

Collusione esplicita. In questo caso esistono contatti, più o meno formalizzati, espliciti tra le imprese che fanno parte di un dato settore, finalizzati a tenere artificialmente alto il prezzo. Nel caso di una collusione completa l'insieme delle imprese si comporta come un unico grande monopolista, e viene massimizzato il profitto dell'intero settore. Questi accordi vengono definiti "cartello": un *cartello* dunque è un accordo che limita la concorrenza tra le imprese.

Collusione implicita (o tacita). Non è necessario che gli accordi collusivi siano espliciti e formalizzati. In molti casi la collusione avviene attraverso un "semplice" scambio di informazioni alla luce del sole, ad esempio attraverso organizzazioni di categoria (si pensi al mercato delle assicurazioni, al sistema bancario o al settore farmaceutico) o si lanciano segnali in più modi (ad esempio attraverso campagne pubblicitarie, in cui viene palesata la politica di prezzo di una delle grandi imprese, che ha sempre una quota rilevante di mercato).

Le forme attraverso cui le imprese possono colludere sono piuttosto variegate, e la limitazione della concorrenza può avvenire in più modi. Ciò che abbiamo detto sino ad ora riguarda i prezzi e le quantità. Tuttavia, possono esistere accordi sulla spartizione di aree geografiche di mercato, di tipologie di cliente, accordi tra produttori e rivenditori per imporre ai clienti finali un certo prezzo.

Le conseguenze legate alla presenza di comportamenti collusivi in un mercato sono diverse a seconda della specifica modalità con cui le imprese colludono. Vediamo pertanto alcuni dei principali modelli di oligopolio collusivo.

Nel primo modello che viene esaminato la collusione assume una connotazione molto particolare. Anziché sostanziarsi in un accordo esplicito e vincolante, assume la forma di un'intesa che gli oligopolisti raggiungono e perseguono implicitamente, nel tentativo di mantenere l'assetto del mercato in cui operano il più stabile possibile in termini di prezzo. Infatti, una situazione in cui le imprese si cimentano in guerre di prezzo è estremamente rischiosa dal punto di vista della profittabilità, potendo condurre a risultati pari a quelli della concorrenza perfetta, con extraprofitti nulli. Coordinarsi per mantenere il prezzo stabile attorno a un livello elevato può dunque rappresentare per le imprese una strategia preferibile.

Un secondo modello, nel quale è previsto che si realizzi una qualche forma di accordo, è il cosiddetto *modello della leadership di prezzo.* In questo modello si ipotizza un comportamento coordinato, talora esplicito ma più spesso tacito, in base al quale un'impresa fissa il prezzo di vendita di un prodotto, assumendo il ruolo di *price leader*, mentre le altre accettano la sua decisione, assumendo il ruolo di *price taker*.

Una simile situazione può assumere diverse specificazioni. In alcuni casi il ruolo di *leader* è assunto dall'impresa che dispone della struttura dei costi più vantaggiosa. In questi casi, le imprese satellite possono trovare conveniente un atteggiamento passivo, anche se non riescono a massimizzare i profitti, perché preferiscono evitare l'incertezza di una guerra dei prezzi per loro dannosa o, alternativamente, perché riconoscono che il prezzo fissato dal *leader* è quello che impedisce il potenziale ingresso di nuovi concorrenti. In altre circostanze, è l'impresa che detiene la quota di mercato maggiore ad assumere il ruolo di *leader*. In altre ancora, ed in particolare nei settori in cui operano imprese piuttosto simili (per struttura dei costi e quote di mercato), il ruolo di *leader* può essere riconosciuto all'impresa ritenuta più abile nel valutare e anticipare le variazioni della domanda, dei costi e delle condizioni congiunturali del sistema economico. Infine, l'impresa *leader* può anche appartenere a un altro settore il cui comportamento è ritenuto rilevante per l'evoluzione futura del mercato di riferimento.

Di natura diversa da quelli sin qui analizzati sono gli accordi tra imprese che hanno natura *esplicita*: per esempio, gli accordi che le imprese di un mercato oligopolistico sottoscrivono per giungere alla massimizzazione dei loro profitti congiunti. Una simile forma di comportamento collusivo prende il nome di *cartello*.

Il cartello è una forma di collusione assai diffusa nella realtà. Esempi storici ne sono il Consorzio siderurgico formatosi in Italia tra il 1910 e il 1911 e, più vicino a noi, l'OPEC (Organizzazione dei paesi esportatori di petrolio), la cui azione è stata alla base degli *shock* petroliferi degli anni '90 del secolo scorso. In questi casi, come in numerosi altri, imprese altrimenti rivali danno vita a un'organizzazione unitaria, producendo in modo coordinato beni omogenei.

Vediamo ora le diverse forme di accordo che possono essere assunte in un cartello.

Una prima strategia di accordo è la massimizzazione dei profitti congiunti dell'intero settore. In questo caso, le imprese del settore decidono congiuntamente, in un primo tempo, il livello totale di output che il settore deve produrre per massimizzare il profitto totale dell'industria e, successivamente, come ripartirsi la produzione dello stesso su base individuale. Ne discende che, in questo caso, il cartello si comporta come una grande impresa monopolistica "settoriale". L'equilibrio in un simile mercato è quindi dato dalle condizioni individuate in monopolio. D'altra parte, questo tipo di accordi non è facilmente realizzabile, da un lato, perché, come abbiamo detto, esso configura il caso di più probabile applicazione della normativa *antitrust*; dall'altro lato, perché, come abbiamo visto trattando la teoria dei giochi, l'accordo che regge questa strategia non è facile da mantenere.

Vanno ricordate almeno altre due strategie. Una prima strategia consiste nel fissare il prezzo che deve essere praticato da ogni impresa aderente al cartello. In tal caso, la concorrenza tende a concentrarsi su variabili diverse dal prezzo (come, ad esempio, le caratteristiche qualitative del prodotto, i tempi e le modalità di consegna, i servizi che accompagnano la vendita) rendendo quest'ultimo tipo di accordo evidentemente più instabile. Infine, il cartello può fissare le quote di produzione, lasciando la determinazione del prezzo alle singole imprese. La ripartizione in quote del mercato può seguire vari criteri: come, ad esempio, il costo di produzione, i passati livelli delle vendite, o la capacità produttiva, mentre la rivalità può in questo caso agire anche sul prezzo. Anche questa forma di accordo può essere molto precaria, precarietà che è acuita in contesti dinamici, caratterizzati da continui cambiamenti nei valori dei parametri fondamentali e da maggiore incertezza.

Come abbiamo già detto in precedenza, tutti i paesi avanzati hanno forme di tutela della concorrenza. Per quanto riguarda l'Unione europea la pubblicazione *Concorrenza. Migliorare il funzionamento dei mercati*[24], che viene aggiornata sistematicamente, sintetizza cosa si intende per limiti alla concorrenza e quali sono i poteri sanzionatori della Commissione Europea. Per quanto riguarda gli Stati Uniti i primi punti di riferimento sono l'*Antitrust Division Manual* pubblicato dal U.S. Department of Justice – Antitrust Division[25] e le pubblicazioni della *Federal Trade Commission*.

Casi concreti di accordi collusivi, presunti e/o già sanzionati in forma definitiva, si possono reperire sui siti web delle varie Autorità antitrust. Richiamiamo solo tre esempi. In Europa sono stati sanzionati, nel 2016, per accordi collusivi – che esistevano da almeno quattordici anni – i produttori di camion Daimler, Iveco, Volvo e DAF. Altro esempio è la sanzione comminata dalla Commissione Europea nel gennaio 2009 alle grandi imprese Bridgestone, Dunlop Oil & Marine/Continental, Trelleborg, Parker ITL e Manuli per aver costituito, tra il 1986 e il 2007 un cartello relativo alla produzione e vendita di tubi marini attraverso i quali passa il petrolio greggio e lavorato. Vale la pena di sottolineare che questi cartelli vedono la partecipazione di grandi imprese che hanno la propria sede legale dal Giappone alla Francia, dall'Italia agli Stati Uniti. Il terzo esempio riguarda la sanzione comminata in Italia nel 2014 alle case farmaceutiche Roche e Novartis per essersi accordate per ostacolare la diffusione di un farmaco economico a vantaggio di un prodotto molto più costoso.

---

[24] Liberamente scaricabile dal sito: *https://publications.europa.eu/it/publication-detail/-/publication/8200c251-aa42-11e6-aab7-01aa75ed71a1* (sito attivo al momento della stampa di questo manuale).

[25] Liberamente scaricabile dal sito: *https://www.justice.gov/atr/file/761166/download* (sito attivo al momento della stampa di questo manuale). Si vedano in particolare i primi due capitoli.

Parte II - **Per approfondire**

5.6. Relazione tra ricavo totale, medio e marginale (in condizioni di monopolio)

Per definizione, in qualsiasi forma di mercato, le funzioni del ricavo totale e medio sono così definite:

$$\text{ricavo totale } RT = p \times q \qquad [8]$$

$$\text{ricavo medio } RMe = RT/q = (p \times q)/q = p \qquad [9]$$

La funzione del ricavo medio coincide con la funzione di domanda.

Consideriamo una funzione (inversa) lineare di domanda

$$p = a - b \times q \qquad [10]$$

ricordando che, per come abbiamo scritto la funzione di domanda, il prezzo p è funzione della quantità q. Dunque, possiamo scrivere:

$$D(q) = p(q) = a - b \times q \qquad [11]$$

La [10] e la [11] sono la stessa cosa.

È anzitutto immediato capire perché la funzione del ricavo medio coincide con la funzione di domanda. Per definizione il ricavo medio è il ricavo totale diviso per la quantità. In formula avremo: $RMe = RT/q = (p \times q)/q$ ma $(p \times q)/q$ dà come risultato p, dunque possiamo scrivere:

$$RMe = p \qquad [12]$$

Ma, come già sappiamo dalla [10], $p = a - b \times q$, dunque possiamo scrivere:

$$RMe = p = a - b \times q \qquad [12\ bis]$$

Il ricavo totale RT, anch'esso dipendente da q, tenendo conto della [10], può essere riscritto così:

$$RT = p \times q = (a - b \times q) \times q = a \times q - b \times q^2 \qquad [13]$$

Il ricavo marginale è la variazione del ricavo totale; in termini matematici per ottenere il ricavo marginale dobbiamo calcolare la derivata del ricavo totale rispetto a q:

$$RMg = dRT/dq = a - 2 \times b \times q \qquad [14]$$

Graficamente, la funzione del ricavo marginale *RMg* sarà dunque una retta con inclinazione doppia – in valore assoluto –, cioè $2b$, rispetto alla funzione di domanda *D* (che coincide con il ricavo medio *RMe*) che ha, sempre in valore assoluto, inclinazione pari a b. *RMg* e *D* hanno la stessa intercetta sull'asse delle ordinate, cioè l'asse verticale che rappresenta il prezzo p. Infatti, sia nella [3] che nella [7], quando $q = 0$ avremo, rispettivamente:

$$p = a - b \times q \quad \text{se } q = 0 \text{ avremo } p = a - b \times 0 \text{ per cui } p = a \qquad [10\ bis]$$

$$RMg = a - 2 \times b \times q \text{ se } q = 0 \text{ avremo } RMg = a - 2 \times b \times 0 \text{ per cui } RMg = a \qquad [14\ bis]$$

Figura 10. – *Un esempio numerico*

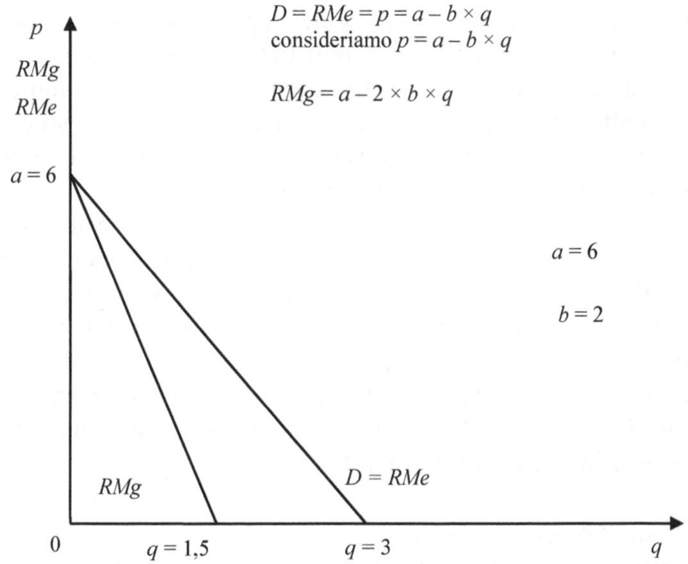

Per fare un esempio numerico di funzioni di ricavo medio (che coincide con la funzione di domanda) e del ricavo marginale imponiamo $a = 6$ e $b = 2$ le nostre espressioni [3] e [7] diventano:

$$p = 6 - 2 \times q \qquad [10\ ter]$$

$$RMg = 6 - 2 \times 2 \times q = 6 - 4 \times q \qquad [14\ ter]$$

Come già dimostrato, se $q = 0$ l'intercetta verticale coincide per entrambe le funzioni con il punto a – in questo caso dunque l'intercetta verticale è pari a 6.

Il valore dell'intercetta sull'asse delle ascisse, cioè l'asse orizzontale delle quantità, lo otteniamo imponendo, rispettivamente, $p = 0$ nella [10 *ter*] e $RMg = 0$ nella [14 *ter*].

$$0 = 6 - 2 \times q \qquad [10\ quater]$$

$$0 = 6 - 4 \times q \qquad [14\ quater]$$

Rielaborando queste due espressioni, portando a sinistra il termine che contiene q e dividendo per 2 e per 4, rispettivamente, otteniamo:

$$2 \times q = 6 \qquad q = 6/2 = 3 \qquad [10\ quater]$$

$$4 \times q = 6 \qquad q = 6/4 = 3/2 = 1{,}5 \qquad [14\ quater]$$

5.7. La curva di domanda a gomito nel mercato di oligopolio

Come è stato discusso nella Prima parte del capitolo, il modo più diretto per ottenere il coordinamento tra imprese oligopolistiche è quello di siglare un accordo. In alcune circostanze, tuttavia, sono le condizioni stesse in cui le imprese operano, relativamente sia alla struttura del mercato sia alla tipologia dei costi che sostengono, che rendono vantaggioso per le imprese un comportamento solo implicitamente coordinato per mantenere il livello del prezzo elevato.

Un modello che illustra chiaramente questa situazione è il cosiddetto *modello di domanda a gomito*. Il modello è così chiamato perché considera il comportamento di un'impresa oligopolistica la cui curva di domanda individuale presenta un "gomito" in corrispondenza di un determinato livello di prezzo. Come vedremo, questo gomito è all'origine di una rigidità del prezzo prevalente sul mercato.

Tale curva di domanda è rappresentata nella Figura 11, "spezzata" in corrispondenza del punto *A*. Cerchiamo di capire da cosa dipende questa singolare caratteristica e quali sono le implicazioni sull'equilibrio del mercato.

Figura 11. – *Curva di domanda a gomito*

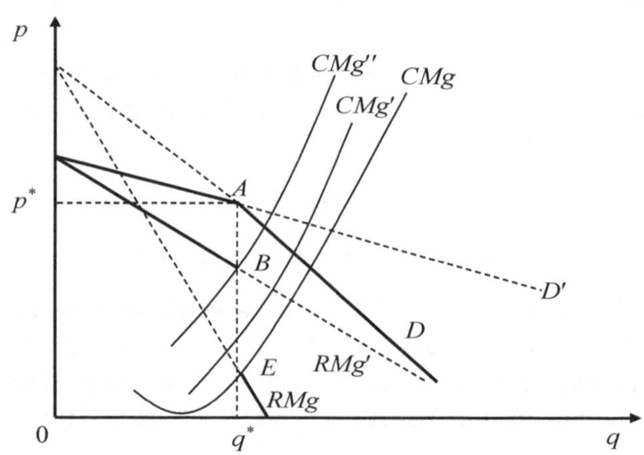

Si supponga che l'impresa stia producendo la quantità di equilibrio q^*, in corrispondenza del solito punto di intersezione, *E*, tra la curva di ricavo marginale (*RMg*) e quella di costo marginale (*CMg*). Il prezzo di equilibrio al quale detta quantità viene venduta è p^*, prezzo individuato sulla curva di domanda *D*, in corrispondenza della quantità di equilibrio (trascuriamo per il momento anche i tratteggi, che spiegheremo tra poco).

Ipotizziamo ora che, a partire da questa situazione di equilibrio, l'impresa considerata pensi di far variare il prezzo. Da un lato, in oligopolio essa ha il potere di mercato per farlo. D'altra parte, nella stessa forma di mercato c'è interazione strategica, e quindi l'impresa sa che le altre imprese reagiranno alla sua variazione di prezzo. Più precisamente, essa prevede che, se diminuirà il prezzo, le altre imprese, nel tentativo di non perdere quote di mercato, la seguiranno. La variazione della propria domanda che ne seguirà sarà pertanto ridotta. In altre parole, per livelli di prezzo minori di p^*, l'elasticità della domanda dell'impresa rispetto al prezzo sarà bassa, e la curva di domanda piuttosto "rigida", come la *D* che abbiamo ipotizzato inizialmente. D'altra parte, la stessa impresa prevede che, se alzerà il prezzo al di sopra di p^*, le altre imprese, nel tentativo di accaparrarsi i consumatori che inevitabilmente essa perderà, non la seguiranno. Per valori del prezzo più alti di p^*, dunque, l'elasticità della domanda rispetto al prezzo sarà elevata, e la curva di domanda rilevante non sarà *D*, ma una curva di domanda come *D'*, più piatta di *D*. Stando così le cose, la curva di domanda dell'impresa, indicata in grassetto, è costituita da una "spezzata": per *p* maggiore di p^*, dal tratto rilevante della curva di domanda più elastica, *D'*; per valori di *p* minori di p^*, dal tratto rilevante della curva di domanda più rigida, *D*. In corrispondenza di *A*, quindi, la curva di domanda presenta effettivamente un gomito (o punto angoloso).

Questa singolare forma della curva di domanda ha delle implicazioni molto importanti per l'equilibrio del mercato in esame. In effetti, se due sono le curve di domanda (*D* e *D'*), due sono le curve di ricavo marginale (*RMg* e *RMg'*) relazionate a coppia (*D*, *RMg* e *D'*, *RMg'*) nel modo consueto. Più precisamente, la curva *RMg'* è rilevante, e per questo indicata in grassetto, in corrispondenza del tratto rilevante della *D'*, cioè fino ad *A*. Al contrario, la curva *RMg* è rilevante, e indicata in grassetto, in corrispondenza del tratto rilevante della *D*. La curva di ricavo marginale corrispondente a una curva di domanda a gomito presenta quindi, in corrispondenza del gomito stesso, un tratto di discontinuità, delimitato dal segmento *BE*. In altre parole, come si vede dalla Figura 11, la curva dei *RMg* dell'impresa sarà caratterizzata da un tratto verticale in corrispondenza dell'output q^*.

Questo è un fatto cruciale, e al tempo stesso la caratteristica fondamentale del modello. Esso comporta infatti che tutte le curve di costo marginale che intersecano il ricavo marginale lungo il tratto *BE* identificheranno delle posizioni, per definizione, di equilibrio di massimo profitto, a cui corrisponde sempre lo stesso prezzo

p^*. In altre parole, i costi marginali lungo questo tratto possono variare (come in Figura 11), passando da *CMg*, a *CMg'*, a *CMg''*) senza far variare il prezzo e la quantità prodotta.

Sulla base di questo risultato, il modello della domanda a gomito riesce effettivamente a spiegare come sia possibile per un'impresa mantenere il prezzo invariato a fronte di variazioni (anche piuttosto significative) dei costi. Tuttavia, questo modello se da un lato riesce a spiegare la relativa staticità delle scelte produttive di un oligopolista, dall'altro non è invece in grado di spiegare come si arrivi ad un prezzo "angoloso" come p^*. Infatti, la curva di domanda a gomito è costruita *intorno* al prezzo di equilibrio, e quindi potendosi costruire per qualunque coppia prezzo-quantità, non fornisce alcuna indicazione su come quel determinato equilibrio sia stato raggiunto.

5.8. La teoria dei giochi quale strumento di analisi dell'oligopolio

Come abbiamo già detto nella Prima parte di questo capitolo, l'oligopolio è una forma di mercato caratterizzata da interdipendenza strategica tra imprese. Tale caratteristica rende questa forma di mercato adatta ad essere studiata con uno strumento che si chiama *teoria dei giochi* – teoria che conobbe una prima sistematizzazione attraverso il libro di John von Neumann e Oskar Morgenstern *Theory of games and economic behavior* pubblicato nel 1944[26].

Tale teoria consente di costruire modelli semplificati di situazioni in cui le decisioni di soggetti razionali sono tra loro interdipendenti. In questo senso, due o più imprese in concorrenza tra loro e che massimizzano il proprio profitto, possono essere assimilate a dei giocatori i cui risultati economici costituiscono i "pagamenti" (*pay-off*) delle loro strategie. Nel prosieguo faremo di norma riferimento a due giocatori che hanno a disposizione due strategie.

Utilizzeremo indifferentemente il sostantivo "giocatore" o "impresa", e le strategie possono ad esempio essere "fare una campagna pubblicitaria" oppure "*non* fare la campagna pubblicitaria".

Ciò detto, gli elementi che costituiscono un gioco sono tre: (i) i *giocatori*, (ii) le *strategie* che i diversi giocatori hanno a disposizione, (iii) i *pagamenti*. Nel caso di due giocatori – il giocatore A e il giocatore B – ciascuno dei quali ha a disposizione soltanto due strategie – la strategia 1 oppure la strategia 2 – il gioco può essere rappresentato tramite una *matrice dei pagamenti* (o matrice dei *pay-off*) come quella

---

[26] John von Neumann fu un notissimo matematico e fisico, mentre Oskar Morgestern era un economista. Chi fosse interessato alle origini della teoria dei giochi può consultare il libro di M.A. Dimand-R.W. Dimand [1996], *A history of game theory*, vol. 1, Routledge, Londra. Si veda anche la citazione tratta da J. von Neumann nel paragrafo introduttivo di questo capitolo.

illustrata nella Figura 12. Questo modo di rappresentare un gioco viene solitamente definito rappresentazione in *forma normale*.

Figura 12. – *Matrice dei pagamenti (o matrice dei pay-off)*

		B: 1	B: 2
A	1	15_A, 14_B	20_A, 10_B
	2	12_A, 13_B	16_A, 17_B

La matrice dei pagamenti è una tavola a doppia entrata in cui sono riportate tutte le possibili combinazioni delle strategie dei due giocatori con i relativi compensi. Nella tabella qui sopra i numeri rappresentano i profitti delle imprese A e B a seconda che utilizzino la strategia 1 (ad esempio farsi pubblicità) o la strategia 2 (non farsi pubblicità). Le righe si riferiscono alle strategie 1 e 2 dell'impresa A, mentre le colonne 1 e 2 fanno riferimento alle strategie dell'impresa B.

Per ciascuno dei due giocatori, A e B, è dunque possibile implementare la strategia 1 o la strategia 2. Le possibili combinazioni risultanti saranno quattro.

(i) Entrambe le imprese utilizzano la strategia 1: ci troviamo nella casella in alto a sinistra, prima riga e prima colonna, che indicheremo come (1, 1); se entrambe le imprese utilizzano la strategia 1, l'impresa A conseguirà un profitto pari a 15 e l'impresa B un profitto pari a 14 (milioni di euro);

(ii) l'impresa A utilizza la strategia 1 e l'impresa B utilizza la strategia 2: ci troviamo nella casella in alto a destra, prima riga e seconda colonna, che indicheremo come (1,2); data questa combinazione di strategie l'impresa A otterrà un profitto pari a 20 e l'impresa B un profitto pari a 10 (milioni di euro);

(iii) l'impresa A utilizza la strategia 2 e l'impresa B utilizza la strategia 1: ci troviamo nella casella in basso a sinistra, che indicheremo come (2, 1); data questa combinazione di strategie, l'impresa A conseguirà un profitto pari a 12 e l'impresa B un profitto pari a 13 (milioni di euro);

(iv) entrambe le imprese utilizzano la strategia 2: ci troviamo nella casella in basso a destra, seconda riga e seconda colonna, che indicheremo come (2, 2); se entrambe le imprese utilizzano la strategia 2, l'impresa A conseguirà un profitto pari a 16 e l'impresa B un profitto pari a 17 (milioni di euro).

A questo punto è immediato capire il significato dell'espressione "interazione strategica": come si vede dalla tabella, il risultato per l'impresa A dipende da cosa fa l'impresa B, e viceversa.

Esistono più tipi di gioco. Tuttavia, questi vengono generalmente raggruppati in due categorie: *giochi cooperativi* e *giochi non-cooperativi*. Nel primo caso, i giocatori possono stabilire impegni reciproci di tipo *vincolante* (siano essi accordi di tipo verbale o scritto), in modo tale da adottare strategie congiunte. Nel caso, invece, dei giochi non-cooperativi, tale possibilità è preclusa, tipicamente, impedendo agli agenti di comunicare.

Per quanto anche i giochi cooperativi siano molto importanti, in ragione delle numerose opportunità di cooperazione che possono sussistere tra le imprese, il loro studio è generalmente molto complesso. Per questa ragione, l'analisi che segue si focalizzerà soltanto sui *giochi non-cooperativi.*

Faremo inoltre due ipotesi ulteriori. Anzitutto, il gioco si svolge in condizioni di *informazione completa*: questo significa che i possibili risultati – i numeri contenuti nelle caselle – sono noti a priori ad entrambi i giocatori. In secondo luogo, i giocatori attuano le proprie strategie *simultaneamente.*

Nell'ambito di un gioco non-cooperativo, il problema per ognuna delle due imprese è ovviamente quello di ricercare la strategia migliore da adottare alla luce delle informazioni disponibili. Quello che cerchiamo è – se esiste – un equilibrio. In particolare, se ci troviamo in una situazione in cui nessuna delle due imprese avrebbe interesse a giocare una strategia diversa da quella effettivamente adottata, data la scelta dell'altra impresa, abbiamo un *equilibrio di Nash*[27].

Cerchiamo ora di capire come procedono le due imprese facendo riferimento ai numeri contenuti nella tabella della Figura 13.

Figura 13. – *Equilibrio (con strategie dominanti per entrambi i giocatori: Sì, Sì)*

		B	
		Sì	**No**
A	**Sì**	**15_A, 14_B**	20_A, 10_B
	No	12_A, 13_B	9_A, 11_B

Guardiamo anzitutto al gioco dal punto divista dell'impresa A, che procede nel modo seguente.

Primo passo: l'impresa A ipotizza che l'impresa B utilizzi la strategia "Sì" (prima colonna, che riguarda, appunto l'impresa B). Se B utilizza la strategia "Sì", il risultato per A sarà 15 se A stessa utilizza la strategia "Si" (prima riga) oppure 12 se A stessa utilizza la strategia "No" (seconda riga). Confrontando i propri risultati, cioè 15 con 12 è ovvio che A preferirà il risultato più alto, cioè 15. In sintesi, se B utilizzasse la strategia "Si", A troverebbe conveniente utilizzare a sua volta la strategia "Sì".

---

[27] Dal nome del matematico John Nash (1928-2015) che ha elaborato questo tipo di analisi. Sebbene nei nostri esempi ci limitiamo sempre alla presenza di due soli giocatori/imprese che hanno a disposizione due sole strategie, l'analisi può essere estesa al caso di n giocatori/imprese che hanno a disposizione m strategie.

Secondo passo: l'impresa A ipotizza che l'impresa B utilizzi la strategia "No" (seconda colonna). Se B utilizza la strategia "No", il risultato per A sarà 20 se A stessa utilizza la strategia "Si" (prima riga) oppure 9 se A utilizza la strategia "No" (seconda riga). Confrontando i propri risultati, cioè 20 con 9 è ovvio che A preferirà il risultato più alto, cioè 20. In sintesi, se B utilizzasse la strategia "No", A troverebbe conveniente utilizzare la strategia "Sì".

Dunque, e concludendo il gioco visto dalla prospettiva di A: se B utilizza la strategia "Sì", A trova conveniente utilizzare la strategia "Sì"; se B utilizza la strategia "No", A trova comunque conveniente utilizzare la strategia "Sì". In sintesi, l'impresa A troverà conveniente utilizzare sempre la strategia "Sì", indipendentemente dalla strategia utilizzata dall'impresa B. Tecnicamente, data questa situazione, diciamo che A ha una *strategia dominante.*

Vediamo ora il gioco dalla prospettiva dell'impresa B. Primo passo: l'impresa B ipotizza che l'impresa A utilizzi la strategia "Sì" (prima riga, che riguarda, appunto l'impresa A). Se A utilizza la strategia "Sì", il risultato per B sarà 14 se B stessa utilizza la strategia "Si" (prima colonna) oppure 10 se B stessa utilizza la strategia "No" (seconda colonna). Confrontando i propri risultati, cioè 14 con 10 è ovvio che B preferirà il risultato più alto, cioè 14. In sintesi, se A utilizzasse la strategia "Si", B troverebbe conveniente utilizzare a sua volta la strategia "Sì".

Secondo passo: l'impresa B ipotizza che l'impresa A utilizzi la strategia "No" (seconda riga). Se A utilizza la strategia "No", il risultato per B sarà 13 se B stessa utilizza la strategia "Si" (prima colonna) oppure 11 se B utilizza la strategia "No" (seconda colonna). Confrontando i propri risultati, cioè 13 con 11 è ovvio che B preferirà il risultato più alto, cioè 13. In sintesi, se A utilizzasse la strategia "No", B troverebbe conveniente utilizzare la strategia "Sì".

Dunque, e concludendo il gioco visto dalla prospettiva di B: se A utilizza la strategia "Sì", B trova conveniente utilizzare la strategia "Sì"; se A utilizza la strategia "No", B trova conveniente utilizzare la strategia "Sì". In sintesi, B troverà conveniente utilizzare sempre la strategia "Sì", indipendentemente dalla strategia utilizzata da A. Anche in questo caso diremo che B ha una *strategia dominante.*

Entrambe le imprese hanno una strategia dominante, che consiste nell'implementare la strategia "Sì"; l'equilibrio finale sarà dato dalla casella (1,1) con risultato 15 per A e 14 per B. Questo sarà un equilibrio di Nash: nessuna delle due imprese vorrebbe cambiare la propria strategia quand'anche potesse farlo unilateralmente.

Non sempre esiste una strategia dominante. Inoltre, anche qualora esista, la strategia dominante ci dice poco a proposito di comportamenti strategici: la strategia dominante, infatti, determina il comportamento di un agente a prescindere dal comportamento dell'altro, e quindi, di fatto, ignorando possibili interazioni strategiche, che costituiscono proprio l'oggetto della analisi. Sulla base di questa considerazione, è necessario prendere in esame situazioni relativamente più realistiche.

Consideriamo, ad esempio, la matrice dei *pay-off* illustrata nella Figura 14.

Figura 14. – *Equilibrio con una sola strategia dominante: (15, 14)*

		B	
		Si	**No**
A	**Si**	**15, 14**	20, 10
	No	12, 13	25, 11

Ripetendo il ragionamento del gioco precedente, appare evidente che, in questo caso, A non ha una strategia dominante. La sua decisione dipende ora in maniera cruciale da cosa deciderà di fare B: se B decide di scegliere "Sì", allora anche A deve decidere per il "Sì" (in questo caso si ha infatti il *pay-off* più elevato, pari cioè a 15). Tuttavia, qualora B decidesse per il "No", allora anche A avrebbe convenienza a non farla (il *pay-off* più elevato per *A* in questo caso si ha scegliendo "No"). L'impresa A, perciò, ha un problema circa la decisione della sua strategia, nel senso che, a seconda di quale sarà la scelta di B, il *pay-off* potrebbe diminuire o salire di molto (se A scegliesse "No", ma B scegliesse "Si", allora per A si avrebbe un *pay-off* pari soltanto a 12 anziché a 15).

Come uscire da questo *impasse*? La soluzione è un po' più complessa di quella del caso precedente, ma non impossibile. L'impresa A deve, prima di decidere, cercare di capire quale strategia ha interesse ad utilizzare B. Più precisamente, deve capire se B ha o non ha una strategia dominante. Nel caso l'avesse, il passo successivo sarebbe quello di "giocargli" contro la migliore risposta.

Ora, si realizza immediatamente che, in effetti, l'impresa B ha una strategia dominante: "Sì", strategia che le garantisce un *pay-off* di 14 contro 10, se A gioca "Si", e di 13 contro 11 se A gioca "No". Conseguentemente, scoperto che B sicuramente gioca "Sì", l'impresa A deciderà di attuare anch'essa la strategia "Sì", poiché questa costituisce la migliore risposta di A alla strategia "Sì" di B, garantendo ad A un guadagno di 15 contro 12 della propria strategia alternativa.

Una situazione come quella appena descritta può ovviamente presentarsi rispetto ad entrambi i giocatori: in altre parole, anche B, prima di decidere, potrebbe essere costretto a verificare se A ha una strategia dominante. Anche in questo gioco, se la scelta di A è ottimale data la scelta di B e quella di B è ottimale data la scelta di A, ci troviamo di fronte ad un *equilibrio di Nash*. Ribadendo con altre parole quanto già detto sopra, abbiamo un equilibrio di Nash quando ogni giocatore ha massimizzato il suo *pay-off* data la strategia dell'altro e non ha alcun interesse a modificare unilateralmente il proprio comportamento (o, come anche si dice, nessun giocatore ha un incentivo a deviare). L'adozione di una qualsiasi strategia alternativa non consentirebbe infatti a questo giocatore di ottenere un *pay-off* migliore. Dall'ipotesi che nessuno dei due agenti ha interesse a modificare il proprio comportamento discende che l'equilibrio di Nash è anche *stabile* [28].

Può infine esistere una situazione in cui nessuna delle due imprese considerate abbia una strategia dominante come nel caso della matrice dei *pay-off* della Figura 15.

Figura 15. – *Gioco senza alcuna strategia dominante*

		B	
		Si	**No**
A	**Si**	15, 14	20, 10
	No	12, 13	25, 15

Come nel caso del gioco illustrato nella Figura 14, A non ha una strategia dominante. D'altro canto, neanche B ha in questo caso una strategia dominante. Nel caso in cui A giochi "Sì", B dovrebbe giocare "Sì". Se A invece decidesse di giocare "No", anche B dovrebbe giocare "No". Risulta quindi impossibile identificare un equilibrio di Nash in questo caso. Per arrivare ad una soluzione di questo e degli altri casi in cui non è presente una strategia dominante sarebbe necessario introdurre dei modelli probabilistici di scelta, la cui trattazione trascende gli scopi di questo manuale.

Come abbiamo anticipato, i giochi che stiamo illustrando si prestano particolarmente bene a descrivere il comportamento strategico che caratterizza le imprese in un duopolio. Ciò vale anche per il concetto di equilibrio di Nash. In particolare, quando viene calcolato rispetto ad un particolare gioco noto come *dilemma del prigioniero*, l'equilibrio di Nash identifica una situazione Pareto-inefficiente [29].

Come suggerito dal nome, il gioco è stato originariamente formulato con riferimento a una situazione in cui due prigionieri (A e B) sono interrogati per un delitto di cui sono sospettati essere complici. I due sono detenuti in celle separate e non hanno possibilità di comunicare fra di loro (il gioco è non-cooperativo). Il giudice li interroga separatamente, e ciascuno dei due prigionieri può scegliere tra due strategie: "confessare" o "non confessare". I *pay-off* sono in questo caso rappresentati dagli anni di carcere che i due sconteranno (e perciò indicati con un segno meno), con le seguenti possibilità: i prigionieri hanno garantito dal giudice 5 anni a testa, se confessano entrambi; saranno condannati ad una pena lieve (1 anno), se entrambi

---

[28] In realtà, sono sicuramente stabili solo gli *equilibri di Nash in senso stretto*, cioè quelli per cui il *pay-off* ottenibile dalla deviazione per ciascun giocatore è strettamente minore di quello ottenuto in equilibrio. Accanto a questi vi sono i casi di *equilibri di Nash deboli*: quelli in cui il *pay-off* ottenibile dalla deviazione è, per almeno un giocatore, uguale a quello ottenuto in equilibrio.

[29] Ciò non vuol dire, si badi bene, che tutti gli equilibri di Nash sono inefficienti!

non confessano scampando così una pena maggiore; infine, se uno dei due confessa (e l'altro no) il primo viene liberato, mentre l'altro è condannato a 10 anni. La matrice dei *pay-off* è quindi quella illustrata nella Figura 15.

Figura 15. – *Dilemma del prigioniero*

		B	
		Confessa	**Non confessa**
A	**Confessa**	– 5, – 5	0, – 10
	Non confessa	– 10, 0	– 1, – 1

Analizziamo prima il gioco dalla prospettiva del prigioniero A.

Se B utilizzasse la strategia "Confessa" il risultato per A sarebbe: 5 anni di prigione se A stesso confessa oppure 10 anni di prigione se A non confessa; dunque in questo caso ad A converrebbe confessare.

Se B utilizzasse la strategia "Non confessa" il risultato per A sarebbe: 0 anni di prigione se A stesso confessa, oppure 1 anno di prigione se A non confessa; dunque, anche in questo caso ad A conviene confessare.

In conclusione: A ha una strategia dominante: confessare.

Analizziamo ora il gioco dalla prospettiva del prigioniero B.

Se A utilizzasse la strategia "Confessa" il risultato per B sarebbe: 5 anni di prigione se B stesso confessa, oppure 10 anni di prigione se B non confessa; dunque, in questo caso al prigioniero B conviene confessare.

Se A utilizzasse la strategia "Non confessa" il risultato per B sarebbe: 0 anni di prigione se B stesso confessa, oppure 1 anno di prigione se B non confessa; dunque, in questo caso al prigioniero B conviene confessare.

In conclusione: anche B ha una strategia dominante: confessare.

Il risultato implica che per i due detenuti il comportamento più razionale è confessare ed essere entrambi condannati a 5 anni di prigione (equilibrio di Nash). In termini paretiani questo non è evidentemente un equilibrio efficiente: un miglioramento paretiano potrebbe infatti esser ottenuto se i due si accordassero per *non* confessare, venendo condannati ad un solo anno di prigione ciascuno. Il problema è che questo accordo non sarebbe comunque sostenibile: anche nel caso in cui i due si accordassero preventivamente di agire in questo modo, ragionando poi su base individuale, nel modo che ci conduce all'equilibrio del gioco, essi avrebbero un forte incentivo a deviare dalla strategia concordata. Infatti, se i due si mettessero d'accordo per non confessare (– 1, – 1), uno dei due avrebbe l'incentivo a deviare (confessando) ottenendo quindi la libertà immediata. Ma lo stesso può fare l'altro. L'incentivo a deviare dal comportamento cooperativo è quindi troppo forte e porterà inevitabilmente ad un risultato non ottimale.

Il dilemma del prigioniero ha diverse applicazioni pratiche. In particolare, trova applicazione in tutte quelle situazioni nelle quali, sebbene sarebbe efficiente accordarsi e cooperare, ciò non viene fatto. In questi casi, infatti, gli agenti, seguendo il proprio interesse individuale, tendono a non rispettare gli accordi presi.

Nel caso del mercato oligopolistico che stiamo considerando in questo capitolo, un esempio particolarmente importante è quello della stabilità di un cartello in cui i produttori si accordino, per esempio, per produrre ciascuno una quota prefissata di un certo bene. L'esempio non è molto lontano dalla realtà: il cartello dei Paesi produttori di petrolio, OPEC, funziona esattamente in questo modo. I paesi OPEC si accordano periodicamente tra loro per mantenere artificialmente bassa l'offerta di petrolio greggio, e questo fa aumentare il prezzo del petrolio. In una simile situazione, per quanto il rispetto del cartello rappresenti una soluzione in cui i produttori (che qui possiamo supporre due soli Paesi, cioè siamo in duopolio) raggiungono il massimo profitto (l'equivalente della soluzione di accordarsi su "non confessare-non confessare"), ricercando il proprio profitto un Paese – e questo vale per entrambi – avrà un forte incentivo a violare i patti del cartello. In primo luogo, ritenendo che l'altro Paese si atterrà alla propria quota produttiva, esso avrà un incentivo a produrre di più della propria, anche se questo non è Pareto-efficiente (l'equivalente della soluzione "confessa-non confessa"). E anche se l'altro Paese aumenterà la propria quantità, deviando anch'essa dal cartello, il primo avrà ugualmente interesse ad aumentare la propria, sebbene questo sia di nuovo non efficiente in senso paretiano (l'equivalente della soluzione "confessare-confessare").

Il problema della *non-sostenibilità* di un cartello non è comunque l'unico in cui il dilemma del prigioniero trova applicazione. Lo stesso gioco può infatti essere utilizzato per analizzare le situazioni di inefficienza e le difficoltà di tener fede agli accordi in situazioni in cui le strategie dei duopolisti sono, ad esempio, fare o non fare pubblicità, mantenere o meno i prezzi ad un certo livello, ed altre ancora.

D'altra parte, la situazione di inefficienza del dilemma del prigioniero che abbiamo appena descritto può cambiare radicalmente se, invece di giocare una sola volta la loro strategia, gli agenti sono in grado di ripetere il gioco un certo numero di volte. A questo proposito, supponiamo che due oligopolisti debbano affrontare decisioni circa i prezzi da praticare (cioè pubblicare i loro listini) ripetutamente. Se il gioco è limitato ad una sola volta (il cosiddetto *one-shot game*), noi sappiano che per ciascuna impresa l'incentivo a "prendere tutto e scappare" è elevato. D'altra parte, se un'impresa sa che dovrà incontrare nuovamente, per un certo numero di volte, il proprio rivale, allora il comportamento può cambiare: chi si approfitta di un certo comportamento può infatti subire, la volta dopo, una punizione per la propria deviazione dal comportamento ottimale.

La minaccia di una ritorsione può dunque costituire un deterrente alla deviazione dall'accordo. D'altra parte, l'effetto di una simile minaccia dipende strettamente dall'orizzonte temporale che le due imprese hanno di fronte. In pratica, è cruciale sapere se il gioco sarà giocato un numero finito oppure un numero "infinito" – dove con "infinito" intendiamo un numero molto elevato – di volte.

Nel primo caso, la strategia è dichiarata un numero finito di volte, supponiamo tredici. È immediato verificare che la minaccia non è credibile, e la deviazione dall'accordo inevitabile. Per rendercene conto, partiamo dalla fine, cioè dall'ultima giocata. La tredicesima (l'ultima) volta che i due fissano la loro strategia, evidentemente, visto che da allora in poi non si incontreranno più, essi hanno un incentivo a "barare", e sceglieranno pertanto di non cooperare. In questo caso, è come se i due agenti fossero coinvolti in un gioco singolo. La dodicesima volta, invece, sapendo che è razionale per ambedue barare la volta successiva (l'ultima), di nuovo non ci saranno ragioni per cooperare. Infatti, se un'impresa coopera la dodicesima volta e l'altra non lo fa, la prima impresa non potrà più punire il rivale, perché la tredicesima volta (l'ultima) ambedue adotteranno una strategia di non cooperazione. Naturalmente, poiché non hanno cooperato la dodicesima volta, il ragionamento si applica di nuovo con riferimento all'undicesima: di nuovo, non ci saranno incentivi a farlo, e così via per tutte le volte precedenti. Il risultato, quindi, sarà che le due imprese non coopereranno fin dal primo round! In sintesi, se non si riesce a cooperare nell'ultimo stadio, allora non sarà possibile farlo né nel penultimo né in tutti quelli precedenti.

Se, al contrario, il numero di periodi è infinito, i giocatori coopereranno perché sperano che ciò produca ulteriore cooperazione nel futuro. Ciò richiede, chiaramente, che ci sia sempre una partita da giocare. La strategia vincente è in effetti quella di minacciare una risposta uguale a quella ricevuta nel periodo precedente. In questa maniera, poiché nessuno può essere sicuro di avere un ultimo round in cui deviare, e quindi ottenere un *pay-off* elevato, allora le chance di cooperazione sono elevate. In sostanza, si inizia cooperando e, nelle partite successive, si coopera se l'avversario ha cooperato nel round precedente, e si "tradisce" se l'avversario ha "tradito" nel round precedente.

Una situazione in cui gli agenti si comportano in questo modo costituisce, a condizione che il gioco sia giocato un numero infinito di volte, la strategia più efficace per ottenere un comportamento di tipo collusivo: il tradimento è infatti punito immediatamente. Allo stesso tempo, questa strategia è anche la più "leale", poiché l'avversario è punito una volta sola e se torna a cooperare sarà automaticamente compensato con la cooperazione. Insomma, questa strategia permette di ottenere un risultato efficiente anche in caso di dilemma del prigioniero.

Quando ragioniamo di oligopolio uno dei dati fondamentali è costituito dalla numerosità delle imprese e dalla relativa quota di mercato. Di norma nei mercati non concorrenziali tende ad esistere un profitto che, di per sé, spingerebbe altri agenti ad entrare nel mercato di quel bene o servizio.

Dunque, una situazione con cui le imprese già esistenti possono doversi confrontare è come comportarsi di fronte alla possibilità che una nuova impresa entri nel settore. Quest'ultima viene definita "potenziale entrante".

Per semplicità ipotizziamo che esista per il momento una sola impresa che soddisfa l'intero mercato di un dato bene in condizioni di monopolio. A fronte della possibilità che un'altra impresa entri nel mercato, il monopolista può rispondere in due modi: (i) non mette in atto alcuna strategia per contrastare l'ingresso della nuova impresa, oppure (ii) mette in atto una qualche strategia per evitare l'ingresso della nuova impresa.

Uno dei modi attraverso cui l'impresa monopolistica già esistente può cercare di contrastare l'ingresso dell'impresa potenziale consiste nell'abbassare il prezzo del bene. Infatti, la riduzione del prezzo sicuramente riduce il profitto e questo, per l'impresa potenziale entrante – che dovrà sostenere elevati costi di ingresso – può generare una situazione tale per cui deciderà di non entrare in *quel* mercato.

Ipotizziamo che il profitto complessivo di monopolio sia pari a 15 milioni di euro e che l'impresa potenziale, se vuole effettivamente entrare nel mercato, debba sostenere un costo per realizzare l'impianto pari a 5 milioni di euro.

Se l'impresa esistente mantiene il prezzo alto e il potenziale entrante decide effettivamente di entrare nel mercato i profitti complessivi – che ora saranno di duopolio e non più di monopolio – saranno pari a 12 milioni di euro, dando luogo al seguente risultato: 6 milioni di euro di profitto per l'impresa già operante e 6 milioni di euro per la nuova impresa, cui dobbiamo però sottrarre il costo dell'impianto, cioè 5 milioni di euro; dunque la combinazione "prezzo alto" e l'impresa da potenziale diventa attuale, cioè "entra" effettivamente nel mercato, l'esito sarà (6, 1).

Se l'impresa già operante mantiene alto il prezzo, e l'impresa potenziale decide di non entrare ovviamente l'intero profitto – che a questo punto rimane di monopolio – andrà alla prima, e l'esito finale sarà (15, 0).

Se l'impresa esistente decide di abbassare il prezzo, il profitto complessivo si riduce anche se il potenziale entrante decide di non entrare nel mercato; in questo caso l'intero profitto, che andrà alla sola impresa già operante, sarà pari a 8 milioni di euro.

Se l'impresa esistente decide di abbassare il prezzo e l'impresa potenziale decide di entrare nel mercato l'esito sarà 4 milioni di euro per l'impresa già esistente e 4-5, cioè – 1 milione di euro per l'impresa nuova entrata, che subirà così una perdita.

Il gioco può essere così sintetizzato nella matrice dei risultati:

Figura 16. – *Impedire o non contrastare l'ingresso di una nuova impresa*

		Potenziale entrante	
		Entra	**Non entra**
Impresa esistente	**Prezzo alto**	6, 1	15, 0
	Prezzo basso	4, – 1	8, 0

Il gioco presenta una strategia dominante per l'impresa esistente, che è quella di mantenere alto il prezzo (confrontando 6 e 4 se il potenziale entrante decide di entrare effettivamente, e confrontando 15 con 8 se l'impresa potenziale entrante decide di non entrare). Dunque, qualsiasi cosa faccia il potenziale entrante (entra o non entra nel mercato), l'impresa già operante giocherà la strategia "prezzo alto".

In sintesi, la minaccia di tagliare fuori dal mercato l'impresa potenziale abbassando il prezzo non è credibile: il potenziale entrante sa che una volta effettivamente entrato nel mercato, l'impresa già esistente continuerà a mantenere alto il prezzo.

La minaccia può essere credibile solo se, abbassando il prezzo, l'impresa esistente consegue un profitto *maggiore* di quello realizzato con il prezzo alto.

Questo potrebbe accadere se l'impresa esistente potesse prima ampliare la propria capacità produttiva e successivamente abbassare il prezzo.

Incidentalmente, notiamo che l'impresa potenziale entrante non ha una strategia dominante. Infatti, l'impresa potenziale confronta 1 (casella in alto a sinistra) con 0 (casella in alto a destra) e preferisce il risultato 1; poi confronta – 1 (casella in basso a sinistra) con 0 (casella in basso a destra) e preferirà 0 a una perdita. Quindi nel primo caso giocherebbe la strategia "entra", nel secondo caso giocherebbe la strategia "non entra".

Riferimenti bibliografici

BALDI F. [2008], "La nascita dell'antitrust negli Stati Uniti ed in Europa. L'antitrust statunitense", in *http://www.filodiritto.com/diritto/privato/commercialeindustriale/antitrust-introdeantitrustusabaldi.htm.*

BORRA S.-DI CIACCIO A. [2004], *Statistica – Metodologie per le scienze economiche e sociali*, McGraw-Hill, Milano.

GIANNETTI R.-TONINELLI P.A. [1991], (a cura di), *Innovazione, impresa e sviluppo economico*, Il Mulino, Bologna, 1991.

GRAVELLE H.-REES R. [1988], *Microeconomia: teoria, strumenti, scelte individuali e sociali*, Hoepli, Milano.

KREPS D. [1990], *A course in microeconomic theory*, Harvester Wheatsheaf, New York.

MANKIW G. [2002], *Principi di economia*, Zanichelli, Bologna.

PINDYCK R.-RUBINFELD L. [1996], *Microeconomia*, Zanichelli, Bologna.

TRAIN K. [1995], *Optimal regulation*, MIT Press, Cambridge.

VARIAN H. [2011], *Microeconomia*, Cafoscarina, Venezia.

6 Economia del benessere

Parte I - **Per capire**

6.1. L'analisi del benessere (o *welfare*) nel pensiero economico

L'economia del benessere studia gli esiti economico-sociali derivanti dall'assetto istituzionale entro cui il divenire economico si evolve. L'assetto istituzionale cui facciamo riferimento è quello delle economie di mercato.

Per molti scienziati sociali l'espressione economia del benessere (o *economics of welfare*) riconduce all'opera dell'economista inglese Arthur C. Pigou, che pubblicò nel 1920 la prima edizione del suo libro intitolato, appunto, *The economics of welfare* [1]. Tuttavia, vale la pena di notare come da sempre gli aspetti di *welfare* sono al centro dell'analisi economica.

Dato l'assetto istituzionale tipico delle economie capitalistiche di mercato, una domanda fondamentale – già presente nel libro di Adam Smith, *La Ricchezza delle Nazioni* pubblicato nel 1776 – riproposta da Pigou e da molti autori è la seguente: il libero gioco della domanda e dell'offerta di agenti economici che abbiano come leva fondamentale del proprio agire l'egoismo, genera un benessere economico sociale maggiore di quello che potrebbe aversi all'interno di un qualunque altro ordinamento?

Altre domande che caratterizzano lo studio dell'economia del benessere sono: come rappresentiamo economicamente il benessere sociale? L'efficienza economica è un indicatore sufficiente per guidare la nostra azione? Se anche siamo in un contesto economicamente efficiente, possono esistere problemi di equità?

Implicita in queste domande è la distinzione tra analisi positiva e analisi normativa: la teoria economica positiva indica, date le regole del gioco, quali sono i risultati che si conseguono; la teoria indica, implicitamente o esplicitamente, anche stru-

---

[1] La quarta ed ultima edizione fu pubblicata nel 1932; di quest'ultima è disponibile la traduzione italiana, *Economia del benessere*, pubblicata nel 1953 dall'editore Utet.

menti per intervenire sul risultato, nel caso in cui quest'ultimo sia ritenuto socialmente inaccettabile. Ad esempio, data la domanda che ci siamo posti qui sopra, cioè se il libero gioco di domanda e offerta genera il maggior benessere sociale possibile, in caso di risposta positiva abbiamo implicitamente una indicazione di politica economica e cioè lo Stato deve astenersi dall'interferire sul meccanismo e dall'intervenire.

Il riferimento all'analisi normativa implica necessariamente il fatto che, nelle nostre valutazioni, entrino giudizi di valore, a partire dalla definizione stessa di benessere. È evidente che benessere *tout court* e benessere economico non sono necessariamente coincidenti, per quanto il secondo possa essere parte essenziale del primo. Quand'anche ci limitassimo a fare considerazioni sulla disponibilità di beni o di loro equivalente in denaro, alcuni aspetti possono essere chiari, mentre altri lo sono meno, pur partendo da tutte le ipotesi utilizzate nei capitoli precedenti – in particolare quella di non sazietà, per cui preferiremo sempre disporre di quantità maggiori di beni.

Un criterio certo di valutazione è quello di Pareto, che seguendo l'esposizione proposta da Baumol[2], può essere verbalmente formulato così: "qualsiasi cambiamento che non reca danno a nessuno e che migliora la situazione di qualcuno (secondo l'opinione di quest'ultimo) deve considerarsi come un miglioramento" [Baumol, 1977, p. 434]. Questo criterio non può essere applicato quando una misura di politica economica avvantaggia alcuni e danneggia altri.

L'economista Nicholas Kaldor provò ad ovviare a questo problema proponendo, nel 1939, la seguente formulazione: "un cambiamento rappresenta un miglioramento se coloro che ne sono avvantaggiati attribuiscono ai propri guadagni un valore maggiore di quello che i perdenti attribuiscono alle loro perdite". Il principio di Kaldor può ad esempio avere senso in riferimento alla tassazione progressiva, finalizzata alla redistribuzione del reddito: la perdita che subiscono i più abbienti che vengono tassati in misura maggiore è più che compensata dal beneficio che trarranno coloro i quali beneficeranno del trasferimento. Questo criterio è all'apparenza ragionevole, ma, come ha rilevato Scitovsky nel 1941, non è privo di ambiguità[3].

Questi due criteri hanno dentro di sé una "semplice" componente quantitativa. Un terzo criterio, proposto dall'economista Abram Bergson (nato Burk), consiste nel tracciare mappe di benessere sociale rendendo espliciti i giudizi di valore sulla cui base il benessere stesso viene definito: questi giudizi, in termini ad esempio di equità, possono essere codificati dal legislatore.

Il criterio di Bergson potrebbe far pensare che un modo per costruire delle curve di indifferenza relative all'intera società, che definisca una mappa di curve di indifferenza univoca, sia quello di fare ricorso a un meccanismo di voto democratico: si

---

[2] W.J. Baumol [1977], *Teoria economica e analisi operativa*, Franco Angeli, Milano; buona parte dei contenuti del paragrafo da questo punto in avanti si basano su questo libro, pp. 409-443.

[3] Si veda Baumol, pp. 436-437.

sottopone agli elettori una gamma di alternative e la maggioranza dei votanti determina la scelta tra le alternative proposte. Ancora una volta, quella che a prima vista sembra una regola di evidente buon senso, può rivelarsi contraddittoria quando viene applicata – portando al paradosso di Condorcet[4] (1785), ripreso da Arrow (1963) in ambito economico. Il problema di fondo sta nel passaggio dalle preferenze individuali alla loro aggregazione. Per quanto ogni singolo individuo rispetti le ipotesi di razionalità, cioè completezza e transitività, viste nel Capitolo 1 di questo libro, l'esito complessivo della votazione può risultare paradossale. A livello collettivo può infatti verificarsi la situazione seguente: l'insieme degli elettori preferisce la condizione A alla condizione B; preferisce la condizione B alla condizione C; logica vorrebbe che si preferisse A a C – ma questo può *non* succedere (si veda la parte di "approfondimento" del presente capitolo e in particolare il Box 2).

Nel prosieguo ripartiamo dall'idea di *surplus* del consumatore e del produttore, per poi verificare cosa succede al *surplus* quando un agente esterno, tipicamente lo Stato, interviene attraverso l'imposizione di prezzi più alti o più bassi di quelli che emergono dalla libera interazione di mercato o attraverso la tassazione.

6.2. Il *surplus* del consumatore e del produttore

Come abbiamo ripetutamente detto nei capitoli precedenti, la concorrenza perfetta costituisce un punto di riferimento rispetto al quale paragonare le altre forme di mercato. Uno dei motivi consiste nel fatto che in concorrenza perfetta, l'interazione tra domanda e offerta di mercato genera un prezzo e una quantità di equilibrio, generando al contempo quello che abbiamo definito un *surplus* sia per i consumatori, sia per i produttori.

Per comprendere l'analisi del *welfare* possiamo prendere le mosse proprio dall'idea di *surplus* per vedere cosa succede quando qualcosa o qualcuno interviene su questo esito di equilibrio.

Riproduciamo anzitutto un grafico sintetico che indica le aree dei suindicati *surplus*.

Nella Figura 1 tracciamo la domanda D e l'offerta S di un dato bene. L'intersezione tra le due funzioni genera il punto di equilibrio E, cui corrispondono il prezzo di equilibrio p^* e la quantità di equilibrio Q^*. L'intera quantità scambiata sul mercato Q^* viene venduta ad un unico prezzo, p^*.

---

[4] Il saggio (in lingua francese) in cui si illustra il paradosso si intitola: *Essai sur l'application de l'analyse à la probabilité des décision rendues à la pluralité des voix*; il nome completo dell'autore – matematico, filosofo e politico dell'Illuminismo francese – è: Marie Jean Antoine Nicolas de Caritat, marquis de Condorcet, noto semplicemente come Condorcet.

Figura 1. – Surplus *del consumatore e del produttore*

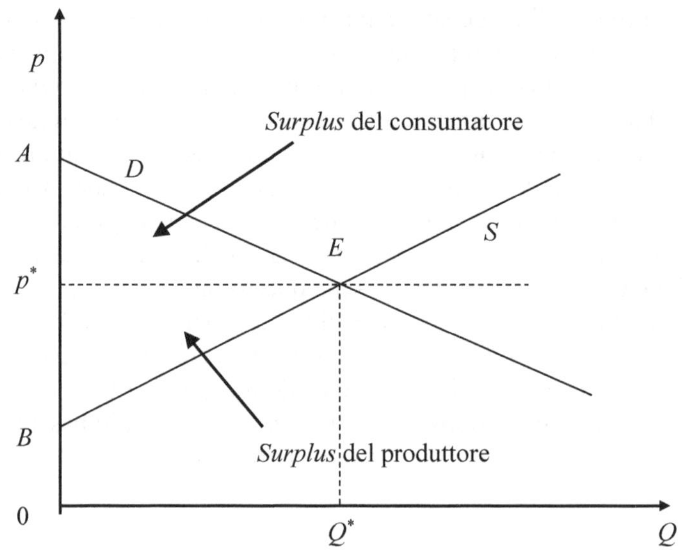

Il *surplus (o sovrappiù) del consumatore* si definisce come la differenza fra il prezzo che il consumatore sarebbe disposto a pagare per ottenere un certo bene e quello che realmente paga. Guardando alla funzione di domanda *D* nella Figura 1 vediamo che se il prezzo raggiunge il livello *A* sull'asse verticale la domanda è pari a zero. Per ogni livello di prezzo inferiore ad *A* vi sono consumatori disposti ad acquistare il bene. Dunque, nel tratto della funzione di domanda che parte da *A* e arriva fino al punto E abbiamo un insieme di prezzi superiori a p^*, che alcuni consumatori sarebbero stati disposti a pagare. Data la quantità scambiata Q^* la spesa totale effettivamente sostenuta dall'insieme dei consumatori è rappresentata dall'area $0p^*EQ^*$; l'insieme dei consumatori sarebbe stato disposto a sostenere una spesa totale pari all'area $0AEQ^*$; la differenza tra le due aree – quanto si sarebbe speso e quanto effettivamente si spende – AEp^* rappresenta il *surplus* dei consumatori. In sintesi, il *surplus* del consumatore è rappresentato dall'area che sta sotto la retta della funzione di domanda e sopra la linea del prezzo [5].

Il *surplus (o sovrappiù) del produttore* è definito dalla differenza tra quanto il produttore percepisce effettivamente dalla vendita del bene e quanto sarebbe stato disposto ad accettare. Nella Figura 1, se il prezzo scende fino al punto *B* l'offerta si

[5] Detto in altro modo, il prezzo p^* divide l'area sotto la curva di domanda in due superfici: quella del rettangolo Op^*EQ^*, che costituisce la spesa totale dei consumatori, pari al prezzo moltiplicato per la quantità ($p^* \times Q^*$), e quella del triangolo AEp^*, che costituisce il *surplus* del consumatore, pari a: $½Q^*(OA - p^*)$.

azzera. Tuttavia, quando il prezzo aumenta al di sopra di *B*, alcuni produttori sarebbero disposti ad offrire quantità positive del bene. Nel segmento *BE* della funzione di offerta il produttore percepisce un sovrappiù, nel senso che il prezzo che ottiene dalla vendita della propria produzione è maggiore di quanto egli si accontenterebbe di ricevere. Dunque, i ricavi totali effettivamente incassati dai produttori sono rappresentati dall'area $0p^*EQ^*$, che coincide con la spesa totale dei consumatori. L'insieme dei produttori si sarebbe "accontentato" di avere un ricavo totale pari all'area $0BEQ^*$. Dunque, la differenza tra le due aree – cioè quanto effettivamente si incassa e quanto ci si sarebbe accontentati di incassare –, cioè il triangolo Bp^*E, costituisce il *surplus* del produttore [6]. In sintesi, il *surplus* del produttore è dato dall'area che sta sopra la retta della funzione di offerta e sotto la linea del prezzo.

Una volta identificate le aree di *surplus* generate dalla libera interazione tra domanda e offerta in condizioni di concorrenza perfetta dobbiamo verificare cosa succede quando vi è un qualche intervento che altera questo equilibrio.

6.3. L'analisi di benessere dei mercati perfettamente concorrenziali

L'equilibrio concorrenziale garantisce la migliore allocazione possibile delle risorse di un mercato, non solo in termini di efficienza, ma anche in termini di benessere. Più precisamente, l'equilibrio di concorrenza perfetta massimizza il benessere della società: con ciò intendendo la collettività dei consumatori e dei produttori (in assenza di altri attori rilevanti). Prima di dimostrare che tentativi di modificare questo equilibrio portano invariabilmente a diminuzioni del benessere, dobbiamo fare preliminarmente riferimento a due aspetti.

In primo luogo, la nozione di *benessere* (*welfare*), che sino ad ora abbiamo trattato intuitivamente come sinonimo di "beneficio", è in realtà una nozione tutt'altro che innocua. Rilevanti problemi si frappongono sia alla sua definizione sia alla sua misurazione. Rispetto alla prima, è evidente che il benessere non può essere definito in termini di quantità di beni disponibili in una società. Per comprenderlo basta pensare che il benessere può essere aumentato anche attraverso attività diverse dal consumo di beni, per esempio nuotando o svolgendo altre attività "non materiali", come ad esempio la meditazione. D'altra parte, se il bene in questione è in realtà un *male*, come ad esempio l'inquinamento o il rumore, un aumento nel loro consumo diminuisce anziché aumentare il benessere. Altrettanto problematica è la misurazione dei cambiamenti che intervengono nel livello di benessere di una società: possiamo dire che il livello di benessere della collettività raddoppia se raddoppia il

---

[6] Quest'area risulta pari a $\frac{1}{2}Q^*(p^* - OB)$. Il rettangolo Op^*EQ^* costituisce invece il ricavo totale dei produttori.

consumo dei beni e servizi disponibili? Evidentemente no. Se, ad esempio, un fumatore raddoppia il numero di sigarette fumate al giorno, il suo benessere non raddoppia di certo. Le difficoltà cui abbiamo brevemente accennato non sono che un piccolo campione delle delicate questioni che si pongono nell'affrontare, da un punto di vista economico, il tema del benessere. Attorno a queste si è sviluppata una vera e propria disciplina delle scienze economiche che ha preso il nome di *economia del benessere*.

Il secondo aspetto cui dobbiamo dedicare un commento preliminare concerne la robustezza dei risultati che otterremo. A questo proposito va ribadito che, per quanto desiderabili, questi risultati si ottengono soltanto sotto il set stringente di ipotesi che abbiamo utilizzato nei capitoli precedenti per determinare l'equilibrio del consumatore e del produttore.

Consci di queste difficoltà, veniamo all'obiettivo di questo capitolo, che è quello di dimostrare che – assumendo che il *surplus* totale della società (somma del *surplus* del consumatore e del produttore) sia una misura affidabile del benessere – l'equilibrio di concorrenza perfetta garantisce il massimo benessere possibile.

Un primo criterio che abbiamo a disposizione è quello della cosiddetta *efficienza paretiana*[7]: il benessere di una società è massimo quando non è possibile incrementare il benessere di un agente, senza dover ridurre il benessere di un altro agente. Assumendo che il benessere possa essere misurato dal *surplus* totale, nel prosieguo di questo capitolo mostreremo come interventi che alterino i prezzi, attraverso un intervento diretto sui prezzi stessi o attraverso la tassazione, non possono indurre un miglioramento dell'efficienza paretiana. Non solo: di norma questi interventi generano un peggioramento per qualche agente. Dunque, ripetiamolo esplicitamente, l'equilibrio concorrenziale è il "migliore" fra tutti gli equilibri[8].

6.4. L'intervento dello Stato I: l'imposizione del prezzo

L'equilibrio dal quale partiamo è un equilibrio concorrenziale come quello del punto E di Figura 2, in corrispondenza del quale il *surplus* dei consumatori è pari al triangolo AEp^*, mentre quello dei produttori è pari al triangolo p^*EB.

Supponiamo che un ipotetico governo, per qualche motivo, non ritenga la situazione di equilibrio spontaneo E che si è determinata soddisfacente, e cerchi quindi di aumentare il benessere della società attraverso delle politiche di prezzo. Come

---

[7] Dal nome dell'economista italiano Vilfredo Pareto (1848-1923), che per primo l'ha introdotto sviluppando i contributi dell'economista irlandese Francis Ysidro Edgeworth (1845-1926).

[8] Si ricordi, inoltre, che esso ha proprietà molto "attraenti" visto che, come mostrato all'inizio del capitolo, si determina spontaneamente, senza cioè la necessità di alcun intervento esterno, ed è stabile.

mostreremo, nessuna di queste politiche è in grado di garantire alla società un miglioramento paretiano, cosicché potremo concludere che l'equilibrio concorrenziale E è un *ottimo paretiano*[9].

Per iniziare, ipotizziamo che il governo ritenga che il prezzo di mercato sia troppo elevato e fissi di conseguenza un prezzo massimo più *basso*, imponendo un "tetto" al prezzo che i produttori possono fissare (un esempio di questo tipo è l'equo canone). La Figura 2 mostra tale tetto, pari a p_{MAX}, che limita superiormente la possibilità da parte di consumatori e produttori di determinare il prezzo.

Il primo e più evidente risultato è che al nuovo prezzo si genera un eccesso di domanda ($Q^D - Q^S$): i produttori trovano conveniente ridurre la quantità offerta fino a Q^S, mentre i consumatori vorrebbero acquistare la quantità Q^D. Questo fa sì che alcuni consumatori vengano esclusi dal consumo del bene. I consumatori, in altre parole, sono ora in grado di acquistare unità del bene ad un prezzo inferiore, ma in quantità minore. Di fatto, si crea sul mercato un razionamento e alcuni consumatori non riescono ad acquistare il bene, nonostante la loro disponibilità a pagare sia maggiore del prezzo.

Figura 2. – *Imposizione di un prezzo massimo*

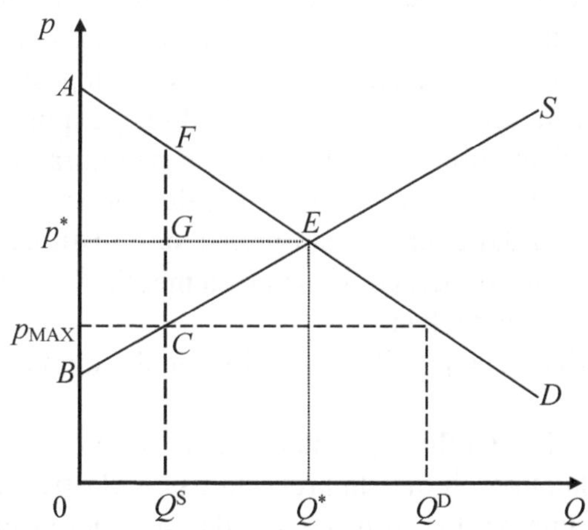

Analizziamo le variazioni del *surplus* di consumatori e produttori. Dato il prezzo massimo imposto p_{MAX} i produttori immetteranno sul mercato la quantità Q^S. Il sovrappiù dei produttori passa dal triangolo p^*EB a quello compreso fra la curva di

[9] Naturalmente non abbiamo l'intenzione di discutere la plausibilità e la desiderabilità di tali azioni. Per questo ci limiteremo a supporre che certe politiche vengono attuate, analizzandone quindi i risultati.

offerta ed il nuovo prezzo, cioè il triangolo $p_{MAX}CB$. I produttori subiscono cioè una diminuzione del loro benessere pari alla superficie del trapezio p^*ECp_{MAX}.

Per quanto riguarda i consumatori, il loro *surplus* passa dal triangolo AEp^* al trapezio $AFCp_{MAX}$. In questo caso, la diminuzione della quantità disponibile fa sì che i consumatori sostituiscano la parte di *surplus* del triangolo *FEG* (che è compreso fra il tratto *FE* della curva di domanda e la retta del prezzo p^*), con il rettangolo p^*GCp_{MAX} (costituito dalle due rette di prezzo e limitato da Q^S). Se il saldo fra questa sostituzione sia positivo o negativo non è possibile dirlo in assoluto, in quanto varierà caso per caso, come vedremo fra poco.

Anche con questo elemento di ambiguità, il risultato che si ottiene per la società nel suo complesso, costituito dalla somma del *surplus* di produttori e consumatori, è comunque certo. Nel complesso, infatti, i consumatori guadagnano il rettangolo p^*GCp_{MAX}, e perdono il triangolo *FEG*, mentre i produttori perdono sia il rettangolo p^*GCp_{MAX} sia il triangolo *GEC*. Il rettangolo p^*GCp_{MAX}, dunque, guadagnato dai consumatori e perduto dai produttori, costituisce un trasferimento fra le parti, e non altera il saldo del benessere totale. I due triangoli persi, rispettivamente, dai consumatori (*FEG*) e dai produttori (*GEC*) non vengono reintegrati in alcun modo e costituiscono quindi una *perdita secca* per la società.

L'esito della politica del governo è pertanto fallimentare in termini di benessere collettivo: l'imposizione di un prezzo massimo determina un peggioramento del benessere per la società nel suo complesso, nonostante possa in alcuni casi determinare dei benefici per i consumatori. In definitiva, l'imposizione di un tetto al prezzo fa uscire dal mercato un certo numero di venditori, e quindi fa diminuire la quantità totale del bene disponibile. Ciò determina il peggioramento netto del benessere sociale. Ovviamente, poiché questa è una decisione politica, è possibile che l'inefficienza generata dal controllo sui prezzi sia giustificata dalla scelta di attribuire molto valore al *surplus* dei consumatori, o meglio di quella parte dei consumatori che otterranno unità del bene.

La dimensione effettiva della perdita secca dipende dal rapporto fra le elasticità di domanda e offerta.

Si prenda ad esempio il caso illustrato nella Figura 3, in cui a fronte di una domanda molto elastica, la curva di offerta presenta bassa elasticità. In questo caso, si nota che, a fronte di una perdita di benessere da parte dei produttori (il rettangolo p^*GCp_{MAX}), i consumatori ottengono un vantaggio netto, poiché il rettangolo p^*GCp_{MAX} ha una superficie maggiore del triangolo *GEF*.

Il caso opposto è quello considerato nella Figura 4, in cui l'elasticità della domanda è bassa mentre quella dell'offerta è alta. In questo caso, si nota immediatamente come il triangolo *FGE* che, misura la perdita secca dei consumatori, abbia un'area maggiore del rettangolo p^*GCp_{MAX} che misura il trasferimento di *surplus* dai produttori ai consumatori. I consumatori, quindi, subiscono una perdita di benessere, a cui si va a sommare quella (sempre presente) dei produttori. La perdita secca in questo caso è costituita dalla somma di due perdite, e non, come nel caso precedente, dal saldo fra una perdita e un guadagno (minore).

Figura 3. – *Alta elasticità della domanda e bassa elasticità dell'offerta*

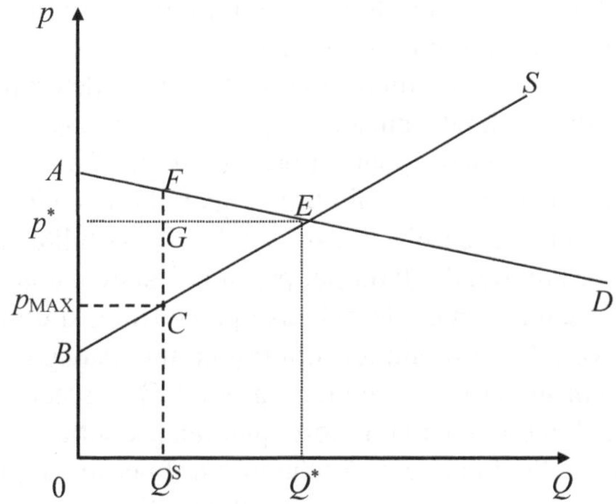

Figura 4. – *Bassa elasticità della domanda e alta elasticità dell'offerta*

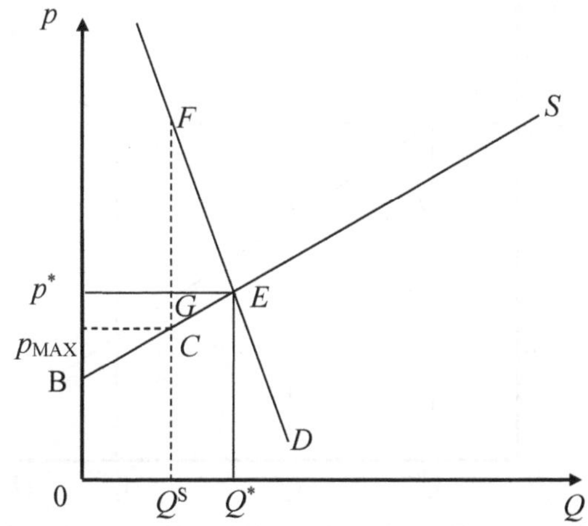

Una politica simmetrica alla precedente è costituita dall'imposizione di un prezzo minimo. In questo caso, il governo decide che il prezzo che tende a stabilirsi attraverso le dinamiche di concorrenza perfetta è, per qualche ragione, troppo basso. Conseguentemente, partendo dal punto di equilibrio concorrenziale (il punto *E* della Figura 5), il governo impone un prezzo minimo (o "pavimento" al prezzo), p_{MIN}, al di sotto del quale la libera contrattazione fra le parti non può spingere il prezzo. Si noti che, anche in questo caso, la decisione di scegliere un livello minimo del prezzo, superiore a quello di equilibrio, rispecchia la volontà politica di intervenire per cercare di correggere un risultato del mercato che non assicura un prezzo adeguato dal lato dell'offerta, cioè ai produttori. Esempi di questo tipo sono il sostegno ai prezzi agricoli o la legge sul minimo salariale.

L'imposizione di un prezzo minimo, p_{MIN} in Figura 5, determina, questa volta, un eccesso di offerta, dato dalla distanza $Q^S - Q^D$: a quel prezzo i produttori desiderano produrre Q^S, ma i consumatori, dato il prezzo "troppo" alto, limiteranno i loro acquisti a Q^D unità del bene. Si avrà quindi una quantità invenduta pari a $Q^S - Q^D$, che però non potrà essere riassorbita a causa dell'impossibilità (per legge) di far diminuire il prezzo. Con un livello di output pari a Q^D, si avrà una diminuzione netta del benessere che, usando il metodo del caso precedente, si dimostra essere pari ai due triangoli *CEF* ed *FEG*. I produttori otterranno un guadagno dovuto al trasferimento da parte dei consumatori del rettangolo $p_{MIN}CFp^*$, guadagno che può compensare o meno la perdita dovuta alla minore quantità prodotta (il triangolo *FEG*) a seconda dell'elasticità delle due curve. Anche in questo caso, la quantità prodotta è minore di quella che si avrebbe nel punto di equilibrio *E*.

Figura 5. – *Imposizione di un prezzo minimo*

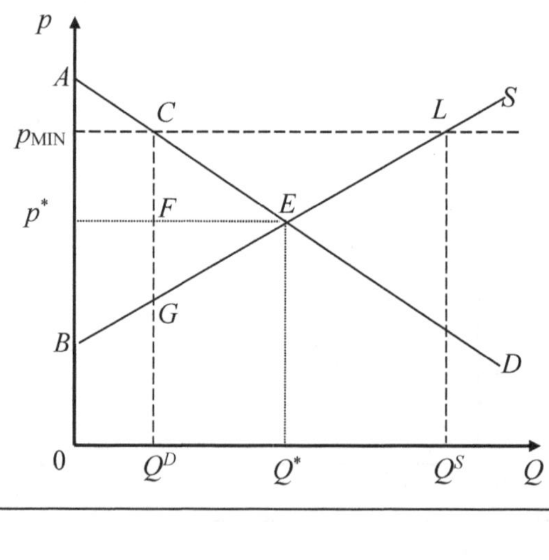

In questo caso, mentre i consumatori sperimentano sempre una perdita, che sarà pari all'area del trapezio $p_{MIN}CEp^*$, il segno della variazione del *surplus* dei produttori, pari alla differenza tra l'area del rettangolo $p_{MIN}CFp^*$ e l'area del triangolo *FEG*, dipende dal rapporto fra le elasticità della domanda e dell'offerta.

Anche in questo caso, dunque, la politica è fallimentare, da questo punto di vista. Le analogie col caso precedente sono molto forti: stessa perdita secca; stesso trasferimento (invertito) fra consumatori e produttori; stessa dipendenza del risultato finale per i singoli agenti dal rapporto tra le elasticità di domanda e offerta; stessa valutazione del benessere di una parte come superiore a quello della società, che quindi se ne deve fare carico.

Tuttavia, in questo caso, il governo potrebbe decidere di acquistare la parte invenduta (che, lo ricordiamo, è pari a $Q^S - Q^D$, ossia il segmento *CL*). In questo modo la quantità venduta sarebbe Q^S, e il sovrappiù dei produttori aumenterebbe del triangolo *CLG*. Naturalmente, l'esborso del governo sarebbe pari a $p_{MIN} \times (Q^S - Q^D)$. Dunque, questo modo di sostenere il prezzo avverrebbe a costo di un deficit pubblico crescente e della creazione di un'eccedenza per il governo, che si troverà ad accumulare continuamente scorte del bene.

6.5. L'intervento dello Stato II: la tassazione

Una diversa politica messa in atto dallo Stato può consistere nell'imposizione di un'imposta sulle vendite. Ad esempio, si consideri il caso raffigurato nella Figura 6 in cui il governo impone il pagamento di un'imposta a somma fissa, pari a t, per ciascuna unità scambiata del bene. Introdurre un'imposta come questa ovviamente fa spostare verso l'alto a sinistra la curva di offerta, poiché l'imposta grava sulla determinazione del prezzo per ogni unità venduta. Lo spostamento della curva di offerta genera però un movimento lungo la curva di domanda dei consumatori, e il nuovo equilibrio sarà quindi ora quello del punto E'.

A questo punto si possono notare alcuni interessanti effetti della politica in questione. In primo luogo, si ha una diminuzione della quantità prodotta (che passa da Q^* a Q'). In secondo luogo, l'imposta determina due prezzi, uno per il venditore (p^S, al netto dell'imposta) ed uno per il compratore (p^D, al lordo dell'imposta), prezzi che ovviamente differiscono fra di loro dell'ammontare dell'imposta, t. In terzo luogo, si osservi come varia il benessere degli agenti e quindi della società.

Prima dell'intervento, il *surplus* dei consumatori era pari all'area del triangolo AEp^*, mentre quello dei produttori pari all'area del triangolo BEp^*. Dopo l'introduzione dell'imposta, il *surplus* dei consumatori si riduce al triangolo $AE'p^D$, mentre quello dei produttori si riduce, a sua volta, al triangolo BFp^S. L'introduzione dell'imposta, tuttavia, aumenta le entrate del settore pubblico di un ammontare pari alla quantità di output prodotta per l'imposta su ogni singola unità prodotta: l'area del rettangolo $p^SFE'p^D$ (la quantità essendo data dal segmento p^SF, e l'imposta dal segmento FE'). È infatti intuitivo osservare come parte del *surplus* del consumatore ($p^DE'Hp^*$) passi al settore pubblico, così come parte di quello del produttore (p^SFHp^*). Valutando i saldi del *surplus* dei tre agenti presenti nella società, si ottiene una perdita secca pari al triangolo *FEE'*, pari alla somma dei due triangoli *FEH* (perdita di *surplus* dei produttori che non passa al settore pubblico), e *HEE'* (perdita di *surplus* dei consumatori che non viene trasferita al settore pubblico).

Figura 6. – *Effetto di un'imposta sul benessere*

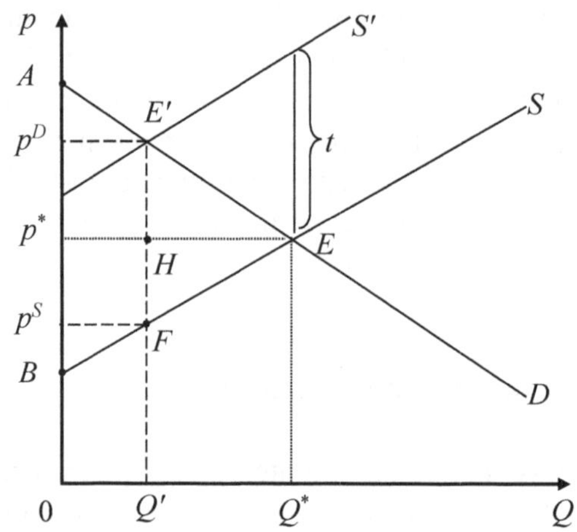

In definitiva, si ottiene un risultato analogo a quello ottenuto dagli esempi precedenti: l'imposizione di un'imposta determina una perdita secca per la società.

Infine, si osserva anche che l'onere dell'imposta, benché determini uno spostamento della sola curva di offerta, non grava interamente né sul venditore né sul compratore, ma si distribuisce fra i due agenti. Infatti, rispetto al prezzo di equilibrio, nel punto *E*, sono penalizzati sia i consumatori (che pagano un prezzo superiore), sia i produttori (che ricevono un prezzo inferiore).

Per stabilire gli effetti di benessere dell'imposta quindi, dobbiamo determinare come avviene la divisione dell'onere dell'imposta fra i due agenti. La risposta è che, in generale, la suddivisione dell'onere dell'imposta dipende dal rapporto fra l'elasticità delle due curve (Figure 7 e 8).

Nel caso in cui l'elasticità della domanda sia elevata e quella della curva di offerta sia bassa, otterremo una distribuzione dell'onere dell'imposta fra gli agenti sfavorevole ai produttori (Figura 7). Infatti, si nota agevolmente che in questo caso, il prezzo che i produttori ottengono al netto dell'imposta è molto basso, mentre i consumatori pagano un prezzo solo di poco superiore al prezzo di equilibrio p^*. Se il rapporto fra le elasticità della domanda e dell'offerta è alto, allora i produttori sopporteranno un maggior onere derivante dall'imposizione dell'imposta.

Figura 7. – *Suddivisione dell'onere di un'imposta: bassa elasticità dell'offerta e alta elasticità della domanda*

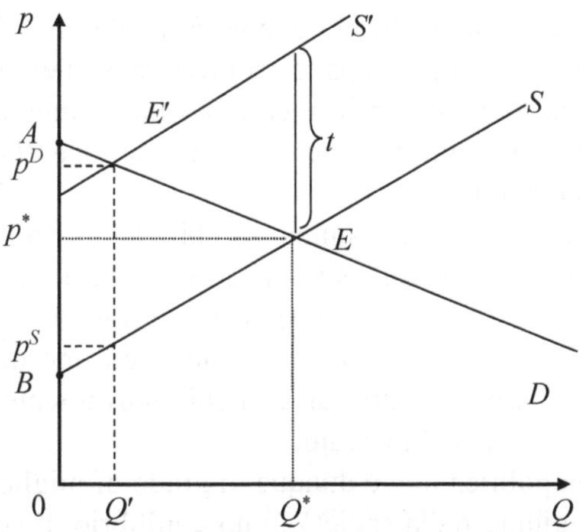

Figura 8. – *Suddivisione dell'onere di un'imposta: alta elasticità dell'offerta e bassa elasticità della domanda*

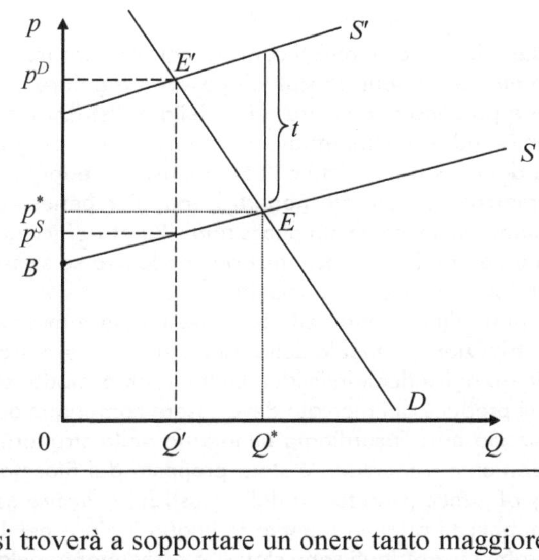

Il consumatore si troverà a sopportare un onere tanto maggiore quanto minore è l'elasticità della curva di domanda e quanto maggiore è l'elasticità dell'offerta. Oppure, più in generale, se il rapporto fra le elasticità di domanda e offerta è basso, l'onere sarà maggiormente a carico dei consumatori. La Figura 8 mostra il caso appena citato: la diminuzione del prezzo sopportata dai produttori a causa dell'onere dell'imposta fa diminuire il prezzo da p^* a p^S, che corrisponde ad una perdita minore di quella subita dai consumatori che devono far fronte ad un aumento del prezzo da p^* a p^D. Il caso limite si avrebbe con una curva di offerta orizzontale ed una curva di domanda verticale.

In generale, la parte del mercato più debole è quella che viene a sopportare il maggior onere dell'imposta. Infatti, la parte caratterizzata da elasticità minore è quella per cui il bene in questione è relativamente più importante e a cui quindi è più difficile rinunciare. Perciò, è più difficile assorbire incrementi di prezzo con diminuzioni rilevanti della quantità.

In conclusione, si osservi che il risultato sarebbe lo stesso nel caso in cui l'imposta gravasse, anziché sulle vendite, sugli acquisti. Infatti, in questo caso sarebbe la curva di domanda a spostarsi in basso a sinistra, e il nuovo equilibrio si avrebbe ad una quantità inferiore, con un prezzo di vendita ed uno di acquisto differenti esattamente dell'ammontare dell'imposta, e in cui, nuovamente, l'onere dell'imposta graverebbe sul lato debole del mercato.

Anche quest'ultima politica non è dunque in grado di migliorare, in senso paretiano, il benessere raggiunto dalla società in un equilibrio di concorrenza perfetta. Avendo di fatto sondato tutta la gamma di politiche possibili, la nostra conclusione è pertanto quella annunciata. Il mercato di concorrenza perfetta costituisce l'ottimo paretiano in termini di benessere. Inoltre, esso è l'unico con questa proprietà.

Box 1. – *Efficienza economica e giustizia sociale*

Una costante del dibattito tra economisti consiste nel considerare il possibile ruolo dello Stato nell'economia. Gli organismi statuali possono regolare in misura maggiore o minore l'economia e possono intervenire a fini della redistribuzione del reddito. Quest'ultima può avvenire, ad esempio, attraverso la tassazione 'progressiva', che indica il fatto che l'aliquota di imposta aumenta all'aumentare del reddito.
Se l'economia di mercato da un lato genera il maggior benessere sociale possibile, dall'altro lato abbiamo visto come un'allocazione Pareto-efficiente delle risorse può essere caratterizzata da una forte concentrazione delle risorse stesse – fatto, quest'ultimo, che può trovare opposizione nella società.
Secondo i liberisti 'puri', l'intervento dello Stato deve essere minimo, e il processo che conduce ad una distribuzione ineguale delle risorse deve essere accettato quando questo è il frutto del *libero* agire degli individui. Detto in altro modo, se non c'è coercizione, il risultato che si produce nel mercato deve essere comunque accettato.
Una visione diversa, sia pure incardinata all'interno della struttura economica che ha come punto di riferimento il mercato, è stata proposta dal filosofo John Rawls in due contributi: *A theory of justice* (Una teoria della giustizia) e *Justice as fairness* (La giustizia come equità) pubblicati originariamente in lingua inglese nel 1971 e nel 1985 rispettivamente. Entrambi i contributi sono stati successivamente rielaborati.
La visione di Rawls ha avuto una vasta eco nel dibattito economico, in quanto egli sostiene che l'economia dovrebbe essere organizzata in modo da favorire gli individui che si trovano nelle condizioni peggiori. La disuguaglianza può essere tollerata solo se la disuguaglianza stessa può in qualche modo favorire gli individui che stanno peggio.
L'esperimento mentale e il quesito che propone Rawls – che condurrebbe la maggio-

ranza dei cittadini ad accettare il principio di favorire i più svantaggiati – è il seguente: Se noi dovessimo decidere sulle regole del gioco sotto un 'velo di ignoranza', quale principio di 'giustizia' adotteremmo?
Nell'esperimento mentale 'velo di ignoranza' significa che nessun agente conosce il valore del proprio patrimonio, del proprio capitale umano e delle proprie capacità produttive. Dovendo decidere in queste condizioni di 'ignoranza', nessuno potrebbe escludere di essere tra i più svantaggiati, per cui è ragionevole ipotizzare che la maggioranza degli agenti sarebbe indotta ad accettare uno schema di (re)distribuzione del reddito tale da favorire chi sta peggio.

Parte II - **Per approfondire**

6.6. Tre teoremi dell'economia del benessere

Ripartiamo qui da un risultato acquisito nel paragrafo dedicato all'equilibrio economico generale del Capitolo 3.

Riformuliamo anzitutto i (primi) due teoremi fondamentali, che prendono appunto il nome, di teoremi fondamentali dell'economia del benessere.

Il primo teorema afferma che, *se* siamo in una situazione in cui:

(i) gli agenti economici – consumatori e imprese – agiscono esclusivamente nel proprio interesse (cioè sono puramente egoisti);

(ii) tutti gli agenti sono *price takers*,

allora

(iii) l'equilibrio concorrenziale che si determina è Pareto-efficiente.

Date le premesse il teorema è sempre vero. Tuttavia, le premesse sono fortemente limitanti, per almeno quattro motivi.

(1) Anzitutto, implicano preferenze date per i consumatori, i quali di norma hanno una struttura di preferenze che cambia, anche radicalmente, nel tempo.

(2) Il fatto che tutti gli agenti, soprattutto sul lato della produzione, siano *price takers* è molto lontano dalla realtà: posizioni di potere non sono inusuali nelle economie di mercato (si veda il capitolo precedente).

(3) È esclusa la presenza di esternalità.

(4) Il teorema non considera gli esiti finali dell'agire del mercato: vi sono più equilibri Pareto-ottimali possibili, e può succedere che nell'equilibrio effettivamente raggiunto la ricchezza sia molto concentrata.

In particolare, il quarto aspetto può non essere ritenuto accettabile dalla società.

Quest'ultimo commento apre la strada al secondo teorema fondamentale dell'economia del benessere. Come abbiamo detto vi sono più possibili equilibri che godano della Pareto-ottimalità, dunque, il *secondo teorema* suona così:

Un diverso equilibrio, sempre Pareto-efficiente, può essere ottenuto attraverso una opportuna redistribuzione delle dotazioni iniziali. Sia chiaro che rimangono ferme le ipotesi di partenza: gli agenti sono egoisti e *price takers*, e viene esclusa la presenza di esternalità. Quella che viene cambiata, attraverso un trasferimento di risorse dagli uni agli altri, è la dotazione iniziale degli agenti. L'esito finale sarà Pareto-efficiente, ma diverso da quello ottenuto con le dotazioni originali.

Come nota Varian (2011), in un sistema di mercato i prezzi svolgono due ruoli:

uno *allocativo* ed uno *distributivo*. Attraverso un intervento *ex ante* sulla dotazione iniziale di risorse disponibili per gli agenti, possiamo disgiungere l'aspetto dell'efficienza da quello della distribuzione della ricchezza. L'allocazione finale di equilibrio risulterà comunque Pareto-efficiente.

I primi due teoremi sono validi date le ipotesi iniziali ricordate qui sopra, e confermano l'idea contenuta nella metafora della *mano invisibile* cui fece riferimento Adam Smith in due sue opere, *La teoria dei sentimenti morali* e la *Ricchezza delle nazioni*, le cui edizioni inglesi originali furono pubblicate nel 1753 e nel 1776, rispettivamente.

Riassunta con terminologia moderna, la metafora, suona così: libere decisioni, indipendenti le une dalle altre, che si determinano in mercati decentralizzati, di agenti egoisti – ognuno dei quali cerca di massimizzare il proprio interesse, cioè utilità per i consumatori, profitti per i produttori – è come se fossero condotte da una mano invisibile a perseguire un fine che non rientra nelle intenzioni degli agenti stessi. Il fine che viene raggiunto inintenzionalmente è il maggior benessere sociale possibile.

Da questa metafora discende la visione liberista dell'economia: il mercato si autoregola e conduce a un ordine spontaneo Pareto-efficiente. Lo Stato deve dunque interferire il meno possibile con questo meccanismo.

Tutto chiaro e ben definito? Non necessariamente. In tutti i sistemi sociali è necessario prendere decisioni che devono tenere conto di una qualche aggregazione delle preferenze. Qui si pone un problema strutturale che ricostruiamo brevemente.

Consideriamo la presenza di individui razionali – nel senso visto nel Capitolo 1 – le cui preferenze, individualmente, rispettano le ipotesi di completezza e transitività.

Aggregando le preferenze "individuali" in preferenze "sociali" ci aspetteremmo che le seconde abbiano le stesse caratteristiche delle prime, cioè

$$\text{se } A \succ B \text{ e } B \succ C \text{ allora } A \succ C.$$

Dunque, prosegue il ragionamento ipotetico, un metodo di votazione democratico, cioè in cui si sceglie l'alternativa che ha riscosso la maggioranza dei voti, condurrebbe al maggiore benessere sociale desiderabile.

Purtroppo, questo *non* è necessariamente vero.

Abbiamo così quello che a volte viene indicato come il *terzo teorema* dell'economia del benessere o *teorema dell'impossibilità di Arrow* – dal nome dell'economista che lo ha elaborato originariamente.

Il teorema viene illustrato in modi diversi, anche perché è stato ripreso da un altro grande economista – il Premio Nobel Amartya Sen. A seconda dunque della fonte, il teorema si basa su tre (Varian), quattro (Sen) o cinque (Schotter) premesse, che conducono ad unico risultato. Vediamo una sintesi delle tre fonti.

1. Razionalità di gruppo: dato un insieme di qualsiasi preferenze individuali complete, riflessive e transitive, il meccanismo di decisione sociale dovrebbe consentire di ottenere preferenze sociali che godano della stessa proprietà.

2. Ottimalità paretiana: se tutti preferiscono l'alternativa x all'alternativa y, allora anche secondo le preferenze sociali x è preferita ad y.

3. Indipendenza rispetto ad altre alternative: le preferenze tra x e y dovrebbero dipendere solo dal modo in cui gli individui ordinano x rispetto ad y, e non dal modo in cui ordinano eventuali altre alternative.

4. Assenza di un dittatore: nessun individuo della società deve essere così influente da far sì che il meccanismo di voto rifletta solo le sue preferenze.

Il terzo teorema fondamentale del benessere indica che non è possibile trovare alcuna funzione sociale che soddisfi contemporaneamente tutte e quattro le ipotesi indicate.

Box 2. – *Il paradosso di Condorcet - Arrow*

Come indicato nel paragrafo introduttivo di questo capitolo, il problema sui possibili paradossi derivanti dal sistema di voto a maggioranza era già stato evidenziato nel 1785 da Condorcet, ed è stato affrontato a più riprese, tra il 1950 e il 1963, nell'ambito dell'economia del benessere, da Kenneth Arrow.
Consideriamo il seguente esempio, ripreso dal libro di Baumol (1977).
L'elettorato è composto da tre persone, Rossi, Bianchi e Neri. Gli elettori devono scegliere tra tre alternative, A, B e C, attribuendo loro un valore che può variare tra 3 (valore massimo) ad 1 (valore più basso). La situazione è sintetizzata nella tabella qui sotto:

Tabella 1. – *Ordine di preferenza rispetto a tre possibili alternative*

	A	B	C
Sig. Rossi	3	2	1
Sig. Bianchi	1	3	2
Sig. Neri	2	1	3

L'ordine di preferenza per l'elettore Rossi è: A, B, C; l'ordine di preferenza per l'elettore Bianchi è: B, C, A; l'ordine di preferenza per l'elettore Neri è: C, A, B. Ognuno degli elettori, considerato singolarmente, rispetta l'ipotesi di completezza e transitività delle preferenze.
Vediamo ora cosa succede all'ordine di preferenza *sociale* – cioè cosa la società nel suo insieme preferisce – applicando il criterio della maggioranza
La maggioranza – due persone, cioè il sig. Rossi e il sig. Neri – preferisce A a B.
La maggioranza – due persone, in questo caso il sig. Rossi e il sig. Bianchi – preferisce B a C.
La maggioranza – due persone, in questo caso il sig. Bianchi e il sig. Neri – preferisce C ad A.
Dunque, la situazione paradossale è che la maggioranza preferisce A a B, preferisce B a C, ma preferisce allo stesso tempo C ad A.

6.7. Le funzioni di benessere sociale

A partire dalla seconda metà dell'Ottocento, in particolare a partire dal contributo di Leon Walras del 1874, gli economisti hanno cercato di fare un uso sempre più spinto dello strumento matematico. Questo per almeno due motivi, tra loro molto diversi. Il primo motivo è che si parte dal presupposto che l'uso di questo strumento renda più visibili eventuali contraddizioni ed errori. Il secondo motivo è che si possono determinare agevolmente risultati quantitativi e, attraverso la statistica avanzata – che in ambito economico prende il nome di econometria – si possono fare previsioni economiche che aiutano i Governi e il legislatore.

Uno dei principi maggiormente ricorrenti nell'economia politica è quello della massimizzazione – tipicamente dell'utilità e del profitto. Bisogna cercare di mantenere però una certa lucidità sull'uso dello strumento matematico, perché vi sono delle asimmetrie nella possibilità di utilizzo dello strumento stesso. Quando parliamo di massimizzazione dell'utilità parliamo di un qualcosa che in realtà non è così facilmente quantificabile. Dunque, se nel tracciare curve di indifferenza sul piano cartesiano indichiamo due curve cui attribuiamo una sorta di indice pari a 10 in un caso e pari a 20 nell'altro, *non* possiamo assolutamente dedurre che la seconda curva dia a quel consumatore doppia soddisfazione rispetto alla prima.

I problemi si complicano quando cerchiamo di arrivare alla definizione esplicita di una qualche funzione di benessere sociale cui applicare il principio della massimizzazione. Abbiamo problemi di arbitrarietà già nell'esplicitare una funzione matematica di utilità dei singoli, e quando passiamo al livello aggregato, il grado di arbitrarietà aumenta.

Premesso questo, possiamo fare riferimento ad una funzione di benessere sociale W che sia una qualche funzione delle funzioni di utilità individuale di n individui. Dunque, possiamo scrivere una generica funzione di benessere sociale che aggrega le funzioni di utilità individuali:

$$W = W(u_1(\mathbf{x}), \ldots, u_n(\mathbf{x})) \qquad [1]$$

Il caso più semplice per esplicitare una funzione di benessere sociale è quello di considerare la semplice somma delle funzioni di utilità individuali. In questo caso possiamo scrivere:

$$W(u_1, \ldots u_n) = \sum_{i=1}^{n} u_i \qquad [2]$$

una cui variante può consistere nell'attribuire dei pesi (a_i) assegnati da ciascun individuo al benessere sociale, per cui la [2] si può riscrivere nel modo seguente:

$$W(u_1, \ldots u_n) = \sum_{i=1}^{n} a_i u_i \qquad [3]$$

Comunque la si espliciti, alla funzione [1] possiamo applicare il procedimento di massimizzazione in modo tale che la allocazione finale dei beni disponibili generi il massimo benessere sociale possibile.

6.8. Alcune estensioni ed applicazioni dei teoremi

Quando si prende in considerazione il problema del benessere sociale si tocca evidentemente un tasto sensibile, in quanto i giudizi di valore fanno parte di ogni sistema sociale organizzato. Dunque, si può ritenere socialmente inaccettabile l'esito della allocazione e distribuzione della ricchezza che emerge in seguito al meccanismo di mercato puro.

Il dibattito sulla mano invisibile – se e quanto i Governi debbano interferire nell'economia – va molto a ritroso nel tempo, e a questo dibattito hanno contribuito molti studiosi, tra cui alcuni filosofi. A proposito di questi ultimi vale la pena di ricordare l'utilitarismo – connesso al liberismo economico – di Jeremy Bentham (1748-1832) e, venendo ai nostri giorni, l'equità della distribuzione del reddito di John Rawls (1921-2002).

Negli ultimi anni gli economisti hanno preso in considerazione uno degli spunti centrali della teoria rawlsiana. L'idea di base di Rawls è che, in ambito economico, si debba tenere in considerazione molto maggiore il problema dell'equità e la funzione del benessere sociale dovrebbe esplicitamente dipendere dal benessere dell'agente che si trova nella situazione peggiore – questa viene anche detta funzione *minimax* o funzione di Rawls:

$$W(u_1, \ldots, u_n) = \min (u_1, \ldots, u_n) \quad [4]$$

Alcuni dei risultati derivanti dallo studio dell'economia del benessere hanno delle corrispondenze in vari ambiti dell'economia.

In economia internazionale – si vedano i Capitoli 12 e 13 – si può dimostrare che in regime di concorrenza pura all'interno dei Paesi e libero commercio internazionale tra Paesi, l'imposizione di un dazio doganale da parte di un Paese conduce ad una allocazione di risorse inefficiente e ad una riduzione del benessere sociale netto quando si tengano in considerazione tutte le nazioni interessate. Detto in altro modo: il paese che introduce il dazio molto probabilmente trarrà un vantaggio, ma genererà inefficienze e perdite sociali nette tenendo conto del benessere dell'insieme di tutti i paesi che partecipano al commercio.

In riferimento alla tassazione all'interno di un Paese: se un governo decide di prelevare una data quantità di denaro attraverso la tassazione, è meglio raggiungere l'obiettivo attraverso l'imposta sul reddito anziché con una imposta sulle vendite.

Riferimenti bibliografici

ARROW K.J. [1963], *Social choice and individual values,* II ed., John Wiley and Sons, New York, trad. it. *Scelte sociali e valori individuali*, Rizzoli-Etas, Milano, 2003.

BAUMOL W.J. [1977], *Teoria economica e analisi operativa*, Franco Angeli, Milano.

CONDORCET M.JA.N. de C. Marquis de [1785], *Essai sur l'application de l'analyse à la probabilité des décision rendues à la pluralité des voix*, Imprimerie Royal, Paris.

FELDMAN A.M. [2008], "Welfare economics", in *The New Palgrave Dictionary of Economics*, vol. 8, pp. 721-731.

FITZPATRICK G.D. [1986], *Microeconomics: New Theories and Old*, Oxford University Press, Oxford.

MANKIW G. [2002], *Principi di economia*, Zanichelli, Bologna.

PINDYCK R.-RUBINFELD L. [1996], *Microeconomia*, Zanichelli, Bologna.

RONCAGLIA A. [2003], *La ricchezza delle idee. Storia del pensiero economico*, Laterza, Roma.

SCHOTTER A. [2009], *Microeconomia*, Giappichelli, Torino.

SEN A. [1970], *Collective choice and social welfare*, Holden Days, San Francisco.

VARIAN H. [2011], *Microeconomia*, Cafoscarina, Venezia.

7 Le principali variabili macroeconomiche e la contabilità nazionale

Parte I - **Per capire**

Questo capitolo introduce la parte del volume dedicata allo studio della macroeconomia, il cui oggetto è l'analisi delle variabili che riguardano il sistema economico nel suo complesso. In particolare, questo capitolo è dedicato alla descrizione delle principali variabili macroeconomiche: Prodotto Interno Lordo (PIL), disoccupazione ed inflazione. Della misurazione di queste variabili si occupa la cosiddetta contabilità nazionale, che verrà descritta nella parte di approfondimento. Il presente capitolo costituisce, quindi, una lettura preliminare rispetto ai capitoli successivi, dedicati alla presentazione dei principali modelli macroeconomici.

La struttura del capitolo è la seguente. In primo luogo, introdurremo alcuni concetti di base come il circuito del reddito, la definizione di PIL, gli indici dei prezzi e il deflatore del PIL, ecc. Successivamente, verrà analizzata la struttura dei principali conti nazionali. Nell'ultima parte del capitolo, procederemo alla descrizione di alcuni indicatori ampiamente utilizzati nell'analisi macroeconomica, come il tasso di disoccupazione e quello di inflazione.

7.1. Il circuito del reddito e le nozioni di flusso e di stock

Il sistema di contabilità nazionale si basa sulla nozione di PIL. Prima di esaminare questo concetto è, tuttavia, utile analizzare i flussi di reddito che intercorrono tra i diversi operatori di un sistema economico: il cosiddetto *circuito del reddito*.

A questo proposito, si consideri un sistema economico semplificato nel quale si produce un solo bene di consumo utilizzando un unico fattore produttivo: il lavoro. Nel sistema sono, inoltre, presenti due agenti economici: le famiglie e le imprese. Le famiglie consumano il bene e offrono lavoro alle imprese, mentre le imprese producono il bene e domandano lavoro alle famiglie.

L'insieme delle transazioni che si registrano tra questi operatori può essere rappresentato graficamente (Figura 1). Il cerchio più chiaro (quello interno) della Figura 1 descrive le transazioni tra i due agenti economici che si realizzano in termini fisici: lavoro contro beni di consumo. Per contro, il cerchio più scuro (quello esterno) identifica i flussi in termini monetari.

Figura 1. – *Il circuito del reddito*

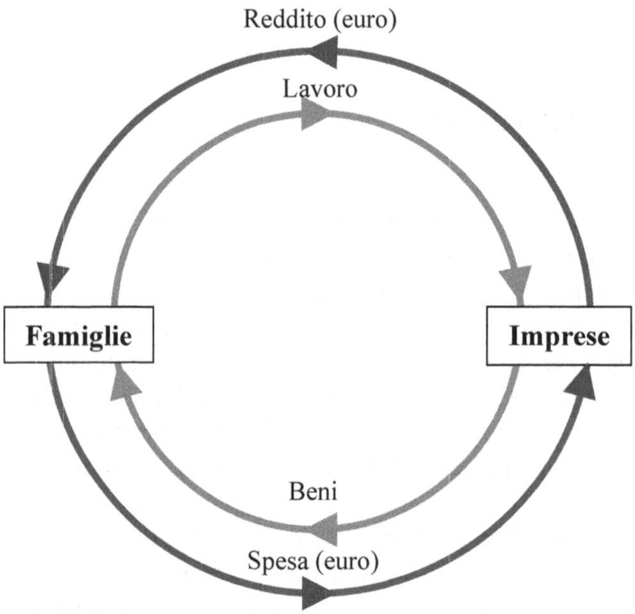

Cominciamo dall'analisi del circuito interno. Come si vede, le famiglie acquistano i beni di consumo dalle imprese pagando in euro e le imprese utilizzano il valore delle vendite in euro per pagare il salario ai lavoratori e i profitti ai proprietari delle imprese. In altre parole, il flusso monetario va nella direzione famiglie-imprese se si considera l'acquisto di beni di consumo da parte delle famiglie e nella direzione imprese-famiglie se si considerano i pagamenti di salari e profitti da parte delle imprese.

Il flusso monetario, che si viene così a determinare in questo sistema economico, può essere definito come il PIL di questa economia. Discende da questa definizione che il PIL è una misura di *flusso*: vale a dire, una grandezza misurata in un dato intervallo di tempo (ad esempio, nell'anno 2018). Il PIL misura, infatti, il valore dei beni e servizi prodotti in un arco di tempo all'interno del sistema economico. Anche altre variabili macroeconomiche si misurano in termini di flusso: ad esempio, i consumi e i risparmi delle famiglie e gli investimenti delle imprese.

Vi sono, invece, variabili macroeconomiche che si misurano in termini di stock. Si definisce *stock* una grandezza misurata in un dato istante di tempo (ad esempio, al 31 dicembre 2018). Esempi sono quelli forniti dal patrimonio (il patrimonio posseduto da tutte le famiglie italiane al 31 dicembre 2018), dal capitale fisico (l'ammontare di beni capitali posseduti da tutte le imprese italiane al 31 dicembre 2018) e dal numero di occupati e disoccupati. Lo stock di ricchezza in un'economia, a sua volta, è composto sia da risorse fisiche (come le risorse naturali, le infrastrutture – ferrovie, strade, ponti, ecc.) sia da capitale installato nelle imprese (come gli impianti e gli edifici) sia, infine, da risorse finanziarie (come le attività finanziarie detenute dalle famiglie e dalle imprese). Nei primi due casi si parla di *ricchezza non-finanziaria*, mentre nel terzo caso di *ricchezza finanziaria.*

Come emerge dall'analisi del circuito del reddito, il PIL può essere visto da tre diverse angolazioni: i) come valore della produzione di beni e servizi finali; ii) come valore della spesa per l'acquisto di beni e servizi da parte delle famiglie; iii) come valore dei redditi distribuiti sotto forma di salari e profitti. Queste tre diverse accezioni hanno implicazioni sia nella definizione di questa grandezza di contabilità nazionale sia nelle metodologie di misurazione della stessa [1].

Per comprendere questi tre diversi modi in cui il PIL può essere calcolato, utilizziamo un semplice esempio, rappresentato nella Tabella 1. Immaginiamo di avere un sistema economico composto da due sole imprese: un mulino che produce farina e un pastificio che produce spaghetti. Il mulino produce farina da vendere sia come prodotto finito al pubblico sia come prodotto intermedio alle imprese (nel nostro caso al solo pastificio). Il pastificio vende tutta la produzione degli spaghetti alle famiglie.

Tabella 1. – *Calcolare il PIL*

Mulino Cerere s.n.c.	
Salari pagati ai dipendenti	5.000
Imposte	1.000
Ricavi dalla vendita di farina	20.000
Farina venduta direttamente al pubblico	5.000
Farina venduta al Pastificio Vesta	15.000

Segue

[1] Il quadro non cambierebbe se il circuito del reddito fosse complicato prendendo in esame gli altri due settori istituzionali (il settore pubblico e il resto del mondo) e gli scambi inter-industriali (quelli cioè che avvengono tra le imprese).

Pastificio Vesta s.p.a.	
Salari pagati ai dipendenti	7.000
Imposte	2.000
Farina acquistata dal Mulino Cerere	15.000
Ricavi dalla vendita di spaghetti	40.000

Vediamo ora come calcolare il PIL seguendo i tre differenti metodi.

Il primo metodo consiste nel calcolare il PIL come differenza fra il valore totale delle vendite e quello dei beni intermedi. Nel nostro caso, le vendite sono costituite dalla somma della farina e dagli spaghetti venduti: la farina è stata venduta in parte direttamente al pubblico (5.000) e in parte al pastificio (15.000), gli spaghetti sono stati interamente venduti al pubblico (40.000). Il totale delle vendite ammonta perciò a 60.000. Tuttavia, al valore di queste vendite occorre sottrarre la farina che è stata usata (dal pastificio) per la produzione degli spaghetti (15.000). Il PIL quindi ammonta a 60.000 – 15.000 = 45.000.

Il secondo metodo consiste nel calcolare il PIL come somma dei redditi distribuiti. In questo caso dobbiamo sommare i salari pagati ai dipendenti, i profitti ottenuti dalle imprese e i redditi ottenuti (tramite le imposte) dal settore pubblico. I salari pagati ai lavoratori delle due imprese sono pari a 5.000 + 7.000, mentre i profitti ottenuti dal mulino sono pari ai ricavi dalle vendite (20.000) meno i costi di produzione (5.000) e le imposte versate (1.000). Analogamente, i profitti ottenuti dal pastificio saranno pari a 40.000 – (7.000 + 2.000 + 15.000). Infine, le imposte versate allo Stato ammontano a 1.000 + 2.000. Il PIL quindi è costituito dalla somma di salari (12.000), profitti (30.000) e tasse e imposte (3.000), e pari a 45.000.

Infine, il terzo metodo consiste nel calcolare il PIL come ammontare della spesa da parte degli utilizzatori finali. In quest'ultimo caso, il PIL ammonta alla somma della spesa per la farina da parte delle famiglie (5.000) e a quella sempre da parte delle famiglie per gli spaghetti (40.000). Il PIL quindi è pari a 5.000 + 40.000 = 45.000.

Box 1. – *L'importanza della contabilità nazionale. Ovvero, gli economisti hanno vinto la seconda guerra mondiale?*

In un libro pubblicato nel 2011, Jim Lacey descrive le attività del War Production Board, che si occupava fra le altre cose delle necessità militari e industriali per la Commissione Difesa creata dal Presidente Roosevelt.
La tesi centrale del libro è che nel 1940 un gruppo di economisti, il cui responsabile era Robert Nathan, in qualità di Presidente del Bureau of Planning and Statistics del War Production Board, fu in grado di indirizzare le scelte economiche del Paese e, attraverso queste, le scelte militari.
Una volta entrato a far parte del Bureau, Nathan chiamò al suo fianco Simon Kuznets, di cui era un ex studente, e insieme dimostrarono che i piani formulati nel 1942 dai

leader politici e militari relativi all'invasione dell'Europa dalla Manica non erano economicamente praticabili. In particolare, analizzando la capacità di espansione della produzione militare USA fra il 1941 e il 1942 attraverso gli strumenti di contabilità nazionale, che proprio Kuznets aveva contribuito a sviluppare, Nathan e Kuznets furono in grado di determinare le modalità con cui sarebbe stato possibile aumentare la produzione ai livelli necessari a sostenere lo sforzo bellico. I due economisti fecero notare che gli obiettivi fissati dai vertici militari risultavano essere del tutto irrealistici e che, come risultato di congestioni produttive fra settori a monte e a valle di quelli dedicati alla produzione bellica, il tentativo di soddisfare tali obiettivi avrebbe prodotto paradossalmente una riduzione della produzione stessa. In particolare, Kuznets, valutando le necessità di input e le capacità di output dei diversi settori, prevedeva che i piani produttivi elaborati dai militari avrebbero sicuramente generato (e quindi sarebbero stati limitati da) carenze di gomma, nickel, trinitrotoluene, e, probabilmente, anche di alluminio, vanadio, lana e toluolo. Ad esempio, a fronte dei 3 milioni di rame necessari per la produzione, i conti di Kuznets evidenziavano che la produzione sarebbe stata limitata a soli 2,2 milioni.

Di fronte a queste analisi, dopo molte resistenze, alla fine i militari dovettero riconoscere i limiti del loro piano di produzione e rimandarono l'invasione dell'Europa dal 1943 al giugno del 1944.

Dunque, Lacey sostiene che, senza l'apporto degli economisti, i militari avrebbero messo in atto i piani di invasione un anno prima rispetto a quanto effettivamente accaduto, e il risultato sarebbe stato con tutta probabilità che i soldati, nel pieno dell'invasione, si sarebbero trovati in situazioni in cui la scarsità di materiali bellici avrebbe causato sicuramente un prolungamento della guerra, con costi materiali, ma soprattutto umani, molto maggiori. Se non addirittura, come sostiene Lacey, un possibile capovolgimento dell'esito finale.

Lacey J. [2011], "Keep from all thoughtful men: How US economists won World War II", in *Naval Institute Press*, Annapolis.

7.2. Il concetto di PIL

Il sistema di contabilità nazionale si basa sulla nozione di Prodotto Interno Lordo (PIL). Il PIL misura il valore, a prezzi correnti o costanti, dei beni e servizi finali prodotti in un determinato intervallo di tempo sul territorio nazionale di un Paese. La definizione di PIL si fonda sui seguenti elementi costitutivi.

i) Il primo si riferisce al fatto che il PIL è costituito da un insieme di beni e servizi *finali*. Ciò significa che il PIL non si ricava considerando il valore di tutti i beni e servizi prodotti in un'economia. Si ottiene, invece, sommando il valore delle produzioni di beni e servizi e sottraendo dal risultato così ottenuto il valore dei beni e servizi impiegati (materie prime, prodotti intermedi, semilavorati, ecc.) per ottenere quel dato volume di produzione. Questa differenza (o saldo) tra il valore della produzione totale di beni e servizi e il valore dei beni e servizi utilizzati come mezzi di produzione, definiti in contabilità nazionale *consumi intermedi*, è denominata *valore aggiunto*. Un esempio può aiutare a comprendere meglio tale concetto. Si consideri un sistema economico in cui viene utilizzato come mezzo di produzione e prodotto un solo bene: il grano. Il vantaggio di considerare un'economia di solo grano consiste nel fatto che la produzione totale e i consumi intermedi (il grano raccolto alla fine dell'annata e quello utilizzato sotto forma di sementi nel processo produttivo) sono composti di un unico bene omogeneo, potendo così essere sommati e sottratti liberamente[2]. Ciò detto, si supponga che la produzione complessiva di grano alla fine di una stagione agricola sia pari a 100 quintali, mentre il grano impiegato come semente (i consumi intermedi) sia 20 quintali. Il valore aggiunto di questa attività produttiva sarà, dunque, pari a 80 quintali: la produzione totale meno i consumi intermedi. In questo sistema economico composto da un solo settore e un solo bene, il PIL è dunque pari al valore di 80 quintali di grano. Per quanto detto, il PIL può anche essere definito, e si tratta di una definizione alternativa ma equivalente alla precedente, come la somma del *valore aggiunto* dei beni e servizi prodotti nel sistema economico.

ii) Il secondo elemento costitutivo della definizione di PIL è il suo carattere *lordo*. Con tale termine si fa riferimento al fatto che nel PIL è incluso anche il valore di quella quota di beni strumentali (macchine, impianti, mezzi di trasporto, ecc.) che perdono valore (o, come si suol dire, si *deprezzano*) nel corso del processo produttivo. L'idea è che il capitale fisico (per esempio, un tornio) tende nel corso del tempo a perdere valore, sia per logoramento fisico (usura fisica, ma anche guasti parziali o totali dovuti ad eventi imprevisti) sia per obsolescenza tecnologica. Nel PIL, di tale deprezzamento non si tiene conto. Nella contabilità nazionale è stata introdotta un'altra definizione di prodotto interno, quella di *Prodotto Interno Netto* (PIN). Questa grandezza si ottiene sottraendo dal PIL il valore dei cosiddetti *ammortamenti* (*A*), misura contabile del consumo e dell'usura dei beni capitali:

$$\text{PIN} \equiv \text{PIL} - A \qquad [1]$$

Si noti che al consueto segno di uguale abbiamo sostituito un simbolo diverso (tre lineette anziché due): ciò serve a indicare che, piuttosto che uguaglianze, queste sono relazioni di *identità*. L'uso di identità è legato alla natura contabile delle relazioni che stiamo descrivendo, che come tali valgono sempre. Nella [1] per esempio, il PIN è contabilmente sempre pari alla differenza tra PIL e ammortamenti.

iii) Il terzo elemento della definizione di PIL è che questo considera solo i beni e servizi *prodotti* in un determinato periodo di tempo. Non entrano quindi nel calcolo del PIL le auto usate, gli immobili già presenti sul territorio e il valore delle attività finanziarie (azioni e obbligazioni). Nel caso ad esempio della compravendita di auto usate e di immobili non nuovi, ciò che entra nel PIL è solo la componente del margine di intermediazione, remunerazione del servizio di intermediazione,

---

[2] In sistemi economici più complessi, produzione totale e consumi intermedi sono invece composti di beni eterogenei, imponendo, per poterli aggregare e sottrarre, di esprimerne il valore attraverso i prezzi, problema di cui ci occuperemo in seguito.

l'unica cosa effettivamente "prodotta" nel periodo di riferimento, ma non il valore dell'auto usata o dell'immobile in quanto tali.

iv) Il quarto elemento della definizione di PIL è il suo essere una misura di flusso, misurata quindi in un dato *intervallo di tempo*, solitamente l'anno o il trimestre. In altri termini, il PIL misura il valore di beni e servizi finali prodotti nel sistema economico nel corso di un dato anno solare (per esempio, il 2018) o nel corso di un dato trimestre (per esempio, il primo trimestre del 2018). In Italia l'Istat fornisce stime del PIL a livello sia annuale sia trimestrale. L'uso di dati trimestrali è importante in quanto permette di monitorare più rapidamente il sistema economico e di rendersi conto se si è in una fase di *espansione* o di *recessione*, che si verifica, secondo la definizione di solito adottata, quando il PIL diminuisce per due trimestri consecutivi.

v) Il quinto elemento definitorio del PIL è il suo riferimento al *territorio nazionale*. Il PIL misura, infatti, l'insieme dei beni e servizi finali prodotti all'interno dei confini territoriali di un Paese, indipendentemente dalla residenza dei fattori produttivi che hanno concorso alla produzione di quei beni e servizi. Per esempio, se un residente negli Stati Uniti possiede un'impresa in Italia, il valore della produzione di questa unità produttiva viene incluso nel PIL italiano. In modo simmetrico, se un residente in Italia possiede un'impresa negli Stati Uniti, il valore dei beni prodotti da questa unità vengono inclusi nel PIL statunitense.

Qualora ci si volesse concentrare sul valore della produzione realizzata dai fattori produttivi con una certa residenza, indipendentemente dalla localizzazione territoriale della loro produzione, occorrerebbe fare riferimento a un'altra nozione di prodotto lordo, detta *Reddito Nazionale Lordo* (RNL). Questo misura il valore della produzione di beni e servizi finali realizzata da fattori produttivi che hanno la residenza nel Paese in esame, e quindi i redditi distribuiti ai residenti. Il RNL si ottiene sommando al valore del PIL i *Redditi netti dall'estero* (RNX). Essendo questi ultimi pari alla differenza tra i redditi da lavoro e da capitale percepiti dai fattori produttivi che risiedono nel Paese al quale il RNL fa riferimento e i redditi da lavoro e da capitale pagati ai fattori che non risiedono in quel Paese, il RNL si definisce come:

$$\text{RNL} \equiv \text{PIL} + \text{RNX} \qquad [2]$$

Per quanto PIL e RNL differiscano, la differenza è di norma relativamente piccola, con qualche eccezione. Ad esempio, nel caso dell'Irlanda, un'economia sul cui territorio operano molte multinazionali estere, il RNL è circa l'80% del PIL.

Sottraendo dal reddito nazionale lordo gli ammortamenti (A) si ottiene il *Reddito Nazionale Netto* (RNN):

$$\text{RNN} \equiv \text{RNL} - A \qquad [3]$$

Nonostante vi siano a volte differenze non trascurabili tra PIL, RNL e RNN, per semplificare l'analisi, nel seguito e nei capitoli dedicati alla macroeconomia ipotizzeremo che queste variabili coincidano.

7.2.1. Il PIL, il PIL pro capite e il benessere

Benché il concetto di PIL sia stato sviluppato negli anni '30 del secolo scorso sulla base dei contributi degli economisti Simon Kuznets e John Maynard Keynes, la nascita del moderno sistema di contabilità nazionale e l'uso del PIL come indicatore diffuso e credibile di sviluppo economico risale al secondo dopoguerra, grazie ai contributi di Richard Stone e James Meade, cioè ad un momento storico in cui l'economia dei Paesi occidentali conosceva una crescita economica mai sperimentata in precedenza, che determinava un significativo incremento degli standard di vita materiale[3].

Dopo la Seconda Guerra Mondiale si determinò una disponibilità senza precedenti di beni e servizi per la collettività, che sembrava implicare una vita (finalmente) felice, libera dalla povertà. In questo quadro sociale e politico, il PIL diventò perciò la misura, ma soprattutto il simbolo, di un livello di benessere materiale crescente, del quale non si vedeva la fine. Tuttavia, con l'andare del tempo, ci si è interrogati in maniera sempre più approfondita sul significato del concetto di PIL. A tal riguardo, occorre specificare meglio di quanto fatto finora cosa è e cosa non è il PIL.

In primo luogo, il PIL non è una misura assoluta di benessere: esistono gli effetti dovuti alla scala che gonfiano i dati relativi a Paesi di dimensioni maggiori, e che si possono controllare utilizzando il *PIL pro-capite*, calcolato dividendo il PIL di un Paese per la popolazione del Paese stesso. Così l'Italia, se, in base al PIL risulta tra le prime dieci economie del mondo (dati Fondo Monetario Internazionale e Banca Mondiale), in base al PIL pro capite non va oltre il venticinquesimo posto, superata da economie relativamente piccole in termini assoluti come, ad esempio, la Svizzera. Tuttavia, anche il PIL pro capite non è una misura perfetta di benessere, non tenendo conto, per esempio, delle differenze nella distribuzione del reddito fra i residenti in un determinato Paese.

Il PIL considera poi come buoni e utili per l'uomo tutti gli scambi, e solo quelli: da un lato, considera anche ciò che viene speso in attività negative per l'uomo; dall'altro, non considera attività positive, per le quali non vengono effettuate spese. Così, il PIL non tiene conto di elementi importanti quali: le attività non di mercato (per esempio, il valore della produzione per autoconsumo e i servizi non retribuiti, come il lavoro domestico non retribuito)[4]; l'utilità derivante dal tempo libero e dal-

---

[3] Nel 1952 le Nazioni Unite pubblicano il primo manuale di contabilità nazionale, *System of National Accounts* (SNA), che fissa gli standard internazionali di riferimento.

[4] A questo riguardo si porta spesso l'esempio dei servizi di cura della casa e dei figli: mentre il valore dei servizi resi da domestici e babysitter entra nel calcolo del PIL, poiché tali servizi passano attraverso il mercato (domestici e babysitter vengono pagati per il lavoro che svolgono), quando l'identico servizio è svolto da casalinghe, il suo valore non entra nel PIL. È anche vero che, nel caso dei servizi abitativi forniti dalle abitazioni, il cui valore risulta in aggregato significativo e che entrerebbero in assenza di correzioni nel PIL solo per gli immobili dati in locazione, in contabilità nazionale se ne

la qualità dell'ambiente; l'aspettativa di vita; la salute e la sicurezza. Inoltre, il PIL non registra i costi derivanti dallo sfruttamento delle risorse naturali scarse. Ad esempio, l'estrazione e successiva rivendita di petrolio produce un aumento del PIL pari al valore della materia prima offerta sul mercato al netto dei consumi intermedi, non tenendosi conto del costo implicito connesso alla diminuzione di petrolio nel sottosuolo terrestre.

Il PIL registra al prezzo di costo i servizi offerti dalla pubblica amministrazione, non esistendo per questi un prezzo di mercato, e non registra il valore aggiunto generato dai beni e servizi forniti gratuitamente. Si pensi, ad esempio, ai servizi forniti dalla maggior parte dei social network e programmi di messaggistica istantanea, o ai motori di ricerca online e ai software gratuiti di navigazione satellitare[5], oppure ancora ai programmi e sistemi operativi open-source (esempio LibreOffice e Linux) prodotti con il contributo volontario e non remunerato degli utenti e rilasciati gratuitamente.

Invece, il PIL comprende il traffico di sostanze stupefacenti, i servizi della prostituzione e il contrabbando di sigarette e di alcol[6], e anche le spese effettuate per contrastare tali attività e costruire carceri; comprende quello che inquina l'ambiente ed è potenzialmente pericoloso per la salute; o, ancora, le spese effettuate per costruire armi o ricostruire abitazioni e infrastrutture a seguito di catastrofi naturali; o per smaltire i rifiuti.

Ad esempio, l'acquisto di un'automobile entra nel calcolo del PIL, ma entra nel calcolo anche il consumo di benzina quando sto fermo in coda con il motore acceso. E se, alla ripartenza della coda avessi un incidente, anche questo farebbe parte del PIL. E se, in seguito all'incidente, venissi ricoverato in ospedale, anche in questo caso avremmo nuove voci da aggiungere al PIL. Ed infine, se al culmine di questo processo morissi, il PIL segnalerebbe una serie di ulteriori addendi!

Da quanto detto finora emerge chiaramente come il PIL non sembri distinguere

---

tiene conto imputando canoni di locazione calcolati contabilmente ai redditi dei proprietari di case per le case che abitano. Sono questi i cosiddetti *fitti imputati.*

[5] Va notato a questo riguardo che il costo di fornitura di tali servizi è controbilanciato in genere dai ricavi pubblicitari generati dalla profilazione degli utenti (questo è ad esempio il caso, tra gli altri. di Facebook e Google), anche se non mancano casi di enti non-profit. L'esempio più rilevante al riguardo è quello della Wikimedia Foundation, l'organizzazione che sta dietro l'enciclopedia libera Wikipedia, che è il risultato dei contributi volontari (e non pagati) di milioni di persone in tutto il mondo.

[6] L'inclusione di specifiche attività illegali, la cosiddetta *economia illegale*, nella stima dei conti nazionali, e di conseguenza nel PIL, è una decisione presa a livello europeo e operativa a partire dal Sec2010 (lo standard di contabilità nazionale più recente a livello europeo entrato in vigore nel 2014), sulla base del principio in base al quale le misure che esprimono il reddito di un Paese devono tener conto anche di attività vietate dalle leggi nazionali, ma che risultano dallo *scambio volontario tra soggetti economici*, al fine di garantire la comparabilità internazionale delle stime tra Paesi e periodi e l'esaustività dei conti, poiché i redditi derivanti da tali attività possono essere impiegati nell'acquisto di beni e servizi legali. Il valore aggiunto prodotto da tali attività, che viene comunque stimato in modo conservativo, non essendo osservabile, in Italia sulla base dei dati Istat risulta pari a circa l'1% del PIL.

le attività che aumentano effettivamente il benessere da quelle che lo diminuiscono, e tenda a trascurare le dimensioni relative allo sviluppo umano e sociale, alla tutela ambientale e alla sostenibilità. Lo stesso Simon Kuznets era evidentemente conscio di ciò, allorché nella Conferenza inaugurale della 78ª riunione annuale dell'American Economic Association, tenutasi a New York il 28 dicembre 1965, affermò: "Il grande dono (degli economisti) al mondo è rappresentato dalle statistiche del reddito nazionale, del Prodotto Interno Lordo, e della sua crescita percentuale. Però, come ogni economista sa, il calcolo del PIL è un puro esercizio di fantasia e, anche se i numeri fossero veri, il PIL è una ben miserabile misura del benessere. Il PIL può crescere grazie alla corsa agli armamenti o alla costruzione di dighe inutili".

A questo riguardo, è però necessario fare alcune precisazioni. Primo, si può sicuramente argomentare che attività illecite, dannose o immorali (si pensi al traffico di sostanze stupefacenti o alla prostituzione) non dovrebbero rientrare nel computo del PIL. Tuttavia, a questo è possibile obiettare che ciò che è lecito o illecito varia tra Paesi e tra periodi (la prostituzione, ad esempio, contrariamente a quanto avviene in altri Paesi, è legale in Italia, anche se sono illegali molte delle attività collegate) e quindi non permette di avere una base stabile per operare confronti tra Paesi e periodi. Inoltre, escludere alcune attività sulla base di giudizi più o meno fattuali sull'utilità o l'opportunità di alcuni beni o servizi, o sulla base del danno procurato da alcuni beni, introduce necessariamente una prospettiva paternalistica. Ad esempio, se si esclude il traffico di cocaina perché la cocaina è un bene dannoso per la salute, nonostante tale commercio sia il risultato di scambi volontari tra persone, allora perché includere la vendita di sigarette o di dolci pieni di zucchero a persone affette da gravi forme di diabete? L'idea di fondo a questo riguardo è quella che, se qualcosa viene prodotto e le persone spendono volontariamente i propri soldi in quel qualcosa, lo fanno perché per loro ha un valore, indipendentemente da quanto altre persone pensano possa essere distorto o errato il loro giudizio.

Secondo, l'affermazione spesso fatta che guerre e catastrofi naturali necessariamente aumentano il PIL, solo perché la costruzione di armi e le attività di ricostruzione entrano come poste attive nel calcolo, non è corretta. Per comprendere la fallacia di tale argomentazione torna utile richiamare quanto detto da Frédéric Bastiat [1850] un po' di tempo prima, il quale discusse gli effetti economici di una vetrina rotta dal figlio di un negoziante: "supponiamo costi sei franchi riparare il danno ... Il vetraio arriva, fa il suo lavoro, incassa i sei franchi e si sfrega le mani ... Questo è quello che si vede. Ma se, d'altra parte, si conclude, come spesso si fa, che vada bene rompere vetri, perché fa circolare denaro e incoraggia l'industria, ... la teoria ... non tiene conto di quello che non si vede. Quello che non si vede è che il negoziante ha speso sei franchi su una cosa, e non può spenderli su un'altra. Non si vede che, se non avesse dovuto sistemare la finestra, avrebbe potuto ricomprarsi le scarpe, o aggiungere un libro alla sua libreria". Questo esempio aiuta a capire che, in assenza di risorse inutilizzate, la produzione di armi e le attività di ricostruzione non aumentano il PIL, poiché distraggono risorse produttive da altri usi: se dedico una quota maggiore del mio tempo alla produzione di armi, devo necessariamente ridurre la quota dedicata alla produzione di fiori. Anticipando un concetto che discuteremo meglio in seguito, possiamo dire che guerre e disastri naturali non aumentano, ma anzi, nella misura in cui distruggono risorse produttive (capitale naturale, fisico, umano e sociale), riducono il *PIL di pieno impiego*.

Terzo, anche se il PIL come tale non considera le dimensioni relative allo sviluppo umano e sociale diverse dalla produzione di beni e servizi finali, in molti casi le misure di queste dimensioni tendono ad essere molto correlate con il PIL pro capite: nelle regioni in cui il reddito pro capite è più basso anche l'istruzione e l'aspettativa di vita alla nascita (due misure di sviluppo umano) sono in media più basse. È in riferimento a questo che un economista premio Nobel, Robert Lucas, ebbe a dire: "con problema dello sviluppo economico intendo semplicemente il problema di spiegare i pattern osservati, tra Paesi e tra periodi, nei livelli e nei tassi di crescita del reddito pro capite. Questa può sembrare una definizione eccessivamente ristretta e forse lo è, ma riflettere sui cambiamenti del reddito necessariamente ci porta a riflettere anche su molti altri aspetti delle società" [Lucas, 1988].

D'altra parte resta vero che, come sottolineato nella relazione finale della cosiddetta *commissione Stiglitz*, dal nome di un altro economista premio Nobel, Joseph Stiglitz, una commissione di esperti costituita all'inizio del 2008 su iniziativa dell'allora presidente francese Sarkozy per discutere queste problematiche: "il PIL è una metrica inadeguata per la valutazione del benessere nel tempo, particolarmente nelle sue dimensioni economica, ambientale, e sociale, aspetti a cui ci si riferisce con il termine 'sostenibilità'".

A tale proposito, a partire dagli anni '60, sono stati molti i lavori che hanno cercato di estendere o modificare il concetto PIL per includervi contenuti di tipo sociale o ambientale.

Di particolare rilevanza per l'Italia relativamente ai temi dell'inclusione sociale è il progetto *Benessere Equo e Sostenibile* (BES), nato da un'iniziativa di CNEL e Istat. Il BES si inquadra nel dibattito internazionale sul "superamento del PIL", in cui si inserisce anche la suddetta commissione Stiglitz, stimolato dalla convinzione che i parametri in base ai quali valutare il progresso di una società non debbano essere solo di carattere economico, ma anche sociale e ambientali, corredati, per esempio, da misure legate a elementi di diseguaglianza o di soddisfacimento sociali e di sostenibilità. Il progetto ha elaborato una serie di dimensioni del benessere, dodici in tutto: salute; istruzione e formazione; lavoro e conciliazione tempi di vita; relazioni sociali; politica e istituzioni; sicurezza; benessere soggettivo; paesaggio e patrimonio culturale; ambiente; ricerca e innovazione; qualità dei servizi.

Con la legge n. 163 del 2016, il Parlamento ha sancito l'obbligo per il Ministero dell'Economia e delle Finanze (MEF) di introdurre il BES nel ciclo di programmazione economico-finanziaria. A partire dal 2017 l'analisi degli indicatori BES è stata introdotta formalmente nei Documenti di Economia e Finanza (DEF) e nel processo di bilancio. In particolare, il MEF deve produrre ogni anno il cosiddetto Allegato BES al DEF e la Relazione al Parlamento sugli indicatori BES. Questi documenti devono riportare l'evoluzione delle principali dimensioni del benessere nel triennio passato, prevederne l'andamento futuro, nonché l'impatto delle politiche sugli indicatori selezionati. Facendo seguito a questa modifica, le misure economiche proposte nei DEF vengono valutate non soltanto in base all'impatto previsto sulle principali variabili economiche (PIL, occupazione, saldi di bilancio, ecc.), ma anche in base agli effetti attesi sul benessere economico delle famiglie, sulla distribuzione del reddito, sull'inclusione sociale, sull'ambiente e sulle altre dimensioni del BES.

Nelle prime due relazioni prodotte dal MEF (a partire dal 2018) è stato valutato l'impatto relativamente ad una prima batteria di quattro indicatori relativi a: reddito medio disponibile aggiustato pro capite; indice di disuguaglianza del reddito disponibile; tasso di mancata partecipazione al lavoro (diviso per genere); emissioni di CO_2 e di altri gas clima alteranti pro capite. Nell'ultima relazione sono disponibili dati preliminari per il triennio 2015-2017 relativi ad altri otto indicatori: povertà assoluta; speranza di vita in buona salute alla nascita; eccesso di peso; uscita precoce dal sistema di istruzione e formazione; rapporto tra tasso di occupazione delle donne 25-49 con figli in età prescolare e delle donne senza figli; indice di criminalità; indice di efficienza della giustizia civile; indice di abusivismo edilizio.

Box 2. – *I soldi danno la felicità?*

In una serie di lavori negli anni '70, Richard Easterlin, esaminando le evidenze empiriche riguardo la relazione tra reddito e felicità, discusse quello che è oggi divenuto famoso con il nome di "paradosso di Easterlin". In particolare, Easterlin mostrò che: i) confrontando i dati di diversi Paesi relativi a uno stesso periodo, emerge sì una relazione positiva tra reddito pro capite e felicità, ma tale relazione tende a sparire per livelli di reddito pro capite alti: grandi differenze nel reddito pro capite tra Paesi sviluppati hanno poco o nessun effetto sulla felicità media delle persone; ii) analizzando i dati dei Paesi nel tempo, all'aumentare del reddito pro capite non ha sempre fatto seguito un aumento della felicità media. In particolare, la crescita dei livelli di reddito pro capite negli ultimi cinquant'anni nei Paesi più sviluppati (Europa, USA e Giappone) non ha determinato un aumento significativo della felicità delle persone.

Questi lavori hanno stimolato diversi contributi di altri economisti tesi, da un lato, a dimostrare la non robustezza delle conclusioni di Easterlin; dall'altro, a individuare i possibili fattori alla base del paradosso stesso.

Il paradosso è stato spiegato tramite l'agire di due effetti: i) l'effetto di adattamento e/o di assuefazione: la felicità si riduce nel tempo mano a mano che ci si abitua al livello più elevato di reddito; ii) l'effetto comparativo: il benessere ottenibile da un dato livello di reddito dipende anche dal confronto del reddito stesso con quello medio del gruppo di riferimento: se quest'ultimo aumenta quando rimane costante il proprio, si ha una riduzione della propria felicità.

Easterlin R. [1974], "Does economic growth improve the human lot?", in A.D. Paul-M.W. Reder (a cura di), *Nations and Households in Economic Growth: Essays in Honor of Moses Abramovitz*, Academic Press, New York.

7.2.2. La contabilità ambientale

L'esigenza di considerare, all'interno della contabilità nazionale, l'impatto che produzione e consumi hanno sull'ambiente ha spinto gli economisti a creare un sistema di contabilità ibrido. La contabilità ibrida è un modo di affiancare conti economici e conti ambientali in uno stesso schema contabile, la cui peculiarità è costituita dal fatto che i dati sono espressi in unità di misura diverse. In questo modo si ottengono informazioni aggiuntive rispetto alla sola contabilità nazionale, rappresentando anche i dati fisici sulle diverse forme di pressione ambientale che il sistema economico esercita sul patrimonio naturale.

Il conto satellite denominato *Matrice di conti economici nazionali integrata con conti ambientali* (NAMEA) è stato affiancato al fine di "incorporare", a fianco dei principali aggregati socio-economici della contabilità nazionale, i dati relativi all'impatto che queste attività economiche comportano sull'ambiente naturale. Si tratta di un sistema contabile in grado di rappresentare le numerose e complesse interazioni che si stabiliscono tra il sistema economico così come lo abbiamo studiato finora e l'ambiente, in maniera coerente con la logica sottostante al paradigma della contabilità nazionale. L'inserimento di dati ambientali permette quindi di valutare la pressione delle attività produttive e di consumo, così come rilevate dalla contabilità nazionale, sull'ambiente naturale.

La NAMEA considera quindi i flussi fisici tra sistema economico e ambientale (costituito da emissioni atmosferiche, uso e inquinamento dell'acqua, uso dell'energia, ecc.), disaggregati secondo le attività economiche e i consumi che li determinano, in questo modo fornendo un'analisi congiunta del contributo dato da ciascun settore economico sia alle pressioni ambientali sia all'economia. Le tipologie di pressioni ambientali si riferiscono in particolare a: i) emissioni di una serie di dieci inquinanti atmosferici: anidride carbonica (CO_2), protossido di azoto (N_2O), metano (CH_4), ossidi di azoto (NO_x), ossidi di zolfo (SO_x), ammoniaca (NH_3), composti organici volatili non metanici (COVNM), monossido di carbonio (CO), particolato (PM_{10}) e piombo (Pb); ii) prelievi diretti di quattro tipologie di risorse naturali vergini: vapore endogeno, combustibili fossili, minerali e biomasse. La NAMEA contabilizza tutte e le emissioni causate dalle attività antropiche e solo quelle, escludendo le emissioni causate da fenomeni naturali e includendo le emissioni di CO_2 causate dall'utilizzo di biomasse come combustibile. Le emissioni sono articolate secondo le stesse classificazioni dei conti economici nazionali.

Occorre notare che nella NAMEA la contabilità nazionale (che, ricordiamo, è basata sul valore dei beni e servizi prodotti) è integrata dai conti ambientali calcolati in unità fisiche. Sulla base del contributo atteso di ciascuna sostanza inquinante, le emissioni sono convertite in valori equivalenti. Successivamente, queste sostanze vengono raggruppate in classi omogenee che possono essere assimilate e confrontate con quelle determinate dalla normale contabilità nazionale. In questo modo, è possibile effettuare il confronto e la lettura congiunta dei fenomeni ambientali ed economici, grazie al fatto che le grandezze socioeconomiche e quelle ambientali sono di volta in volta riferite a raggruppamenti omogenei di attività economiche o di consumo. Questo determina sei indicatori ambientali direttamente confrontabili agli usuali indicatori economici.

Le interrelazioni fra i due sistemi possono essere viste in maniera complementare dalle due prospettive, economica e ambientale. Dal punto di vista economico, si evidenziano i requisiti fisici dei processi produttivi e di consumo, quali energia e requisiti materiali o territoriali. Dal punto di vista ambientale, si evidenziano le conseguenze di questi requisiti economici rispetto alla possibilità di carico dell'ambiente naturale.

7.2.3. Il PIL nominale e il PIL reale

L'ultimo elemento definitorio del PIL è il riferimento ai *prezzi di mercato*. Si tratta di un problema cruciale, visto che il PIL è una misura aggregata di un insieme di beni e servizi eterogenei. Per aggregare questi beni e servizi e ottenere così una misura del loro contributo complessivo, si moltiplica ciascun bene o servizio per il corrispondente prezzo di mercato.

Per esempio, nel caso di un sistema economico in cui si producano soltanto due beni finali, il bene 1 e il bene 2, il valore totale degli stessi sarà pari a:

$$Y \equiv p_1 \times q_1 + p_2 \times q_2 \quad [4]$$

dove p_1 e p_2 sono i prezzi di mercato, rispettivamente, del bene 1 e del bene 2, mentre q_1 e q_2 rappresentano le quantità prodotte dei due beni nel corso di un certo intervallo di tempo, infine Y è il valore dei beni e servizi finali prodotti.

Naturalmente, in un sistema economico è prodotto un numero molto maggiore di beni. Per esempio, si consideri un'economia in cui vengono prodotti n beni. In questo caso il valore totale di questo insieme di beni si ricava sommando il valore della quantità prodotta di ciascuno degli n beni, grandezza che a sua volta si ottiene moltiplicando la quantità prodotta di ognuno di questi beni per il corrispondente prezzo di mercato. Ma quale prezzo occorre utilizzare?

Una prima possibilità è quella di fare riferimento ai prezzi *correnti* dei beni prodotti in un certo anno, per esempio nel 2018: i prezzi saranno cioè quelli rilevati per ciascuno degli n beni del nostro sistema economico proprio nel corso del 2018. Se questo è il caso, il PIL che otteniamo è chiamato *PIL a prezzi correnti*, o *PIL nominale*.

È evidente che, adottando questa convenzione, all'aumentare del prezzo medio di tutti i beni e servizi, cosa che normalmente accade di anno in anno, il valore complessivo del PIL aumenterebbe anche se le quantità prodotte di beni e servizi rimanessero invariate (si ripensi all'equazione [4]). Per questo motivo, il PIL a prezzi correnti non è in grado di fornire una misura affidabile dell'andamento delle quantità prodotte: prezzi e quantità normalmente variano entrambe. Inoltre, anche assumendo che il "tenore di vita" di una collettività possa essere misurato dalla sua disponibilità di beni e servizi, il PIL nominale non è comunque in grado di informarci sull'andamento del benessere materiale della stessa.

Per ottenere una grandezza che tenga conto soltanto delle quantità prodotte e abbia quindi un certo potere informativo sul benessere materiale di una collettività, si ricorre al *PIL a prezzi costanti*, o *PIL reale*. Per esempio, volendo stimare il PIL del 2018 a prezzi costanti, è possibile moltiplicare la quantità prodotta nel corso del 2018 di ciascun bene e servizio, anziché per il corrispondente prezzo corrente di mercato, rilevato cioè nel corso del 2018, per quello registrato nel corso di un certo anno di riferimento, per esempio il 2010. Poiché il prezzo del 2010 è in questo modo la base di riferimento della valutazione delle quantità di beni e servizi prodotti, questa valutazione è detta *PIL a prezzi costanti in base 2010*. Calcolando il PIL di un altro anno, per esempio del 2008, sempre a prezzi costanti in base 2010, e confrontando i due valori, la differenza diventa in questo caso significativa di quanto la produzione di un Paese (e in una certa misura il suo benessere materiale) è aumentata nel corso del tempo, in questo caso nell'arco di un decennio.

7.3. Il deflatore del PIL, l'indice dei prezzi al consumo e il costo della vita

La relazione tra PIL nominale e PIL reale è importante per valutare come nel corso del tempo sono cambiati in media i prezzi in un sistema economico. In particolare, conoscendo il valore del PIL nominale e quello del PIL reale, è possibile calcolare un indice che misura l'andamento del livello generale dei prezzi dei beni e servizi finali prodotti: il cosiddetto deflatore del PIL.

Il *deflatore del PIL* è un indice dei prezzi che si ottiene dividendo il PIL a prezzi correnti di un dato periodo (per esempio, il 2016) per il corrispondente PIL a prezzi costanti del medesimo periodo (nel nostro esempio, il 2016), vale a dire:

$$P_t \equiv \left(\frac{\text{PIL Nominale}_t}{\text{PIL Reale}_t} \right) \times 100 \qquad [5]$$

Calcolando il deflatore del PIL per ogni anno, si ottiene una serie di valori che rappresentano le variazioni nel tempo del livello generale dei prezzi.

Per renderci conto di ciò, ricorriamo a un esempio concreto. Nella Tabella 2 riportiamo nella prima riga i valori del PIL, espressi in milioni di euro, a prezzi correnti dell'economia italiana per gli anni 2010-2018. Nella seconda riga, riportiamo invece i corrispondenti valori del PIL a prezzi costanti in base 2010. Nella terza riga, infine, dividiamo il dato della prima per quello della seconda, ottenendo così la serie corrispondente del deflatore (si noti che ciascun valore della terza riga è stato moltiplicato per 100). Si osservi che, nell'anno di riferimento (il 2010), il rapporto tra PIL nominale e reale è 1, essendo il PIL reale nell'anno base sempre uguale al PIL nominale, e il deflatore risulta quindi pari a 100. Da quell'anno in avanti il deflatore aumenta, segnalando un andamento crescente nel livello generale dei prezzi.

Tabella 2. – *Come si calcola il deflatore del PIL*

	2010	**2011**	**2012**	**2013**
PIL nominale	1.604.514	1.637.463	1.613.265	1.604.599
PIL reale	1.604.514	1.613.766	1.568.274	1.541.172
Deflatore	100,00	101,47	102,87	104,12

	2014	**2015**	**2016**	**2017**	**2018**
PIL nominale	1.621.827	1.652.085	1.689.824	1.727.381	1.756.981
PIL reale	1.542.924	1.557.180	1.574.604	1.601.123	1.614.865
Deflatore	105,11	106,09	107,32	107,89	108,80

Fonte: Istat.

Le variazioni nel tempo del livello generale dei prezzi in un sistema economico possono essere misurate anche mediante un altro indice: l'*Indice dei Prezzi al Consumo* (IPC). L'IPC è dato dal rapporto (moltiplicato per 100) tra il valore corrente di mercato di un certo paniere di beni e servizi rappresentativo del consumo di una certa collettività, e il valore di mercato dello stesso paniere in un dato periodo di riferimento (anno base). Di fatto, si tratta di una media ponderata degli indici di prezzo dei beni che costituiscono questo paniere, una media cioè che attribuisce alla variazione di prezzo di ciascun bene e servizio del paniere un peso che ne misura la rilevanza per i consumatori. Tale peso è dato dall'incidenza della spesa per ciascun bene o servizio sul totale della spesa per consumi di un consumatore medio (o rappresentativo).

Per capire meglio come viene costruito questo indice facciamo un semplice esempio, in cui supponiamo che un consumatore medio consumi solo due beni: pizze margherita e birre medie alla spina. Supponiamo ancora che: nel 2005 (anno base) 1/3 delle sue spese era in pizza e i restanti 2/3 in birra; nel 2005 una pizza margherita costava 3,2 euro, mentre una birra alla spina 3 euro; nel 2012 il prezzo medio di una margherita era invece 4 euro, mentre quello di una birra media alla spina 4,5 euro. L'IPC 2012 anno base 2005 in questo caso risulta pari a:

$$\left(\frac{1}{3}\times\frac{4}{3,2}+\frac{2}{3}\times\frac{4,5}{3}\right)\times 100=\frac{1}{3}\times 125+\frac{2}{3}\times 150\approx 141,67 \qquad [6]$$

Tale indice è la media ponderata di due indici di prezzo semplici: l'indice di prezzo della pizza margherita (4/3,2 × 100 = 125) e quello della birra media alla spina (4,5/3 × 100 = 150), dove i pesi sono dati dalla struttura della spesa nell'anno base. In base a tale indice i prezzi al consumo dal 2005 al 2012 sono aumentati in media del 41,67%, media risultante della variazione del prezzo della pizza (+ 25%) e della birra (+ 50%).

Per quanto sia uno strumento importante per misurare l'andamento dei prezzi al consumo, l'IPC soffre di tre limiti principali.

Il primo di questi limiti consiste nel fatto che la struttura del paniere di consumo rappresentativo è supposta costante. In realtà, al variare dei prezzi relativi dei diversi beni e servizi nel tempo, i consumatori tenderanno a sostituire i beni che sono diventati relativamente più costosi con quelli diventati relativamente più economici. Ciò implica che il paniere, che è supposto costante in un certo intervallo di tempo, tende invece nella realtà a cambiare. Non tenendo conto di questi *effetti di sostituzione*, l'IPC fornisce una misura approssimata per eccesso dell'effettivo aumento del costo della vita. Di questi mutamenti si può, tuttavia, tenere conto modificando con una certa frequenza la composizione del paniere stesso. A tale proposito va rilevato che, a partire dal 1999, l'aggiornamento del paniere e della struttura di ponderazione viene effettuato annualmente, mentre in precedenza avveniva ogni cinque anni. Ciò ha ridotto la misura della sovrastima dovuta all'effetto in questione.

Un secondo limite fa invece riferimento al fatto che nel sistema economico vengono spesso introdotti nuovi beni, oppure beni che, pur soddisfacendo la medesima funzione di consumo, hanno caratteristiche qualitative migliori rispetto ai precedenti (si pensi, ad esempio, a un computer con un processore più veloce). Essendo basato su un paniere di beni e servizi che rimane invariato per un certo intervallo di tempo, l'IPC non è in grado di tenere conto dell'introduzione di nuovi beni o di beni caratterizzati da un più elevato livello qualitativo, fornendo di nuovo una misura distorta dell'andamento del costo della vita. Per esempio, l'introduzione nel mercato di un bene qualitativamente migliore può comportare un aumento del suo prezzo di vendita, proprio in ragione del livello qualitativo più elevato; ma, non tenendo conto di questo incremento qualitativo, l'IPC tenderà ancora una volta a sovrastimare l'aumento effettivo del costo della vita [7].

---

[7] È possibile tenere conto del miglioramento qualitativo dei beni ricorrendo a particolari metodologie che permettono la stima dei cosiddetti prezzi edonici. Si tratta di stimare l'impatto marginale delle diverse caratteristiche dei vari beni sui loro prezzi. I risultati vengono poi utilizzati per attribuire un prezzo (edonico) a ogni bene, visto come somma di tali caratteristiche, in modo da tenere conto dell'eventuale miglioramento qualitativo. Negli anni '90 ci fu un ampio dibattito sull'opportunità e gli effetti dell'utilizzo di questi indici per l'adeguamento dei redditi indicizzati (ad esempio adeguamenti

Il terzo limite è collegato all'idea di consumatore rappresentativo. Il paniere utilizzato nella costruzione dell'IPC dovrebbe, infatti, riflettere la struttura della spesa per consumi di un consumatore rappresentativo. Tuttavia, tale struttura tende a variare a seconda delle caratteristiche socio-economiche, demografiche e territoriali dei consumatori. Nel tentativo di far fronte a questo problema, gli istituti di statistica costruiscono indici dei prezzi differenti, caratterizzati da panieri diversi. In Italia l'Istat calcola tre diversi IPC: i) l'*Indice Nazionale dei prezzi al consumo per l'Intera Collettività* (NIC), calcolato identificando un paniere con riferimento ai consumi dell'intera popolazione presente sul territorio nazionale; ii) l'*Indice nazionale dei prezzi al consumo per le Famiglie di Operai e Impiegati* (FOI), che si riferisce ai consumi delle famiglie che hanno come persona di riferimento un lavoratore dipendente extra-agricolo; iii) l'*Indice dei Prezzi al Consumo Armonizzato per i Paesi membri dell'Unione Europea* (IPCA) calcolato dal 1997 come indice comparabile a livello europeo.

Sia il deflatore del PIL sia l'IPC sono numeri indice che misurano le variazioni del livello generale dei prezzi. Tuttavia, questi indici presentano due differenze sostanziali: i) l'IPC considera i prezzi dei beni e servizi che vengono *acquistati* dai consumatori, mentre il deflatore tiene conto di tutti i beni e servizi *prodotti* nel sistema economico; ii) l'IPC considera anche i beni *importati* dall'estero, mentre il deflatore non include questi beni, non essendo tali beni inclusi nel PIL.

7.4. Le altre principali variabili macroeconomiche: inflazione e disoccupazione

In questo paragrafo vengono approfondite due grandezze, l'inflazione e la disoccupazione, che sono cruciali nell'analisi macroeconomica. Gran parte della macroeconomia studia le cause e gli effetti di questi fenomeni e suggerisce rimedi in termini di politiche economiche. Nell'analisi che segue l'attenzione è focalizzata su alcuni aspetti definitori e di misurazione di queste variabili.

7.4.1. La definizione e la misurazione dell'inflazione

L'inflazione viene definita come un *aumento continuativo del livello generale dei prezzi*. Affinché si possa parlare di inflazione occorre dunque che si verifichino due condizioni.

---

di pensioni e salari al "costo della vita"). In base ai risultati della Commissione Boskin negli USA nel 1996, che studiò in modo sistematico tali effetti, correzioni per miglioramenti qualitativi possono condurre a diminuzioni dei tassi di crescita del livello generale dei prezzi dello 0,6% annuo.

La prima è che l'aumento dei prezzi sia *generalizzato*, ossia interessi un gran numero di beni di consumo. Aumenti dei prezzi di singoli beni non hanno, infatti, un impatto significativo sul processo inflazionistico, a meno che tali beni non rivestano un peso rilevante nella struttura dei consumi delle famiglie. Concretamente, perché si abbia inflazione, ad aumentare deve essere un opportuno *indice dei prezzi* rappresentativo del livello generale dei prezzi di un sistema economico.

La seconda condizione che qualifica l'inflazione richiede, invece, che l'aumento del livello generale dei prezzi sia *persistente*, ossia perduri per un certo periodo di tempo. In altre parole, un aumento *una tantum* del prezzo di tutti i beni di consumo disponibili nel sistema economico provoca un incremento nel livello generale dei prezzi, ma se questo fenomeno non si ripete nel tempo, non si ha inflazione propriamente detta.

Il *tasso di inflazione* nel periodo t, π_t, è dato dalla variazione percentuale del livello generale dei prezzi P nell'arco di quel periodo:

$$\pi_t = \left(\frac{P_t - P_{t-1}}{P_{t-1}} \right) \times 100 \qquad [7]$$

dove con P_t e P_{t-1} indichiamo il livello generale dei prezzi, rispettivamente, nel periodo t e nel periodo $t-1$.

Nel misurare il tasso di inflazione, dunque, un punto cruciale è costituito dalla misurazione del livello generale dei prezzi. Come già detto, questa misurazione si compie calcolando opportuni indici di prezzo rappresentativi del livello generale dei prezzi di un Paese. I principali sono il deflatore del PIL e l'IPC.

Il tasso di inflazione viene generalmente calcolato utilizzando l'IPC. Questo perché l'IPC è disponibile con una frequenza maggiore. Inoltre, molto spesso ciò che interessa è la dinamica dei prezzi al consumo e il cambiamento del potere di acquisto dei consumatori [8].

Nel valutare l'andamento del livello generale dei prezzi, si distinguono inoltre i fenomeni di deflazione e iperinflazione.

Per *deflazione* si intende un fenomeno opposto a quello dell'inflazione. La deflazione si manifesta infatti con una diminuzione del livello generale dei prezzi. Si può parlare di deflazione se il tasso di variazione del livello generale dei prezzi fatto registrare da un'economia durante un certo anno è pari, ad esempio, a – 1,5%. Ciò significa che, in quel particolare anno, il livello dei prezzi nell'economia considerata è diminuito dell'1,5%. Dall'abbandono del *gold standard*, in cui il valore della moneta era collegato a quello dell'oro, e prima della crisi finanziaria del 2008, i

[8] Va notato che la crescente eterogeneità delle abitudini di consumo in diversi gruppi di popolazione (ad esempio, giovani, coppie sposate con figli, coppie sposate senza figli, anziani) rende sempre più ampio lo scarto tra inflazione misurata e percepita. Anche a questo sono dovute le ricorrenti polemiche ospitate sui giornali.

casi di vera e propria deflazione sono stati rari[9]. Un esempio recente è il caso del Giappone (vedi Box 3).

Box 3. – *La deflazione: il caso del Giappone*

Negli anni compresi tra il 1990 ed il 2015, il Giappone ha sperimentato un fenomeno deflazionistico, avendo registrato un tasso di inflazione pari al –0,3% medio annuo. Economisti e *policy maker* si sono interrogati a lungo sulle cause di questa deflazione e sulle possibili strategie per uscire dalla "trappola deflazionistica". Per quello che riguarda le cause, non c'è unanimità di vedute. Viene riconosciuto il ruolo importante dello scoppio quasi contemporaneo di due *bolle speculative*: una riguardante il mercato azionario e l'altra avente ad oggetto il mercato immobiliare all'inizio degli anni '90. Questi due eventi portarono famiglie e imprese a rivedere la loro domanda di consumi e investimenti. Contemporaneamente, un apprezzamento dello yen (la valuta nazionale) portò a una riduzione della domanda di esportazioni nette (si vedano i capitoli 8 e 12).

Negli anni tra il 1997 e 1998, l'area asiatica fu interessata da una drastica crisi finanziaria che colpì vari Paesi (Malesia, Indonesia, Corea del Sud, Filippine e Tailandia) e ridusse ulteriormente la domanda aggregata in quell'area, dando inizio al periodo di deflazione in Giappone.

All'inizio degli anni 2000, l'aumento dei prezzi delle materie prime contribuì a fare ripartire l'inflazione, ma si arrestò alla fine del decennio. Tra i fattori strutturali che hanno contribuito alla deflazione giapponese, una recente pubblicazione del Fondo Monetario Internazionale (World Economic Outlook 2016) ha evidenziato la rilevanza delle dinamiche sul mercato del lavoro, in particolare, la perdita di potere contrattuale dei lavoratori e le dinamiche demografiche del Paese, che vedono l'età media della popolazione in aumento e un basso tasso di crescita della popolazione.

Per quello che riguarda le risposte di politica economica alla deflazione, si ritiene che quelle fornite negli anni '90, in termini di politica sia monetaria sia fiscale (che discuteremo nel Capitolo 9), siano state insufficienti e scarsamente coordinate. Ciò determinò l'instaurarsi di aspettative deflazionistiche negli operatori economici che resero ancora più complicati i tentativi di risolvere il problema. Solo nel 2013 la Banca Centrale giapponese introdusse un chiaro obiettivo in termini di inflazione.

Gli effetti della deflazione sono stati rilevanti per il sistema economico nel suo complesso, determinando una spirale di riduzione dei prezzi, riduzione dei profitti delle imprese e riduzione dei salari, che ha portato a un indebolimento della domanda di beni e servizi e quindi alla stagnazione del PIL.

L'esperienza giapponese testimonia i possibili effetti durevoli della deflazione e l'importanza di assumere prontamente decise e credibili politiche economiche.

A questo riguardo, va evidenziato che alcuni dei fattori che hanno contribuito alla deflazione giapponese (in particolar modo, la perdita di potere contrattuale dei lavoratori e le dinamiche demografiche) caratterizzano altri Paesi, tra cui l'Italia. Risulta quindi importante tenere sotto controllo la dinamica dei prezzi e intervenire prontamente nei casi in cui vi sia rischio di deflazione.

[9] La deflazione non va confusa con la *disinflazione*, in cui si ha una riduzione del tasso (positivo) di inflazione.

Si ha *iperinflazione* quando il tasso di inflazione assume valori molto elevati. In genere, si parla di iperinflazione con tassi di inflazione attorno al 50% su base mensile (corrispondente al 12.974% su base annuale). L'esempio più noto di iperinflazione fu quello registrato nella Repubblica di Weimar in Germania negli anni '20, che toccò il suo culmine nell'ottobre del 1923, in cui i prezzi raddoppiavano ogni quattro giorni circa; anche se l'episodio più estremo si è avuto nel luglio del 1946 in Ungheria, periodo in cui i prezzi raddoppiavano ogni sedici ore circa. Esempi più recenti includono alcune economie dell'Est europeo nel corso dei processi di transizione (ad esempio, la ex Jugoslavia nel 1994), e alcuni Paesi latino-americani (ad esempio, la Bolivia nel 1985, il Perù nel 1988-1990, il Brasile nei primi anni '90 e, recentemente, il Venezuela nel 2017-2018) [10].

Quali sono i danni causati dall'inflazione? Tra i possibili, tre paiono di particolare rilievo. Primo, l'inflazione disturba il meccanismo chiave di allocazione delle risorse in un'economia di mercato: il sistema dei prezzi relativi. Quando in un sistema economico i prezzi aumentano, vi è cioè inflazione, non necessariamente i prezzi dei beni e servizi aumentano tutti nella medesima proporzione: i beni per i quali l'aumento del prezzo nominale è minore diventano nel tempo relativamente meno cari, mentre quelli per i quali l'aumento del prezzo nominale è maggiore diventano relativamente più costosi. La variazione simultanea del livello generale dei prezzi e dei prezzi relativi comporta che, sia per i produttori sia per i consumatori, diventi sempre più difficile interpretare i segnali provenienti dal mercato, data la difficoltà di distinguere le variazioni dei prezzi nominali da quelle dei prezzi relativi.

Secondo, l'inflazione genera effetti di redistribuzione della ricchezza e del reddito. Rispetto alla ricchezza, l'inflazione tende ad avvantaggiare i creditori a danno dei debitori, se e nella misura in cui i debiti sono espressi in termini nominali. Riguardo al reddito, in presenza di elevata inflazione può capitare che alcune forme di reddito (per esempio, i salari di certe categorie di lavoratori) siano meglio tutelate di altre (ad esempio, i salari di altre categorie di lavoratori o gli interessi sui prestiti). La maggior tutela può derivare da meccanismi formali di indicizzazione (ogni anno le retribuzioni nominali aumentano nella stessa misura dell'inflazione) o ricontrattazioni più frequenti. L'effetto complessivo sarà che alcune categorie di cittadini o di lavoratori subiranno consistenti perdite nel potere d'acquisto dei propri redditi, a vantaggio delle altre categorie più tutelate.

Terzo, quando l'inflazione è elevata, anche la sua volatilità è alta e diventa per gli operatori difficile prevederne le dinamiche. Questa imprevedibilità genera un clima di maggior incertezza per gli operatori, che di conseguenza tendono a ridurre la propria spesa per investimenti, con effetti negativi su PIL e occupazione. Senza con-

---

[10] Lo Zimbabwe è stato il primo Paese a sperimentare iperinflazione nel nuovo millennio: iniziata nel 2007, ha raggiunto l'acme nel dicembre 2008, mese in cui il periodo di raddoppio dei prezzi era un giorno.

siderare che tassi di inflazione particolarmente elevati, quando producono sfiducia generalizzata nella valuta, possono facilmente sfociare in fenomeni di iperinflazione, a cui segue spesso l'abbandono della valuta da parte della popolazione e la sostituzione *de facto* con valute estere (cosiddetta *dollarizzazione* di fatto, così chiamata perché spesso la valuta adottata è il dollaro statunitense), spesso scambiate sul mercato nero per via dei controlli valutari, o il ritorno al baratto.

Infine, accanto a questi costi economici non va dimenticato che l'inflazione, riducendo il grado di coesione sociale, genera anche rilevanti costi sociali.

7.4.2. La definizione e la misurazione di occupazione e disoccupazione

L'attenzione della teoria economica al problema della *disoccupazione* è dovuta a tre ragioni principali: i) l'interesse a valutare e minimizzare i costi economici diretti connessi al sotto-utilizzo del fattore lavoro; ii) l'interesse a valutare e minimizzare i costi sociali ed economici indiretti connessi alla carenza di opportunità di lavoro; iii) la necessità di disporre di un indicatore di eccesso di capacità produttiva per l'economia nel suo complesso.

Anche in conseguenza di questo, la teoria economica non fornisce una definizione univoca e onnicomprensiva di disoccupazione. I diversi paradigmi, tra l'altro, non concordano sull'entità dei costi che comporta. Inoltre, si può distinguere tra definizioni volte soprattutto a individuare la natura e le cause della disoccupazione e definizioni attente soprattutto alle sue conseguenze.

Il paradigma neoclassico, prima di Keynes, era in grado di spiegare solo due categorie di disoccupazione: quella volontaria e quella frizionale.

La *disoccupazione volontaria* è quella che si ha in un mercato del lavoro perfettamente concorrenziale in corrispondenza del salario di equilibrio. In tal caso gli individui in cerca di un posto di lavoro che sono disposti a offrire servizi lavorativi solo per livelli retributivi superiori a quello di equilibrio, preferiranno non lavorare e quindi saranno disoccupati volontari.

La *disoccupazione frizionale* si manifesta, invece, in un contesto dinamico e dipende dalle imperfezioni di funzionamento dei mercati nel breve periodo (ad esempio, informazione imperfetta, errori di calcolo o di previsione, ritardi di aggiustamento, discontinuità di alcune produzioni), che ostacolano il raggiungimento dell'equilibrio. Essa presuppone l'esistenza di posti vacanti nelle imprese a fronte di lavoratori disoccupati.

Keynes evidenziò come le componenti volontaria e frizionale non fossero sufficienti a dar conto del fenomeno nel suo insieme. Secondo il paradigma keynesiano è essenziale spiegare un'altra categoria di disoccupazione: la *disoccupazione ciclica*. Tale categoria è così definita da Keynes [1936, p. 15]: "gli uomini sono involontariamente disoccupati se, in presenza di un piccolo incremento nel prezzo dei beni-salario relativamente al salario monetario, sia l'offerta aggregata di lavoratori disposti a lavorare al salario monetario corrente, sia la domanda aggregata di lavoro corrispondente a quel salario saranno maggiori del volume esistente di occupazione". È possibile che, a causa della congiuntura economica negativa, dovuta a carenza di "domanda aggregata", vi sia un certo numero di individui disoccupati che sarebbero disposti a lavorare ai salari correnti, o anche a salari inferiori, ma che non trovano lavoro a causa della scarsa domanda di lavoro da parte delle imprese. Se le imprese si aspettano di non poter vendere sul mercato dei beni una quantità di prodotto superiore a quella corrispondente al livello dalla domanda aggregata, esse fisseranno la domanda di servizi lavorativi a un livello inferiore a quello richiesto dal pieno impiego delle forze di lavoro. In tal caso, a differenza di quanto affermato dalla teoria neoclassica, non è il livello del salario monetario a determinare il volume dell'occupazione. La disoccupazione ciclica può dipendere da cause diverse: ad esempio, la presenza di aspettative pessimistiche sul futuro livello della domanda aggregata; la bassa propensione agli investimenti da parte delle imprese; la scarsa offerta reale di moneta. Da notare che, in questo contesto, una riduzione dei salari monetari a parità di livello generale dei prezzi potrebbe non assicurare un minor livello di disoccupazione, ma addirittura condurre a un'ulteriore diminuzione della domanda aggregata, per effetto di una riduzione dei consumi privati, a sua volta dovuta al minor reddito disponibile e a un maggior livello di disoccupazione.

La disoccupazione ciclica e quella frizionale sono entrambi tipi di disoccupazione involontaria, e pertanto possono essere interpretate come fallimenti del mercato. Oltre a queste, è possibile individuare un terzo tipo di disoccupazione involontaria: la *disoccupazione strutturale*. In passato si era soliti considerare rilevante tale categoria soprattutto nel contesto dei Paesi in via di sviluppo. In tal caso, si fa riferimento a forme croniche di disoccupazione dovute all'azione di forze che inibiscono l'assorbimento e la mobilità tra settori o aree geografiche di particolari tipi di manodopera, in conseguenza di trasformazioni della struttura produttiva. Più di recente, tale categoria ha acquisito rilievo in molti altri contesti. In generale, si parla di disoccupazione strutturale quando nel mercato del lavoro non c'è piena corrispondenza tra le caratteristiche dei lavoratori disponibili ad offrire lavoro e i fabbisogni derivanti dalla tipologia delle mansioni domandate dalle imprese. Ciò genera frizioni che possono perdurare nel lungo periodo. Rientra in questa categoria, ad esempio, il caso in cui non vi è corrispondenza tra le competenze professionali possedute dai lavoratori che si offrono sul mercato e le competenze professionali richieste dalle imprese. Si determina cioè un disallineamento (*mismatch*) tra la struttura dell'offerta e la struttura della domanda di lavoro. È anche possibile che, in certi casi, le imprese non riescano a reperire sul mercato le risorse umane di cui necessitano, perché, ad esempio, il sistema educativo non è in grado di fornire le conoscenze utili al sistema produttivo. D'altra parte, è possibile che il mercato non fornisca gli incentivi necessari per sostenere i costi associati ai processi di formazione e, in generale, di accrescimento del capitale umano a carico sia dei lavoratori sia delle imprese.

Un tipo particolare di disoccupazione strutturale è la *disoccupazione tecnologica*. Tale tipo di disoccupazione trova alcune importanti trattazioni già in David Ricardo e Karl Marx. Ricardo in particolare osservò come, nel corso del processo di accumulazione del capitale, la realizzazione di investimenti in macchine può determinare, in specifiche fasi di crescita del sistema economico, l'espulsione dei lavoratori dal processo produttivo e quindi disoccupazione. Marx mise in evidenza come la disoccupazione tecnologica fosse un risultato intrinsecamente connaturato all'evoluzione stessa del sistema capitalistico e del suo meccanismo di "accumulazione per l'accumulazione". Lo stesso Keynes indicò la disoccupazione tecnologica come una delle malattie delle economie moderne. Il cambiamento tecnologico ha conseguenze importanti sull'occupazione dal punto di vista sia quantitativo sia qualitativo, ed è possibile che ad esso siano associati fenomeni di *isteresi*[11]. Le analisi teoriche ed empiriche si sono concentrate prevalentemente sullo studio dei meccanismi di compensazione endogeni al cambiamento tecnologico e, in particolare, sui modi in cui si verifica l'eventuale processo di riassorbimento della disoccupazione generata dall'introduzione di innovazioni di processo che risparmiano lavoro (*labour-saving*). Tali modalità dipendono dall'operare degli effetti compensativi di prezzo, moltiplicativi della tecnologia e degli effetti di reddito.

Quando si passa al piano della misurazione, gli istituti statistici nazionali fanno riferimento ad alcune definizioni standard internazionali. Secondo la definizione dell'*International Labour Office* (ILO) si considerano *disoccupati* tutte e solo le persone in età lavorativa (in molti Paesi 15-64 anni) che soddisfano le seguenti tre condizioni: i) sono senza occupazione nel periodo di riferimento (di solito una settimana); ii) sono disponibili a lavorare; iii) stanno cercando attivamente lavoro, cioè hanno svolto azioni specifiche per trovare un'occupazione (di solito nelle quattro settimane precedenti la rilevazione). Si noti che, affinché un individuo sia considerato disoccupato, deve possedere tutti e tre questi requisiti; in particolare, è necessario che egli abbia intrapreso azioni per trovare un'occupazione.

Sempre in base alle definizioni dell'ILO, gli *occupati* comprendono tutte le persone in età lavorativa che durante il periodo di riferimento hanno svolto almeno un'ora di lavoro retribuito, o comunque hanno un impiego anche se non hanno effettivamente lavorato.

La somma di disoccupati (D) e occupati (L) rappresenta lo stock delle *forze di lavoro* di un Paese:

$$FL \equiv D + L \qquad [8]$$

---

[11] Si parla di isteresi quando si verifica dipendenza della disoccupazione di equilibrio corrente da quella passata. La Gran Bretagna tra la fine degli anni '80 e l'inizio degli anni '90 mostra un esempio significativo di questo tipo di disoccupazione.

Questo è un aggregato importante del mercato del lavoro di un Paese, poiché fornisce il numero complessivo delle persone che nel periodo di riferimento offrono servizi lavorativi.

Il numero totale dei disoccupati in un Paese invece di per sé non è molto significativo, perché dipende dalla dimensione assoluta del mercato del lavoro. Per esprimere il fenomeno in termini relativi, si calcola il *tasso di disoccupazione*, dato dal rapporto, espresso in termini percentuali, tra i disoccupati e le forze di lavoro [12]:

$$U \equiv \left(\frac{D}{FL}\right) \times 100 \qquad [9]$$

Anche per questo, nelle analisi del mercato del lavoro, risulta utile guardare anche ad altri due indicatori, il *tasso di attività* e il *tasso di occupazione*, definiti rispettivamente:

$$TA \equiv \left(\frac{FL}{POP}\right) \times 100 \qquad [10]$$

$$TO \equiv \left(\frac{O}{POP}\right) \times 100 \qquad [11]$$

dove *POP* è lo stock di popolazione in età lavorativa (15-64 anni).

Questi due indicatori restituiscono la quota delle persone in età lavorativa che è effettivamente disposta a svolgere un lavoro (*TA*) e, all'interno della stessa popolazione, quale sia la quota di persone che, essendo occupata, contribuisce alla produzione del PIL di un Paese (*TO*). Anche in ragione del fatto che il tasso di disoccupazione può presentare ambiguità e problemi interpretativi, in particolare nel confronto tra differenti Paesi, *TA* e *TO* possono risultare rilevanti per valutare il livello di partecipazione economica della popolazione e l'incidenza dei fenomeni di esclusione e inclusione nel mercato del lavoro.

Box 4. – *La misurazione della disoccupazione e dell'occupazione in Italia*

In Italia, la principale fonte statistica per la misurazione della disoccupazione è l'*Indagine sulle Forze di Lavoro* dell'Istat. In questa indagine, la classificazione degli individui nelle diverse condizioni professionali viene decisa sulla base delle informazioni raccolte sulle attività effettivamente svolte dagli intervistati nel corso della settimana che precede la rilevazione, e non sulla base dell'auto-percezione dei singoli individui.

---

[12] Benché la definizione di tasso di disoccupazione generalmente accolta sia quella precedentemente indicata, vi sono notevoli differenze tra Paesi circa le fonti e le definizioni impiegate. Alcuni Paesi utilizzano indagini campionarie accanto a quelle censuarie, mentre altri impiegano prevalentemente fonti amministrative. Variano anche i limiti di età utilizzati nella definizione, i periodi di riferimento, le modalità in base alle quali si può affermare che un individuo stia effettivamente cercando un posto di lavoro e, infine, anche i diversi metodi di rilevazione. Queste differenze possono in taluni casi rendere difficile il confronto dei tassi di disoccupazione tra Paesi e tra periodi.

Anzitutto vengono identificati gli occupati. Successivamente, tra tutti i non occupati, vengono individuate le persone in cerca di occupazione (o disoccupati) e, infine, vengono individuate le persone non incluse tra gli occupati o i disoccupati, che sono classificate come *inattive*, non facenti parte delle forze di lavoro.
A questo proposito, secondo l'Istat, risultano *occupati* tutti gli individui, con almeno 15 anni di età, che soddisfano almeno uno dei seguenti requisiti: i) aver effettuato una o più ore lavorative retribuite nella settimana di riferimento; ii) avere un'attività lavorativa, anche se durante la settimana di riferimento non si sono effettuate ore di lavoro; iii) aver effettuato una o più ore di lavoro non retribuite presso un'impresa familiare.
In questo modo, qualunque forma di lavoro atipico, con o senza contratto, viene inclusa nell'occupazione, purché le ore di lavoro prestate abbiano un corrispettivo monetario o in natura. I beneficiari di politiche del lavoro (per esempio, quelle per i lavori socialmente utili, le borse di lavoro) sono conteggiati tra gli occupati. Anche i lavoratori in *Cassa Integrazione Guadagni* (CIG) vengono inclusi tra gli occupati, dato che conservano il rapporto di lavoro in essere, anche se non hanno svolto nemmeno un'ora di lavoro nella settimana di riferimento. Gli stagisti non retribuiti, invece, sono esclusi.
Per converso, risultano *disoccupati* secondo l'Istat tutti i non occupati che dichiarano al contempo di: i) essere alla ricerca di un lavoro; ii) di aver effettuato almeno un'azione di ricerca di lavoro "attiva" nelle quattro settimane che precedono la rilevazione (l'attesa dei risultati di precedenti azioni di ricerca non viene ricompresa tra queste); iii) di essere immediatamente disponibili (entro due settimane) ad accettare un lavoro qualora venisse offerto. Ad essi vanno aggiunti coloro che dichiarano di aver già trovato un lavoro che inizierà nel futuro: per questi non viene applicato né il criterio della ricerca attiva, né quello della immediata disponibilità.
Occupati e disoccupati costituiscono, come si è già detto, le *forze di lavoro*.
Non appartengono, invece, alle forze di lavoro gli *inattivi*, che si distinguono in cinque categorie: i) coloro che cercano un lavoro non attivamente e sono disponibili a lavorare; ii) coloro che cercano lavoro, ma non sono immediatamente disponibili; iii) coloro che non cercano lavoro, ma sarebbero disposti ad accettarne uno qualora venisse loro offerto; iv) coloro che non cercano un lavoro perché convinti di non poterlo trovare; v) coloro che non cercano lavoro e non sono disponibili a lavorare.
Una porzione degli inoccupati, che può essere statisticamente rilevante, è costituita quindi dai *lavoratori scoraggiati*: individui che hanno rinunciato a ricercare un nuovo lavoro. Questi individui non vengono conteggiati nei disoccupati.

Parte II - **Per approfondire**

7.5. La struttura dei conti nazionali

La *contabilità nazionale* si articola in un sistema integrato di conti[13]: i) *conti economici*, che descrivono i flussi nel periodo di riferimento (tipicamente l'anno solare); ii) *stati patrimoniali*, che registrano gli stock di attività e passività all'inizio e alla fine del periodo, relative a unità istituzionali, entità capaci di possedere attività, contrarre debiti e svolgere attività economica[14]. Le transazioni registrate si concretizzano in un insieme di flussi economici e finanziari tra unità istituzionali. Alla fine del periodo contabile, questo insieme di flussi si traduce in modificazioni delle consistenze patrimoniali, ovvero in variazioni degli stock.

All'interno di questo sistema, quattro conti rivestono particolare importanza, anche in relazione all'utilizzo che ne faremo nei capitoli successivi: il conto della produzione; i conti della distribuzione del reddito; il conto economico delle risorse e degli impieghi; il conto del capitale. Analizziamo ciascuno di questi conti.

i) Il *conto della produzione* è dato dalla seguente relazione:

$$PROD \equiv CI + Y \qquad [12]$$

dove *PROD* è la produzione a prezzi correnti (produzione ai prezzi base più le imposte al netto dei contributi sui prodotti) del sistema economico, *CI* sono i consumi intermedi e *Y* è il PIL ai prezzi correnti. Il PIL (*Y*) costituisce dunque il *saldo del conto della produzione*, la differenza tra le voci "in entrata" (*PROD*) e quelle "in uscita" (*CI*).

ii) I *conti della distribuzione del reddito* registrano l'insieme delle operazioni di distribuzione del valore aggiunto a favore dei fattori produttivi che partecipano alla

---

[13] Lo standard internazionale della contabilità nazionale è il *System of National Accounts* (SNA), la cui versione più recente è lo SNA 2008. Coerente con lo SNA è lo standard adottato nei Paesi dell'Unione europea: il Sistema Europeo dei Conti nazionali e regionali (SEC), o *European System of Accounts* (ESA), la cui versione più recente è il Sec2010.

[14] Le unità istituzionali sono raggruppate in cinque settori istituzionali mutualmente esclusivi: i) *società non finanziarie*; ii) *società finanziarie*, che svolgono attività di intermediazione finanziaria e assicurazione; iii) *amministrazioni pubbliche*; iv) *famiglie*; v) *istituzioni non-profit al servizio delle famiglie* (ad esempio, associazioni). Le unità istituzionali sono a loro volta suddivise in unità residenti e unità non residenti, e queste ultime sono incluse in un apposito settore detto *resto del mondo*.

produzione. In forma schematica, il *conto della generazione dei redditi* può essere rappresentato come segue:

$$Y \equiv RLD + RLG + IMPIND \qquad [13]$$

dove *RLD* sono i redditi da lavoro dipendente (salari e stipendi), *RLG* è il *risultato lordo di gestione*, composto dai redditi da capitale e utili d'impresa (i profitti) e, infine, *IMPIND* sono le imposte indirette nette (le imposte sui prodotti e sulla produzione al netto dei contributi)[15].

Il *conto della attribuzione dei redditi* mostra la relazione, già discussa, tra reddito nazionale lordo e PIL, dove il primo è semplicemente dato dalla somma del PIL più i redditi netti dall'estero – redditi da capitale e lavoro netti dall'estero e trasferimenti netti dal resto del mondo (ad esempio, le rimesse dei lavoratori migrati):

$$RNL \equiv Y + RNX \qquad [14]$$

iii) Il *conto delle risorse e degli impieghi* è il conto più importante della contabilità nazionale, in quanto consente di descrivere la relazione di equilibrio che sussiste tra il complesso delle risorse e il complesso degli impieghi disponibili nel sistema economico. Tale conto viene solitamente rappresentato nel modo seguente:

$$Y + H \equiv C + I + G + Z \qquad [15]$$

dove *C* sono i *consumi finali nazionali*, la spesa delle famiglie in beni durevoli (ad esempio, automobili ed elettrodomestici) e non durevoli (ad esempio, cibo) e servizi (ad esempio, servizi legali, istruzione, servizi abitativi, inclusi i fitti imputati); *I* rappresentano gli *investimenti*, pari alla somma di *investimenti fissi lordi*, cioè i beni durevoli acquistati dalle imprese (impianti, computer, automobili, ecc.) e la *variazione delle scorte*, cioè la variazione del volume fisico delle scorte in magazzino delle imprese[16]; *G* rappresenta la *spesa pubblica*, retribuzione dei dipendenti pubblici e acquisto di beni e servizi da parte della pubblica amministrazione (a tutti i

---

[15] Con riferimento all'esempio dell'economia di solo grano, in cui il valore aggiunto in termini fisici è pari a 80 quintali, si può ipotizzare che, in presenza di due classi sociali (lavoratori e proprietari terrieri) e di uno Stato che raccoglie imposte, una quota di questo grano vada sotto forma di salari ai lavoratori (ad esempio, 50 quintali di grano), una quota sia prelevata e trattenuta dallo Stato sotto forma di imposte (ad esempio, 10 quintali raccolti dalle imposte e che vanno a nutrire consoli e senatori), e la restante quota sia trattenuta sotto forma di rendita dai proprietari terrieri (nel nostro esempio, 20 quintali di grano).

[16] La variazione delle scorte (o *investimenti in scorte*) è positiva in caso le scorte delle imprese alla fine del periodo sono maggiori rispetto alle iniziali, e negativa in caso contrario. Gli investimenti includono anche le acquisizioni nette di *oggetti di valore*. Inoltre, dal 2014, con l'adozione dei nuovi standard europei (Sec2010), gli investimenti fissi lordi includono anche: le spese sostenute per *Ricerca & Sviluppo* (R&S), in precedenza registrate tra i consumi intermedi, in quanto tali spese contribuiscono all'accumulazione di capitale fisso intangibile; le spese per armamenti delle amministrazioni pubbliche.

livelli: nazionale, regionale, provinciale, ecc.)[17]; H sono le *importazioni*, gli acquisti di beni e servizi prodotti all'estero da parte di residenti; infine, Z sono le *esportazioni*, gli acquisti di beni e servizi prodotti nel Paese da parte di non residenti.

Considerando la differenza tra esportazioni e importazioni, le cosiddette *esportazioni nette* ($NX \equiv Z - H$), l'espressione [15] può essere riscritta nel modo seguente:

$$Y \equiv C + I + G + NX \qquad [16]$$

Tale relazione è il punto di partenza dei modelli macroeconomici che esamineremo nei capitoli successivi. A dire il vero, quando sposteremo la nostra attenzione sui modelli macroeconomici, laddove analizzeremo il comportamento degli operatori economici al simbolo di identità torneremo a sostituire quello di uguaglianza, poiché gli investimenti non comprenderanno la variazione delle scorte, e quindi il lato sinistro dell'espressione non sarà identicamente uguale al lato destro. In tal caso la relazione [16] potrebbe *ex post* risultare verificata o meno, sulla base appunto del comportamento degli operatori. Nel caso in cui sia verificata, essa sarà una condizione di equilibrio; nel caso in cui non lo sia, analizzeremo i meccanismi che tenderanno a ristabilirla, riportando il sistema in equilibrio. La parte destra della [16], quando viene considerata *ex ante*, e quindi gli investimenti comprendono solo gli investimenti programmati, è chiamata *domanda aggregata* di beni e servizi:

$$DA \equiv C + I + G + NX \qquad [17]$$

iv) L'ultimo conto che prendiamo in esame è il cosiddetto *conto del capitale*, che registra in entrata le risorse disponibili nel sistema economico per finanziare gli investimenti lordi e in uscita le spese sostenute per la formazione del capitale. Per capire meglio questo conto possiamo riscrivere la [16] come segue:

$$(Y + RNX) - C - G - (NX + RNX) \equiv I$$

$$(RNL - C - G) - CA \equiv I \qquad [18]$$

dove $CA \equiv NX + RNX$ è il *saldo delle partite correnti* (di cui parleremo in dettaglio nel Capitolo 12) ed è pari alle esportazioni nette (NX) (*saldo della bilancia commerciale*) più i redditi netti dall'estero (RNX).

Per rendere più chiaro cosa la [18] rappresenta la riscriviamo come segue:

$$SN + SX \equiv I \qquad [19]$$

dove $SN \equiv RNL - C - G$, dato dalla differenza tra il reddito nazionale lordo e i consumi (delle famiglie e della pubblica amministrazione), rappresenta il *risparmio nazionale*, mentre $SX \equiv - CA$, pari al saldo delle partire correnti cambiato di segno,

---

[17] Sono esclusi i trasferimenti da parte della pubblica amministrazione (ad esempio, sussidi di disoccupazione e pensioni) e gli interessi sul debito pubblico. Queste, che discuteremo in seguito, sono uscite del settore pubblico, ma non comportano una spesa diretta in beni e servizi finali.

può essere visto come il *risparmio del resto del mondo*, la differenza tra il reddito che i Paesi esteri (il resto del mondo) hanno ricevuto dall'Italia (le importazioni di beni e servizi effettuate da italiani sono quindi le entrate del resto del mondo) e la spesa che questi (il resto del mondo) hanno dovuto sostenere per acquistare beni e servizi italiani (le esportazioni di beni e servizi sono quindi le uscite del resto del mondo).

La [20] mostra tra le entrate i risparmi, nazionale ed estero, che vanno a finanziare le uscite, gli investimenti, e può essere ulteriormente rielaborata per distinguere all'interno del risparmio nazionale il risparmio delle famiglie dal risparmio pubblico.

Il *risparmio delle famiglie* (S) è definito come la differenza tra le entrate e le uscite delle famiglie. Le prime possono essere identificate con il concetto di *reddito disponibile delle famiglie* (YD): ovvero, con l'ammontare di reddito che le famiglie possono effettivamente utilizzare per le loro spese di consumo o per risparmiare. Per ricavare il reddito disponibile occorre dedurre dal reddito nazionale le *imposte pagate dalle famiglie* (T) e aggiungere i redditi eventualmente percepiti, come i *trasferimenti netti del settore pubblico alle famiglie* (F) – per esempio, pensioni, sussidi di disoccupazione, indennità di malattia, ecc. – e gli *interessi sul debito pubblico* (N) – gli interessi che i residenti in Italia percepiscono grazie al possesso di titoli di Stato. Le uscite delle famiglie sono, invece, costituite dalle loro spese per consumi (C). Il risparmio delle famiglie è, dunque, pari a:

$$S \equiv (RNL + F + N - T) - C \equiv YD - C \qquad [20]$$

Il *risparmio del settore pubblico* (SG) è invece definito come la differenza tra le entrate (il prelievo fiscale T) e le uscite, risultanti dalla somma di spesa pubblica (G), trasferimenti netti alle famiglie (F) e interessi sul debito (N)[18]:

$$SG \equiv T - (G + F + N) \qquad [21]$$

In altre parole, le entrate del settore pubblico coincidono con quanto le famiglie pagano come imposte. Si noti – su questo argomento torneremo nel Capitolo 8 – che se il risparmio pubblico (SG) è positivo si dice che il bilancio del settore pubblico è in avanzo (o in *surplus*), mentre se il risparmio pubblico è negativo si dice che il bilancio del settore pubblico è in disavanzo (o in *deficit*)[19].

---

[18] Per semplificare stiamo implicitamente supponendo che tutto il debito pubblico di un Paese sia in mano ai suoi residenti. Nella realtà, anche se non la totalità, spesso una quota molto rilevante del debito pubblico di un Paese è in mano ai residenti.

[19] Si noti che l'avanzo o disavanzo complessivo del bilancio pubblico comprende anche le uscite collegate al pagamento degli interessi sui titoli del debito pubblico. In presenza di un elevato stock del debito pubblico l'ammontare di tali uscite può essere assai elevato. È questo il caso dell'Italia, in cui a fronte di deficit del settore pubblico, si sono registrati dagli anni 1990 quasi ininterrottamente *avanzi primari*, cioè le entrate sono state superiori alle uscite se tra le uscite non si includono le spese per interessi.

Notando che il risparmio nazionale (*SN*) è identicamente uguale alla somma di risparmio delle famiglie (*S*) e risparmio pubblico (*SG*), la [19] può essere riscritta come segue:

$$S + SG + SX \equiv I \qquad [22]$$

L'identità [22] ci dice che la somma del risparmio delle famiglie (*S*), del risparmio del settore pubblico (*SG*) e del risparmio del resto del mondo (*SX*) coincide contabilmente con la spesa per investimenti (*I*). Questa identità contabile mostra le importanti relazioni che sussistono tra risparmio privato, bilancio del settore pubblico e resto del mondo, e ci consente di identificare il contributo di ciascun settore istituzionale (famiglie, settore pubblico e resto del mondo) al finanziamento della spesa per investimenti delle imprese. Per esempio, nel caso di un sistema economico *chiuso*, che non realizza cioè transazioni con il resto del mondo, e senza settore pubblico, si ha necessariamente $SG = SX = 0$, e pertanto la spesa per investimenti delle imprese (*I*) è sempre interamente finanziata dal risparmio delle famiglie (*S*). Per contro, in un sistema economico *aperto*, che realizza cioè transazioni con il resto del mondo, e con settore pubblico, se il risparmio delle famiglie (*S*) è uguale alla spesa per investimenti (*I*) discende dall'identità [22] che un eventuale disavanzo del settore pubblico ($SG < 0$) deve essere finanziato dal resto del mondo e quindi comportare un disavanzo delle partite correnti ($- SX \equiv CA < 0$)[20].

7.6. Gli indici dei volumi e dei prezzi

Abbiamo visto che per scorporare le variazioni del PIL dovute a variazioni nel livello dei prezzi rispetto a variazioni delle quantità si calcola il PIL a prezzi costanti, che elimina l'impatto dei prezzi sulle variazioni del PIL. Nella pratica quello che si fa per calcolare il PIL reale nell'anno *t* (per esempio il PIL reale nel 2016) anno base 0 (per esempio 2010) è calcolare un indice dei volumi.

Per capire meglio perché e come questo avviene occorre analizzare più in dettaglio cos'è un numero indice e come vengono calcolati gli indici complessi.

7.6.1. Gli indici semplici e complessi

Immaginiamo di avere a che fare con un solo bene *i* e indichiamo con q_{it} la quantità prodotta (o consumata) nel periodo *t* (ad esempio il 2010) e con p_{it} il prez-

---

[20] In Italia storicamente, a fronte di deficit pubblici costanti ($SG < 0$) il risparmio delle famiglie è sempre stato a livelli tali da più che compensare i disavanzi pubblici e soddisfare tutte le necessità di finanziamento degli investimenti nazionali ($S > - SG + I$).

zo del bene nello stesso periodo. Il valore della produzione (o del consumo) nel periodo t sarà semplicemente il prodotto tra quantità e prezzo:

$$V_t = p_{it}\, q_{it} \qquad [23]$$

Il valore dal periodo 0 al periodo T può variare perché è cambiato il prezzo del bene o perché è cambiata la quantità. Il rapporto tra il valore finale e iniziale sarà:

$$\frac{V_{iT}}{V_{i0}} = \frac{p_{iT}q_{iT}}{p_{i0}q_{i0}} = \frac{p_{iT}}{p_{i0}}\frac{q_{iT}}{q_{i0}} \qquad [24]$$

Il primo rapporto p_{iT}/p_{i0} è un *indice di prezzo semplice*: sottraendo 1 al suo valore, l'indice ci dice di quanto è variato in termini percentuali il prezzo del bene dal periodo 0 al periodo T. Se, ad esempio, l'indice risulta pari a 1,25, questo indica che il prezzo del bene i è aumentato del 25%[21].

Il secondo rapporto q_{iT}/q_{i0} è un *indice di volume semplice*: il suo valore indica di quanto è variata in termini percentuali la quantità del bene prodotta (consumata) dal periodo 0 al periodo T. Se, ad esempio, l'indice risulta pari a 0,8, vuol dire che la quantità del bene i si è ridotta del 20%.

Quando abbiamo a che fare con più di un bene prodotto (consumato), il valore dell'aggregato è dato dalla somma delle quantità dei singoli beni prodotti (consumati), ciascuno moltiplicato per il rispettivo prezzo:

$$V_t = p_{1t}q_{1t} + p_{2t}q_{2t} + \ldots + p_{it}q_{it} + \ldots\, p_{Nt}q_{Nt} = \sum_{i=1}^{N} p_{it}q_{it} \qquad [25]$$

dove, come prima, q_{it} è la quantità prodotta (consumata) nel periodo t del bene i, p_{it} il relativo prezzo, ma ora si hanno N beni (i = 1, 2, …, N). La quantità di ogni bene è moltiplicata per il rispettivo prezzo e i valori sono sommati.

La variazione da un periodo all'altro dell'aggregato può essere dovuta a variazioni dei prezzi dei beni e delle quantità (volumi). Per cercare di distinguere le variazioni dovute ai prezzi da quelle dovute alle quantità si devono necessariamente utilizzare *numeri indici complessi* (dei prezzi o dei volumi), che sono una qualche media dei rispettivi indici semplici (dei prezzi o dei volumi) dei beni che compongono l'aggregato.

I più utilizzati, anche se non gli unici, sono: i) indice di Laspeyres; ii) indice di Paasche; iii) indice di Fisher. Il primo utilizza nel calcolo di questa media la struttura dell'aggregato nel periodo 0 (il periodo iniziale); il secondo utilizza la struttura dell'aggregato nel periodo T (il periodo finale); il terzo è semplicemente una media geometrica dei primi due indici.

---

[21] A volte il risultato, sia per i numeri indice semplici che per quelli complessi, viene moltiplicato per 100, come abbiamo fatto anche noi in precedenza quando abbiamo discusso il deflatore del PIL e l'IPC. In tal caso occorre sottrarre 100 al risultato per ottenere la variazione percentuale.

Vediamo più in dettaglio come vengono calcolati questi indici discutendo il caso in cui si vogliano calcolare *indici dei volumi*.

L'indice dei volumi di Laspeyres in T anno base 0 è:

$$L_q(0,T)=\frac{\sum_{i=1}^{N}p_{i0}q_{iT}}{\sum_{i=1}^{N}p_{i0}q_{i0}}=\sum_{i=1}^{N}\frac{p_{i0}q_{i0}}{\sum_{j=1}^{N}p_{j0}q_{j0}}\frac{q_{iT}}{q_{i0}}=\sum_{i=1}^{N}v_{i0}\frac{q_{iT}}{q_{i0}} \qquad [26]$$

dove $v_{i0}=p_{i0}q_{i0}/\sum_j p_{j0}\,q_{j0}$ rappresenta la quota del valore del bene i sul totale dell'aggregato nell'anno base 0. L'indice dei volumi di Laspeyres risulta una media aritmetica ponderata degli indici semplici di volume dei beni che compongono l'aggregato, con pesi che sono la quota nell'anno base del valore del bene prodotto (consumato) sul totale della produzione (spesa) nell'anno base[22].

L'*indice dei volumi di Paasche* è calcolato come segue:

$$P_q(0,T)=\frac{\sum_{i=1}^{N}p_{iT}q_{iT}}{\sum_{i=1}^{N}p_{iT}q_{i0}}=\frac{1}{\dfrac{\sum_{i=1}^{N}p_{iT}q_{i0}}{\sum_{i=1}^{N}p_{iT}q_{iT}}}=\frac{1}{\sum_{i=1}^{N}\dfrac{p_{iT}q_{iT}}{\sum_{j=1}^{N}p_{jT}q_{jT}}\dfrac{q_{i0}}{q_{iT}}}=\frac{1}{\sum_{i=1}^{N}v_{iT}\dfrac{1}{\frac{q_{iT}}{q_{i0}}}} \qquad [27]$$

dove $v_{iT}=p_{iT}\,q_{iT}/\sum_j p_{jT}\,q_{jT}$ rappresenta la quota del valore del bene i sul totale dell'aggregato nell'anno T. L'indice dei volumi di Paasche risulta essere una media armonica ponderata degli indici semplici di volume dei singoli beni, con pesi costituiti dalla quota di ogni bene sul totale del valore della produzione nell'anno finale[23].

Per ultimo, l'*indice dei volumi di Fisher* non è altro che una media geometrica dei corrispondenti indici di Laspeyres e Paasche:

$$F_q(0,T)=\sqrt{L_q(0,T)\times P_q(0,T)} \qquad [28]$$

Poiché gli indici di Laspeyres e Paasche corrispondono a due ipotesi estreme, utilizzando rispettivamente le quote al periodo iniziale e finale per ponderare gli indici semplici di volume, quest'ultimo è un indice intermedio fra i due[24-25].

---

[22] È utile notare che l'IPC, analizzato nella sezione 7.4.1, non è altro che un *indice dei prezzi di Laspeyres*: una media aritmetica ponderata degli indici di prezzo dei beni che costituiscono il paniere di consumo con pesi che sono dati dalla struttura del paniere di consumo nell'anno base.

[23] Analogamente, l'*indice dei prezzi di Paasche* è una media armonica ponderata degli indici semplici di prezzo dei singoli beni, con pesi costituiti dalla quota di ogni bene sul totale del valore della produzione nell'anno finale.

[24] L'*indice dei prezzi di Fisher* è, analogamente, una media geometrica dei corrispondenti indici dei prezzi di Laspeyres e Paasche.

[25] L'indice di Fisher gode di alcune interessanti proprietà, tra cui quella di *inversione dei fattori*: analogamente a quanto avviene nel caso di un solo bene (equazione [24]), l'indice dell'aggregato (V_{iT}/V_{i0}) è uguale al prodotto dell'indice dei prezzi e dell'indice dei volumi. Questo permette di calcolare

7.6.2. Gli indici a catena

All'aumentare del tempo che intercorre tra l'anno base (il periodo 0) e il periodo *T*, aumentano le differenze nei prezzi relativi (nelle quantità relative) dei beni che compongono l'aggregato e quindi aumenta la differenza negli indici dei volumi (dei prezzi) di Laspeyres, Fisher e Paasche. A quel punto sorge il problema di quale scegliere, perché i risultati possono essere significativamente diversi e non c'è una ragione univoca per scegliere uno piuttosto che l'altro.

Si pensi ad esempio al caso dei computer. La quantità di computer acquistati, e quindi prodotti, crebbe molto negli anni '90, anche e soprattutto a seguito di una forte diminuzione del loro prezzo relativo. Dato il prezzo relativo molto più alto che i computer avevano negli anni '80, utilizzare un indice dei volumi di Laspeyres tende per questo a produrre tassi di crescita reali più alti dei corrispondenti indici di Fisher e Paasche.

Questo stesso fenomeno poi produce conseguenze analoghe e contrarie negli indici dei prezzi. La quantità di computer acquistati negli anni '80 dai consumatori italiani era molto piccola: nel paniere del consumatore rappresentativo in Italia nei primi anni '80 i computer erano di fatto assenti. Utilizzando un indice dei prezzi di Laspeyres (in cui ciò che determina i pesi sono le quote di spesa nell'anno base), l'effetto deflazionistico che la diminuzione del prezzo dei computer negli anni '90 ha prodotto risulta molto meno accentuato (se non nullo nel caso limite in cui il bene non sia presente nell'aggregato nell'anno base) rispetto al caso in cui si utilizzi un indice dei prezzi di Fisher o Paasche.

Inoltre, all'aumentare del tempo intercorrente tra il periodo base 0 e il periodo T, emergono generalmente problemi collegati alla comparsa di nuovi prodotti o al cambiamento della qualità dei beni. Si pensi ancora al caso dei computer: nella costruzione di un indice dei volumi o dei prezzi implicitamente si assume che ciascun bene al periodo 0 sia identico o almeno qualitativamente simile a quello del periodo T, cosa che, nel caso dei computer, è un'assunzione irrealistica quando si tratta di un lasso di tempo di dieci anni.

Infine, nel caso degli indici di Laspeyres, il cambiamento dell'anno base produce un cambiamento di tutta la serie degli indici che deve essere a quel punto ricalcolata (cosiddetto *ribasamento*).

Per ovviare, almeno in parte, a tale perdita di rappresentatività del sistema di ponderazione, ovvero a quello che viene definito *logoramento della base*, in genere

---

l'indice dei volumi semplicemente dividendo per il corrispondente indice dei prezzi l'indice dell'aggregato. Tuttavia, l'indice non gode della *proprietà additiva*, proprietà di cui invece godono gli indici di Laspeyres e Paasche. Il fatto che non goda di tale proprietà fa sì che l'indice dipenda dal livello di aggregazione a cui viene calcolato. Semplificando, possiamo dire che, nel caso dell'indice dei volumi di Fisher, la somma della quantità di automobili e della quantità di camion non è uguale alla produzione totale di automobili e camion.

si procede, dopo un certo numero di anni, al cambiamento della base di calcolo del numero indice. L'aggiornamento della base dopo un certo numero di anni non consente tuttavia di inglobare nei numeri indice i cambiamenti dei prezzi e delle quantità con la necessaria tempestività. Per questo motivo, gli standard internazionali (SNA) ed europei (Sec) suggeriscono di utilizzare la metodologia del concatenamento, calcolando i cosiddetti *indici a catena* al posto dei tradizionali numeri indice a base fissa.

Al fine di ottenere l'effetto di considerare i cambiamenti nella struttura dei prezzi più vicini possibili all'anno corrente, la valutazione a prezzi costanti è stata sostituita dalla valutazione ai prezzi dell'anno precedente. In questo modo, poiché ogni anno dipende da quello precedente, si ottiene il cosiddetto concatenamento delle serie. Mentre un indice a base fissa di una variabile x fra il tempo 0 (l'anno base) e il tempo t (il tempo corrente) si ottiene come x_t/x_0, una serie di numeri indici a base mobile si ottiene cambiando di volta in volta il denominatore del rapporto ovvero la base dell'indice: x_{t+1}/x_t.

Per capire meglio questo aspetto, è utile notare che, nel caso di un indice semplice di volume (o di prezzo), vale la seguente uguaglianza:

$$\frac{q_{iT}}{q_{i0}} = \frac{q_{i1}}{q_{i0}} \times \frac{q_{i2}}{q_{i1}} \times \ldots \times \frac{q_{iT-1}}{q_{iT-2}} \times \frac{q_{iT}}{q_{iT-1}} = \prod\nolimits_{t=0}^{T-1} \frac{q_{iT+1}}{q_{it}} \qquad [29]$$

ovvero gli indici semplici godono della proprietà di *circolarità* (o *transitività*), in base alla quale l'indice per T base 0 è uguale al prodotto degli T indici per periodi consecutivi.

Analogamente, data una serie di numeri indice complessi calcolati per periodi consecutivi $I(t, t+1)$ (con $t = 0, 1 \ldots T-1$) (Laspeyres, Fisher o Paasche), l'indice a catena da 0 a T è dato dal prodotto di questi indici:

$$CI(0,T) = I(0,1) \times I(1,2) \times \ldots \times I(T-2, T-1) \times I(T-1, T) = \prod\nolimits_{t=0}^{T-1} I(t, t+1) \qquad [30]$$

Così, ad esempio, per calcolare l'indice dei volumi concatenato di tipo Laspeyres 2016 anno base 2010, quello che si fa è: calcolare i sei indici dei volumi di Laspeyres per periodi consecutivi; calcolare il prodotto di questi indici per ottenere il relativo indice a catena [26]:

$$\begin{aligned} CI\text{-}L_q(10,16) = {} & L_q(10,11) \times L_q(11,12) \times L_q(12,13) \times \\ & \times L_q(13,14) \times L_q(14,15) \times L_q(15,16) \end{aligned} \qquad [31]$$

---

[26] In Italia, gli indici a catena (dei volumi e dei prezzi) calcolati dall'Istat sono attualmente *catene Laspeyres*: dal 2005 gli IPC sono calcolati come indici dei prezzi a catena di tipo Laspeyres. Negli USA si utilizzano invece *catene Fisher*. Così, ad esempio, il *PCE price index* (*Personal Consumption Expenditure*), una delle misure utilizzate dalla Fed, la banca centrale statunitense, per monitorare le dinamiche inflazionistiche, è un indice dei prezzi a catena di tipo Fisher.

Questa procedura ha il vantaggio di non necessitare del ricalcolo delle serie a seguito della modifica dell'anno base. Inoltre, il sistema di ponderazione viene modificato annualmente seguendo le dinamiche del mercato, e garantendo quindi una migliore rappresentazione.

Va tuttavia notato che, poiché contrariamente agli indici semplici, nessuno dei tre indici complessi di Laspeyres, Fisher e Paasche gode della proprietà di circolarità, in generale l'indice a base fissa è diverso dal corrispondente indice a catena, anche se la differenza nel caso dell'indice di Fisher è comunque in genere piccola.

Per collegare la trattazione nei numeri indici al PIL reale, è sufficiente notare che, qualunque sia l'indice dei volumi che utilizziamo, l'indice calcolato per l'anno t anno base 0 ci fornisce direttamente una misura del tasso di variazione reale del PIL dall'anno 0 all'anno t. Così, ad esempio, sapendo che l'indice dei volumi 2012 anno base 2005 è pari a 0,968, sappiamo che il PIL reale dal 2005 al 2012 in Italia è diminuito del 3,2%.

Se vogliamo anche una stima del livello del PIL reale dell'anno t anno base 0, è sufficiente moltiplicare questo indice dei volumi per il PIL nominale nell'anno base. Ad esempio, sapendo che il PIL nominale nel 2005 è stato di 1.436 miliardi circa, il PIL reale in Italia nel 2012 anno base 2005 è stato pari a 1.390 miliardi di euro circa (1.436 × 0,968).

7.7. La durata della disoccupazione e i flussi nel mercato del lavoro

Nelle economie sviluppate, si può pensare alla disoccupazione come a una condizione attraverso cui passa prima o poi, anche se con maggiore o minore durata e frequenza, la maggior parte dei lavoratori. In tale impostazione, la disoccupazione scaturisce da processi di mobilità delle forze di lavoro indotti da cambiamenti nella domanda aggregata, e si pone l'accento sul fatto che consistenti flussi di ricambio della manodopera si manifestano anche in presenza di uno stock costante di disoccupati. La durata del periodo di tempo trascorso nello stato di disoccupazione risulta così un indicatore cruciale.

I disoccupati, come si è visto, sono persone che rispondono a precisi criteri di classificazione in un dato istante. In realtà, durante il periodo di tempo che intercorre tra una rilevazione e l'altra, alcune persone si aggiungono all'ammontare complessivo dei disoccupati esistente, altre ne escono, avendo trovato un impiego, e altre ancora permangono nello stato di disoccupati. In altri termini, mentre alcuni individui subiscono solo una breve esperienza di disoccupazione, altri rimangono per molto tempo senza occupazione e alla ricerca di un impiego. Dunque, da un lato, esiste una quota, in molti casi rilevante, di *disoccupazione di lungo periodo*, cioè di lavoratori non occupati e in cerca di lavoro da oltre dodici mesi, dall'altro lato, molti lavoratori entrano ed escono dallo stock dei disoccupati in un periodo relativamente breve.

La conoscenza dell'entità di questi flussi è molto importante per comprendere il funzionamento del mercato del lavoro e la reale incidenza economica e sociale della disoccupazione. Ad esempio, negli Stati Uniti, dove il mercato del lavoro è caratterizzato da elevati livelli di mobilità ed elevati tassi di *turnover*, tali flussi sono molto consistenti. È così possibile che, malgrado il tasso di disoccupazione sia in quel Paese molto più basso di quello delle economie europee, la probabilità per un lavoratore di perdere il proprio posto di lavoro nel corso di un anno sia invece molto più elevata, anche se, al contempo, la probabilità di rimanere in tale stato risulta assai bassa. In Europa, invece, tassi di disoccupazione elevati sono associati a basse probabilità di uscita dallo stato di disoccupazione e quindi a lunghi periodi di permanenza nello stock dei disoccupati, benché, in generale, per un lavoratore occupato la probabilità di diventare disoccupato risulti inferiore.

La catena di relazioni complesse e le dinamiche che si verificano nel mercato del lavoro possono essere rappresentate come un insieme di interazioni fra stock e flussi, come nella Figura 2. Prima di analizzare queste interazioni è opportuno però introdurre la definizione di posti vacanti. I *posti vacanti* sono definiti come i posti di lavoro disponibili per i quali le imprese ricercano attivamente manodopera, specificando i requisiti necessari e il salario offerto. Nella Figura 2 le lettere minuscole indicano i flussi, mentre le maiuscole indicano gli stock. Il verso delle frecce identifica il verso dei flussi. L'interfaccia tra posti vacanti e disoccupati rappresenta l'interazione fra la domanda di particolari lavoratori con specifiche qualifiche (ad esempio, formazione, età, sesso) e l'offerta di lavoratori con date caratteristiche (ad esempio, età, sesso, luogo di residenza). Alla domanda di lavoratori corrispondono posti di lavoro con determinate caratteristiche (ad esempio, salario, mansioni, grado di stabilità).

La corrispondenza fra domanda e offerta di lavoro non si realizza istantaneamente, dato che le caratteristiche domandate per coprire i posti vacanti non corrispondono necessariamente a quelle offerte. Questa rappresentazione del mercato del lavoro consente anche di capire come i flussi di assunzione (a, r) e di licenziamento (l) possono coesistere. Il cambiamento tecnologico, ad esempio, può allo stesso tempo creare nuova domanda per certe tipologie di lavoratori e determinare l'esubero di altri tipi di lavoratori. Essa consente anche di capire come possano coesistere posti vacanti e disoccupati, e quindi fenomeni di *mismatch* sul mercato del lavoro, anche in presenza di perfetta informazione e di costi di trasporto irrilevanti.

Infine, lo schema si presta a introdurre il concetto di *segmentazione* del mercato del lavoro: un processo di compartimentalizzazione e isolamento di diversi gruppi partecipanti al mercato del lavoro collegata ai concetti di gruppi non competitivi e di balcanizzazione del mercato del lavoro. Dal lato della domanda, il mercato del lavoro si può vedere come un aggregato di posti di lavoro con diverse caratteristiche (legate, ad esempio, a specificità tecnologiche o geografiche) a cui non possono accedere indistintamente tutti i lavoratori. Dal lato dell'offerta, i lavoratori costituiscono un aggregato estremamente eterogeneo (ad esempio, per età, formazione, esperienza).

L'eterogeneità fa sì che lavoratori con caratteristiche diverse non competano per i medesimi posti di lavoro[27]. Ogni posto di lavoro, o ogni tipologia di posti di lavoro (ad esempio, ingegnere, muratore) ha una sua specificità che lo isola dagli altri e, in parte, lo isola anche dai meccanismi concorrenziali.

Figura 2. – *Le dinamiche nel mercato del lavoro*

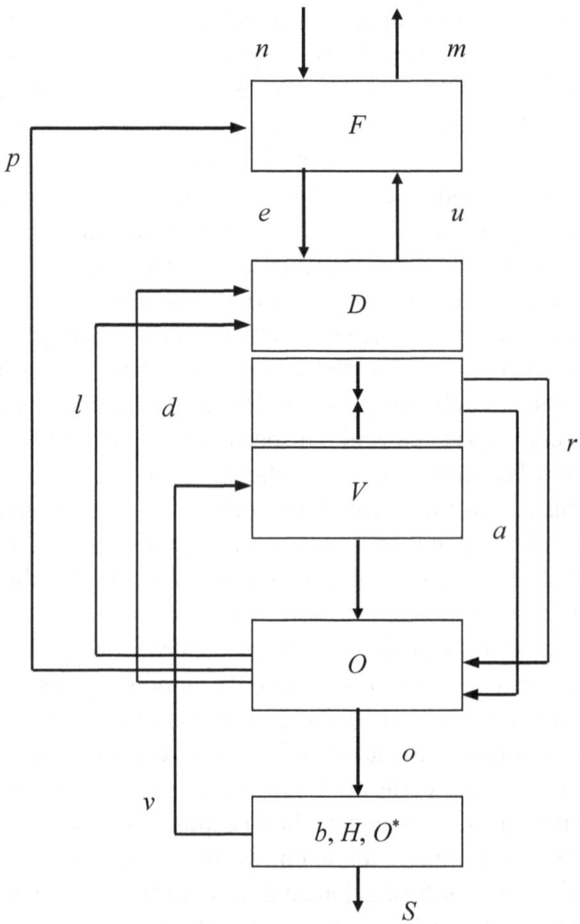

Legenda: F = membri del settore famiglia che non fanno parte della forza lavoro; n = nascite; m = morti; e = nuove entrate nella forza lavoro; u = uscite dalla forza di lavoro; D = lavoratori disoccupati; V = posti vacanti; v = creazione di posti vacanti; a = nuove assunzioni; l = licenziamenti; r = riassunzioni; d = dimissioni; p = pensionamenti; O = lavoratori occupati; o = ore di lavoro; b = produzione di beni finiti; s = vendite di beni finiti; H = scorte di beni finiti, O^* = livello desiderato di occupazione.

[27] Così l'ingegnere, il biologo o l'avvocato competono per posti di lavoro diversi e reciprocamente isolati.

8 Il mercato dei beni e servizi e la determinazione del PIL di equilibrio

Parte I - **Per capire**

Nel capitolo precedente abbiamo introdotto le principali variabili di cui si occupa la macroeconomia. Tra queste, il Prodotto Interno Lordo (PIL) riveste un'importanza fondamentale, essendo spesso considerato come una misura, ancorché approssimativa e non scevra da limitazioni, della "ricchezza" di un Paese.

A questo punto, è giunto il momento di affrontare i principali problemi di cui si occupa la macroeconomia. Anzitutto, dobbiamo rispondere al primo, fondamentale, quesito: cosa determina il livello del PIL di un sistema economico?

Comprendere quali sono le cause di un basso livello del PIL e, di conseguenza, di un basso livello di occupazione, costituisce infatti un passaggio obbligato per potere individuare i possibili rimedi: per identificare cioè gli interventi di politica economica che le autorità competenti dovrebbero mettere in atto per fronteggiarli.

Per dare risposta a questo fondamentale quesito, utilizzeremo un primo semplice modello macroeconomico di determinazione del PIL. Come ogni modello, esso rappresenta una stilizzazione della realtà basata su ipotesi. Prima di analizzare il modello, è quindi opportuno chiarire quali sono le ipotesi di base e individuarne il contesto.

8.1. Il modello di determinazione del PIL: le ipotesi

Com'è noto, nel 1929 il gigantesco *crack* borsistico di Wall Street gettò il mondo in una crisi senza precedenti. Il mercato azionario degli Stati Uniti crollò e, di lì a poco, precipitarono le spese per investimenti e consumi, con conseguenze drammatiche sulla disoccupazione. La crisi si diffuse a macchia d'olio anche nei principali Paesi industrializzati [1], dando luogo ad una fase del ciclo economico mondiale nota come *Grande Depressione*.

Allo studio delle cause di tale crisi profonda Keynes dedicò la sua *Teoria generale dell'occupazione, dell'interesse e della moneta*, pubblicata nel 1936. In quest'opera, di fondamentale importanza per la nascita della macroeconomia, Keynes propose un'interpretazione rivoluzionaria a confronto con quello che era stato sino ad allora l'orientamento economico dominante.

Secondo gli economisti che lo avevano preceduto, il sistema economico, almeno nel lungo periodo, poteva funzionare benissimo senza alcun intervento da parte del settore pubblico.

Il modello può essere descritto, come in Figura 1, utilizzando una serie di grafici associati l'uno con l'altro attraverso le stesse rette delle ordinate o delle ascisse. La figura mostra che, se il mercato del lavoro (pannello in alto a destra) è libero di funzionare rispondendo alle sollecitazioni endogene prodotte dagli eccessi di domanda o offerta di lavoro, si determina un saggio di salario reale tale (il saggio di equilibrio w^*) da eguagliare l'offerta alla domanda di lavoro, producendo il pieno impiego dei fattori produttivi (come abbiamo già visto, in questo caso soltanto la disoccupazione volontaria è possibile). Il livello di occupazione (L^*) risulta determinato sul mercato del lavoro sulla base dell'interazione tra domanda e offerta di lavoro, e l'equilibrio comporta piena occupazione di chi è disposto a lavorare al salario di mercato.

Ogniqualvolta si presentasse uno squilibrio su tale mercato (per esempio, un eccesso di offerta di lavoro) il salario reale si adatterebbe al fine di riassorbirlo. Su questa base, anche il livello del PIL sarebbe pari a quello che garantisce la piena occupazione di tutti gli individui alla ricerca attiva di un posto di lavoro: il *PIL di pieno impiego* (o *PIL potenziale*). Per distinguerlo dal PIL effettivo, indicato semplicemente con Y, questo valore del PIL verrà indicato nel seguito con $\overline{Y}$. Le imprese utilizzeranno tale dotazione (massima) di fattori, così producendo, in base alla funzione di produzione aggregata (pannello in basso a destra), la quantità massima di prodotto: il PIL di pieno impiego appunto. Sulla base della cosiddetta *legge di Say*, secondo la quale l'offerta di beni e servizi di un sistema economico "crea" sempre la domanda necessaria ad assorbirla, si otterrà infine l'equilibrio nel mercato dei beni e dei servizi (pannello in basso a sinistra).

Risulta quindi evidente che in un modello di questo genere, l'equilibrio sul mercato del lavoro ottiene la produzione più elevata possibile per il sistema economico, e che questo livello massimo di produzione viene interamente assorbito sul mercato dei beni e dei servizi da un livello sufficiente di domanda aggregata.

---

[1] La crisi raggiunse l'Italia con qualche ritardo rispetto agli altri Paesi europei. Le politiche di intervento nella vita economica del Paese attuate dallo Stato fascista attenuarono la brusca soluzione di continuità tra gli anni 1920 e gli anni 1930. Nel 1931-1933 vennero costituite l'IMI e l'IRI.

Figura 1. – *Il modello neoclassico*

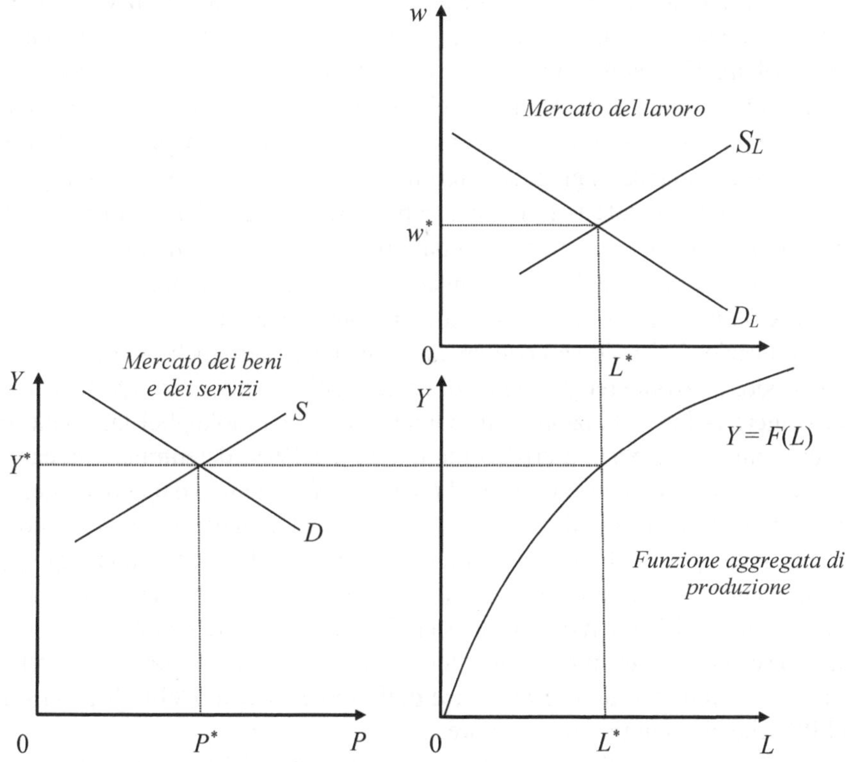

Per queste ragioni, una crisi delle dimensioni di quella del 1929 era di difficile comprensione all'interno dello schema analitico neoclassico. Infatti, una crisi economica che generasse disoccupazione era facilmente gestibile da parte del sistema: la disoccupazione significa eccesso di offerta di lavoro, e l'eccesso di offerta di lavoro significava salario troppo elevato. La diminuzione del salario, riportando il mercato del lavoro in equilibrio, avrebbe dovuto riportare la produzione al suo livello massimo, così riportando tutto il sistema nell'equilibrio di pieno impiego.

Al contrario, la diminuzione del salario, anziché riportare il sistema all'equilibrio di pieno impiego generò ulteriore disoccupazione, e l'ulteriore disoccupazione ulteriori diminuzioni del salario e così via, in una spirale verso il basso.

In una situazione di questo genere, la teoria economica dominante giungeva a conclusioni che non riuscivano a fornire indicazioni utili ad uscire dalla crisi. Keynes, per spiegare questa impasse, capovolse completamente i termini della questione, sostenendo che è la “domanda aggregata”[2] di beni e servizi a determinare l’offerta, ovvero quanto in un sistema economico viene prodotto, e quindi anche l’ammontare di lavoro necessario a produrlo. Secondo la sua interpretazione, la crisi del 1929 era stata determinata, infatti, da un livello di domanda troppo basso, tanto basso da fare crollare l’economia mondiale. Di fatto questo equivaleva a rovesciare il senso secondo il quale occorre “leggere” i grafici della Figura 1. Anziché dall’alto a destra verso il basso a sinistra, in senso opposto dal basso a sinistra all’alto a destra: una bassa domanda aggregata determina un PIL inferiore a quello di pieno impiego e conseguentemente le imprese per produrre un quantitativo di beni e servizi inferiore avranno bisogno di meno occupati. In quest’ottica, diminuire il saggio di salario per portare il mercato del lavoro in equilibrio, significava diminuire i redditi dei lavoratori e quindi diminuire la loro quota di domanda aggregata.

Le implicazioni di politica economica venivano quindi anch’esse capovolte. Nel breve periodo, orizzonte temporale a cui economisti e politici secondo Keynes dovevano rivolgere la loro attenzione[3], il mercato evidenzia molteplici fallimenti e il sistema economico è esposto a crisi come quella del 1929, determinate da carenza di domanda effettiva. In tali circostanze, al *laissez faire* sostenuto dai neoclassici si deve sostituire un intervento illuminato dello Stato, in grado, mediante un aumento, anche in deficit, della spesa pubblica, di aumentare il livello della domanda aggregata (la cui componente privata abbiamo visto essere insufficiente a portare il PIL al livello di pieno impiego). L’aumento della spesa pubblica può essere realizzato, ad esempio, tramite spese per infrastrutture (strade, ferrovie, opere di urbanizzazione, ecc.).

Questo pensiero “eretico” è alla base delle ipotesi del modello di determinazione del PIL che ci accingiamo a studiare.

i) La prima ipotesi è che l’analisi faccia riferimento al *breve periodo*: ovvero, ad un intervallo di tempo nel corso del quale la dotazione di beni capitali (lo *stock di capitale*) del sistema economico rimane costante.

ii) La seconda ipotesi del modello è che il livello di equilibrio del PIL sia determinato dal livello della domanda (aggregata) di beni e servizi. Ciò significa che, quando aumenta la domanda, le imprese, disponendo di capacità produttiva inutilizzata, aumentano l’offerta. Questa ipotesi è anche nota come *principio della domanda effettiva.*

iii) In base alla terza ipotesi, nel breve periodo le imprese, a fronte di aumenti o diminuzioni della domanda, mantengono costanti i prezzi praticati sui beni e servizi prodotti, limitandosi semplicemente a far variare la quantità prodotta (aumentandola o diminuendola). Ciò significa che l’analisi condotta in questo capitolo si basa sull’assunto che *il livello dei prezzi sia dato* e rimanga costante nel tempo.

---

[2] Con questo termine intendiamo la domanda espressa da tutti gli operatori di un sistema economico. La definiremo meglio in seguito.

[3] A Keynes viene attribuita la famosa frase “nel lungo periodo siamo tutti i morti”.

iv) In base alla quarta ed ultima ipotesi, dati i prezzi, per ogni livello della domanda di beni e servizi si determina un certo valore del PIL e, quindi, un certo livello dell'occupazione. Tuttavia, il livello del PIL può essere tale da non consentire di fornire un'occupazione a tutti gli individui che sono alla ricerca attiva di un posto di lavoro. In altre parole, il livello del PIL che si viene a determinare nel sistema economico può essere diverso dal *PIL di piena occupazione*, e comportare *disoccupazione involontaria*.

Le ipotesi appena enunciate sono abbastanza limitative. Tuttavia, come vedremo, su di esse è possibile costruire un modello macroeconomico che, nonostante la sua semplicità, consente di fornire una prima descrizione del funzionamento di un sistema economico.

Il modello che ci accingiamo a descrivere è costituito da una serie di relazioni di base. Queste possono essere adattate a seconda del tipo di economia che si considera. Tenendo conto dei settori istituzionali considerati, possiamo distinguere tra: economia chiusa senza settore pubblico; economia chiusa con settore pubblico; economia aperta al commercio internazionale con settore pubblico.

8.2. Le relazioni fondamentali del modello

Come si è detto, il modello si basa su quattro ipotesi fondamentali. In termini operativi, queste ipotesi si traducono in tre insiemi di relazioni fondamentali, sulle quali il modello si regge in qualsiasi circostanza noi lo applichiamo: i) la relazione tra PIL e occupazione (e disoccupazione); ii) il principio della domanda effettiva; e iii) le relazioni strutturali della domanda aggregata. Vediamo ciascuna di queste tre relazioni più da vicino.

8.2.1. La relazione tra PIL e occupazione

Nel quadro delle ipotesi keynesiane sopra introdotte, è importante l'ipotesi che nel breve periodo esista una relazione precisa, detta *funzione dell'occupazione*, tra livello del PIL (Y) e livello dell'occupazione (L):

$$L = f(Y) \qquad [1]$$

Tale funzione è strettamente crescente, per cui aumenti nel livello del PIL comportano aumenti dell'occupazione (L) [4].

---

[4] La funzione dell'occupazione non è altro che la funzione inversa della funzione aggregata di produzione mostrata nella Figura 1, che invece, dato il livello degli occupati, determinava il PIL.

Richiamando la definizione di tasso di disoccupazione (U) discussa nel Capitolo 7, ovvero:

$$U \equiv \frac{D}{FL} \times 100 \equiv \frac{D}{D+L} \times 100 \quad [2]$$

dove D rappresentano i disoccupati involontari e FL lo stock delle forze di lavoro, dato dalla somma di disoccupati (D) e occupati (L), data la relazione positiva tra PIL e occupati, dalla [2] segue che, a parità di forze di lavoro, un aumento del PIL diminuisce il tasso di disoccupazione; in modo simmetrico, ad una diminuzione di Y fa seguito una flessione nel livello dell'occupazione e, quindi, a parità di forze di lavoro, un aumento del tasso di disoccupazione.

Quindi, nell'impianto keynesiano, il livello del PIL che viene a stabilirsi nel sistema economico può essere tale da non garantire che tutti gli individui alla ricerca di un posto di lavoro lo trovino. In altre parole, il livello del PIL di equilibrio non è detto che assicuri la piena occupazione.

Questo risultato può sembrare, a prima di vista, abbastanza ovvio e intuitivo, o almeno lo è sulla base della esperienza pratica che ognuno di noi ha. Molto raramente, infatti, capita di osservare sistemi economici nei quali vi sia piena occupazione. Lo stesso risultato è, tuttavia, meno banale qualora venga confrontato con quello che pensavano gli economisti della tradizione pre-keynesiana: come abbiamo appena visto, per gli economisti neoclassici l'unica forma di disoccupazione, insieme a quella frizionale, compatibile con l'equilibrio del mercato del lavoro, era di tipo volontario.

Come si vede nella [2], quando aumenta il livello dell'occupazione (L) il tasso di disoccupazione (U) tende a diminuire se lo stock delle forze di lavoro (FL) rimane costante. Questa ipotesi presuppone stabilità delle forze di lavoro nel corso del ciclo economico[5].

Considerando la funzione di occupazione congiuntamente alla relazione definita dal tasso di disoccupazione, il cerchio si chiude: quando aumenta il livello del PIL aumenta il livello dell'occupazione e quindi, a parità di forze di lavoro, diminuisce il tasso di disoccupazione. A questo punto, stante questa prima importante relazione, occorre esaminare cosa determina il livello effettivo del PIL.

8.2.2. Il principio della domanda effettiva

Il modello di determinazione del PIL si basa sul principio della domanda effettiva (la seconda delle ipotesi sopra introdotte). Secondo questo principio, il livello

---

[5] L'ipotesi esclude, per esempio, fenomeni come la maggior partecipazione al mercato del lavoro nelle fasi espansive del ciclo, oppure effetti del tipo "lavoratore scoraggiato" nelle fasi recessive, di cui abbiamo parlato nel Capitolo 7.

del PIL effettivo, *Y*, di un sistema economico è determinato dal livello della domanda aggregata di beni e servizi. Più precisamente, quanto maggiore è il livello della domanda aggregata di beni e servizi, tanto maggiore è il livello del PIL effettivo del sistema economico, e viceversa: quanto minore è il livello della domanda aggregata, tanto minore è il livello del PIL effettivo[6].

Si supponga che il mercato dei beni sia inizialmente in equilibrio, ovvero che la domanda aggregata assorba interamente quanto viene prodotto nel sistema economico, cioè che sia $Y = DA$. Una riduzione (inattesa) della domanda aggregata, tale per cui il prodotto effettivo diventi maggiore della *DA* ($Y > DA$), determina un aumento indesiderato delle scorte di magazzino, a causa del quale le imprese tenderanno a ridurre la produzione. E il processo di riduzione della produzione andrà avanti sino a quando il mercato non tornerà nuovamente in una situazione di equilibrio: vale a dire, fino a quando le imprese non rivedranno le loro scorte ritornare al livello desiderato, o, il che è lo stesso, fino a quando *Y* non sarà uguale a *DA*. Nel caso, invece, in cui si verificasse un aumento (inatteso) della domanda aggregata tale che $Y < DA$, si determinerebbe una riduzione delle scorte, e quindi le imprese tenderebbero ad aumentare la produzione. Ancora una volta, il processo di aumento della produzione andrà avanti fino a quando il mercato non tornerà nuovamente in equilibrio. In sintesi, in presenza di aumenti o diminuzioni della domanda effettiva, le imprese registreranno delle variazioni nel livello delle scorte, ed aumenteranno o diminuiranno la produzione nel tentativo di riportare le scorte al loro livello ottimale.

Il principio della domanda effettiva descrive, dunque, il processo di aggiustamento mediante il quale – in presenza di un eccesso di offerta ($Y > DA$) oppure di un eccesso di domanda ($Y < DA$) – gli squilibri sul mercato dei beni vengono riassorbiti. E ciò si verifica fino a quando il mercato dei beni non sia tornato in una situazione di equilibrio: ossia in una situazione nella quale il livello della produzione aggregata (o anche offerta aggregata) non sia uguale alla domanda aggregata ($Y = DA$).

Si noti che il principio della domanda effettiva presuppone che il processo di riequilibrio – o aggiustamento – del mercato dei beni non avvenga – come abbiamo visto in microeconomia – tramite una variazione del prezzo dei beni, quanto piuttosto mediante una variazione nel livello della produzione. Nell'ambito di questi modelli riferiti al breve periodo, i prezzi dei beni e dei servizi sono dati e costanti: cioè non variano nel tempo (la terza delle ipotesi keynesiane). L'aggiustamento dei prezzi è, infatti, un processo che avviene gradualmente e che richiede tempo per potersi realizzare, mentre l'aggiustamento delle quantità prodotte può essere pensato come un processo che riesce a realizzarsi più rapidamente. Si ricordi a questo proposito che Keynes scriveva nel periodo della grande depressione durante la quale le im-

[6] Come si è visto, il principio keynesiano della domanda effettiva si contrappone alla cosiddetta legge di Say, che costituiva, invece, il riferimento di base della scuola pre-keynesiana.

prese si trovavano nelle condizioni di avere un eccesso di capacità produttiva inutilizzato a causa del basso livello della domanda. Diventa quindi lecito supporre, come faceva Keynes, che variazioni nella domanda effettiva potessero essere immediatamente soddisfatte con variazioni della produzione.

8.2.3. La struttura della domanda aggregata

Come si è visto nel paragrafo precedente, il principio della domanda effettiva stabilisce che il livello del PIL effettivo è determinato dal livello della domanda aggregata. Per rispondere alla cruciale domanda relativa alla determinazione del PIL occorre, quindi, stabilire cosa determini il livello della domanda aggregata di un sistema economico.

Per stabilire cosa determini il *livello* della domanda aggregata occorre, in primo luogo, identificare le sue diverse componenti: in altre parole, è necessario esaminare la composizione (o *struttura*) della domanda aggregata.

Si ricordi che, come abbiamo visto nel Capitolo 7, un sistema economico è composto da quattro settori istituzionali: le famiglie, le imprese, il settore pubblico, e il "resto del mondo". Ciascuno di questi settori con i propri comportamenti, influisce sul livello della DA: le famiglie con i loro consumi (C); le imprese con i loro investimenti (I); il settore pubblico, direttamente, con la spesa pubblica (G) e, indirettamente, con il prelievo fiscale (T), che influenza il reddito disponibile e quindi C; il resto del mondo, con le esportazioni (Z), che sono una componente positiva della DA, e con le importazioni (H), che sono, invece, una componente negativa della DA.

In un sistema economico con una siffatta struttura, dunque, il livello della domanda aggregata (DA) è dato dalla somma delle sue componenti:

$$DA = C + I + G + (Z - H) \qquad [3]$$

Si noti che, tra le variabili che influenzano la domanda aggregata, non figura il prelievo fiscale, T. In effetti, ciò che il settore pubblico preleva in forma di imposte influenza la DA passando attraverso i consumi delle famiglie, C. Più precisamente, T determina quella variabile che, come abbiamo già visto nel Capitolo 7, prende il nome di *reddito disponibile delle famiglie* (YD). Possiamo riscrivere il reddito disponibile come[7]:

$$YD = Y - T \qquad [4]$$

[7] Per semplicità, stiamo trascurando i trasferimenti dal settore pubblico alle famiglie (F), gli interessi sul debito pubblico (N) e i redditi netti dall'estero (RNX).

Il cerchio si chiude considerando che, come argomenteremo nel prossimo paragrafo, secondo la teoria keynesiana il consumo delle famiglie dipende proprio da *YD*, e quindi anche da *T*. In questo modo si può costruire la seguente catena di relazioni causali: il settore pubblico determina il livello di tassazione, *T*, e quindi il reddito disponibile *YD*; questo, a sua volta, influisce sul consumo delle famiglie *C*, e sulla domanda aggregata *DA*. Appare evidente che l'influsso che il settore pubblico esercita sulla *DA* mediante la spesa pubblica, *G*, è ben diverso da quello che passa attraverso il prelievo fiscale *T*. Questo è un punto nodale che esploreremo meglio in seguito.

Definita la *DA* come la somma delle sue componenti, la condizione di equilibrio sul mercato dei beni, $Y = DA$, può essere riscritta nel modo seguente:

$$Y = DA = C + I + G + (Z - H) \qquad [5]$$

Si noti che la [5] è parente stretta della relazione [17] che abbiamo introdotto nel Capitolo 7 parlando di contabilità nazionale, ma con un'importante differenza. A destra del segno di uguale della [5] troviamo valori delle variabili che corrispondono alle decisioni che gli operatori che le controllano hanno preso: *C*, per esempio, indica quanto le famiglie hanno "programmato" di spendere, *ex ante*, e così via per le altre variabili. Per questo, la loro somma non corrisponde sempre e necessariamente all'ammontare di PIL che viene prodotto in un sistema, a sinistra del segno di uguale. Se questo accade, e cioè se la [5] è soddisfatta, il sistema è in equilibrio. Nel caso della contabilità nazionale, invece, a destra del segno di uguale erano stati indicati i valori "effettivi" delle variabili, cioè le loro rilevazioni contabili *ex post*. La loro somma, evidentemente, non può che esaurire quanto viene prodotto in un sistema, ed in questo senso la [17] del Capitolo 7 è un'identità che vale sempre.

L'equazione [5] ci fornisce un'altra importante informazione utile alla risoluzione del nostro quesito di base: per comprendere cosa determina il livello del PIL effettivo di un sistema economico occorre studiare cosa determina il *livello di ciascuna delle componenti della domanda aggregata*. Occupiamoci dunque di ciascuna di esse distintamente.

8.2.4. La funzione del consumo

La funzione macroeconomica che descrive le decisioni di consumo delle famiglie è una relazione positiva tra il livello corrente di consumo delle famiglie, *C*, e il livello corrente del loro reddito disponibile.

Tale funzione presenta dunque due caratteristiche. In primo luogo, essa ipotizza che nel decidere quanto acquistare dei beni e servizi di un sistema economico i consumatori siano influenzati unicamente dalla loro disponibilità di reddito corrente, ovvero dal reddito che hanno a disposizione nel momento in cui decidono quanto consumare. Ovviamente, ciò non è vero in assoluto visto che, in realtà, le decisioni dei consumatori dipendono anche da altre variabili di flusso, quali ad esempio i redditi che si aspettano di ricevere nel corso della loro vita, e da variabili di *stock*, come il loro livello di ricchezza finanziaria e non finanziaria. Tuttavia, secondo quanto sosteneva Keynes, in questo in parte supportato dall'evidenza empirica, il reddito disponibile rappresenta la variabile più importante nella determinazione di questa componente della domanda aggregata, cosicché la funzione macroeconomica keynesiana del consumo può essere considerata almeno una buona approssimazione dell'andamento effettivo di C[8].

La seconda caratteristica della funzione macroeconomia del consumo che stiamo considerando è il segno della relazione tra consumi e reddito disponibile. Questa relazione è di segno positivo, ovvero: più elevato è il reddito disponibile delle famiglie, maggiore è la loro spesa per consumi, e viceversa.

Assumendo, per semplicità, che la variabile dipendente di questa relazione (la spesa per consumi, C) sia legata alla variabile indipendente (il reddito disponibile delle famiglie, YD) in modo lineare[9], la funzione del consumo può essere scritta nel modo seguente:

$$C = C_0 + b \times YD \qquad [6]$$

Nella [6], C_0 indica il cosiddetto *consumo autonomo*: ossia, quella quota del consumo delle famiglie che non dipende dal reddito, ma che può dipendere, per esempio, dalla ricchezza delle famiglie. Essendo questo il livello di consumo che corrisponde ad un livello del reddito disponibile pari a 0 (nella [6] basta mettere $YD = 0$ e si avrà $C = C_0$), C_0 è detto anche *consumo di sussistenza*, ovvero quel consumo che garantisce alle famiglie un minimo per sopravvivere anche in assenza di reddito.

Sempre nella [6], il parametro b indica di quanto varia la spesa per consumi delle famiglie, ΔC, al variare di 1 € del reddito disponibile, ΔYD. In effetti, a seguito di una simile variazione del reddito disponibile, la [6] può essere riscritta come:

$$\Delta C = b \times \Delta YD \qquad [7]$$

---

[8] È bene precisare che la funzione del consumo ha trovato formulazioni più soddisfacenti, che tengono conto del reddito che i consumatori percepiscono nelle diverse fasi del loro *ciclo vitale* (tipicamente, gioventù, in cui lavorano, e vecchiaia, in cui sono pensionati) o del livello del reddito al quale si attestano normalmente le loro entrate – il cosiddetto *reddito permanente* – ed intorno al quale il livello corrente del reddito fluttua. Se questa seconda interpretazione è legata al contributo di Friedman [1957], la prima ha fruttato (unitamente ad altri lavori) ad un italiano, l'unico finora, il premio Nobel per l'economia nel 1985: Franco Modigliani, scomparso nel 2003. La teoria del ciclo vitale è esposta infatti in Modigliani-Brumberg [1955] e in Ando-Modigliani [1963].

[9] Ciò significa che la loro relazione può essere descritta come proporzionale a meno di una costante: se YD raddoppia, C assume un valore che è uguale al doppio più una certa costante.

C_0 infatti è fisso in quanto non dipende dal reddito, cosicché $\Delta C_0 = 0$. Da cui segue che:

$$b = \frac{\Delta C}{\Delta YD} \qquad [8]$$

Il coefficiente b è detto *propensione marginale al consumo*, perché indica di quanto varia il consumo delle famiglie a seguito di una variazione marginale nel reddito disponibile. Secondo Keynes, questa propensione dipende prevalentemente da motivazioni di ordine psicologico e sociologico (in sostanza, gusti e abitudini dei consumatori), cosicché essa può essere considerata, nel breve periodo, come data esogenamente, cioè determinata al di fuori dal modello. In particolare, la propensione marginale al consumo, b, sarà compresa tra 0, situazione estrema in cui i consumi delle famiglie non reagiscono a variazioni del reddito, e 1, situazione estrema opposta in cui tutto il reddito disponibile aggiuntivo viene tradotto in maggior consumo. Poiché, come vedremo, è ragionevole supporre che le famiglie risparmino una frazione positiva di questo reddito addizionale, b assume un valore compreso tra 0 ed 1 estremi esclusi, ovvero:

$$0 < b < 1 \qquad [9]$$

Al solito, un esempio può aiutarci a capire meglio. Se, per ipotesi, il consumo di sussistenza delle famiglie è pari a 10 € e le famiglie "propendono" a consumare l'80% di ogni incremento del loro reddito disponibile, la funzione del consumo può essere scritta come:

$$C = 10 + 0,8 \times YD \qquad [10]$$

Figura 2. – *Funzione del consumo*

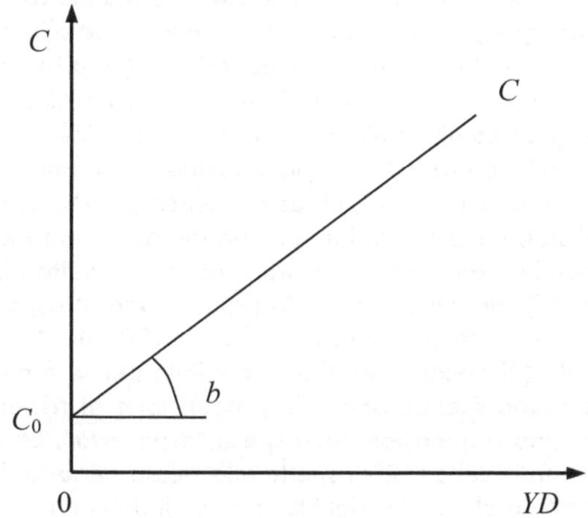

Una simile funzione di consumo può essere rappresentata graficamente in un sistema di assi cartesiani in cui sull'asse verticale indichiamo il consumo delle famiglie e su quello orizzontale indichiamo il reddito disponibile (Figura 2).

Come si vede, dal punto di vista grafico, la funzione del consumo è una retta inclinata positivamente – con pendenza pari alla propensione marginale al consumo (b) – e con un valore dell'intercetta sull'asse verticale pari al consumo autonomo (C_0). La Figura 2 ci consente di fare due importanti considerazioni. In primo luogo, dato il livello del consumo autonomo (C_0) e quello del reddito disponibile, il consumo totale dipende dalla propensione marginale al consumo: ossia, dall'inclinazione del segmento di retta C_0C. In secondo luogo, stante il livello del consumo autonomo (C_0) e la propensione marginale al consumo (b), il consumo delle famiglie aumenta se e solo se aumenta il livello del reddito disponibile (YD).

Box 1. – *La stima empirica della funzione del consumo per l'Italia*

I dati sui consumi finali sono raccolti (i) dall'indagine dalla Banca d'Italia sui bilanci delle famiglie, (ii) dalle indagini dell'ISTAT sui consumi delle famiglie e (iii) dai conti della contabilità nazionale redatti secondo lo standard Sec95. Nell'indagine sui bilanci delle famiglie condotta dalla Banca d'Italia vengono rilevati il reddito, la spesa per consumi (con distinzione tra beni durevoli e non durevoli), la ricchezza, l'indebitamento (per immobili abitativi, per beni di consumo, per attività lavorative), l'utilizzo dei diversi strumenti di pagamento, il titolo di godimento dell'abitazione di residenza. Nell'indagine sui consumi delle famiglie condotta dall'Istat vengono rilevati i beni e servizi acquistati o autoconsumati dalle famiglie per il soddisfacimento dei propri bisogni, i beni e i servizi forniti dal datore di lavoro ai dipendenti a titolo di salario, i fitti figurativi. La spesa viene articolata secondo la classificazione COICOP (Classification of Individual Consumption by Purpose). Nella contabilità nazionale la spesa per i consumi finali viene stimata con vari metodi: (i) "metodo della disponibilità" per alcuni prodotti alimentari, il vestiario, le calzature, i mobili e gli altri articoli per la casa, i libri e i giornali, la televisione, la radio ed altri beni ricreativi (circa 28,5% del totale); (ii) indagine Istat sui consumi delle famiglie per la maggior parte delle spese alimentari, per gli affitti e per parte delle spese sanitarie (circa 31% del totale); (iii) altri dati Istat (indagini relative al turismo, alla manutenzione dell'abitazione ecc.; circa 16% del totale); (iv) fonti amministrative per voci quali combustibili e tabacchi (circa 10\% del totale); (v) altre fonti, quali l'Anfia (associazione nazionale fra le industrie automobilistiche), l'Ania (associazione delle imprese di assicurazione), l'Inps ecc. (circa 14,5% del totale).
Secondo l'indagine dell'Istat, nel 2017 le famiglie hanno aumentato la spesa per consumi finali (+ 2,5% in termini nominali) in misura superiore rispetto all'incremento del reddito disponibile (+ 1,7%); di conseguenza, la propensione al risparmio delle famiglie è scesa al 7,8% (– 0,7 punti percentuali rispetto al 2016)». Secondo l'indagine Istat relativa al 2018, cala (di poco) il reddito disponibile per le famiglie italiane e il relativo potere d'acquisto, ma scende anche la propensione al risparmio con conseguente mantenimento di una propensione alla spesa "espansiva". La pressione fiscale è stata del 48,8% (in aumento dello 0,2% rispetto allo stesso periodo del 2018) mentre il debito pubblico si è attestato al 132,1% del PIL mentre l'indebitamento delle pubbliche amministrazioni è a quota 2,0% del PIL. Sono i dati forniti oggi dall'Istat e relativi al

quarto trimestre del 2018. Dati che confermano (con luci e ombre) una situazione dei nostri conti tutt'altro che semplice.
Per l'analisi e le previsioni dei consumi aggregati (spesa dei residenti) per l'Italia è stato sviluppato un modello econometrico che relaziona la spesa delle famiglie con il reddito disponibile, la ricchezza immobiliare e la ricchezza finanziaria a livello aggregato. Il risultato previsionale costituisce l'ammontare di base di risorse da ripartire nei consumi dettagliati a 56 voci. In particolare, il modello econometrico utilizzato per l'analisi e le previsioni dei consumi, si basa sulla teoria del ciclo vitale-reddito permanente, una teoria della spesa fondata sull'idea che gli individui effettuano scelte razionali su quanto desiderano spendere ad ogni età, con il solo limite delle risorse disponibili nel corso della loro vita. Il modello econometrico elaborato è costituito da due stadi, uno relativo al consumo di breve periodo ed uno relativo a quello di lungo periodo:

$$C_t/YD_t = \alpha - \beta_0 (r\ WF_t/YD_t) + \beta_1 (WF_{t-1}/YD_t) + \beta_2 (WI_{t-1}/YD_t) + u_t \quad \text{(lungo periodo)}$$

$$\Delta C_t/YD_t = \gamma_1\ \Delta(WF_{t-1}/YD_t) + \gamma_2\ \Delta(r\ WF_t/YD_t) + \lambda\ (\hat{u}_{t-1}) + \varepsilon_t \quad \text{(breve periodo)}$$

dove C indica la spesa reale delle famiglie, *WF* indica la parte di attività nette di tipo finanziario (azioni obbligazioni, meno i debiti, ecc.) detenuta dalle famiglie, *r* è il tasso di interesse reale, *WI* indica la ricchezza immobiliare e *YD* il reddito disponibile. Il termine sottoscritto indica il periodo temporale nel quale la variabile viene valutata (se nell'anno corrente o nell'anno precedente). Tutte le variabili sono espresse in termini reali. La ricchezza più liquida (*WF*) invece ha impatti sui consumi sia ritardati sia attuali. La ricchezza immobiliare viene inserita con un ritardo di un anno, poiché si ritiene che le variazioni nel valore attuale delle abitazioni si riflettano sugli atteggiamenti di spesa dell'anno successivo. A conferma di ciò, la ricchezza immobiliare non compare nella parte di breve periodo, poiché si ipotizza che le variazioni del valore degli immobili non influenzino le scelte di consumo corrente delle famiglie.

Fino a questo punto, abbiamo trattato il reddito disponibile come una grandezza omogenea, e analizzato come essa agisce sul livello dei consumi. D'altra parte, si ricordi che il reddito disponibile, *YD*, è stato definito come la differenza tra il reddito nazionale, *Y*, ed il prelievo fiscale, *T*. Conseguentemente, dire che il consumo delle famiglie è influenzato dal reddito disponibile, significa dire che esso dipende sia dal reddito nazionale, *Y*, che dal prelievo fiscale, *T*. Ipotizzando un regime di tassazione esogena, ossia non dipendente dal reddito, si può identificare la funzione del consumo nel modo seguente:

$$C = C_0 + b \times (Y - T_0) = C_0 - b\,T_0 + b\,Y \qquad [11]$$

Tale funzione sarà utilizzata, nel prosieguo del capitolo per determinare il PIL di equilibrio.

Box 2. – *Il consumo dei beni durevoli*

I beni durevoli sono caratterizzati dalla possibilità di soddisfare un bisogno economico mediante l'utilizzo ripetuto per più anni. Esempi di beni durevoli sono le automobili, gli elettrodomestici e gli abiti. All'interno della contabilità nazionale, vengono distinte sei categorie di beni durevoli: 1) mobili ed elettrodomestici, 2) beni sanitari durevoli, 3) autovetture e motocicli, 4) articoli di telefonia, 5) beni durevoli per la ricreazione e 6) gioielli e orologi. La stima della loro vita media varia dai 3 anni della telefonia mobile ai 39 anni dei gioielli e degli orologi.

Dalle statistiche Istat, relative al 2016, emerge che in Italia la spesa per beni durevoli rappresenta circa il 10% della spesa complessiva delle famiglie. I beni durevoli più diffusi tra le famiglie sono la lavatrice (posseduta dal 97,5% delle famiglie), il televisore (96,2%), il cellulare (95,1%) e l'automobile (79,8%). Tra quelli meno diffusi si evidenziano il fax (6,6%) e la segreteria telefonica (6,2%). Date le loro caratteristiche, vi è incertezza circa la possibilità di considerarli tra i beni di consumo in senso stretto o tra i beni di investimento. Da questo punto di vista, è importante identificare l'agente economico che procede al loro acquisto. Nel caso in cui tali beni siano acquistati dalle famiglie, essi vengono registrati come beni di consumo. Se l'acquisto è compiuto dalle imprese essi sono contabilizzati tra i beni d'investimento. Fanno eccezione a questa regola gli immobili: tutti gli immobili di nuova costruzione, anche quelli ad uso residenziale, vengono contabilizzati come beni di investimento.

Un ulteriore argomento riguarda la contabilizzazione dei servizi che vengono resi dai beni durevoli. Il limite è rappresentato dal fatto che tali servizi sono prestati dagli stessi membri della famiglia al di fuori di un contratto che preveda una retribuzione.

I beni durevoli sono infine importanti per la comprensione dei cicli economici. È infatti chiaro che in una fase di contrazione del PIL, le famiglie riducano soprattutto il consumo dei beni durevoli per i quali possono decidere di posticipare l'acquisto o la sostituzione di un bene che è alla fine della propria vita media. Ciò ha importanti effetti in termini di elasticità della domanda di breve e di lungo periodo (si veda a tale riguardo la discussione presente nel Capitolo 1).

8.2.5. La funzione degli investimenti

La seconda componente della domanda aggregata che consideriamo è la spesa per investimenti delle imprese. Nella teoria keynesiana si assume che la domanda di beni di investimento dipenda, in prima approssimazione, dalle aspettative che le imprese hanno circa l'andamento futuro delle vendite. Maggiori vendite future, infatti, implicano per le imprese un maggior livello futuro della produzione e, quindi, un maggior livello dei profitti totali attesi. Nello specifico, aspettative ottimistiche circa l'andamento futuro delle vendite e, quindi, della produzione, si rifletteranno in un aumento della domanda corrente di beni di investimento. Le imprese infatti, non volendo farsi trovare impreparate di fronte all'aumento delle vendite che si realizzerà nel futuro (per esempio, tra un anno), procederanno nell'acquisto di beni di investimento come macchinari, mezzi di trasporto, ecc. Al contrario, aspettative pessimistiche circa l'andamento futuro delle vendite si rifletteranno in una riduzione della spesa per investimenti delle imprese.

Se le decisioni di investimento delle imprese dipendono dalle aspettative circa l'andamento delle vendite future, quali sono i fattori che spiegano il processo attraverso il quale le imprese formano le proprie aspettative? La risposta a tale quesito non è semplice, e richiederebbe un'ampia discussione su un tema divenuto molto delicato in economia: quello delle aspettative appunto. Per semplificare la trattazione, possiamo permetterci il lusso di considerare, almeno per ora, il livello degli investimenti delle imprese come una variabile data: vale a dire, una variabile esogena che non viene spiegata dal modello.

Ripromettendoci di rimuovere questa ipotesi in seguito, in sua presenza la funzione degli investimenti può essere per ora scritta nel modo seguente:

$$I = I_0 \qquad [12]$$

dove con I_0 indichiamo il livello dato degli investimenti delle imprese.

8.2.6. La spesa pubblica e il prelievo fiscale

Il settore pubblico può influenzare il livello della domanda aggregata e, quindi, come vedremo, il livello del PIL, utilizzando la spesa pubblica, G, e il prelievo fiscale, T. L'impiego di queste due grandezze per influenzare il livello della domanda aggregata e, quindi, il livello di attività del sistema economico, viene a configurare quella particolare politica macroeconomica generalmente definita come *politica fiscale* (o *politica di bilancio*). Ma da cosa dipendono queste due variabili?

Cominciamo dalla spesa pubblica, che consiste nell'acquisto di beni e servizi da parte del settore pubblico. Il livello e la composizione della spesa pubblica dipendono dalle scelte e, quindi, dalle preferenze dei cosiddetti *policy maker*, termine con il quale in macroeconomia si intendono quegli agenti che hanno il compito di prendere le decisioni di politica economica. Nel caso delle variabili di politica fiscale, le istituzioni che hanno il compito – di solito sulla base di un mandato elettorale – di operare scelte in materia di spesa pubblica sono il governo ed i ministeri a questo preposti: per esempio, il Ministero dell'Economia e delle Finanze (MEF) in Italia. Questo fa sì che la determinazione del livello e della composizione della spesa pubblica tenda a riflettere gli orientamenti ideologici e politici dei diversi governi. Vi sono, infatti, governi che adottano politiche fiscali caratterizzate da un'espansione della spesa pubblica ed altri, invece, che si muovono nella direzione di un suo contenimento. Per questa ragione, si suppone, in prima approssimazione, che la spesa pubblica, essendo il risultato di politiche discrezionali, possa essere considerata una variabile esogena, non spiegata cioè all'interno del modello. In altri termini, si ipotizza che la spesa pubblica sia data ad un certo livello G_0:

$$G = G_0 \qquad [13]$$

Per quanto concerne il prelievo fiscale, oltre a configurarsi, in base a quanto visto parlando di consumi, come una sottrazione al reddito delle famiglie, questa variabile, vista dall'altro lato, è costituita da quanto il settore pubblico raccoglie per finanziare il suo intervento nell'economia e in altre sfere di attività. Ciò che abbiamo visto uscire dalle tasche delle famiglie corrisponde cioè a quanto entra nel bilancio del settore pubblico, sotto forma di tre grandi categorie di tributi: i) le *imposte dirette* sul reddito e sul patrimonio (a carico sia delle famiglie sia delle imprese); ii) le *imposte indirette* (di cui la più importante è l'imposta sul valore aggiunto) e iii) i *contributi* a carico dei lavoratori e dei datori di lavoro.

Pur in presenza di un quadro così complesso, dal punto di vista degli effetti macroeconomici, il prelievo fiscale può essere trattato, come abbiamo visto, ricorrendo a due tipi di ipotesi. La prima è che il settore pubblico preveda un sistema di tassazione a somma fissa, in cui, come abbiamo visto, il gettito tributario non varia al variare del livello del PIL, ed il prelievo fiscale è una grandezza data:

$$T = T_0 \qquad [14]$$

La seconda ipotesi è che il settore pubblico adotti un sistema in cui il prelievo fiscale sia, come pure abbiamo visto, una funzione crescente del livello del PIL (reddito nazionale), in particolare crescente in modo proporzionale. In altre parole, si ipotizza che se il reddito nazionale aumenta, il prelievo fiscale aumenta proporzionalmente in base ad un coefficiente t, denominato *aliquota fiscale*; se invece il reddito nazionale diminuisce il prelievo fiscale diminuisce proporzionalmente in base sempre al valore assunto dalla aliquota fiscale. Formalmente, abbiamo detto che questo sistema di tassazione può essere espresso dall'equazione:

$$T = t \times Y \qquad [15]$$

dove t rappresenta l'aliquota fiscale che assume tipicamente un valore maggiore di 0 (vi è presenza del settore pubblico e, quindi, vi è imposizione fiscale) e minore di 1 (soltanto una quota del reddito nazionale finisce sotto forma di imposte) [10].

Tale coefficiente costituisce un importante strumento di politica fiscale, attraverso il quale il settore pubblico, da un lato, può regolare le entrate che affluiscono nel bilancio statale e, dall'altro, può influire – tramite le variazioni del reddito disponibile e, quindi, delle spese per consumi delle famiglie – sul livello del PIL. Un esempio può essere utile a chiarire quest'ultimo aspetto. Se, per esempio, l'aliquota fiscale t fosse pari a 0,2 (cioè il 20% del reddito nazionale affluisce sotto forma di tributi nel bilancio statale) e il reddito nazionale fosse pari a 100 milioni di euro, allora il pre-

---

[10] Nella realtà, il sistema di imposizione non è proporzionale, ma progressivo: esistono diverse aliquote fiscali applicate ai diversi scaglioni di reddito, e tali aliquote (marginali) sono crescenti. Il sistema qui descritto per semplicità è il caso limite di un'aliquota unica (*flat tax*) senza deduzioni o detrazioni.

lievo fiscale sarebbe pari a 20 milioni di euro e il reddito disponibile delle famiglie sarebbe pari a 80 milioni di euro. Se il settore pubblico aumenta l'aliquota fiscale da 0,2 a 0,3, il prelievo fiscale aumenta a 30 milioni, il reddito disponibile diminuisce a 70 milioni e quindi anche la spesa per consumi ed il livello della domanda aggregata diminuiranno.

8.2.7. Il resto del mondo: esportazioni e importazioni

Il resto del mondo è costituito dagli agenti e dai fattori della produzione operanti in tutti i Paesi diversi da quello di riferimento. Gli agenti e i fattori della produzione operanti nel Paese di riferimento possono effettuare scambi con tutti questi operatori. Le vendite di beni e servizi rivolte a chi opera in altri Paesi costituiscono le esportazioni di beni e servizi. Gli acquisti di beni e servizi prodotti da chi opera in altri Paesi vanno a costituire quelle che abbiamo chiamato importazioni di beni e servizi. Cosa determina il valore di queste due variabili?

Per quanto concerne le esportazioni, Z, ipotizzeremo per ora che esse siano una variabile esogena, determinata all'esterno del modello. La ragione è che le esportazioni di beni e servizi di un certo Paese dipendono, fondamentalmente, dalla domanda aggregata che fa capo al resto del mondo, ossia da una variabile che non è sotto il controllo degli operatori interni. In prima approssimazione, questa ipotesi appare sufficientemente realistica. Tipicamente, infatti, quando l'economia mondiale si trova in una fase espansiva (con un tasso di crescita del PIL mondiale crescente) – come quella, per esempio, che si è registrata nel corso degli anni '90 – ciò ha effetti positivi sulle esportazioni di beni e servizi di un'economia "piccola", come ad esempio quella italiana. Per converso, quando invece l'economia mondiale si trova in una fase ciclica recessiva (con tassi di crescita del PIL mondiale decrescenti) – come, per esempio, quella che si è registrata alla fine degli anni 2000 – ciò ha effetti negativi sul flusso delle esportazioni di un'economia come quella italiana. In ragione di queste considerazioni, in seguito assumeremo che le esportazioni siano quindi date, esogenamente, ad un livello Z_0, ossia che:

$$Z = Z_0 \qquad [16]$$

Va tuttavia detto che, nel lungo periodo, è possibile agire sul flusso delle esportazioni di un sistema economico, migliorando la competitività internazionale delle imprese che operano in questa economia. Per esempio, producendo e, quindi, esportando beni e servizi a prezzi minori rispetto a quelli praticati dai concorrenti internazionali (la cosiddetta *competitività di prezzo*); oppure, producendo e, quindi, vendendo beni e servizi con un maggior contenuto qualitativo e tecnologico rispetto a quelli offerti dalla concorrenza internazionale (la cosiddetta *competitività non di prezzo*). Ma di questo ci occuperemo più avanti.

Per quanto concerne, invece, le importazioni di beni e servizi, H, si suppone che questa variabile sia la somma di due diverse componenti. La prima, che indichiamo con H_0, denota una prima quota delle importazioni di beni e servizi, che non dipende dal livello del PIL (Y), ed è quindi detta autonoma: essa è analoga ai consumi di sussistenza C_0, ed indica una quota di *importazioni essenziali*, a cui un Paese non potrebbe rinunciare anche qualora il suo reddito fosse nullo. La seconda componente delle importazioni, invece, dipende positivamente dal PIL, o reddito nazionale, in base ad un coefficiente h, che viene definito *propensione marginale alle importazioni*. Il concetto è, *mutatis mutandis*, analogo a quello di propensione marginale al consumo: in effetti, esso è il suo corrispondente per una domanda che gli agenti interni, di nuovo sulla base del loro reddito, rivolgono questa volta all'estero per una frazione pari ad h. In altre parole, il coefficiente h, che è maggiore di 0 e minore di 1, ci dice di quanto aumenta il livello delle importazioni in seguito ad un aumento di 1 € del livello del PIL: quando aumenta il PIL, aumentano anche le importazioni in base al coefficiente h; quando, invece, il PIL diminuisce, anche il livello delle importazioni diminuisce in base sempre al valore assunto da h. Assumendo di nuovo una forma lineare, la funzione delle importazioni può essere indicata come segue:

$$H = H_0 + h \times Y \qquad [17]$$

Da ultimo, la differenza tra esportazioni, considerate esogene, e importazioni, definisce quelle che nel Capitolo 7 abbiamo già denominato come esportazioni nette, ed indicato con NX:

$$NX = Z - H = Z_0 - (H_0 + h \times Y) = NX_0 - h \times Y \qquad [18]$$

dove NX_0 indica la differenza tra la componente autonoma (l'unica componente, per ipotesi) delle esportazioni (Z_0) e la componente autonoma delle importazioni (H_0).

8.3. La determinazione del PIL di equilibrio

Una volta definite le relazioni che compongono la domanda aggregata che, secondo il principio della domanda effettiva, determinano il livello del PIL di un Paese siamo finalmente in grado di procedere alla determinazione del PIL di un sistema economico. Abbiamo infatti riposto sullo "scaffale" tutti gli strumenti che ci servono per farlo, e li potremo pertanto scegliere all'occorrenza.

Come vedremo, la determinazione del PIL ci condurrà a risultati diversi a seconda delle ipotesi che faremo sul sistema economico in esame, in particolare a seconda del regime di tassazione vigente nello stesso e del suo grado di apertura agli scambi commerciali con l'estero. D'altra parte, in tutti i casi che analizzeremo, la determinazione del PIL avverrà seguendo lo stesso criterio. Più precisamente, date le componenti della domanda aggregata che sono rilevanti, cercheremo di identificare quel livello del PIL, Y, per il quale il sistema economico è in equilibrio, valendo appunto la condizione di equilibrio:

$$Y = DA \qquad [19]$$

In ognuno dei casi analizzati, la ricerca sarà compiuta lungo due strade: una algebrica e l'altra grafica. La strada algebrica consisterà, dapprima, nel sostituire a DA, nella [19], le componenti della domanda aggregata che sono di volta in volta rilevanti, e, in seguito, nel risolvere la [19] stessa esprimendo Y in funzione delle variabili esogene. La strada grafica, invece, consisterà nel cercare il punto di intersezione tra due opportuni luoghi geometrici: il primo, corrispondente alla rappresentazione grafica della DA, e il secondo, corrispondente ad una retta lungo la quale la [19] è sempre soddisfatta.

Le due strade sono evidentemente equivalenti, ed entrambe consentono, una volta identificata la configurazione del PIL di equilibrio, di esaminare come detta configurazione vari al variare delle variabili esogene del modello. Dacché tra queste rientrano anche le principali variabili di politica fiscale di un sistema, ciò ci consentirà di analizzare gli effetti di tali politiche sul livello del PIL. Seguendo la strada algebrica, sarà sufficiente vedere cosa accade al termine alla sinistra della [19] quando, *ceteris paribus*, vari una delle variabili esogene che sono state collocate alla sua destra. Seguendo la strada grafica, invece, basterà vedere come muta la posizione del punto di intersezione dei due luoghi geometrici rilevanti quando un cambiamento in una delle variabili esogene determini uno spostamento di quello che rappresenta la DA.

Seguendo queste precise istruzioni, la determinazione del PIL sarà davvero automatica, e ogni commento pertanto sospeso se non strettamente necessario.

8.4. Il PIL di equilibrio in un'economia aperta con tassazione fissa

Per iniziare, cerchiamo di determinare il PIL di equilibrio di un sistema economico aperto agli scambi con il resto del mondo. Come vedremo, tale ipotesi, del tutto realistica nella presente fase di globalizzazione, al fine di semplificare l'analisi di alcune questioni legate alla specificazione del PIL di equilibrio, verrà in seguito talora abbandonata in favore dell'ipotesi di chiusura rispetto agli scambi con l'estero, tecnicamente detta di *autarchia*. Nell'uno e nell'altro caso, si ricordi, i prezzi dei beni e servizi sono fissi.

Ricercando il PIL di equilibrio, seguiamo dapprima la strada algebrica. La condizione che ci aiuterà a trovarlo è, si ricordi, l'uguaglianza [19].

In un sistema aperto agli scambi con il resto del mondo e in presenza di un settore pubblico che preleva imposte a somma fissa (T_0), la domanda aggregata, DA è descritta dalla [3] come $DA = C + I + G + (Z - H)$, nella quale sono inserite l'equazione

[11] al posto di C, la [12] al posto di I, la [13] al posto di G e infine la [18] al posto ci $(Z-H)$:

$$DA = (C_0 - bT_0 + bY) + I_0 + G_0 + (NX_0 - hY) \quad [20]$$

Sostituendo poi la [20] nella [19], quest'ultima diventa:

$$Y = (C_0 - bT_0 + bY) + I_0 + G_0 + (NX_0 - hY) \quad [21]$$

L'ultimo passo che ci rimane è quello di esplicitare il livello del PIL, Y, che soddisfa la [21], ovvero il livello del PIL di equilibrio. Per farlo bastano tre semplici operazioni. Con la prima portiamo tutti i termini che contengono la Y a sinistra del segno di uguale, cambiandoli di segno:

$$Y - bY + hY = (C_0 - bT_0) + I_0 + G_0 + NX_0 \quad [22]$$

Con la seconda raccogliamo Y a fattor comune a sinistra del segno di uguale:

$$Y(1 - b + h) = (C_0 - bT_0) + I_0 + G_0 + NX_0 \quad [23]$$

Con l'ultima dividiamo entrambi i membri della [23] per $(1 - b + h)$, ottenendo finalmente il livello di equilibrio del PIL, Y_0:

$$Y_0 = \left(\frac{1}{1-b+h}\right)(C_0 - bT_0 + I_0 + G_0 + NX_0) \quad [24]$$

Si noti che il livello di equilibrio del PIL, Y_0, è uguale al prodotto tra due fattori. Il primo, pari a $1/(1 - b + h)$, ossia al reciproco di $(1 - b + h)$, è detto *moltiplicatore keynesiano* (o semplicemente *moltiplicatore*)[11], *di un'economia aperta*. Essendo b e h entrambi termini minori di 1, trattandosi di propensioni marginali, rispettivamente, al consumo e alle importazioni, nel caso in cui la prima (b) sia maggiore della seconda propensione (h), il moltiplicatore di economia aperta sarà il reciproco di un numero minore di 1, ossia esso stesso un numero maggiore di 1 [12]: questa ipotesi, secondo la quale all'aumentare del reddito nazionale i consumi delle famiglie aumentano di più delle importazioni, è normalmente confermata dalla realtà e sarà pertanto adottata fino al termine del capitolo.

Il secondo fattore della [24] è dato invece dalla somma algebrica delle variabili esogene della domanda aggregata. In ragione del prodotto di cui alla [24], il PIL di equilibrio non è semplicemente uguale alla somma algebrica delle componenti eso-

---

[11] Nel volume vedremo diversi tipi di moltiplicatore. Quando non specificheremo, il riferimento sarà a questo.

[12] $1 - b + h$ è infatti minore di 1, e vale cioè la disuguaglianza $1 - b + h < 1$, se $- b + h < 0$, e cioè se $h < b$. Per convincersi, si ipotizzi che $b = 0,7$ e $h = 0,2$. $1 - b + h$ sarà uguale a 0,5 (ossia 5/10), ed il suo reciproco, ovvero il moltiplicatore, pari a 10/5, ossia 2: maggiore dell'unità. Ciò accade per ogni b e h compresi tra 0 ed 1, a condizione che sia $h < b$.

gene della *DA*, ma maggiore di esse di un fattore pari al moltiplicatore. Un esempio potrò aiutarci a mettere in pratica quanto appreso. Se supponiamo che: la propensione marginale al consumo b e alle importazioni h siano uguali a, rispettivamente, 0,7 e 0,2; che i valori (esogeni) di investimenti (I_0), spesa pubblica (G_0) ed esportazioni nette autonome (X_0) siano pari a, rispettivamente, 200, 100 e 50 milioni di euro; che i consumi di sussistenza (C_0) siano per ipotesi uguali a 0; e che la tassazione a somma fissa (T_0) sia 20 milioni di euro, si ottiene (esprimendo i dati in milioni):

$$Y_0 = \frac{1}{1-0,7+0,2}(-0,7\times 20+200+100+50) = \frac{1}{0,5}(-14+350) =$$

$$= \frac{1}{\frac{5}{10}}\times 336 = \frac{10}{5}\times 336 = 2\times 336 = 672 \qquad [25]$$

In base alla formula dell'equazione [25] il PIL di equilibrio corrispondente ad una *DA* esogena di 336 milioni di euro è dunque pari a 672 milioni di euro. Come vedremo, questa proprietà moltiplicativa si riflette sull'impatto che una variazione di una qualsiasi delle componenti esogene della *DA* ha sul PIL di equilibrio, il quale varierà in modo anch'esso moltiplicato. Effetto particolarmente importante quando a variare sia, ad opera delle competenti autorità di politica economica, il livello di spesa pubblica di un sistema economico, *G*.

Prima di muovere a questo punto, per chi male digerisse anche quel poco di algebra elementare che abbiamo utilizzato, la strada grafica verso l'equilibrio potrà essere di sollievo. Nel consueto sistema di assi cartesiani, rappresentiamo sull'asse orizzontale il livello del PIL (Y) e sull'asse verticale il livello della domanda aggregata (*DA*) (Figura 3).

La rappresentazione grafica della *DA* potrà essere facilmente intesa con uno spostamento di termini della [20] quale il seguente:

$$DA = (C_0 - b\,T_0 + I_0 + G_0 + NX_0) + b\,Y - h\,Y = A_0 + (b-h)\,Y \qquad [26]$$

La domanda aggregata sarà dunque una retta la cui intercetta è pari a A_0 (che raccoglie le componenti autonome della domanda aggregata) e la cui inclinazione è data da $b - h$. Una retta cioè simile a quella dei consumi di cui alla Figura 2, ma con una intercetta più alta di quella e meno inclinata di quella (del valore h).

Nella Figura 3 disegniamo un'altra retta (la cosiddetta *retta di Hansen*) che esce dall'origine con un'inclinazione pari a 45°. Come si ricorderà, una simile retta è detta anche bisettrice del quadrante considerato ed è tale che tutti i punti che si trovano su di essa hanno per costruzione ascissa uguale all'ordinata. Nel nostro caso, lungo la retta di Hansen troviamo tutti quei punti per i quali Y (l'ascissa) è uguale a *DA* (l'ordinata): in altre parole, questa retta identifica tutti i punti in cui il PIL è in equilibrio.

Figura 3. – *Determinazione del PIL di equilibrio*

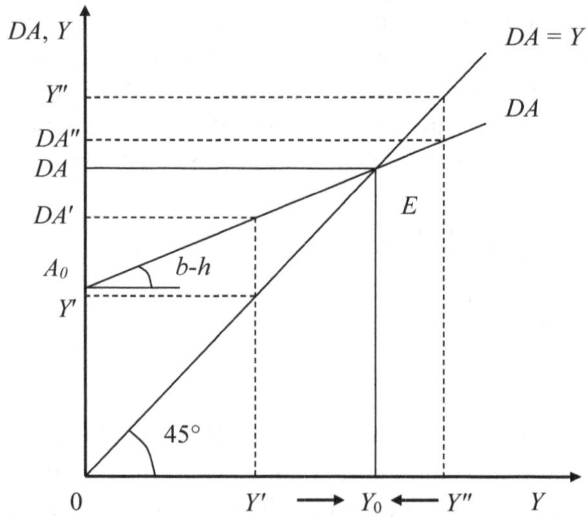

Per trovare, tra questa infinita serie di punti di equilibrio, quello rilevante, basterà considerare il punto che corrisponde alla nostra retta *DA*, ovvero il punto di intersezione tra la retta *DA* e la retta di Hansen.

Nella Figura 3, un simile punto è individuato dal punto *E*, al quale corrisponde il PIL di equilibrio Y_0, uguale alla domanda aggregata, *DA*. Si osservi che, per ogni livello di PIL minore di quello di equilibrio, come per esempio Y', la domanda aggregata è maggiore del PIL ($DA' > Y'$). Per ogni livello di PIL maggiore di Y_0, invece, come per esempio Y'', è il PIL ad essere maggiore della domanda aggregata ($Y'' > DA''$). In ciascuna delle due situazioni il sistema non sarà in equilibrio. Il principio della domanda effettiva, tuttavia, mediante l'aggiustamento delle scorte, riporterà il sistema in Y_0: nel primo caso, determinando un aumento della produzione; nel secondo, determinandone una diminuzione (le frecce nella figura descrivono questo processo di aggiustamento).

Descritte le due modalità di determinazione del PIL di equilibrio, ritorniamo ora al moltiplicatore e vediamone l'importanza per la determinazione degli effetti di quelle che vengono definite politiche fiscali. Il contesto di riferimento, si ricordi, è quello di un'economia aperta con un sistema di tassazione fissa.

La Figura 4 mostra come l'effetto dell'aumento della spesa pubblica, da G_0 a G_1, che produce una variazione della spesa pubblica pare a $\Delta G = G_1 - G_0$, sia quello di traslare verso l'alto la retta della domanda aggregata, da *DA* a *DA'*: *ceteris paribus*, infatti, l'intercetta passa da A_0 ad A_1, aumenta esattamente di ΔG. Conseguentemente, cambia anche il punto di intersezione con la retta di Hansen che identifica il PIL di equilibrio, da E ad E', ed livello di equilibrio del PIL stesso, che passerà da Y_0 ad un valore maggiore Y'.

Figura 4. – *Effetti di un aumento della spesa pubblica*

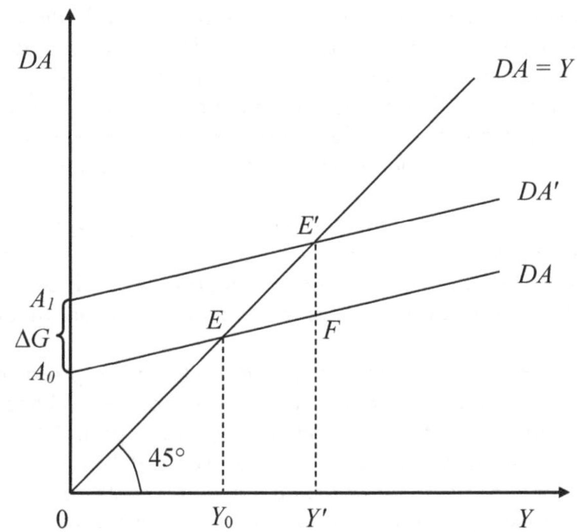

Il grafico della Figura 4 mostra chiaramente come la distanza orizzontale tra Y_0 e Y', ossia l'effetto della politica fiscale espansiva sul PIL di equilibrio, sia maggiore della distanza verticale tra le due rette della domanda aggregata, ossia della dimensione dell'aumento della spesa pubblica, ΔG (= $E'F$). Questo non è affatto casuale, ma dovuto al fatto che l'inclinazione della retta della domanda aggregata è minore di quella della retta a 45°, ovvero minore di 1 [13]. In virtù di questa proprietà, l'aumento del PIL che consegue a un aumento della spesa pubblica è maggiore dell'incremento del livello della spesa pubblica che lo ha provocato.

Box 3. – *Il valore stimato del moltiplicatore*

Il valore del moltiplicatore costituisce evidentemente un elemento importante nel determinare l'efficacia di ogni manovra di politica fiscale. Infatti, per misurare l'impatto sul PIL che diverse tipologie di stimolo fiscale (sia esso una variazione della spesa pubblica o della tassazione) occorre conoscere il valore del moltiplicatore, che è il valore del parametro per il quale lo stimolo fiscale deve essere moltiplicato per ottenere l'impatto finale sul PIL. Come abbiamo visto valori bassi o alti del moltiplicatore hanno implicazioni sull'efficacia della politica economica assai diversi.

[13] Per rendersene conto, si provi a ripetere l'esercizio della Figura 4 con una retta, a questo punto non più di domanda aggregata, con inclinazione maggiore di 1.

Al fine di valutare gli effetti che uno stimolo fiscale può avere sul PIL, utilizziamo la meta-analisi contenuta in Gechert [2015], membro del Macroeconomic Policy Institute (IMK) di Düsseldorf. In questo articolo viene effettuata una rassegna di una serie di altri articoli che hanno pubblicato a loro volta stime del valore del moltiplicatore. Si tratta di 104 articoli, pubblicati fra il 1992 ed il 2002, per un totale di 1069 osservazioni di valori del moltiplicatore, per i quali viene prodotta una meta-analisi.

I risultati ottenuti sono assai interessanti, e mostrano come il valore del moltiplicatore della spesa pubblica sia all'incirca pari ad 1 (variando fra 0,73 e 0,99) e fra il 30%-40% più grande di quello della tassazione (così come di quello dei trasferimenti). Da notare a questo riguardo che trattasi di valori uguali o inferiori a 1, questo risultato sembra suggerire che non c'è evidenza di un vero e proprio "effetto moltiplicativo" sul PIL di aumenti dei consumi delle amministrazioni pubbliche o riduzione delle imposte, almeno in condizioni normali.

I valori più elevati sono quelli relativi al moltiplicatore degli investimenti pubblici, che è intorno a 1,5 (variando fra 1,34 e 1,58), e a quello dell'occupazione nel settore pubblico, che varia fra 0.96 e 1,29. Poiché si hanno valori più elevati del moltiplicatore degli investimenti pubblici, la spesa pubblica "produttiva" sembra avere un effetto maggiore di quella "improduttiva".

Ciò detto, occorre comunque sottolineare che questo lavoro va preso come un indicatore relativamente generico per almeno due ragioni. La prima, poiché basandosi su valori del moltiplicatore calcolati con metodi assai differenti soffre di probabili distorsioni nel valutare i valori del moltiplicatore. La seconda è che i valori del moltiplicatore sono decisamente soggetti al contesto nel quale vengono impiegati: contesto che dipende sia da variabili strutturali (per esempio, il grado di apertura verso il commercio estero avrà implicazioni sulla propensione ad importare, abbassando il valore del moltiplicatore) sia da variabili congiunturali (per esempio, uno stesso stimolo fiscale avrà impatto diverso a seconda del ciclo economico in cui un sistema economico si viene a trovare).

Gechert S. [2015], "What fiscal policy is most effective? A meta-regression analysis", in *Oxford Economic Papers*, vol. 67, n. 3, pp. 553–580.

8.5. PIL di equilibrio, risparmi e investimenti

Prima di chiudere il capitolo è interessante osservare come il PIL di equilibrio, identificato sopra come quello che uguaglia esattamente la domanda aggregata, corrisponda di fatto a quello per cui vale un'altra importante uguaglianza, quella tra *risparmi* e *investimenti*.

Avendo già definito, seppure in modo esogeno, in quanto dipendenti dalle aspettative delle imprese, gli investimenti, *I*, per verificare questo importante risultato occorre definire, questa volta in modo endogeno, la funzione dei risparmi, *S*.

8.5.1. La funzione del risparmio

Definendo il consumo delle famiglie abbiamo ipotizzato che esse spendano in acquisti di beni e servizi solo una parte *b* del loro reddito (aggiuntivo): la parte rimanente viene accantonata sotto forma di risparmio. Il risparmio delle famiglie può infatti essere definito come la differenza tra il reddito disponibile delle famiglie e la spesa per consumi delle famiglie:

$$S = YD - C \qquad [27]$$

Ricordando la funzione del consumo definita nell'equazione [6], la [27] può essere riscritta nella forma seguente:

$$S = YD - C_0 - b\ YD = -C_0 + (1 - b)YD \qquad [28]$$

La [28] può essere scritta in una forma più semplice ponendo:

$$s = (1 - b) \qquad [29]$$

con cui possiamo riscrivere la [28] come segue:

$$S = -C_0 + sYD \qquad [30]$$

L'equazione [30] rappresenta la cosiddetta *funzione del risparmio delle famiglie*. Essa ci dice che i risparmi delle famiglie dipendono positivamente dal reddito disponibile corrente delle famiglie stesse: all'aumentare del reddito disponibile le famiglie risparmiano di più, e viceversa. Più precisamente, le famiglie mettono a risparmio una frazione pari ad s di ogni loro aumento del reddito disponibile, visto che dalla [30] segue che:

$$s = \frac{\Delta S}{\Delta YD} \qquad [31]$$

Il coefficiente s è per questo definito *propensione marginale al risparmio*. Come era lecito attendersi, esso è definito dalla [31] come il complemento ad 1 della propensione marginale al consumo, ed è anch'esso compreso tra 0 ed 1. Per fare un esempio, se la propensione marginale al consumo delle famiglie è pari a 0,8, la propensione marginale al risparmio è pari a 0,2, ovvero 1 – 0,8. Ciò significa che a fronte di un aumento di 100 milioni di euro del reddito disponibile, il risparmio delle famiglie aumenterà di 20 milioni di euro, mentre il consumo aumenterà di 80 milioni di euro.

Supponendo per semplicità di trovarci di fronte ad un sistema con assenza di settore pubblico, YD coincide con Y, e la funzione di risparmio assume pertanto la forma:

$$S = -C_0 + sY \qquad [32]$$

Come la funzione del consumo, anche la funzione di risparmio può essere rappresentata graficamente indicando S sull'asse delle ordinate e Y su quello delle ascisse. Si tratta di una retta crescente che mostra come ad aumenti del reddito seguano aumenti del risparmio delle famiglie (Figura 5). L'intercetta con l'asse verticale è nel quadrante negativo, essendo $-C_0$ un numero negativo. Questo fatto ha una precisa spiegazione: nel caso in cui la sopravvivenza delle famiglie sia legata al consumo di C_0, con un reddito pari a 0 esse saranno costrette ad un risparmio negativo, ossia ad indebitarsi.

Figura 5. – *Funzione del risparmio*

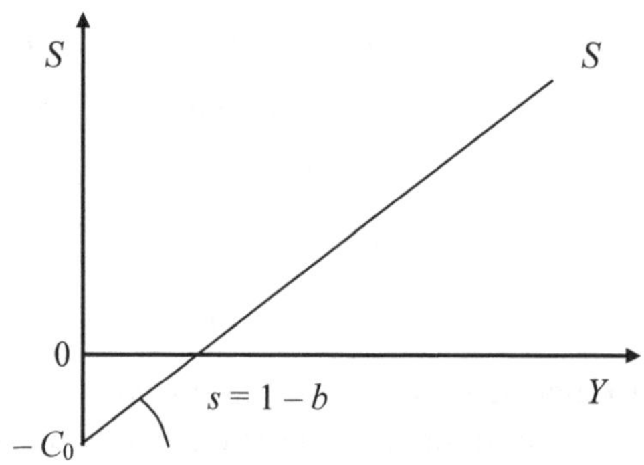

Si noti che, nel caso in cui il settore pubblico fosse, più realisticamente presente, la funzione del risparmio avrebbe un'espressione differente a seconda del regime di tassazione vigente. Ad esempio, nel caso di un regime di tassazione a somma fissa, la [30] diverrebbe:

$$S = -C_0 + SYD = -C_0 + s(Y - T_0) = -C_0 - sT_0 + sY \qquad [33]$$

che corrisponde alla funzione di una retta inclinata come quella della Figura 5, ma con un'intercetta più bassa del valore sT_0.

8.5.2. L'uguaglianza tra risparmi e investimenti

La definizione della funzione di risparmio ci consente di esprimere in modo diverso, ma equivalente, la condizione di equilibrio del PIL. Nel caso più semplice, di un sistema economico chiuso agli scambi con l'estero e privo di settore pubblico, tale condizione può essere scritta come segue:

$$Y = C + I \qquad [34]$$

La [34] può essere riscritta come:

$$Y - C = I \qquad [35]$$

che ricordando la definizione di risparmio delle famiglie, $S = Y - C$, può essere espressa come:

$$S = I \qquad [36]$$

In altri termini, l'introduzione del concetto di risparmio delle famiglie (S) ci consente di vedere come la condizione di equilibrio sul mercato dei beni possa essere espressa in due modi differenti: i) come eguaglianza tra il livello del PIL (Y) e la domanda aggregata (DA); ii) come eguaglianza tra il risparmio delle famiglie (S) e il livello di investimento delle imprese (I).

Anche nel caso di questa seconda formulazione, l'azione del meccanismo connesso al principio della domanda effettiva riporterà in equilibrio il mercato dei beni in presenza di eventuali squilibri: ossia, nel caso che I sia maggiore o minore di S. Per rendercene conto supponiamo, per esempio, che il livello degli investimenti (I) sia maggiore del risparmio delle famiglie (S). Ricordando che, per definizione, $S = Y - C$, dire che I è maggiore di S significa dire che:

$$I > Y - C \qquad [37]$$

Ora, sommando al primo e al secondo membro della espressione [37] la variabile spesa per consumi delle famiglie (C), si ottiene la seguente relazione:

$$C + I > C + Y - C \qquad [38]$$

Eliminando al secondo membro della espressione [38] la variabile C e ricordando la definizione di domanda aggregata nel caso in questione ($DA = C + I$) si ottiene:

$$DA > Y \qquad [39]$$

che altro non è che la situazione di disequilibrio sul mercato dei beni che abbiamo in precedenza identificato come un eccesso di domanda. In altri termini, quando il livello degli investimenti delle imprese (I) è maggiore del livello del risparmio delle famiglie (S), il mercato dei beni non è in equilibrio, essendo la domanda aggregata (DA) maggiore del livello del PIL (Y). Tuttavia, il principio della domanda effettiva ci assicura che il mercato tornerà in equilibrio, poiché le imprese, a fronte di questo eccesso di domanda, aumenteranno la produzione fintanto che non venga ristabilito l'equilibrio sul mercato dei beni e quindi l'uguaglianza tra risparmio ed investimenti.

Alle stesse conclusioni si può giungere seguendo la strada grafica. A questo proposito, nella Figura 6 si considera un sistema di assi cartesiani dove sull'asse orizzontale è indicato il livello del PIL (Y) e su quello verticale il livello degli investimenti (I) e quello del risparmio (S). Ricordando che secondo la [12] gli investimenti sono fissi ad un livello pari ad I_0, la funzione degli investimenti può essere rappresentata come una retta orizzontale, con intercetta I_0, che assume cioè questo valore per ogni valore di Y.

Figura 6. – *Uguaglianza risparmio-investimenti*

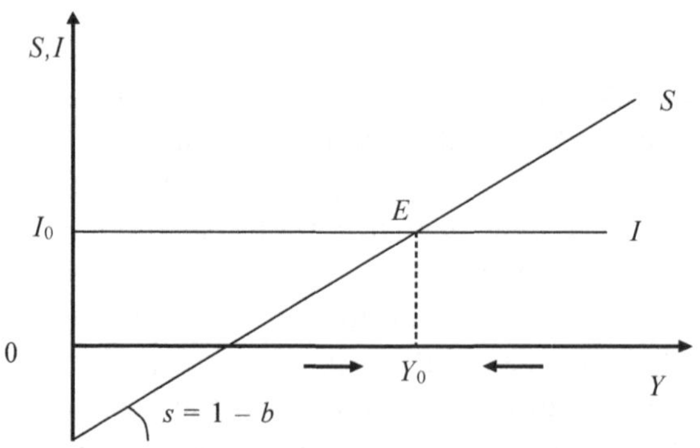

È immediato mostrare che il livello di equilibrio del PIL (Y_0) è identificato dal punto di intersezione, *E*, tra la retta del risparmio e la retta degli investimenti: in effetti, in questo punto, al valore del PIL Y_0 corrispondono valori di *I* e di *S* che sono uguali. Ancora una volta, poi, tutti i valori del PIL a sinistra del punto di equilibrio (Y_0) individuano situazioni in cui il livello esogeno degli investimenti è maggiore del risparmio delle famiglie, mentre tutti i valori del PIL a destra della posizione di equilibrio identificano situazioni in cui il livello degli investimenti è minore del risparmio delle famiglie. A sinistra e a destra di Y_0 si verificano cioè delle situazioni di eccesso, rispettivamente, di domanda e di offerta di beni, i quali mettono in moto il principio della domanda effettiva, ripristinando l'equilibrio nel consueto modo descritto dalle frecce.

8.5.3. Il paradosso della parsimonia

Nei paragrafi precedenti abbiamo visto come l'effetto complessivo sul livello del PIL di una variazione della spesa pubblica, così come degli investimenti o di un'altra delle variabili esogene della domanda aggregata, dipenda fondamentalmente dal valore del moltiplicatore.

Si osservi che, nel caso dell'economia semplificata considerato nel paragrafo precedente, tale moltiplicatore è semplicemente pari al reciproco del complemento ad 1 della propensione marginale al consumo, ossia della propensione marginale al risparmio: $1/(1 - b) = 1/s$.

In ragione di ciò possiamo concludere che, almeno nel caso in esame, lo stesso effetto moltiplicativo del PIL dipende dal valore assunto dalla propensione marginale al consumo. Più precisamente, tanto più grande è il valore della propensione marginale al consumo, b, tanto minore è il denominatore dell'espressione del moltiplicatore, $1 - b$, tanto maggiore è il reciproco di questa espressione, $1/(1 - b)$, che definisce appunto il moltiplicatore, e, da ultimo, tanto maggiore è l'effetto complessivo di una componente della domanda aggregata. Per esempio, se la propensione al consumo è pari a 0,8, il moltiplicatore è uguale a 5. Se la propensione al consumo aumenta e diventa pari, per esempio, a 0,9 il moltiplicatore aumenta anch'esso assumendo un valore pari a 10. Questo significa che un incremento della propensione al consumo delle famiglie si traduce in un effetto moltiplicativo sul PIL.

Questo risultato della macroeconomia keynesiana appare per certi aspetti paradossale: esso suggerisce infatti l'idea che, quanto più le famiglie in un sistema economico consumano, e quindi non risparmiano, tanto maggiore è il beneficio arrecato al sistema economico da questi comportamenti. Come dire, che vizi privati, come quello di essere degli spendaccioni, piuttosto che degli austeri risparmiatori, acquistano, nell'ambito della macroeconomia keynesiana, dignità, diventando delle pubbliche virtù. Per questa singolare conclusione un simile risultato è detto anche *paradosso della parsimonia*, un risultato che può avere chiari effetti sulle decisioni di politica economica.

Parte II - **Per approfondire**

8.6. I sistemi di tassazione e la funzione del consumo

Nella prima parte del capitolo, si è ipotizzato per semplicità un sistema di tassazione indipendente dal livello del reddito. È quindi opportuno considerare le differenze che si verificano al variare del sistema di tassazione.

Per iniziare, riconsideriamo il caso in cui il settore pubblico imponga un *sistema di tassazione a somma fissa* pari a T_0. Con questa ipotesi, il reddito disponibile è dato da:

$$YD = Y - T_0 \qquad [40]$$

e la funzione del consumo può essere quindi scritta come:

$$C = C_0 + b \times (Y - T_0) = C_0 - b \times T_0 + b \times Y \qquad [41]$$

La [41] può essere rappresentata graficamente come nella Figura 7, dove l'intercetta è influenzata, negativamente, dal livello della tassazione fissa T_0. La retta della funzione di consumo ha inclinazione uguale (b) e intercetta minore della stessa funzione disegnata in assenza di tassazione (la differenza tra le due rette essendo pari a $(- b\, T_0)$.

Figura 7. – *Funzione del consumo rispetto al reddito totale con tassazione fissa*

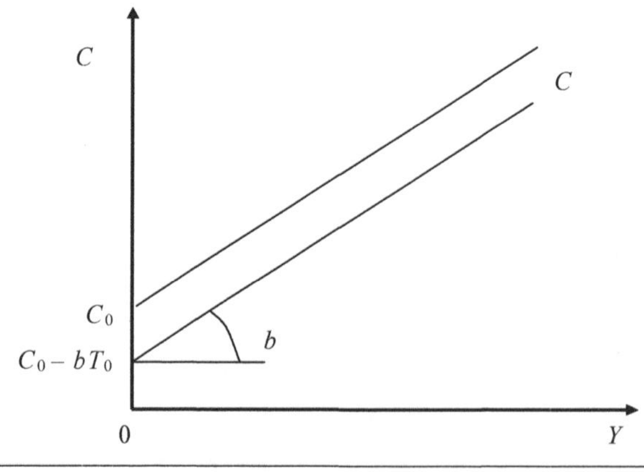

La funzione di consumo trova un'espressione diversa nel caso si ipotizzi che il settore pubblico applichi un *sistema di tassazione proporzionale*, prelevando una quota del reddito totale delle famiglie pari ad una certa aliquota t, compresa tra 0 e 1. Per esempio, il settore pubblico potrebbe imporre una tassa che preleva il 20% ($t = 0{,}20$) del reddito delle famiglie. In questo caso, il reddito disponibile è dato da:

$$YD = Y - t \times Y = (1 - t) \times Y \qquad [42]$$

Di conseguenza, la funzione di consumo sarà:

$$C = C_0 + b \times (1 - t) \times Y = C_0 - b \times t \times Y + b \times Y \qquad [43]$$

da cui, raccogliendo a fattor comune il termine $b \times Y$, si ottiene:

$$C = C_0 + (1 - t) \times b \times Y \qquad [44]$$

Questa nuova funzione del consumo è visualizzata nella Figura 8. L'intercetta è uguale al solo consumo autonomo (C_0). D'altra parte, la variazione del consumo corrispondente ad una variazione marginale del reddito è data da $(1 - t) \times b$, che è minore di b, essendo $(1 - t)$ che lo moltiplica un numero minore di 1. In altre parole, a parità di intercetta, la retta che descrive questa funzione di consumo rispetto ad un'asse orizzontale lungo il quale è indicato Y avrà una inclinazione minore di quella corrispondente al caso senza tassazione indicato con una retta tratteggiata.

Figura 8. – *Funzione del consumo rispetto al reddito totale con tassazione proporzionale*

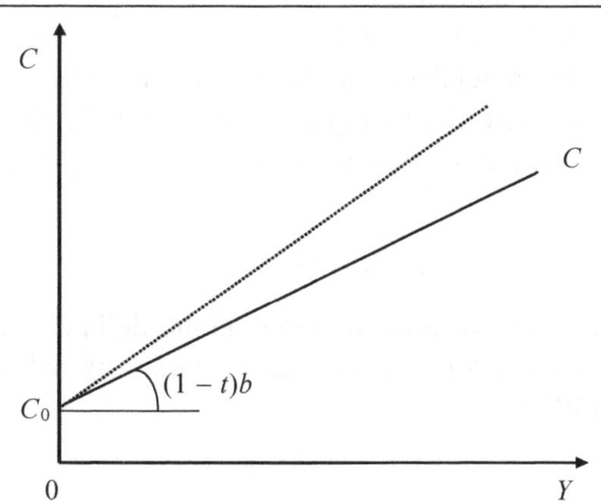

8.7. Il moltiplicatore dinamico della spesa pubblica e delle altre variabili esogene

L'aumento del livello della spesa pubblica determina, inizialmente, un aumento di pari ammontare del livello della domanda aggregata – la spesa pubblica è, infatti, una componente della domanda aggregata – e, quindi, per il principio della domanda effettiva, un pari incremento del livello del PIL e del reddito di equilibrio:

$$\Delta Y = \Delta G \qquad [45]$$

Il processo, tuttavia, non finisce qui. Da un lato, questo aumento del reddito fa aumentare i consumi delle famiglie secondo la propensione marginale al consumo b, e cioè di $b\Delta Y = b\Delta G$. Dall'altro lato, lo stesso aumento del reddito fa diminuire le esportazioni nette, poiché induce un aumento delle importazioni secondo la propensione marginale all'importazione h, e cioè di: $h\Delta Y = h\Delta G$. All'originario incremento della domanda aggregata, ΔG, si aggiunge cioè un'ulteriore variazione indotta della stessa, pari a $b\Delta G - h\Delta G = \Delta G(b - h)$: le esportazioni nette, infatti, entrano nella *DA* con un segno meno. Tuttavia, assumendo che b sia maggiore di h, quest'ultima variazione è essa stessa un aumento. Di conseguenza, secondo il principio della domanda effettiva, il PIL aumenterà ulteriormente per fare fronte anche a questo aumento indotto della *DA*, e cioè di:

$$\Delta Y = \Delta G\,(b - h) \qquad [46]$$

Ma tale aumento del PIL indurrà un'ulteriore variazione delle componenti della *DA* ad esso legate, ossia: un aumento dei consumi, di $b\Delta Y = b\Delta G(b - h)$, ed un aumento delle importazioni di $h\Delta Y = h\Delta G(b - h)$, e cioè un ulteriore aumento della *DA* pari alla somma algebrica dei due, $b\Delta G(b - h) - h\Delta G(b - h) = \Delta G(b - h)(b - h) = \Delta G(b - h)^2$. Di nuovo, per fare fronte a questo aumento della *DA* il principio della domanda effettiva aggiungerà agli aumenti di PIL di cui alla [45] ed alla [46], un ulteriore aumento pari a:

$$\Delta Y = \Delta G\,(b - h)^2 \qquad [47]$$

Al quale farà seguito un ennesimo aumento indotto della *DA*, che si verifica, ripetendo il ragionamento di cui sopra, essere pari a $\Delta G(b - h)^3$, ed un ennesimo corrispondente aumento del PIL:

$$\Delta Y = \Delta G\,(b - h)^3 \qquad [48]$$

Seguendo questa logica, l'aumento complessivo del PIL (ΔY), potrà essere indicato, genericamente, come una somma di termini che prosegue nel modo descritto, ovvero aggiungendo ai termini [45]-[48], altri prodotti tra ΔG e $(b - h)$ in cui l'esponente di $(b - h)$ cresce di un'unità ad ogni passaggio (il senso dei puntini nella formula che segue è esattamente questo):

$$\Delta Y = \Delta G + \Delta G(b-h) + \Delta G(b-h)^2 + \Delta G(b-h)^3 + ... \qquad [49]$$

Raccogliendo a fattor comune il termine ΔG si ottiene:

$$\Delta Y = [1 + (b-h) + (b-h)^2 + (b-h)^3 + ...]\,\Delta G \qquad [50]$$

Una somma di infiniti termini come quella mostrata tra parentesi nella relazione [52] è una *serie geometrica*: gli addendi sono una successione infinita di numeri in cui, a partire da 1, ciascuno si ottiene dal precedente moltiplicandolo per il termine $(b-h)$, detto *ragione della serie*.

Una delle proprietà principali delle serie geometriche è che quando la ragione della serie è compresa tra – 1 e 1 – come nel nostro caso in cui $(b-h)$ è positivo e minore di 1 –, la serie è convergente (la somma di questi infiniti termini restituisce un valore finito) e il valore a cui tende è esattamente pari al reciproco del complemento ad uno della ragione della serie, ossia $1/[1-(b-h)]$, cosicché possiamo scrivere [14]:

$$\Delta Y = [1 + (b-h) + (b-h)^2 + (b-h)^3 + ...]\,\Delta G = \Delta G / [1-(b-h)] \qquad [51]$$

cioè si ottiene

$$\Delta Y_G = \frac{1}{1-b+h} \times \Delta G \qquad [52]$$

che è esattamente il valore del moltiplicatore: il risultato del meccanismo moltiplicativo che abbiamo descritto corrisponde all'espressione del moltiplicatore.

È importante notare che il risultato ottenuto con riferimento ad un aumento della spesa pubblica può essere replicato rispetto ad una variazione di una qualsiasi delle altre variabili esogene della *DA*, eccezion fatta per la tassazione. Infatti, è immediato verificare, ripetendo i passaggi da [45] a [48] con i debiti adeguamenti di variabili, che $1/(1-b+h)$ è anche l'espressione del moltiplicatore che amplifica gli effetti sul PIL in un'economia aperta di una variazione dei consumi di sussistenza, C_0, degli investimenti, I_0, e della componente autonoma delle esportazioni nette, X_0. Una variazione di una di queste tre variabili avrà dunque sul PIL di equilibrio un

---

[14] Per capire meglio perché questo accade consideriamo la somma:

$$1 + x + x^2 + x^3 + ... + x^n.$$

dove x rappresenta un generico numero. Se moltiplichiamo tale somma per $(1-x)$ otteniamo:

$$(1-x)(1 + x + x^2 + x^3 + ... + x^n) = 1 - x + x - x^2 + x^2 - x^3 + x^3 - ... - x^n + x^n - x^{n+1} = 1 - x^{n+1}.$$

Quando x è un numero minore in valore assoluto di 1 e n è molto grande (tende ad infinito), x^{n+1} è un numero molto vicino a zero (tende a zero) e si avrà quindi:

$$1 + x + x^2 + x^3 + ... = 1/(1-x).$$

Sostituendo $(b-h)$ ad x otteniamo l'espressione nel testo.

effetto pari a quello mostrato dalla [24], sostituendo a ΔG la variazione corrispondente.

Diverso è invece il caso in cui il settore pubblico intenda aumentare il livello del PIL riducendo il livello della tassazione, da T_0 a T', mantenendo costante il livello della spesa pubblica. Utilizzando il medesimo procedimento "a due stadi" di cui sopra, si può calcolare l'effetto sul PIL di una variazione del prelievo fiscale, a parità di spesa pubblica, che si dimostra essere pari a:

$$\Delta Y_T = -\frac{b}{1-b+h} \times \Delta T \qquad [53]$$

Si noti che, a parte il segno negativo della variazione, segno che ci aspettavamo data la relazione inversa tra T e Y, il fattore moltiplicativo che ci dice di quanto varia il PIL al variare di T assume ora un'espressione diversa dal caso precedente. Più precisamente, questo moltiplicatore, detto *moltiplicatore della tassazione in un'economia aperta*, essendo il prodotto di quello della spesa pubblica, $1/(1 - b + h)$ e quindi maggiore di 1, e della propensione marginale al consumo, b, che è minore di 1, sarà minore del moltiplicatore della spesa pubblica.

Questo risultato ha un'implicazione importante. Se anziché aumentare la spesa pubblica di 1.000.000 €, il settore pubblico riducesse la tassazione dello stesso ammontare, l'effetto sul PIL di equilibrio sarebbe minore. In effetti, con gli stessi valori di prima, ovvero con $b = 0{,}7$ e $h = 0{,}2$, il moltiplicatore della tassazione è pari a 1,4, anziché 2. La riduzione di T_0 di 1.000.000 € determinerebbe pertanto un incremento del PIL di 1.400.0000 €, ben 600.000 € in meno rispetto alla manovra sulla spesa!

Il risultato dell'esempio precedente può essere generalizzato. Una politica fiscale espansiva attuata aumentando, *ceteris paribus*, la spesa pubblica, ha sul PIL degli effetti maggiori di quelli di una politica attuata riducendo, *ceteris paribus*, il livello della tassazione. Perché questo accada non è difficile da capire. Un aumento della spesa pubblica determina, in prima battuta, un incremento iniziale della domanda aggregata di pari ammontare, e quindi un pari aumento del PIL, innescando un processo a catena come quello descritto sopra. Una riduzione della tassazione, invece, si traduce in un aumento della domanda aggregata attraverso un aumento dei consumi e, quindi, secondo una frazione b della riduzione della tassazione, e non secondo l'intero ammontare della tassazione stessa. Data la funzione del consumo, la catena moltiplicativa legata ad una riduzione delle tasse di 1.000.000 inizia cioè con un aumento del consumo pari a b per T_0, ovvero pari a 800.000, e non di 1.000.000, come nel caso della spesa pubblica.

Evidentemente, ipotizzare che le due manovre di politica siano indipendenti, come abbiamo fatto sino ad ora, non è tuttavia molto realistico. Solitamente, infatti, il settore pubblico ricorre alle due manovre simultaneamente, se non altro perché la seconda, ovvero il prelievo fiscale, è spesso un modo per finanziare la prima, ovvero la spesa pubblica. Prima di procedere oltre nell'analisi è dunque necessario vedere più da vicino come queste due componenti interagiscano tra loro nel cosiddetto bilancio del settore pubblico.

8.8. Il PIL di equilibrio e il moltiplicatore in un'economia aperta con tassazione proporzionale al reddito

Iniziamo come al solito col determinare, rispetto a questo nuovo scenario, il PIL di equilibrio, e cioè il PIL che soddisfa la seguente uguaglianza:

$$Y = DA \quad [54]$$

Nell'ipotesi di un regime fiscale che prelevi imposte proporzionalmente al reddito secondo una aliquota unica t, la domanda aggregata è data da:

$$DA = [C_0 + b(Y - tY)] + I_0 + G_0 + (NX_0 - hY) \quad [55]$$

laddove, a parte le consuete sostituzioni relative alle variabili esogene e alle esportazioni nette (ultimo termine tra parentesi del membro di destra), il primo termine tra parentesi quadra esprime il consumo indotto come una frazione b del reddito disponibile, ora pari a $Y - tY$, e non più a $Y - T_0$, come nel caso di tassazione fissa.

Raggruppando i termini contenenti Y, la [55] può essere riscritta in forma equivalente come:

$$DA = C_0 + I_0 + G_0 + NX_0 + b(Y - tY) - hY \quad [56]$$

e raccogliendo a fattore comune Y:

$$DA = C_0 + I_0 + G_0 + NX_0 + bY(1 - t) - hY \quad [57]$$

Sostituendo nella condizione di equilibrio [54] si ottiene:

$$Y_0 = C_0 + I_0 + G_0 + NX_0 + bY_0(1 - t) - hY_0 \quad [58]$$

da cui, esplicitando Y seguendo i passaggi descritti sopra, si ottiene il PIL di equilibrio, Y_0:

$$\begin{aligned} &Y_0 - bY_0(1 - t) + hY_0 = C_0 + I_0 + G_0 + NX_0 \\ &Y_0[1 - b(1 - t) + h] = C_0 + I_0 + G_0 + NX_0 \\ &Y_0 = \frac{1}{1 - b(1 - t) + h}(C_0 + I_0 + G_0 + NX_0) \end{aligned} \quad [59]$$

Come si vede, anche in questo caso, come in quello di tassazione fissa, il PIL di equilibrio si ottiene attraverso il prodotto tra la somma delle componenti esogene della domanda aggregata (per intendersi quelle fissate al valore con 0, tra parentesi tonda nel membro di destra) ed un termine pari a $1/[1-(1-t)\times b+h]$: il *moltiplicatore in un'economia aperta con tassazione proporzionale al reddito*.

In questo caso, oltre che dalla propensione marginale al consumo ed alle importazioni, il moltiplicatore dipende anche dall'aliquota fiscale: tanto maggiore è l'aliquota fiscale, tanto minore risulta essere il valore del moltiplicatore [15].

Confrontato con il moltiplicatore ottenuto nel paragrafo precedente, quest'ultimo consente di ottenere un risultato importante con riferimento agli effetti di una politica fiscale espansiva.

Essendo il termine $(1-t)$, al denominatore del nuovo moltiplicatore, minore di 1 (l'aliquota fiscale t è infatti compresa tra 0 ed 1), il prodotto $b(1-t)$ è minore di b: ne consegue che il denominatore stesso del moltiplicatore con tassazione proporzionale, $1-b(1-t)+h$, risulta maggiore del denominatore del moltiplicatore con tassazione fissa, $1-b+h$. Al solito, la relazione di disuguaglianza si rovescia passando a considerare le rispettive frazioni, ossia:

$$\frac{1}{1-b(1-t)+h}<\frac{1}{1-b+h} \qquad [60]$$

Applicando tali moltiplicatori al caso di una variazione della spesa pubblica, ΔG, il risultato che ne deriva è il seguente: *ceteris paribus*, una politica fiscale espansiva sortisce sul PIL di equilibrio effetti maggiori nel caso di una tassazione fissa piuttosto che di una tassazione proporzionale al reddito. Il motivo di questo risultato è facilmente intuibile allorché si faccia riferimento ai meccanismi di aumento indotto dei consumi e delle esportazioni nette innescati da un aumento della spesa pubblica analizzati nel paragrafo precedente. Nel caso di una tassazione proporzionale, infatti, l'aumento dei consumi indotti non si manifesta secondo la consueta propensione marginale al consumo, b, ma secondo una frazione minore, pari a $b(1-t)$, rendendone il cumulo e quindi l'effetto moltiplicativo minore.

Per quanto questo risultato possa fare pensare ad una sorta di "supremazia" della tassazione fissa su quella proporzionale, il diffuso uso di quest'ultima può essere motivato osservando che forme di prelievo fiscale proporzionale tendono a "smorzare" gli effetti sul PIL di fluttuazioni di breve periodo di componenti della domanda aggregata, e ciò sia nel caso di una brusca riduzione sia in quello di un deciso aumento di queste variabili. In particolare, la spesa per investimenti, che è influenzata dalle aspettative delle imprese circa il futuro andamento delle vendite e, quindi, dei profitti, può essere soggetta nel breve periodo a notevoli fluttuazioni che potrebbero quindi tradursi – tramite il meccanismo del moltiplicatore – in violente fluttuazioni del PIL.

---

[15] Per ricordarselo, basterà prendere il moltiplicatore con tassazione fissa e moltiplicare il termine $-b$ al denominatore per $(1-t)$.

Per questa ragione, le forme di prelievo tributario che variano in maniera proporzionale al variare del reddito nazionale rappresentano un primo esempio – assai importante – di quegli strumenti che vengono denominati in macroeconomia *stabilizzatori automatici*. Gli stabilizzatori automatici sono, infatti, quei meccanismi che agiscono, indipendentemente da qualsiasi intervento delle autorità di politica economica, per attenuare le fluttuazioni del PIL generate da variazioni delle componenti autonome della domanda aggregata [16].

Evidentemente, al pari della tassazione fissa, anche quella proporzionale può essere modificata, intervenendo questa volta sull'aliquota, e portandola per esempio dal livello t_0 a quello t_1.

Riscrivendo le espressioni del PIL di equilibrio rilevanti, di cui alla [59], avremo quindi:

$$\begin{aligned} Y_0 &= \frac{1}{1-b(1-t_0)+h}(C_0+I_0+G_0+NX_0) \\ Y_1 &= \frac{1}{1-b(1-t_1)+h}(C_0+I_0+G_0+NX_0) \end{aligned} \qquad [61]$$

Sottraendo come di consueto la seconda espressione dalla prima, seppure con un po' più di algebra del solito, e indicando con $\Delta Y = Y_1 - Y_0$ e con $\Delta t = t_1 - t_0$, otterremo:

$$\Delta Y = -\frac{b}{[1-b(1-t_1)+h][1-b(1-t_0)+h]}\Delta t\, A \qquad [62]$$

dove per semplicità abbiamo posto $A = C_0 + I_0 + G_0 + NX_0$.

Come risulta immediato verificare, l'espressione del moltiplicatore dell'aliquota fiscale in economia aperta risulta ora particolarmente complicata. Al di là della complicazione si noti che, come atteso, il segno di un simile moltiplicatore è negativo: una riduzione dell'aliquota fiscale ha sul PIL di equilibrio effetti espansivi, e viceversa [17].

---

[16] Un altro esempio di stabilizzatori automatici è costituito dai sussidi di disoccupazione, che aumentano quando il livello del PIL diminuisce, e quindi aumenta la disoccupazione, e diminuiscono invece quando il PIL aumenta.

[17] Ciò ci spinge a tralasciare la derivazione del teorema del bilancio in pareggio nel caso di tassazione proporzionale al reddito che però, sebbene in modo più lungo e laborioso, può essere dimostrato anche in questa circostanza, costituendo perciò un risultato di natura generale.

8.9. "Variazioni sul tema" del PIL di equilibrio: penetrazione delle importazioni, autarchia e assenza di imposizione fiscale

Nei paragrafi precedenti abbiamo sempre ipotizzato che il nostro sistema economico, pur essendo aperto agli scambi commerciali con il resto del mondo, non avesse una propensione ad importare particolarmente elevata, o almeno non così elevata da superare quella a consumare: tecnicamente, che il *grado di penetrazione delle importazioni*, solitamente misurato come il rapporto tra importazioni e domanda finale di un sistema economico, non fosse particolarmente elevato.

In caso contrario, ovvero se fosse invece $h > b$, è immediato verificare che il moltiplicatore della spesa pubblica, così come di qualsiasi altra componente "positiva" esogena della domanda aggregata, non sarebbe di fatto un moltiplicatore, risultando minore di 1.

In altre parole, se il sistema economico fosse "troppo aperto" agli scambi con l'estero in quanto ad importazioni, gli impulsi impressi al PIL dall'aumento originario della domanda aggregata, tipicamente della spesa pubblica, e dai conseguenti aumenti indotti nei consumi delle famiglie, sarebbero più che compensati dall'aumento delle importazioni indotte: la politica fiscale finirebbe cioè con il favorire il PIL del resto del mondo più di quello nazionale!

La logica sottostante a questo ragionamento ci spinge a concludere che, ai fini del dispiegarsi degli effetti moltiplicativi della politica fiscale – sia questa rappresentata da un aumento della spesa pubblica o da una riduzione della tassazione fissa – così come di una variazione degli investimenti o di altra componente esogena della domanda aggregata, l'apertura al resto del mondo costituisce un ostacolo. Tale logica è di fatto confermata dalla considerazione che tutti i moltiplicatori che abbiamo sopra derivato risultano, *ceteris paribus*, maggiori in autarchia rispetto al caso di un'economia aperta. Essendo in autarchia $h = 0$, i denominatori dei moltiplicatori corrispondenti vengono infatti ad "alleggerirsi" di un termine positivo, facendo crescere i reciproci, cosicché avremo:

$$\begin{gathered}
\frac{1}{1-b} > \frac{1}{1-b+h} \\
\left|-\frac{b}{1-b}\right| > \left|-\frac{b}{1-b+h}\right| \\
\frac{1}{1-(1-t)b} > \frac{1}{1-(1-t)b+h} \\
\left|-\frac{b}{[1-(1-t_1)b][1-(1-t_0)b]}\right| > \left|-\frac{b}{[1-(1-t_1)b+h][1-(1-t_0)b+h]}\right|
\end{gathered} \qquad [63]$$

laddove i termini di sinistra delle disuguaglianze di cui sopra rappresentano i moltiplicatori in economia chiusa, in presenza di tassazione a somma fissa, i primi due, e di tassazione proporzionale, il terzo e il quarto.

Al di là della motivazione algebrica, come si diceva, un aumento della spesa pubblica, nei casi della prima e della terza disuguaglianza, e una riduzione della tassazione, nel caso della seconda e della quarta, dispiegano i loro effetti direttamente su PIL di equilibrio del Paese considerato, senza "dispersione" di effetti sul PIL di altri Paesi.

In conclusione, può essere utile osservare che, analogamente all'apertura agli scambi con l'estero, gli effetti indotti e moltiplicativi di una variazione della spesa pubblica, così come di una qualsiasi componente positiva esogena della domanda aggregata, sono ostacolati anche dal grado di imposizione fiscale vigente. Come si è sopra osservato, maggiore è l'aliquota fiscale t, minori sono questi effetti. All'estremo, se potessimo ipotizzare un sistema economico senza tassazione, fissa o proporzionale che sia, gli effetti moltiplicativi – verosimilmente di una variazione degli investimenti, piuttosto che di una spesa pubblica che verrebbe a mancare in questa ipotesi di finanziamenti – sarebbero massimi. Ciò emerge immediatamente dal confronto dei due moltiplicatori corrispondenti all'assenza ed alla presenza di aliquota fiscale, ossia:

$$\frac{1}{1-b+h} > \frac{1}{1-b(1-t)+h} \qquad [64]$$

Dal punto di vista algebrico, ponendo $t = 0$, il moltiplicatore di cui al lato destro si trasforma di fatto in un moltiplicatore (già noto), quello del lato sinistro, con un denominatore minore, e quindi di per sé maggiore. Dal punto di vista logico, in assenza di tassazione, l'aumento di una delle componenti esogene della domanda aggregata dispiega i suoi effetti indotti sui consumi in modo integrale, senza subire cioè le defalcazioni dovute al calcolo del reddito disponibile. Un risultato che spiega anche la relazione tra i moltiplicatori di economia chiusa, in assenza ed in presenza di aliquota fiscale, ossia:

$$\frac{1}{1-b} > \frac{1}{1-b(1-t)} \qquad [65]$$

8.10. Il bilancio del settore pubblico e il teorema del bilancio in pareggio in un'economia chiusa con tassazione fissa

Spesa pubblica e prelievo fiscale, oltre a costituire due importanti componenti (rispettivamente, diretta ed indiretta) della domanda aggregata, rappresentano le due voci più importanti del cosiddetto *bilancio del settore pubblico*.

Il bilancio del settore pubblico è, infatti, un documento contabile nel quale vengono registrate, da un lato, le spese effettuate durante un certo anno dal settore pubblico e, dall'altro, le entrate che sono affluite durante lo stesso periodo di tempo nelle sue casse. La differenza tra le entrate e le uscite – il cosiddetto *saldo* del bilancio del settore pubblico – definisce lo stato dei conti pubblici per un certo anno, ed è dato (ipotizzando che i trasferimenti netti del settore pubblico alle famiglie e i pagamenti per interessi sul debito pubblico siano, al fine di semplificare l'analisi, uguali a 0) dalla seguente espressione:

$$SG = T - G \qquad [66]$$

Si noti che la differenza tra quanto il settore pubblico introita sotto forma di tasse e quanto spende costituisce una variabile simile a quella che, con riferimento alle famiglie, abbiamo chiamato risparmio privato, S. Per questo motivo, il saldo del bilancio del settore pubblico viene anche detto – come abbiamo già visto nel Capitolo 7 – *risparmio pubblico*, e per questo indicato con SG. Tale risparmio, tuttavia, può essere anche negativo. In effetti, se, con riferimento ad un certo periodo di tempo, l'ammontare della spesa pubblica (G) è maggiore del prelievo fiscale (T), il bilancio del settore pubblico si trova in una situazione di disavanzo (o *deficit*). Se, invece, l'ammontare della spesa pubblica (G) è inferiore del prelievo fiscale (T) il bilancio del settore pubblico è in avanzo (o *surplus*).

Nel caso in cui il bilancio del settore pubblico si trovi in disavanzo, è ovvio che il settore pubblico dovrà provvedere a finanziarlo. Per farlo ha a disposizione due strade: la prima è quella di vendere titoli pubblici (per esempio, BOT, BTP, ecc.) alle famiglie e alle imprese, ricavando dalla loro vendita le risorse per finanziare il disavanzo stesso; la seconda è quella di vendere i titoli alla Banca Centrale, che per acquistarli emetterà moneta. Nel primo caso si parla di *finanziamento con titoli*, titoli su cui il settore pubblico dovrà ovviamente pagare, in futuro, degli interessi: effettivamente, questi sono i rendimenti che il pubblico ricava dai propri BOT. Nel secondo caso si parla di *monetizzazione del debito*.

Se le situazioni di disavanzo del bilancio pubblico si ripetono nel tempo, il volume dei titoli pubblici che il settore pubblico mette in circolazione per finanziarli aumenta anch'esso, ed aumentano anche le spese per interessi su quegli stessi titoli. In altre parole, il settore pubblico accumula disavanzi su disavanzi indebitandosi. Questa situazione è alla base di un'ulteriore variabile macroeconomica, detta *debito pubblico*, la cui natura è diversa da quella del disavanzo di bilancio.

Mentre il disavanzo del bilancio pubblico fa riferimento allo squilibrio che si presenta durante un singolo anno tra entrate e uscite pubbliche, ed è una misura di flusso, il debito pubblico è il risultato dell'accumulazione nel tempo dei disavanzi del bilancio pubblico ed è una misura di stock.

Box 4. – *L'evoluzione del rapporto debito/PIL in Italia negli ultimi decenni*

Uno dei temi economici che maggiormente occupano i mezzi di comunicazione italiani è senz'altro rappresentato dal debito pubblico, dalla sua sostenibilità e dalla sua evoluzione negli ultimi decenni. Come definito nel paragrafo, il debito pubblico è una misura di stock che rappresenta la somma algebrica di una serie di flussi di deficit pubblico protratti per diversi periodi economici (che possono appunto durare anche decenni).

Va preliminarmente osservato che la misura assoluta del debito non è sufficiente per identificarne la sostenibilità. Si può fare a questo proposito un esempio molto semplice. Si immaginino due famiglie diverse entrambe gravate da un debito pari a ventimila euro. La prima famiglia ha un reddito annuale pari a quindicimila euro, mentre la seconda famiglia dispone di un reddito annuale pari a cinquantamila euro. È abbastanza intuitivo comprendere che la prima famiglia avrà molte più difficoltà della seconda per ripagare il proprio debito.

Sulla base di tale semplice esempio, possiamo, in linea con buona parte della letteratura economica, considerare il rapporto debito pubblico/PIL quale indicatore del grado di sostenibilità del debito pubblico. Tale rapporto è passato dal 56,86% del 1980 al 132% del 2016. L'evoluzione di tale rapporto negli ultimi decenni è indicata nella Figura 9.

Figura 9. – *Rapporto debito/PIL italiano tra il 1980 ed il 2016*

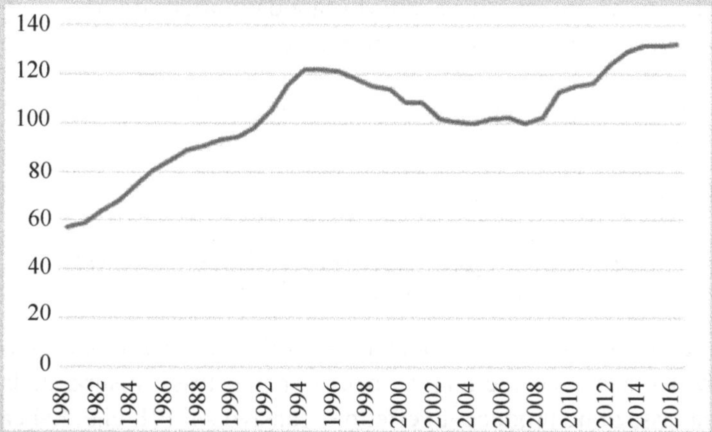

Si può notare che gli anni compresi tra il 1980 ed il 1994 sono stati caratterizzati da un forte aumento di tale rapporto. La necessità di mettere in atto politiche che permettessero all'Italia di allinearsi ai parametri del Trattato di Maastricht, unita alla discesa delle spese per interessi sul debito pubblico, di cui l'Italia in particolare beneficiò proprio in virtù della prevista entrata nell'euro zona, hanno determinato una riduzione di tale rapporto tra il 1994 ed il 2002 fino ad arrivare a valori leggermente inferiori al 100%.

L'ultimo decennio è iniziato proprio con la crisi dei debiti sovrani, tra cui quello italiano dovuti ad una scarsa fiducia dei mercati finanziari internazionali circa la sostenibilità del debito e la capacità di fare fronte ai pagamenti dello stesso e dei relativi interessi.

Lo *spread,* ossia il differenziale tra il tasso d'interesse pagato dall'Italia e quello pagato dalla Germania sui titoli pubblici decennali, Paese quest'ultimo che nell'area dell'euro deve sostenere i minori tassi d'interesse, è diventato un termine di uso comune.
Gli ultimi due anni della serie storica evidenziano una stabilizzazione del rapporto debito/PIL. Sarà importante verificare lo sviluppo futuro di questa variabile, anche collegato alla crescita economica che l'Italia sarà in grado di generare, e le politiche economiche che verranno messe in atto per ridurre il rapporto debito/PIL.

Per evitare di dover sopportare il peso di un debito pubblico eccessivo, il settore pubblico avrebbe in linea di principio interesse ad attuare una manovra di politica fiscale che mantenga in pareggio il bilancio del settore pubblico. In particolare, potrebbe aumentare la spesa pubblica finanziando tale aumento con un aumento, di pari ammontare, del prelievo fiscale, in modo tale che il bilancio pubblico rimanga in equilibrio. Il governo cioè decide di aumentare la spesa pubblica aumentando di un pari ammontare le tasse.

Per analizzare gli effetti di una simile politica, è sufficiente richiamare i due moltiplicatori della politica fiscale, della spesa pubblica e della tassazione a somma fissa, introdotti nei paragrafi precedenti nel caso di una economia chiusa, e calcolare l'effetto complessivo sul PIL di un aumento, di pari ammontare ($\Delta G = \Delta T$), della spesa pubblica e del prelievo fiscale. Esso sarà dato infatti da $\Delta Y_G + \Delta Y_T$, vale a dire, impiegando i valori dei rispettivi moltiplicatori:

$$\Delta Y = \Delta Y_G + \Delta Y_T = \frac{1}{1-b} \times \Delta G - \frac{b}{1-b} \times \Delta T \qquad [67]$$

Ponendo $\Delta T = \Delta G$ si ottiene:

$$\Delta Y = \frac{1}{1-b} \times \Delta G - \frac{b}{1-b} \Delta G = \frac{1-b}{1-b} \times \Delta G = 1 \times \Delta G \qquad [68]$$

Quest'ultimo risultato – noto come *teorema del bilancio in pareggio* (o *teorema di Haavelmo*) – stabilisce che una variazione, nella stessa misura, della spesa pubblica e della tassazione produce un effetto espansivo sul PIL che, nel caso di un regime di tassazione a somma fissa, risulta pari alla variazione della spesa pubblica. In altri termini, il *moltiplicatore del bilancio in pareggio* è uguale a 1. L'importanza di questo risultato nell'ambito della macroeconomica keynesiana è duplice. In primo luogo, il teorema del bilancio in pareggio mette in crisi la tesi, sostenuta dagli economisti della tradizione pre-keynesiana, della presunta "neutralità" del pareggio di bilancio. In altre parole, non è vero che politiche fiscali che presuppongono l'equilibrio del bilancio del settore pubblico non abbiano un impatto sul livello del PIL. In secondo luogo, lo stesso teorema conferma quanto ottenuto sopra, e cioè che le diverse componenti del bilancio pubblico – nel caso in esame, la spesa pubblica e il prelievo fiscale – possono avere sul livello del PIL un effetto differente. In altre parole, i moltiplicatori associati alle diverse voci del bilancio del settore pubblico possono assumere valori differenti.

Anche quest'ultimo risultato, come i precedenti, è stato ottenuto ipotizzando che la tassazione a cui ricorre l'operatore pubblico per finanziare le proprie spese sia fissa. Ciò nonostante, nella maggior parte dei sistemi fiscali, il prelievo avviene anche e soprattutto in modo proporzionale al reddito.

9 Il modello *IS-LM*

Parte I - **Per capire**

Nel capitolo precedente abbiamo studiato un semplice modello di determinazione del livello del PIL, nel quale la domanda aggregata di beni e servizi giocava un ruolo di grande rilievo. Infatti, in base al principio keynesiano della domanda effettiva, aumenti nel livello della domanda aggregata si traducevano in incrementi nel livello del PIL, mentre diminuzioni della domanda di beni e servizi si riflettevano in riduzioni del PIL.

Tuttavia, non abbiamo considerato il ruolo svolto dalle variabili finanziarie (tasso di interesse, domanda e offerta di moneta, domanda e offerta di titoli) sul livello della domanda aggregata e, in particolar modo, sulla domanda di investimenti delle imprese e sulle esportazioni nette. Per costruire un modello macroeconomico più completo occorre tenere conto del ruolo che tali variabili esercitano nella determinazione del livello della domanda aggregata e, quindi, del PIL. In altre parole, occorre studiare le interazioni che sussistono tra *mercato dei beni* e *mercati finanziari*.

Per studiare le interazioni tra settore reale (mercato dei beni) e settore finanziario (mercato della moneta e mercato dei titoli) utilizziamo il *modello IS-LM*, che consente una descrizione più completa ed articolata del funzionamento del sistema economico. Tale modello fu proposto dall'economista inglese John Hicks nel 1937, un anno dopo la pubblicazione della *Teoria Generale* di Keynes. Il modello prende il nome dalle iniziali, in lingua inglese, delle variabili considerate nelle due relazioni fondamentali che lo caratterizzano: la relazione di uguaglianza tra livello degli investimenti (*I*) e livello del risparmio (*S*), ossia la condizione di equilibrio sul mercato dei beni; e la relazione di uguaglianza tra liquidità o domanda di moneta (*L*) e offerta di moneta (*M*), ossia la condizione di equilibrio sul mercato della moneta.

Dal punto di vista degli assunti di base, la versione del modello *IS-LM* presentata in questo capitolo riprende tutte e quattro le ipotesi che caratterizzavano il semplice modello di determinazione del PIL del capitolo precedente. Anche in questo modello il livello generale dei prezzi è predeterminato. Ciò consente di esaminare le diverse grandezze macroeconomiche senza preoccuparsi di distinguere tra valori nominali e reali, perché il valore delle variabili reali coincide con quello delle variabili nominali.

Due sono le finalità del modello *IS-LM*. La prima è, come si è già detto, quella di studiare come si determina il livello del PIL (e quindi dell'occupazione) in un sistema economico che include le variabili finanziarie. Questa è una finalità di tipo *positivo*: in altre parole, il modello viene impiegato per offrire una spiegazione del funzionamento del sistema economico. La seconda finalità è quella di analizzare l'effetto delle possibili azioni di *politica economica* sul livello del PIL e sull'occupazione. Questa seconda finalità è di tipo *normativo* e assume un ruolo importante nel dibattito macroeconomico, perché consente di studiare l'efficacia di concrete misure volte ad aumentare il PIL e ridurre la disoccupazione, con tutti i costi economici e sociali ad essa connessi.

9.1. Il tasso di interesse e la domanda di investimenti

Nel modello di determinazione del PIL presentato nel Capitolo 8, la domanda di investimenti (I) delle imprese era una variabile esogena: in altri termini, il suo valore era determinato al di fuori del modello. Al fine di rendere l'analisi più realistica, tuttavia, occorre ipotizzare che la domanda di investimenti sia una variabile endogena, cioè che il suo valore sia determinato all'interno del modello. In particolare, assumiamo che la domanda di investimenti dipenda dal tasso di interesse secondo una relazione inversa: quando il tasso di interesse aumenta la domanda di investimenti diminuisce, mentre quando il tasso di interesse diminuisce la domanda di investimenti aumenta.

Per quali ragioni possiamo ipotizzare una relazione inversa tra domanda di investimenti e tasso di interesse?

Per rispondere a questa domanda occorre, in via preliminare, esaminare quali sono i criteri di scelta adottati dalle imprese quando decidono di realizzare un progetto di investimento. A questo proposito consideriamo, da un lato, i ricavi e, dall'altro, i costi associati a un determinato progetto di investimento. I ricavi attesi di un progetto di investimento sono naturalmente influenzati dalle aspettative sull'andamento futuro dell'attività dell'impresa, mentre i costi sono più facilmente prevedibili, dato che, per la maggior parte, devono essere sostenuti prima che l'investimento (ad esempio, un macchinario o un impianto produttivo) possa essere utilizzato. In genere, un'impresa che vuole realizzare un determinato investimento deve prendere in prestito un certo ammontare di risorse finanziarie da una banca. Tanto maggiore è il tasso di interesse, tanto maggiore sarà l'onere che l'impresa dovrà sostenere. È quindi possibile, a livello intuitivo, considerare il tasso di interesse come una sorta di "filtro" per gli investimenti. Infatti, solo le imprese che si aspettano un ammontare di ricavi futuri tali da più che compensare i costi decideranno di investire. All'aumentare del tasso di interesse, diminuisce il numero di imprese disposte ad investire e quindi, da un punto di vista macroeconomico, si riduce il livello degli investimenti. D'altra parte, le imprese che finanziano gli investimenti con risorse finanziarie proprie rinunciano, come si vedrà meglio nei prossimi paragrafi, al tasso di interesse che avrebbero ottenuto acquistando, ad esempio, titoli del debito pubblico.

Si può quindi affermare che, indipendentemente dal fatto che siano finanziati con prestiti (per esempio ottenuti dalle banche) o con risorse finanziarie proprie, le imprese programmano gli investimenti in base ad un calcolo di convenienza che pone in relazione inversa il volume degli investimenti con il tasso di interesse. Per questa ragione, la relazione può essere espressa scegliendo la seguente forma lineare:

$$I = I_0 - \delta \times i \qquad [1]$$

dove I_0 indica il livello degli investimenti autonomi, cioè la domanda di investimenti che non dipende dal tasso di interesse; il coefficiente δ misura la reattività del livello degli investimenti alle variazioni del tasso di interesse; infine, i denota il tasso di interesse di mercato. Graficamente, la relazione tra domanda di investimenti (*I*) e tasso di interesse (*i*) può essere rappresentata come nella Figura 1.

Figura 1. – *La funzione degli investimenti*

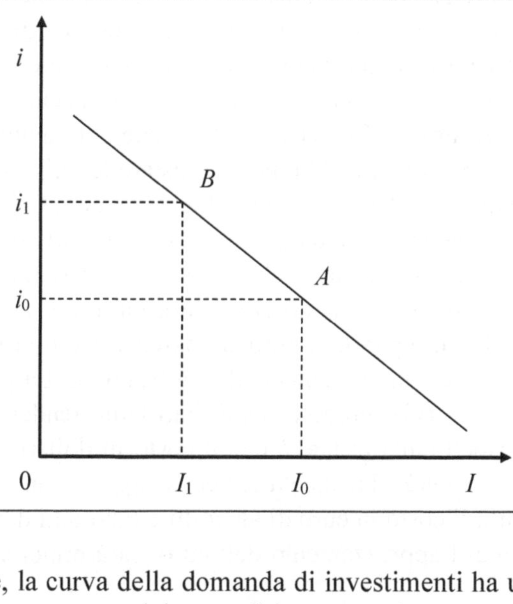

Come si vede, la curva della domanda di investimenti ha un'inclinazione negativa: a fronte di un aumento del tasso di interesse, che per esempio passa da i_0 a i_1, il livello degli investimenti diminuisce, passando da I_0 a I_1.

9.2. Le esportazioni nette e il tasso di interesse

Nella versione di economia aperta del modello di determinazione del PIL, abbiamo ipotizzato che le esportazioni nette – la differenza tra il valore delle esportazioni e il valore delle importazioni – dipendano, tramite la funzione delle importazioni, dal livello del PIL. In altre parole, aumenti nel livello del PIL determinano, dato il livello esogeno delle esportazioni, una diminuzione delle esportazioni nette, vale a dire:

$$NX = Z - H = Z_0 - (H_0 + h \times Y) \quad [2]$$

Per completare il modello, tenendo conto del ruolo delle variabili finanziarie, nel seguito ipotizzeremo che anche le esportazioni nette dipendano, oltre che dal livello del PIL, dal tasso di interesse secondo una relazione inversa. Se il tasso di interesse (i) aumenta le esportazioni nette (NX) diminuiscono, mentre se il tasso di interesse (i) diminuisce le esportazioni nette (NX) aumentano.

Vediamo ora come questa relazione inversa si possa spiegare in modo intuitivo. A questo proposito, introduciamo il concetto di *tasso di cambio*, che studieremo in modo più approfondito nel Capitolo 12. Per adesso, ci è sufficiente la seguente definizione: il tasso di cambio tra euro e dollaro (EUR/USD) è dato dal numero di dollari che sono necessari per acquistare un euro.

Ciò detto, torniamo alla spiegazione del perché è possibile ipotizzare una relazione inversa tra NX e i. Quando nella zona euro[1] il tasso di interesse sulle attività finanziarie (per esempio, sui titoli pubblici) aumenta, i cittadini di altri Paesi (per esempio, degli Stati Uniti) troveranno più conveniente acquistare attività finanziarie nella zona euro. Per converso, i cittadini dei Paesi nella zona euro troveranno meno conveniente acquistare le attività finanziare di Paesi che non fanno parte della zona euro (per esempio, degli Stati Uniti). Ma, per acquistare le attività finanziarie della zona euro, i cittadini americani hanno bisogno di euro e, quindi, la domanda di euro tenderà ad aumentare. Se la domanda di euro contro dollari aumenta, a parità di offerta di euro e di dollari, sul mercato delle valute occorrerà un maggior numero di dollari per acquistare un euro (o, detto altrimenti, un minor numero di euro per acquistare un dollaro). In altre parole, l'euro si apprezzerà e il tasso di cambio euro-dollaro aumenterà. Ciò ha due fondamentali implicazioni. La prima è che il costo in euro dei beni e dei servizi prodotti negli Stati Uniti tenderà a diminuire. La seconda, simmetrica rispetto alla prima, è che il costo in dollari dei beni e servizi prodotti nella zona euro tenderà ad aumentare. Per esempio, se un italiano si reca per turismo negli Stati Uniti, il costo in euro di alberghi e ristoranti dopo l'aumento del tasso di cambio, e quindi l'apprezzamento dell'euro, sarà minore. Al contrario, se

---

[1] La *zona euro* è costituita dagli Stati membri dell'Unione europea che hanno adottato l'euro come valuta nazionale.

un turista americano si reca per turismo in una città d'arte italiana, il costo in dollari di trattorie e alberghi italiani sarà maggiore.

L'aumento del tasso di cambio farà sì che per i cittadini italiani le importazioni di beni e servizi dagli Stati Uniti diventino più convenienti, mentre per i cittadini statunitensi le importazioni di beni e servizi dall'Italia (che sono esportazioni dal punto di vista dell'Italia) diventino più care. Per questa ragione, quando il tasso di interesse (i) aumenta, il tasso di cambio aumenta e, quindi per l'Italia il valore delle esportazioni (Z) diminuisce, mentre il valore delle importazioni (H) aumenta.

Un ragionamento analogo si può ripetere nel caso di una diminuzione del tasso di interesse sulle attività finanziarie nella zona euro, rimanendo costante quello negli Stati Uniti. In questo caso, l'effetto sarà quello di una diminuzione del tasso di cambio euro-dollaro (ovvero di un minor valore dell'euro in termini di dollari) e, quindi per l'Italia si avrà un aumento delle esportazioni (Z) e una diminuzione delle importazioni (H).

Vediamo ora come sia possibile stilizzare queste relazioni – rappresentandole cioè per mezzo di semplici equazioni. Cominciamo dalle esportazioni (Z), che, nel modello del capitolo precedente erano considerate una variabile esogena e che, invece, ora vengono a dipendere negativamente dal tasso di interesse (i). Possiamo scrivere:

$$Z = Z_0 - g \times i \qquad [3]$$

Come si vede, il livello delle esportazioni dipende da una componente autonoma (Z_0) e dal tasso di interesse. Il coefficiente g misura la reattività della domanda di esportazioni rispetto alle variazioni del tasso di interesse.

Per quanto concerne, invece, le importazioni, queste possono essere rappresentate nel modo seguente:

$$H = H_0 + h \times Y + e \times i \qquad [4]$$

Il livello delle importazioni dipende positivamente, oltre che dalla componente autonoma delle importazioni e dal livello del PIL, anche dal tasso di interesse. Il coefficiente e misura la reattività della domanda di importazioni rispetto alle variazioni del tasso di interesse.

In base alle equazioni [3] e [4], le esportazioni nette saranno quindi date da:

$$NX = Z - H = (Z_0 - g \times i) - (H_0 + h \times Y + e \times i) \qquad [5]$$

da cui:

$$NX = (Z_0 - H_0) - h \times Y - (g + e) \times i \qquad [6]$$

Infine, indicando ($Z_0 - H_0$) con NX_0, e ($g + e$) con n, l'equazione [6] può essere riscritta nel modo seguente:

$$NX = NX_0 - h \times Y - n \times i \qquad [7]$$

dove NX_0 denota il livello delle esportazioni nette, che non dipende né dal livello del PIL né dal tasso di interesse; h è la propensione marginale alle importazioni; ed n è un coefficiente che misura la reattività delle esportazioni nette alle variazioni del tasso di interesse. Come abbiamo già osservato, le esportazioni nette aumentano quando aumenta la componente autonoma delle stesse, mentre diminuiscono quando aumentano il livello del PIL e il tasso di interesse.

9.3. L'equilibrio sul mercato dei beni e dei servizi

A questo punto, possiamo riprendere il modello già utilizzato nel Capitolo 8 sulla determinazione del PIL di equilibrio avendo l'accortezza di sostituire a I e NX le equazioni [1] e [7], rispettivamente, per gli investimenti e le esportazioni nette.

A partire dall'insieme di equazioni specificate e procedendo nel modo consueto otteniamo il livello di equilibrio del PIL, che è dato dalla seguente espressione:

$$Y = \frac{1}{1 - b \times (1 - t) + h} \times [I_0 + G_0 + X_0 - i \times (\delta + n)] \qquad [8]$$

L'equazione [8] rappresenta quindi la nuova specificazione rispetto a quelle elaborate nel Capitolo 8 per la determinazione del PIL di equilibrio. Infatti, procedendo allo stesso modo del Capitolo 8, una volta definiti i valori dei parametri (b, t, h, δ) e delle variabili esogene (I_0, G_0, X_0) dovremmo essere in grado di trovare il valore Y^* del PIL di equilibrio.

Tuttavia, in questo caso, ciò non è possibile! Per ottenere il valore del PIL di equilibrio occorre infatti fissare preventivamente il valore del tasso di interesse (i). Poiché tuttavia è possibile scegliere infiniti valori di i, a ciascuno di questi infiniti valori corrisponderà un differente valore di Y. Per questo, ciò è dovuto al fatto che la [20] essendo un'equazione singola in due incognite (Y e i) risulta essere sovradeterminata e non è possibile ottenere un unico valore di Y (il PIL di equilibrio). Ma poiché per ciascun valore di i si ottiene un valore corrispondente del PIL di equilibrio, l'equazione [8] rappresenta tutte le infinite possibili combinazioni del tasso di interesse (i) e del livello del PIL (Y) che garantiscono l'equilibrio sul mercato dei beni.

Possiamo rappresentare graficamente questa equazione. Il procedimento è il seguente: tracciamo nel riquadro in alto della Figura 2 la retta a 45° e la retta della domanda aggregata (DA) per un dato tasso di interesse (i_0). Il livello di equilibrio del PIL risulta pari a Y_0.

Figura 2. – *La costruzione grafica della curva* IS

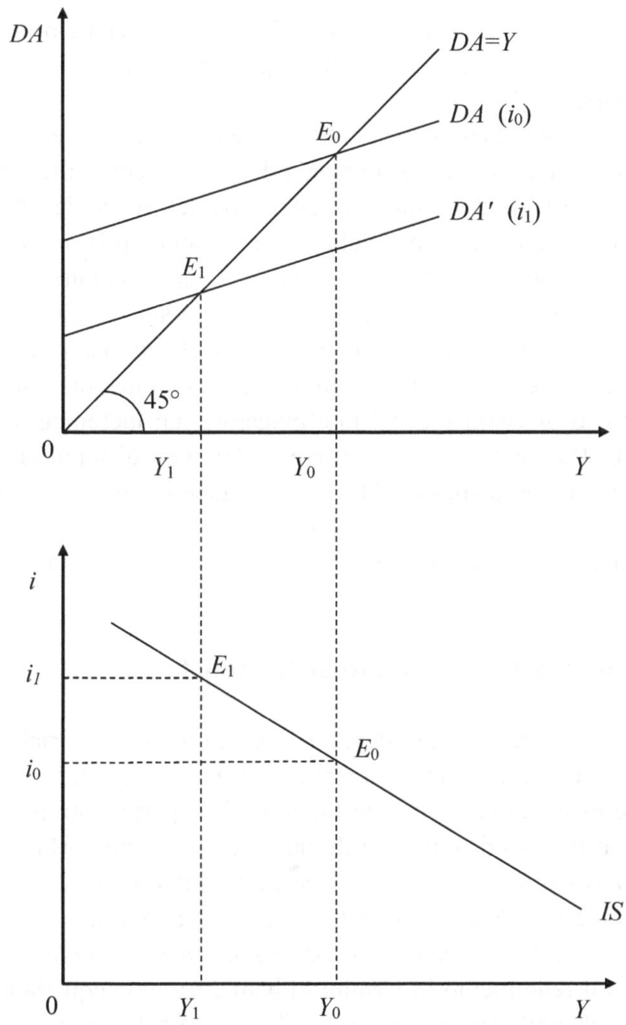

Tracciamo ora nel riquadro in basso della Figura 2 la relazione tra i e Y. Al tasso di interesse i_0 l'equilibrio sul mercato dei beni comporta un livello di equilibrio del PIL pari a Y_0. La coppia di valori (i_0, Y_0) rappresenta il primo punto identificato. Se i aumenta da i_0 fino a i_1, questo determina nel riquadro superiore una traslazione parallela verso il basso della curva di domanda aggregata (da *DA* a *DA'*), a causa della riduzione della domanda di investimenti (*I*) e delle esportazioni nette (*NX*) conseguente all'aumento del tasso di interesse. Lo spostamento parallelo verso il basso della curva di domanda aggregata comporta, a sua volta, una riduzione del PIL di equilibrio fino a Y_1. Nel riquadro inferiore, la nuova coppia di valori coerente con il nuovo equilibrio sul mercato dei beni sarà allora (i_1, Y_1). Ripetendo l'operazione, è possibile derivare la relazione inversa tra *i* e *Y*. Questa relazione prende il nome di *curva IS*, poiché come visto nel Capitolo 8, l'equilibrio implica l'uguaglianza tra investimenti (*I*) e risparmi (*S*).

La curva *IS* ha un'inclinazione negativa perché un aumento del tasso di interesse determina una diminuzione nella domanda di investimenti delle imprese e nelle esportazioni nette e, quindi, determina una riduzione del livello del PIL.

Si osservi infine che un aumento della spesa pubblica (*G*) provoca una traslazione parallela verso l'alto a destra della curva *IS*. Infatti, la curva *IS* identifica le combinazioni di *Y* e di *i* che garantiscono l'equilibrio sul mercato dei beni, assumendo come dato il valore della spesa pubblica (*G*), che abbiamo ipotizzato essere una variabile esogena. A parità del tasso di interesse, dunque, un aumento di *G* determina, attraverso il meccanismo del moltiplicatore, un incremento del livello di equilibrio del PIL. Riassumendo, dato il livello del tasso di interesse, un *aumento* di *G* (cioè un aumento della spesa pubblica) si traduce in una traslazione verso *destra* della curva *IS*; viceversa, una *diminuzione* di *G* (cioè una riduzione della spesa pubblica) determina una traslazione parallela verso *sinistra* della curva *IS*.

9.4. Il tasso di interesse e il mercato della moneta

Abbiamo visto come il tasso di interesse (*i*) costituisca una variabile fondamentale per spiegare le decisioni di investimento realizzate dalle imprese. Infatti, quando il tasso di interesse aumenta gli investimenti e le esportazioni nette diminuiscono, mentre quando il tasso di interesse diminuisce aumentano. Ma cosa si intende esattamente per *tasso di interesse* e come può essere interpretata questa variabile?

Anzitutto occorre ricordare che quando si parla di tasso di interesse si è soliti distinguere tra *tasso di interesse nominale* e *tasso di interesse reale*. Il tasso di interesse reale misura il rendimento in termini di beni e servizi acquistabili e depura il rendimento nominale dalle variazioni nel livello generale dei prezzi.

In particolare, indicando con *i* il tasso d'interesse nominale, con π il tasso d'inflazione e con *r* il tasso d'interesse reale possiamo scrivere[2]:

$$r = i - \pi \qquad [9]$$

Se ad esempio il tasso di interesse nominale è del 5% e il tasso di inflazione è del

---

[2] Di fatto la relazione esatta è: $1 + r = (1 + i)/(1 + \pi)$ e la [9] vale solo come relazione approssimata. L'approssimazione è tanto migliore quanto più piccoli sono i tassi.

3%, il tasso di interesse reale è pari al 2% (r = 5% – 3% = 2%). L'espressione [9] può essere riscritta come:

$$i = r + \pi \qquad [10]$$

Scritta in questo modo è detta *equazione di Fisher* e il tasso d'interesse nominale viene visto come il risultato della somma delle due componenti r e π.

Fino a quando manterremo l'ipotesi che il livello dei prezzi è costante, il tasso di interesse nominale coinciderà con quello reale.

Un ulteriore elemento da considerare è relativo al fatto che, come vedremo tra breve, la liquidità del sistema economico è costituita sia dalle banconote e dalle monete metalliche in circolazione sia dai depositi bancari (conti correnti). È a tutti ovvio che tenere banconote e monete nel proprio portafoglio non frutta alcun interesse. Praticamente lo stesso può dirsi anche per i depositi bancari – i conti correnti – che solitamente non danno luogo a un tasso di interesse reale positivo o, se lo generano, è assai modesto. Per questa ragione, si può ipotizzare – con un certo grado di approssimazione, anche con riferimento ai depositi bancari – che detenere moneta sia un'attività che non frutta alcuna remunerazione (reale).

Per converso, in ogni sistema economico è disponibile un insieme di attività finanziarie – come le obbligazioni statali (ad esempio, nel caso italiano, i BOT e i BTP) e societarie – che, invece, fruttano un interesse. Naturalmente, essendoci diverse tipologie di attività finanziarie, possono essere identificati diversi tassi di interesse. Tipicamente, più elevati sui titoli a lungo termine, meno su quelli a breve termine; più elevati sui titoli più rischiosi, meno su quelli più sicuri.

Ecco che occorre allora spiegare come si determina il tasso di interesse nel sistema economico. Il tasso di interesse rappresenta la ricompensa per la rinuncia alla liquidità o, in modo equivalente, il costo-opportunità di detenere liquidità, vale a dire, moneta.

Definiamo pertanto il tasso di interesse come il "prezzo" della moneta. Infatti, è relativamente semplice comprendere che, da un lato, chi desidera prendere a prestito una certa somma di denaro per un determinato periodo di tempo, dovrà restituire, oltre alla somma ottenuta, una maggiorazione, che costituisce la remunerazione per chi è disposto a rimandare l'utilizzo di quella somma di denaro nel tempo, da oggi fino a giorno futuro in cui la somma verrà restituita. Rinunciare ad utilizzare oggi quell'ammontare di denaro per usarlo domani, comporta sacrificio, e questo sacrificio viene remunerato dall'interesse.

Inoltre, il concetto di tasso di interesse ci aiuta a spiegare elementi legati al mercato della moneta. Ricordando il concetto di costo opportunità, possiamo dire che il tasso di interesse è il costo di detenere denaro. Infatti, detenere una certa somma di denaro oggi, significa rinunciare all'interesse che potrebbe essere ottenuto qualora quella somma fosse stata invece prestata. Detenere denaro in forma liquida (cioè in forma immediatamente spendibile) ha un costo (il tasso di interesse), mentre detenere quella stessa somma in forma meno liquida (cioè impegnata, per esempio, in un prestito, e quindi spendibile soltanto quando il prestito finisce, cioè quindi non immediatamente spendibile) genera una remunerazione pari al tasso di interesse. Possiamo allora definire il grado di liquidità del portafoglio di attività finanziarie di un agente, come il grado di spendibilità (o meno) della sua disponibilità finanziaria. O in altre parole, come la media dei gradi di liquidità delle singole attività finanziarie che compongono il portafoglio finanziario: tanto più liquido sarà quel portafoglio, tanto maggiore sarà la quantità di attività immediatamente spendibili, e viceversa. Ad esempio, un agente che acquistasse un BTP (Buoni del Tesoro Poliennali) in scadenza a dieci anni, scambiando denaro (liquido) con il BTP (meno liquido) renderebbe il suo portafoglio finanziario meno liquido. Viceversa, nel caso in cui vendesse un BTP, cedendo un'attività poco liquida in cambio di denaro, renderebbe il suo portafoglio più liquido.

A questo punto, dovrebbe essere più chiaro perché il tasso di interesse costituisce la ricompensa per la rinuncia alla liquidità o, se si preferisce, il costo-opportunità di detenere moneta. Infatti, quando un operatore detiene una certa somma di euro sotto forma di moneta (banconote) rinuncia – per definizione – alla remunerazione, cioè agli interessi, di cui beneficerebbe investendo questa somma in un impiego finanziario alternativo: nel caso in esame nell'acquisto di titoli di Stato.

È ovvio che, se il tasso di interesse aumenta, il costo-opportunità di detenere moneta aumenta, mentre se il tasso di interesse diminuisce il costo-opportunità di detenere moneta diminuisce.

Box 1. – *L'analisi della Banca Centrale Europea sugli aggregati finanziari*

Gli aggregati monetari misurano la quantità di moneta presente in un determinato momento nel sistema economico all'interno del bilancio consolidato delle istituzioni finanziarie monetarie (IFM) residenti. Essi sono compilati dalle Banche Centrali e di solito vengono presentati come serie di titoli di valuta nazionale di fine mese. Gli standard a livello internazionale per la compilazione degli aggregati monetari furono pubblicati dal Fondo Monetario Internazionale (FMI) nel "Manuale sulle statistiche monetarie e finanziarie" del 2000. In linea con la prassi internazionale, la Banca Centrale Europea (BCE), per gli aggregati monetari dell'Eurozona, si è basata su definizioni armonizzate del settore emittente moneta e di quello detentore di moneta, ma anche delle categorie di passività delle IFM. Gli emittenti comprendono le IFM residenti nell'area dell'euro, mentre i detentori includono tutti gli altri residenti. Sono quindi escluse: (i) le amministrazioni centrali; (ii) le attività detenute da soggetti non residenti sotto forma di depositi a breve termine presso IFM dell'area; (iii) le quote e le partecipazioni in fondi comuni monetari situati e i titoli di debito con scadenza originaria fino a due anni emessi da IFM dell'area. La componente legata alle banconote e alle monete in circolazione, invece, viene inclusa nella sua interezza. La BCE ha definito un aggregato ristretto (M1), un aggregato intermedio (M2) e un aggregato ampio (M3). Essi differiscono per il grado di liquidità degli strumenti che vi confluiscono valutato in base a criteri di trasferibilità, convertibilità, certezza di prezzo e negoziabilità. La loro composizione è indicata nella tabella sottostante.

Aggregati Monetari	Definizione
M1	Circolante (currency in circulation); depositi overnight (depositi in conto corrente e depositi a vista o liquidabili entro il giorno successivo).
M2	M1 Depositi con durata prestabilita fino a due anni.
M3	M2 Pronti contro termine (escluse le operazioni pronti contro termine con controparti centrali a partire dai dati di giugno 2010); quote di fondi comuni monetari e obbligazioni.

Prima dell'inizio della politica monetaria unica, in Italia l'aggregato di riferimento era M2. La Banca centrale europea ha invece posto come centrale nell'analisi monetaria l'aggregato M3. Per il calcolo delle componenti nazionali degli aggregati, si dovrebbe sottrarre dalle passività emesse dalle IFM nazionali, la parte detenuta da altre IFM, nazionali o di altri paesi dell'area. Tuttavia, a causa della mancanza di alcune informazioni, si ricorre a stime seguendo una metodologia comune a tutta l'Eurozona. Questa metodologia consente di confrontare su base omogenea i contributi nazionali e questi con gli aggregati dell'area, facendo sì che la somma dei contributi nazionali sia uguale al corrispondente aggregato dell'area. Con l'introduzione dell'Euro, i contributi nazionali agli aggregati monetari M1, M2 e M3 sono calcolati escludendo il circolante, poiché non è più direttamente misurabile la quantità di banconote e di monete effettivamente detenuta in ciascun Paese.
Gli aggregati monetari misurano quindi l'offerta di moneta esistente in un determinato momento nel sistema economico e sono utilizzati per esprimere gli obiettivi della politica monetaria in quanto la loro entità influenza i tassi di interesse e di inflazione. Tuttavia, a causa dell'incertezza definitoria e dell'instabilità nel breve periodo degli aggregati monetari, nella pratica operativa attuale delle banche centrali l'analisi monetaria viene applicata solo nel medio e lungo periodo, in cui è più stretta la relazione tra la quantità di moneta e il livello dei prezzi, e come strumento di controllo degli indicatori della politica monetaria di breve e medio periodo.

Il tasso di interesse è quindi definito come il prezzo della moneta, e come tale, seguendo la nostra tradizione, per definire un prezzo occorrerà una domanda e un'offerta, in questo caso, di moneta, che si incontreranno nel mercato della moneta per determinare il prezzo di equilibrio: il prezzo al quale la quantità di moneta offerta uguaglia quella domandata.

Per fare ciò, dobbiamo elaborare una teoria della domanda e dell'offerta di moneta – vale a dire, una teoria del mercato della moneta. Prima di procedere in questa direzione è però utile esaminare, da un lato, quali sono le funzioni della moneta e, dall'altro, vedere come questa grandezza possa essere definita.

Cominciamo dal primo aspetto: vale a dire, dalle funzioni della moneta. La moneta assolve, infatti, tre funzioni essenziali: i) mezzo di pagamento; ii) unità di conto; iii) riserva di valore.

La moneta funge da *mezzo di pagamento*, ovvero da strumento attraverso il quale si regolano gli scambi: la moneta è il mezzo generalmente utilizzato per effettuare i pagamenti nell'acquisto di beni e servizi. In alternativa, le transazioni possono essere effettuate mediante baratto, ovvero lo scambio di beni e servizi contro altri beni e servizi. Tuttavia, le economie di baratto sono poco efficienti. Infatti, affinché le transazioni si realizzino, occorre che vi sia la cosiddetta *doppia coincidenza* dei bisogni: ciascun venditore e ciascun acquirente devono essere interessati ad acquisire nello stesso istante i beni e i servizi proposti dalla controparte. Come si può facilmente comprendere, ciò avviene raramente nei moderni sistemi economici.

La seconda funzione della moneta è quella di essere un'*unità di conto*. In altre parole, la moneta viene utilizzata per misurare il valore dei beni e dei servizi disponibili nel sistema economico. È noto a tutti che i prezzi (nominali) dei beni e servizi sono espressi in termini di un'unità monetaria. Per esempio, il prezzo di una tazzina di caffè è di 1 euro e il prezzo di un boccale di birra è di 4 euro.

Da ultimo, la moneta assolve alla funzione di *riserva di valore*. Questa funzione sottolinea il ruolo della moneta come attività finanziaria, che consente di trasferire la ricchezza di un individuo dal presente al futuro. In questo senso, la moneta svolge un ruolo simile a quello di attività finanziarie, come azioni, obbligazioni societarie e titoli di Stato: sia la moneta sia le altre forme di investimento finanziario consentono, infatti, di trasferire nel tempo la ricchezza di un individuo. Tuttavia, come abbiamo già rilevato in precedenza, vi sono due fondamentali differenze tra la moneta e le altre attività finanziarie. La prima è che la moneta è un'attività finanziaria che non genera alcun rendimento, mentre le altre attività solitamente lo generano. La seconda è che la moneta è un'attività finanziaria liquida, che può essere cioè utilizzata immediatamente per l'acquisto di beni e servizi, mentre le altre attività finanziarie hanno tipicamente un grado minore di liquidità. Per esempio, un titolo di Stato può essere utilizzato per acquistare beni e servizi soltanto dopo essere stato venduto.

Esaminate le funzioni della moneta, passiamo ora al secondo aspetto: la definizione di moneta. Dal punto di vista operativo, la moneta, o se si preferisce, lo stock nominale di moneta (chiamata anche *liquidità primaria* o M_1) può essere definita come la somma del *circolante* (*CIRC*) emesso dalla banca centrale e dei *depositi bancari* (*D*) detenuti dalle famiglie e dalle imprese – il cosiddetto pubblico – presso le banche ordinarie. Il circolante è costituito, a sua volta, dalle banconote e dalle monete metalliche in circolazione.

L'insieme di regole con cui viene assegnato un valore economico ai beni e servizi e vengono effettuati gli scambi, che determina così quali sono i mezzi di pagamento e l'unità di conto utilizzati nel sistema economico, è chiamato *sistema monetario*[3]. Nel corso del XX secolo le banche centrali e i governi sono stati sempre più coinvolti nell'organizzazione e gestione del proprio sistema monetario, e la prerogativa di emettere banconote e monete metalliche, utilizzate come mezzi di pagamento, è divenuta una competenza esclusiva delle banche centrali.

Box 2. – *La nascita dell'euro e la zona euro*

La decisione di abbandonare le valute nazionali e di creare una valuta unica che fosse rappresentativa dell'integrazione tra i Paesi aderenti venne presa tramite accordi stipulati a Maastricht (una piccola cittadina olandese) e firmati il 7 febbraio 1992. Il trattato di Maastricht fissò una serie di parametri che dovevano essere rispettati dagli Stati membri che decidevano di partecipare a tale nuova valuta. Tali parametri erano: i) *stabilità dei prezzi*: il tasso di inflazione, calcolato mediante l'indice armonizzato dei prezzi al consumo, non doveva essere superiore di 1,5% rispetto al tasso medio dei tre Paesi con minore inflazione; ii) *stabilità dei tassi d'interesse*: il tasso d'interesse delle obbligazioni statali a 10 anni non doveva superare di due punti percentuali la media dei tre Paesi con i tassi minori; iii) *stabilità dei tassi di cambio*: mancanza di oscillazioni del tasso di cambio superiori al 15% nei due anni precedenti l'ingresso nella valuta comune; e iv) *stabilità dei conti pubblici*: rapporto deficit/PIL inferiore al 3% e rapporto debito/PIL inferiore al 60% o in significativo miglioramento.

La denominazione "euro" venne decisa dal Consiglio Europeo che si riunì a Madrid nel dicembre 1995.

Dal primo gennaio 1999 l'Euro ha avuto corso legale (come valuta virtuale) al posto delle dieci valute degli undici Paesi fondatori dell'*Unione Economica e Monetaria* (UEM) europea (Austria, Belgio, Finlandia, Francia, Germania, Irlanda, Italia, Lussemburgo, Olanda, Portogallo, Spagna), sotto la competenza esclusiva del *Sistema Europeo delle Banche Centrali* (SEBC). A questi undici paesi si aggiunse la Grecia a partire dal primo gennaio 2001.

L'euro in banconote e monete metalliche entrò in circolazione soltanto a partire dal 1° gennaio 2002. Successivamente, sono entrati a far parte della cosiddetta *zona euro* (o *euro area*) anche Slovenia (2007), Cipro e Malta (2008), Slovacchia (2009), Estonia (2011), Lettonia (2014) e Lituania (2015). La zona euro è quindi attualmente (gennaio 2018) costituita da 19 Paesi. Dal 1998 la *Banca Centrale Europea* (BCE) opera nell'ambito del SEBC.

---

[3] In alcuni casi mezzi di pagamento e unità di conto coincidono: ad esempio, l'argento e la libbra d'argento in Inghilterra alla fine del 1600. In altri casi non coincidono: ad esempio, negli Stati Uniti attorno alla metà del 1800, l'unità di conto era un sottomultiplo di un'oncia d'oro, ma il mezzo di pagamento più frequente era costituito da banconote emesse da banche private. Oggi in Europa l'unità di conto è l'euro e i mezzi di pagamento, oltre che da banconote e monete metalliche, sono costituiti da carte di credito e assegni bancari.

9.4.1. La domanda di moneta

Per *domanda di moneta* (o *domanda di liquidità*), che indicheremo con L, si intende la quantità di moneta che le famiglie e le imprese desiderano detenere, cioè il valore di circolante e depositi domandato dal pubblico.

Come abbiamo detto, la moneta è al contempo unità di conto, mezzo di pagamento e riserva di valore. I motivi per cui viene domandata dai singoli agenti sono legati alla sua capacità di: i) facilitare le transazioni (*motivo transazionale*); ii) permettere acquisti imprevisti (*motivo precauzionale*); iii) permettere di scegliere il momento più opportuno per acquistare titoli (*motivo speculativo*).

La domanda di moneta dipende da tre fattori.

i) *Il tasso d'interesse*. In particolare, quanto più elevato è il tasso di interesse (i), tanto minore è la quantità di moneta che gli agenti desiderano detenere, e viceversa. Esiste cioè una relazione inversa tra tasso di interesse e domanda di moneta.

Abbiamo infatti detto che gli agenti desiderano detenere moneta per scambiarla con beni e servizi (motivo transazionale e precauzionale), ma detenendo moneta sostengono un costo-opportunità, quello collegato al guadagno perso e che potrebbero ottenere detenendo quella ricchezza in forme alternative. Quindi gli agenti hanno un incentivo a ridurre la quantità di moneta detenuta per motivi transazionali e precauzionali. Ad esempio, possono recarsi in banca più spesso e detenere così in media una quantità inferiore di moneta. Ma quanto spesso conviene loro andare in banca? La risposta dipende dal tasso d'interesse, che indica appunto quanto una famiglia o un'impresa potrebbero guadagnare impiegando la propria ricchezza in forme che fruttano interesse, piuttosto che detenere circolante (che non frutta interessi) o utilizzare depositi in conto corrente (che in Italia rendono interessi bassi). Il tasso di interesse misura quindi il costo-opportunità di detenere moneta: quanto più è elevato tale tasso, tanto maggiore sarà il guadagno associato a forme alternative di detenzione della ricchezza, e tanto minore di conseguenza sarà la quantità di moneta che gli agenti desidereranno detenere.

ii) *Il reddito*. In particolare, quanto più elevato è il reddito (Y), tanto maggiore è la quantità di moneta che gli agenti desiderano detenere, e viceversa. Esiste cioè una relazione diretta tra livello del reddito e domanda di moneta.

Le famiglie e le imprese desiderano detenere moneta per acquistare beni e servizi, ossia, per effettuare transazioni (motivo transazionale). È quindi ovvio che, quanto più elevato è il numero di tali transazioni, tanto maggiore sarà la quantità di moneta domandata. Un indicatore del numero e del valore delle transazioni effettuate dagli agenti è il livello del reddito. Per esempio, con riferimento a una famiglia, quanto più elevato è il suo reddito, tanto maggiori saranno i suoi consumi (Capitolo 8), e quindi tanto maggiore sarà la quantità di moneta necessaria. Questa relazione può essere riportata a livello macroeconomico, aggregando i comportamenti delle famiglie e delle imprese che operano nel sistema economico. In questo modo si ottiene una relazione diretta tra livello del PIL (Y) e domanda di moneta.

iii) *Il livello generale dei prezzi*. In particolare, quanto più elevato è il livello generale dei prezzi (P), tanto maggiore è la quantità di moneta che gli agenti desiderano detenere, e viceversa. Esiste cioè una relazione diretta tra livello dei prezzi e domanda di moneta.

Questa relazione si può spiegare in due modi. Anzitutto, si può presumere che gli agenti esprimano una domanda di moneta in termini reali, ovvero depurata dall'aumento dei prezzi. Inoltre, se il livello dei prezzi è più elevato, i beni e i servizi sono più costosi e per acquistarli occorreranno più circolante o assegni per importi maggiori.

In conclusione, la domanda nominale di moneta (L) può essere espressa mediante l'equazione:

$$L = (k \times Y - a \times i) \times P \qquad [11]$$

dove k è un coefficiente che misura la reattività della domanda di moneta alle variazioni del livello del PIL, mentre a è un coefficiente che misura la reattività della domanda di moneta alle variazioni del tasso di interesse. È evidente da questa equazione che, se il livello del PIL o dei prezzi aumenta, la domanda di moneta aumenta; se invece è il tasso di interesse ad aumentare, la domanda di moneta diminuisce.

9.4.2. L'offerta di moneta

Passiamo ora ad esaminare l'offerta di moneta (M). In Europa, il controllo e la regolazione dell'offerta di moneta è compito statutario della *Banca Centrale Europea* (BCE). Per questa ragione, si ipotizza che anche l'offerta di moneta (M), come già la spesa pubblica, sia una variabile esogenamente determinata, in quanto decisa in modo discrezionale dalle autorità monetarie. L'equazione dell'offerta di moneta (M) può quindi essere espressa come:

$$M = M_0 \qquad [12]$$

dove M_0 indica, appunto, l'offerta nominale (esogena) di moneta. L'offerta reale di moneta viene invece indicata dal rapporto M/P.

9.5. Il mercato della moneta

A questo punto siamo in grado di determinare l'equilibrio sul mercato della moneta. Partiamo dalla condizione di equilibrio sul mercato della moneta, vale a dire dall'uguaglianza tra domanda e offerta di moneta:

$$M_0 = (k \times Y - a \times i) \times P \qquad [13]$$

che, dividendo a sinistra e a destra per P, diviene:

$$\frac{M_0}{P} = k \times Y - a \times i \qquad [14]$$

Anche questa relazione (come la [8] per il mercato dei beni e dei servizi) è costituita da un'equazione in due incognite (i e Y), e pertanto risulta anch'essa sovradeterminata. Infatti, la [14] rappresenta tutte le possibili combinazioni del tasso d'interesse (i) e del livello del PIL (Y) che soddisfano la condizione di equilibrio sul mercato della moneta: vale a dire, l'uguaglianza tra domanda e offerta di moneta.

Graficamente possiamo rappresentare una relazione diretta tra i ed Y. Per ottenerla tracciamo nel riquadro di sinistra della Figura 3 la domanda di moneta in funzione del tasso di interesse. La curva di domanda è inclinata negativamente perché, come si è già detto, tassi di interesse più elevati fanno diminuire la domanda di moneta. Inoltre, la curva di domanda di moneta si sposta parallelamente verso destra in alto se il livello del PIL aumenta. Infatti, all'aumentare del livello del reddito il pubblico, a parità del tasso di interesse, desidera detenere una quantità maggiore di moneta. Nello stesso riquadro tracciamo anche l'offerta di moneta, e cioè una linea verticale con intercetta sull'asse delle ascisse pari al valore dello stock di moneta fissato dalla BCE. L'offerta di moneta è infatti rappresentata tramite una linea verticale perché, essendo sotto il controllo della BCE, non dipende dal tasso di interesse.

Figura 3. – *La costruzione grafica della curva* LM

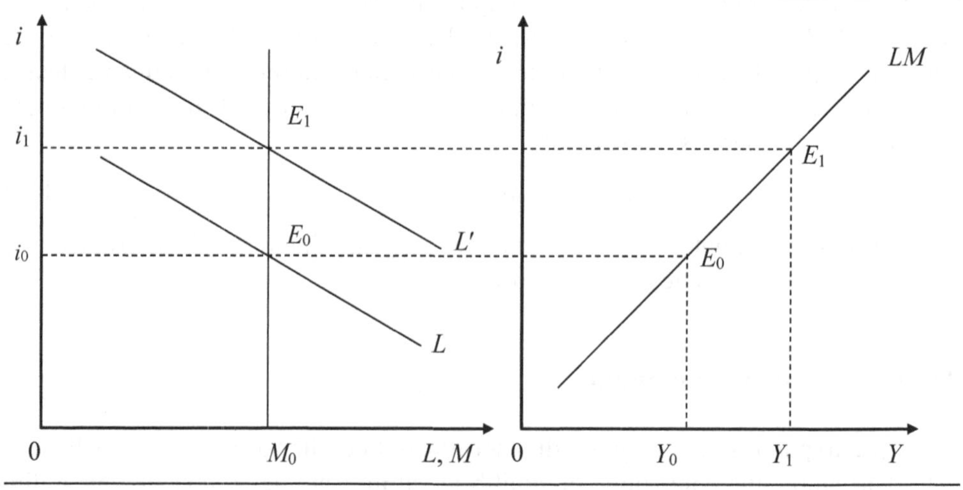

Nel riquadro di destra della Figura 3 si deriva la relazione esistente fra i e Y. Partendo da un determinato livello del PIL nel riquadro di destra (ad esempio, Y_0, da cui proiettiamo una retta tratteggiata verso l'alto), identifichiamo la corrispondente domanda di moneta (L) nel riquadro a sinistra; dall'intersezione tra offerta (M_0) e domanda di moneta (L) nel riquadro di sinistra determiniamo il tasso di interesse che uguaglia, dato il livello Y_0 del PIL, la domanda e l'offerta di moneta. In questo modo si ottiene una coppia di valori (i_0, Y_0) tali per cui il mercato della moneta è in equilibrio: vale a dire, si individua un punto della cosiddetta *curva LM*, il cui nome deriva dalle lettere solitamente utilizzate per indicare, rispettivamente, la domanda di liquidità (L) e l'offerta di moneta (M).

Considerando nel riquadro di destra un livello di PIL più elevato, ad esempio Y_1, nel riquadro di sinistra dovremo tracciare una nuova funzione di domanda di moneta, L', che sta necessariamente al disopra della precedente, in quanto a un livello superiore del PIL corrisponde una maggiore domanda di moneta. Otteniamo così una nuova coppia di valori (i_1, Y_1) e il nuovo punto di equilibrio E_1.

Ripetendo l'esercizio, è possibile ricavare tutte le coppie di valori (i, Y) tali per cui il mercato della moneta è in equilibrio: vale a dire, è possibile individuare tutti gli altri infiniti punti della curva *LM*.

Notiamo che la curva *LM* è inclinata positivamente. In altri termini, se il livello del PIL aumenta, e quindi aumenta la domanda di moneta, il mercato della moneta torna in equilibrio se e solo se anche il tasso di interesse aumenta.

Da ultimo notiamo che un aumento dell'offerta di moneta provoca una traslazione parallela verso il basso a destra della curva *LM*. Infatti, la curva *LM* identifica le combinazioni di Y e di i che garantiscono l'equilibrio sul mercato della moneta, assumendo come dato il valore dell'offerta nominale di moneta (M). A parità del livello del PIL, dunque, un aumento di M determina una diminuzione del tasso di interesse. Questa diminuzione del tasso di interesse è infatti necessaria per ristabilire l'equilibrio sul mercato monetario.

Riassumendo, dato il livello del PIL, un *aumento* di M (cioè un aumento dell'offerta di moneta) si traduce in una traslazione verso *destra* della curva *LM*; viceversa, una diminuzione di M (cioè una riduzione dell'offerta di moneta) ne provoca una traslazione parallela verso *sinistra*.

9.6. L'equilibrio nel modello *IS-LM*

Le equazioni [8] e [14] rappresentano, dunque, rispettivamente la curva *IS*, ottenuta a partire dalla condizione di equilibrio sul mercato dei beni, e la curva *LM*, ottenuta a partire dalla condizione di equilibrio sul mercato della moneta. Benché ognuna delle due equazioni sia sovradeterminata singolarmente presa, si nota agevolmente che entrambe mettono in relazione le medesime variabili (Y e i). Perciò, mettendole a sistema, si ottengono due equazioni in due incognite. Questa volta il modello produce una soluzione simultanea per le due equazioni, e quindi siamo in grado di ottenere uno ed un solo equilibrio. Si noti che la soluzione di questo sistema di due equazioni – la [8] e la [14] – in due incognite – il livello del PIL (Y) e il tasso di interesse (i) – consente di individuare la coppia di valori (Y_0, i_0) che determina simultaneamente l'equilibrio sul mercato dei beni e su quello della moneta.

Dal punto di vista grafico, per identificare l'equilibrio macroeconomico occorre individuare i valori di Y e i che si trovano simultaneamente sia sulla curva *IS* sia su quella *LM*: vale a dire che si trovano nel punto di intersezione tra le due curve.

La soluzione del modello *IS-LM* ci assicura, quindi, che la coppia di valori del PIL e del tasso di interesse (Y_0, i_0) sia tale da garantire l'equilibrio sia sul mercato dei beni sia su quello della moneta.

È importante sottolineare che questa soluzione di equilibrio è stata ottenuta ipotizzando che il livello dei prezzi (P) sia dato. Una volta identificata questa soluzione di equilibrio – l'equilibrio macroeconomico – è possibile provarne l'unicità (cioè, l'esistenza di un solo equilibrio) e la stabilità (è possibile cioè provare la tendenza del sistema economico a convergere verso questo equilibrio).

La Figura 4 presenta una visualizzazione grafica dell'equilibrio simultaneo sul mercato dei beni e sul mercato della moneta in corrispondenza del punto E_0. Qualsiasi punto diverso da E_0 identifica una situazione in cui uno dei due mercati è in una situazione di disequilibrio, se ci si trova lungo la curva *IS* o lungo la curva *LM*; oppure lo sono entrambi, se il punto non si trova su nessuna delle due curve.

Figura 4. – *L'equilibrio macroeconomico nel modello* IS-LM

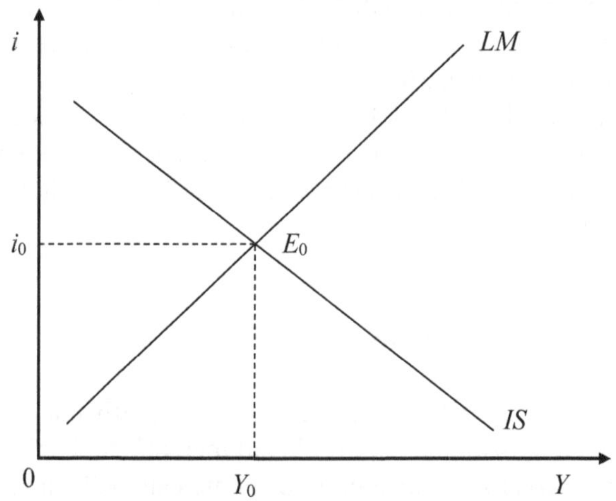

9.7. Le politiche economiche

L'utilizzo che abbiamo fatto sinora del modello *IS-LM* è stato quello di interpretare e delineare il funzionamento di un sistema economico. In altre parole, le diverse equazioni di questo modello consentono di rappresentare, da un lato, il comportamento degli operatori (famiglie, imprese, settore pubblico e resto del mondo), e dall'altro le interazioni che sussistono tra settore reale e settore monetario.

Una seconda modalità di impiego del modello *IS-LM* è quella normativa. Il modello può, infatti, essere impiegato per studiare l'efficacia delle politiche – che distingueremo in monetarie e fiscali – e cioè il loro impatto sul livello del PIL e sul livello dell'occupazione.

La *politica monetaria* viene attuata dalla Banca Centrale Europea (BCE). La BCE può decidere di aumentare o ridurre l'offerta nominale di moneta. Quando la BCE aumenta l'offerta di moneta ($\Delta M > 0$) si parla di una politica monetaria *espansiva*; quando la BCE diminuisce l'offerta di moneta ($\Delta M < 0$) si parla di una politica monetaria *restrittiva*.

La *politica fiscale* consiste invece in una gamma di interventi sul bilancio del settore pubblico, attuati dal Parlamento e dal Consiglio dei Ministri (ma anche dalle Regioni), con un ruolo particolarmente rilevante del Ministero dell'Economia e delle Finanze. Si parla di una politica fiscale *espansiva* quando il Governo aumenta la spesa pubblica ($\Delta G > 0$) o riduce il prelievo fiscale ($\Delta T < 0$). Si parla, invece, di una politica fiscale *restrittiva* quando il Governo riduce la spesa pubblica ($\Delta G < 0$) o aumenta il prelievo fiscale ($\Delta T > 0$).

A questo punto, utilizzando il modello *IS-LM*, possiamo studiare l'effetto che ciascuna di queste due politiche economiche esercita sul livello del PIL.

9.7.1. La politica monetaria

Cosa succede nel sistema economico se la BCE decide di adottare una politica monetaria espansiva, vale a dire, se decide di aumentare l'offerta di moneta?

Sappiamo già che un aumento dell'offerta di moneta determina una traslazione parallela verso destra della curva *LM*. Di conseguenza, per una data curva *IS*, si determina in corrispondenza del punto di intersezione tra questa curva *IS* e la nuova curva *LM* un nuovo equilibrio macroeconomico. In corrispondenza di questo nuovo equilibrio macroeconomico – indicato nella Figura 5 con E_1 – il tasso di interesse di equilibrio si riduce e il PIL di equilibrio aumenta, passando da Y_0 a Y_1.

In pratica, l'aumento dell'offerta di moneta (M) determina un eccesso di offerta di moneta nel mercato della moneta. Ciò tende a far diminuire il tasso di interesse (i) e, di conseguenza, a far aumentare la domanda di moneta (L). Ma la riduzione del tasso di interesse stimola anche la domanda di investimenti delle imprese (I) e le esportazioni nette (*NX*), che sono entrambe componenti della domanda aggregata. Questo aumento della domanda aggregata determina, quindi, un incremento del livello del PIL tramite l'azione del moltiplicatore keynesiano.

La politica monetaria ha effetti espansivi o restrittivi nel caso in cui il tasso di interesse abbia valori positivi. Se il tasso di interesse scende fino a zero (o è molto basso)[4], la politica monetaria (almeno nelle sue forme "canoniche") diventa totalmente inefficace e il sistema economico cade nella cosiddetta *trappola della liquidità*: le nuove immissioni di liquidità da parte della BCE vengono "assorbite" dalle famiglie e dalle imprese – che deterranno la loro ricchezza sotto forma di moneta – senza effetti sul tasso di interesse, e il sistema economico non si espande.

Figura 5. – *Effetti di una politica monetaria espansiva*

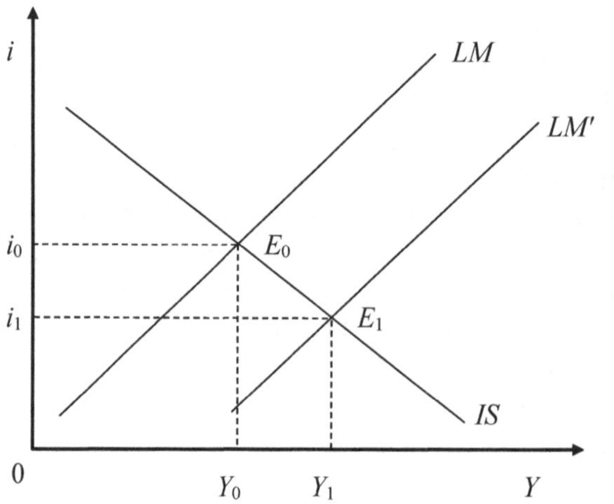

Box 3. – *La politica monetaria in trappola: il* Quantitative Easing *e gli altri strumenti di politica monetaria non convenzionali*

Il *Quantitative Easing* (QE), letteralmente "alleggerimento quantitativo", è una misura di politica monetaria espansiva non convenzionale che è stata utilizzata dalle banche centrali delle maggiori economie sviluppate dopo la Grande Recessione del 2008 per stimolare la crescita economica, l'occupazione e l'inflazione in condizioni di trappola della liquidità.

Il QE si distingue da una politica monetaria espansiva convenzionale attuata attraverso operazioni di mercato aperto sotto due aspetti. Analogamente a quanto avviene nel caso di una politica monetaria convenzionale, nel QE le banche centrali creano mone-

[4] Questa che potrebbe sembrare solo un'ipotesi di scuola è una situazione che, ad esempio, si è verificata in Giappone intorno alla metà del 1990, in USA dopo la Grande Recessione del 2008 e in Europa tra il 2014 e il 2017.

ta acquistando titoli. Tuttavia, nel QE i titoli acquistati non sono esclusivamente i titoli di Stato: gli acquisti nel QE possono avere ad oggetto anche altre attività finanziarie, come obbligazioni societarie, mutui cartolarizzati, ecc. Inoltre, nel QE gli acquisti riguardano non tanto le obbligazioni a breve scadenza, ma quelle a lunga scadenza. Questo perché, anche se i tassi a breve (i rendimenti delle obbligazioni con scadenza entro l'anno) sono prossimi allo zero o addirittura leggermente negativi, i tassi a lungo (ad esempio, i rendimenti annuali di obbligazioni con scadenza a 20 o 30 anni) normalmente sono più alti e strettamente positivi.
Le operazioni di QE provocano quindi una discesa dei tassi di interesse a lungo termine in un contesto in cui i tassi a breve sono già zero o prossimi allo zero. Riducendo i tassi, il QE dovrebbe stimolare l'economia incoraggiando gli investimenti anche in quelle situazioni in cui i tassi di interesse (a breve) sono nulli, e in cui quindi le manovre di politica monetaria convenzionale non potrebbero essere applicate.
Un altro motivo per cui si ricorre a operazioni di QE è il sostegno dell'inflazione. Aumentando, infatti, la quantità di moneta presente nel sistema, uno degli effetti possibili è l'aumento dei prezzi, contrastando la deflazione.
Alcuni economisti temono che il QE possa incoraggiare eccessivamente il ricorso all'indebitamento. Uno dei timori che accompagna le operazioni di *QE* è che si possano innescare bolle speculative che le banche centrali non saranno poi in grado di controllare.
Il primo QE europeo è stato annunciato da Mario Draghi il 22 gennaio 2015. L'obiettivo del programma era di far ripartire il credito delle banche all'economia reale e di contrastare i rischi di deflazione, riportando il tasso di inflazione verso il target del 2%. Il piano, iniziato a marzo 2015, doveva proseguire fino a settembre 2016. La spesa mensile prevista era di 60 miliardi di euro al mese. Ma il tasso di inflazione è rimasto sotto l'obiettivo desiderato. A dicembre 2015 la BCE ha così deciso di prolungare il QE. L'importo mensile è rimasto 60 miliardi di euro. Ai titoli acquistabili sono stati aggiunti quelli emessi dagli enti locali. Inoltre, il tasso sulle riserve in eccesso delle banche della zona euro, che costituisce il "pavimento" dei tassi interbancari, già negativo, è stato abbassato ulteriormente, portandolo da – 0,2% a – 0,3%. A marzo 2016 la BCE ha deciso di portare l'importo mensile da 60 a 80 miliardi di euro. A dicembre 2016 la BCE ha esteso ulteriormente la durata del QE, confermando gli acquisti mensili, mentre i tassi di interesse sono rimasti invariati: tasso di riferimento allo 0%; tasso di rifinanziamento marginale allo 0,25%; tasso sui depositi presso la BCE a – 0,4%. A ottobre 2017, la BCE ha deciso di prolungare la manovra per altri 9 mesi, dimezzando a 30 miliardi di euro al mese l'entità della misura. A giugno 2018 il QE è stato esteso ulteriormente, portando il totale mensile degli acquisti dell'ultimo trimestre a 15 miliardi di euro al mese. Il 31 dicembre 2018 il programma si è concluso.
Operazioni di QE sono state realizzate anche in Giappone e negli Stati Uniti. Il Giappone ha iniziato verso la fine degli anni '90 con l'obiettivo di sconfiggere la deflazione. Nel 2014 la Banca del Giappone ha incrementato le dimensioni del *QE* raddoppiando la fornitura di moneta.
Negli Stati Uniti il QE è stato implementato a partire dal 2009, come strategia per attenuare gli effetti negativi della crisi economica e finanziaria. La creazione di moneta è servita per acquistare titoli federali ma anche titoli "tossici" costruiti sui mutui subprime (vedi Box 4). La Federal Reserve ha inoltre abbassato il tasso di riferimento a livelli prossimi allo zero rialzandolo solo nel 2016.

9.7.2. La politica fiscale

Supponiamo ora che il Governo adotti una politica fiscale di tipo espansivo: per esempio, facendo aumentare la spesa pubblica. Questo aumento della spesa pubblica ($\Delta G > 0$) determina, come sappiamo, una traslazione parallela verso destra della curva *IS*, che si sposterà, come mostrato nella Figura 6, da *IS* a *IS'*. Di conseguenza, per una data curva *LM*, si determina un nuovo equilibrio macroeconomico (E_1) in corrispondenza del quale i valori di equilibrio del tasso di interesse e del livello del PIL aumentano, passando, rispettivamente, da Y_0 a Y_1 e da i_0 a i_1.

Vediamo ora in dettaglio come questo processo si realizza. L'aumento della spesa pubblica (*G*), che è una componente della domanda aggregata, determina, in prima battuta, un aumento del livello della domanda aggregata e quindi, mediante l'azione del moltiplicatore, del livello del PIL (*Y*). Tuttavia, questo aumento del PIL ha ripercussioni sul mercato della moneta, provocando un aumento della domanda di moneta (*L*). Se la BCE non interviene aumentando l'offerta di moneta, nel mercato della moneta si determina un eccesso di domanda di moneta.

Per ristabilire l'equilibrio su questo mercato occorre, dunque, che il tasso di interesse (*i*) aumenti in modo tale che la conseguente flessione della componente della domanda di moneta che dipende dal tasso di interesse compensi l'incremento fatto registrare dalla componente della domanda di moneta che dipende dal PIL. L'aumento del tasso di interesse ha tuttavia a sua volta ripercussioni sui mercati reali. Questo aumento riduce infatti la domanda di investimenti delle imprese (*I*) e le esportazioni nette (*NX*), determinando così una riduzione del livello della domanda aggregata e, quindi, tramite il meccanismo del moltiplicatore, del PIL.

Figura 6. – *Effetti di una politica fiscale espansiva*

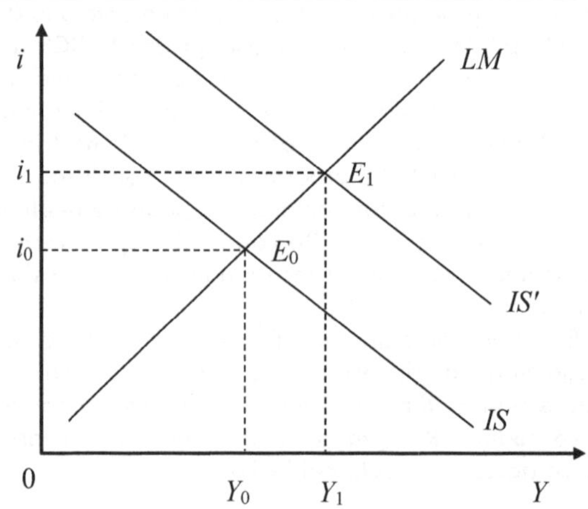

Tale effetto negativo sul livello del PIL, che comporta un mutamento nella composizione (o struttura) della domanda aggregata – più spesa pubblica e spesa per consumi delle famiglie e meno spesa per investimenti delle imprese ed esportazioni nette – viene generalmente denominato *effetto di spiazzamento* (o *crowding out*).

Naturalmente, l'effetto di spiazzamento potrebbe essere ridotto, o eliminato, se l'aumento della spesa pubblica fosse accompagnato da un contestuale aumento dell'offerta di moneta: ossia, dall'adozione da parte della BCE di una politica monetaria espansiva. In questo caso, infatti, alla traslazione verso destra della curva *IS* si accompagnerebbe una traslazione verso destra della curva *LM* che, al limite, potrebbe portare ad un nuovo equilibrio macroeconomico, caratterizzato da un valore di equilibrio del tasso di interesse identico a quello che si aveva in precedenza. In questa fattispecie, l'aumento della spesa pubblica, non provocando aumenti del tasso di interesse, non darebbe luogo ad alcun effetto di spiazzamento.

9.8. Le politiche economiche per il pieno impiego

L'analisi che abbiamo condotto sinora ha indicato quali sono le leve di intervento a disposizione delle istituzioni che mettono in atto manovre di politica economica (spesso indicati come *policy maker*), e cioè la BCE e il Governo.

Ora ci chiediamo esplicitamente in quale direzione vengono indirizzate queste politiche. Tra gli obiettivi dei *policy maker* troviamo la stabilità dell'economia e il raggiungimento di un livello del PIL che sia il più vicino possibile alla piena occupazione.

Nel perseguimento di questi obiettivi i governi tendono, evidentemente, ad essere influenzati dai possibili effetti della loro azione: in particolare, dalla possibilità di vedersi rinnovato il mandato elettorale. Per questa ragione, in prossimità delle elezioni i governi, almeno quelli democraticamente eletti, tendono ad attuare politiche fiscali più espansive, in modo tale da presentarsi alle elezioni con uno stato dell'economia nelle migliori condizioni possibili. Questa particolare dinamica dell'azione dei governi genera quello che in macroeconomia viene generalmente denominato *ciclo economico-politico*.

L'obiettivo principale delle banche centrali è invece quello di garantire la stabilità dei prezzi, l'equilibrio dei conti pubblici (pur essendo questi sotto la responsabilità diretta dei governi) e dei conti esteri. Naturalmente, le banche centrali possono utilizzare lo strumento a loro disposizione – la politica monetaria – anche per agire sul livello del PIL e quindi sul tasso di occupazione. Questa azione può essere condotta in accordo con il governo o anche in autonomia rispetto ad esso, e questo a seconda degli assetti istituzionali che caratterizzano il sistema economico considerato.

Nel seguito tuttavia, anche per semplificare l'analisi, ipotizzeremo che questi due *policy maker* perseguano un comune obiettivo di politica economica: la *piena occupazione*.

Vediamo ora come il modello *IS-LM* possa essere utilizzato per studiare questo problema. A questo scopo prendiamo in esame la Figura 7. Il sistema economico, in questo caso, parte da una situazione di *sottoccupazione*: ossia, il livello del PIL effettivo (Y_0) è minore del livello del *PIL di piena occupazione* (Y_P). In altre parole, in corrispondenza del punto di intersezione tra la curva *IS* e la curva *LM* – ossia, in corrispondenza dell'equilibrio macroeconomico E_0 – il valore di equilibrio del tasso di interesse è pari a i_0, mentre il valore di equilibrio del PIL è pari a Y_0, un valore che è per l'appunto inferiore rispetto a quello di pieno impiego Y_P.

Figura 7. – *Politiche economiche per il pieno impiego*

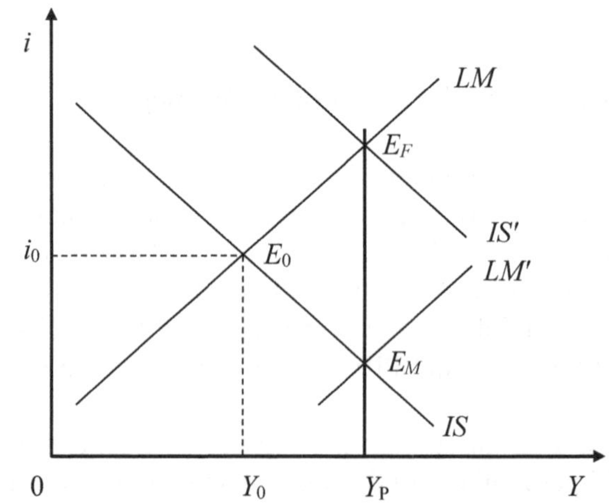

Le autorità di politica economica possono raggiungere l'obiettivo della piena occupazione in tre modi diversi.

Anzitutto, possono adottare una *politica fiscale espansiva*: per esempio, aumentando la spesa pubblica ($\Delta G > 0$). Naturalmente, occorre che l'autorità di politica economica – in questo caso il Governo – valuti in modo corretto la dimensione della manovra di bilancio, ovvero stimi la variazione di *G* in modo tale che la curva *IS* si sposti parallelamente verso destra fintanto che non intersechi la curva *LM* (che in questo caso è data) nella posizione di equilibrio E_F.

Il secondo modo consiste, invece, nell'adozione di una *politica monetaria espansiva*: cioè in un aumento dell'offerta nominale di moneta ($\Delta M > 0$). Anche in questo caso occorre che l'autorità di politica economica – in questo caso la banca centrale – valuti in modo corretto la dimensione della manovra, ovvero stimi la variazione dell'offerta nominale di moneta (*M*) in modo tale che la curva *LM* si sposti parallelamente verso destra fino a intersecare la curva *IS* (che in questo caso rimane costante) nella posizione di equilibrio E_M.

Il terzo ed ultimo modo consiste in una *combinazione di politiche fiscali e monetarie espansive*, cioè nell'utilizzo congiunto di una politica fiscale espansiva ($\Delta G > 0$) e di una politica monetaria espansiva ($\Delta M > 0$). In questo caso, la posizione di equilibrio si può trovare in uno qualsiasi dei punti che giace sul segmento, delimitato dalle due posizioni di equilibrio E_F e E_M. Una politica economica che prevede l'impiego combinato della politica fiscale e monetaria viene generalmente denominato *policy mix* (o *combinazione di politiche economiche*).

Va da sé che la probabilità di successo di una politica di questo tipo dipende dal grado di coordinamento tra le diverse autorità di politica economica, coordinamento che, in un mondo globalizzato, si estende sempre più al quadro internazionale. Inoltre, va anche notato come la letteratura macroeconomica abbia spesso sottolineato le numerose difficoltà connesse con l'effettuazione di valutazioni e stime corrette, necessarie all'attuazione, ed evidenziato anche i problemi collegati con i ritardi che si possono avere sia nella percezione della necessità di politiche economiche di stabilizzazione, sia nella loro realizzazione[5].

Box 4. – *Il* policy mix *quale risposta alla crisi del 2007-2008*

Gli ultimi anni del primo decennio del secolo sono stati caratterizzati dalla peggiore crisi economica dopo la Grande Depressione degli anni '30.

Quella che è oggi indicata come *Grande Recessione* è iniziata con una crisi dei mutui *subprime* (mutui concessi a soggetti che sono caratterizzati da scarsa affidabilità finanziaria e che hanno una storia creditizia in cui si sono evidenziati fallimenti, ritardi o inadempienze) partita dal mercato immobiliare degli USA e ha quindi coinvolto non solo l'intero sistema economico di quel Paese, ma tutte le economie del mondo.

Da un punto di vista finanziario, l'apice di tale crisi è stato raggiunto il 15 settembre 2008 quando una delle più famose banche d'investimento statunitensi (Lehman Brothers) ha dichiarato fallimento. Gli effetti di tale crisi hanno rapidamente coinvolto tutte le banche, di vari Paesi del mondo, che avevano acquistato prodotti finanziari direttamente o indirettamente collegati ai mutui *subprime* statunitensi.

In particolare, la crisi dei subprime nel 2007, con aumento delle insolvenze e simultanea diminuzione del valore delle garanzie ipotecarie a tutela dei rimborsi per diminuzione dei prezzi degli immobili ipotecati, portò al collasso dei mercati dei CDO (*Collateralized Debt Obligation*), *obbligazioni strutturate* che erano state create sopra quei crediti.

In breve, per creare i CDO quello che viene fatto è: i) raggruppare tutti i crediti illiquidi e di bassa qualità se singolarmente presi e *cartolarizzarli*, ovvero creare dei titoli negoziabili che derivano il loro valore dai flussi di cassa attesi dal monte di questi crediti; ii) emettere diversi "tagli" di titoli (*senior tranche*, *junior tranche*, *equity tranche*) caratterizzati da diversi gradi di rischio collegati non a differenze nel sottostante, ma

---

[5] Il rischio che si corre nel caso di ritardi è che le politiche economiche volte alla stabilizzazione possano produrre l'effetto contrario: accentuare le fasi espansive e recessive del *ciclo economico*.

alla priorità nei rimborsi in caso di insolvenze. Questi asset vennero acquistati da molte istituzioni finanziarie, in particolare le senior tranche dei CDO, le prime ad essere rimborsate in caso di insolvenza, anche per via degli alti rating attribuiti dalle *agenzie di rating*, che fornivano quei rating sulla base dell'idea, poi rivelatasi errata, che la probabilità di non rimborso fosse molto bassa.
La risposta delle autorità di politica economica a tale crisi si è sviluppata attraverso un *policy mix* costituito da una politica monetaria espansiva e da una politica fiscale espansiva.
La politica monetaria espansiva ha riguardato la riduzione del tasso ufficiale di sconto dal 5,25% alla metà del 2007 allo 0,25% alla fine del 2008 e da un massiccio acquisto di titoli di Stato (ed anche dei cosiddetti "asset tossici" che erano parte dei portafogli di molte banche private). La politica fiscale espansiva venne approvata all'inizio della presidenza di Barack Obama nel febbraio 2009 e fu denominata *American Recovery and Reinvestment Act*, per un ammontare pari a 787 miliardi di dollari nell'arco di tre anni. Facevano parte di tale politica fiscale una riduzione delle tasse pari a 288 miliardi di dollari, un aumento di spesa pubblica suddivisa in 224 miliardi in sussidi per la disoccupazione, spese per l'educazione e sanitarie e 275 miliardi di dollari in contratti pubblici. Misure simili vennero adottate anche da molti Paesi europei.
Al fine di evitare la possibilità di incorrere nuovamente in una crisi simile a quella del 2007-2008, sia negli Stati Uniti sia nell'Unione europea sono state varate delle misure tendenti a riformare i mercati finanziari.
Negli Stati Uniti, è stato emanato il *Dodd-Frank Act*, che tende a regolamentare i mercati finanziari, a supervisionare l'operato delle agenzie di rating, a tutelare i consumatori e ad evitare i cosiddetti rischi sistemici (ossia le situazioni che possono pregiudicare l'intero sistema economico come nel caso dei mutui *subprime*).
In Europa è stato creato il Comitato Europeo per il Rischio Sistemico (*European Systemic Risk Board*), che ha sede a Francoforte e il cui funzionamento è garantito dalla Banca Centrale Europea. Il compito principale di tale Comitato è quello di sorveglianza del sistema finanziario dell'Unione europea mediante quattro funzioni: i) identificazione dei potenziali rischi a rilevanza sistemica; ii) comunicazione dei rischi rilevanti; iii) emanazione di raccomandazioni; iv) coordinamento con le principali organizzazioni internazionali in tema di vigilanza finanziaria.

9.9. Efficacia delle politiche economiche

L'impatto e, quindi, l'efficacia della politica fiscale e della politica monetaria nel determinare il livello del PIL "desiderato" (ad esempio, il PIL di piena occupazione) vengono a dipendere, fondamentalmente, da due fattori: i) la sensibilità della domanda di moneta alle variazioni del tasso di interesse (il parametro a nell'equazione [14]); ii) la sensibilità alle variazioni del tasso di interesse della domanda di beni di investimento e delle esportazioni nette (rispettivamente, i parametri δ e n nell'equazione [8]).

Vediamo ora di esaminare, in modo approfondito, i diversi casi che si possono presentare, cominciando da un caso estremo: quello relativo ad una politica fiscale espansiva – attuata, ad esempio, tramite un aumento della spesa pubblica – che non eserciti alcun effetto sul livello del PIL. Una politica fiscale espansiva risulta *totalmente inefficace*, non determina cioè alcun aumento del PIL, quando la domanda di moneta, pur dipendendo dal livello del PIL, è indipendente dal tasso di interesse ($a = 0$). In questo caso la curva *LM* risulta verticale e l'aumento della spesa pubblica si traduce soltanto in un incremento del tasso di interesse. Infatti, come mostra la Figura 8, un aumento della spesa pubblica provoca una traslazione parallela verso destra della curva *IS* dalla posizione iniziale *IS* a quella finale *IS'* (la curva *LM* non subisce spostamenti). Questo determina un nuovo equilibrio macroeconomico in corrispondenza di E_1: combinazione caratterizzata dal mantenimento del medesimo livello iniziale del PIL (Y_0) e da un tasso di interesse di equilibrio (i_1) più elevato. In altre parole, in questo caso, la politica fiscale espansiva non ha alcun effetto sul livello del PIL e, quindi, neppure sull'occupazione.

In modo equivalente si può dire che una politica fiscale espansiva è totalmente inefficace se provoca un effetto di *spiazzamento completo*: l'aumento del tasso di interesse necessario per conseguire il nuovo equilibrio macroeconomico, determina una riduzione della domanda di investimenti e delle esportazioni nette tale da compensare esattamente l'aumento della spesa pubblica[6].

Figura 8. – *Politica fiscale totalmente inefficace*

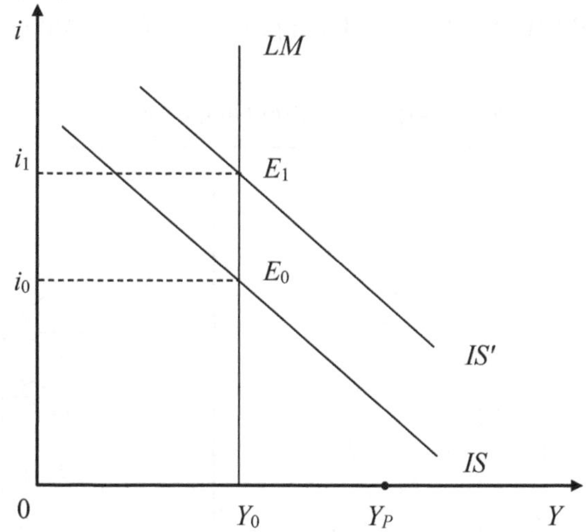

[6] Da notare che, anche se in tal caso la politica fiscale non ha effetti sul PIL, cambia comunque la composizione della domanda aggregata, ossia, producendo una variazione del peso delle diverse componenti: un aumento della spesa pubblica, che è perfettamente compensato dalla diminuzione degli investimenti e delle esportazioni nette.

Al contrario, una politica fiscale espansiva risulta efficace – cioè in grado di determinare un aumento del livello del PIL e, sotto certe condizioni, anche dell'occupazione – quando la domanda di moneta, oltre che dipendere dal livello del PIL, è sensibile alle variazioni del tasso di interesse (nell'equazione [14] abbiamo $a \neq 0$). In questo caso la curva *LM* ha l'usuale inclinazione positiva.

Un aumento della spesa pubblica determina ancora una traslazione parallela verso l'alto a destra della curva *IS* – lungo la curva *LM* – dalla posizione *IS* alla posizione *IS'*. Ma questo induce un aumento del PIL, oltre che un incremento del tasso di interesse. L'entità dell'aumento del PIL, e quindi il grado di efficacia della politica fiscale, dipendono così dalla sensibilità della domanda di moneta alle variazioni del tasso di interesse. In modo equivalente si può dire che in questo caso l'effetto di spiazzamento è solo parziale e l'efficacia della politica è correlata inversamente all'entità dell'effetto di spiazzamento.

Se la domanda di moneta è molto sensibile alle variazioni del tasso di interesse, la curva *LM* risulta alquanto piatta, come mostra il grafico a sinistra nella Figura 9, e quindi un aumento della spesa pubblica determina un aumento consistente del PIL. In altre parole, la politica fiscale risulta molto efficace.

Se, invece, la domanda di moneta è poco sensibile alle variazioni del tasso di interesse, la curva *LM* risulta molto ripida, come mostra il grafico a destra nella Figura 9, e quindi un aumento di pari ammontare della spesa pubblica determina un aumento limitato del PIL. In altre parole, la politica fiscale risulta poco efficace.

Figura 9. – *Politiche fiscali con differente grado di efficacia*

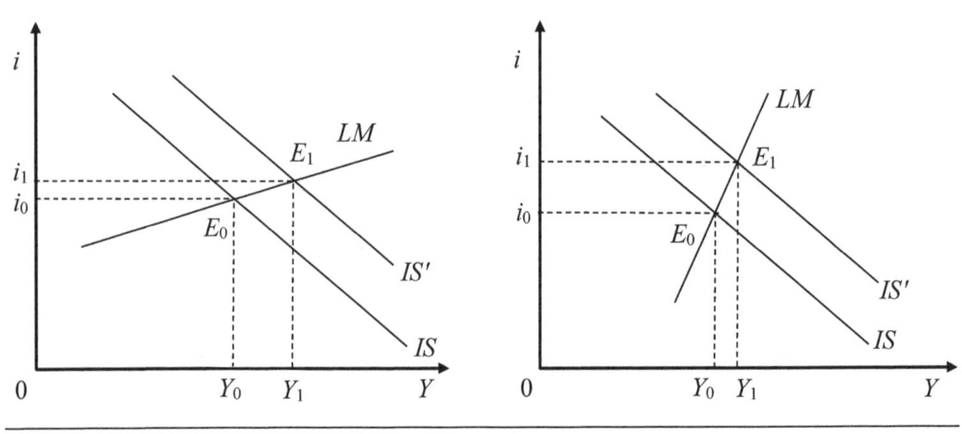

Un caso particolare è il caso in cui la curva *LM* risulta essere completamente piatta. In questo caso siamo di fronte, secondo la definizione di Keynes, alla *trappola della liquidità*. In questo caso, che si può avere soltanto per valori del tasso di interesse molto bassi e prossimi a zero, la politica monetaria risulta essere del tutto inefficace, poiché qualunque incremento dell'offerta di moneta verrebbe completamente assorbito dalla domanda di moneta speculativa. Questa, infatti, di fronte a tassi di interesse molto bassi, vedrebbe il costo opportunità di detenere moneta prossimo allo zero, e quindi rinuncerebbe a qualunque titolo finanziario. Al contrario, la politica fiscale avrebbe il massimo della sua efficacia, poiché, di fronte ad una curva *LM* piatta, un aumento della spesa pubblica (o una diminuzione della tassazione) non genererebbe alcuno spiazzamento degli investimenti privati, dato che il tasso di interesse rimarrebbe costante.

Box 5. – *Trappola della liquidità e politiche economiche*

A proposito del problema della trappola della liquidità, abbiamo già evidenziato il problema di gestire politiche monetarie efficaci in situazioni di bassissimi livelli del tasso di interesse, e la situazione venutasi a creare in alcune delle economie dell'Unione europea, sembrerebbe proprio far parte di questo genere di casistiche. Infatti, negli ultimi anni, in seguito alla crisi del 2008, in alcune economie dell'Unione europea si sono create situazioni particolari che sulla base di tassi di interesse estremamente bassi, hanno fatto sì che la politica monetaria mostrasse bassi livelli di efficacia. In un intervento sul sito "Social Europe" l'economista Paul de Grauwe (Quantitative Easing and public investment, 7 dicembre, 2015) ha discusso in modo estremamente efficace la situazione di trappola della liquidità in cui si sono trovate alcune economie europee a partire perlomeno dal 2015. In particolare, de Grauwe, pur riconoscendo gli indiscutibili meriti del *QE* sulla bilancia commerciale delle economie europee (vedi Box 3 di questo capitolo), sostiene che questo provvedimento di politica monetaria non è riuscito a far uscire queste economie da una situazione di asfittici tassi di crescita economica. Secondo de Grauwe, il motivo di questa scarsa efficacia della politica di *QE* introdotta dalla Banca Centrale Europea, è il bassissimo tasso d'interesse prevalente nei mercati finanziari europei ed internazionali. Secondo de Grauwe, infatti, "la liquidità che la Banca Centrale crea non penetra nell'economia reale. La maggior parte di essa, infatti, è "tesaurizzata (accumulata), poiché le opportunità per le istituzioni finanziarie di trovare profittevoli tassi di rendimento è estremamente limitata. Molte istituzioni finanziarie preferiscono accumulare l'extra-liquidità creata dalla Banca Centrale, senza utilizzarla in modo produttivo. Questa è la cosiddetta trappola della liquidità. Pertanto, mentre il *QE* era e rimane un intervento necessario, esso non costituisce uno strumento sufficiente per uscire dalle secche in cui si trovano alcune economie europee. Esso, infatti deve essere necessariamente accompagnato da politiche fiscali appropriate. Questo è il vero problema dell'Eurozona. [...] Troppi paesi continuano ad essere mantenuti nella camicia di forza dell'austerità. Inoltre, gli investimenti pubblici continuano a ridursi. Ma sono gli investimenti pubblici la chiave di volta della ripresa economica nei paesi dell'Eurozona ...".

Passiamo ora ad esaminare l'efficacia della politica monetaria. Anche in questo caso partiamo dall'analisi di un caso estremo: quello di una politica monetaria che non è in grado di esercitare alcun effetto sul livello del PIL.

Una politica monetaria espansiva è *totalmente inefficace* quando la domanda di investimenti delle imprese (I) e le esportazioni nette (NX) sono indipendenti dal tasso di interesse ($\delta = 0$ e $n = 0$ nell'equazione [14]). In questo caso la curva *IS* risulta verticale, come nella Figura 10, e un aumento dell'offerta nominale di moneta ($\Delta M > 0$) provoca una traslazione parallela verso destra della curva *LM* dalla posizione iniziale *LM* alla posizione finale *LM'*, mentre la curva *IS* non subisce spostamenti. Questo determina un nuovo equilibrio macroeconomico in corrispondenza di E_1: combinazione caratterizzata dal mantenimento del medesimo livello iniziale del PIL (Y_0) e da un tasso di interesse di equilibrio (i_1) minore. In altre parole, in questo caso, la politica monetaria non è in grado di esercitare alcuna influenza sul PIL e, quindi, sul livello di occupazione.

Figura 10. – *Politica monetaria totalmente inefficace*

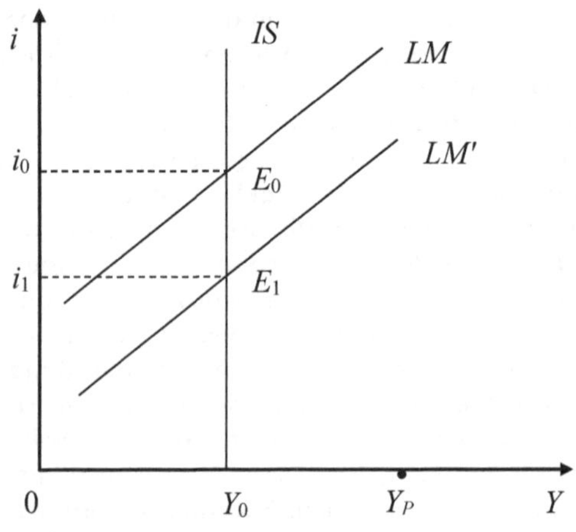

D'altra parte, una politica monetaria espansiva risulta efficace – cioè in grado di determinare un aumento del livello del PIL e, sotto certe condizioni, anche dell'occupazione – quando la domanda di investimenti delle imprese (I) e/o le esportazioni nette (NX) sono sensibili alle variazioni del tasso di interesse ($\delta \neq 0$ o $n \neq 0$). In questo caso la curva *IS* ha l'usuale inclinazione negativa, e un aumento dell'offerta nominale di moneta, oltre a determinare una traslazione parallela verso il basso a destra della curva *LM* – lungo la curva *IS* – dalla posizione iniziale *LM* alla posizione *LM'*, genera una riduzione del tasso di interesse e un aumento del livello del PIL. La manovra di politica monetaria risulta quindi efficace.

L'entità dell'aumento del PIL, e quindi il grado di efficacia della politica monetaria, dipendono così dalla sensibilità della domanda di investimenti e delle esportazioni nette alle variazioni del tasso di interesse.

Se la domanda di investimenti e le esportazioni nette sono molto sensibili alle variazioni del tasso di interesse, la curva *IS* risulta alquanto piatta, come mostra il riquadro a sinistra della Figura 11, e un aumento dell'offerta nominale di moneta comporta un incremento consistente del PIL. In altre parole, la politica monetaria risulta molto efficace.

Figura 11. – *Politiche monetarie con differente grado di efficacia*

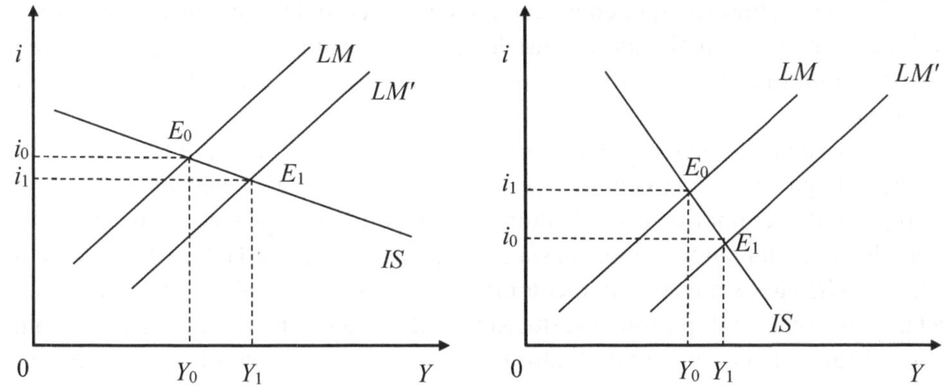

Se, invece, la domanda di investimenti delle imprese e le esportazioni nette risultano poco sensibili alle variazioni del tasso di interesse, la curva *IS* risulta molto ripida, come mostra il riquadro a destra della Figura 11, e un aumento dell'offerta nominale di moneta comporta un incremento modesto del PIL. In altre parole, la politica monetaria risulta poco efficace.

Come abbiamo appena visto, l'efficacia della politica fiscale e della politica monetaria dipendono dai valori dei parametri che misurano, da un lato, la sensibilità della domanda di moneta alle variazioni del tasso di interesse e, dall'altro, la sensibilità della domanda di investimenti e delle esportazioni nette alle variazioni del tasso di interesse. In ultima analisi, l'attenzione si concentra sulle interazioni tra mercato dei beni e mercato della moneta. Tuttavia, le differenti visioni sul funzionamento dei sistemi economici, le difficoltà di stima di questi parametri, nonché la variabilità dei valori che questi possono assumere nel tempo e nello spazio hanno fatto sì che, a partire dall'inizio degli anni '60 del secolo scorso, si siano venuti formando nel dibattito macroeconomico due linee di pensiero che hanno subito nel tempo varie evoluzioni.

Alla base della prima linea di pensiero, che collega tra loro la visione *neo-keynesiana* e la *nuova economia keynesiana* – proposta da economisti come John Hicks, Franco Modigliani e Joseph Stiglitz – vi è l'idea che la domanda di moneta sia alquanto sensibile alle variazioni del tasso di interesse e che sussistano importanti interazioni tra mercato dei beni e mercato della moneta. Di conseguenza, la politica fiscale risalta come strumento di politica economica molto rilevante e da miscelare opportunamente con la politica monetaria al fine di stabilizzare l'economia. Secondo questa linea di pensiero, per far fronte a situazioni di elevata disoccupazione e/o per contenere le fluttuazioni di breve periodo dei sistemi economici, le autorità di politica economica devono intervenire agendo sul livello della domanda aggregata mediante variazioni della spesa pubblica e/o del prelievo fiscale. Simultaneamente devono adottare politiche monetarie coerenti con questi obiettivi. In breve, lo Stato non viene concepito soltanto come garante e regolatore del funzionamento dei mercati, ma è chiamato, malgrado i limiti della politica economica, ad esplicare importanti funzioni di redistribuzione del reddito e di gestione e stimolo della domanda aggregata.

Per converso, come discuteremo meglio nei Capitoli 10 e 11, la linea di pensiero che collega tra loro la visione *monetarista* e la *nuova macroeconomia classica* – proposta da economisti come Milton Friedman e Robert Lucas – sostiene la tesi secondo cui la domanda di moneta sia meno sensibile alle variazioni del tasso di interesse e che sussista una netta dicotomia tra mercato dei beni e mercato della moneta. In un contesto di profondo scetticismo sulle potenzialità della politica economica e sul ruolo economico dello Stato, i monetaristi sottolineano l'impatto rilevante che la politica monetaria può avere nel destabilizzare l'economia, mentre la politica fiscale viene ritenuta non efficace, o, peggio, distorsiva. Viene così suggerita l'adozione di regole di lungo periodo – ad esempio, un'espansione dell'offerta nominale di moneta moderata e commisurata alla crescita della produttività – finalizzate a consentire alle forze di mercato di promuovere una crescita equilibrata dell'economia e a limitare la discrezionalità di intervento dei governi.

Parte II - **Per approfondire**

9.10. La creazione di moneta da parte del sistema bancario

Come si è già detto, lo stock nominale di moneta è costituito dal circolante (*CIRC*) e dai depositi bancari a vista (*D*) detenuti dalle famiglie e dalle imprese presso le banche ordinarie. L'offerta nominale di moneta (*M*) risulta, quindi, essere data da:

$$M \equiv CIRC + D \quad [15]$$

Poiché i depositi fanno parte dell'offerta nominale di moneta, è necessario esaminare, in primo luogo, come l'azione della banca centrale può influire su questa grandezza. Prima di esaminare questo aspetto, è tuttavia necessario accennare alle relazioni finanziarie che intercorrono tra quattro settori dell'economia: il pubblico (famiglie ed imprese); gli intermediari finanziari (le banche ordinarie); la banca centrale e il settore pubblico.

Le famiglie e le imprese detengono il circolante (*CIRC*), introdotto nel sistema economico dalla banca centrale, e i depositi (*D*) presso le banche. Il circolante costituisce un'attività per le famiglie e le imprese e una passività per la banca centrale, mentre i depositi rappresentano un'attività per le famiglie e le imprese e una passività per le banche.

Vi sono inoltre i titoli del debito pubblico (*B*), che sono una passività per il settore pubblico e un'attività per il pubblico, le banche e la banca centrale.

Vi sono infine le riserve (*RE*), ossia i depositi che le banche ordinarie detengono presso la banca centrale. Con la parte dei depositi non destinata a riserve, le banche concedono prestiti alle famiglie e alle imprese. La trasformazione dei depositi di alcuni clienti in prestiti ad altri clienti è chiamata *funzione di intermediazione delle banche*.

Tenendo conto di queste importanti relazioni di tipo finanziario, è possibile definire la base monetaria (*BM*) come la somma di circolante (*CIRC*) e riserve (*RE*), vale a dire:

$$BM \equiv CIRC + RE \quad [16]$$

La banca centrale lascia alle banche e al pubblico la decisione di quanta base monetaria tenere sotto forma di circolante o riserve. Non cerca di esercitare un controllo separato su circolante e riserve, ma solo sulla loro somma. Così, ogni banca ha la facoltà di convertire le proprie riserve in circolante o di versare circolante sul proprio conto presso la banca centrale, aumentando così le proprie riserve, cioè il suo credito presso la banca centrale.

Un'operazione d'acquisto da parte della banca centrale di titoli posseduti dalle banche fa aumentare la base monetaria. Infatti, quando una banca ordinaria vende titoli alla banca centrale, quest'ultima accredita alla prima riserve, aumentando così la base monetaria. Un'operazione di vendita di titoli da parte della BCE provoca, invece, una diminuzione della base monetaria.

Le banche, come accennato sopra, detengono poi una certa frazione dei propri depositi presso la banca centrale. Questa frazione (ρ) si compone di una parte obbligatoria (che viene denominata *coefficiente di riserva obbligatoria*) e di una parte discrezionale. Il coefficiente di riserva obbligatoria viene determinato dalla banca centrale – anche sulla base dei suoi obiettivi di politica monetaria – e risponde ad una esigenza specifica: quella di tutelare i clienti (coloro che detengono i depositi bancari) da eventuali fallimenti della banca e/o crisi del sistema bancario. Ciò detto, la relazione tra riserve delle banche e depositi bancari può essere scritta nel modo seguente:

$$RE = \rho \times D \qquad [17]$$

Le famiglie e le imprese desiderano detenere una parte della propria moneta sotto forma di circolante. Il rapporto tra circolante e depositi ($c = CIRC/D$) indica la frazione di depositi che questi agenti desiderano tenere sotto forma di circolante. La domanda di circolante può allora essere scritta come segue:

$$c = \frac{CIRC}{D} \Rightarrow CIRC = c \times D \qquad [18]$$

È possibile ora ricavare la relazione che sussiste tra base monetaria (BM) e offerta di moneta (M). Infatti, utilizzando la definizione di offerta (nominale) di moneta [15], si può scrivere:

$$M \equiv D + CIRC = D + c \times D = (1 + c) \times D \qquad [19]$$

Dopo aver ripreso la definizione di base monetaria (equazione [16]), si sostituiscono al posto di RE e di $CIRC$ le corrispondenti equazioni [17] e [18] in modo da ottenere:

$$BM \equiv CIRC + RE = c \times D + \rho \times D = (c + \rho) \times D \qquad [20]$$

da cui, dividendo per $(c + \rho)$, si ottiene la seguente relazione tra D e BM:

$$D = \frac{1}{(c + \rho)} \times BM \qquad [21]$$

Sostituendo la [21] al posto di D nella [19] otteniamo infine:

$$M = \frac{(1 + c)}{(c + \rho)} \times BM \qquad [22]$$

Si noti che, per ottenere l'offerta di moneta (*M*), la base monetaria (*BM*) deve essere moltiplicata per il coefficiente $(1 + c)/(c + \rho)$ che è maggiore di 1 (dato che ρ è minore di uno per definizione). Tale coefficiente è noto come *moltiplicatore monetario*. L'espressione [22] ci dice pertanto che lo stock nominale di moneta è un multiplo della base monetaria e che, quindi, variazioni della base monetaria (*BM*) si riflettono in variazioni "amplificate" dell'offerta di moneta (*M*). Proprio per via di questo effetto moltiplicativo, la base monetaria viene anche denominata *moneta ad alto potenziale*.

Un esempio può aiutarci a chiarire meglio questo concetto. A titolo esemplificativo, ipotizziamo che le riserve discrezionali delle banche presso la banca centrale siano pari a zero e che il coefficiente di riserva obbligatoria (ρ) sia pari al 10%, per cui $\rho = 0{,}1$. Ipotizziamo inoltre che le famiglie e le imprese detengano la propria moneta soltanto sotto forma di depositi bancari ($c = 0$). Il valore del moltiplicatore monetario sarà, in questo caso, pari a $1/0{,}1 = 10$. Cerchiamo di comprendere il processo sottostante. A questo proposito, supponiamo che la banca centrale acquisti titoli di Stato dalle banche ordinarie per 1.000 euro. La banca centrale accredita alle banche che le vendono questi titoli 1.000 euro di riserve. Queste banche convertono questi 1.000 euro di riserve in eccesso in circolante e prestano questi soldi a famiglie e imprese. Le famiglie e le imprese destinatarie di questi prestiti, che per ipotesi non desiderano detenere moneta sotto forma di circolante, depositano questi 1.000 euro sul conto corrente della propria banca. Questa operazione fa quindi aumentare di l.000 euro i depositi bancari. A questo punto, la banca depositerà un ammontare pari a 1.00 euro (1.000 € × 0,1) presso la banca centrale sotto forma di riserve obbligatorie (*RE*) e destinerà i restanti 900 euro per prestiti alle famiglie e alle imprese. Questi agenti depositeranno i 900 euro sul conto corrente della stessa o di un'altra banca, e questa a sua volta depositerà 90 euro (900 € × 0,1) sotto forma di riserve obbligatorie presso la banca centrale e presterà i restanti 810 euro a famiglie e imprese e così via.

Qual è l'incremento finale dell'offerta nominale di moneta? L'aumento dei depositi bancari è pari a 1000 euro al primo stadio, a 900 euro al secondo, a 810 euro al terzo, ecc. In tal modo si ottiene la seguente somma: 1.000 € × $(1 + 0{,}9 + 0{,}9^2 + \ldots)$. Il termine tra parentesi rappresenta la somma di infiniti addendi. Di fatto si tratta di una serie geometrica del tipo di quelle già discusse nel paragrafo 8.7 con riferimento al moltiplicatore dinamico della spesa pubblica. Essendo la ragione della serie uguale a 0,9, la serie è convergente (il risultato della somma di questi infiniti termini è un numero finito) ed è pari a $1/(1 - 0{,}9) = 10$. In altre parole, il valore del moltiplicatore monetario è pari a 10. Un aumento iniziale della base monetaria di 1.000 euro determina dunque un incremento dell'offerta di moneta pari a 10.000 euro.

Utilizzando l'equazione [22] è possibile dunque mettere a fuoco i tre sistemi attraverso i quali la banca centrale può controllare l'offerta nominale di moneta. Va subito detto che si tratta di un controllo *indiretto* perché il moltiplicatore non è costante [7]. Il controllo indiretto non consente di determinare esattamente lo stock di moneta in circolazione, consente però di indirizzarlo e regolarlo mediante l'utilizzo di tre strumenti di politica monetaria.

In primo luogo, la banca centrale può modificare la base monetaria (*BM*) attraverso *operazioni di mercato aperto*. Si tratta di acquisti o vendite di titoli del debito pubblico della banca centrale alle banche. In particolare, se la banca centrale acquista titoli del debito pubblico, con conseguente accreditamento di riserve alle banche, si ha un effetto di espansione dell'offerta di moneta ($\Delta M > 0$). Se invece la banca centrale vende titoli del debito pubblico, con conseguente riduzione delle riserve, si ha una riduzione dell'offerta di moneta ($\Delta M < 0$) [8].

In secondo luogo, la banca centrale può modificare l'offerta di moneta modificando le condizioni applicate alle operazioni su iniziativa delle controparti (le banche ordinarie). Da questo punto di vista è importante sottolineare che la banca centrale in tale veste agisce come una sorta di "banca delle banche" e cosiddetto *prestatore di ultima istanza*. Quando una banca non riesce a reperire liquidità sui mercati interbancari (accendendo prestiti di breve termine con altre banche che hanno invece liquidità in eccesso), può sempre ricorrere, dietro garanzia, al prestito presso la banca centrale. L'interesse applicato dalla banca centrale su tali prestiti è il cosiddetto *tasso ufficiale di sconto*. Un aumento del tasso di sconto determina un incremento del costo del denaro delle banche ordinarie presso la banca centrale: ossia, costa di più per le banche ottenere denaro a prestito dalla banca centrale. Questo fa sì che le banche ordinarie riducano i prestiti concessi alle famiglie e alle imprese, determinando quindi una diminuzione dell'offerta di moneta. Una riduzione del tasso di sconto agisce, ovviamente, nella direzione opposta [9].

In terzo luogo, la banca centrale può modificare il *coefficiente di riserva obbligatoria*. Variazioni di tale coefficiente modificano il valore del moltiplicatore monetario e, per questa via, lo stock di moneta in circolazione. In particolare, se la banca centrale aumenta il coefficiente di riserva obbligatoria, l'effetto è quello di far aumentare la componente obbligatoria di ρ e di determinare così, costante la componente discrezionale delle riserve, una riduzione del moltiplicatore monetario e, quindi, una

---

[7] Il moltiplicatore dipende infatti da parametri legati al comportamento del pubblico e delle banche. In altre parole, vi sono degli effetti indotti che la banca centrale non riesce a controllare.

[8] Tali acquisti (vendite) possono essere definitivi oppure "pronti contro termine". È quest'ultima la modalità in genere adottata dalla BCE. In breve, la BCE generalmente sottoscrive contratti di acquisto (vendita) a pronti di titoli con patto di rivendita (riacquisto) a termine (nel futuro).

[9] Nel caso della BCE, i prestiti sui mercati interbancari della zona euro dietro garanzia sono chiamati *operazioni di rifinanziamento marginale* e il relativo tasso stabilito dalla BCE per tali operazioni fissa il tetto massimo al costo del denaro sui mercati interbancari. Il tasso pagato dalla BCE sulle riserve in eccesso delle banche della zona euro determina invece il pavimento ai tassi d'interesse sui mercati interbancari (*overnight*). I tassi interbancari si muovono entro il "corridoio" definito dai precedenti due tassi.

riduzione dell'offerta di moneta ($\Delta M < 0$). In altre parole, le banche ordinarie, dovendo aumentare le riserve, ridurranno l'ammontare di prestiti concessi alle famiglie e alle imprese; in tal modo il processo moltiplicativo della moneta verrà ridotto. Se invece la banca centrale decide di diminuire il coefficiente di riserva obbligatoria l'effetto è quello di far aumentare il valore del moltiplicatore monetario e, quindi, di determinare un aumento dell'offerta di moneta ($\Delta M > 0$)[10].

Va tuttavia rilevato che l'effetto sull'offerta di moneta di una manovra del tasso ufficiale di sconto o di una modifica del coefficiente di riserva obbligatoria dipende, fondamentalmente, dal comportamento delle banche. Le banche potrebbero infatti decidere – a fronte di una variazione del tasso di sconto, soprattutto se questa non è di grande entità – di non variare l'ammontare di prestiti concessi alle famiglie e alle imprese. Esse potrebbero anche – in risposta ad un aumento del coefficiente di riserva obbligatoria – ridurre le loro riserve discrezionali. Per queste ragioni, tali manovre hanno più il senso di un "annuncio" fatto dalla BCE al mercato e quindi al sistema bancario, che le autorità monetarie hanno deciso di cambiare politica monetaria. Se l'annuncio è quello di un aumento del tasso ufficiale di sconto o del coefficiente di riserva obbligatoria il segnale è che la BCE ha deciso di "inasprire" la politica monetaria (ossia di adottare una politica monetaria *restrittiva*); se l'annuncio è quello di una riduzione del tasso ufficiale di sconto o del coefficiente di riserva obbligatoria il segnale è che le autorità monetarie hanno deciso di "allentare la politica monetaria" (o sia, di adottare una politica monetaria *espansiva*).

9.11. L'equilibrio sul mercato dei titoli

In questo paragrafo mostriamo che, se il mercato della moneta è in equilibrio, allora è in equilibrio anche il mercato dei titoli.

Per semplicità definiamo la ricchezza finanziaria (WF) come la somma della quantità di moneta (M) e dei titoli di Stato (B) in possesso dei diversi operatori:

$$WF = M + B \qquad [23]$$

Il valore complessivo della ricchezza finanziaria è ipotizzato essere dato, nel senso che, se un operatore desidera detenere una maggiore quantità di moneta (M), dovrà cedere una certa quantità di titoli di Stato (B). Se indichiamo con B_D la domanda di titoli di Stato, ovvero la quantità di titoli di Stato che gli operatori desiderano detenere, dovrà valere la seguente relazione, nota anche come *vincolo della ricchezza finanziaria*:

$$M + B = L + B_D \qquad [24]$$

---

[10] Il coefficiente di riserva obbligatoria applicato dalla BCE è passato dal 2% al 1% nel gennaio 2012 ed è rimasto da allora all'1%.

In altre parole, la quantità complessivamente domandata di moneta (L) e di titoli di Stato (B_D) deve essere uguale alla quantità complessivamente disponibile di queste due attività finanziarie. La [24] può anche essere espressa come segue:

$$B - B_D = L - M \qquad [25]$$

La [25] ci dice che il mercato della moneta è in equilibrio – vale a dire, la domanda di moneta è uguale all'offerta di moneta – se e solo se è in equilibrio anche il mercato dei titoli[11]:

$$M = L \quad \Leftrightarrow \quad B = B_D \qquad [26]$$

Si noti che, se vi è un eccesso di domanda sul mercato della moneta ($L > M$), come conseguenza si avrà un eccesso di offerta sul mercato dei titoli ($B > B_D$). Se invece vi è un eccesso di offerta sul mercato della moneta ($L < M$) allora vi sarà un eccesso di domanda sul mercato dei titoli ($B < B_D$). In altre parole, il comportamento di questi due mercati è speculare e quando uno dei due è in equilibrio lo è anche l'altro. Per questa ragione, quando si identificano coppie di valori del tasso di interesse (i) e del livello del PIL (Y) che garantiscono l'equilibrio sul mercato della moneta (i punti sulla curva *LM*) automaticamente queste coppie di valori identificano anche l'equilibrio sul mercato dei titoli.

9.12. I punti di disequilibrio nel modello *IS-LM*

Cerchiamo ora di capire cosa succederebbe se il sistema si trovasse al di fuori del punto di equilibrio macroeconomico generato dal modello *IS-LM*, cioè del punto in cui le due curve si intersecano.

Iniziamo considerando cosa succederebbe se ci trovassimo al di fuori della curva *LM* (Figura 12). In questo caso, se ci trovassimo in un punto qualunque al di sopra della curva *LM* (per esempio, il punto *A* in Figura 12), si avrebbe che, in corrispondenza del livello di PIL Y_0, il tasso di interesse (i_H) risulterebbe troppo elevato rispetto a quello necessario per avere l'equilibrio sul mercato della moneta (i_0). Un tasso di interesse troppo alto comporterebbe una domanda di moneta bassa (a causa della relazione inversa fra domanda di moneta e tasso di interesse) rispetto all'offerta. L'eccesso di offerta porterebbe alla diminuzione del tasso di interesse (lungo la freccia che parte dal punto *A*) fino al ripristino del tasso di interesse di equilibrio i_0.

Il caso opposto si avrebbe nel caso di un punto di disequilibrio al di sotto della curva *LM* (per esempio, il punto *B*). In questo caso, il tasso di interesse (i_L) risulterebbe troppo basso, e come tale indurrebbe una domanda di moneta elevata a causa

---

[11] Questa relazione è un'applicazione della cosiddetta *legge di Walras*, la quale stabilisce che, se in un sistema economico sono presenti n mercati e (n – 1) di questi risultano in equilibrio, allora anche l'n-esimo mercato sarà in equilibrio.

del suo basso costo opportunità. L'eccesso di domanda che in questo caso si genererebbe porterebbe a un aumento del tasso di interesse (lungo la freccia che parte dal punto *B*) fino a che non si ripristinasse l'equilibrio in corrispondenza del tasso i_0.

Figura 12. – *I punti al di fuori della curva* LM

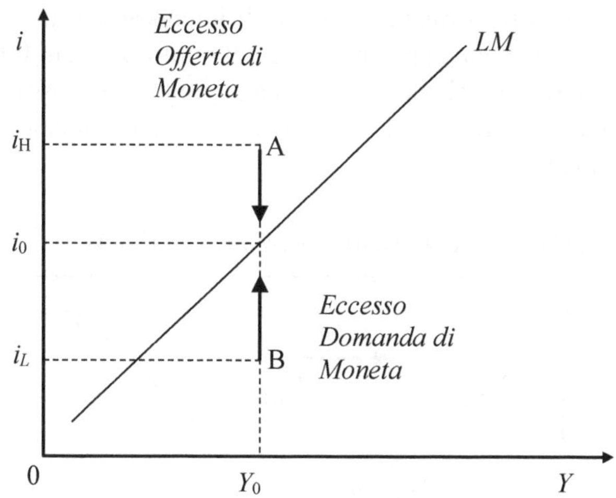

Nel caso in cui ci trovassimo al di fuori della curva *IS*, ci troveremmo nella situazione descritta nella Figura 13.

Figura 13. – *I punti al di fuori della curva* IS

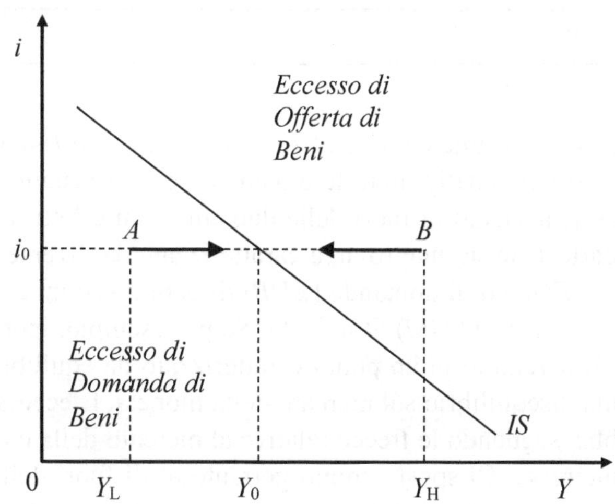

In questo caso, in un punto al di fuori della curva *IS* (per esempio, il punto *A*), il livello del tasso di interesse compatibile con il livello del PIL Y_L, dovrebbe essere più elevato di i_0 (pari al tasso di interesse che si avrebbe sulla curva *IS* in corrispondenza di Y_L). Al tasso di interesse i_0 gli investimenti e le esportazioni nette saranno al di sopra del livello di equilibrio; si avrà quindi un eccesso di domanda di beni e servizi, che farà crescere il PIL secondo la linea che parte dal punto *A*. Il PIL continuerà a crescere fino a quando il tasso di interesse i_0 sarà compatibile con il livello del PIL. La situazione opposta si avrà nel punto *B*, in cui il tasso di interesse i_0 è troppo alto. Questo farà sì che la domanda aggregata sia bassa e quindi si creerà un eccesso di offerta. L'eccesso di offerta causerà una diminuzione del PIL fino al valore di equilibrio (Y_0).

Figura 14. – *L'aggiustamento di disequilibrio nel modello* IS-LM

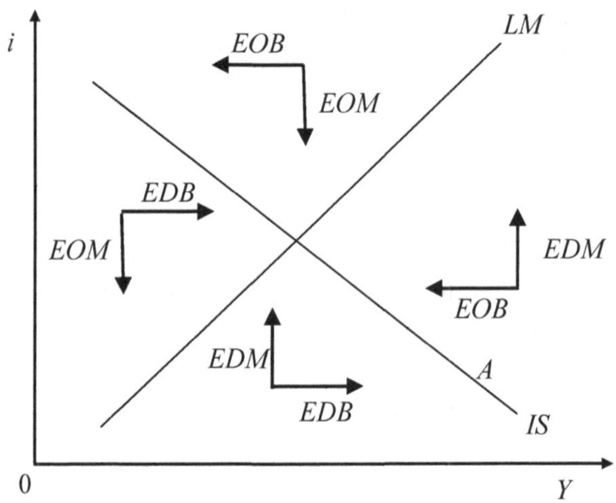

Dalla Figura 14 è possibile comprendere come il modello *IS-LM* sia un modello con un equilibrio stabile analizzando le dinamiche che si instaurano nel caso ci si trovi in un punto qualsiasi al di fuori delle due curve. In effetti, le due curve dividono lo spazio cartesiano in quattro aree caratterizzate da diverse combinazioni di eccesso di offerta (*EOB*) o di domanda (*EDB*) di beni e servizi e di eccesso di domanda (*EDM*) e di offerta (*EOM*) di moneta. Se per esempio, ipotizzassimo di trovarci nel punto A, saremmo in un punto caratterizzato da equilibrio fra domanda e offerta di beni, ma disequilibrio sul mercato della moneta. L'eccesso di domanda di moneta causerebbe, seguendo le frecce relative al mercato della moneta, un aumento del tasso di interesse. Ci sposteremmo pertanto al di fuori della curva *IS* verso l'alto. Ma una volta usciti fuori dalla curva *IS*, ci troveremmo in un regime di eccesso di offerta di beni, con conseguente diminuzione del PIL. L'effetto combinato delle due forze (una specie di parallelogramma) porterebbe il sistema a dirigersi con una traiettoria inclinata verso sinistra, verso la curva *LM*. Una volta raggiunta la curva *LM*, l'equilibrio sul mercato della moneta non durerebbe, visto che la continua diminuzione del PIL porterebbe a scavalcare la *LM*. A questo punto trovandoci sopra la *LM* il tasso di interesse inizierebbe a diminuire a causa dell'eccesso di offerta di moneta. L'effetto congiunto di quest'ultima e della diminuzione del PIL, porterebbero il sistema a muoversi verso il basso a sinistra. Fino ad incontrare la curva *IS*. A questo punto, proseguendo la diminuzione del tasso di interesse la curva *IS* verrebbe scavalcata e si creerebbe una situazione di eccesso di domanda di beni, che insieme all'eccesso di offerta di moneta farebbe dirigere il sistema verso il basso a destra. E così via. Il sistema quindi si avvierebbe lungo una spirale che si arresterebbe soltanto una volta arrivati nel punto di equilibrio.

Si possono notare due importanti elementi. Il primo è relativo al fatto che l'equilibrio è stabile, ma il tempo necessario per ristabilirlo a fronte di shock può essere relativamente lungo. La lunghezza dipende dalla velocità di aggiustamento del sistema ai disequilibri sui due mercati dei beni e servizi e della moneta.

Il secondo è che nel processo di convergenza verso l'equilibrio il sistema sperimenterebbe variazioni cicliche nelle due variabili fondamentali (interesse e PIL). Infatti, dal punto A, nel passare da un regime all'altro il PIL prima diminuisce e poi aumenta, per poi ridiminuire e così via. Lo stesso accade all'interesse, che nel nostro esempio, prima aumenta, per poi diminuire, e aumentare di nuovo e così via. Questo secondo elemento ci dice che nel tendere all'equilibrio, il sistema mostra una fondamentale ciclicità che determina periodi di crescita e periodi di contrazione del PIL.

10 Il modello della domanda aggregata e dell'offerta aggregata (*AD-AS*)

Parte I - **Per capire**

Nel capitolo precedente abbiamo studiato un semplice modello che analizza le interazioni tra settore reale (mercato dei beni) e settore finanziario (mercato della moneta e mercato dei titoli). Lo abbiamo chiamato *modello IS-LM*.

In questo capitolo proseguiremo l'analisi, ricavando da tale modello la curva di domanda aggregata che metteremo a confronto con la curva di offerta aggregata, ottenendo il *modello AD-AS*. Tale modello è impiegato per analizzare come si determina simultaneamente il livello del PIL e il livello generale dei prezzi di equilibrio sul piano macroeconomico.

Il modello prende il nome dalle iniziali, in lingua inglese, delle variabili considerate nelle due relazioni fondamentali che lo caratterizzano: *Aggregate Supply* e *Aggregate Demand*. Esso rappresenta un'estensione della teoria keynesiana.

Si tratta di uno dei modelli fondamentali della macroeconomia, perché consente di raccogliere in un quadro unitario e flessibile principi molto diversi tra loro come la legge di Say, secondo cui ogni offerta genera la propria domanda, e la teoria della domanda effettiva. Anche per questo è stato utilizzato da un'ampia gamma di economisti: dal monetarista Milton Friedman alla post-keynesiana Joan Robinson.

La costruzione dell'offerta aggregata richiederà un'analisi apposita che, come vedremo, insiste su uno degli argomenti di maggiore controversia tra le diverse scuole di pensiero in economia.

10.1. La curva di domanda aggregata

Iniziamo con la costruzione della curva della domanda aggregata. Partendo da un dato livello generale dei prezzi (P_0), ipotizziamo che si verifichino variazioni esogene in tale livello e ricaviamo la domanda aggregata corrispondente ad ogni livello dei prezzi. La curva che congiunge tra loro tutti questi punti rappresenta la curva di domanda aggregata, ovvero la relazione che sussiste tra il livello della domanda aggregata (*AD*) e il livello generale dei prezzi (*P*).

Nel Capitolo 9 il modello *IS-LM* è stato discusso ipotizzando che il livello generale dei prezzi fosse predeterminato. In tal modo valori reali e nominali coincidevano. Ovviamente, la situazione cambia se prendiamo in considerazione variazioni nel livello generale dei prezzi. In questo caso, infatti, le variabili del modello *IS-LM* devono essere espresse in termini reali, compreso il tasso di interesse.

Occorre precisare che vi è un'asimmetria tra la *IS* e la *LM* a proposito di qual è il tasso d'interesse di riferimento, se quello nominale o quello reale. Per quanto riguarda il mercato della moneta – e dunque la curva *LM* – la domanda di moneta dipende dal tasso d'interesse nominale [1]. Se invece facciamo riferimento alla domanda di investimenti – e dunque alla curva *IS* – questa dipende dal tasso d'interesse reale [2]. È bene allora utilizzare, a differenza di quanto fatto nel Capitolo 9, il tasso di interesse reale (*r*) sia nelle equazioni sia nelle figure.

Ciò detto, l'equazione relativa alla condizione di equilibrio sul mercato della moneta può essere espressa nel modo seguente:

$$\frac{M}{P_0} = k \times Y - a \times r \qquad [1]$$

In altri termini, l'offerta reale di moneta – ossia, l'offerta nominale di moneta (*M*), il cui valore è determinato dalla banca centrale [3] in base ai propri obiettivi di politica monetaria, diviso per il livello generale dei prezzi (*P*) – è uguale alla domanda di moneta che dipende, come sappiamo, dal livello reale del PIL e dal tasso di interesse reale (*r*).

A questo punto siamo in grado di ricavare la curva di domanda aggregata (Figura 1) associando ad ogni livello dei prezzi uno e un solo livello di la domanda aggregata: quello in corrispondenza del quale si intersecano la *IS* e la *LM*, ovvero sono in equilibrio sia il mercato dei beni sia il mercato della moneta. La curva mostra che quanto più elevato è il livello generale dei prezzi (*P*) tanto minore è il livello della domanda aggregata di equilibrio.

Alla base della relazione inversa tra *Y* e *P* vi è, infatti, il funzionamento del mercato della moneta.

---

[1] Questo perché gli agenti valutano il costo opportunità del detenere moneta, che non frutta interessi, e che ha quindi un tasso nominale di interesse pari a zero, rispetto al tasso d'interesse nominale corrente.

[2] Come illustrato nel paragrafo 9.1, il tasso di interesse reale (*r*) è uguale al tasso di interesse nominale (*i*) meno il tasso di inflazione attesa (π).

[3] Nel caso dell'euro area, dalla Banca Centrale Europea (BCE).

Figura 1. – *Curva di domanda aggregata*

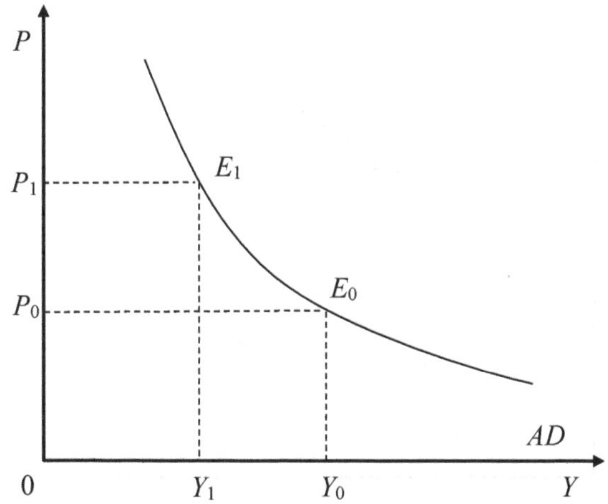

Per chiarire questo aspetto e sottolineare la natura della relazione inversa tra Y e P utilizziamo la Figura 2. Il riquadro superiore della figura riporta lo schema *IS-LM* per un certo livello dei prezzi (P_0). Data l'offerta nominale di moneta M_0, l'offerta reale di moneta è pari a M_0/P_0. A questo valore dell'offerta reale di moneta è associata, in corrispondenza del punto di intersezione tra la curva *IS* e la curva *LM*, una posizione di equilibrio macroeconomico E_0. Questo equilibrio identifica un valore del PIL pari a Y_0 e un valore del tasso di interesse pari a r_0. Dunque, in corrispondenza del livello dei prezzi P_0, il livello di equilibrio del PIL è pari a Y_0.

Riportiamo questi due valori – ossia P_0 e Y_0 – nel riquadro inferiore della Figura 2. Se, data l'offerta nominale di moneta M_0, il livello dei prezzi aumenta, passando da P_0 a P_1, la curva *LM* trasla verso sinistra da *LM* a *LM'*, determinando così un aumento del tasso di interesse e, quindi, una diminuzione della domanda di investimenti delle imprese e delle esportazioni nette. L'effetto complessivo sarà, dunque, quello di determinare una riduzione nel livello del PIL, che passa da Y_0 a Y_1. Questa riduzione del livello del PIL, conseguente all'aumento del livello dei prezzi da P_0 a P_1, può essere mostrata nel riquadro superiore della Figura 2, mediante lo spostamento della posizione di equilibrio macroeconomico da E_0 a E_1.

Nel riquadro inferiore della Figura 2 sono stati dunque riportati i due nuovi valori di P e Y – ossia, P_1 e Y_1 – corrispondenti all'equilibrio macroeconomico E_1, che abbiamo ottenuto nel riquadro superiore. Ripetendo questo esercizio, si ottiene una relazione inversa tra P e Y che viene denominata curva di domanda aggregata e verrà indicata come curva *AD*.

Occorre notare che variazioni nel livello generale dei prezzi (P) comportano spostamenti lungo la curva della domanda aggregata, mentre variazioni dell'offerta nominale di moneta comportano spostamenti della curva della domanda aggregata.

Figura 2. – *Costruzione della curva di domanda aggregata*

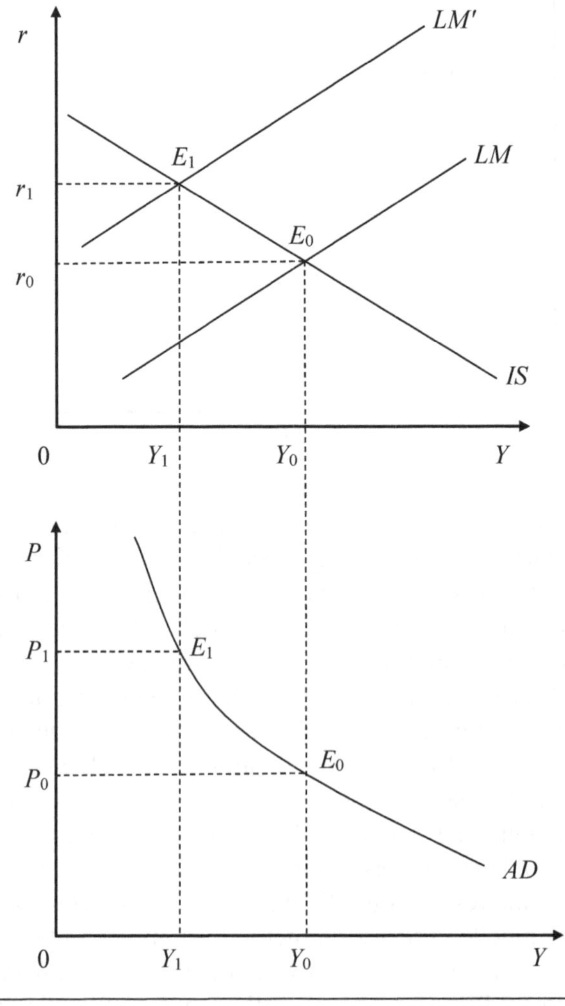

10.2. La curva di offerta aggregata

Nei Capitoli 8 e 9 abbiamo studiato modelli macroeconomici nei quali si ipotizza che nel breve periodo il livello di equilibrio del PIL sia determinato dalla domanda aggregata di beni e servizi. Questo è possibile solo assumendo come predeterminato, o se si preferisce costante, il livello generale dei prezzi. Nel paragrafo precedente, ipotizzando variazioni esogene del livello dei prezzi (*P*), abbiamo ricavato, a partire dal modello *IS-LM*, la curva della domanda aggregata (*AD*), cioè la relazione che intercorre tra il livello della domanda aggregata e il livello generale dei prezzi.

In questo paragrafo analizziamo la *curva di offerta aggregata* (*AS*), che descrive la relazione esistente tra il livello dell'offerta aggregata di beni e servizi e il livello generale dei prezzi.

L'analisi congiunta delle curve di domanda e offerta aggregata ci consentirà successivamente di costruire l'equilibrio macroeconomico nel *modello AD-AS*. Si tratta di un modello molto generale che consente di analizzare in modo integrato i risultati a cui conduce l'operare congiunto dei mercati dei beni e servizi, dei mercati finanziari e del mercato del lavoro [4], identificando il livello di equilibrio sia del PIL sia del livello generale dei prezzi. Quindi, i prezzi non risulteranno più una variabile *esogena*, ma *endogena*, determinata cioè all'interno del modello stesso.

10.2.1. L'offerta aggregata e la funzione aggregata di produzione

L'offerta aggregata descrive la relazione esistente tra il livello del PIL e il livello generale dei prezzi quando si guarda al potenziale produttivo di un'economia. Questa relazione viene a dipendere principalmente dal funzionamento dei mercati dei fattori produttivi e dalle capacità tecnologiche e organizzative del sistema economico nel suo complesso. L'offerta aggregata risulta così influenzata, in generale, dalla disponibilità dei diversi fattori produttivi, dalla capacità di produrli e riprodurli (o conservarli) e dalla preparazione economica e sociale nel gestirli.

I principali fattori produttivi (o input) sono: le risorse umane (quantità e qualità di forze di lavoro e capitale umano); il capitale fisico (quantità e qualità di macchine, impianti, costruzioni e infrastrutture); la tecnologia (inclusa la capacità di organizzare e innovare le attività economiche); le risorse naturali e ambientali (quantità e qualità di tali risorse e del capitale naturale e ambientale).

Semplificando drasticamente la complessità dei processi produttivi e le interazioni sociali che li caratterizzano, si ipotizza che la capacità produttiva del sistema economico possa essere misurata riferendosi alla quantità esistente di input omogenei, intesi come stock di servizi lavorativi (*L*, ovvero, numero di lavoratori o ore di lavoro disponibili) e stock di capitale (*K*, ovvero, numero di macchine o impianti disponibili). Si ipotizza, inoltre, che le capacità tecnologiche e organizzative del sistema economico di trasformare input in output siano date.

In tal modo è possibile fornire una rappresentazione stilizzata di tutti questi elementi ricorrendo al concetto di *funzione aggregata di produzione* [5], vale a dire, a

---

[4] Nella realtà operano molteplici mercati del lavoro e solo mediante una drastica semplificazione possiamo parlare di un unico mercato del lavoro, come faremo nel resto dell'analisi.

[5] Come si è visto nel Capitolo 2, la funzione di produzione ha origine in microeconomia a fonda-

una determinata relazione tecnica tra il livello del PIL (Y, l'output aggregato) e la quantità impiegata dei due input, lavoro (L) e capitale (K):

$$Y = F(L, K) \quad [2]$$

Questa funzione, debitamente specificata, assume l'esistenza di una relazione positiva tra il livello del PIL di un'economia e il livello di impiego dei due fattori produttivi. Quando K è dato, come assumiamo accada nel breve periodo, possiamo scrivere:

$$Y = F(L) \quad [3]$$

Sulla base di queste ipotesi, è possibile procedere alla rappresentazione grafica della curva di offerta aggregata. Tuttavia, la sua forma (e quindi tutte le implicazioni sull'analisi che ne conseguono) dipende fortemente da una serie di processi, come la velocità con cui i mercati raggiungono l'equilibrio e la reattività dei prezzi al variare delle quantità, che hanno a che fare con l'efficienza dei mercati. Quindi le ipotesi sul funzionamento dei mercati che si ritengono più accettabili risultano cruciali nella costruzione della curva di offerta aggregata.

10.2.2. L'offerta aggregata nel brevissimo periodo

Il primo modello che analizziamo costituisce il caso più semplice: quello relativo a mercati che raggiungono velocemente l'equilibrio mediante aggiustamento delle sole quantità e con prezzi costanti. In tal caso parliamo di *curva di offerta aggregata di brevissimo periodo* (AS_B). In coerenza con il modello keynesiano studiato nei capitoli precedenti[6], è possibile sostenere che nel brevissimo periodo i prezzi sono costanti (o *rigidi*): le imprese sono cioè disposte a produrre qualsiasi quantità di beni venga loro domandata, utilizzando al salario nominale corrente la quantità di lavoro che desiderano impiegare. Ciò comporta l'assunzione che il costo medio di produzione sostenuto dalle imprese non vari al variare della quantità prodotta e che esista capacità produttiva non pienamente utilizzata.

Se il livello generale dei prezzi è costante, è possibile tracciare una curva di offerta aggregata orizzontale come quella mostrata nella Figura 3.

Si tratta del modello che Keynes abbozzò per studiare la *Grande Depressione* iniziata alla fine degli anni '20, periodo durante il quale era diffusa l'idea che fosse possibile per le imprese espandere la produzione, utilizzando lavoro e capitale disoccupati, senza far crescere il livello dei prezzi.

---

mento della teoria della produzione dell'impresa. Quando viene utilizzata in macroeconomia, evidenzia limiti e si presta a critiche su cui gli economisti si sono a lungo confrontati.

[6] In linea anche con l'analisi condotta da Alfred Marshall, che distingueva tra aggiustamenti di mercato che possono aver luogo nel brevissimo, breve, lungo e lunghissimo periodo.

Figura 3. – *Curva di offerta aggregata con prezzi rigidi*

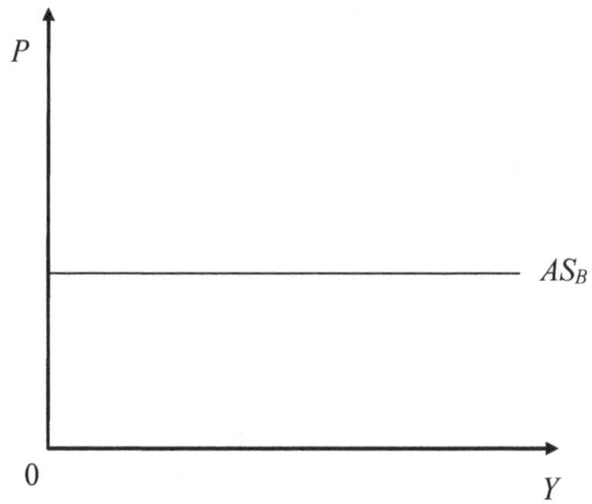

In tal caso, se la curva di domanda aggregata (*AD*) trasla verso destra, ad esempio a causa di una politica monetaria espansiva (nella Figura 4 da *AD* a *AD'*), l'equilibrio macroeconomico passa da E_0 a E_1, aumenta il livello del PIL di equilibrio, e di conseguenza il livello dell'occupazione, mentre il livello dei prezzi rimane costante.

Il medesimo risultato si ottiene se la causa della traslazione della curva di domanda aggregata (*AD*) verso destra è una politica fiscale espansiva attuata mediante un aumento della spesa pubblica (*G*).

Analogamente, l'adozione da parte delle autorità di politiche monetarie e/o fiscali restrittive si rifletterebbe in uno spostamento verso sinistra della curva della domanda aggregata (*AD*) e quindi in un nuovo equilibrio caratterizzato da un livello più basso del PIL, sempre a prezzi costanti.

Nel seguito di questo paragrafo analizzeremo diverse tipologie di curve d'offerta aggregata, cercando di inserire la discussione di tipo analitico nel contesto storico-politico in cui le varie teorie sono state sviluppate. Infatti, la scienza economica, come scienza sociale, è soggetta a mutare in parte i propri obiettivi, e quindi le proprie modalità di analisi, a seguito di cambiamenti rilevanti del contesto socio-istituzionale. I criteri con cui vengono valutate di volta in volta le nuove teorie attengono alla capacità di tali teorie di spiegare fenomeni di cui le precedenti teorie davano già conto, aggiungendo tuttavia anche spiegazioni di nuovi fenomeni. Ciononostante, le priorità di analisi – e quindi l'oggetto stesso delle teorie – risultano fortemente influenzati dalle tendenze politiche e socioculturali dominanti.

Ne consegue che il livello di equilibrio del PIL si determina nel punto di intersezione (E_0) tra la curva di domanda aggregata (*AD*) e la curva di offerta aggregata di brevissimo periodo (AS_B) (Figura 4).

Figura 4. – *Spostamenti della curva di domanda aggregata ed equilibrio macroeconomico nel brevissimo periodo*

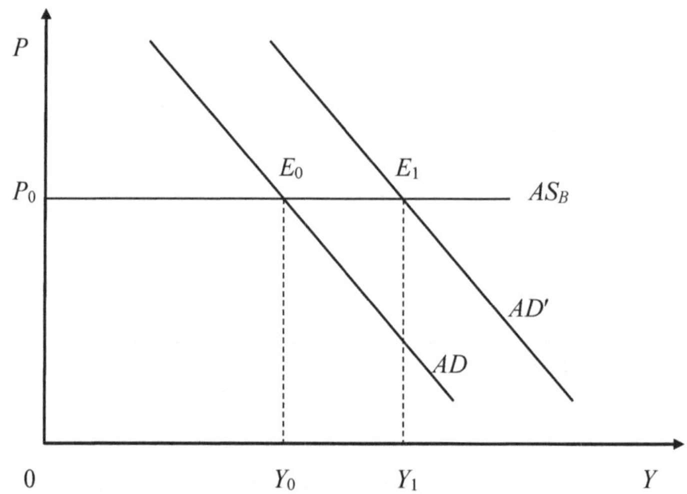

10.2.3. L'offerta aggregata nel breve periodo

La grande crisi di liquidità del 1929 e la disoccupazione di massa nella Grande Depressione degli anni '30 rappresentano lo scenario del modello. La *Teoria generale* ne è stata la struttura teorica, costruita a conclusione di "una lotta per sfuggire" alle vecchie idee che Keynes ha condotto da un punto di osservazione privilegiato: quello di *grand commis* del governo e di guida di un circolo di intellettuali illuminati.

Keynes accettava dagli economisti che l'hanno preceduto l'ipotesi di mercati di beni e servizi perfettamente concorrenziali, ma riteneva che il mercato del lavoro non fosse in grado di raggiungere l'equilibrio in modo istantaneo. Giudicava realistico ipotizzare che i salari monetari non fossero flessibili verso il basso. Inoltre, Keynes sosteneva che, se anche i salari monetari fossero diminuiti, il mercato del lavoro avrebbe potuto non raggiungere ugualmente l'equilibrio, a causa dell'effetto negativo di tale diminuzione sulla domanda aggregata.

In questo quadro la disoccupazione involontaria (definita nel paragrafo 7.4.2) rappresenta un problema di primaria importanza per la politica economica.

10.2.3.1. *Le proprietà del modello*

Tre sono le proprietà di base del modello: (i) fissato il livello del salario monetario (ad esempio, dalla contrattazione salariale), l'occupazione e il livello del PIL vengono determinati dalla domanda aggregata nel mercato dei beni e dei servizi; (ii) le variazioni del tasso di interesse (nominale) consentono l'uguaglianza tra domanda e offerta reale di moneta, ma non portano in equilibrio gli investimenti con i risparmi ottenibili in condizioni di pieno impiego; (iii) una diminuzione degli investimenti (o di un'altra componente autonoma della domanda aggregata) comporta una riduzione della domanda aggregata e, di conseguenza, del PIL e dell'occupazione di equilibrio. Tale effetto viene amplificato dal moltiplicatore, dato che la domanda di consumo dipende dal reddito (e quindi sia dal salario che dall'occupazione). È il livello del PIL, e non il tasso di interesse, che varia per mantenere in equilibrio il risparmio programmato con gli investimenti programmati.

10.2.3.2. *Lo sviluppo del modello*

In questo modello l'offerta aggregata di beni e servizi è determinata dalla domanda aggregata (ad esempio al livello Y_0). Poiché la domanda di lavoro è una domanda derivata (vedi Capitolo 3), la domanda aggregata dà luogo alla domanda di lavoro e al corrispondente livello di salario reale. Questo semplice passaggio è ottenuto in due fasi. Dapprima, una volta fissato il livello della domanda aggregata (Y_0), si cerca, nella funzione aggregata di produzione, il corrispondente livello dell'occupazione (L_0)[7] (riquadro in basso a destra nella Figura 5). Successivamente, nella funzione aggregata di prodotto marginale del lavoro, si individua il livello del prodotto marginale in corrispondenza di un livello di occupazione pari a L_0 (riquadro in alto a destra nella Figura 5). Poiché Keynes ipotizza concorrenza perfetta sui mercati dei prodotti, il prodotto marginale coincide con il livello del salario reale. In questo modo, una volta determinata la domanda aggregata è immediato risalire al livello del salario reale w_0. Lo schema keynesiano, inoltre, presuppone che, mediante la contrattazione collettiva, lavoratori e datori di lavoro si accordino sul livello del salario nominale (W_0). A questo punto, conoscendo salario reale e nominale, è semplice determinare il livello dei prezzi (P_0).

Lo schema di determinazione dell'offerta aggregata secondo l'approccio keynesiano segue pertanto la seguente articolazione: domanda aggregata → offerta aggregata → occupazione → prodotto marginale del lavoro → salario reale → prezzi.

Abbiamo in tal modo ricavato una combinazione di livello generale dei prezzi (P_0) e output (Y_0) che, in un sistema di assi cartesiano, dove in ascissa misuriamo l'output e in ordinata il livello generale dei prezzi, costituisce un primo punto dell'offerta aggregata di beni e servizi (riquadro in alto a sinistra nella Figura 5).

---

[7] Si tratta sostanzialmente di considerare la funzione inversa della funzione aggregata di produzione.

Figura 5. – *Curva di offerta aggregata nel modello di Keynes*

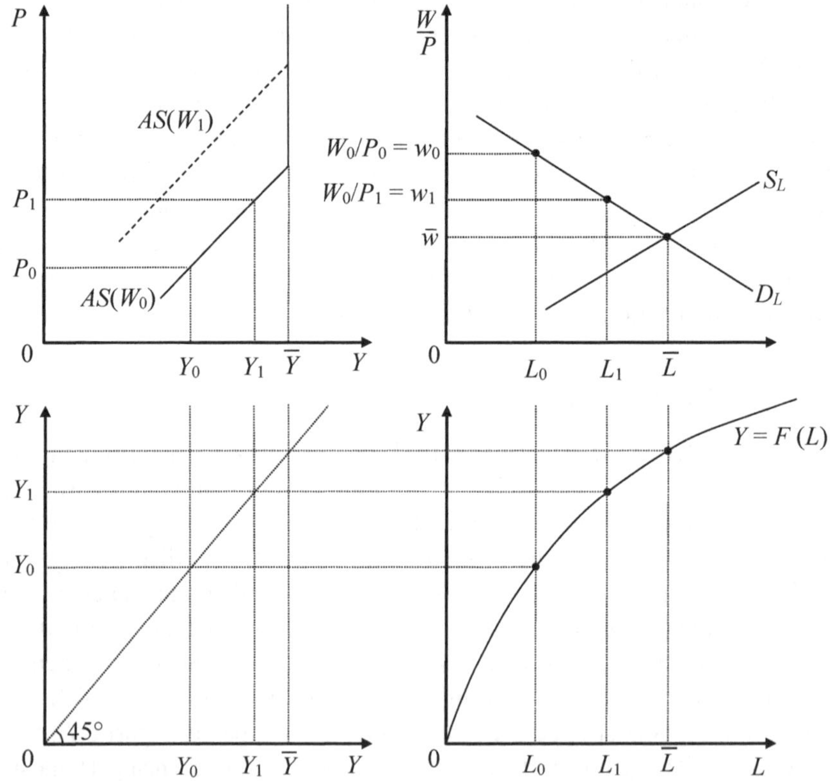

Per determinare un secondo punto della curva di offerta aggregata è sufficiente vedere cosa accade ipotizzando un incremento di domanda aggregata e supponendo che il salario monetario rimanga al livello W_0. Procedendo esattamente come in precedenza, si osserva che un incremento della domanda aggregata, che passa da Y_0 a Y_1 (Figura 5), implica una riduzione del salario reale (da w_0 a w_1). A parità di salario nominale, questa riduzione comporta un incremento del livello generale dei prezzi fino a P_1. Ripetendo questi esercizi per un numero infinito di livelli di domanda aggregata, si ottiene una curva di offerta aggregata inclinata positivamente nello spazio cartesiano (Y, P) (riquadro in alto a sinistra della Figura 5).

Se il salario monetario predefinito fosse più elevato, ad esempio pari a W_1, avremmo una curva di offerta aggregata più a sinistra rispetto a quella originale. In corrispondenza di un salario monetario più elevato è necessario che anche il livello dei prezzi sia più elevato per ottenere un determinato livello di prodotto, dato che sono aumentati i costi marginali (riquadro in alto a sinistra della Figura 5).

In condizioni di pieno impiego la curva di offerta aggregata diviene verticale, dato che individua il massimo PIL realizzabile. In questo caso il mercato del lavoro è in equilibrio di concorrenza perfetta (come discusso nei paragrafi 3.10 e 3.11), in cui si determinano simultaneamente il salario reale di equilibrio ($\bar{w}$) e il livello di occupazione di equilibrio ($\bar{L}$). Quando $\bar{L}$ viene inserito nella funzione di produzione aggregata dà luogo al PIL di pieno impiego $\bar{Y}$ e l'offerta aggregata risulta identica a quella del modello neoclassico.

10.3. L'equilibrio macroeconomico nel breve periodo e gli effetti dei cambiamenti di domanda e offerta aggregata

A questo punto possiamo procedere all'analisi dell'equilibrio macroeconomico nel breve periodo. L'equilibrio si ha nel punto di incontro tra la curva *AD* e la curva *AS*. L'intersezione tra le due curve determina il livello generale dei prezzi e il livello del PIL di equilibrio.

Da notare che quest'ultimo non necessariamente corrisponde al livello del PIL di pieno impiego. Per capire come questo sia possibile partiamo dal caso in cui, dati il salario monetario W_0 e l'offerta nominale di moneta $\bar{M}$, l'incontro tra la curva di domanda aggregata AD_0 e offerta aggregata *AS* si determina in corrispondenza del PIL di pieno impiego $\bar{Y}$ (Figura 6).

Se, a partire da tale equilibrio, si verifica, ad esempio, una diminuzione esogena degli investimenti ($I_1 < I_0$), la *IS* trasla verso il basso a sinistra, da IS_0 a IS_1. Questo determina a sua volta una traslazione verso il basso a sinistra anche della curva *AD*, da AD_0 a AD_1: a parità di *P*, si riduce *Y*. L'economia si sposta da *A* e *B*.

Ma la flessione della domanda aggregata provoca un aumento indesiderato delle scorte e, successivamente, una riduzione del livello dei prezzi, da P_0 a P_1 [8]. A sua volta, la riduzione dei prezzi provoca due effetti: aumenta in certa misura la domanda aggregata[9]; provoca un aumento del salario reale da w_0 a w_1, diminuendo la domanda di lavoro (lungo D_L) da *A* fino a *C*, cui corrisponde un livello di occupazione L_1 inferiore al livello di pieno impiego.

In tal modo, l'equilibrio tra domanda aggregata e offerta aggregata si ristabilisce a un livello minore sia dell'occupazione sia del PIL: l'offerta aggregata si adatta alla domanda aggregata. Se il salario monetario si mantiene fisso, l'economia permane in *C* e tale equilibrio coesiste con disoccupazione involontaria.

---

[8] L'aggiustamento nelle quantità precede quello nei prezzi.

[9] La *LM* trasla da $LM(\bar{M}/P_0)$ a $LM(\bar{M}/P_1)$, con $P_1 < P_0$ e l'economia si sposta lungo AD_1 fino a *C*. La riduzione del livello dei prezzi determina un aumento della domanda aggregata tramite un aumento dell'offerta reale di moneta, che produce una riduzione del tasso di interesse reale e un conseguente aumento della domanda di investimenti.

Figura 6. – *Equilibrio macroeconomico nel modello di Keynes*

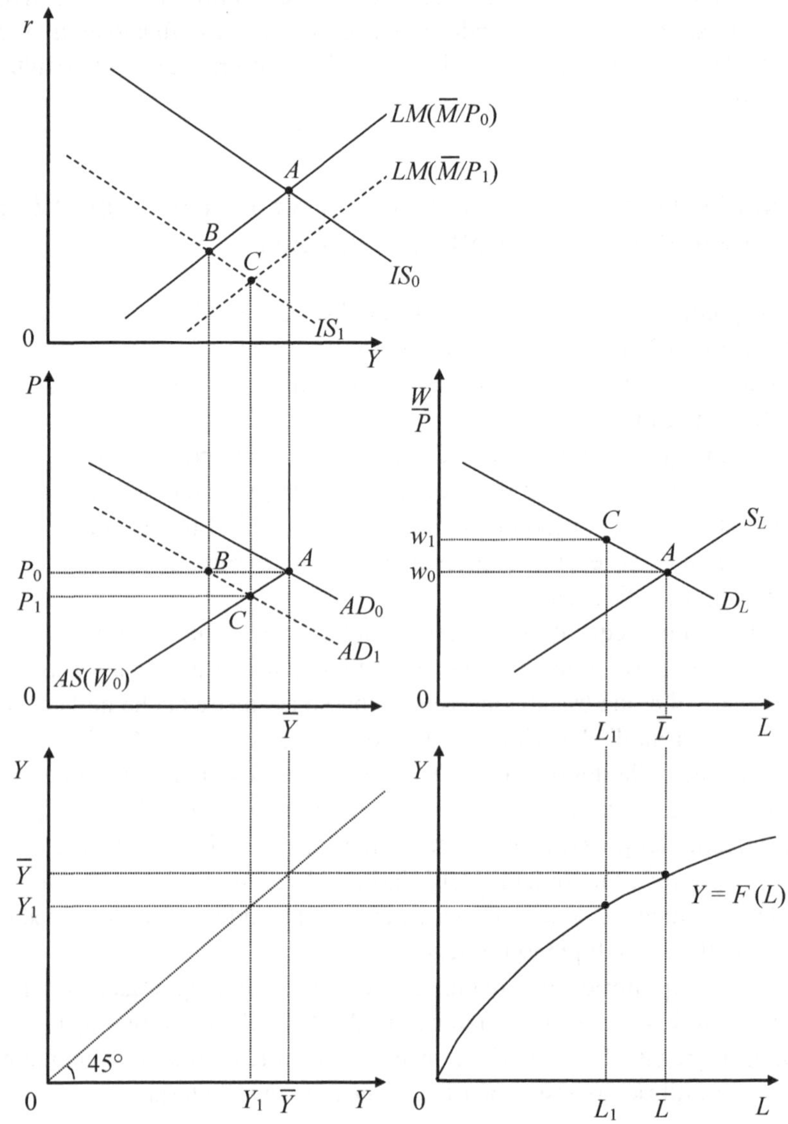

10.3.1. I cambiamenti della domanda aggregata: le politiche monetarie e fiscali

Nel modello vi può dunque essere disoccupazione involontaria anche in presenza di equilibrio sul mercato dei beni e dei servizi diversi dal lavoro: l'equilibrio di pieno impiego è solo un caso particolare. Inoltre, sia la politica monetaria sia quella fiscale hanno effetti reali [10]. Le traslazioni della curva di domanda aggregata (*AD*) possono essere utilizzate per esaminare gli effetti di tali politiche.

Nel caso di politiche monetarie espansive, dato il livello dei prezzi, l'aumento dell'offerta di moneta nominale determina una riduzione del tasso di interesse reale, con conseguente aumento della domanda di investimenti delle imprese e delle esportazioni nette. Di conseguenza, *ceteris paribus*, aumenta il livello del PIL. La curva di domanda aggregata si sposterà quindi verso destra. Con una curva *AS* inclinata positivamente (non perfettamente verticale), aumenteranno sia il livello del PIL sia il livello dei prezzi di equilibrio.

Nel caso di politiche fiscali espansive, considerando ad esempio il caso di un aumento della spesa pubblica, per un dato livello dei prezzi, il conseguente aumento nel livello della domanda aggregata produce uno spostamento verso destra della curva *AD*. Come nel caso precedente, se la curva *AS* è inclinata positivamente (non perfettamente verticale), aumenteranno sia il livello del PIL sia il livello dei prezzi di equilibrio.

10.3.2. Gli shock sull'offerta aggregata

Oltre che per l'intervento di fattori esterni al modello che modificano la curva *AD*, l'equilibrio può cambiare anche per l'intervento di fattori esogeni che modificano la curva *AS*, cosiddetti *shock dell'offerta aggregata*. Le tipologie di tali shock sono molteplici e tendono ad intrecciarsi tra loro e con altre cause.

Nell'immaginario collettivo, il tipico shock sull'offerta è lo *shock petrolifero*. Nel Box 1 vengono riportate alcune informazioni utili ad inquadrare le principali crisi energetiche verificatesi su scala globale e a capire quale sia la natura di tali shock.

È importante capire perché un aumento del prezzo del petrolio o, più in generale, dell'energia, può essere interpretato come uno shock sull'offerta aggregata. Per capirlo, modifichiamo la funzione di produzione aggregata come segue:

$$Y = F(L, N) \quad [4]$$

dove N rappresenta lo stock di energia impiegata, misurata, ad esempio, in barili di petrolio greggio.

Supponiamo che le imprese acquistino l'energia prevalentemente dall'estero, come accade in Italia e in molti altri Paesi trasformatori di materie prime. Il prezzo dell'energia in valuta nazionale (euro), P_{N0}, è dato dal rapporto tra il prezzo dell'ener-

---

[10] Relativamente alla politica fiscale, non viene ritenuto significativo l'*effetto di spiazzamento* (*crowding out*), che si verifica quando un aumento della spesa pubblica determina, in conseguenza di un aumento del tasso di interesse, una riduzione della spesa privata (soprattutto per investimenti ed esportazioni nette).

gia in dollari (P^*_{N0}), valuta in cui si stipulano i contratti sul mercato internazionale dell'energia, e il tasso di cambio euro-dollaro (E_0), definito come il numero di dollari che è possibile ottenere con un euro sul mercato, entrambi dati esogenamente:

$$P_{N0} = \frac{P^*_{N0}}{E_0} \qquad [5]$$

Ad esempio, se $P^*_{N0} = 25$ dollari ed $E_0 = 1{,}25$ (un euro viene scambiato sul mercato contro 1,25 dollari)[11], per un'impresa italiana che acquista energia all'estero il costo in valuta nazionale è $P_{N0} = 25/1{,}25 = 20$ euro.

Ciò implica che un incremento del prezzo dell'energia può discendere da due cause: un aumento del prezzo dell'energia in dollari o una diminuzione del tasso di cambio euro-dollaro, cioè un deprezzamento dell'euro rispetto al dollaro.

Ma se aumenta il prezzo dell'energia, che rappresenta un costo variabile anche nel breve periodo, la teoria microeconomica ci insegna che questo influenza le curve di costo marginale delle imprese. Malgrado queste siano parzialmente in grado di ridurre l'intensità energetica dei processi di produzione utilizzati, tramite l'effetto di sostituzione, il costo marginale aumenta. Al prezzo del prodotto iniziale le imprese sono quindi indotte a offrire una minore quantità di beni, per cui si manifesta un eccesso di domanda aggregata che induce un aumento nel livello generale dei prezzi.

In termini grafici l'aumento del prezzo dell'energia fa ruotare la curva *AS* verso l'alto, come mostra la Figura 7. *Ceteris paribus* il PIL di equilibrio si riduce, mentre aumentano il livello generale dei prezzi e il tasso di interesse.

Lo stesso accadrebbe nel caso di un aumento del livello di salario nominale; ma, mentre in quest'ultimo caso alla fine del processo d'aggiustamento il salario reale aumenta (anche se meno dell'incremento del salario nominale), nel caso dell'aumento del prezzo dell'energia alla fine del processo d'aggiustamento il salario reale diminuisce, perché il livello generale dei prezzi è aumentato, mentre il salario nominale è rimasto invariato.

In conclusione, uno shock petrolifero provoca un aumento del livello generale dei prezzi e del tasso di interesse, mentre comporta una diminuzione della produzione, dell'occupazione e del salario reale[12].

Una *spinta da costi* (avviata da un aumento del prezzo delle materie prime o da un aumento del salario nominale) provoca un aumento del livello generale dei prezzi e una riduzione del PIL. La spinta da costi rappresenta uno shock sull'offerta e,

---

[11] Come discuteremo meglio nel Capitolo 12, questo indica che un dollaro vale 1/1,25 = 0,8 euro, è possibile cioè scambiare un dollaro con 0,8 euro.

[12] È stato questo uno scenario tipico dei paesi trasformatori di materie prime negli anni '70, definito sinteticamente di *stagflazione* (stagnazione più inflazione).

graficamente, dà luogo ad uno spostamento della *AS* lungo la *AD* inclinata negativamente.

Al contrario, uno shock positivo sulla domanda, dando luogo a uno spostamento verso destra della *AD* lungo la *AS* inclinata positivamente, provoca un aumento del livello generale dei prezzi e del PIL.

Queste tematiche e quelle che studieremo nel successivo paragrafo vennero approfondite dal pensiero post-keynesiano dando luogo a quella che è stata definita la *sintesi neoclassica*, grazie al contributo di economisti come John R. Hicks, Franco Modigliani, James Tobin, Lawrence Klein, Robert Solow e Paul Samuelson.

Figura 7. – *Effetti di un aumento del prezzo dell'energia sull'equilibrio macroeconomico*

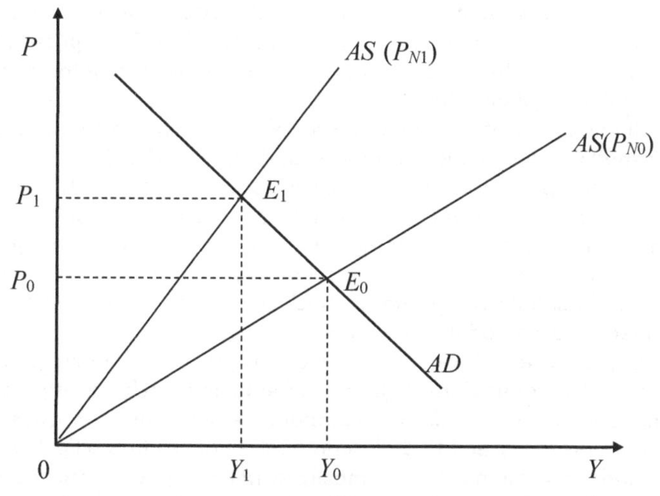

Box 1. – *Crisi petrolifere e shock sull'offerta aggregata*

Il periodo tra la fine degli anni '60 e la fine degli anni '70 è stato caratterizzato da una fitta sequenza di crisi internazionali, che ha comportato drastiche trasformazioni strutturali nell'economia mondiale, dopo la fase di relativa quiete successiva alla fine della Seconda guerra mondiale.
Nel 1969, in seguito al rafforzamento dell'economia tedesca rispetto a quella americana, s'era sviluppata sui mercati monetari una fortissima pressione sul marco. Nel sistema di Bretton Woods, che dal 1944 regolava i mercati monetari con la parità fissa centrata sul dollaro (unica valuta convertibile in oro), questa situazione aveva costretto la Bundesbank, la banca centrale tedesca, ad assorbire ingenti quantità di dollari allo scopo di mantenere le parità esistenti. Ma, dopo vari interventi, l'autorità monetaria tedesca fu costretta ad interrompere la politica d'acquisto di dollari e a consentire la fluttuazione della quotazione del marco. La Bundesbank decise di rivalutare il marco

del 9,3% rispetto all'oro e del 8,5% rispetto alle altre valute del sistema monetario. Il sistema di Bretton Woods subì così un durissimo colpo, perché questa manovra dava corpo al dubbio che gli Stati Uniti non potessero più garantire la convertibilità aurea del dollaro.
Nel 1971 il governo degli Stati Uniti dichiarò la fine della convertibilità aurea. Tutto questo portò nel 1973 alla fine del sistema di Bretton Woods e segnò l'inizio di un periodo di forte instabilità per le valute nazionali collegate al dollaro.
In questo quadro, nel 1972 si scatenò una crisi mondiale nei mercati delle materie prime non energetiche con una forte impennata dei loro prezzi. Essa fu seguita nel 1973, 1979 e 1991 da tre crisi petrolifere, che sono poi divenute i casi emblematici degli shock da offerta.
Nel 1973, in seguito alla guerra arabo-israeliana dello Yom Kippur, venne costituita l'OPEC (Organization of Petrolium Exporting Countries), un cartello che raccoglieva molti dei più importanti produttori di petrolio. Con la nascita del cartello petrolifero il prezzo del petrolio greggio nel giro di un anno triplicò, passando da 3 a 12 dollari al barile.
Nel 1979, dopo il rovesciamento del regime dello Scià e l'instaurazione della repubblica islamica in Iran, il prezzo del greggio aumentò del 150%, passando da 15 a 40 dollari al barile. Nel 1986 il prezzo si ridusse, mantenendosi intorno ai 10 dollari al barile fino alla fine degli anni '80.
Altri due aumenti significativi si sono avuti nel 1991 e nell'estate del 2004, in corrispondenza rispettivamente della prima e seconda guerra del Golfo.
Gli shock petroliferi passati in rassegna costituiscono esempi di shock sull'offerta aggregata che hanno ripercussioni negative sul ciclo economico e sul tasso di inflazione. I tassi di inflazione a due cifre sperimentati negli anni '70 dalla maggior parte delle economie industrializzate non sono stati, tuttavia, provocati solo delle crisi energetiche. Sono, piuttosto, il risultato congiunto di shock sfavorevoli sull'offerta aggregata uniti a politiche monetarie accomodanti sulla domanda aggregata.
Per concludere, occorre tuttavia precisare che il prezzo dell'energia può aumentare non solo a causa di contrazioni della sua offerta, ma anche a seguito di incrementi della sua domanda, anche nella sua componente speculativa. È questo il caso della forte crescita dei prezzi osservata dalla fine degli anni '90 fino all'estate del 2008, prima della Grande Recessione. Come mostrato nella Figura 8, che riporta i prezzi in dollari al barile dal 1986 al 2015 del WTI (West Texas Intermediate), un tipo di petrolio prodotto in Texas e utilizzato insieme al Brent come benchmark sui mercati dei *futures* del petrolio, dal 1998 al 2008 il prezzo al barile è passato da 15 dollari al barile a valori vicini ai 140 dollari al barile. Tale aumento si spiega almeno in parte con l'aumento della domanda di energia da parte dei Paesi asiatici di recente industrializzazione, in particolare la Cina. Nel caso di uno shock sulla domanda però le conseguenze economiche negative derivanti dall'aumento del prezzo dell'energia possono essere compensate dall'aumento della produzione per effetto della crescita.
È interessante anche osservare cosa è accaduto negli anni più recenti. Dopo lo scoppio della crisi finanziaria del 2008, il prezzo del petrolio è repentinamente crollato, per poi tornare a risalire sopra i 100 dollari al barile.
Nel corso del 2014 è però nuovamente sceso in modo significativo ed è attualmente a livelli storicamente bassi. L'ultima discesa è collegata a uno shock positivo dell'offerta. Mentre la domanda mondiale di petrolio cresceva, e con essa i prezzi, i prezzi elevati hanno veicolato forti investimenti nel settore, in particolare verso l'industria dello *shale oil* (petrolio di scisto) statunitense, un tipo di petrolio ottenuto con processi di *fracking* (fratturazione idraulica) di particolari rocce porose. Gli incrementi di efficienza conse-

guiti in questi processi estrattivi hanno abbassato sempre più i costi di produzione dello *shale oil*, aumentando l'offerta mondiale di petrolio, anche a seguito della rimozione dei limiti normativi sulle esportazioni statunitensi. L'accresciuta importanza del ruolo degli Stati Uniti come produttore mondiale di petrolio (la cui quota della produzione globale è passata dal 7% nel 2010 al 12% nel 2014) ha anche ridotto il potere di mercato dell'OPEC (con l'Arabia Saudita in testa, che all'inizio, nel tentativo di "tagliare le gambe" al nascente settore dello *shale oil*, ha deciso di accettare prezzi significativamente minori non contraendo la produzione del cartello).

Figura 8. – *Prezzo mensile medio del West Texas Intermediate (WTI) in dollari (1986-2015)*

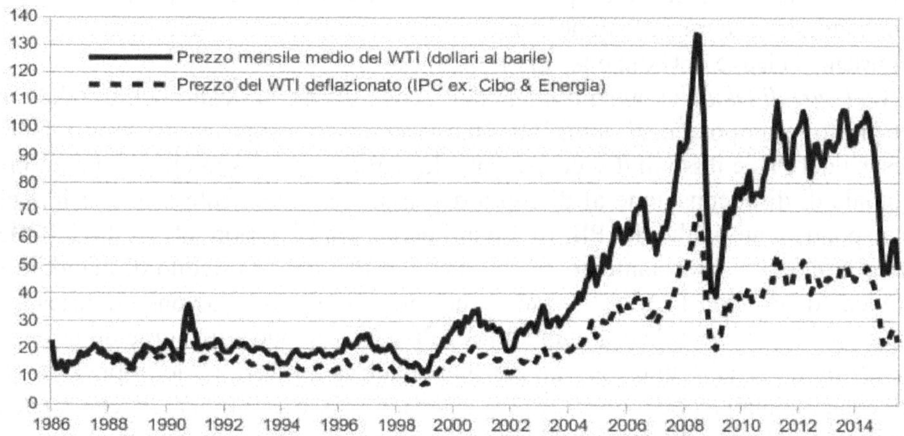

Fonte: Elaborazione su dati US Energy Information Administration.

10.4. La legge di Okun e la curva di Phillips

Il modello keynesiano offriva ai *policy maker* una visione alternativa al modello neoclassico dominante. Dimostrava, infatti, che le aspettative degli imprenditori circa la profittabilità dei loro investimenti erano un elemento di volatilità dell'economia, e variazioni negative di tali aspettative erano in grado di produrre disoccupazione involontaria, che non poteva essere riassorbita senza un intervento dello Stato. Il modello keynesiano offriva quindi una serie di strumenti che potevano ovviare a questo problema: le politiche economiche, sia monetarie che fiscali. Non sorprende, quindi, che la teoria di Keynes abbia costituito la base del *New Deal*, il piano di intervento statale inaugurato dal presidente degli USA Franklin Delano Roosevelt fra il 1933 e il 1937. In quella fase, le politiche statali agevolarono l'uscita dalla Grande Depressione e l'instaurarsi di un periodo di sviluppo economico sostenuto.

Dalla fine della Seconda guerra mondiale all'inizio degli anni '70, quello di Keynes divenne il modello dominante nella teoria economica e nelle azioni di politica economica dei maggiori governi occidentali. Ma alcuni aspetti del modello mal si adattavano alle mutate condizioni. Infatti, il modello keynesiano si era sviluppato in un contesto storico-politico, quale quello della crisi del 1929, caratterizzato da elevata disoccupazione abbinata a deflazione. In un contesto come quello, non era inverosimile pensare che le imprese reagissero ad aumenti della domanda aggregata aumentando le quantità prodotte, piuttosto che i prezzi. Al contrario, il secondo dopoguerra era caratterizzato da bassa disoccupazione e inflazione in (leggera) crescita. Si poneva quindi, il problema di adattare il modello per tenere conto della determinazione del livello dei prezzi in modo più esplicito. A tale scopo, nell'impianto keynesiano venne innestato un modello di determinazione dell'inflazione basato su due regolarità empiriche: la legge di Okun e la curva di Phillips.

La *legge di Okun* ha preso il nome dall'economista americano Arthur Okun, che per primo la propose negli anni '60. Questa regolarità empirica mette in relazione crescita del PIL e tasso di disoccupazione. In particolare, mostra che ogni punto percentuale di disoccupazione al di sopra del tasso corrispondente al pieno impiego, corrisponde a un livello del PIL di 3 punti percentuali inferiore al livello del PIL di pieno impiego. Lo scostamento percentuale del PIL dal suo livello di pieno impiego viene detto *gap* (divario) [13]. L'idea che sottende questa relazione empirica è per certi aspetti assai semplice: l'aumento del PIL corrisponde a un aumento dei beni e servizi prodotti dalle imprese, ma per aumentare la produzione le imprese devono aumentare la manodopera impiegata, e, costante il tasso di attività, ciò causa una diminuzione del tasso di disoccupazione.

La *curva di Phillips* ha preso il nome dall'economista neozelandese Alban William Phillips, che fu il primo ad individuare questa regolarità empirica negli anni '50. Essa mostra l'esistenza di una relazione inversa tra tasso di inflazione (π) e tasso di disoccupazione (U), che si può scrivere come:

$$\pi = \alpha(U_N - U) \qquad [6]$$

dove U_N indica il tasso di disoccupazione di pieno impiego e α è un parametro positivo.

La [6] esprime una semplice relazione di proporzionalità diretta fra il tasso di inflazione e la differenza tra il tasso di disoccupazione di pieno impiego e quello effettivo (e, mediante la legge di Okun, tra questa differenza e il PIL). La curva è rappresentata graficamente nella Figura 9, dove sull'asse orizzontale è indicato il tasso di disoccupazione (U) e su quello verticale il tasso di inflazione (π).

---

[13] Ad esempio, se il tasso di disoccupazione corrispondente al pieno impiego fosse del 5% e quello effettivo dell'8%, la legge di Okun ci indicherebbe che siamo in presenza di un gap recessivo pari a 9 punti percentuali.

Figura 9. – *Curva di Phillips*

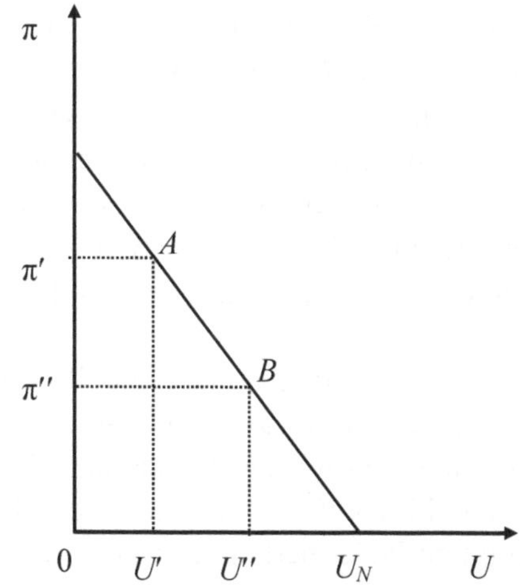

Mediante la legge di Okun e la curva di Phillips, il modello keynesiano poteva essere "chiuso" con una spiegazione dei meccanismi inflattivi basata sulle relazioni che si stabilivano sul mercato del lavoro. Nel modello keynesiano un'espansione della domanda aggregata produce un'espansione della produzione mediante il meccanismo del moltiplicatore. Tale espansione diminuisce il tasso di disoccupazione (in base alla legge di Okun); infine, la diminuzione del tasso di disoccupazione genera spinte al rialzo sui prezzi, cioè inflazione (secondo la curva di Phillips). Viceversa, una contrazione della domanda aggregata fa diminuire la produzione e questo, generando disoccupazione, riduce l'inflazione.

La curva di Phillips sembrò inizialmente confermata dall'esperienza ed ebbe importanti utilizzi nel campo della politica economica di medio periodo per la messa a punto delle *politiche dei redditi* (o *di concertazione*). La curva, infatti, identifica un *trade-off* tra disoccupazione ed inflazione: è possibile ridurre la disoccupazione (per esempio, da U'' a U' nella Figura 9) purché si accettino i costi connessi a una maggiore inflazione (che in questo caso aumenta da π'' a π'); analogamente, è possibile ridurre l'inflazione purché si accettino i costi connessi a una maggiore disoccupazione. In altre parole, la curva di Phillips identifica un *trade-off* tra disoccupazione ed inflazione, che i governi possono utilizzare come un menù per la messa a punto delle politiche economiche desiderate. Tuttavia, negli anni '70, la relazione tra inflazione e disoccupazione assunse in molti paesi industrializzati una natura più complessa di quella colta da Phillips. Come discusso in precedenza, negli Stati Uniti e in molti paesi OCSE si registrarono fenomeni di *stagflazione*: situazioni contraddistinte simultaneamente da elevata inflazione e disoccupazione.

Il modello keynesiano "corretto" risultò incapace di spiegare questo fenomeno. Anzi, all'interno del modello, tutto ciò appariva paradossale: da una parte, la contrazione della produzione avrebbe dovuto spingere al ribasso i prezzi, creando così tendenze deflattive; dall'altra, la presenza di inflazione avrebbe dovuto incentivare la produzione, potendo le imprese spuntare prezzi crescenti per i propri prodotti. Nel modello keynesiano del paragrafo 10.2.2 il problema della determinazione del livello generale dei prezzi non è affrontato: il livello dei prezzi è semplicemente assunto dato e costante. Nel modello keynesiano del paragrafo 10.2.3, corretto dalla sintesi neoclassica, emergeranno criticità riguardanti sia le ipotesi teoriche sia le applicazioni empiriche.

Nel tentativo di spiegare il fenomeno nuovo della stagflazione, la curva di Phillips e l'evidenza empirica che le dava fondamento vennero sottoposte a un severo vaglio critico. In particolare, la revisione neoclassica della curva di Phillips prese il via dall'osservazione che i lavoratori sono interessati al potere di acquisto del salario, e non al suo livello nominale; pertanto, essi determinano il loro comportamento in base al salario reale, e a tal fine agiscono "razionalmente", sulla base delle aspettative che si sono formati circa l'andamento futuro dei prezzi.

Fino alla fine degli anni '70 il modello della sintesi neoclassica aveva rappresentato l'ortodossia in macroeconomia. Ma già tra la fine degli anni '60 e l'inizio degli anni '70, in parallelo all'insoddisfazione generata dai fallimenti delle politiche da esso suggerite, si era sviluppata una forte critica. L'artefice principale di tale critica fu Milton Friedman della Scuola di Chicago, ma ad essa hanno contribuito anche autori come Don Patinkin ed Edmund Phelps.

Naturalmente, dato che l'influenza dei nuovi paradigmi scientifici sulle politiche economiche effettive tende a realizzarsi con ritardo, l'egemonia del nuovo paradigma impiegò tempo ad affermarsi. Il nuovo consenso economico (cosiddetto *Washington consensus*) si consolidò solo a partire dalla fine degli anni '70, anche perché alla critica di Friedman fecero seguito, tra la fine degli anni '70 e i primi anni '80, da un lato, la ripresa di molte idee di fondo del modello monetarista, dall'altro, un approfondito confronto metodologico tra monetaristi e keynesiani sui fondamenti microeconomici della macroeconomia.

Parte II - **Per approfondire**

Le principali teorie macroeconomiche discusse in questo manuale, messe a punto a partire dalla *Teoria generale dell'occupazione, interesse e moneta* (1936) di John Maynard Keynes, si concentrano sulla valutazione dell'efficacia e della desiderabilità di politiche economiche finalizzate a ridurre la disoccupazione e contenere l'inflazione, con combinazioni differenziate a seconda dell'impostazione e della concezione del mondo sostenute dai diversi autori.

L'evoluzione di tali teorie copre un arco temporale di più di tre quarti di secolo, e si articola in due fasi principali. La prima va dalla metà degli anni '30 all'inizio degli anni '70. La seconda va dall'inizio degli anni '70 ad oggi.

La rottura coincide con il profondo mutamento d'impostazione degli studi macroeconomici verificatosi proprio all'inizio degli anni '70. Tale mutamento radicale si è verificato sotto la spinta di forze sia endogene sia esogene alla teoria economica. Le prime sono legate al recupero di consenso della teoria monetarista e all'enfatizzazione dei limiti della politica economica. Le seconde sono rappresentate dai cambiamenti radicali verificatisi nei caratteri distintivi dello sviluppo delle economie dei paesi industrializzati a partire dall'ultimo quarto del secolo scorso.

Successivamente, tra la fine del XX secolo e l'inizio del XXI secolo, lo scenario macroeconomico ha subito una nuova e intensa trasformazione caratterizzata da un aumento della globalizzazione dei mercati, con un collegato forte sviluppo di potenze economiche emergenti (tra queste Cina, India, Brasile e Sudafrica), una crescita del commercio internazionale sud-sud in simbiosi con quello nord-sud, e un aumento della frammentazione internazionale della produzione.

10.5. Il modello di Friedman e le aspettative adattive

Il modello di Friedman ha aperto la strada ad una rivisitazione del problema dell'inflazione ricorrendo a più robuste fondamenta microeconomiche. Per spiegare il fenomeno della stagflazione, Friedman introdusse la *curva di Phillips aumentata per le aspettative*. Si trattava di una versione modificata dell'equazione [6].

Nel discorso presidenziale tenuto all'*American Economic Association* nel 1967, Friedman propose un semplice modello macroeconomico che rappresentò la prima grande sfida al modello macroeconomico keynesiano allora egemone.

10.5.1. Le proprietà del modello

Secondo Friedman i mercati, incluso il mercato del lavoro, raggiungono la posizione di equilibrio nel lungo periodo, e in quel caso valgono i risultati del modello neoclassico. Ma questo non accade nel breve periodo, a causa della presenza di informazioni imperfette e di errori nelle aspettative di prezzo da parte dei lavoratori. È, infatti, la mancanza di informazione, piuttosto che l'irrazionalità di comportamento o l'illusione monetaria, a spiegare la possibilità di deviazioni temporanee dalla situazione di equilibrio di pieno impiego di lungo periodo.

Le imprese operano in concorrenza perfetta e producono la quantità di prodotto che massimizza il profitto totale, ovvero eguagliano salario reale e prodotto marginale del lavoro (*PMgL*) lungo la curva di domanda di lavoro della Figura 10.

Figura 10. – *Il mercato del lavoro nel modello di Friedman*

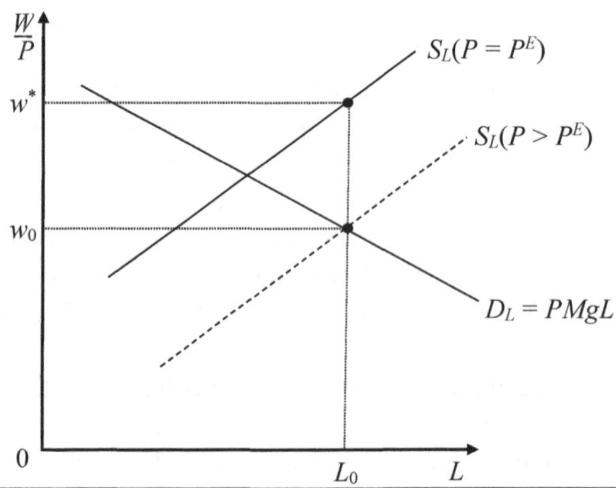

Se nel breve periodo i lavoratori pensano che il salario reale sia maggiore di quello effettivo sono disposti ad offrire la quantità di lavoro domandata dalle imprese (L_0) al salario (w_0), lungo la curva di offerta di lavoro tratteggiata. Ma ciò può accadere, secondo Friedman, solo se il livello dei prezzi effettivo è maggiore di quello atteso ($P > P^E$). L'errore di previsione è dovuto al fatto che, essendo molto elevato il numero di beni e servizi che costituisce il paniere di consumo dei lavoratori, risulta complicata una corretta valutazione dell'effettivo potere d'acquisto del salario mediante l'indice dei prezzi al consumo.

Per questo, Friedman ipotizza che nella formazione delle proprie previsioni di prezzo, i lavoratori facciano uso di *aspettative adattive*: i lavoratori formano le proprie aspettative sul futuro basandosi sull'esperienza passata. Ad esempio, se in passato il tasso d'inflazione è stato maggiore di quello atteso, essi correggono le proprie aspettative future per tenerne conto. L'ipotesi di aspettative adattive si può esprimere in modo semplice e abbastanza generale con la seguente equazione:

$$\pi_t^E = \pi_{t-1}^E + \lambda(\pi_{t-1} - \pi_{t-1}^E) \qquad [7]$$

dove π_t^E, il tasso di inflazione atteso nel periodo corrente *t*, è uguale a quello atteso nel periodo precedente $t - 1$ (π_{t-1}^E) corretto per lo scostamento tra tasso di inflazione effettivo (π_{t-1}) e atteso (π_{t-1}^E). In particolare, λ è un parametro strettamente positivo compreso tra 0 e 1 che misura la reattività degli agenti nel rivedere le loro previsioni sulla base degli scostamenti tra valori attesi e valori effettivi nel passato.

In tal modo, le aspettative correnti sul tasso d'inflazione futuro sono uguali alle aspettative passate a cui si somma un 'aggiustamento', mediante il quale le aspettative sul tasso di inflazione vengono innalzate o abbassate a seconda dell'errore sperimentato nel passato tra tasso effettivo e tasso atteso. Se gli agenti ancorano le loro aspettative sull'inflazione al periodo *t* completamente al tasso di inflazione sperimentato nel periodo $t - 1$, λ è uguale ad 1. Nel caso in cui invece $0 < \lambda < 1$, si parla di aggiustamento 'parziale'.

I lavoratori sono così sulla propria curva di offerta, ma la curva si sposta a seconda dell'aspettativa di prezzo. Se l'inflazione effettiva risulta maggiore di quella attesa ($\pi_t > \pi_t^E$), per cui il livello dei prezzi è maggiore di quello atteso ($P > P^E$), essi credono di percepire un salario reale w^* ed offrono servizi di lavoro pari a L_0, mentre in effetti percepiscono il salario w_0.

Per le imprese, invece, la valutazione del valore effettivo del salario reale (il costo reale del lavoro) è più facile, dato che quest'ultimo viene calcolato a partire dal prezzo del proprio prodotto. Quindi le imprese si trovano sempre sulla propria curva del prodotto marginale del lavoro, sia nel breve che nel lungo periodo.

10.5.2. L'inflazione e la disoccupazione naturale

Analizziamo ora come si configura in questo modello la relazione tra inflazione e disoccupazione. Utilizzando la Figura 11, immaginiamo inizialmente che il sistema economico si trovi in equilibrio di pieno impiego, con un livello del *PIL* pari a $\bar{Y}$, un salario reale pari w_N, un'occupazione pari a L_N, una disoccupazione pari a U_N e un tasso d'inflazione nullo.

Nel mercato del lavoro, raffigurato nel quadrante centrale, vediamo che i lavoratori, per fornire la quantità di lavoro domandata dalle imprese (L_1), richiedono un salario reale w^*. Le imprese, invece, domandano L_1 solo ad un salario reale minore (w_1).

Figura 11. – *Modello di Friedman e tasso naturale di disoccupazione*

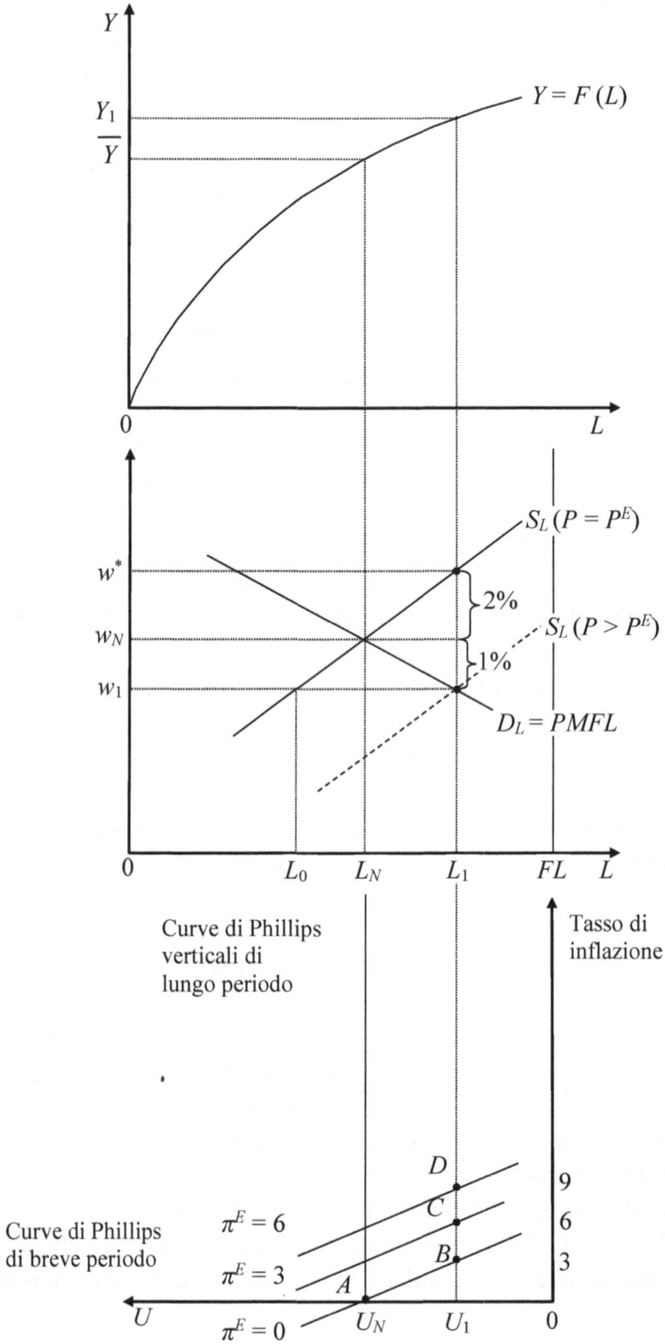

L'apparente contraddizione si risolve tenendo conto del fatto che in questa situazione la domanda aggregata è maggiore di $\overline{Y}$. Questo provoca un aumento dei prezzi che continua fino a che si verifica eccedenza della domanda aggregata sull'offerta aggregata. Poiché l'aumento dei prezzi è inatteso e non è incorporato negli aumenti del salario nominale, questo provoca una riduzione del salario reale da w_N a w_1 che riporta in equilibrio D_L e S_L con $P > P^E$.

In particolare, ricordando che il salario reale nel periodo t (w_t) è dato dal rapporto tra salario nominale (W_t) e livello generale dei prezzi (P_t), possiamo scrivere:

$$\dot{w}_t \approx \dot{W}_t - \dot{P}_t = \dot{W}_t - \pi_t \qquad [8]$$

dove con il puntino sopra le variabili indichiamo il tasso di variazione della variabile rispetto al periodo precedente (in questo caso dal periodo $t-1$ al periodo t) e il segno $\approx$ indica che la relazione non vale in termini esatti ma solo approssimati. A parole, la variazione percentuale del salario reale è all'incirca uguale alla variazione percentuale del salario nominale meno la variazione percentuale del livello dei prezzi (il tasso di inflazione) [14].

Supponiamo ora che, partendo dal punto A (in cui non si ha inflazione e il mercato del lavoro è in equilibrio di lungo periodo) il governo intenda ridurre la disoccupazione e adotti, quindi, una politica economica espansiva che gli consente di mantenere la domanda aggregata al di sopra di $\overline{Y}$, al fine di ottenere, nel quadrante in alto, un livello del *PIL* pari a Y_1.

Assumendo che i lavoratori formino le loro aspettative sull'inflazione nel periodo t esclusivamente in base al tasso di inflazione sperimentato nel periodo $t-1$ (fissando quindi $\lambda = 1$ nella [7]) si ha:

$$\pi_t^E = \pi_{t-1} \qquad [9]$$

Ora, se i lavoratori, per offrire la quantità di lavoro L_1, richiedono un aumento del salario del 2%, da w_N a w^*, significa che il salario monetario deve aumentare di 2 punti percentuali dato che il tasso d'inflazione da loro atteso (formato sulla base dell'inflazione sperimentata nel periodo precedente) è zero:

$$\dot{W}_t \approx \dot{w}_t + \pi_t^E = \dot{w}_t + \pi_{t-1} = 2\% + 0\% = 2\% \qquad [10]$$

Tuttavia, le imprese, per domandare la quantità di lavoro L_1, devono poter pagare il salario reale w_1, di un punto percentuale minore di w_N. Affinché il salario reale scenda dell'1% nel periodo t, l'aumento effettivo dei prezzi deve essere del 3%:

$$\pi_t \approx \dot{W}_t - \dot{w}_t = 2\% - (-1\%) = 3\% \qquad [11]$$

Poiché i lavoratori rivedono le loro aspettative di inflazione al tempo $t+1$ sulla base dell'inflazione sperimentata al tempo t, da questo segue che le richieste sala-

[14] L'approssimazione è tanto migliore quanto più le variazioni percentuali sono piccole.

riali saranno tali che nel periodo $t + 1$ il salario nominale deve aumentare del 5%: 3 punti percentuali di aumento dei prezzi atteso, sulla base dell'inflazione sperimentata al tempo t, più 2 punti percentuali di aumento del salario reale perché continuino ad offrire la quantità di lavoro L_1.

Ma, se si vuole mantenere la disoccupazione al livello U_1, nello stesso periodo i prezzi dovranno aumentare effettivamente del 6% affinché il salario reale possa rimanere al livello w_1 (quindi minore del 1% rispetto al livello w_N di partenza).

Per il periodo successivo ($t + 2$), aspettandosi un'inflazione del 6%, i lavoratori contratteranno aumenti del salario nominale pari a 8 punti percentuali affinché il salario reale possa aumentare di 2 punti percentuali. Ma, analogamente a quanto avvenuto nel periodo precedente, l'aumento effettivo dei prezzi sarà del 9%, un punto percentuale in più dell'aumento del salario nominale. E così via.

Quindi, se il governo intende far sì che il PIL rimanga al livello Y_1 superiore al PIL potenziale, con un tasso di disoccupazione al di sotto del tasso naturale, non deve semplicemente accettare un tasso di inflazione positivo, ma un tasso di inflazione *che accelera*: il tasso di inflazione deve accelerare in ogni periodo.

Ogni volta che il tasso atteso d'inflazione varia, la curva di Phillips di breve periodo trasla. Per questo si parla di curve di Phillips che incorporano le aspettative d'inflazione. Nel breve periodo abbiamo una curva di Phillips per ogni livello del tasso atteso d'inflazione. Nel lungo periodo, invece, la curva di Phillips risulta verticale in corrispondenza di U_N, detto 'tasso naturale di disoccupazione' (*NRU*): in altre parole, non vi è alcun *trade-off* tra livello del tasso di inflazione e disoccupazione.

10.5.3. Le implicazioni di politica economica

I risultati principali a cui conduce il modello di Friedman si possono sintetizzare in cinque punti.

(i) Nel lungo periodo tanto il PIL quanto l'occupazione sono determinati dal mercato del lavoro, come nel modello neoclassico. Nel breve periodo, le variazioni della *AD* generano errori di aspettative e quindi traslazioni della curva di offerta di lavoro. In tal modo, il sistema economico può scostarsi dai livelli di equilibrio di pieno impiego.

(ii) Il tasso di disoccupazione [15] a cui corrisponde l'equilibrio tra domanda e offerta sul mercato del lavoro viene definito *tasso di disoccupazione naturale* (*Natural Rate of Unemployment*, *NRU*). In corrispondenza di *NRU* non dovrebbe aversi disoccupazione di tipo involontario. Tuttavia, in presenza di informazione incom-

---

[15] Dato che assumiamo costante il livello delle forze di lavoro (*FL*), è indifferente far riferimento alla disoccupazione (*U*) o al tasso di disoccupazione (*U*/*FL*).

pleta è difficile distinguere tra disoccupazione volontaria e involontaria. Inoltre, la disoccupazione naturale è una forma di disoccupazione connessa anche alla struttura reale del mercato del lavoro e del sistema economico. Infine, dato che il *NRU* non comporta necessariamente uguaglianza tra numero di posti vacanti e numero di disoccupati, la disoccupazione che lo caratterizza non è necessariamente solo di tipo frizionale, ma può essere anche di tipo strutturale.

(iii) In corrispondenza di *NRU* il tasso d'inflazione è stabile. Solo a questo tasso di disoccupazione, l'inflazione può essere correttamente prevista ($\pi_t = \pi_t^E$). Se la disoccupazione è inferiore a *NRU*, l'inflazione accelera. Se la disoccupazione è maggiore di *NRU*, l'inflazione decelera. Nel lungo periodo la curva di Phillips è verticale in corrispondenza di *NRU*: non esiste un *trade-off* a sostegno delle politiche economiche di concertazione.

(iv) Nel lungo periodo vale la *teoria quantitativa della moneta*: la moneta è neutrale e un aumento dell'offerta nominale di moneta è destinato solo a far aumentare il livello generale dei prezzi. La spesa pubblica produce spiazzamento completo della spesa privata.

(v) Nel breve periodo, tanto la politica monetaria quanto quella fiscale possono avere effetti reali, ma la politica monetaria è più efficace di quella fiscale.

Per illustrare più in dettaglio tali risultati, analizziamo ora gli effetti di una politica monetaria espansiva in presenza di aspettative statiche.

Utilizzando la Figura 12, partiamo dal punto *A*, una configurazione di equilibrio in corrispondenza del tasso di disoccupazione naturale U_N e una crescita dell'offerta nominale di moneta, uguale sia al tasso atteso d'inflazione sia a quello effettivo, del 6%: $\dot{M} = \pi = \pi^E = 6\%$.

Supponiamo, a questo punto, che la banca centrale metta in atto una politica monetaria espansiva consistente in un aumento permanente del tasso di crescita dell'offerta nominale di moneta, che viene portato dal 6% al 10%. Analizziamone gli effetti, distinguendo in stadi l'impatto sull'economia.

Al primo stadio, con un tasso di crescita dell'offerta nominale del 10% e l'inflazione ancora al 6% in linea con le aspettative, l'offerta reale di moneta aumenta e la curva *LM* trasla verso destra nella posizione LM_1. Il PIL aumenta fino a Y_1 e la disoccupazione diminuisce fino a U_1.

Tuttavia, poiché vi è eccesso di domanda aggregata e la disoccupazione è inferiore a U_N, l'inflazione effettiva e le aspettative inflazionistiche vengono riviste al rialzo oltre il 6% (punto *B* nella figura). Ciononostante, finché l'inflazione rimane al di sotto del 10%, l'offerta reale di moneta continua ad aumentare, spostando la *LM* verso destra in basso e la disoccupazione continua a diminuire.

Tale processo prosegue finché, nel terzo stadio, non si raggiunge il punto *C*. Quando l'inflazione uguaglia il tasso di crescita dell'offerta nominale di moneta (10%), l'offerta reale di moneta smette di aumentare e la *LM* smette di traslare verso il basso a destra.

Figura 12. – *Il modello di Friedman e gli effetti della politica monetaria*

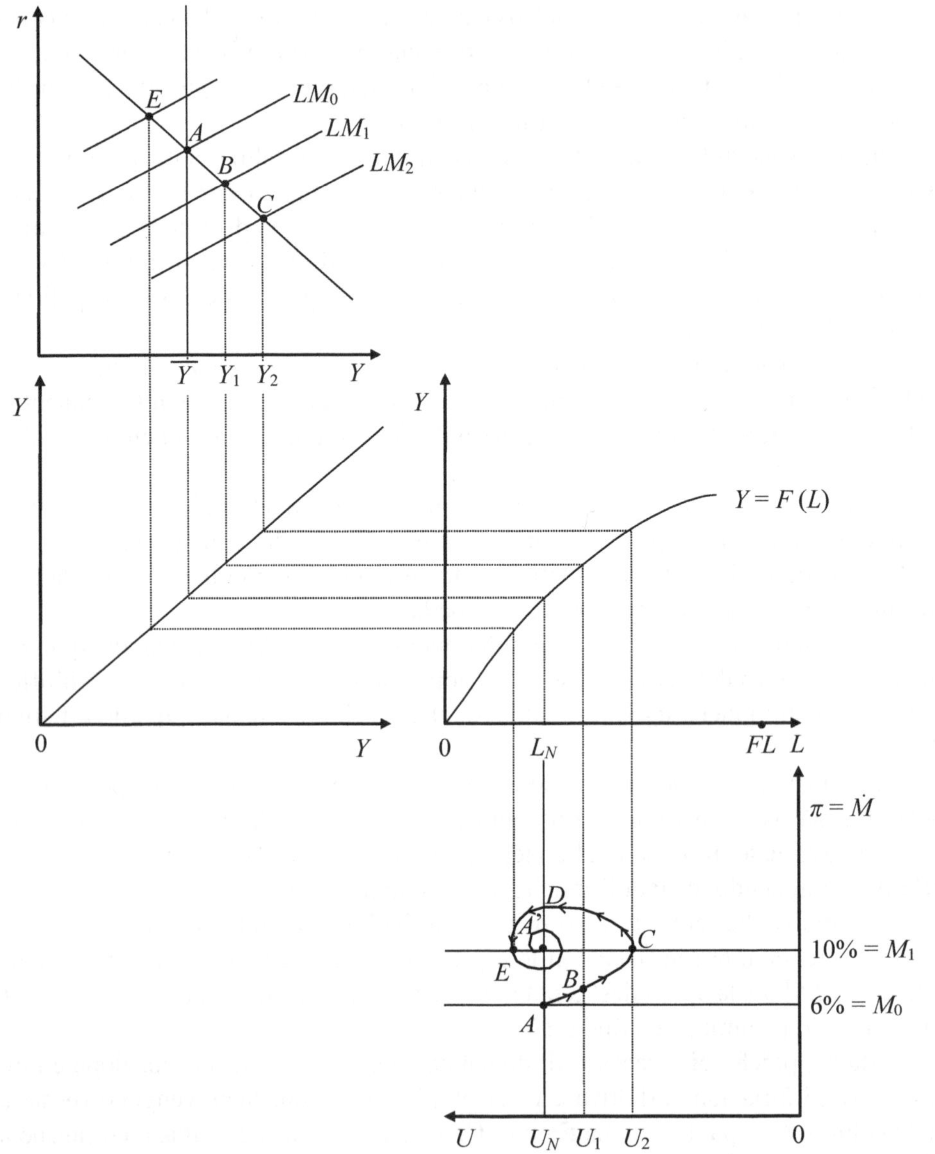

Nel quarto stadio, dal momento che permane e si è anzi accentuato l'eccesso di domanda aggregata e la disoccupazione è al di sotto di U_N, l'inflazione continua ad aumentare, ma, essendo ora $\dot{M} < \pi$, l'offerta reale di moneta comincia a diminuire, determinando traslazioni della *LM* verso l'alto a sinistra. A seguito di ciò, la disoccupazione aumenta, tornando verso U_N. In questo stadio (da *C* a *D* nel quadrante in basso della Figura 12) aumentano sia l'inflazione sia la disoccupazione. Si ha, cioè, *stagflazione*.

Nel quinto stadio, dato che l'economia è arrivata in *D*, l'inflazione non aumenta più, perché viene ristabilita l'eguaglianza tra domanda aggregata e offerta aggregata e $U = U_N$. Poiché tuttavia l'inflazione è al di sopra del tasso di crescita dell'offerta nominale di moneta, l'offerta reale di moneta continua a diminuire. L'economia oltrepassa U_N, subendo un periodo di disoccupazione superiore al tasso naturale (da *D* a *E*).

Alla fine, e a seguito di altri stadi di aggiustamento, il sistema si arresta in A' con un'inflazione del 10%, pari al tasso di crescita dell'offerta nominale di moneta, e con disoccupazione e PIL reale che assumono valori corrispondenti a quelli iniziali.

La politica monetaria espansiva conduce nel breve periodo ad una minore disoccupazione, ma, nel lungo periodo, disoccupazione e PIL reale rimangono ancorati al livello di disoccupazione naturale, mentre l'economia sperimenta stabilmente un più elevato tasso d'inflazione.

Il confronto con la sintesi neoclassica riguardava soprattutto l'accettazione di ipotesi diverse nell'ambito del medesimo impianto teorico e la risposta definitiva veniva lasciata ai test empirici.

I problemi di aggiustamento dell'economia enfatizzati dalla sintesi, e, in particolare, le conseguenze in termini di disoccupazione, vengono ritenuti dipendenti dalle fluttuazioni macroeconomiche e transitori. I monetaristi sottolineano anche il fatto che i tempi lunghi e incerti della politica economica determinano ritardi negli effetti e amplificano l'instabilità del sistema economico, anziché correggerla.

Se questo è particolarmente vero per la politica fiscale, lo è anche per la politica monetaria. Risulta, quindi, un'illusione dei governi interventisti quella di poter regolare con sistematicità e precisione il ciclo economico (*fine tuning*). È più saggio attenersi a poche regole generali che diano certezza agli operatori e ai mercati, favorendo il riequilibrio spontaneo dei mercati.

La controversia più accesa riguarda la teoria e la politica monetaria. In tale ambito l'impegno dei monetaristi è quello di rivalutare la teoria quantitativa della moneta, basata su una relazione stabile e prevedibile tra la quantità di moneta e il livello dei prezzi. Come si è detto, nel lungo periodo una politica monetaria sistematicamente espansiva ha solo effetti sul tasso d'inflazione, ma non sul PIL reale e sull'occupazione, che dipendono solo dalle condizioni reali del mercato del lavoro.

Come discusso in precedenza, le ricette di politica economica della sintesi neoclassica avevano incontrato grandi difficoltà nel periodo dell'alta inflazione che colpì tutti i Paesi occidentali dopo il primo shock delle materie prime non energetiche ed energetiche, tra il 1972 e il 1973, e nel decennio successivo. Uno degli effetti dell'aumento vertiginoso dei prezzi delle materie prime fu quello di peggiorare la profittabilità e la capacità produttiva delle imprese, con effetti negativi sulle condizioni del mercato del lavoro e dell'occupazione. I governi, inizialmente, risposero sostenendo l'occupazione con politiche espansive della domanda aggregata. Ma il risultato fu quello di accelerare l'inflazione, con risultati trascurabili sul fronte dell'occupazione. Sembrava così confermata la critica monetarista della politica keynesiana, e prendeva piede l'idea di Friedman di utilizzare la politica monetaria per regolare il tasso d'inflazione e non quello di disoccupazione. Prese piede anche l'idea che l'adozione di una regola di crescita costante dell'offerta di moneta nominale avrebbe consentito di evitare sia tassi di inflazione elevati sia deflazione.

Nel paradigma monetarista lo Stato è così in grado di disciplinare con la politica monetaria, nel lungo periodo, sia l'economia sia i sindacati e la base operaia. L'efficacia del mercato del lavoro non consente ai sindacati di generare inflazione se il governo si attiene alla regola di crescita costante dell'offerta di moneta nominale. Infatti, attenendosi a tale regola, lo Stato è in grado di calmierare le richieste salariali dei lavoratori, rendendole compatibili con lo stato reale dell'economia. L'azione sindacale ha carattere difensivo. In ogni caso, la causa dell'inflazione è legata al tasso di crescita dell'offerta nominale di moneta, non alla crescita dei salari monetari.

Va notato anche che il ruolo centrale della politica monetaria e l'autonomia che le viene riservata in questo paradigma nei confronti degli altri obiettivi di politica economica del governo non sconfinano nell'autoreferenzialità. La responsabilità (*accountability*) dell'autorità di politica monetaria nei confronti dell'autorità di governo nel suo insieme e della collettività è una pietra miliare di questo approccio.

Riferimenti bibliografici

BLANCHARD O.J. [2000], *Macroeconomia*, Il Mulino, Bologna.

BRANSON W.H. [1979], *Macroeconomic theory and policy*, Harper & Row Publishers, New York.

BUITER W. [1980], "The macroecomic of Dr. Panglos. A critical survey of the new classical macroeconomics", in *Economic Journal*, vol. 90, pp. 34-50.

CARLIN W.-SOSKICE D. [1990 trad. it. 1992], *Macroeconomia*, CLUEB, Bologna.

DELLI GATTI D.-GALLEGATI M.-GALLEGATI M. [2013], *Macroeconomia. Fatti, teorie, politiche*, Giappichelli, Torino.

FRIEDMAN M. [1968], "The role of monetary policy", in *American Economic Review*, vol. 58, pp. 1-17.

HALL R.E.-TAYLOR J.B. [1988 trad. it. 1990], *Macroeconomia. Teoria e politica economica*, Hoepli, Milano.

HICKS J. [1937], "Mr. Keynes and the Classics. A suggested interpretation", in *Econometrica*, aprile.

KEYNES J.M. [1936], *The general theory of employment, interest and money*, MacMillan, London.

PHELPS E.S. [1967], "Phillips curves, expectations of inflation and optimal employment over time", in *Economica*, vol. 34, pp. 254-81.

PHILLIPS A.W.H. [1958], "The relation between unemployment and the rate of change of money wage rates in the United Kingdom, 1861-1957", in *Economica*, vol. 25, pp. 283-299.

STIGLITZ J.E. [1992], "Methodological issues and new Keynesian economics", in A. VERCELLI-N. DIMITRI (a cura di), *Macroeconomics*, Oxford University Press, Oxford.

11 Salario e occupazione nel modello di concorrenza imperfetta

Parte I - **Per capire**

In questo capitolo viene ricostruito, anche se in misura parziale, il dibattito che ha portato, a partire dalla fine degli anni '70 del secolo scorso, prima all'affermazione della Nuova Macroeconomia Classica (NMC) e successivamente alla risposta della Nuova Macroeconomia Keynesiana (NMK).

I fenomeni macroeconomici manifestatisi a partire dalla fine degli anni '60 nei Paesi occidentali (crisi petrolifere, inflazione, crescenti tassi di disoccupazione) avevano messo in discussione l'approccio dominante, di stampo keynesiano, che aveva informato le politiche macroeconomiche a partire dalla fine della Seconda guerra mondiale. Secondo l'approccio keynesiano descritto nel Capitolo 10, un incremento nel livello dei prezzi può scaturire da uno shock dal lato della domanda o dell'offerta aggregata. Questo modello, tuttavia, non si presta ad interpretare scenari macroeconomici caratterizzati da tassi di inflazione crescenti e da concomitanti livelli crescenti di disoccupazione involontaria. Inoltre, il modello keynesiano presenta due limiti. Innanzitutto il lato dell'offerta assume un peso relativamente trascurabile sia per quello che riguarda la natura dei mercati dei prodotti, sia per ciò che riguarda il mercato del lavoro: il modello keynesiano è un modello trainato dalla domanda. Inoltre, la curva di Phillips, adottata per cercare di rendere conto della dinamica dei prezzi, nasce da una serie di osservazioni empiriche e manca, nella sua versione originaria, di solide basi teoriche microeconomiche. Difficoltà nell'interpretazione di scenari macroeconomici mai riscontrati in precedenza e fragili fondamenta microeconomiche avevano messo in crisi l'approccio keynesiano e favorito la ripresa dell'impostazione di derivazione neoclassica e monetarista. La NMC si affermava come approccio dominante e venivano drasticamente ridimensionate la centralità delle politiche fiscali come strumento di stabilizzazione macroeconomica e l'idea stessa di disoccupazione involontaria.

A partire dalla fine degli anni '70, però, una serie di studiosi di impostazione keynesiana ha avviato e sviluppato approfonditamente un progetto di ricerca mirato a consolidare le basi microeconomiche dell'impostazione keynesiana. Si sono sviluppati una serie di approcci microeconomici che hanno tentato, con esiti diversi, di recuperare l'impostazione keynesiana. In questo capitolo viene presentato in particolare l'approccio fondato su mercati di concorrenza imperfetta.

11.1. Oltre Keynes: Nuova Macroeconomia Classica e Nuova Macroeconomia Keynesiana

Nel modello keynesiano la presenza dei sindacati è condizione sufficiente, anche se non necessaria, per l'esistenza di rigidità verso il basso del salario nominale, che sta alla base, accanto ad altri fattori, di un equilibrio con disoccupazione involontaria. Keynes attribuiva tale rigidità anche e soprattutto all'attenzione dedicata dalle singole categorie di lavoratori ai salari relativi, che li rende tendenzialmente contrari a sopportare riduzioni relative dei salari nei confronti delle altre categorie. In tale contesto, lo Stato ha un ruolo attivo nel perseguimento dell'obiettivo del pieno impiego mediante l'adozione di politiche monetarie e fiscali di stabilizzazione del ciclo economico. In Keynes permane tuttavia lo scetticismo, che caratterizzava il pensiero economico precedente, sulla capacità dei sindacati di influire sulla distribuzione del reddito e della ricchezza.

Vi sono, tuttavia, due quesiti a cui la teoria keynesiana non fornisce risposta univoca: cosa induce lo Stato ad intervenire? L'azione dello Stato alla lunga non influenza il potere contrattuale dei lavoratori e dei sindacati, generando conflitti e contraddizioni? Forse l'eccessiva fiducia in un governo illuminato capace di coniugare efficienza ed equità portava Keynes a trascurare tali questioni.

Meno scettico sulla possibilità di un ruolo autonomo dei sindacati, ma più scettico sulla capacità dello Stato di perseguire il pieno impiego in un'economia di mercato era Michael Kalecki, economista polacco contemporaneo di Keynes. Kalecki riteneva, infatti, che il sindacato potesse agire in modo da ridurre il saggio di profitto ad un livello "ragionevole", mettendo le imprese in concorrenza tra loro. D'altra parte, egli riteneva che le politiche keynesiane per il pieno impiego potessero scontrarsi con un rafforzamento eccessivo della classe operaia derivante dalla bassa disoccupazione.

A partire dalla fine degli anni '70, tali riflessioni, proseguite anche nella fase della sintesi neoclassica, vennero in qualche modo interrotte sotto i colpi della critica neo-monetarista, che puntava a un profondo rinnovamento teorico e metodologico. Il programma scientifico di tale scuola di pensiero era imperniato sulla necessità di rifondare la teoria macroeconomica nel rispetto rigoroso del metodo dell'equilibrio economico generale. Nei loro modelli tali economisti si confrontano con il problema della valutazione di efficacia e desiderabilità delle politiche economiche in un diverso contesto di riferimento. Il contenimento dell'inflazione diventa l'obiettivo prioritario, mentre il potenziale di crescita e l'offerta aggregata diventano profondamente condizionati da cambiamenti strutturali di natura interna e internazionale.

Sul fronte di quella che è stata successivamente denominata NMC, il confronto era animato dai discepoli di Milton Friedman, guidati da Robert Lucas, Thomas Sargent, Neil Wallace e Edward Prescott. L'obiettivo dichiarato era quello di rifondare la macroeconomia fornendole rigorose basi di teoria microeconomica.

Sul fronte opposto, a una prima reazione, guidata da Robert Clower, Axel Leijonhufvud e Edmond Malinvaud, volta a proporre una reinterpretazione della teoria dell'occupazione di Keynes basata su disequilibrio e prezzi fissi, ha fatto seguito quella condotta dai discepoli di James Tobin, Paul Samuelson e Robert Solow. Tra questi, in particolare, figurano George Akerlof, Oliver Blanchard, Bruce Greenwald, Gregory Mankiw e Joseph Stiglitz. Tali economisti, i cui contributi hanno dato vita alla cosiddetta NMK, si ponevano l'obiettivo di restaurare i fondamenti della teoria keynesiana accettando la sfida metodologica della NMC [1]. Gli economisti della NMK hanno recepito dal confronto metodologico sopra delineato la necessità di microfondare la teoria macroeconomica, ma, al contempo, hanno ripreso da Keynes l'attenzione a forme di imperfezione e fallimento nel funzionamento dei mercati dei beni, dei servizi e del lavoro.

11.1.1. La Nuova Macroeconomia Classica e le aspettative razionali

La NMC nasceva dall'insoddisfazione per il fatto che anche il modello monetarista di Milton Friedman non teneva pienamente conto dell'ipotesi di comportamento razionale ottimizzante degli agenti. In particolare, era forte l'insoddisfazione per la spiegazione offerta da Friedman delle ragioni per cui nel breve periodo si verificano scostamenti dell'equilibrio di pieno impiego. La soluzione veniva individuata nel fondare la macroeconomia sulla microeconomia, riportando l'intera analisi a risultati ancor più coerenti con la tradizione neoclassica dell'equilibrio economico generale.

Le vicende economiche degli anni '70 contribuirono a rafforzare tale impostazione. In particolare, condizionamenti internazionali di varia natura scossero la fiducia nelle capacità previsionali dei modelli econometrici, anche perché essi non attribuivano sufficiente attenzione al lato dell'offerta aggregata.

---

[1] Si tratta di perlopiù di economisti attivi in università statunitensi. Tuttavia, come notano Carlin e Soskice [1992], il contributo degli economisti europei alla messa a punto del modello di concorrenza imperfetta per l'analisi della disoccupazione in economia chiusa e in economia aperta non è stato trascurabile. Esso si può far risalire al lavoro seminale di Rowthorn [1977]. Inoltre, una delle formulazioni più note è stata quella di Layard e Nickell [1985]. Un modello simile nella tradizione kaleckiana è quello proposto da Sawyer [1982].

Il nuovo strumento analitico proposto era la *teoria delle aspettative razionali*, secondo cui tutti gli agenti agiscono in modo razionale al fine di conseguire posizioni di ottimo e basano le loro decisioni su fattori reali.

Come visto nel Capitolo 10, in base all'ipotesi di aspettative adattive, nel modello di Friedman gli individui reagiscono agli errori, ma in modo ritardato. In particolare, i lavoratori commettono errori di previsione sistematici. È ragionevole però pensare che, prima o poi, essendo agenti razionali, questi cerchino di formare le proprie aspettative in modo diverso. In particolare, se si rendono conto che la domanda aggregata aumenta ogni volta che aumenta il tasso di crescita dell'offerta di moneta – aumento segnalato, a sua volta, dall'aumento del numero di posti vacanti – e che questo fa sì che i prezzi aumentino più velocemente dei salari monetari, è plausibile supporre ricorrano a una nuova regola. Ad esempio, stimeranno l'inflazione attesa sulla base della crescita attesa dell'offerta di moneta. Questa nuova regola è il risultato appunto di aspettative razionali.

L'ipotesi di aspettative razionali, introdotta da Muth [1961] e applicata allo studio delle dinamiche inflazionistiche nella NMC, prevede che tutti gli agenti economici facciano un uso efficiente di tutte le informazioni disponibili sulla struttura dell'economia e sulle politiche economiche, al fine di formare le proprie aspettative sul tasso d'inflazione futuro.

L'insieme di queste informazioni comprende un modello dell'economia che non genera errori sistematici di previsione, assieme ai valori presenti e passati di tutte le variabili *esogene* – cioè esterne al modello, come le regole di politica economica seguite dal governo – ed *endogene* – cioè determinate all'interno del modello stesso. Da ciò discende che in media la previsione deve essere corretta e gli errori non possono essere sistematici.

A partire da tali premesse, risulta netto da parte della NMC il rigetto radicale della teoria keynesiana e della sintesi neoclassica. Viene negato qualsiasi fondamento teorico alle convinzioni secondo cui i prezzi e i salari sono rigidi o si modificano gradualmente e viene respinta l'idea che l'economia possa comportarsi in modo diverso nel breve e nel lungo periodo.

L'unico metodo scientifico per lo studio dell'economia deriva dall'ipotesi di comportamento individuale razionale e ottimizzante e dallo studio delle condizioni di equilibrio di concorrenza perfetta dei mercati.

11.1.2. La Nuova Macroeconomia Keynesiana e la concorrenza imperfetta

La NMC ha avvalorato una concezione estrema delle capacità di autoregolazione dei mercati che non ha trovato riscontro nella realtà. Le anomalie rispetto alla visione classica messe in evidenza dai keynesiani si sono dimostrate empiricamente solide. Ma, al fine di superare la debolezza metodologica della vecchia sintesi neoclassica e gli errori di politica economica che essa comportava, la domanda di fondo che si sono posti i keynesiani è stata: quali sono i fondamenti microeconomici di tali anomalie?

La risposta si è basata sul rifiuto dell'ipotesi di concorrenza perfetta e sull'approfondimento di due filoni di ricerca.

Il primo filone ha indagato l'ipotesi di concorrenza imperfetta. Partendo dal riconoscimento del fatto che lavoratori e imprese dispongono di potere di mercato nella determinazione dei loro prezzi (ad esempio, nella concorrenza monopolistica), e accettando il principio del comportamento razionale ottimizzante, si può dimostrare che vi sono circostanze in cui non è ottimale modificare in continuazione prezzi e salari, ma è invece conveniente adattare le quantità prodotte o il livello di occupazione. A questo filone appartengono molti dei contributi di economisti quali: Oliver Blanchard, Stanley Fischer, Gregory Mankiw e John Taylor.

Il secondo filone ha indagato l'ipotesi di informazione imperfetta. Esiste una particolare forma di potere di mercato che mette in difficoltà l'ipotesi di concorrenza perfetta: il possesso di informazioni private. Agenti razionali e ottimizzanti non hanno interesse a rivelare tutte le informazioni in loro possesso, dato che possono trarre vantaggio dal loro uso privato; ma gli scambi effettuati in presenza di asimmetrie informative, in generale, non danno luogo a risultati ottimali e spesso non sono compatibili con l'equilibrio o con la stessa esistenza dei mercati. A questo filone appartengono molti dei contributi di economisti quali, tra gli altri, George Akerlof, Ben Bernanke, Bruce Greenwald e Joseph Stiglitz.

In quanto segue, ci concentreremo sullo studio di un modello di concorrenza imperfetta in economia chiusa, rappresentativo dell'impostazione seguita dal primo filone di ricerca.

11.2. Il modello di concorrenza imperfetta

Il modello di concorrenza imperfetta sviluppa un quadro teorico che spiega le dinamiche di prezzi e salari. Sono invece esogeni i livelli di reddito e occupazione. Queste due variabili sono determinate in uno schema di domanda aggregata (ad esempio un modello *IS-LM*), completamente sganciato dalle dinamiche di prezzi e salari. La logica è la seguente: dato il livello di domanda aggregata, questa determina l'occupazione; il livello di occupazione ha effetti sui livelli salariali nominali negoziati; questi ultimi hanno effetti sui prezzi; dati i prezzi viene a determinarsi il salario reale. Prima di analizzare il modello analitico, cerchiamo di individuare gli stadi lungo i quali si articola nel modello il processo di determinazione di salari e prezzi, con l'obiettivo di illustrare in maniera intuitiva come si innesca il processo inflazionistico.

Il primo punto da considerare è il processo di contrattazione salariale fra sindacati dei lavoratori e associazioni di imprenditori. Sulla base del proprio potere contrattuale e delle aspettative sull'andamento del livello dei prezzi, i sindacati contrattano con i datori di lavoro il livello dei salari nominali. Si può ipotizzare che, tanto più elevata sia la domanda di lavoro da parte delle imprese, tanto più elevato sarà il salario reale atteso che i sindacati sono in grado di ottenere: una domanda di lavoro elevata, indica un'elevata domanda di prodotto e, di conseguenza, un'elevata disponibilità dei datori di lavoro a concedere un più alto livello salariale. Poiché, evidentemente, un'elevata domanda di lavoro comporta un ridotto livello di disoccupazione, possiamo sostenere che, in presenza di un basso tasso di disoccupazione, il processo di contrattazione salariale darà luogo ad un salario più elevato di quello che si potrebbe osservare in presenza di un tasso di disoccupazione maggiore.

Oltre all'intensità della domanda di lavoro, si devono osservare altri due fattori che influenzano questo processo di determinazione salariale: le aspettative sul livello dei prezzi e il grado di rappresentatività dei sindacati. Le aspettative sul livello dei prezzi futuri influenzano gli obiettivi salariali dei sindacati. L'oggetto della contrattazione fra sindacati e datori di lavoro è il salario nominale, non direttamente il salario reale. Se i sindacati si attendono livelli di prezzi elevati nel futuro, cercheranno di ottenere salari nominali elevati, allo scopo di ottenere incrementi del salario reale; viceversa se le previsioni del sindacato contemplano una dinamica inflazionistica debole, e quindi livelli di prezzi futuri che si discostano marginalmente dai prezzi attuali, le richieste sindacali si possono soddisfare con livelli di salario nominale più contenuti.

Il grado di rappresentatività dei sindacati indica la percentuale dei lavoratori che beneficia della contrattazione fra sindacati dei lavoratori e rappresentanti datoriali e che quindi percepisce il salario nominale contrattato. È legittimo attendersi che, se il sindacato rappresenta un'elevata percentuale di lavoratori, il suo potere contrattuale sarà molto più forte e gli consentirà di strappare accordi maggiormente favorevoli per i lavoratori. Se, invece, il sindacato non è in grado di raggiungere un'elevata adesione da parte dei lavoratori il suo potere contrattuale risulterà più contenuto e l'accordo raggiunto con i rappresentanti datoriali sarà meno favorevole.

In conclusione, possiamo ipotizzare che il salario nominale contrattato fra sindacati e associazioni di datori di lavoro dipenda da tre variabili fondamentali: i) il tasso di disoccupazione, inteso come indicatore di intensità della domanda di lavoro; ii) il livello dei prezzi attesi, che influenza in modo determinante le aspettative di salario reale ottenibile nel processo di contrattazione; iii) la capacità del sindacato di rappresentare i lavoratori, misurato dall'incidenza dei lavoratori aderenti al sindacato.

Il processo di contrattazione salariale fra sindacati e datori di lavoro completa la prima fase del processo. In questa prima fase si determina il livello del salario nominale che i datori di lavoro corrisponderanno ai lavoratori. Questo salario, pesato per un indice dei prezzi attesi, rappresenta il salario reale contrattato atteso.

Sulla base di questo salario nominale contrattato, i datori di lavoro determineranno il livello effettivo dei prezzi. Vediamo intuitivamente come.

Possiamo ipotizzare che, nel breve periodo, sulla base delle conoscenze tecnologiche e delle capacità dei lavoratori il prodotto medio del lavoro espresso in termini reali, la misura di ciò che mediamente produce un singolo lavoratore, si situi ad un certo livello. Il valore del prodotto medio del lavoro è distribuito ai due diversi fattori della produzione: il lavoro e il capitale. Una frazione del prodotto medio del lavoro va al lavoratore stesso e costituisce il suo salario reale. Il residuo, costituito dalla differenza tra prodotto medio del lavoro e salario reale, è distribuito ai datori di lavoro. Esso misura, in termini reali, il profitto generato in media dal singolo lavoratore. Se supponiamo, ad esempio, che la produttività media del lavoro corrisponda a 4 unità (ogni lavoratore produce in media 4 unità) e il salario reale corrisponda invece a 3 unità di prodotto, il residuo (1 = 4 – 3) rappresenta la porzione di prodotto distribuita in media ai datori di lavoro per lavoratore impiegato.

A questo punto è bene ricordare che il salario reale è dato dal rapporto tra il salario nominale contrattato ed il livello dei prezzi. Ipotizziamo che i datori di lavoro godano di un apprezzabile potere di mercato, che consente loro di fissare il livello del prezzo del prodotto. Questo potere implica che i datori di lavoro sono in grado di fissare il livello del salario reale. Di conseguenza, secondo questo modello, la determinazione del salario reale avviene in due stadi distinti. Dapprima, come si è visto, si contratta il salario nominale poi, sulla base di quest'ultimo, i datori di lavoro determinano i prezzi effettivi di mercato e, in questo modo, hanno l'ultima parola nel processo di determinazione del salario reale. Il salario reale è, secondo questo approccio, determinato dai datori di lavoro con le loro politiche di prezzo. Il livello dei prezzi è fissato dai datori di lavoro, in modo tale da mantenere invariato il profitto unitario e il salario reale. Di conseguenza, se il salario nominale contrattato cresce, il livello effettivo dei prezzi cresce in modo tale da mantenere invariato sia il salario reale, sia il profitto unitario distribuito ai datori di lavoro.

Si evince che il tasso di crescita del livello dei prezzi (l'inflazione) dipende sempre dalla dinamica del salario nominale contrattato: se quest'ultimo cresce, i datori di lavoro, allo scopo di mantenere invariata la quota di prodotto medio del lavoro destinata al profitto, reagiranno incrementando il livello dei prezzi. Poiché, come si è detto, il salario nominale contrattato sarà tanto più elevato quanto più alta è la domanda di lavoro, questo modello macroeconomico prevede l'esistenza di una relazione positiva fra occupazione e tasso d'inflazione: al crescere dell'occupazione, cresce il livello del salario nominale contrattato e, in ultima istanza, il livello generale dei prezzi. Poiché, se sono costanti popolazione in età lavorativa e tasso di attività, l'occupazione cresce al diminuire della disoccupazione, questo modello implica l'esistenza di una relazione negativa fra tasso di disoccupazione ed inflazione e può rappresentare il substrato teorico della relazione inversa fra disoccupazione e inflazione, schematizzato nella curva di Phillips.

11.2.1. Il salario reale contrattato

Formalizzando quanto detto nel precedente paragrafo, possiamo introdurre la seguente relazione funzionale tra salario reale atteso negoziato e livello dell'occupazione:

$$\frac{W}{P^E} = f(L) \qquad [1]$$

dove W/P^E, il salario reale atteso contrattato – dato dal rapporto tra il salario nominale che emerge dalla contrattazione fra sindacato e datori di lavoro, W, e il livello dei prezzi atteso, P^E – è una funzione crescente del livello di occupazione, L. Se vogliamo rappresentare questa relazione in uno spazio cartesiano, dove sull'asse dell'ascissa misuriamo l'occupazione e su quello delle ordinate il salario reale atteso, la funzione è rappresentata da una curva con pendenza positiva: al crescere dell'occupazione cresce il salario reale contrattato atteso (*WRC*). La relazione è rappresentata in Figura 1, dove con *FL* indichiamo la forza lavoro e con *U* i disoccupati.

Figura 1. – *Curva del salario reale contrattato*

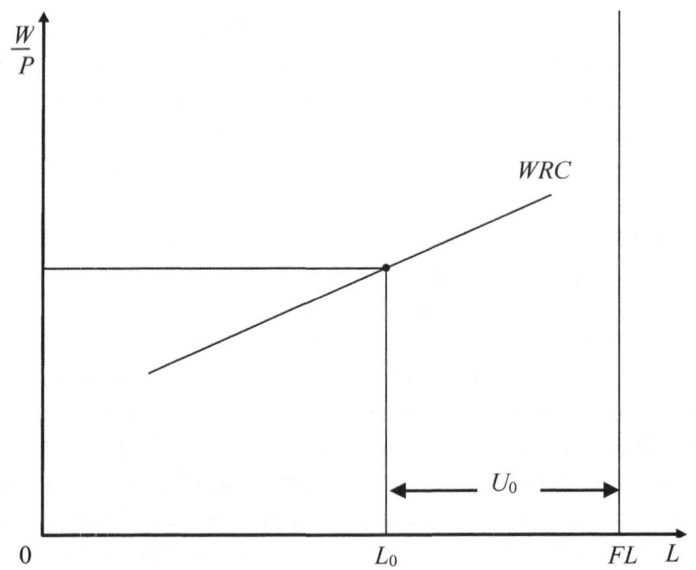

Benché sia il salario nominale l'oggetto della contrattazione fra sindacati e datori di lavoro, i lavoratori e i loro rappresentanti sono interessati al salario reale. I sindacati, al momento della contrattazione, non conoscono ancora il livello dei prezzi fissati dai datori di lavoro, ma sono in grado di elaborare delle aspettative sui prezzi futuri. Di conseguenza, se aumenta il livello dei prezzi attesi, i sindacati spingeranno per ottenere un più elevato salario nominale: un incremento del prezzo atteso spingerà i sindacati ad aumentare le proprie richieste sul salario nominale contrattato per salvaguardare il potere d'acquisto dei lavoratori.

11.2.2. Il salario reale determinato dal prezzo

La seconda relazione di equilibrio considerata nel modello è quella tra salario reale e prezzi fissati dalle imprese. Questa identifica i livelli del salario reale effettivo che sono consistenti con il meccanismo di determinazione dei prezzi da parte delle imprese.

Ipotizzare che le imprese operino su mercati del prodotto non perfettamente concorrenziali significa assumere che sono *price-maker*: non prenderanno cioè il prezzo del proprio prodotto come dato, ma avranno dei margini di manovra nella fissazione dello stesso (v. Capitolo 5).

Supponiamo in particolare che il prezzo P del prodotto sia fissato dalle imprese applicando un ricarico costante μ in percentuale del costo medio di produzione, CMe, per cui:

$$\mu = \frac{P - CMe}{CMe} \qquad [2]$$

Ipotizzando altresì per semplicità che le imprese non sostengano altri costi oltre quelli di manodopera, si avrà:

$$\mu = \frac{P - WL / Q}{WL / Q} = \frac{P - W / PMeL}{W / PMeL} \qquad [3]$$

dove Q è il prodotto in termini fisici e $PMeL$ (= Q/L) è la produttività media del lavoro, da cui:

$$P = \frac{W}{PMeL}(1 + \mu) \qquad [4]$$

Data la produttività media del lavoro, l'equazione [4] mostra che i prezzi sono una funzione crescente del livello del salario nominale che scaturisce dal processo di contrattazione salariale e del *mark-up*, determinato dal grado di competizione delle imprese nei mercati dei prodotti finali.

Riordinando i termini possiamo esprimere il salario reale in funzione del *mark-up* e della produttività media del lavoro:

$$\frac{W}{P} = \frac{PMeL}{(1 + \mu)} \qquad [5]$$

L'equazione [5] mostra che il livello effettivo del salario reale, che è determinato dalle politiche di prezzo applicate dalle imprese, dipende positivamente dalla produttività media del lavoro, determinata principalmente da fattori tecnologici, e negativamente dal *mark-up*, a sua volta funzione decrescente del grado di competizione presente nei mercati finali: quanto più elevato è il *mark-up*, tanto più contenuta è la parte del prodotto medio del lavoro distribuita ai lavoratori sotto forma di salario reale [2]. Se ad esempio, l'indice di *mark-up* è 0,25 e la produttività media del lavoro è pari a 100 unità l'ora, il salario orario reale effettivo risulterà pari a 80 unità mentre le restanti 20 unità andranno ai profitti [3].

Il salario reale individuato dall'equazione [5] costituisce il cosiddetto *salario reale determinato dal prezzo* (*WRP*). Assumendo produttività media del lavoro e *mark-up* costanti al variare del livello di occupazione, nel sistema di assi cartesiani in cui sull'asse delle ascisse è misurata l'occupazione e sull'asse delle ordinate il salario reale, tale livello è rappresentato da una retta parallela all'asse delle ascisse e sottostante la retta del prodotto medio del lavoro (Figura 2). La percentuale del prodotto medio del lavoro distribuita ai profitti è rappresentata dalla differenza fra la retta del prodotto medio del lavoro e quella del salario reale.

Figura 2. – *Curva del salario reale determinato dal prezzo*

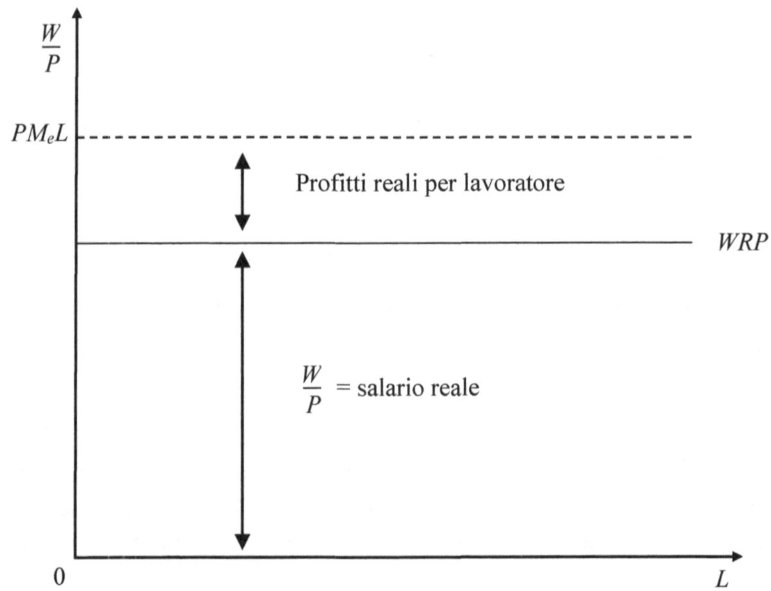

[2] È possibile mostrare che tale *mark-up* in equilibrio è collegato all'elasticità della domanda dell'impresa: maggiore l'elasticità di tale domanda, minore sarà il *mark-up*.

[3] Il profitto reale per unità di lavoro costituisce il residuo ed è dato dalla differenza tra prodotto medio del lavoro e salario reale, per cui si ha: $(1 - 1/(1 + \mu))PMel = \mu/(1 + \mu)PMel$.

11.2.3. L'equilibrio nel modello di concorrenza imperfetta

A questo punto abbiamo, da un lato, il risultato della contrattazione salariale fra lavoratori e imprese (*WRC*) e, dall'altro, il livello del salario reale effettivo (*WRP*) conseguente alle politiche di prezzo del prodotto adottate delle imprese. Si tratta di considerarli congiuntamente.

Come mostra la Figura 3, i due livelli salariali si eguagliano in corrispondenza di un unico livello di occupazione (L_N). Questo livello corrisponde al livello di disoccupazione di equilibrio (U_N), dato dalle forze di lavoro (*FL*) meno gli occupati. In corrispondenza di questo livello di occupazione, il livello del salario reale contrattato atteso coincide con il livello del salario reale effettivo, conseguente alle politiche di prezzo adottate dal datore di lavoro, e il primo è quindi compatibile con la percentuale di prodotto medio del lavoro distribuito sotto forma di profitto ai datori di lavoro.

Figura 3. – *Equilibrio nel modello di concorrenza imperfetta*

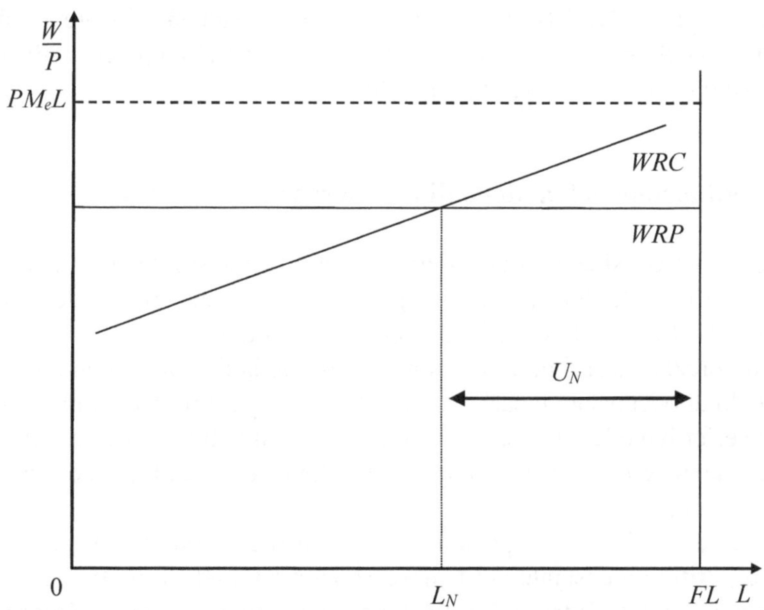

Vediamo ora cosa accade quando il livello di occupazione effettivo risulta superiore a L_N. Ipotizziamo di partire da una situazione di equilibrio e che, a seguito di uno shock positivo della domanda aggregata, l'occupazione cresca a livelli superiori a L_N. In tal caso il salario reale contrattato risulterà superiore a quello reale determinato dal prezzo. Nella fase di contrattazione l'accresciuto livello della domanda di prodotto e il conseguente maggiore potere contrattuale del sindacato determineranno un livello del salario reale contrattato atteso superiore al salario reale consistente con i meccanismi di determinazione del prezzo. Per riportare il livello del salario reale a quello coerente con le loro politiche di prezzo, una volta raggiunto l'accordo sul salario nominale, le imprese fisseranno un livello dei prezzi superiore a quello atteso dai lavoratori. Il salario reale effettivo che così verrà a determinarsi sarà inferiore al salario reale contrattato atteso e coinciderà con il salario reale determinato dal prezzo prevalente prima della contrattazione.

Al termine del processo il salario reale, così come il profitto reale delle imprese, tornerà al livello di equilibrio. Tuttavia, il processo non è stato completamente neutrale, in quanto le variabili nominali, salario e livello dei prezzi, sono aumentate. Si è innescato, in questo modo, un processo inflazionistico generato da un aumento dei salari nominali.

Considerazioni analoghe, ma di segno opposto, si possono sviluppare se ci troviamo in presenza di una domanda aggregata relativamente debole con conseguente basso livello della domanda di lavoro. In questo caso il livello di occupazione sarà al di sotto del livello di occupazione corrispondente al punto di intersezione fra la curva *WRP* e quella *WRC*. Il salario reale contrattato risulterà inferiore al salario reale determinato dal prezzo e, per questo motivo, si osserverà un processo di deflazione del livello dei prezzi e del salario nominale.

11.2.4. L'inflazione nel modello di concorrenza imperfetta

È importante considerare questo modello in un contesto dinamico. Nelle modalità con le quali è stato illustrato nei paragrafi precedenti, in corrispondenza del punto di intersezione fra la curva del salario determinato dal prezzo e quella del salario contrattato, prezzi e salari nominali sono stabili. Se la domanda aggregata dà luogo ad un livello di occupazione pari a L_N, il salario reale contrattato coincide con il salario reale effettivo e le imprese non avranno necessità di incrementare il livello dei prezzi per mantenere invariata la quota di prodotto reale del lavoro distribuita sotto forma di profitti.

Tuttavia, un livello di occupazione pari a L_N è anche compatibile con un tasso di inflazione positivo e costante nel tempo. Supponiamo ad esempio che, al tempo t, l'occupazione sia L_N e il tasso di inflazione sia positivo e pari a π_1. Questo è anche il tasso atteso di aumento dei prezzi. In questa circostanza è necessario che il salario nominale contrattato cresca ad un tasso identico a quello di inflazione, affinché il salario reale contrattato atteso rimanga invariato e rimanga ancorato, anche alla fine del processo di contrattazione, al livello del salario reale determinato dal prezzo. In tal caso prezzi e salari nominali cresceranno ad un tasso identico, e stabile nel tempo, pari a π_1, così da mantenere invariato il salario reale.

Se in questo scenario ipotizziamo uno shock positivo della domanda aggregata, con un livello di occupazione effettivo maggiore di L_N i salari nominali contrattati aumenteranno di una percentuale superiore al tasso d'inflazione atteso (π_1). Le imprese reagiranno aumentando i prezzi in misura superiore al tasso d'inflazione atteso π_1, con questo generando un tasso di inflazione effettiva superiore a π_1 ($\pi_2 > \pi_1$). Nel periodo successivo, quando il tasso di aumento dei prezzi nel periodo di inizio della contrattazione sarà pari a π_2, i lavoratori riusciranno a contrattare un incremento di salario nominale superiore a π_2 e l'imprese reagiranno innalzando il livello dei prezzi in misura superiore a quel tasso. In questo modo si innescherà una dinamica di tassi d'inflazione crescenti, destinata a prolungarsi fintantoché l'occupazione rimane ancorata ad un livello superiore a L_N[4].

È per questo motivo che il tasso di disoccupazione U_N corrispondente al livello di occupazione L_N è denominato NAIRU (*Non-Accelerating Inflation Rate of Unemployment*).

Il modello macroeconomico di concorrenza imperfetta evidenzia così le dinamiche microeconomiche alla base della curva di Phillips di breve e lungo periodo.

Box 1. – *La curva di Phillips come strumento di politica economica*

La curva di Phillips è ancora uno strumento utile per la valutazione delle politiche economiche? È quello che si chiedeva l'autorevole settimanale britannico "The Economist" in un breve articolo pubblicato recentemente (1 novembre, 2017, *The Phillips curve may be broken for good?*).
In un discorso tenuto nel 2017, l'allora Governatrice della Federal Reserve Bank, l'economista Janet Yellen, alludeva alla curva di Phillips quando affermava che senza gli opportuni interventi la buona performance americana in termini di creazione di posti di lavoro avrebbe potuto creare problemi sul lato dell'inflazione. Tuttavia, secondo l'Economist, un crescente numero di economisti sembra non credere più nella relazione negativa fra disoccupazione ed inflazione che emerge dalla curva di Phillips. Infatti, se, fino alla metà degli anni '80 la relazione negativa fra disoccupazione e inflazione osservata da Phillips sembrava prevalere sia negli Stati Uniti sia nelle altre economie avanzate, dopo quegli anni la relazione risulta relativamente indebolita. In particolare, negli Stati Uniti, a partire dal 2010, mentre il tasso di disoccupazione si contraeva apprezzabilmente, passando nel giro di pochi anni dal 10% al 4,4%, il tasso d'inflazione fluttuava pigramente fra l'1% e il 2%. In quel periodo Larry Summers, dell'Università di Harvard, affermò enfaticamente in un articolo sul Financial Times che la curva di Phillips non esisteva più.
Il periodico britannico riporta tre motivazioni che potrebbero indurre ad abbandonare la curva di Phillips come strumento per orientare le politiche economiche. Una prima osservazione, di stampo teorico, evidenzia come l'accresciuta concorrenza internazionale generi una notevole cautela da parte delle imprese sia nell'aumentare i prezzi dei prodotti, sia nel concedere incrementi salariali, anche in presenza di una

[4] Analogamente, se il livello di occupazione risulterà inferiore a L_N, avremo che il salario reale contrattato atteso sarà inferiore al salario reale determinato dal prezzo e il tasso d'inflazione sarà decrescente e si innescheranno dinamiche deflazionistiche.

crescente domanda interna. Una seconda osservazione, anche questa di stampo teorico benché con una prospettiva macroeconomica, sottolinea come l'accresciuta credibilità delle banche centrali nella lotta all'inflazione contribuisca a stabilizzare le aspettative di inflazione e a rendere i prezzi meno sensibili alle fluttuazioni cicliche. Infine, una terza osservazione, proveniente da un working paper della Federal Reserve Bank di Philadelphia (Dotsey M., Fujita S., Stark T., "Do Phillips curves conditionally help to forecast inflation?", in *Working Paper*, 17-26, August 2017, Research Department, Federal Reserve Bank of Philadelphia), mostra come modelli econometrici che includono il tasso di disoccupazione non risultano maggiormente efficaci di modelli nei quali questa variabile non è presente.
L'Economist, tuttavia, evidenzia come, malgrado queste serie considerazioni, molti banchieri centrali rimangano fedeli alla curva di Phillips. Come mostrano i verbali dell'incontro tenutosi nel corso del luglio 2017 fra i governatori delle banche centrali degli Stati Uniti, la maggior parte dei partecipanti a questa riunione continua a credere nella relazione di Phillips e non ritengono opportuno il suo abbandono nell'orientare le politiche monetarie. Uno di loro, William Dudley della New York Fed, ha esplicitamente dichiarato di non essere ancora pronto "a gettare la curva di Phillips fuori dalla finestra".

11.3. Le politiche economiche nel modello di concorrenza imperfetta

I principali risultati del modello macroeconomico di concorrenza imperfetta possono riassumersi come segue. Primo, vi è un unico tasso di disoccupazione di equilibrio in corrispondenza del quale l'inflazione è costante: il NAIRU. Secondo, tale tasso di equilibrio non è un valore al quale corrisponde equilibrio tra domanda e offerta in tutti i mercati. Sul mercato del lavoro, in particolare, si manifesta disoccupazione involontaria: in corrispondenza del NAIRU vi sono lavoratori che, pur essendo disponibili a lavorare al salario reale corrente, non riescono a trovare un impiego. I livelli effettivi di disoccupazione e PIL sono determinati dalla domanda aggregata nel mercato dei beni e servizi. Se il livello della domanda aggregata genera un tasso di disoccupazione inferiore a quello di equilibrio, si avrà inflazione crescente. Se, al contrario, la disoccupazione che viene così a determinarsi risulta maggiore del livello di equilibrio, si avrà disinflazione o deflazione.

Questo modello evidenzia in modo efficace la distinzione fra variabili strutturali e congiunturali nel mercato del lavoro. In particolare, permette di distinguere la diversa natura dei provvedimenti di politica economica necessari per intervenire su queste due tipologie di variabili. A questo riguardo è cruciale osservare che il NAIRU non può essere modificato da politiche congiunturali di natura fiscale o monetaria: politiche espansive o restrittive influenzano la disoccupazione effettiva, ma non il NAIRU, che è un parametro strutturale del mercato del lavoro. Esso costituisce il limite massimo oltre il quale le politiche espansive generano effetti inflazionistici e può essere modificato solo tramite interventi strutturali di politica economica. Solo questi interventi, infatti sono in grado di modificare la posizione delle curve *PRW* o *WRC* nella Figura 3.

Gli interventi strutturali di politica economica che il modello consente di discutere sono sostanzialmente di tre tipi: i) interventi di politica industriale e del lavoro mirati ad accrescere la produttività media del lavoro; ii) politiche industriali e di regolazione volte a ridurre il potere di mercato delle imprese, aumentando il grado di apertura e la competizione sui mercati finali in cui le imprese si trovano ad operare; ii) interventi sulla struttura e il funzionamento del mercato del lavoro, finalizzati a modificare le procedure di contrattazione salariale e i meccanismi di distribuzione del reddito.

Per quanto riguarda il primo tipo di intervento, si fa riferimento in particolare alle politiche volte a favorire l'innovazione tecnologica e organizzativa e gli investimenti in capitale fisico delle imprese, così come agli interventi che promuovono le competenze professionali dei lavoratori occupati (formazione professionale continua).

Relativamente al secondo tipo di intervento, ci si riferisce in particolare alla normativa antitrust e, più in generale, a tutti gli interventi volti a promuovere la concorrenza nei mercati del prodotto, inibendo o limitando profitti monopolistici o oligopolistici, eliminando le barriere all'ingresso, anche ad esempio con interventi che favoriscono la creazione e l'ingresso di nuove imprese.

Queste due tipologie d'intervento in particolare favoriscono lo spostamento verso l'alto della curva *PRW*, determinando in questo modo un aumento del livello di occupazione di equilibrio e una riduzione del NAIRU (Figura 4b). In particolare, la prima tipologia d'intervento fa aumentare la produttività media del lavoro, spostando in questo modo verso l'alto la curva del prodotto medio del lavoro e il salario reale dato il *mark-up*. La seconda tipologia d'intervento, invece, promuovendo la concorrenza sui mercati del prodotto mira ad ottenere una contrazione del *mark-up* μ. Se la produttività media del lavoro rimane costante questo determina una traslazione verso l'alto della curva del salario reale determinato dal prezzo con conseguente erosione dei profitti unitari e abbassamento del NAIRU.

Per quanto riguarda la terza tipologia di intervento (interventi sulla struttura e il funzionamento del mercato del lavoro), questi possono essere di due tipi: a) interventi che influenzano il grado di centralizzazione della contrattazione fra sindacati e datori di lavoro e la struttura della rappresentanza delle parti; b) interventi di politiche dei redditi e sugli oneri sociali e contributivi. Entrambi questi interventi comportano modifiche della posizione della curva *WRC* (Figura 4a).

Rispetto ai primi, se ci si trova in presenza di un assetto istituzionale che privilegia un decentramento contrattuale, in cui la contrattazione salariale è articolata a livello d'impresa, la forza contrattuale del sindacato subirà un ridimensionamento. Di conseguenza, tanto più la contrattazione salariale sarà centralizzata quanto più alta sarà la posizione della curva *WRC* e, pertanto, tanto più elevato sarà il livello del NAIRU. Viceversa, tanto più basso sarà il grado di centralizzazione della contrattazione salariale, tanto più bassa sarà la curva *WRC* e tanto più contenuto sarà il NAIRU.

Figura 4. – *Politiche economiche strutturali e livello di disoccupazione di equilibrio*

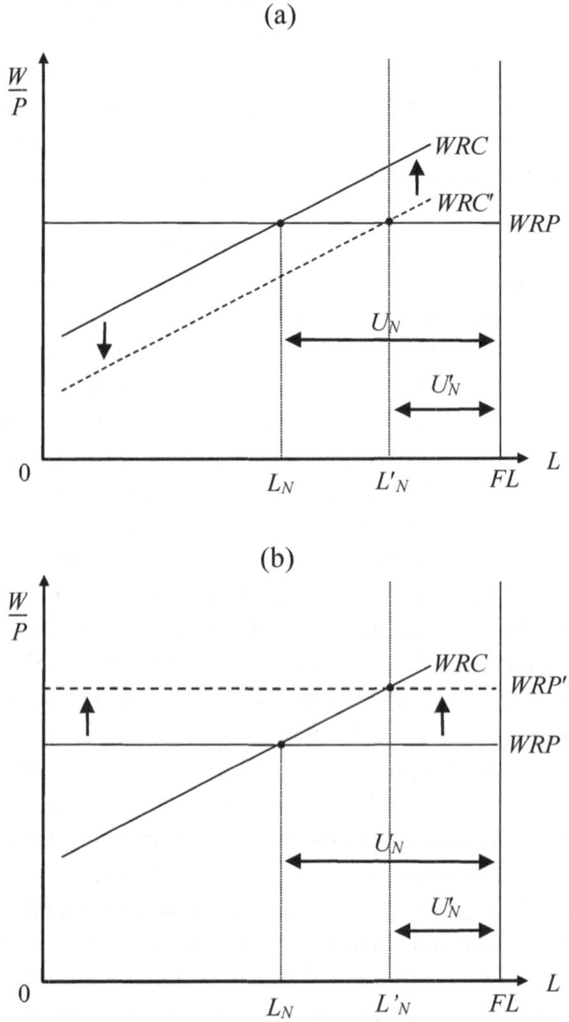

Per quanto riguarda gli interventi sugli oneri sociali e contributivi a carico di lavoratori e imprese e sulla tassazione sul reddito dei lavoratori, si fa generalmente riferimento al contenimento del cosiddetto *cuneo fiscale*: la differenza fra salario lordo e salario netto. Gli interventi di politica dei redditi e sugli oneri sociali e contributivi operano in due modi distinti. Una politica dei redditi che tenta di contenere la tassazione sui redditi dei lavoratori indurrà nel sindacato un certo grado di moderazione nelle rivendicazioni salariali: se la tassazione sui redditi da lavoro viene ridotta, i lavoratori potrebbero accontentarsi di un incremento del salario nominale più contenuto rispetto a quello perseguito in presenza di una tassazione più elevata. La curva *WRC* si abbasserebbe e il livello del NAIRU slitterebbe in questo modo a un livello più basso. Effetti analoghi si potrebbero osservare in corrispondenza di un ridimensionamento di oneri sociali e contributivi a carico dei lavoratori. Anche in questo caso la curva *WRC* si potrebbe abbassare, favorendo una riduzione del NAIRU.

Box 2. – *Il cuneo fiscale e contributivo*

Misurare il cuneo fiscale e contributivo (CFC), o *tax wedge*, significa tener conto non solo delle tasse pagate dai lavoratori, ma anche delle deduzioni addizionali che devono pagare i datori di lavoro (come le imposte sui salari e i contributi per la sicurezza sociale). Il cuneo è costituito dalla somma di tutti questi oneri ed esprime la differenza tra il costo di assunzione di un lavoratore e il reddito disponibile del lavoratore stesso. Più precisamente, il CFC è misurato dalla differenza tra il costo totale della manodopera e la retribuzione percepita.
In generale l'entità del cuneo contributivo è diversa da quella del cuneo fiscale ed entrambe sono a loro volta diverse dal CFC. L'articolazione delle voci costitutive del CFC aiuta a capire meglio le cause delle minori entrate e a ragionare sulle fonti di finanziamento. Del costo indiretto del lavoro fanno parte anche voci di spesa che possono essere rilevanti nelle nuove pratiche di organizzazione del lavoro, finalizzate a generare maggior partecipazione e performance.
Il CFC può rappresentare una percentuale molto alta dei costi del lavoro ed essere di conseguenza un fattore fondamentale nelle scelte di assunzione da parte delle imprese. Come mostra la Figura 5, in media nei Paesi OECD il CFC rappresenta il 36% dei costi del lavoro per i lavoratori non sposati. La media è il 26,6% per le coppie con due figli e un solo percettore di reddito. In praticamente tutti i Paesi dell'OECD il CFC è inferiore nel secondo caso. L'Italia si colloca al quinto posto con un valore del 50% per i lavoratori non sposati. Ciò spiega perché, malgrado siano onerose, le politiche di riduzione del CFC costituiscono un tema ricorrente nel dibattito pubblico.

Figura 5. – *CFC per lavoratori non sposati e sposati nei Paesi OECD* (2016)

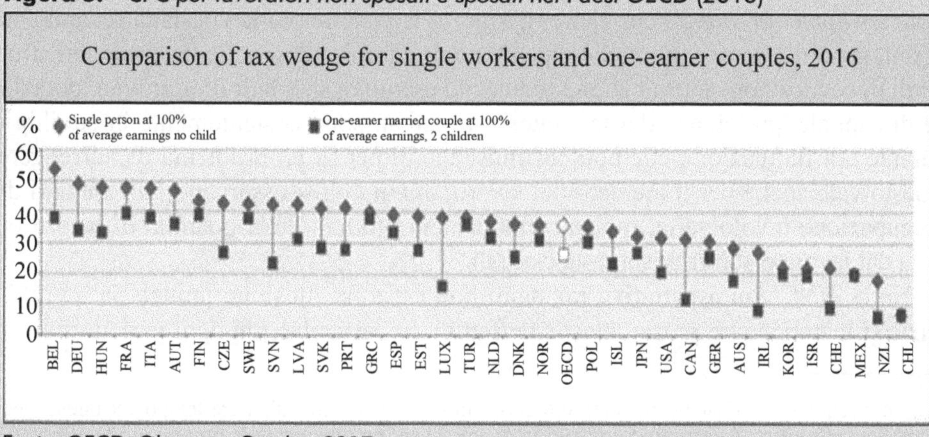

Fonte: OECD, Observer, October 2017.

Parte II - **Per approfondire**

11.4. La Nuova Macroeconomia Classica

Come spesso è accaduto nella storia dell'analisi economica, i nuovi paradigmi di pensiero si affermano per il concorso di cause endogene ed esogene. Nel caso della NMC la causa endogena era legata all'insoddisfazione per il modo in cui il modello di Friedman trattava le aspettative inflazionistiche, non dando sufficiente spazio al comportamento razionale e ottimizzante degli agenti. La causa esogena era invece rappresentata dal nuovo contesto economico internazionale e nazionale in cui assumeva un ruolo più rilevante l'offerta aggregata.

11.4.1. Le ipotesi di base

La NMC riprende in maniera metodologicamente più sofisticata e porta alle estreme conseguenze le idee e i principi della teoria monetarista. In particolare, tre sono le ipotesi cardine alla base dei modelli proposti dalla NMC: i) tutti gli agenti agiscono in modo razionale al fine di conseguire posizioni di ottimo e basano le loro decisioni su fattori reali; ii) gli agenti formano aspettative razionali sulla base di tutte le informazioni disponibili: non vi possono essere differenze sistematiche tra le variabili effettive e le aspettative su tali variabili; iii) i mercati sono continuamente in equilibrio [5].

In particolare rispetto al terzo principio, è parte integrante della MNC la *teoria del ciclo economico reale*, in cui viene riproposta la visione pre-keynesiana secondo cui le fluttuazioni macroeconomiche dipendono da cambiamenti nelle determinanti strutturali di occupazione e produzione (come, ad esempio, shock di produttività, dotazione di capitale, preferenze dei lavoratori). I mercati sono costantemente in equilibrio durante tali fluttuazioni, che non costituiscono di per sé un problema da correggere. Questo vale anche per il mercato del lavoro, in cui non si osservano fenomeni di disoccupazione involontaria, ma solo fluttuazioni ottimali della quantità di lavoro offerta dai lavoratori in risposta a shock reali.

Nella *MNC* con aspettative razionali non esistono illusione monetaria né differenze sistematiche tra prezzi attesi ed effettivi. In particolare, in ogni periodo il livel-

---

[5] In disequilibrio vi sarebbero sempre transazioni convenienti che, sia pure temporaneamente, non verrebbero effettuate. Ad esempio, i disoccupati potrebbero far aumentare la propria utilità offrendo il proprio lavoro ad un salario inferiore a quello correntemente pagato dalle imprese.

lo atteso dei prezzi (P_t^E) è dato dal valore atteso dell'offerta nominale di moneta in quel periodo (M_t^E), diviso per l'unico valore θ_t dell'offerta reale di moneta (M/P) che garantisce l'equilibrio tra domanda aggregata e PIL di pieno impiego (corrispondente al tasso di disoccupazione naturale):

$$P_t^E = \frac{M_t^E}{\theta_t} \qquad [6]$$

D'altra parte, il salario reale in ogni periodo non può differire sistematicamente dal quel valore che determina l'equilibrio sul mercato del lavoro ($\overline{w}_t$), per cui il salario nominale in ogni periodo sarà uguale a:

$$W_t = \overline{w}_t \, P_t^E \qquad [7]$$

dove i prezzi attesi non possono differire da quelli effettivi se le deviazioni erano prevedibili al momento in cui si sono formate le aspettative sulla base delle informazioni disponibili (e le aspettative vengono costantemente aggiornate dagli agenti al sopraggiungere di nuove informazioni).

Dato il meccanismo di formazione delle aspettative e l'assenza di qualsiasi tipo di rigidità che impedisca la revisione al rialzo o al ribasso di prezzi e salari, la politica monetaria non produce effetti reali neppure nel breve periodo.

Per chiarire questo aspetto riconsideriamo il modello di Friedman discusso nel Capitolo 10. Partiamo da una situazione di equilibrio di lungo periodo in cui il PIL è al livello di pieno impiego, corrispondente al livello di occupazione L_N e il salario reale è al livello $\overline{w}$ consistente con tale equilibrio (Figura 6). In questo equilibrio offerta di moneta e prezzi crescono da un periodo all'altro allo stesso tasso, in modo tale da mantenere costante l'offerta reale di moneta, e l'aumento dei prezzi è correttamente anticipato: $\dot{M}_t = \dot{M}_t^E = \dot{P}_t = \dot{P}_t^E$.

Abbiamo visto che in tale modello la disoccupazione può scendere al di sotto del livello naturale nel breve periodo quando un aumento maggiore dell'offerta di moneta ($\dot{M}_{t+1} > \dot{M}_t$) e conseguente aumento dei prezzi non correttamente anticipato dagli agenti aumentano l'offerta di lavoro. In tal caso l'inflazione effettiva risulta maggiore di quella attesa ($\dot{P}_{t+1} > \dot{P}_{t+1}^E$) e la curva di offerta di lavoro si sposta verso destra: l'offerta di lavoro a parità di salario reale effettivo risulta maggiore. Il nuovo livello di occupazione (L_1) sarà maggiore del livello naturale L_N.

Nella NMC questo non può accadere. Non appena la banca centrale adotta la politica monetaria espansiva gli agenti rivedono al rialzo le proprie aspettative di aumento dell'offerta di moneta e il conseguente aumento del livello dei prezzi in base all'equazione [6]. Nelle richieste salariali incorporeranno le nuove aspettative inflazionistiche in base all'equazione [7] in modo da mantenere il salario reale invariato. La curva di offerta di lavoro rimane invariata e l'unico effetto della politica monetaria è stato l'aumento dell'inflazione.

In questo modello, il *trade-off* tra inflazione e disoccupazione non sussiste neppure nel breve periodo e le curve di Phillips di breve periodo diventano irrilevanti.

Figura 6. – *Il mercato del lavoro nel modello di Friedman*

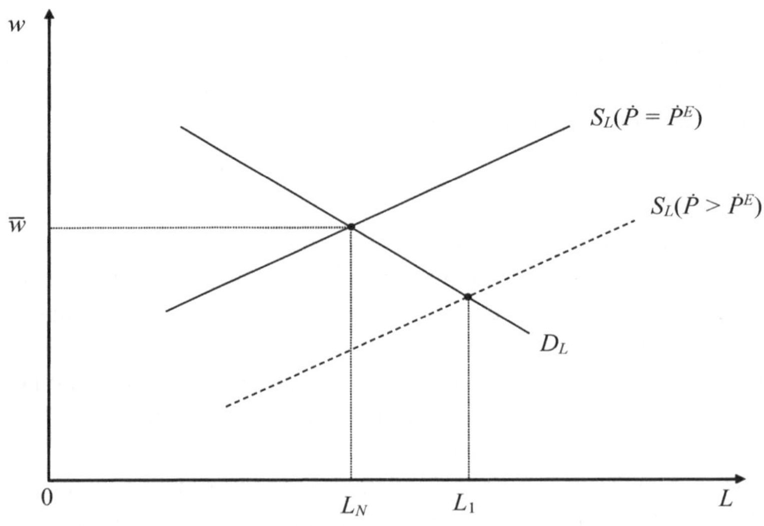

11.4.2. La politica economica

La conclusione principale che emerge dalla NMC è che nessuna politica sistematica può modificare il livello dell'occupazione e del PIL. Siamo cioè in presenza di "neutralità della politica economica".

La contestazione dell'efficacia e della stessa auspicabilità delle politiche di stabilizzazione è rivolta sia ai modelli della sintesi neoclassica sia ai modelli econometrici di medie e grandi dimensioni costruiti a partire dai primi. In particolare, la critica di Robert Lucas ne mette in discussione l'invarianza della struttura, presupposto necessario in tali modelli per poter formulare previsioni sugli effetti delle politiche.

Se la politica economica viene intesa, secondo l'impostazione di Lucas, come un insieme di regole stabilite dal governo, quando tali regole cambiano gli agenti economici razionali ne tengono conto in tutti i loro comportamenti (ad esempio, nelle decisioni di consumo, investimento, domanda e offerta di lavoro). Anticipando gli effetti, fanno variare la struttura dell'economia e rendono poco affidabili gli esercizi di simulazione che ne assumono la costanza.

Riguardo alla politica economica, vi sono forti affinità tra Friedman e Lucas. Lucas [1980] codifica quattro regole il buon governo in economia: i) un tasso di crescita dell'offerta di moneta al 4%, mantenuto il più possibile stabile su base trimestrale; ii) un modello di spese governative e di trasferimenti in termini reali che può variare lentamente, ma non in risposta a cambiamenti ciclici dell'attività economica; iii) un modello di imposizione fiscale strutturata in modo da azzerare in media il disavanzo federale (che può modificarsi lentamente, ma non in risposta a cambiamenti ciclici dell'attività economica); iv) una politica esplicitamente annunciata, in base alla quale accordi privati su salari e prezzi non provocheranno reazioni del governo di nessun tipo (a parte le politiche standard antimonopolistiche e la politica di carattere generale che vede una preferenza del governo per decisioni di prezzo e richieste salariali basse piuttosto che alte).

La regola (iv), aggiunta da Lucas alle prime tre già enunciate da Friedman, è vista come strumento fondamentale di controllo del tasso d'inflazione. Non si sente, invece, alcun bisogno di una politica dei redditi.

Riferimenti bibliografici

ALOGOSKOUFIS G.-MANNING A. [1988], "On the persistence of unemployment", in *Economic Policy*, vol. 7, pp. 427-469.

BRANSON W.H. [1979], *Macroeconomic theory and policy*, Harper & Row Publishers, New York.

BUITER W. [1980], "The macroecomic of Dr. Panglos. A critical survey of the new classical macroeconomics", in *Economic Journal*, vol. 90, pp. 34-50.

CARLIN W.-SOSKICE D. [1990 trad. it. 1992], *Macroeconomia*, Clueb, Bologna.

DELLI GATTI D.-GALLEGATI M.-GALLEGATI M. [2013], *Macroeconomia. Fatti, teorie, politiche*, Giappichelli, Torino.

LAYARD R.- NICKELL S. [1985], "The causes of British unemployment", in *National Institute Economic Review*, vol. 111, pp. 62-85.

LUCAS R.E. Jr. [1980], *Rules, discretion and the role of economic advisor*, in S. FISHER (ed.), *Rational expectations and economic policy*, University of Chicago Press, Chicago.

MARSHAK J. (1953), "Economic measurement for policy and prediction", in W.C. HOOD-T.C. KOOPMANS (eds.), *Studies in econometric method*, Wiley, New York.

MUTH J.F. [1961], "Rational expectations and the theory of price movements", in *Econometrica*, vol. 29, pp. 315-335.

ROWTHORN R.E. [1977], "Conflict, inflation and money", in *Cambridge Journal of Economics*, vol. 1, pp. 215-239.

SAWYER M.C. [1982], *Macroeconomics in questions: The Keynesian-monetarist orthodoxies and the Kaleckian alternative*, Wheatsheaf, Brighton.

TAMBORINI R. [2006], "Wicksell, Keynes and the New Neoclassical Synthesis. Whither saving-investment imbalances?", in *Third International Conference 'Developments in Economic Theory and Policy'*, Bilbao, 6th-7th July 2006.

TARANTELLI E. [1986], *Economia politica del lavoro*, Giuffrè, Milano.

THUROW L.C. [1976], *Generating inequality*, The MacMillan Press, London.

ZENEZINI M. [2004], "Il problema salariale in Italia", in *Economia e Lavoro*, vol. 38, n. 2/3, pp. 147-131.

(12) I sistemi macroeconomici aperti

Parte I - **Per capire**

Nei capitoli precedenti abbiamo presentato il nucleo centrale della macroeconomia: il modello *IS-LM* e il modello di domanda e offerta aggregata. Questo capitolo estende l'analisi al caso in cui il sistema economico considerato sia aperto agli scambi con l'estero. In questo caso le politiche economiche producono conseguenze anche attraverso gli effetti che generano sui rapporti economici tra il Paese considerato e gli altri Paesi.

Il primo paragrafo presenta alcuni cenni alla bilancia dei pagamenti, il documento contabile che registra i rapporti economici che intercorrono tra il Paese e il resto del mondo. Si passa quindi a descrivere i tassi di cambio (nominali e reali, bilaterali ed effettivi), e l'influenza che questi hanno sulla bilancia commerciale. Si discutono le forze che sottostanno alla determinazione del tasso di cambio. Si presenta poi l'estensione del modello *IS-LM* al caso di economia aperta. Il capitolo si conclude descrivendo i regimi di cambio, le unioni monetarie e le cause e gli effetti delle crisi valutarie.

12.1. La bilancia dei pagamenti

Il documento contabile essenziale per comprendere i rapporti economici tra un Paese e gli altri Paesi è costituito dalla *bilancia dei pagamenti*. Questo documento registra le transazioni economiche realizzatesi in un determinato periodo tra i residenti di un Paese e quelli di altri Paesi, questi ultimi indicati come *resto del mondo*.

In Italia, la bilancia dei pagamenti è redatta dalla Banca d'Italia, secondo le specifiche dettate dal Fondo Monetario Internazionale in accordo con le convenzioni internazionali di contabilità nazionale (*System of National Accounts*).

Due aspetti della bilancia dei pagamenti vanno sottolineati. Il primo è che si riferisce a transazioni economiche riguardanti beni e servizi, ma anche attività patrimoniali (*asset*), finanziarie e non. In secondo luogo, si riferisce a transazioni che intercorrono tra residenti e non residenti, cioè persone fisiche e giuridiche che risiedono in Paesi diversi, indipendentemente dalla loro nazionalità.

Dal punto di vista della struttura, la bilancia dei pagamenti si articola in tre conti principali: i) conto corrente; ii) conto capitale; iii) conto finanziario [1], più una sezione residuale che riporta errori e omissioni. Ciascun conto registra crediti e debiti, con relativo saldo. Esaminiamo i tre conti separatamente.

i) Il *conto corrente* è suddiviso in quattro sezioni: i.1) merci; i.2) servizi; i.3) redditi primari; i.4) redditi secondari.

i.1) Il *conto merci* registra, come crediti, le esportazioni di merci e, come debiti, le importazioni di merci. Quando un soggetto residente in Italia vende un certo ammontare di merci (es., automobili) a soggetti residenti negli Stati Uniti, questa transazione è registrata nel conto merci come credito. Quando invece un residente in Italia acquista un bene, sia esso un bene finale o intermedio (es., un macchinario, un vestito, ecc.), da residenti negli Stati Uniti, questa transazione è registrata come debito.

i.2) Il *conto servizi* registra le vendite (come crediti) e gli acquisti (come debiti) di servizi, rispettivamente, all'estero e dall'estero. Esempi di queste transazioni sono i servizi di trasporto (i cosiddetti noli) e i servizi di assicurazione. Quando il trasporto di merci da un Paese all'altro è realizzato da un soggetto non residente, il pagamento effettuato dal residente beneficiario del servizio a favore del non residente è registrato come debito nel conto dei servizi. Un altro esempio è costituito dai viaggi all'estero. Quando un residente si reca all'estero per turismo, l'acquisto di servizi (es. pernottamento in albergo, pranzo al ristorante) offerti da non residenti viene anch'esso registrato al passivo nel conto servizi [2].

La somma dei saldi del conto merci e del conto servizi è denominata (*saldo della*) *bilancia commerciale*. Se il valore delle esportazioni di beni e servizi è maggiore del valore delle importazioni, si dice che il saldo è in attivo (o in *surplus*). Se il valore delle esportazioni è minore di quello delle importazioni, si dice che il saldo è in passivo (o in *deficit*).

i.3) I *redditi primari* registrano i redditi da lavoro dipendente (salari e stipendi) e da capitale (es., dividendi e interessi obbligazionari), oltre alle imposte sulle importazioni, i fitti di terreni e i diritti di sfruttamento di giacimenti che coinvolgono soggetti non residenti o attività estere (altri redditi primari). Così, ad esempio, il salario

---

[1] A seguito dell'applicazione degli standard del quinto manuale della bilancia dei pagamenti del Fondo Monetario Internazionale (FMI), questa suddivisione sostituisce la precedente articolazione in *partite correnti* e *movimenti di capitale*. Quella discussa di seguito è in particolare la bilancia dei pagamenti conforme agli standard della sesta edizione del manuale del FMI (BPM6), pubblicato nel 2010 e recepito dalla Banca d'Italia nell'ottobre 2014.

[2] Vengono anche registrate come passivo in questo conto le commissioni pagate per i servizi forniti delle società finanziarie e di consulenza legale estere.

corrisposto a un lavoratore residente in Italia da parte di un residente all'estero è registrato come credito nel conto redditi della bilancia dei pagamenti italiana. Per converso, gli interessi percepiti da un residente negli USA su titoli del debito pubblico italiani (es., Buoni Ordinari del Tesoro) sono registrati come debito nel conto dei redditi primari. Infine, il fitto percepito da un residente in Italia per terreni situati in Germania entra come credito nel conto dei redditi primari della bilancia dei pagamenti italiana.

i.4) I *redditi secondari*, infine, registrano principalmente i trasferimenti unilaterali in conto corrente, cioè quei trasferimenti che, influenzando il livello del reddito disponibile, hanno un impatto sui consumi di beni e servizi. In particolare, entrano nei redditi secondari della bilancia dei pagamenti come crediti le rimesse degli emigrati, mentre come debiti le rimesse degli immigrati (i trasferimenti che gli immigrati in Italia fanno a favore dei parenti residenti all'estero).

ii) Il *conto capitale* registra le acquisizioni e cessioni di attività non prodotte non finanziarie e i trasferimenti in conto capitale. Ad esempio, entrano come debiti in questo conto i contributi italiani al Fondo europeo di sviluppo regionale e come crediti i trasferimenti in conto capitale dell'UE all'Italia. In particolare, entrano in questo conto come debiti le acquisizioni e come crediti le cessioni di brevetti, *know-how*, invenzioni e marchi di fabbrica [3]. Ad esempio, la cessione di un brevetto registrato da un residente in Italia a un soggetto residente negli Stati Uniti è contabilizzata come credito nel conto capitale della bilancia dei pagamenti italiana.

iii) Nel *conto finanziario* si registrano, infine, le acquisizioni e le dismissioni nette di attività e passività finanziarie, raggruppate in cinque categorie funzionali: investimenti diretti, investimenti di portafoglio, derivati finanziari, altri investimenti e riserve ufficiali.

Gli *investimenti diretti esteri* sono quegli investimenti effettuati per ottenere una responsabilità nella gestione e stabilire un legame durevole con un'impresa che opera in un Paese diverso da quello di residenza dell'investitore [4]. Più precisamente, prendendo a riferimento la bilancia dei pagamenti italiana, nel caso in cui soggetti residenti in Italia acquistino partecipazioni di controllo in società estere nel periodo di riferimento, l'operazione è registrata con segno positivo nella voce attività. Nel caso in cui, invece, non residenti acquistino partecipazioni rilevanti in imprese italiane, tale acquisto è registrato come un aumento nelle passività [5].

---

[3] Queste costituiscono una parte rilevante della *bilancia dei pagamenti della tecnologia*.

[4] In base al BPM6, la versione più recente del manuale della bilancia dei pagamenti del FMI, sono investimenti diretti tutti i rapporti di partecipazione in cui la quota detenuta dall'investitore nel capitale sociale con diritto di voto dell'impresa partecipata è uguale o superiore al 10%.

[5] In questo conto sono registrate anche le transazioni aventi a oggetto la proprietà di beni capitali non trasferibili (es., fabbricati) o altri beni immobili (es., terreni). Così, ad es., la vendita di un terreno in Italia da soggetti residenti a non residenti entra come passività nel conto finanziario italiano.

Gli *investimenti di portafoglio* includono le transazioni aventi a oggetto azioni e altre partecipazioni societarie, non incluse negli investimenti diretti, oppure transazioni aventi a oggetto quote di fondi d'investimento e titoli di debito (escluse quelle ricomprese nella sezione delle riserve ufficiali). Ad esempio, l'acquisto di un titolo del debito pubblico emesso da uno Stato estero o di un'obbligazione di una società estera da parte di un residente in Italia è registrato come un aumento delle attività nel conto finanziario della bilancia dei pagamenti italiana. Per converso, l'acquisto di un titolo del debito pubblico italiano da parte di un residente all'estero costituisce un aumento delle passività nel conto finanziario italiano.

La sezione delle *riserve ufficiali* registra le variazioni delle attività liquide in valuta sull'estero delle autorità monetarie. Si tratta di fondi immediatamente a disposizione e controllati dall'autorità monetaria per intervenire sul mercato dei cambi: principalmente crediti denominati in valuta estera nei confronti di non residenti e oro.

Al netto di *errori e omissioni*, il saldo del conto finanziario corrisponde contabilmente alla somma dei saldi dei primi due conti (corrente e capitale) [6].

Al netto degli aggiustamenti di valutazione [7], il saldo del conto finanziario corrisponde al cambiamento nella *posizione patrimoniale netta sull'estero* data dalla differenza tra attività estere detenute da residenti e attività nazionali detenute da non residenti.

12.2. Il tasso di cambio

Esistendo nei vari Paesi *valute* (o *divise*) diverse – es., euro (EUR) in Italia e dollari statunitensi (USD) negli Stati Uniti – in ciascun momento è possibile calcolare il prezzo relativo di una valuta in termini di un'altra, cioè il numero di unità della seconda valuta che è possibile scambiare sul mercato con un'unità della prima valuta. È questo il cosiddetto *tasso di cambio.*

Consideriamo, ad esempio, il tasso di cambio euro-dollaro statunitense (EUR/USD), definito come il numero di dollari che è possibile ottenere con un euro sul mercato [8]. Se tale tasso di cambio in un dato momento è pari a 1,25, ciò indica che

---

[6] In termini contabili quindi la bilancia dei pagamenti è sempre in equilibrio. Quando si legge sui quotidiani o si sente in televisione che la bilancia dei pagamenti ha registrato un certo avanzo (o disavanzo) si fa riferimento alle variazioni delle riserve ufficiali. Questo perché, in talune circostanze, come vedremo, queste variazioni vengono attuate dalle autorità monetarie per evitare apprezzamenti o deprezzamenti del cambio e sono dette pertanto *compensatorie*.

[7] Questi sono dovuti principalmente a variazioni dei prezzi degli *asset* e a cambiamenti dei tassi di cambio, che tratteremo nel paragrafo successivo.

[8] Nella trattazione che segue si adotterà la convenzione seguita nei mercati dei cambi (cosiddetti *Forex*, o FX), secondo cui si indica per prima la *valuta certa* (o *valuta base*) e per seconda la *valuta incerta* (o valuta di riferimento). Il cambio EUR/USD indica pertanto quanti dollari è possibile scambiare con un euro.

in quel momento sul mercato un euro vale 1,25 dollari, cioè è possibile scambiare un euro con 1,25 dollari; o, ciò che è lo stesso, che un dollaro vale 1/1,25 = 0,8 euro, cioè che è possibile scambiare un dollaro con 0,8 euro.

Un aumento del tasso di cambio euro-dollaro (es., da 1,25 a 1,3) indica che l'euro è aumentato di valore rispetto al dollaro (in questo caso si dice che l'euro si è *apprezzato* rispetto al dollaro), o anche che il dollaro è diminuito di valore rispetto all'euro (il dollaro si è *deprezzato* rispetto all'euro). Al contrario, se il tasso di cambio euro-dollaro diminuisce (es., da 1,25 a 1,2), ciò indica che l'euro si è deprezzato rispetto al dollaro, o, ciò che è lo stesso, il dollaro si è apprezzato rispetto all'euro.

Dalla Figura 1, che mostra l'andamento del tasso di cambio euro-dollaro dal 1999 al 2012, si evince chiaramente il forte apprezzamento nominale dell'euro rispetto al dollaro avvenuto dalla metà del 2001 ai primi mesi del 2008, con un cambio euro-dollaro che è passato da circa 0,85 a punte di 1,6, quasi raddoppiando.

Figura 1. – *Tasso di cambio euro-dollaro, 1999-2012*

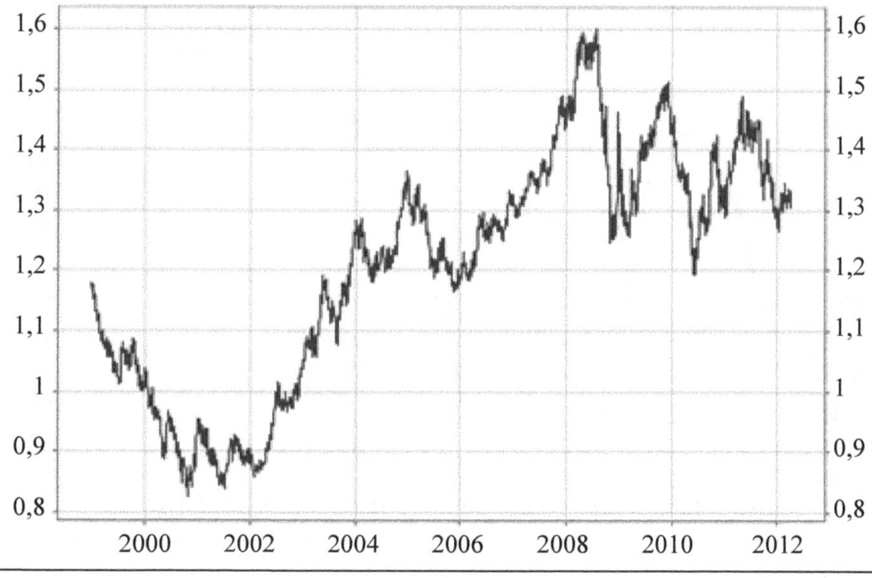

Fonte: BCE, 2012.

Quello che è stato fatto per euro e dollaro statunitense può essere fatto per qualsiasi coppia di valute in qualsiasi momento. In particolare, prendendo a riferimento l'euro, che indicheremo nel prosieguo come la valuta domestica o nazionale, è possibile calcolare il tasso di cambio dell'euro con la sterlina britannica (EUR/GBP), lo yen giapponese (EUR/JPY), ecc.

Questo è il cosiddetto *tasso di cambio bilaterale*, così chiamato per distinguerlo dal *tasso di cambio effettivo* o *multilaterale* di una valuta, che non è altro che una media ponderata dei tassi di cambio bilaterali di quella valuta rispetto a quelle di quei Paesi che costituiscono i principali partner commerciali dell'area di riferimento, e dove i pesi di ponderazione rispecchiano l'importanza relativa dei flussi commerciali bilaterali.

Ad esempio, il tasso di cambio effettivo per l'euro (mostrato nella Figura 2) è calcolato dalla BCE come media ponderata dei tassi di cambio bilaterali dell'euro con i venti maggiori partner commerciali della zona euro (l'insieme dei Paesi che adottano l'euro come valuta nazionale).

La Figura 2 mostra che, nel periodo che va dalla metà del 2001 fino al 2008, l'euro si è apprezzato in media nei confronti delle valute dei maggiori partner commerciali della zona euro.

Figura 2. – *Tasso di cambio effettivo per la zona euro 1994-2012 (1° gennaio 1999 = 100)*

Fonte: BCE, 2012.

12.3. Il tasso di cambio reale

I tassi di cambio (bilaterali o effettivi) discussi finora sono anche chiamati *tassi di cambio nominali* per distinguerli dai *tassi di cambio reali*. Il tasso di cambio reale bilaterale è definito come il rapporto di scambio tra i beni e servizi prodotti in due Paesi.

Prendiamo ad esempio l'Italia e gli Stati Uniti. Tralasciamo per il momento il fatto che l'euro è adottato anche da altri Paesi e immaginiamo che in Italia e negli Stati Uniti sia prodotto un solo bene: il Big Mac, il panino della popolare catena di fast-food McDonald's. In tal caso il tasso di cambio reale euro-dollaro (EUR/USD) sarebbe dato da:

$$\varepsilon = \frac{E \times P}{P^*} \quad [1]$$

dove E è il tasso di cambio nominale bilaterale euro-dollaro, P il prezzo medio di un Big Mac in Italia espresso in euro, P^* il prezzo medio di un Big Mac negli Stati Uniti in dollari. Il numeratore calcola pertanto il prezzo medio di un Big Mac in Italia in dollari. Il rapporto determina il prezzo relativo dei Big Mac italiani in termini di Big Mac statunitensi, cioè con quanti Big Mac prodotti negli Stati Uniti è possibile scambiare un Big Mac prodotto in Italia.

Ad esempio, supponendo che il prezzo medio di un Big Mac in Italia sia di 4 euro, mentre negli USA un Big Mac in media costi 6 dollari, con un tasso di cambio nominale euro-dollaro pari a 1,2 il prezzo medio di un Big Mac in Italia sarebbe di 4,8 dollari e il tasso di cambio reale euro-dollaro sarebbe pari a 0,8 (= 4,8/6). Questo indicherebbe che un Big Mac italiano varrebbe in media quanto 0,8 Big Mac statunitensi, o, ciò che è lo stesso, un Big Mac prodotto negli Stati Uniti varrebbe in media 1,25 Big Mac prodotti in Italia.

Un aumento del tasso di cambio reale EUR/USD indica che i beni prodotti in Italia hanno aumentato il proprio valore rispetto a quelli prodotti negli Stati Uniti, o, come si dice, l'euro si è apprezzato in termini reali rispetto al dollaro, o anche che il dollaro si è deprezzato in termini reali rispetto all'euro.

Nella realtà, producendo ogni Paese una molteplicità di beni e servizi, nel calcolo del tasso di cambio reale non è possibile fare riferimento al prezzo di singoli beni, ma occorre tenere conto del livello generale dei prezzi di tutti i beni. Per questo, per P e P^* sono di norma utilizzati i deflatori del PIL, rispettivamente, domestico ed estero. Tuttavia, essendo i deflatori dei numeri indice, e come tali senza significato in termini assoluti, ma solo relativi, ciò che rileva nel tasso di cambio reale sono le variazioni e non il livello assoluto.

A questo riguardo va notato che la [1] può essere espressa in termini di variazioni relative come segue:

$$\frac{\Delta\varepsilon}{\varepsilon} \approx \frac{\Delta E}{E} + \frac{\Delta P}{P} - \frac{\Delta P^*}{P^*} = \frac{\Delta E}{E} + \pi - \pi^* \quad [2]$$

dove π e π^* misurano l'inflazione interna ed estera.

La [2] mostra chiaramente che si ha un apprezzamento reale ogni volta il deprezzamento del cambio nominale in termini percentuali è minore in valore assoluto del differenziale (*spread*) dei tassi di inflazione domestica ed estera.

Come nel caso del tasso di cambio nominale, anche per quello reale è possibile calcolare un tasso di cambio effettivo, calcolato come media ponderata sulla base dei flussi commerciali bilaterali.

A questo riguardo la Figura 3 riporta il tasso di cambio reale effettivo nel caso italiano (calcolato con la lira prima della fissazione definitiva dei cambi con l'euro dal gennaio 1999). Nella figura è chiaramente visibile il forte deprezzamento in termini reali avvenuto tra il 1992 e il 1995, a seguito del deprezzamento nominale della lira, solo in minima parte controbilanciato dal differenziale tra inflazione interna ed estera.

Questa è una caratteristica comune ai movimenti del cambio in termini reali: poiché i prezzi tendono a reagire molto meno del cambio nominale nel breve periodo, l'andamento del cambio reale è determinato in larga misura dall'andamento del cambio nominale, almeno nel breve periodo.

Figura 3. – *Tasso di cambio reale effettivo per l'Italia, 1964-2011*

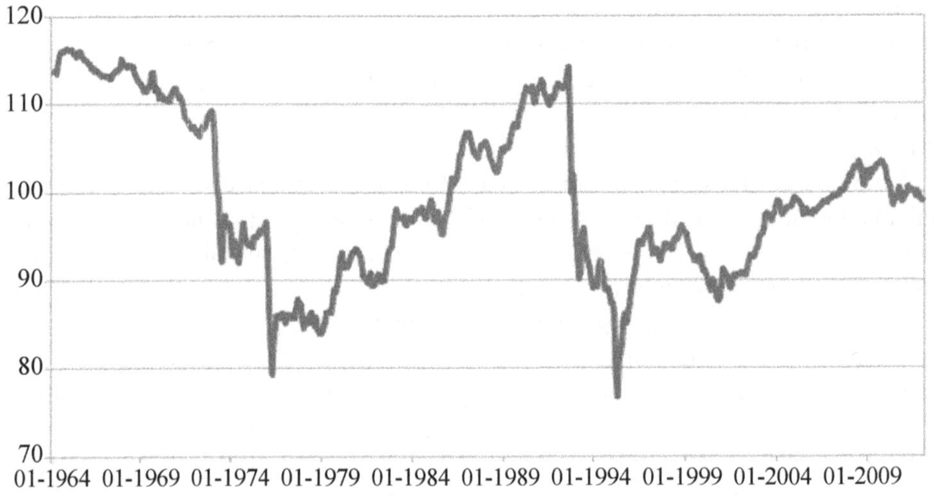

Fonte: Banca dei Regolamenti Internazionali, 2012.

12.4. Il tasso di cambio reale e la bilancia commerciale

Un deprezzamento del cambio reale comporta una diminuzione del prezzo relativo dei beni domestici in termini di quelli esteri, questo genera una diminuzione del potere di acquisto dei residenti nei confronti dei beni esteri e un aumento di competitività dei beni domestici sui mercati internazionali.

Ad esempio, un deprezzamento reale dell'euro rispetto al dollaro rende per i residenti in Italia meno convenienti i beni statunitensi e per i residenti negli Stati Uniti più convenienti i prodotti italiani. Questo produrrà effetti sulla bilancia commerciale.

Nel dettaglio, un deprezzamento della valuta domestica produce tre effetti distinti: i) diminuisce il prezzo dei beni domestici in valuta estera, e questo tende ad aumentare la domanda di questi beni da parte dei non residenti (il volume delle esportazioni tende ad aumentare); ii) aumenta il prezzo in valuta domestica dei beni esteri, con conseguente diminuzione della domanda di questi beni da parte dei residenti (il volume delle importazioni tende a diminuire); iii) a parità di volume delle importazioni, aumenta il valore di queste importazioni in valuta domestica.

I primi due effetti migliorano la bilancia commerciale (data dalla differenza tra esportazioni e importazioni), mentre l'ultimo effetto la peggiora.

Empiricamente si osserva che nel medio e lungo periodo i primi due effetti tendono a prevalere sul terzo [9], anche se questo non accade nel brevissimo periodo. Nella realtà, infatti, a un deprezzamento della valuta nazionale segue sempre nell'immediato un peggioramento della bilancia commerciale. L'ulteriore disavanzo tuttavia tende a scomparire nel giro di qualche mese, e la bilancia commerciale in seguito migliora rispetto alla situazione precedente la svalutazione.

Questo fenomeno, causato dalla bassa elasticità di prezzo della domanda di importazioni ed esportazioni nel brevissimo periodo, a sua volta dovuta alla lentezza dell'adeguamento del comportamento dei produttori e dei consumatori e agli obblighi contrattuali degli operatori assunti in precedenza e non attendendosi il deprezzamento, è denominato *effetto J* (o *curva J*). Il perché di questa denominazione risulta evidente nella Figura 4, che riporta l'andamento stilizzato delle esportazioni nette italiane dal 1992 al 2000. Tale andamento mostra che, al forte deprezzamento della lira italiana nel 1992, ha fatto seguito nell'immediato un peggioramento del saldo delle partite correnti (passaggio da *A* a *B*). Successivamente, però, il saldo ha iniziato a migliorare fino a diventare positivo a partire dal 1996.

Nel medio e lungo termine, comunque, la relazione tra tasso di cambio reale e bilancia commerciale è quella schematizzata nella Figura 5: un aumento del tasso di cambio reale (apprezzamento della valuta in termini reali) tende a peggiorare la bilancia commerciale e, viceversa, una diminuzione del tasso di cambio (deprezzamento della valuta in termini reali) tende a migliorarla [10].

---

[9] È possibile mostrare che condizione sufficiente affinché i primi due effetti prevalgano sul terzo, e quindi un deprezzamento reale della valuta nazionale migliori la bilancia commerciale, è che la somma in valore assoluto delle elasticità di prezzo di esportazioni e importazioni sia maggiore di uno. È questa la cosiddetta *condizione Marshall-Lerner* (o *Marshall-Lerner-Robinson*), dal nome degli economisti cui è tradizionalmente attribuita la derivazione di tale condizione.

[10] Quando il deprezzamento della valuta è guidato dall'autorità monetaria al fine di migliorare la bilancia commerciale (ridurre il deficit o aumentare il *surplus* commerciale) si parla di *svalutazione competitiva*. L'autorità monetaria interviene nel mercato dei cambi offrendo attività denominate in valuta nazionale contro attività denominate in valuta estera, aumentando così le riserve ufficiali.

Figura 4. – *L'effetto J: deprezzamento della valuta e andamento delle esportazioni nette*

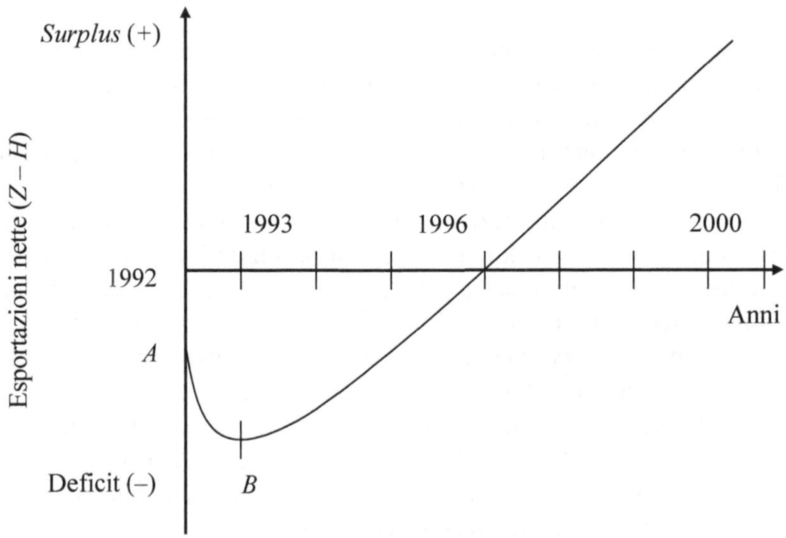

Figura 5. – *Relazione tra tasso di cambio reale e bilancia commerciale*

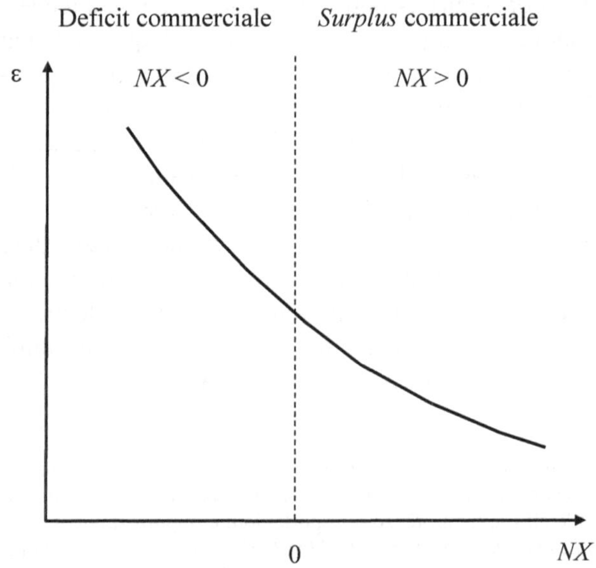

12.5. La determinazione del tasso di cambio

Abbiamo definito i diversi tassi di cambio e accennato in generale alla relazione tra tasso di cambio e bilancia commerciale. In questa sezione analizzeremo meglio questa relazione e ci occuperemo dei fattori che giocano un ruolo nella determinazione del tasso di cambio.

12.5.1. La legge del prezzo unico e la Parità del Potere di Acquisto

Quando abbiamo introdotto il tasso di cambio reale, abbiamo fatto l'assunzione che nei diversi Paesi, in particolare in Italia e negli Stati Uniti, fosse prodotto un solo bene perfettamente omogeneo (il Big Mac). Se fosse questo veramente il caso e questo bene fosse commerciabile internazionalmente senza "frizioni" (in assenza di costi di trasporto, dazi doganali, ecc.), sarebbe abbastanza lecito aspettarsi che tale bene, indipendentemente da dove fosse prodotto o consumato, si scambiasse in quantità fisiche in rapporto uno ad uno. In caso contrario ci sarebbero opportunità di *arbitraggio.*

Per capire l'idea di arbitraggio, consideriamo prima il caso di due Paesi nella zona euro (es., Italia e Germania). I due Paesi adottano la stessa valuta, quindi i prezzi sono espressi nella stessa valuta (l'euro), e sono all'interno di un'area di libero scambio. Se un Big Mac prodotto in Italia avesse un prezzo minore di uno prodotto in Germania e i costi di trasporto fossero nulli, sarebbe sempre possibile guadagnare acquistando Big Mac in Italia per rivenderli in Germania. Questo processo, generando un eccesso di domanda di Big Mac in Italia e un eccesso di offerta in Germania, tenderebbe ad annullare i differenziali di prezzo fino a quando il Big Mac, indipendentemente da dove fosse prodotto, sarebbe venduto allo stesso prezzo. È questa la *legge del prezzo unico.*

Nel caso in cui i due Paesi adottino valute differenti (es., euro in Italia e dollaro negli Stati Uniti), la legge del prezzo unico implica che i prezzi dei beni prodotti nei due Paesi devono essere uguali se espressi nella medesima valuta, e quindi che il tasso di cambio tra le due valute deve attestarsi ad un livello tale da rendere unitario il rapporto di scambio. Riprendendo la [1], deve cioè accadere che:

$$\varepsilon = \frac{E \times P}{P^*} = 1 \rightarrow E = \frac{P^*}{P} \qquad [3]$$

Con un prezzo medio del Big Mac in Italia di 4 euro e negli USA di 6 dollari, il tasso di cambio nominale euro-dollaro dovrebbe essere uguale a 1,5. Se fosse maggiore di 1,5, l'euro sarebbe *sopravvalutato* in termini reali rispetto al dollaro (un bene prodotto in Italia varrebbe più dello stesso bene prodotto negli Stati Uniti); al contrario, se fosse minore di 1,5, l'euro risulterebbe *sottovalutato* rispetto al dollaro (in assenza di frizioni al commercio sarebbe possibile acquistare Big Mac in Italia per rivenderli con profitto negli Stati Uniti).

In assenza di costi di trasporto o altri costi di transazione, mercati competitivi dovrebbero eguagliare tra Paesi i prezzi, espressi nella stessa valuta, di beni omogenei. Quindi, assumendo che i Paesi consumino lo stesso paniere di beni e tutti i beni siano commerciabili, la legge del prezzo unico implica che il tasso di cambio nominale deve essere tale da garantire la *Parità del Potere di Acquisto* (PPA). In pratica, il tasso di cambio reale deve essere unitario, e deve quindi valere la [3], dove P e P^* sono il livello generale dei prezzi, rispettivamente, domestico ed estero.

In base alla *versione relativa della teoria della* PPA, il tasso di cambio reale deve rimanere in ogni caso costante, per cui dalla [2] segue:

$$\frac{\Delta E}{E} + \pi - \pi^* \approx \frac{\Delta \varepsilon}{\varepsilon} = 0 \rightarrow \frac{\Delta E}{E} \approx \pi^* - \pi \qquad [4]$$

In pratica il differenziale di inflazione deve essere interamente coperto da variazioni del cambio nominale. Ad esempio, se in un determinato periodo l'inflazione nella zona euro è stata del 1% mentre negli Stati Uniti del 3%, perché la versione relativa della PPA valga nello stesso periodo il tasso di cambio nominale euro-dollaro deve essere aumentato di circa il 2% (l'euro si deve essere apprezzato nei confronti del dollaro).

12.5.2. Evidenza sulla PPA ed effetto Balassa-Samuelson

Anche se esiste evidenza empirica a supporto della versione relativa della PPA quando si prendono in considerazione periodi di tempo molto lunghi (venti o trenta anni), la PPA spesso non è in grado di spiegare livelli e variazioni dei tassi di cambio nel breve e medio periodo.

A questo riguardo va notato che, se la PPA valesse, l'elasticità delle esportazioni nette al tasso di cambio reale dovrebbe essere molto alta (al limite infinita): dato il tasso di cambio reale che rispetta la versione relativa della PPA (che possiamo indicare con $\bar{\varepsilon}$, pari a 1 in caso di validità della versione assoluta della PPA), la relazione tra bilancia commerciale e tasso di cambio reale dovrebbe essere quella mostrata nella Figura 6.

I motivi per cui la PPA non vale, e di fatto la relazione tra tasso di cambio reale e bilancia commerciale è quella stilizzata nella Figura 5, sono diversi e possono essere riassunti come segue: i) rigidità dei prezzi; ii) differenze nei panieri di beni prodotti e consumati nei diversi Paesi; iii) pratiche oligopolistiche o monopolistiche in alcuni Paesi per alcuni beni, che, interagendo con le altre barriere al commercio, incidono ulteriormente sulla relazione tra prezzi di beni simili venduti in Paesi differenti; iv) esistenza di costi di trasporto, restrizioni al commercio, oltre a caratteristiche proprie dei beni e servizi, che fa sì che una parte dei beni e servizi prodotti non sia commerciabile internazionalmente.

Figura 6. – *Relazione tra tasso di cambio reale e bilancia commerciale in caso di validità della PPA*

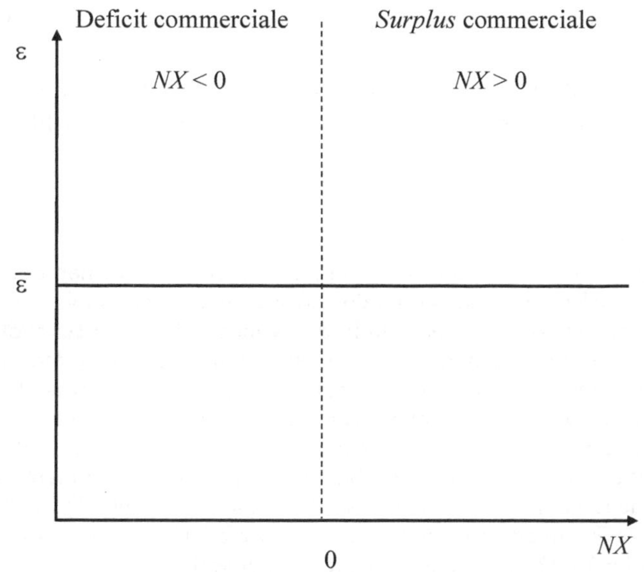

In particolare, in presenza di beni non commerciabili internazionalmente, anche se la legge del prezzo unico vale per i beni commerciabili, non vale per quelli non commerciabili. A questo riguardo viene fatto spesso l'esempio dei servizi offerti da un barbiere. Perché la legge del prezzo unico per un "taglio di capelli" tra Italia e Stati Uniti valesse, dovrebbe essere possibile per un residente negli Stati Uniti trasferirsi istantaneamente in Italia a costi nulli solo per farsi tagliare i capelli per poi ritornare subito dopo negli Stati Uniti, cosa che, almeno allo stato attuale delle conoscenze tecnologiche, non è verosimile ipotizzare [11].

[11] Questo esempio ci permette tra l'altro di riflettere sul fatto che la commerciabilità di beni e servizi dipende anche dallo stato della tecnologia. Ad esempio, nel passato molti beni deperibili, essendo per questi beni relativamente breve il tempo che poteva intercorrere tra produzione e consumo, erano per lo più beni non commerciabili internazionalmente. L'invenzione di nuovi modi di conservazione (es. le celle frigorifere) e la riduzione di tempi e costi di trasporto ha ampliato di molto l'insieme dei beni commerciabili internazionalmente. Attualmente anche molti servizi che prima non erano commerciabili lo sono diventati. Si pensi a questo riguardo ai servizi di assistenza al cliente. Oggi non è raro constatare chiamando un numero per l'assistenza clienti che chi risponde lo fa da un altro Paese (ad esempio, dall'Albania nel caso dell'Italia o dall'India nel caso degli Stati Uniti).

In presenza di beni non commerciabili internazionalmente, il tasso di cambio reale tende ad apprezzarsi in caso di aumento del prezzo relativo dei beni non commerciabili nell'economia domestica rispetto a quella estera. In particolare, come discuteremo meglio negli approfondimenti, assumendo un differenziale di produttività tra beni commerciabili e non commerciabili maggiore nei Paesi più sviluppati rispetto a quelli meno sviluppati, è possibile mostrare che esiste una relazione positiva tra grado di sviluppo e apprezzamento del cambio reale. È questo il cosiddetto *effetto Balassa-Samuelson.*

Va infine rilevato che, nei confronti internazionali di PIL e reddito pro-capite, queste misure vengono spesso corrette in modo da far valere la PPA, così da avere misure più affidabili del tenore di vita relativo.

Box 1. – *Burgernomics*

La rivista britannica *The Economist* calcola e riporta periodicamente il cosiddetto *Big Mac index*, un indice basato sui prezzi del Big Mac, il popolare panino venduto nella catena di fast-food McDonald's nel mondo e che misura la sopra/sottovalutazione delle diverse valute in accordo con la teoria della PPA. È utilizzato il Big Mac in quanto bene relativamente omogeneo prodotto e consumato in praticamente tutto il mondo.
Per capire meglio come questo indice viene costruito consideriamo un esempio. Indichiamo con P^* il prezzo medio di un Big Mac negli Stati Uniti in dollari (attualmente circa 4,2 dollari). P è il prezzo medio di un Big Mac nel paese di riferimento (es., Svizzera), convertito in dollari in base al tasso di cambio nominale corrente (E). Un Big Mac in Svizzera è venduto in media a circa 6,3 franchi svizzeri (CHF), che, al cambio corrente CHF/USD pari a 1,078, equivalgono a circa 6,8 dollari.
La sopravvalutazione della valuta domestica rispetto al dollaro è calcolata come scostamento relativo del cambio nominale rispetto a quel tasso che garantirebbe la PPA per il Big Mac (P^*/P):

$$\frac{E-P^*/P}{P^*/P}=\frac{EP-P^*}{P^*}$$

Nel caso considerato sopra, il Franco svizzero risulta sopravvalutato del 61,9% rispetto al dollaro: [(6,8 – 4,2) / 4,2] × 100.
Dal 2004 *The Economist* calcola anche lo *Starbucks tall-latte index*, indice basato sul prezzo del *tall-latte* nei negozi della catena di caffetterie statunitense Starbucks nei diversi Paesi.

12.5.3. Risparmi, investimenti e tasso di cambio reale

Come discusso nel Capitolo 7, in un'economia chiusa deve valere l'uguaglianza tra risparmi nazionali (che indichiamo con S)[12] e investimenti (I), laddove tra gli in-

[12] Nel Capitolo 7 abbiamo invece indicato con S il risparmio delle famiglie. Il risparmio nazionale (nel Capitolo 7 indicato con SN) è pari alla somma di risparmio delle famiglie e delle imprese e del risparmio del settore pubblico.

vestimenti siano ricomprese le variazioni in scorte. Abbiamo anche visto che in un'economia aperta questa uguaglianza non deve necessariamente valere. È possibile che gli investimenti siano maggiori dei risparmi nazionali se l'eccesso di investimenti è finanziato dal resto del mondo. In modo analogo, è possibile che i risparmi nazionali siano maggiori degli investimenti potendo parte di questi risparmi finanziare gli investimenti esteri.

In particolare, in un'economia aperta il saldo del conto corrente nella bilancia commerciale è pari all'eccesso dei risparmi nazionali (pubblici e privati) sugli investimenti (si vedano le identità [19-22] nel Capitolo 7). Quindi, ipotizzando per semplicità analitica che i redditi netti dall'estero siano pari a zero, la differenza tra risparmi nazionali e investimenti risulta pari al saldo della bilancia commerciale, cioè le esportazioni nette di beni e servizi (*NX*):

$$NX \equiv S - I \qquad [5]$$

Data la funzione degli investimenti (*I*), funzione decrescente del tasso di interesse reale (*r*), e data la funzione dei risparmi nazionali (*S*), che possiamo supporre funzione crescente, o comunque non decrescente, del tasso di interesse reale, l'eccesso di risparmi nazionali sugli investimenti, a sua volta uguale alle esportazioni nette, sarà una funzione crescente del tasso di interesse reale (*r*) (Figura 7).

Dato il livello delle esportazioni nette, il tasso di cambio reale che tenderà a stabilirsi sul mercato corrisponderà a quello che garantisce un tale livello di esportazioni nette in base alla relazione sintetizzata nella Figura 5.

Figura 7. – *Risparmi nazionali, investimenti ed esportazioni nette in economia aperta*

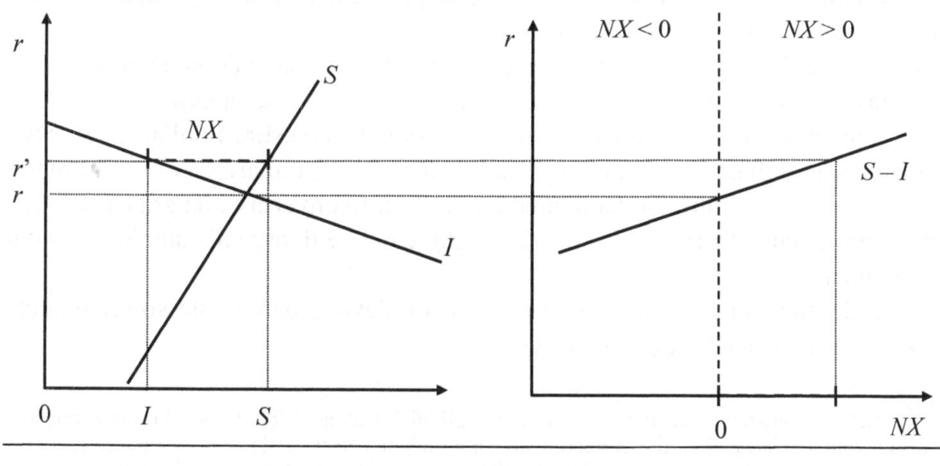

Va notato che l'eccedenza degli investimenti sui risparmi nazionali porta a un equilibrio con deficit di conto corrente. Tale deficit peggiora la posizione patrimoniale netta sull'estero, cioè la differenza fra attività estere detenute da residenti e attività nazionali detenute da non residenti. Inoltre, il pagamento per interessi sullo stock di debito estero accumulato entra come passivo nel conto redditi, peggiorando nel tempo ulteriormente la situazione.

È lecito a questo punto chiedersi se è sostenibile un equilibrio che implica deficit correnti strutturali[13]. In caso contrario una situazione in cui un Paese presenta un deficit di partite correnti non può essere considerata una situazione di equilibrio di lungo periodo, né il tasso di cambio reale associato può essere considerato un tasso di equilibrio.

La risposta a questa domanda, molto simile a quella relativa alla sostenibilità del debito pubblico, è, in linea teorica, sì, almeno con un tasso di crescita dell'economia maggiore del tasso d'interesse pagato sul debito estero.

12.5.4. Tasso di cambio e parità dei tassi di interesse

In assenza di controlli di capitale e di differenze di rischio sistematiche tra Paesi, le differenze di rendimento tra asset domestici ed esteri devono essere compensate da deprezzamenti/apprezzamenti attesi del cambio nominale, altrimenti sorgerebbero opportunità di arbitraggio. È questa la cosiddetta *parità dei tassi di interesse*.

Spieghiamo meglio quanto appena detto. Ipotizziamo due Paesi (Germania e Stati Uniti) e due *asset*, simili quanto a profilo di rischio, denominati ciascuno in una delle due valute (es., un titolo del debito pubblico tedesco e uno statunitense a scadenza un anno). Dato il tasso di cambio nominale bilaterale corrente E_t (il tasso di cambio euro-dollaro nel nostro esempio), è possibile per ogni euro a disposizione attuare una di queste due strategie alternative:

i) investire l'euro nell'attività denominata in euro, ottenendo dopo un anno $(1 + i_t)$ euro, dove i_t è il rendimento garantito dall'attività denominata in euro;

ii) convertire l'euro in dollari ottenendo E_t dollari; investire i dollari negli *asset* denominati in dollari, ottenendo dopo un anno $(1+i_t^*)E_t$ dollari, dove i_t^* è il rendimento garantito dall'attività denominata in dollari; riconvertire alla scadenza i dollari in euro ottenendo $(1+i_t^*)E_t/E_{t+1}$ euro, dove E_{t+1} è il tasso di cambio euro-dollaro tra un anno.

Essendo due strategie alternative equivalenti, devono dare lo stesso rendimento (*condizione di non arbitraggio*), per cui:

---

[13] Questa è la situazione degli Stati Uniti, che dagli inizi degli anni '80 del secolo scorso registrano deficit commerciali e di partite correnti, con una posizione patrimoniale netta sull'estero che è costantemente peggiorata, passando da valori positivi attorno al 10% del PIL nei primi anni '80 a valori negativi superiori al 40% del PIL nel 2017.

$$1+i_t=(1+i_t^*)\frac{E_t}{E_{t+1}}$$

$$\left(1+\frac{E_{t+1}-E_t}{E_t}\right)(1+i_t)=1+i_t^* \qquad [6]$$

da cui segue che:

$$i_t \approx i_t^* - \frac{E_{t+1}-E_t}{E_t} \qquad [7]$$

A parole, il tasso d'interesse sulle attività denominate in valuta nazionale deve essere (approssimativamente) pari al tasso d'interesse sulle attività denominate in valuta estera meno il tasso di apprezzamento della valuta nazionale rispetto alla valuta estera [14].

Mantenendo costanti le aspettative del tasso di cambio al periodo $t+1$ ($E_{t+1}=\bar{E}$) e il rendimento delle attività in valuta estera ($i_t^*=\bar{i}^*$), la parità dei tassi di interesse determina una relazione positiva tra tasso d'interesse e tasso di cambio:

$$E_t=\frac{\bar{E}}{1+\bar{i}^*-i_t} \qquad [8]$$

come quella mostrata nella Figura 8.

Figura 8. – *Relazione tra tasso di interesse e tasso di cambio*

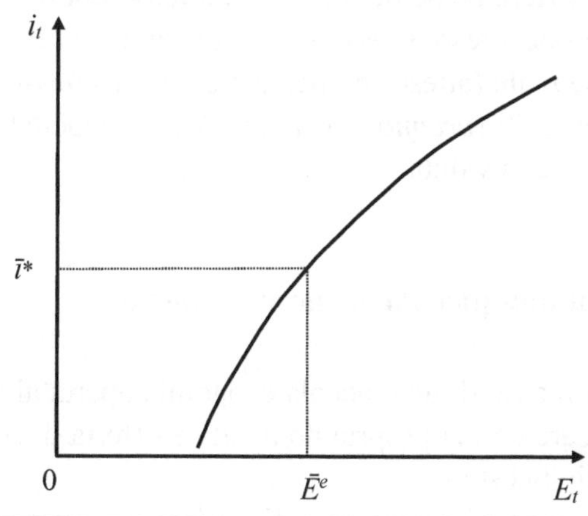

[14] Il tasso di cambio al tempo $t+1$ può essere: i) il *tasso di cambio a termine*, cioè il tasso di cambio prevalente al tempo t sui *mercati a termine* (i mercati in cui le negoziazioni sono sulle condizioni di scambi che avverranno nel futuro); in questo caso si parla di *parità coperta dei tassi d'interesse*; ii) il tasso atteso al tempo t per $t+1$, in questo caso si parla di *parità scoperta dei tassi d'interesse*.

Va altresì notato che, dalla parità dei tassi di interesse espressa in termini nominali, è possibile passare alla parità dei tassi di interesse espressa in termini reali. In particolare, partendo dalla [7] e sottraendo da ambo i membri il tasso di inflazione atteso nell'economia domestica (π_t^e), e aggiungendo e sottraendo dal membro a destra il tasso di inflazione atteso nell'economia estera (π^{*e}_t), otteniamo:

$$i_t - \pi_t^e \approx (i_t^* - \pi_t^{*e}) - \left(\frac{E_{t+1} - E_t}{E_t} + \pi_t^e - \pi_t^{*e} \right) \quad [9]$$

da cui, ricordando la [2] e la definizione di tasso di interesse reale discussa nel paragrafo 9.4, si ha:

$$r_t^e \approx r_t^{*e} - \frac{\varepsilon_{t+1}^e - \varepsilon_t^e}{\varepsilon_t^e} \quad [10]$$

dove l'indice *e* sta ad indicare il fatto che sono tassi attesi.

Questa è la cosiddetta *parità dei tassi di interesse reali.* A parole, il tasso di interesse reale atteso su un'attività domestica, affinché non vi siano opportunità di arbitraggio, deve essere pari al tasso di interesse reale atteso su un'attività estera meno l'apprezzamento reale atteso della valuta domestica nei confronti di quella estera.

Dalla parità dei tassi reali, in assenza di variazioni attese del cambio reale ($\varepsilon_{t+1}^e = \varepsilon_t$), segue che i rendimenti reali attesi delle attività domestiche ed estere devono coincidere e il differenziale dei tassi di interesse nominali deve essere pari al differenziale d'inflazione atteso tra economia domestica ed estera.

Il tasso d'interesse reale (atteso) domestico ed estero possono differire solo per: i) differenti rischi percepiti (*premio per il rischio*); ii) aspettative di apprezzamenti o deprezzamenti reali della valuta.

12.5.5. Equilibrio in una piccola economia aperta

Consideriamo ora il caso di una piccola economia aperta al resto del mondo, tale da non poter influenzare con la propria domanda e offerta di risparmi il tasso di interesse reale sulle attività estere (r^*).

In tal caso, in assenza di aspettative di variazioni del cambio reale e con un premio per il rischio per l'economia in oggetto in linea con quello delle altre economie, il tasso d'interesse reale sulle attività domestiche deve coincidere con quello estero ($r = r^*$), altrimenti vi sarebbero opportunità di arbitraggio non sfruttate.

Figura 9. – *Equilibrio in una piccola economia aperta*

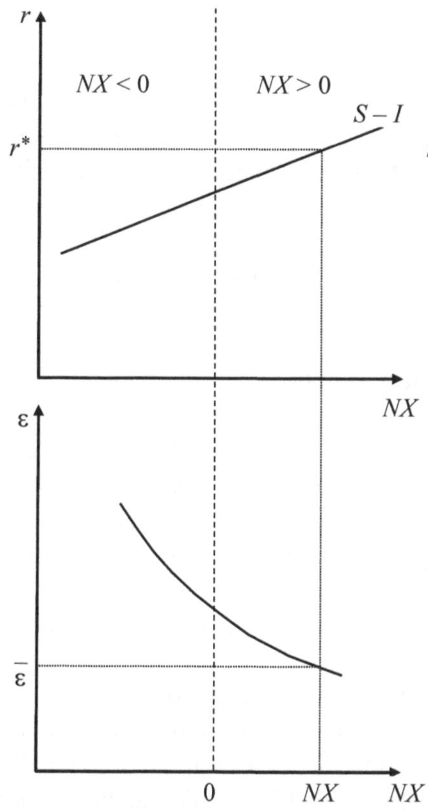

Figura 10. – *Effetto di un aumento del rischio Paese o di aspettative di deprezzamento reale*

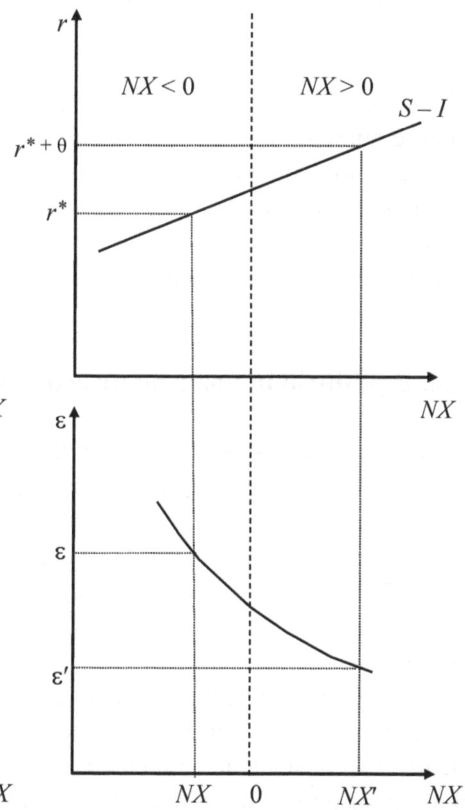

In questo caso quindi il tasso di interesse reale è dato e costante. Ricordando quanto detto nel paragrafo 12.5.3, come mostrato nella Figura 9, data la domanda e l'offerta di fondi, questo determinerà l'eccesso dei risparmi nazionali sugli investimenti ($S - I$) e quindi il saldo della bilancia commerciale (NX) e il tasso di cambio reale coerente con questo livello di esportazioni nette (ε).

Va notato che il tasso di cambio reale che così si determina deve essere coerente con un equilibrio di lungo periodo e percepito come tale dagli agenti.

È interessante a questo riguardo osservare cosa avviene quando questo non accade. Immaginiamo ad esempio che, per qualche motivo, gli operatori comincino ad attendersi un deprezzamento reale della valuta, perché magari il tasso di cambio reale corrente, associato a un deficit commerciale, non viene più considerato sostenibile date le prospettive di crescita rivedute al ribasso per l'economia considerata.

In tal caso, dalla parità dei tassi di interessi reali (equazione [10]), segue che il tasso di interesse reale sulle attività domestiche deve essere maggiore del tasso di interesse reale su quelle estere, la differenza essendo il deprezzamento reale atteso. Indicando con θ (> 0) questo deprezzamento atteso possiamo scrivere:

$$r = r^{*} + \theta \quad [11]$$

Come mostrato in Figura 10, l'aumento del tasso di interesse reale riduce gli investimenti e aumenta i flussi netti di capitale in uscita; questo a sua volta provoca un deprezzamento della valuta e un miglioramento della bilancia commerciale. L'aspettativa di un deprezzamento futuro genera il deprezzamento immediato.

Effetti analoghi si hanno nel caso di aumentata percezione del rischio Paese. In questo caso θ rappresenta il premio per il rischio richiesto dagli investitori.

12.5.6. Equilibrio in una grande economia aperta

In una piccola economia aperta, al tasso di interesse corrente (r^{*}), più l'eventuale premio per il rischio e il deprezzamento atteso, i mercati internazionali sono in grado di fornire tutti i fondi necessari per finanziare deficit commerciali o assorbire i fondi in eccesso derivanti da *surplus* commerciali. Questo perché, essendo l'economia piccola, la domanda netta nazionale di fondi sui mercati internazionali è una piccola frazione del totale, e come tale non in grado di incidere sul tasso di interesse di equilibrio.

Se immaginiamo al contrario di avere a che fare con una grande economia aperta, questo non è più vero: un eventuale eccesso di risparmi nazionali rispetto agli investimenti, con conseguente aumentata offerta di fondi sui mercati internazionali, tenderà a ridurre il tasso d'interesse reale; al contrario, laddove la domanda di fondi per investimenti sia maggiore dei risparmi nazionali, con richiesta di fondi sui mercati internazionali per finanziare i deficit commerciali conseguenti, il tasso di interesse sui mercati internazionali tenderà a salire.

È verosimile quindi supporre che all'aumentare dei *flussi di capitale netti in uscita* (*CF*), che corrispondono alle esportazioni nette (*NX*) se si escludono i redditi netti dall'estero come fatto finora, il tasso di interesse reale sui mercati internazionali tenderà a diminuire; al contrario, in caso di deficit commerciali ($NX < 0$), la conseguente domanda netta di fondi sui mercati internazionali che ne deriva ($CF = NX < 0$) tenderà ad aumentare il tasso di interesse.

Il tasso di interesse reale sui mercati internazionali nel caso di una grande economia non è quindi dato, ma viene determinato congiuntamente alle esportazioni nette (Figura 11).

Figura 11. – *Tasso di interesse e flussi di capitale netti in uscita in una piccola economia aperta (sinistra) e in una grande economia aperta (destra)*

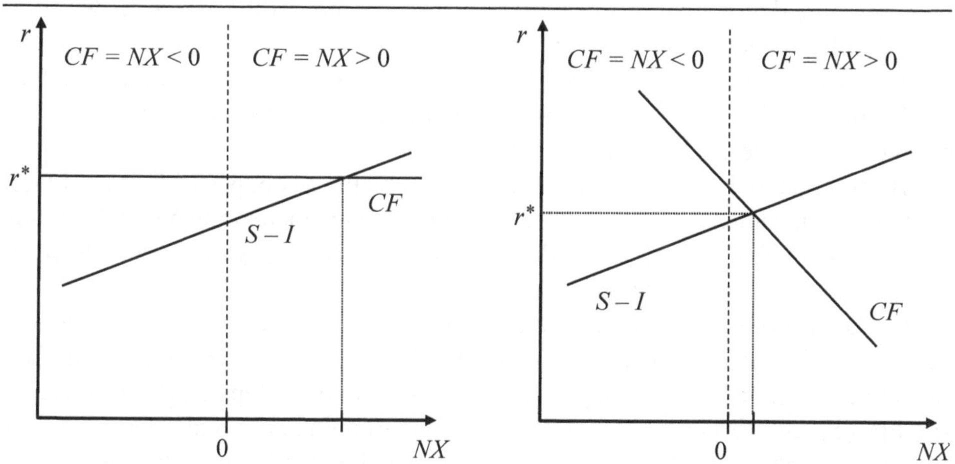

12.6. Il modello *IS-LM* in economia aperta

È interessante analizzare gli effetti di breve periodo delle politiche keynesiane nel caso di economie aperte. A questo proposito molto utile risulta una versione semplificata del *modello di Mundell-Fleming*, un'estensione al caso di economia aperta del modello *IS-LM*, sviluppata in modo indipendente da Robert Mundell [1963] e Marcus Fleming [1962].

Come nel modello *IS-LM* originario (discusso nel Capitolo 9), l'analisi è focalizzata sul breve periodo, per cui i prezzi sono ipotizzati perfettamente rigidi e vale il principio della domanda effettiva.

Il fatto che l'economia sia aperta agli scambi con l'estero non modifica la curva *LM*, mentre nella costruzione della curva *IS* occorre tenere conto, da un lato, della relazione tra tasso d'interesse e tasso di cambio; dall'altro lato, dell'effetto del tasso di cambio e del livello del PIL sulle esportazioni nette.

La relazione tra tasso d'interesse e tasso di cambio l'abbiamo già analizzata. Ricordando in particolare l'equazione [8] e la relativa Figura 8, sappiamo che, per la parità dei tassi di interesse, costanti le aspettative circa il livello futuro del tasso di cambio e il rendimento delle attività in valuta estera, esiste una relazione positiva tra tasso d'interesse (i) e tasso di cambio (E): un aumento del tasso di interesse tende ad apprezzare la valuta domestica, fino al punto in cui il deprezzamento atteso della valuta stessa è tale da compensare il differenziale di interesse con le attività denominate in valuta estera.

Per quanto riguarda le esportazioni nette (NX), che sono una delle componenti del

PIL e della domanda aggregata, come discusso anche nel Capitolo 9 in un'economia aperta si deve tenere conto del fatto che queste sono funzione:

i) crescente del PIL del resto del mondo: un aumento del PIL del resto del mondo tende ad aumentare il volume delle esportazioni;

ii) decrescente del reddito disponibile: un aumento del PIL di un'economia tende ad aumentare il volume delle importazioni, per cui, a parità di esportazioni, la bilancia commerciale tenderà a peggiorare;

iii) decrescente del tasso d'interesse: come abbiamo visto, per la parità dei tassi di interesse, un aumento del tasso d'interesse provoca un apprezzamento della valuta, e questo a sua volta, almeno nel medio periodo, provoca un peggioramento della bilancia commerciale (vedi paragrafo 12.4)[15].

Data la relazione negativa tra tasso d'interesse ed esportazioni nette, che sono una componente della domanda aggregata, la curva IS continua a essere inclinata negativamente e un equilibrio di breve periodo è sempre dato dalla coppia tasso d'interesse (i) e PIL (Y), che garantisce l'equilibrio sui mercati monetari e reali, e da un relativo tasso di cambio (E), che è quello di equilibrio dei mercati dei cambi (Figura 12).

Figura 12. – *Equilibrio di breve periodo in un'economia aperta*

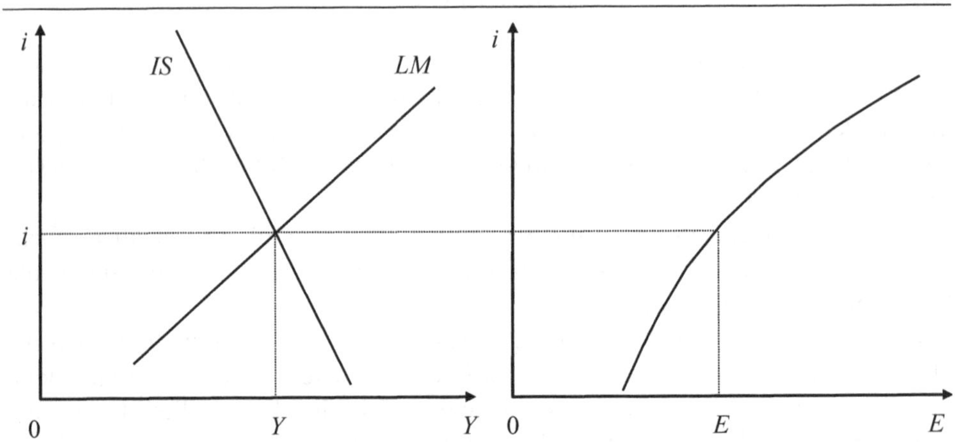

Utilizzando questo modello, analizziamo gli effetti delle politiche economiche nel caso in cui i tassi di cambio vengano determinati nei mercati dei cambi senza interventi o controlli da parte delle autorità.

Come discusso nel Capitolo 9, le politiche fiscali modificano la curva *IS*, mentre le politiche monetarie modificano la curva *LM*. In particolare, immaginando che

[15] Data l'assunzione di prezzi perfettamente rigidi, la distinzione tra tassi nominali e reali non è necessaria: una variazione dei tassi nominali comporta sempre una uguale variazione di quelli reali.

il governo adotti una politica fiscale espansiva, la curva *IS* si sposterà verso destra (da *IS* a *IS'* in Figura 13), determinando un aumento del PIL di equilibrio di breve periodo attraverso il meccanismo del moltiplicatore e del tasso di interesse di equilibrio, similmente a quanto avveniva nel caso di economia chiusa, anche se va ricordato che, in un'economia aperta, il moltiplicatore è più piccolo, perché parte dell'aumentato reddito è speso in beni e servizi d'importazione. Inoltre, la politica fiscale espansiva, oltre a ridurre gli investimenti privati, produce un apprezzamento della valuta domestica e un peggioramento della bilancia commerciale (le esportazioni nette diminuiscono).

Figura 13. – *Effetti di una politica fiscale espansiva in regime di cambi flessibili*

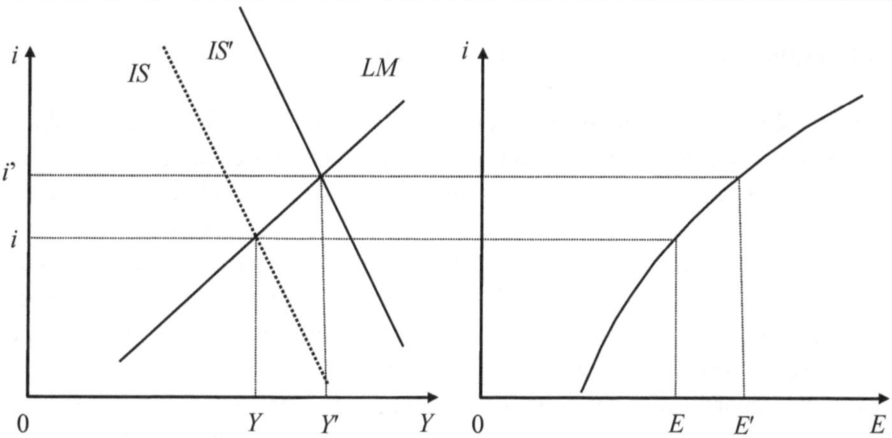

Figura 14. – *Effetti di una politica monetaria espansiva in regime di cambi flessibili*

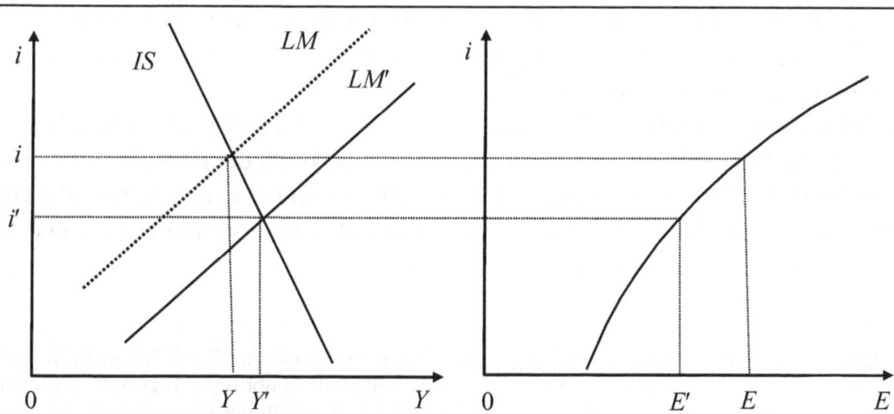

Nel caso in cui invece l'autorità monetaria adotti una politica monetaria espansiva, sarà la curva *LM* a spostarsi verso destra (da *LM* a *LM'* in Figura 14). Questo produrrà una diminuzione del tasso di interesse e un deprezzamento della valuta, e questo a sua volta avrà effetti positivi sulla domanda aggregata e il PIL di equilibrio, perché tenderà a stimolare gli investimenti (come in economia chiusa), ma anche le esportazioni. L'effetto di breve periodo di una politica monetaria espansiva è quindi un aumento del PIL, una riduzione del tasso d'interesse e un deprezzamento della valuta. L'effetto sulla bilancia commerciale è invece di segno incerto: se da un lato il deprezzamento tende a migliorare la bilancia commerciale, almeno nel medio periodo, l'aumento delle importazioni conseguente all'aumentato reddito tende a peggiorarla.

12.7. I regimi di cambio e le crisi valutarie

Finora abbiamo più o meno implicitamente supposto che i tassi di cambio nominali bilaterali siano determinati liberamente sui mercati dei cambi e quindi il loro livello vari continuamente, risultando dall'incontro tra domanda e offerta di valuta in ciascun momento. In tal caso si parla di *regimi di cambi flessibili.*

Le autorità monetarie dei vari Paesi possono ciononostante utilizzare la politica monetaria e le loro riserve ufficiali per intervenire unilateralmente o congiuntamente in modo concordato sui mercati dei cambi, fissando valori specifici (*parità*) o bande di oscillazione per i cambi nominali bilaterali.

A questo riguardo va notato che, in un *regime di cambi fissi* con perfetta mobilità dei capitali, dalla parità dei tassi di interesse segue che tasso di interesse domestico ed estero, al netto di eventuali premi per il rischio, devono coincidere (equazione [7]). Quindi, se il cambio deve essere mantenuto costante e percepito come tale dagli operatori, il tasso di interesse domestico deve seguire quello estero. Questo implica che, senza controlli sui movimenti di capitale, quando si adotta un regime di cambi fissi si rinuncia implicitamente alla politica monetaria come strumento di politica economica [16].

È interessante analizzare gli effetti di breve periodo della politica fiscale in un regime di cambi fissi in un'economia con perfetta mobilità dei capitali. Utilizzando il modello *IS-LM* in economia aperta è possibile mostrare che, in tal caso, gli effetti di breve periodo della politica fiscale vengono amplificati, essendo la banca centrale costretta a intervenire per mantenere la parità.

---

[16] Questa situazione dà luogo al cosiddetto *trilemma* (o *trio inconciliabile*) di Mundell, in base al quale non è possibile avere contemporaneamente; i) un regime di cambi fissi; ii) perfetta mobilità di capitali; iii) una politica monetaria indipendente. La presenza di due di queste condizioni necessariamente esclude la terza.

Figura 15. – *Effetti di una politica fiscale espansiva in regime di cambi fissi*

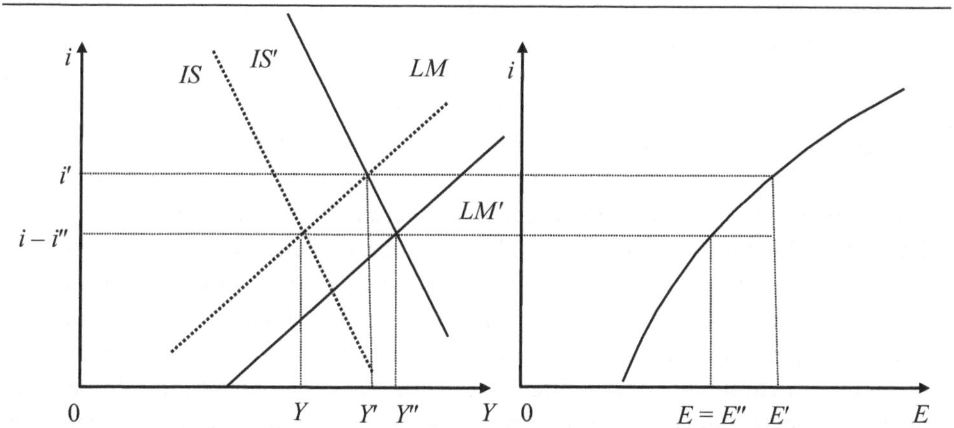

Prendiamo ad esempio. il caso di una politica fiscale espansiva illustrato nella Figura 15. La politica fiscale espansiva sposta la curva *IS* verso destra (da *IS* a *IS'*), aumentando il PIL (da *Y* a *Y'*) e il tasso d'interesse (da *i* a *i'*). L'aumento del tasso di interesse, in assenza di intervento da parte dell'autorità monetaria, porterebbe a un apprezzamento della valuta (da *E* ad *E'*). L'autorità monetaria è quindi costretta a intervenire per difendere la parità aumentando l'offerta di moneta (da *LM* a *LM'*), fino a riportare il tasso d'interesse al livello originario, amplificando così gli effetti sul PIL della politica fiscale espansiva (da *Y'* a *Y''*).

A questo riguardo va comunque osservato che, laddove il mix di politiche generi un gap espansivo (con PIL effettivo sopra quello di pieno impiego), questo tenderà a generare inflazione. In regimi di cambi fissi, laddove l'inflazione domestica sia maggiore di quella del Paese o dei Paesi con le cui valute la parità è fissata (la valuta o il paniere di valute di riferimento), questo differenziale produce un apprezzamento reale della valuta nazionale [17], i beni e servizi prodotti nel Paese perdono competitività sui mercati internazionali e questo tende a peggiorare la bilancia commerciale e la posizione patrimoniale netta sull'estero del Paese [18].

È importante notare che, se i prezzi fossero perfettamente flessibili, l'economia raggiungerebbe lo stesso tasso di cambio reale e lo stesso livello di produzione (di pieno impiego) indipendentemente dal fatto che operi in un regime di cambi flessi-

[17] Richiamando l'equazione [4] si ha infatti:

$$\Delta\varepsilon/\varepsilon \approx \Delta E/E + \pi - \pi^* = \pi - \pi^*$$

dove, in un regime di cambi fissi, $\Delta E/E = 0$.

[18] Lo stesso effetto si ha nel caso in cui i due Paesi fanno parte di un'unione monetaria (è il caso degli Stati membri dell'UE che hanno adottato l'euro come propria valuta), in cui non esistono più valute differenti il cui tasso di cambio può variare.

bili o fissi. Nel caso di cambi fissi, dato il cambio nominale, il livello dei prezzi interni cambierebbe in modo tale da ristabilire il tasso di cambio reale compatibile con il PIL di pieno impiego.

Il problema nasce quando i prezzi non sono perfettamente flessibili e ci sono fattori inerziali collegati all'inflazione. In questo caso, permettere al tasso di cambio di aggiustarsi può di fatto ridurre sensibilmente i costi di aggiustamento [19].

Inoltre, regimi di cambi fissi sono potenzialmente oggetto di *attacchi speculativi.* Se gli agenti ritengono che il Paese abbandonerà la parità lasciando che la valuta si deprezzi, richiedono rendimenti più alti (per la parità dei tassi). Il differenziale di rendimento necessario può essere di fatto molto elevato dovendo compensare perdite/guadagni praticamente istantanei nell'ordine di dieci o più punti percentuali.

Laddove gli agenti si aspettino una *svalutazione* (un deprezzamento della valuta in regime di cambi fissi), per difendere il cambio ed evitare fughe di capitale, l'autorità monetaria deve poi attuare politiche monetarie restrittive utilizzando le proprie riserve valutarie ufficiali. Il problema è che, se l'autorità monetaria agisce unilateralmente, e non con un'azione coordinata con l'autorità monetaria del Paese della valuta nei confronti della quale ci sono le spinte al deprezzamento, non può difendere il cambio ad oltranza, ma solo fino a quando le sue riserve ufficiali non si esauriscono. Inoltre, gli agenti, agendo sulla base delle aspettative, possono di fatto speculare sull'insuccesso dell'azione dell'autorità monetaria, di fatto anticipandolo.

È questo il tratto comune delle *crisi valutarie* degli anni '90 del secolo scorso; come quella avvenuta nel settembre 1992, con l'uscita della sterlina britannica e della lira italiana dal Sistema Monetario Europeo (SME); in Messico nel dicembre 1994 (il peso messicano si svalutò di più del 40% in dieci giorni rispetto al dollaro); nel sud-est asiatico nel giugno 1997 (in cui, in poche settimane, baht tailandese, pe-

---

[19] Questa è l'argomentazione fornita da Milton Friedman a favore di un regime di cambi flessibili: "Se i prezzi interni fossero flessibili come i tassi di cambio, farebbe poca differenza in termini economici se gli aggiustamenti fossero dovuti alle variazioni dei tassi di cambio o a variazioni equivalenti dei prezzi interni. Ma questa condizione è chiaramente non soddisfatta. [...] L'inflessibilità dei prezzi, o i diversi gradi di flessibilità, implicano una distorsione degli aggiustamenti in risposta a cambiamenti nelle condizioni esterne. [...] I salari tendono poi a essere meno flessibili dei prezzi. Di conseguenza, una politica volta a contrastare un deficit [commerciale] crescente permettendo o forzando una discesa dei prezzi produrrà probabilmente disoccupazione più che la, o in aggiunta alla, discesa dei salari. [...] Ma questo è chiaramente un metodo molto poco efficiente per adattarsi ai cambiamenti esterni. [...] L'argomento a favore di un tasso di cambio flessibile è, strano a dirsi, quasi identico all'argomento a favore dell'ora legale. Non è assurdo cambiare l'orario durante l'estate quando si potrebbe ottenere esattamente lo stesso risultato facendo cambiare abitudini a ogni individuo? Tutto ciò che è richiesto è che tutti decidano di venire in ufficio un'ora prima, di pranzare un'ora prima, ecc. Ma ovviamente è molto più semplice cambiare l'ora che richiedere a ogni individuo di cambiare il proprio modello di reazione all'orario, anche se tutti sono disposti a farlo. La situazione è esattamente la stessa nel mercato dei cambi. È molto più semplice far sì che un prezzo cambi, vale a dire il prezzo del cambio, piuttosto che fare affidamento sui cambiamenti nella moltitudine di prezzi che insieme costituiscono la struttura dei prezzi interni" [Friedman, 1953, pp. 165-173, traduzione nostra].

so filippino, ringgit malese e rupia indonesiana persero dal 50 al 80% del loro valore rispetto al dollaro statunitense).

Box 2. – *Il sistema monetario internazionale e gli accordi di Bretton Woods*

Per *sistema monetario internazionale* si intende l'insieme di istituzioni che regolano i pagamenti internazionali, i tassi di cambio fra le diverse valute e le modalità di creazione e utilizzo delle riserve di valore nei rapporti tra Stati.

Il sistema monetario internazionale è cambiato nel corso del tempo. Il sistema in vigore dalla seconda metà del 1800 fino alla Prima guerra mondiale, e ripristinato per un breve periodo fra la Prima e la Seconda guerra mondiale, era il cosiddetto *gold standard*, un sistema basato sull'oro e fondato su poche regole accettate in via informale da tutti i partecipanti: convertibilità reciproca delle valute; fissazione di una parità aurea per ogni valuta; offerta di moneta di ciascuno Stato funzione delle sue riserve auree.

Il gold standard finì di fatto con l'abbandono del sistema da parte della Gran Bretagna e degli Stati Uniti fra il 1931 e il 1932.

Alla fine della Seconda guerra mondiale, nella Conferenza delle Nazioni Unite tenutasi a Bretton Woods nel 1944, gli Stati usciti vincitori dal conflitto mondiale diedero vita a un sistema in cui il dollaro statunitense fungeva da principale valuta di riserva internazionale ed era l'unica che rimaneva legata all'oro (*gold exchange standard*), mentre tutte le altre avevano la propria parità fissata con il dollaro.

Nella stessa conferenza venne prevista la costituzione di quelle che sono ancora oggi le principali istituzioni finanziarie internazionali: il *Fondo Monetario Internazionale*, con l'obiettivo di promuovere la cooperazione monetaria internazionale e aiutare gli Stati a correggere gli squilibri temporanei di bilancia dei pagamenti; la *Banca Internazionale per la Ricostruzione e lo Sviluppo*, oggi parte del gruppo *Banca Mondiale*, con l'obiettivo originario di agevolare il finanziamento della ricostruzione post-bellica e che dagli anni '60 ha indirizzato la sua attività al miglioramento delle condizioni di vita nei paesi in via di sviluppo, in particolare offrendo finanziamenti a lungo termine a tassi d'interesse agevolati a quei Paesi che hanno difficoltà ad accedere ai mercati internazionali del credito.

Il *gold exchange standard* istituito con gli accordi di Bretton Woods durò fino al 1971, anno in cui il presidente americano Nixon sospese unilateralmente la convertibilità aurea del dollaro, a seguito di crescenti deficit commerciali statunitensi e rifiuto da parte degli altri Stati membri di ridiscutere le parità.

Dall'aprile 1973 si è rinunciato definitivamente alle parità e si è passati a un sistema di cambi flessibili. Ciononostante, da un lato, il dollaro ha continuato a rimanere la divisa più utilizzata come valuta di riserva internazionale (questo nonostante la creazione del "diritto speciale di prelievo" da parte del FMI, uno strumento di pagamento internazionale volto a ridurre i caratteri asimmetrici del sistema, che tuttavia nei fatti ha sempre rivestito un ruolo marginale); dall'altro lato, le autorità monetarie dei diversi Paesi hanno continuato a intervenire sui mercati dei cambi con frequenza più o meno alta, a volte fissando unilateralmente i tassi di cambio bilaterali (come nel caso dell'Argentina negli anni '90, che si impegnò a mantenere la parità del peso argentino con il dollaro statunitense), a volte con accordi di cambio a carattere regionale, come nel caso del Sistema Monetario Europeo (SME).

Lo SME, in vigore dal 1979 al 1992 tra i Paesi membri dell'allora Comunità Economica Europea, prevedeva che tra le valute esistenti (lira italiana, marco tedesco, franco francese, ecc.) si mantenesse un tasso di cambio entro una certa banda di oscillazione. Se il tasso di cambio fosse fuoriuscito dalla banda di oscillazione consentita, l'autorità monetaria sarebbe stata tenuta a intervenire sul mercato dei cambi per riportare il valore del cambio entro i limiti consentiti.

Box 3. – *Le unioni monetarie, l'euro e la teoria delle aree monetarie ottimali*

In un'*unione monetaria* più Stati condividono, per decisione unilaterale o congiunta, la stessa moneta avente corso legale. Questo comporta che i membri cedono di fatto il controllo dell'offerta di moneta, e quindi la politica monetaria, a uno dei membri oppure a un'autorità comune.

Un'unione monetaria può essere considerata una forma estrema di regime di cambio fisso, da cui differisce perché, da un lato, la conversione non è più necessaria, e quindi i costi di transazione collegati al commercio di beni e servizi sono ulteriormente ridotti; dall'altro lato, i costi dell'eventuale uscita di uno Stato da un'unione monetaria sono molto più alti di quelli di un abbandono della parità.

La creazione della moneta unica in Europa e della Banca Centrale Europea (BCE) quale titolare della politica monetaria dell'UE e l'adozione dell'euro da parte di alcuni degli Stati membri costituiscono il caso recente più importante di *currency union*.

Di unione monetaria si parlava nell'UE già dalla fine degli anni '60 (ad es., nel rapporto Werner del 1969). Ma fu solo nel 1988 che il Consiglio Europeo affidò a un comitato guidato dall'allora presidente della Commissione Europea Jacques Delors il compito di esaminare la realizzazione di un'unione monetaria tra gli Stati membri. Il rapporto che ne risultò (il rapporto Delors) definì obiettivi, contenuti e fasi della realizzazione dell'unione monetaria.

Nel febbraio 1992 fu firmato a Maastricht il *Trattato sull'Unione Europea*, entrato in vigore nel novembre dell'anno successivo, in cui si stabilirono i criteri guida per l'ammissibilità degli Stati membri all'area euro, con parametri relativi a: i) inflazione (non superiore al 1,5% rispetto ai tre Stati membri con prezzi più stabili); ii) tassi d'interesse a lungo termine (non superiori al 2% rispetto a quelli nei tre Stati membri con prezzi più stabili); iii) rapporti debito pubblico-PIL (non superiore al 60%) e disavanzo pubblico-PIL (non superiore al 3%); iv) stabilità dei cambi.

Nel giugno 1998 divenne operativa la BCE. Nel maggio 1998, il Consiglio Europeo sancì l'adempimento dei criteri di convergenza da parte di 11 Stati: Austria, Belgio, Finlandia, Francia, Germania, Irlanda, Italia, Lussemburgo, Paesi Bassi, Portogallo e Spagna.

L'euro entrò formalmente in vigore nel gennaio 1999, anche se iniziò a circolare fisicamente solo nel gennaio 2002.

L'area euro si è poi gradualmente estesa con l'adozione dell'euro da parte di: Grecia (2001), Slovenia (2007), Cipro e Malta (2008), Slovacchia (2009), Estonia (2011), Lettonia (2014), Lituania (2015). Attualmente 19 dei 28 Stati membri dell'Unione europea (27 se si esclude la Gran Bretagna, che nel marzo 2017 ha avviato il processo formale di uscita dall'UE) adottano l'euro come propria valuta.

Un'unione monetaria ha, dal punto di vista economico, vantaggi e costi. I vantaggi sono collegati principalmente alla rimozione del rischio cambio e degli altri costi di transazione collegati alle conversioni valutarie, con potenziale impatto positivo su flussi di commercio internazionale e investimenti esteri. I costi sono collegati sostanzialmente alla perdita di sovranità monetaria degli Stati e abbandono della politica monetaria come strumento di politica economica indipendente.

Un'analisi seminale molto influente sui vantaggi e i costi delle unioni monetarie, che

identifica l'insieme dei requisiti che i Paesi devono rispettare per essere considerati "aree monetarie ottimali", è quella di Mundell [1961], che ha in mente il caso degli Stati Uniti. I quattro criteri più citati a questo riguardo sono: i) alta mobilità regionale del lavoro; ii) alta mobilità dei capitali e prezzi e salari flessibili; iii) un sistema di condivisione del rischio, ad es. attraverso un sistema di trasferimenti fiscali tra regioni; iv) cicli economici più o meno sincronizzati.
A questo proposito si è discusso molto, e molto spesso con accenti critici, sul fatto se l'eurozona soddisfi i requisiti di area monetaria ottimale.

Mundell R.A. [1961], "The theory of optimum currency areas", in *American Economic Review*, vol. 51, pp. 717-725.

Parte II - **Per approfondire**

12.8. Beni non commerciabili, tasso di cambio reale ed effetto Balassa-Samuelson

Per comprendere meglio il ruolo svolto dai beni non commerciabili nella violazione della parità del potere di acquisto e le relazioni tra le differenze negli andamenti di produttività tra Paesi e gli andamenti del tasso di cambio reale, analizziamo un modello molto semplice con solo due Paesi che adottano valute differenti – un'economia domestica e un'economia estera (le cui variabili al solito indichiamo con un asterisco) – e due beni – un bene *internazionalmente commerciabile* a costi nulli (T), e per cui vale quindi la legge del prezzo unico, e un bene *non commerciabile* tra Paesi (N), il cui prezzo può pertanto differire tra Paesi.

Inoltre, assumiamo che i beni possano essere prodotti solo con lavoro in condizioni di rendimenti di scala costanti (raddoppiando il lavoro raddoppia la produzione) e concorrenza perfetta. Assumiamo ancora che il fattore lavoro sia perfettamente mobile tra settori all'interno di ciascun Paese (i lavoratori possono decidere di un produrre un bene piuttosto che l'altro in ciascun Paese), ma perfettamente immobile tra Paesi (i lavoratori non possono migrare da un Paese all'altro).

Il livello generale dei prezzi nell'economia domestica (P) sarà dato da una qualche media del prezzo interno del bene commerciabile (P_T) e di quello del bene non commerciabile (P_N). Ipotizziamo in particolare, per semplicità, che tale media sia una *media geometrica ponderata*:

$$P = P_N^{\alpha} P_T^{1-\alpha} \qquad [12]$$

dove α (un parametro compreso tra 0 e 1) misura l'importanza relativa del settore dei beni non commerciabili nell'economia.

Similmente, nel caso dell'economia estera avremo:

$$P^* = P_N^{\alpha^*} P_T^{1-\alpha^*} \qquad [13]$$

Il tasso di cambio reale tra le valute delle due economie sarà dato da:

$$\varepsilon = \frac{EP}{P^*} = \frac{EP_N^{\alpha} P_T^{1-\alpha}}{P_N^{*\alpha^*} P_T^{*1-\alpha^*}} = \frac{EP_T (P_N / P_T)^{\alpha}}{P_T^* (P_N^* / P_T^*)^{\alpha^*}} = \frac{(P_N / P_T)^{\alpha}}{(P_N^* / P_T^*)^{\alpha^*}} \qquad [14]$$

dove EP_T / P_T^* è uguale ad 1 per la parità del potere di acquisto, che per ipotesi vale nel settore dei beni commerciabili.

Esprimendo la [20] in termini di variazioni relative è possibile mostrare che vale la seguente relazione approssimata:

$$\frac{\Delta\varepsilon}{\varepsilon} \approx \alpha\left(\frac{\Delta P_N}{P_N} - \frac{\Delta P_T}{P_T}\right) - \alpha^*\left(\frac{\Delta P_N^*}{P_N^*} - \frac{\Delta P_T^*}{P_T^*}\right) \qquad [15]$$

La [15] mostra come la valuta domestica si apprezza (deprezza) in termini reali in caso di aumento (diminuzione) del prezzo relativo dei beni non commerciabili nell'economia domestica (estera).

Se, ad esempio, il prezzo relativo dei beni non commerciabili in termini di beni commerciabili nell'economia domestica (P_N / P_T) cresce, mentre lo stesso prezzo relativo nell'economia estera (P_N^*/P_T^*) rimane costante, nel membro a destra della [15] il primo termine tra parentesi sarà positivo, mentre il secondo sarà nullo, per cui il tasso di cambio reale aumenterà (la valuta domestica si apprezzerà in termini reali rispetto a quella estera).

Vediamo ora come la differenza nel cambiamento dei prezzi relativi è collegata agli andamenti di produttività settoriale dei due beni nei due Paesi.

Ricordando che, per ipotesi, in ciascun Paese ciascun bene è prodotto solo con lavoro in condizioni di concorrenza perfetta e rendimenti di scala costanti, il prezzo sarà semplicemente pari al salario nominale diviso per la produttività del lavoro[20]. Se, ad esempio, nell'economia domestica il salario orario è pari a 10 euro, tutti i lavoratori sono uguali e un lavoratore utilizzando solo il suo lavoro in un'ora riesce a produrre due unità del bene (la produttività oraria del lavoro è pari a 2), il prezzo che si stabilirà sul mercato per quel bene sarà pari a 5 euro. In caso contrario ci sarebbero perdite o extraprofitti che tenderebbero ad annullarsi in equilibrio data l'ipotesi di concorrenza perfetta.

Inoltre, dato che si sta ipotizzando che il lavoro sia perfettamente mobile tra settori, il salario non potrà differire tra settori all'interno di ciascun Paese. Se, ad esempio, nell'economia domestica il salario orario nel settore che produce il bene commerciabile fosse 10 euro, mentre quello prevalente nel settore che produce il bene non commerciabile fosse 15 euro, i lavoratori si sposterebbero dalla produzione del bene commerciabile a quella del bene non commerciabile, e lo spostamento continuerebbe fino a quando permanessero le differenze salariali. Per questo, affinché en-

[20] Data l'ipotesi di rendimenti costanti di scala, produttività media e marginale coincidono. Nell'equilibrio concorrenziale il prezzo eguaglia il costo marginale, che a sua volta in questo caso coincide con il costo medio per l'ipotesi di rendimenti costanti di scala. Essendo il lavoro l'unico fattore impiegato, il questo caso il costo medio è dato semplicemente dal salario orario per il numero di unità prodotte in un'ora da un lavoratore (la produttività oraria).

trambi i beni vengano prodotti, il salario deve essere il medesimo nei due settori all'interno di uno stesso Paese. Tuttavia, questo non implica il salario debba essere il medesimo tra Paesi, dato che si assume che vi sia un qualche tipo di ostacolo ai flussi migratori e quindi possano permanere differenze di salario tra Paesi.

Ciò detto, indicando con w il salario nominale nell'economia domestica (e con w^* il salario nell'economia estera) e con γ_T e γ_N la produttività del lavoro nel settore dei beni, rispettivamente, commerciabili e non commerciabili nell'economia domestica (e con γ_T^* e γ_N^* le corrispondenti produttività settoriali nell'economia estera), si ha quindi:

$$P_T = \frac{w}{\gamma_T} \quad P_N = \frac{w}{\gamma_N} \quad P_T^* = \frac{w^*}{\gamma_T^*} \quad P_N^* = \frac{w^*}{\gamma_N^*} \qquad [16]$$

Sostituendo nella [14] otteniamo:

$$\varepsilon = \frac{(\gamma_T / \gamma_N)^{\alpha}}{(\gamma_T^* / \gamma_N^*)^{\alpha^*}} \qquad [17]$$

Esprimendo la [17] in termini di variazioni relative, similmente a quanto fatto nella [15] per la [14], si ha:

$$\frac{\Delta\varepsilon}{\varepsilon} \approx \alpha\left(\frac{\Delta\gamma_T}{\gamma_T} - \frac{\Delta\gamma_N}{\gamma_N}\right) - \alpha^*\left(\frac{\Delta\gamma_T^*}{\gamma_T^*} - \frac{\Delta\gamma_N^*}{\gamma_N^*}\right) \qquad [18]$$

dove i termini tra parentesi sono collegati all'andamento della differenza di produttività del lavoro tra i settori dei beni commerciabili e non commerciabili, rispettivamente, nell'economia domestica (primo termine tra parentesi) ed estera (seconda termine tra parentesi).

Dalla [18] segue che, se la produttività nel settore dei beni commerciabili rispetto a quella del settore dei beni non commerciabili cresce più nell'economia domestica che nell'economia estera, la valuta domestica tenderà ad apprezzarsi in termini reali.

Così, ad esempio, nel caso in cui la produttività nel settore dei beni non commerciabili cresca allo stesso tasso nei due Paesi ($\Delta\gamma_N/\gamma_N = \Delta\gamma_N^*/\gamma_N^*$), mentre la produttività nel settore dei beni commerciabili nell'economia domestica cresca ad un tasso più alto rispetto all'economia estera ($\Delta\gamma_T/\gamma_T > \Delta\gamma_T^*/\gamma_T^*$), questo comporterà un apprezzamento reale della valuta domestica rispetto a quella estera.

Supponendo che con lo sviluppo economico i maggiori incrementi di produttività si ottengano nei settori dei beni commerciabili (es., manifattura), mentre la produttività in quelli non commerciabili (es., servizi) aumenti meno, questo può spiegare perché le valute delle aree più economicamente sviluppate siano più apprezzate in termini reali di quelle delle aree meno sviluppate (un taglio di capelli in Nigeria, valutato in euro, costa molto meno di un taglio di capelli in Italia). È questo il cosiddetto *effetto Balassa-Samuelson.*

12.9. La determinazione del tasso di cambio assumendo sostituibilità imperfetta tra attività domestiche ed estere

Nella sezione 12.5 abbiamo discusso la determinazione del tasso di cambio reale sia nel caso di una piccola economia aperta (non in grado di influenzare il tasso di interesse reale sui mercati internazionali) sia in quello di una grande economia aperta (per cui la domanda nazionale netta di fondi sui mercati internazionali modifica il tasso di interesse). Tuttavia, in entrambi i casi abbiamo implicitamente supposto che le attività domestiche (es., azioni, obbligazioni societarie e pubbliche, immobili, ecc.) ed estere (es. le azioni e le obbligazioni di società estere denominate in valuta estera, i titoli del debito pubblico di Stati esteri, immobili situati all'estero, ecc.), fossero perfetti sostituti.

Lo stesso impianto concettuale può essere utilizzato per analizzare il caso di un'economia in cui le attività domestiche siano sostituti solo imperfetti delle attività estere.

In tal caso possiamo verosimilmente supporre che i flussi di capitale netti in uscita dall'economia siano comunque funzione decrescente del tasso di interesse sulle attività domestiche (in valuta nazionale): maggiore il rendimento reale garantito dalle attività domestiche, costante quello sulle attività estere, maggiore l'afflusso di capitali esteri e minore il deflusso di capitali, e quindi minore il deflusso netto di capitali; e viceversa. In simboli:

$$CF = CF(r) \quad [19]$$

dove un aumento di r produce una diminuzione di CF, e viceversa una diminuzione di r produce un aumento di CF.

In tal caso il deflusso netto di capitali si aggiunge alla domanda per investimenti nel mercato dei fondi mutuabili, la cui offerta è costituita dai risparmi nazionali, per cui possiamo scrivere:

$$S(r) = I(r) + CF(r) \quad [20]$$

dove S sono i risparmi nazionali (funzione non decrescente del tasso di interesse), che in equilibrio devono essere uguale agli investimenti (I) funzione decrescente del tasso di interesse, e alla domanda netta di fondi dall'estero (CF) funzione a sua volta decrescente del tasso di interesse.

Il tasso di interesse di equilibrio determina il deflusso netto di capitali (CF), che rappresenta l'offerta di valuta domestica sui mercati internazionali. Questa in equilibrio deve essere pari alla domanda di valuta domestica per esportazioni, a sua volta pari alle esportazioni nette (*NX*), funzione decrescente del tasso di cambio reale (ε).

Un caso di equilibrio con *surplus* commerciale ($CF = NX > 0$) è schematizzato nella Figura 16.

Figura 16. – *Equilibrio con sostituibilità imperfetta tra attività domestiche ed estere*

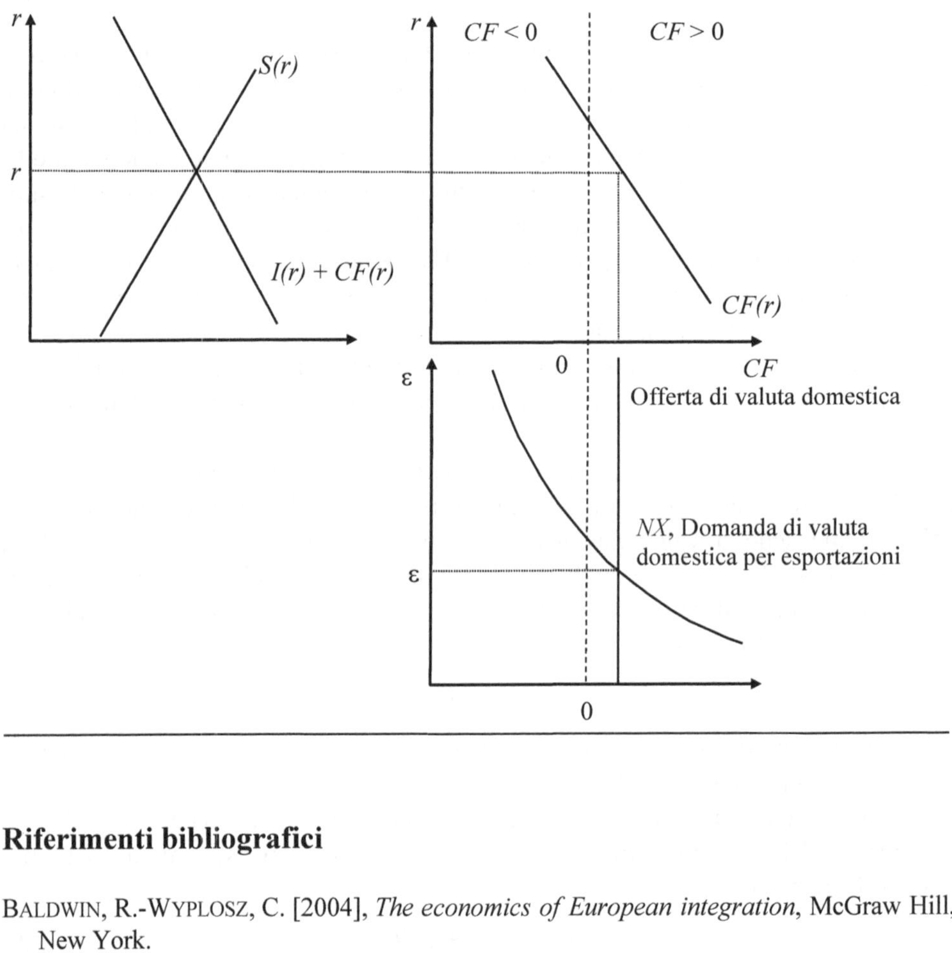

Riferimenti bibliografici

BALDWIN, R.-WYPLOSZ, C. [2004], *The economics of European integration*, McGraw Hill, New York.

BANCA D'ITALIA [2016], *Manuale della bilancia dei pagamenti e della posizione patrimoniale sull'estero dell'Italia*, Roma.

BLANCHARD O. [2015], *Macroeconomia*, Il Mulino, Bologna.

EICHENGREEN B. [2012], *Exorbitant privilege: the rise and fall of the dollar and the future of the international monetary system*, Oxford University Press, Oxford.

FRIEDMAN M. [1953], "The case for flexible exchange rates", in *Friedman's essays in positive economics*, University of Chicago Press, Chicago.

HALL R.E.-TAYLOR J.B. [1990], *Macroeconomia*, Hoepli, Milano.
KRUGMAN P.R.-OBSTFELD M.-MELITZ M. [2014], *International economics: theory and policy*, Pearson.
MANKIW G. [2003], *Macroeconomics*, Worth Publishers, New York.
OBSTFELD M.-ROGOFF K. [1996], *Foundations of international macroeconomics*, MIT Press, Cambridge, MA.

13 Il commercio internazionale

Parte I - **Per capire**

Il commercio internazionale (lo scambio di beni e servizi tra Paesi) è un aspetto importante nel più generale processo di globalizzazione a cui abbiamo assistito nel corso nell'ultimo mezzo secolo [1].

Il valore delle esportazioni di beni e servizi in rapporto al PIL mondiale, che mostra un trend crescente dagli anni '50 del secolo scorso, è aumentato in particolare dalla metà degli anni '90. Dal 1997 al 2007 il volume delle esportazioni di beni è aumentato in media di quasi il 6% annuo, contro una corrispondente crescita del PIL reale del 3% circa (dati WTO); segno che il commercio internazionale ha assunto un ruolo sempre più importante nell'economia mondiale. Dopo la Grande Recessione del 2008 (fino al 2016) il tasso di crescita del commercio internazionale è diminuito (il tasso di crescita medio annuo è stato del 3% circa), rimanendo comunque sostanzialmente in linea con la crescita del PIL reale.

È opportuno notare che il commercio internazionale è la componente che tende a risentire di più delle fluttuazioni economiche: nelle recessioni il commercio internazionale di solito diminuisce molto più della restante parte delle attività economiche [2].

---

[1] Anche se non esiste una definizione universalmente accettata di globalizzazione, con tale termine gli economisti indicano spesso l'aumentata integrazione internazionale dei mercati dei beni, dei capitali e del lavoro. Adottando questa definizione, è possibile mostrare che la globalizzazione non è stato un processo lineare e continuo. In particolare, sono state individuate almeno tre "fasi" del processo di globalizzazione: la prima va dalla seconda metà del 1800 alla Prima guerra mondiale; la seconda dagli anni '50 agli anni '70 del secolo scorso; la terza dagli anni '80 agli anni 2010. Ognuna di queste tre fasi ha caratteristiche diverse in termini di contesto tecnologico, quadro normativo e clima politico.

[2] A questo proposito merita ricordare cosa è avvenuto all'inizio della recente Grande Recessione, in quello che è stato soprannominato il *great trade collapse*: dal settembre 2008 (mese del fallimento di Lehman Brothers) al gennaio 2009 i volumi degli scambi internazionali sono diminuiti di quasi il 20%; una diminuzione maggiore di quella avvenuta durante la Grande Depressione del 1929, anche se

Il commercio internazionale, e più in generale il processo di globalizzazione, è un fenomeno complesso che coinvolge aspetti economici, giuridici, politici, sociali e storici. In questo capitolo adotteremo volutamente una prospettiva molto ristretta e tratteremo solo alcuni degli aspetti economici del commercio internazionale, e in particolare presenteremo in modo sintetico le principali teorie economiche delle cause e degli effetti del commercio internazionale e delle politiche commerciali.

La prima parte del capitolo presenta le teorie classiche del commercio internazionale (il modello ricardiano e il modello Heckscher-Ohlin), in cui gli scambi sono determinati dai vantaggi comparati dei Paesi; vengono poi discussi a grandi linee gli effetti del commercio internazionale sulla crescita economica. Si prendono poi in esame le politiche commerciali e le principali istituzioni internazionali dedicate al commercio internazionale. Negli approfondimenti invece si trattano le teorie del commercio internazionale che rilassano le ipotesi di concorrenza perfetta, rendimenti costanti di scala e imprese omogenee.

13.1. Il modello ricardiano e il teorema dei vantaggi comparati

Uno dei risultati più importanti nelle prime analisi teoriche delle cause e conseguenze del commercio internazionale è il *teorema dei vantaggi comparati*, esposto da David Ricardo nel Capitolo 7 dei suoi *Princìpi* [1817]. Riguardo a questo teorema, Paul Samuelson ebbe a dire che è una delle poche idee in economia che è "sia vera sia non ovvia".

Il teorema poggia sulle differenze di produttività del lavoro esistenti tra settori e Paesi. Quella che considereremo è la versione più semplice del modello ricardiano, analoga a quella presentata dallo stesso Ricardo, con due Paesi (Inghilterra e Portogallo) e due beni (stoffa e vino).

Assumiamo che: i) il lavoro sia l'unico fattore produttivo e sia: (a) omogeneo e perfettamente mobile tra settori (ciascun lavoratore può essere impiegato nella produzione di vino o stoffa); (b) completamente immobile tra Paesi (i lavoratori portoghesi non possono emigrare in Inghilterra e viceversa); ii) i beni siano prodotti a rendimenti di scala costanti (raddoppiando il lavoro impiegato in un settore raddoppia la produzione).

Ipotizziamo inoltre che occorrano 2 ore di lavoro per produrre un'unità di stoffa e 6 ore di lavoro per produrre un'unità di vino in Inghilterra; invece, occorrano, rispettivamente, 1 ora e 2 ore di lavoro in Portogallo per produrre le stesse quantità di beni. La situazione è riassunta nella Figura 1, dove quelli indicati sono i *coefficienti di in-*

---

questa volta il recupero è stato molto più veloce. Questo anche grazie alle istituzioni e norme internazionali che hanno evitato il ricorso su base nazionale a misure protezionistiche su larga scala.

put di lavoro (a_l, ore di lavoro necessarie per unità di output), che, data l'assunzione di rendimenti di scala costanti, non variano al variare della scala di produzione [3].

Figura 1. – *Coefficienti di input di lavoro (ore lavorate per un'unità prodotta)*

	Inghilterra	Portogallo
Stoffa	2	1
Vino	6	2

La prima cosa che possiamo notare guardando la tabella è che il Portogallo è più efficiente nel produrre sia il vino sia la stoffa. La produttività oraria del lavoro, pari all'inverso del coefficiente di input ($1/a_l$), è maggiore per il Portogallo rispetto all'Inghilterra sia nel settore della stoffa (1 contro ½) sia in quello del vino (½ contro $^1/_6$). Rispetto all'Inghilterra il Portogallo è più produttivo in termini assoluti, gode cioè di un *vantaggio assoluto*, nella produzione di entrambi i beni.

Per questo a prima vista sembrerebbe non possa crearsi un commercio mutuamente profittevole tra i due Paesi. Ricardo mostra, al contrario, che non è questo il caso e che ciò che conta non sono i vantaggi assoluti – come erroneamente creduto, tra gli altri, da Adam Smith – ma i vantaggi comparati.

Innanzitutto, notiamo che, laddove i due Paesi fossero entrambi chiusi al commercio con l'estero (ipotesi di *autarchia*), il prezzo relativo della stoffa (*cloth*, *c*) in termini di vino (*wine*, *w*) in Inghilterra sarebbe pari a ⅓. Infatti:

$$\frac{p_c}{p_w} = \frac{a_{lc} w}{a_{lw} w} = \frac{a_{lc}}{a_{lw}} = \frac{2}{6} = \frac{1}{3} \qquad [1]$$

dove p_c e p_w sono i prezzi, rispettivamente, di stoffa e vino in Inghilterra, a_{lc} e a_{lw} sono i corrispondenti coefficienti di input di lavoro in Inghilterra (ore di lavoro per unità di output) e w è il salario nominale orario in Inghilterra.

Al contrario, in Portogallo (le cui variabili indichiamo con l'asterisco) il prezzo relativo della stoffa sarebbe più alto e pari a ½:

$$\frac{p_c^*}{p_w^*} = \frac{a_{lc}^* w^*}{a_{lw}^* w^*} = \frac{a_{lc}^*}{a_{lw}^*} = \frac{1}{2} \qquad [2]$$

Il prezzo relativo della stoffa in termini di vino in autarchia indica il *costo opportunità* della stoffa in termini di vino: se il lavoro è pienamente utilizzato, le unità di vino cui si deve rinunciare per aumentare di un'unità la produzione di stoffa.

---

[3] Se occorrono 2 ore di lavoro per produrre un'unità di stoffa, occorreranno 4 ore per produrre due unità, 1 ora per produrre mezza unità, ecc.

Tale costo opportunità è più elevato in Portogallo che in Inghilterra. L'Inghilterra ha perciò un *vantaggio comparato* nella produzione di stoffa, mentre il Portogallo ha un *vantaggio comparato* nella produzione di vino. Questo perché, nonostante il Portogallo sia più produttivo in entrambi i beni, rispetto all'Inghilterra è relativamente più efficiente nel produrre vino piuttosto che stoffa: il Portogallo è tre volte più efficiente dell'Inghilterra nel produrre vino ($3a_{lw}^* = a_{lw}$), ma solo due volte più efficiente nel produrre stoffa ($2a_{lc}^* = a_{lc}$).

Se ora supponiamo che i due Paesi possano commerciare a costi nulli – zero costi di trasporto e nessuna barriera al commercio (il cosiddetto *frictionless trade*) –, il prezzo relativo dei due beni dovrà essere lo stesso in entrambi i Paesi per la legge del prezzo unico, altrimenti vi sarebbero opportunità di arbitraggio. Tale prezzo relativo, se ciascun bene è consumato in almeno uno dei due Paesi, deve essere necessariamente ricompreso tra i due prezzi relativi di autarchia: se il prezzo relativo della stoffa fosse inferiore a ⅓, la stoffa non verrebbe prodotta in nessuno dei due Paesi; se fosse superiore a ½, sarebbe il vino a non essere prodotto in nessuno dei due Paesi; laddove il prezzo fosse compreso tra ⅓ e ½, estremi esclusi, l'Inghilterra produrrebbe esclusivamente stoffa, mentre il Portogallo esclusivamente vino.

Una rappresentazione efficace a questo riguardo è quella che utilizza la curva di *offerta relativa* mondiale. Indicando con Q_c^W la produzione mondiale di stoffa, data dalla somma della stoffa prodotta da Inghilterra (Q_c) e Portogallo (Q_c^*), e con Q_w^W la produzione mondiale di vino, data dalla produzione di vino inglese (Q_w) e portoghese (Q_w^*), l'offerta relativa di stoffa è data dal rapporto Q_c^W/Q_w^W.

In caso di *specializzazione completa* dei due Paesi (l'Inghilterra produce solo stoffa, mentre il Portogallo solo vino), assumendo pieno impiego e indicando con L (L^*) il monte ore di lavoro a disposizione in ciascun periodo in Inghilterra (Portogallo), l'offerta relativa sarà data da:

$$\frac{Q_c^W}{Q_w^W} = \frac{Q_c}{Q_w^*} = \frac{L / a_{lc}}{L^* / a_{lw}^*} \qquad [3]$$

Così, ad esempio, supponendo che ciascuno dei due Paesi disponga dello stesso monte ore di lavoro ($L = L^*$), essendo nel nostro caso $a_{lc} = a_{lw}^*$, l'offerta relativa sarà 1.

Questa situazione è rappresentata nella Figura 2, in cui la curva di offerta relativa è la 'curva' *RS*: per prezzi relativi al di sotto del prezzo relativo di autarchia dell'Inghilterra (a_{lc}/a_{lw} = ⅓) nessuno produrrà stoffa e quindi l'offerta relativa mondiale di stoffa sarà pari a 0; in corrispondenza di un prezzo relativo pari a ⅓, l'offerta relativa di stoffa potrà andare da un minimo di 0 a un massimo di 1 (specializzazione completa dei due Paesi); sarà sempre pari a 1 per prezzi relativi compresi tra ⅓ e ½, il prezzo relativo di autarchia del Portogallo; potrà andare da 1 a valori grandi a piacere (mano a mano che Q_w^W si avvicina a 0) in corrispondenza di un prezzo relativo pari a ½.

Data la curva di offerta relativa, il prezzo relativo della stoffa che tenderà a stabilirsi nel mercato integrato dipenderà dalla *domanda relativa* mondiale, data dal rapporto tra la quantità di stoffa (D_c^W) e quella di vino (D_w^W) complessivamente domandate dai due Paesi. È verosimile supporre che tale domanda sia una funzione decrescente del prezzo relativo della stoffa nel mercato integrato: minore il prezzo della stoffa rispetto al vino, maggiore la quantità domandata di stoffa rispetto a quella di vino. La Figura 2 riporta un possibile esempio di curva di domanda relativa (*RD*) con prezzo relativo di equilibrio.

Figura 2. – *Curve di offerta e domanda relativa mondiali*

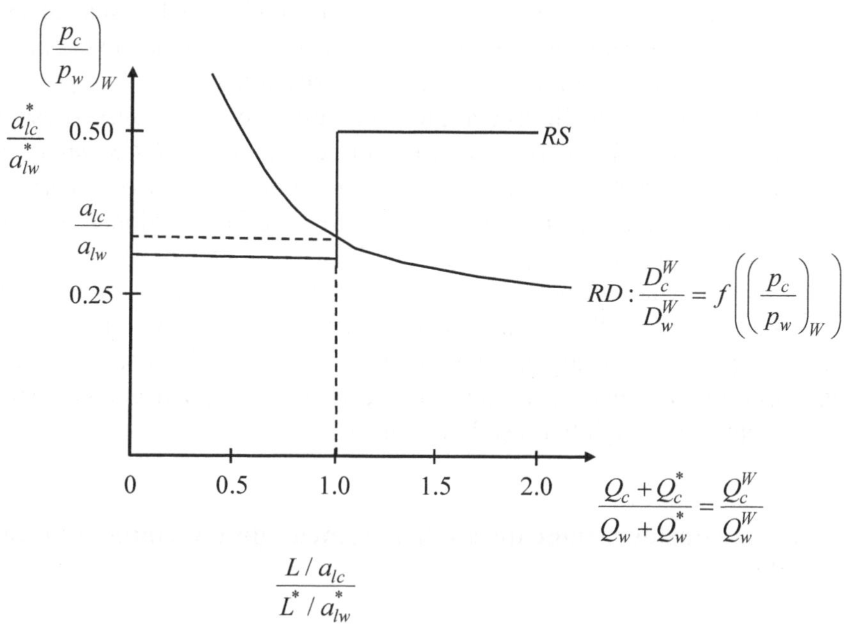

In corrispondenza di quel prezzo relativo (ricompreso tra i due estremi dei prezzi di autarchia), l'Inghilterra si specializzerà completamente nella produzione di stoffa, esportando la produzione eccedente rispetto al consumo interno per ottenere in cambio vino, mentre il Portogallo si specializzerà completamente nella produzione di vino, parte della quale esporterà per ottenere in cambio la stoffa inglese.

Così facendo, entrambi i Paesi miglioreranno la propria condizione rispetto alla situazione di autarchia. Infatti, da un lato, essendo il prezzo relativo della stoffa nell'ipotesi di libero scambio maggiore di quello di autarchia per l'Inghilterra, l'Inghilterra riuscirà a ottenere più vino per ogni unità di stoffa a cui rinuncia; dall'altro lato, essendo il prezzo relativo della stoffa minore di quello di autarchia per il

Portogallo, il Portogallo dovrà rinunciare a meno vino per ottenere la stoffa di cui ha bisogno rispetto a quanto accadeva nel caso di autarchia.

Aprendosi al commercio internazionale entrambi i Paesi hanno quindi guadagnato. Perciò, i *guadagni dal commercio* (*gains from trade*) derivano da un'allocazione più efficiente del fattore lavoro (ciascun Paese si specializza completamente nel bene in cui gode di un vantaggio comparato) e come tali sono incrementi di efficienza che arrivano una sola volta dall'apertura al commercio internazionale e basati sull'assunto che vi siano differenze di produttività tra settori e Paesi. Il vantaggio comparato di cui gode un Paese si trasforma di fatto in un vantaggio di costo nel bene in cui c'è specializzazione completa.

La divisione dei guadagni dal commercio tra i due Paesi dipende dalla distanza tra il prezzo relativo internazionale e il prezzo che tenderebbe a stabilirsi in autarchia: maggiore è questa distanza, maggiori saranno i guadagni dal commercio di cui beneficerà il Paese in caso di apertura al commercio internazionale.

A questo proposito, ci si riferisce al prezzo relativo dei beni e servizi esportati in termini di beni e servizi importati (p_x/p_m) con il termine *ragioni di scambio*. Se il rapporto aumenta si dice che le ragioni di scambio migliorano (il valore unitario delle esportazioni è aumentato rispetto al valore unitario delle importazioni); se, al contrario, il rapporto diminuisce, le ragioni di scambio peggiorano. Così, ad esempio, nel nostro caso, un aumento del prezzo relativo della stoffa implica un miglioramento delle ragioni di scambio dell'Inghilterra, che esporta stoffa e importa vino, e un peggioramento di quelle del Portogallo, che esporta vino in cambio di stoffa. Questo a sua volta implica un aumento (una riduzione) della quota dei guadagni dal commercio di cui si appropria l'Inghilterra (il Portogallo).

13.1.1. Alcune considerazioni sul modello ricardiano e il commercio internazionale

Il modello ricardiano, per quanto semplice, permette di mostrare efficacemente una serie di interessanti (e non ovvie) implicazioni riguardanti il commercio internazionale. Le presentiamo sotto forma di affermazioni "ragionevoli", che sono spesso date per scontate:

i) "Una nazione guadagna dal commercio solo quando le sue imprese sono abbastanza competitive da fronteggiare la competizione internazionale". Affermazione falsa, in quanto la competitività di un Paese dipende dall'efficienza relativa e non assoluta.

ii) "La competizione internazionale è sleale se basata sui bassi salari" e, quindi, il commercio con i Paesi poveri danneggia i Paesi ricchi. Affermazione falsa, in quanto, perché un Paese guadagni dall'apertura al commercio internazionale, non è importante la fonte del vantaggio di costo del Paese estero (bassi salari o alta produttività), ciò che rileva è solo che il prezzo dei beni importati sia più basso di quello degli stessi beni prodotti internamente.

iii) "Il commercio internazionale è fonte di sfruttamento per un Paese se i suoi lavoratori ricevono salari molto più bassi dei lavoratori stranieri" e, quindi, il commercio con i Paesi ricchi danneggia i Paesi poveri. Affermazione falsa, in quanto, qualunque sia il livello dei salari in autarchia, con l'apertura al commercio internazionale i salari reali salgono comunque in termini dei beni importati (i cui prezzi scendono).

iv) "Gli standard internazionali del lavoro aiutano i lavoratori dei Paesi meno sviluppati". Affermazione non necessariamente vera. Di fatto questi standard possono sia migliorare la condizione di questi lavoratori sia peggiorarla. Il risultato dipende dai costi effettivi di implementazione degli standard. Se questi costi sono relativamente contenuti e comunque tali da non annullare i vantaggi di costo in quei settori in cui il Paese gode di un vantaggio comparato, allora la condizione dei lavoratori migliora, altrimenti potrebbe peggiorare.

v) "Il progresso tecnologico nei Paesi in via di sviluppo non può mai danneggiare i Paesi sviluppati." Mito diffuso nell'accademia e affermazione falsa, come mostrato efficacemente da Samuelson [2004] utilizzando proprio la versione più semplice del modello ricardiano. Di fatto, quando i Paesi meno sviluppati ottengono significativi incrementi di produttività nei settori dei beni che importano (il cosiddetto *catching-up*), che sono quindi beni di esportazione dei Paesi più sviluppati, questi ultimi possono soffrire diminuzioni permanenti del loro reddito reale pro capite.

Per comprendere meglio quest'ultima affermazione e, più in generale, gli effetti di incrementi settoriali di produttività sulle ragioni di scambio nel modello ricardiano, possiamo utilizzare le curve di offerta e domanda relativa nel caso discusso di due Paesi (Inghilterra e Portogallo) e due beni (vino e stoffa).

Supponiamo dapprima che il Portogallo ottenga significativi incrementi di produttività nella produzione del vino (bene che esporta). In questo caso, il coefficiente di input di lavoro nel settore del vino in Portogallo (a^*_{lw}) diminuisce, e la curva di offerta relativa si sposta verso sinistra, come mostrato nel riquadro a sinistra della Figura 3. Questo produce un miglioramento delle ragioni di scambio inglesi (il prezzo relativo della stoffa aumenta) e i lavoratori inglesi migliorano la propria condizione[4].

[4] L'effetto sul benessere dei lavoratori portoghesi non è univoco. In linea teorica potrebbe succedere che il peggioramento delle ragioni di scambio per il Portogallo (la riduzione del prezzo relativo del vino) sia così grande da annullare totalmente gli effetti positivi collegati alla riduzione del prezzo del vino, cosicché la condizione dei lavoratori portoghesi dopo l'aumentata produttività potrebbe risultare peggiore di quella iniziale. Questo è il caso di "crescita che impoverisce", possibilità analizzata in linea teorica da Bhagwati [1958]. Nella pratica tuttavia le condizioni perché ciò avvenga sono spesso non soddisfatte e l'aumentata produttività in genere migliora la condizione dei lavoratori di entrambi i Paesi.

Al contrario, nel caso di aumento significativo della produttività del lavoro nel settore della stoffa in Portogallo (un caso di *catching-up*, essendo la stoffa per il Portogallo un bene di importazione), sarebbe il coefficiente a^*_{lc} a diminuire e la curva di offerta relativa tenderebbe a cambiare come nel riquadro a destra della Figura 3. In particolare, nel caso illustrato in figura, a seguito del *catching-up*, la stoffa comincia a essere prodotta anche in Portogallo, le ragioni di scambio inglesi peggiorano e con esse peggiora la condizione dei lavoratori inglesi.

È comunque importante sottolineare che, nonostante questo, la condizione dei lavoratori inglesi è comunque migliore, o al limite non peggiore, di quella in cui gli stessi lavoratori si troverebbero laddove decidessero di ricorrere a misure protezionistiche.

Figura 3. – *Effetto sulle ragioni di scambio inglesi di aumenti di produttività in Portogallo nel settore del vino (sinistra) e della stoffa (destra)*

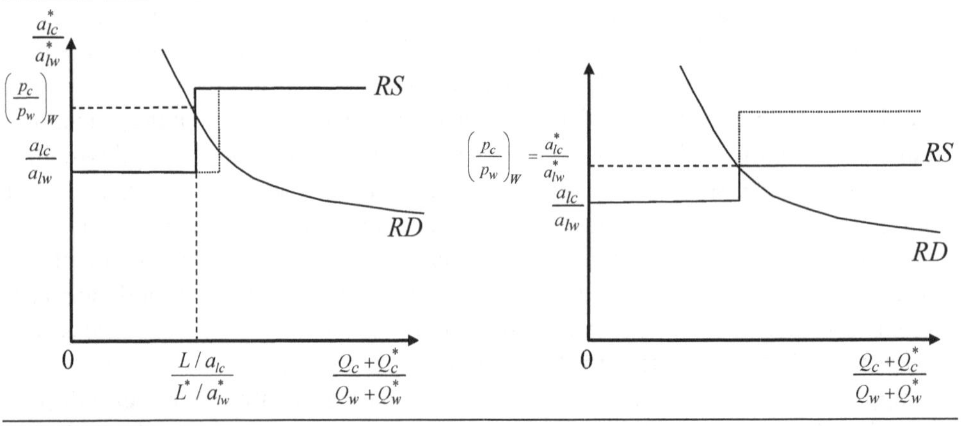

Box 1. – *I test della teoria dei vantaggi comparati e i "vantaggi comparati rivelati"*

Il modello ricardiano è stato oggetto di vari studi che hanno cercato supporto empirico alla teoria dei vantaggi comparati basati sulle differenze di produttività tra settori e Paesi. Test *indiretti* della teoria sono stati compiuti, tra gli altri, da Balassa [1963] utilizzando i dati settoriali dei flussi commerciali tra USA e Gran Bretagna nel secondo dopoguerra: i) i vari settori sono stati ordinati sulla base della produttività relativa del lavoro: $y_i^{US}/y_i^{UK} = a_{li}^{UK}/a_{li}^{US}$, dove y_i^{US} (y_i^{UK}) è la produttività del lavoro nel settore *i* negli Stati Uniti (in Gran Bretagna) e a_{li}^{US} (a_{li}^{UK}) il corrispondente coefficiente di input di lavoro; ii) per ogni settore è stato calcolato l'export relativo, cioè il rapporto tra le esportazioni statunitensi e inglesi (X_i^{US}/X_i^{UK}); iii) è stata analizzata la correlazione tra le due serie.

L'esistenza di una correlazione positiva tra le esportazioni relative e la produttività relativa del lavoro confermerebbe l'esistenza di vantaggi comparati e quindi confermerebbe la teoria. In particolare, le esportazioni relative dovrebbero essere maggiori di uno laddove la produttività relativa settoriale fosse maggiore del salario relativo (w^{US}/w^{UK}, dove i

salari nominali sono espressi in una stessa valuta). L'evidenza empirica a favore della teoria ricardiana raccolta in questi studi è abbastanza forte.
La teoria è stata anche confermata da test *diretti*, in cui i flussi commerciali e i pattern di specializzazione sono stati messi in relazione con i prezzi relativi di autarchia. In particolare, utilizzando i dati del periodo di apertura al commercio internazionale dell'economia giapponese alla fine del 1800, Bernhofen-Brown [2005] hanno mostrato che esiste supporto empirico alla teoria dei vantaggi comparati. In questo studio, i due autori hanno fornito anche una stima dei guadagni dal commercio che ne sono derivati per il Giappone, pari a circa il 9% del suo PIL di allora.
Un indice solitamente calcolato di *vantaggi comparati rivelati*, che riflette l'importanza delle differenze settoriali tra Paesi anche se non è direttamente collegato alla teoria ricardiana, è l'*indice di Balassa* (*Balassa index*). Si tratta di una misura della performance relativa dell'export di un Paese c in un settore i (X_i^c) ed è calcolato come segue:

$$BI_i^c = \frac{X_i^c}{\sum_c X_i^c} \Big/ \frac{\sum_i X_i^c}{\sum_i \sum_c X_i^c}$$

Se l'indice è maggiore di uno, si dice che il Paese c ha un vantaggio comparato rivelato nel settore *i*; al contrario, se l'indice è minore di uno, si dice che il Paese ha uno svantaggio comparato rivelato nel settore.

Balassa B. [1963], "An empirical demonstration of classical comparative cost theory", in *Review of Economics and Statistics*, vol. 45, pp. 231-238.
Bernhofen D.M.-Brown J.C. [2005], "An empirical assessment of the comparative advantage gains from trade: evidence from Japan", in *American Economic Review*, vol. 95, n. 1, pp. 208-225.

13.2. Il modello Heckscher-Ohlin e il ruolo della dotazione di risorse nel commercio internazionale

Data l'assunzione di un solo fattore omogeneo (il lavoro), il modello ricardiano non è in grado di analizzare né gli effetti distributivi del commercio internazionale all'interno del singolo Paese[5], né gli effetti della dotazione fattoriale relativa dei Paesi nel commercio internazionale. Inoltre, dal modello ricardiano derivano in genere pattern di specializzazione completa dei Paesi aperti al commercio internazionale.

Un modello alternativo è il *modello di Heckscher-Ohlin* (HO – definito anche modello *Heckscher-Ohlin-Samuelson*), che analizza gli effetti della dotazione fattoriale relativa dei Paesi sul commercio internazionale. Come nel modello ricardiano, i guadagni dal commercio discendono dai cambiamenti nei prezzi relativi indotti dall'apertura al commercio, a loro volta conseguenza della specializzazione dei Paesi. La differenza è che, mentre nel modello ricardiano la fonte dei vantaggi comparati

[5] L'effetto del commercio internazionale nel modello ricardiano è sempre un aumento del salario reale se valutato in termini dei beni importati.

è la "tecnologia" (i differenziali di produttività tra settori e Paesi), nel modello HO i vantaggi comparati derivano dall'interazione tra le differenze nelle dotazioni fattoriali dei Paesi e le differenze nelle intensità fattoriali dei beni.

Nella versione più semplice, tale modello analizza gli effetti dell'apertura al commercio internazionale nel caso di due Paesi, economia domestica ed estera (le cui variabili saranno indicate con un asterisco), due beni (cibo, *f*, e computer, *c*), e due fattori produttivi (capitale, *K*, e lavoro, *L*).

Nel modello si assume in particolare che: i) i consumatori nei due Paesi condividono tutti le stesse preferenze omotetiche; ii) le imprese nei due Paesi hanno tutte accesso alle medesime tecniche produttive; iii) entrambi i beni sono prodotti a rendimenti di scala costanti; iv) tutti i fattori produttivi sono perfettamente mobili tra settori e perfettamente immobili tra Paesi; v) tutti i fattori produttivi sono completamente impiegati; vi) tutti i mercati (dei beni e dei fattori) sono perfettamente concorrenziali.

I due beni sono caratterizzati da diverse *intensità fattoriali*. In particolare, si assume che, qualunque sia il prezzo relativo dei fattori lavoro e capitale (w/r), la seguente diseguaglianza resti sempre valida:

$$\frac{K_c}{L_c} > \frac{K_f}{L_f} \qquad [4]$$

dove K_c (K_f) e L_c (L_f) rappresentano rispettivamente il capitale e il lavoro, impiegati, ad esempio, nel processo produttivo di computer (*c*) e cibo (*f*). A parole, il rapporto capitale-lavoro nella produzione di computer è maggiore del corrispondente rapporto nella produzione di cibo; o, anche, l'intensità di capitale nella produzione di computer è maggiore dell'intensità di capitale nella produzione di cibo. I computer sono il bene ad alta intensità di capitale, mentre il cibo quello ad alta intensità di lavoro.

Infine, si assume che i due Paesi siano caratterizzati da diverse dotazioni fattoriali relative; in particolare, si assume che:

$$\frac{K^*}{L^*} > \frac{K}{L} \qquad [5]$$

dove K (K^*) è la dotazione di capitale dell'economia domestica (estera), mentre L (L^*) la corrispondente dotazione di lavoro. A parole, il rapporto capitale-lavoro nell'economia estera è maggiore del corrispondente rapporto nell'economia domestica. Detto altrimenti, l'economia estera è relativamente ricca di capitale, mentre quella domestica è relativamente ricca di lavoro.

Il fatto che i due beni siano caratterizzati da diversa intensità fattoriale fa sì che la *frontiera delle possibilità produttive* (PPF) di ciascuna economia sia concava. Inoltre, il fatto che il cibo (*f*) sia ad alta intensità di lavoro e l'economia domestica sia relativamente ricca di lavoro, mentre i computer (c) siano ad alta intensità di capitale e l'economia estera relativamente ricca di capitale, fa sì che la frontiera produttiva dell'economia domestica propenda verso la produzione di cibo (Q_f), mentre quella dell'economia estera propenda verso la produzione di computer (Q_c) (Figura 4).

Figura 4. – *Frontiera delle possibilità produttive nell'economia domestica relativamente ricca di lavoro (sinistra) ed estera relativamente ricca di capitale (destra)*

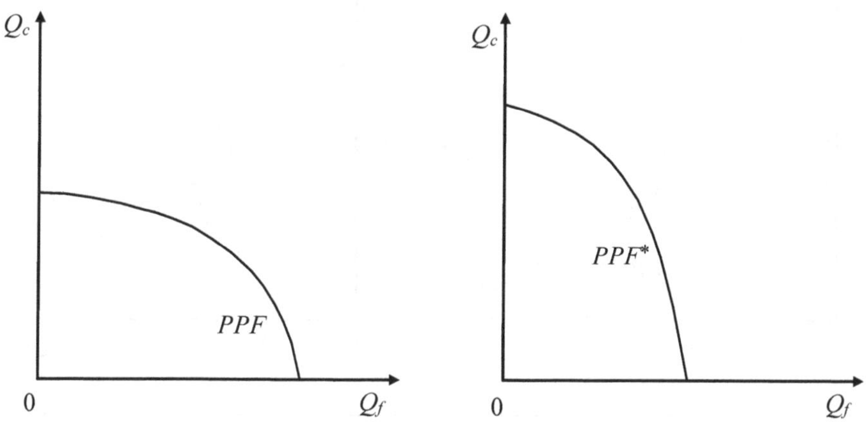

Come fatto presentando il modello ricardiano, analizziamo prima cosa accade quando i Paesi non sono aperti al commercio con l'estero (autarchia), per confrontare poi questa situazione con quella di apertura al commercio internazionale senza frizioni (zero costi di trasporto e nessuna barriera al commercio).

In caso di autarchia, in ciascuna economia in equilibrio la quantità prodotta e quella consumata di ciascun bene devono coincidere. Data la mappa di curve di indifferenza (per ipotesi identica nei due Paesi), l'equilibrio concorrenziale sarà rappresentato dal punto sulla frontiera delle possibilità produttive tangente alla curva di indifferenza più lontana dall'origine degli assi.

Come mostrato nella Figura 5, questo punto nel caso dell'economia domestica è il punto E (riquadro a sinistra), che, rispetto al corrispondente punto E^* per l'economia estera (riquadro a destra), è associato a una produzione relativamente maggiore di cibo e a una minore di computer. Il prezzo relativo del cibo in termini di computer nell'economia domestica (p_f/p_c), uguale al valore assoluto del coefficiente angolare della retta tangente alla *PPF* e alla curva di indifferenza nel punto di equilibrio, è minore del corrispondente prezzo estero (p_f^*/p_c^*). Questo perché la produzione del bene ad alta intensità di lavoro (capitale), il cibo (i computer), è relativamente più semplice nell'economia domestica (estera), essendo questa relativamente ricca di lavoro (capitale). Il prezzo relativo del cibo è più basso (alto) nell'economia domestica (estera) per aumentare (diminuire) la domanda di cibo rispetto a quella di computer, garantendo così l'uguaglianza tra domanda e offerta in ciascun mercato.

Figura 5. – *Equilibrio autarchico nell'economia domestica relativamente ricca di lavoro (sinistra) ed estera relativamente ricca di capitale (destra)*

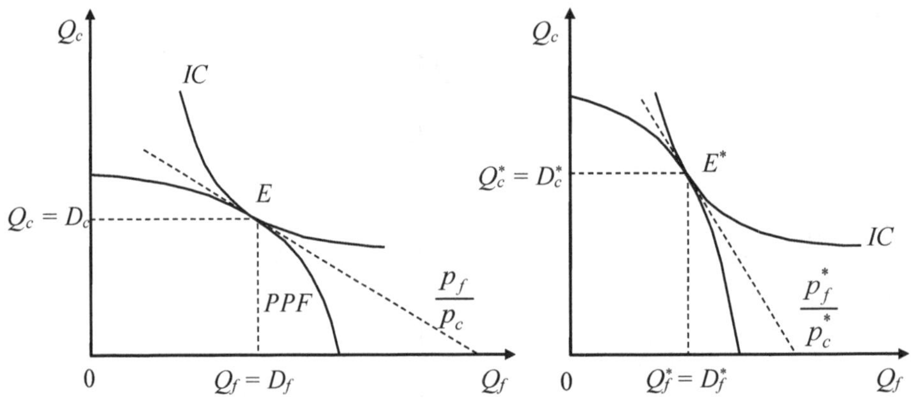

Nel caso in cui i due Paesi possano commerciare entrambi i beni a costi nulli, per la legge del prezzo unico il prezzo relativo dei due beni sarà lo stesso nei due Paesi (altrimenti ci sarebbero opportunità di arbitraggio). Inoltre, sebbene la quantità complessivamente prodotta di ciascun bene sarà uguale a quella complessivamente domandata, l'uguaglianza non vale necessariamente rispetto alla produzione e alla domanda in ciascun Paese.

L'equilibrio che si stabilisce in questo caso è quello rappresentato nella Figura 6. Il prezzo relativo del cibo nell'equilibrio integrato è più alto di quello di autarchia nell'economia domestica, ma più basso di quello di autarchia nell'economia estera. Nell'economia domestica è prodotta la quantità di cibo Q_f (maggiore di quella di autarchia), ma consumata la quantità D_f (minore di quella di autarchia). La produzione di cibo in eccesso rispetto al consumo interno ($Q_f - D_f$) è esportata in cambio della quantità $D_c - Q_c$ di computer, importata dall'estero.

Al contrario, nell'economia estera è prodotta la quantità di computer Q_c^* (maggiore di quella di autarchia), ma consumata la quantità D_c^* (minore di quella di autarchia). La produzione di computer in eccesso rispetto al consumo interno ($Q_c^* - D_c^*$) è esportata in cambio della quantità $D_f^* - Q_f^*$ di cibo.

L'economia relativamente ricca di lavoro, che gode di un vantaggio comparato nella produzione del bene intensivo in lavoro, si specializza nella produzione di questo bene, che ora esporta per ottenere in cambio il bene intensivo in capitale. Il contrario fa l'economia relativamente ricca di capitale, che esporta il bene ad alta intensità di capitale importando quello ad alta intensità di lavoro.

Figura 6. – *Equilibrio nell'economia domestica ed estera in caso di apertura al commercio internazionale*

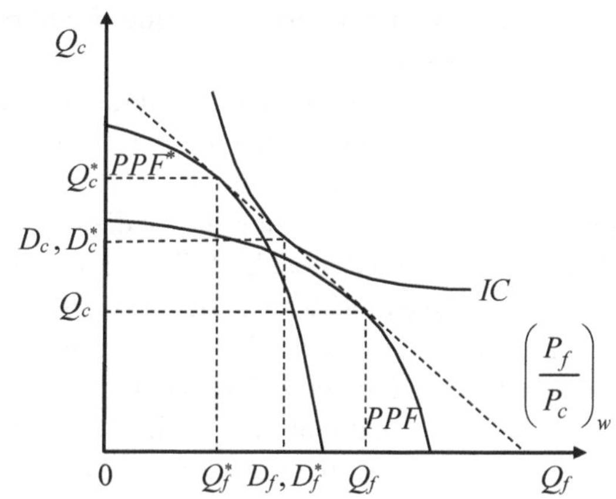

È questo il contenuto del *teorema Heckscher-Ohlin*, che afferma che, in equilibrio e in assenza di squilibri commerciali, un Paese esporta i beni la cui produzione è intensiva nel fattore relativamente abbondante nel Paese [6].

Come nel modello ricardiano, entrambi i Paesi guadagnano dal commercio internazionale e la distribuzione dei guadagni dal commercio tra i due Paesi è determinata dalla distanza tra il prezzo relativo di libero scambio (le ragioni di scambio) e il prezzo relativo di autarchia: maggiore questa distanza, maggiore la fetta dei guadagni dal commercio di cui si appropria il Paese.

Inoltre, data l'esistenza di più fattori produttivi e di beni caratterizzati da diversa intensità fattoriale, nel modello HO il commercio internazionale genera effetti redistributivi anche all'interno dei singoli Paesi, tra fattori produttivi.

A questo riguardo è importante un risultato noto come *teorema Stolper-Samuelson*, in base al quale, assumendo rendimenti di scala costanti e supponendo che tutti i beni continuino a essere prodotti, un aumento del prezzo relativo del bene intensivo in un fattore tende ad aumentare il rendimento reale di quel fattore e a ridurre quello dell'altro fattore.

[6] Anche in caso di squilibri commerciali, nel modello HO si ha comunque che, se un Paese è relativamente abbondante in un fattore (ad esempio, il capitale), l'intensità di quel fattore (il rapporto capitale-lavoro) nel paniere di beni prodotti internamente è maggiore della stessa intensità che si riscontra nel paniere di beni consumati internamente.

Poiché con l'apertura del commercio internazionale il prezzo relativo che aumenta è quello del bene intensivo nel fattore relativamente abbondante nel Paese [7], questo implica che il commercio internazionale migliora la condizione del fattore relativamente abbondante, mentre peggiora quella del fattore relativamente scarso. Ad esempio, nell'economia domestica, relativamente ricca di lavoro, l'apertura al commercio internazionale aumenta i salari reali (essendo il lavoro il fattore relativamente abbondante nel Paese) e diminuisce il rendimento reale del capitale (fattore relativamente scarso). Nell'economia estera, accade il contrario, con il capitale che "vince" mentre il lavoro "perde" [8].

Quindi, nonostante le perdite siano comunque minori dei guadagni e il libero scambio costituisca in ogni caso un miglioramento paretiano rispetto al caso di autarchia se i "vincitori" compensano i "perdenti", in assenza di tale compensazione l'apertura al commercio internazionale peggiora la condizione di alcuni.

Un ulteriore risultato importante nel modello HO, la cui formulazione è dovuta a Samuelson [1949], è il *teorema di equalizzazione dei prezzi dei fattori*, in base al quale, se valgono tutte le assunzioni del modello HO e l'apertura al commercio internazionale non determina specializzazione completa (anche dopo l'apertura entrambi i beni continuano a essere prodotti in entrambi Paesi), il libero scambio porta alla convergenza dei prezzi dei fattori tra Paesi. In questo senso, il commercio in beni finali è un "sostituto perfetto" del commercio in fattori.

Box 2. – *Il paradosso di Leontief e l'evidenza a favore del modello Heckscher-Ohlin*

Il primo e più famoso test del modello HO si deve all'economista Wassily Leontief. Attraverso l'utilizzo di tavole input-output, Leontief [1953] calcolò il contenuto fattoriale nelle esportazioni e nelle importazioni statunitensi. Il rapporto capitale-lavoro nelle esportazioni risultò più basso dello stesso rapporto calcolato con riferimento alle importazioni. In base all'assunto che gli Stati Uniti nel secondo dopoguerra erano un Paese relativamente ricco di capitale, questo sembrava contraddire il teorema Heckscher-Ohlin.
Le spiegazioni che lo stesso Leontief fornì di questo "paradosso" sono: i) la tecnologia non è la medesima tra Paesi; ii) focalizzandosi solo su capitale e lavoro non si considera il ruolo giocato da altri fattori produttivi (esempio, terra); iii) il lavoro è trattato come un fattore produttivo omogeneo, quando in realtà le abilità dei lavoratori sono diverse; iv) non è rispettata l'ipotesi di libero commercio.
Leamer [1980] criticò il test di Leontief sulla base dell'osservazione che, affinché il teorema Heckscher-Ohlin valga, è necessario che la bilancia commerciale sia in equilibrio, quando in realtà nel 1947 gli Stati Uniti stavano finanziando la ricostruzione post-

---

[7] Nell'economia domestica (relativamente ricca di lavoro) aumenta il prezzo relativo del cibo (ad alta intensità di lavoro), mentre nell'economia estera (relativamente ricca di capitale) aumenta il prezzo relativo dei computer (ad alta intensità di capitale).

[8] Va osservato che questi effetti vanno comunque considerati effetti di medio termine. Questo perché, da un lato, nel breve termine l'assunzione di perfetta mobilità dei fattori tra settori è probabilmente non rispettata; dall'altro lato, nel lungo termine non sono rispettate le assunzioni di perfetta immobilità dei fattori tra Paesi e di tecnologia data e costante.

bellica europea e la loro bilancia commerciale era in forte *surplus*. Lo stesso Leamer suggerì un test alternativo del modello HO che non richiedeva l'ulteriore ipotesi di equilibrio della bilancia commerciale: calcolare il rapporto capitale-lavoro nella produzione e confrontarlo con quello nel consumo. In un Paese relativamente ricco di capitale, nel modello HO il rapporto capitale-lavoro nella produzione è maggiore dello stesso rapporto calcolato per i beni nel paniere di consumo. Utilizzando i dati di Leontief, Leamer mostrò che il modello HO superava questo test e il paradosso spariva. Ciononostante, l'evidenza empirica a favore del modello HO nei diversi studi nel corso degli anni è risultata particolarmente debole e in genere il modello HO, almeno nella sua versione "standard" (preferenze omotetiche identiche tra Paesi e nessuna differenza tecnologica) non supera i test. Le cose invece migliorano se si rilassa almeno in parte l'ipotesi di assenza di differenze tecnologiche (Trefler, 1995; Davis e Weinstein, 2001).

Davis D.R.-Weinstein D.E. [2001], "An Account of Global Factor", in *American Economic Review*, vol. 91, n. 5, pp. 1423-1453.

Learner E.E. [1980], "The Leontief Paradox, Reconsidered", in *Journal of Political Economic*, vol. 88, n. 3, pp. 495-503.

Leontief W.W. [1953], "Domestic Production and Foreign Trade: The American Capital Position Re-examined", in *Proceedings of the American Philosophical Society*, vol. 97, pp. 332-349.

Trefler D. [1995], "The Case of Missing Trade and Other Mysteries", in *American Economic Review*, vol. 85, n. 5, pp. 1029-1046.

13.3. Il commercio internazionale e la crescita economica

Finora abbiamo esaminato gli effetti positivi sul livello del PIL pro capite che l'apertura al commercio internazionale può generare attraverso un miglioramento indotto nell'allocazione delle risorse disponibili.

Resta da chiedersi quali sono gli effetti che l'apertura al commercio internazionale può produrre sulla crescita economica di lungo periodo di un Paese. La questione chiave diventa: la rimozione dei dazi e delle altre barriere al libero scambio produce una crescita economica più elevata nel Paese? Sotto quali condizioni? Quali sono i canali attraverso cui questi effetti positivi possono prodursi?

Detto altrimenti, ci stiamo chiedendo se, oltre ai guadagni dal commercio statici che abbiamo considerato finora, esistano guadagni dal commercio dinamici [9].

A questo riguardo, possiamo notare che il libero scambio può influenzare i tassi di crescita di un'economia attraverso gli effetti che produce: i) nell'accumulazione di fattori; ii) nei processi di *learning-by-doing* (le cosiddette economie di apprendi-

[9] Diversi studi macroeconomici hanno analizzato la relazione tra commercio internazionale e crescita economica. I dati mostrano in genere una forte correlazione positiva tra crescita del PIL e crescita del volume del commercio internazionale; tuttavia, come tale, questa correlazione non è prova di una relazione causale. L'evidenza di una qualche relazione tra le politiche commerciali di liberalizzazione e la crescita economica è poi in generale meno robusta.

mento o di scala dinamiche); iii) nel processo di accumulo delle conoscenze e progresso tecnologico.

13.3.1. Il commercio internazionale e l'accumulazione dei fattori

Per quanto riguarda gli effetti dell'apertura al commercio internazionale sull'accumulazione dei fattori, va notato che, quando il libero scambio, anche solo di beni, ha un effetto sul rendimento dei fattori di produzione (ad esempio, nel caso del modello HO in base al teorema di equalizzazione dei prezzi dei fattori il libero scambio porta alla convergenza dei prezzi dei fattori tra Paesi), questo modifica gli incentivi alla loro accumulazione.

Prendiamo, ad esempio, il caso di una piccola economia aperta agli scambi con l'estero. Se vale il teorema di equalizzazione del prezzo dei fattori possiamo considerare il rendimento reale del capitale dato e costante. Ora, anche se pensiamo che l'economia mondiale non possa sostenere una crescita di lungo periodo solo attraverso accumulazione di capitale (supponiamo in pratica che valga la legge dei rendimenti decrescenti), è possibile avere crescita sostenuta per lunghi periodi attraverso accumulazione di capitale in una piccola economia aperta [10].

D'altra parte, resta vero che, come discusso in precedenza, aumenti della produttività nei beni di esportazione, aumentando l'offerta relativa dei beni stessi hanno un impatto negativo sulle ragioni di scambio di un Paese. Come notano Acemoglu-Ventura [2002], questo può accadere anche nel caso di un'economia piccola, che però è specializzata nella produzione di un bene differenziato, e in cui quindi il Paese nel complesso ha potere di mercato. Il peggioramento delle ragioni di scambio in questo caso riduce il rendimento del capitale e gli incentivi all'investimento.

13.3.2. Il commercio internazionale, le economie di apprendimento e l'argomento dell'industria nascente

L'altro possibile canale attraverso cui il commercio internazionale può influenzare la crescita economica di un Paese è attraverso l'impatto che ha sul grado con cui il Paese stesso può trarre vantaggio dalle economie di apprendimento (il *learning-by-doing*) [11] e le esternalità positive nella produzione.

---

[10] È questo, secondo Ventura [1997], quello che è avvenuto nella crescita elevata delle "tigri asiatiche" (Corea del Sud, Hong Kong, Singapore e Taiwan, più le quattro "tigri minori": Filippine, Indonesia, Malesia e Tailandia) negli anni '70 e '80 del secolo scorso: piccole economie aperte che hanno sperimentato alti tassi di crescita e investimento per un lungo periodo di tempo.

[11] Le *economie di apprendimento* o *economie di scala dinamiche* sono quelle alla base della ridu-

A questo riguardo va notato che questo impatto può essere in linea teorica sia positivo sia negativo.

Per quanto riguarda l'impatto positivo, è sufficiente osservare che il commercio internazionale, ampliando il mercato di riferimento, tende ad aumentare la scala di produzione in presenza di economie di scala, e questo a sua volta aumenta la produzione cumulata, esercitando un impatto positivo non solo sul livello, ma anche sul tasso di crescita della produttività. A questo proposito, l'evidenza empirica mostra che le imprese esportatrici sono in genere più produttive e questo può essere dovuto non solo ad auto-selezione (le imprese *ex-ante* più produttive entrano nei mercati esteri), ma anche a *learning-by-exporting*.

Per quanto riguarda il potenziale impatto negativo, in linea teorica è possibile immaginare situazioni in cui la specializzazione indotta dai vantaggi comparati statici, come nel modello ricardiano, risulti nel lungo periodo "sbagliata", poiché i settori in cui il Paese si specializza in regime di libero scambio in accordo con i suoi vantaggi comparati, sono quelli con meno opportunità di aumenti della produttività o minori esternalità positive. Questo è il cosiddetto *wrong specialization argument*, formulato e discusso formalmente da Matsuyama [1992].

Questo argomento viene spesso più o meno esplicitamente richiamato a favore di misure protezionistiche temporanee nelle "industrie nascenti". Assumendo economie di scala (statiche o dinamiche) e l'esistenza di esternalità positive (ad esempio *spillover* di conoscenza) in alcune industrie, è possibile ipotizzare situazioni in cui, nonostante il Paese non goda di un vantaggio comparato in alcuni settori, questi stessi settori potrebbero potenzialmente godere di tale vantaggio se la scala di produzione o la produzione cumulata aumentassero. Questo potrebbe giustificare misure protezionistiche temporanee. E, in ogni caso, se alcuni settori generassero significative esternalità positive, questo da solo potrebbe giustificare la protezione.

Nell'*argomento dell'industria nascente* è più o meno implicita l'idea che: i) il settore oggetto di protezione è vitale per il processo di sviluppo del Paese; ii) il settore è comunque promettente nel lungo periodo, e la protezione è quindi solo temporanea.

Questo argomento è stato alla base delle politiche di industrializzazione attraverso sostituzione delle importazioni perseguite da molti Paesi meno sviluppati dagli anni '50 agli anni '70 del secolo scorso. Questi Paesi erano per lo più specializzati

---

zione del costo medio di produzione collegata all'esperienza cumulata (*learning-by-doing*, *learning-by-using*, *learning-by-interacting*), solitamente misurata con la produzione cumulata. Sono rimasti famosi in proposito gli studi empirici di Wright [1936], che mostrò come, nella produzione delle cellule degli aerei, esisteva una relazione più o meno costante tra produzione cumulata e costo medio (al raddoppio della produzione cumulata il costo medio scendeva del 20%); e quello di Lundberg [1961], che mostrò come una fabbrica di ferro in Svezia sperimentava ogni anno una crescita della produttività del lavoro del 2%, nonostante non vi fossero investimenti (questo è diventato famoso come *effetto Horndal*, dal nome della fabbrica: Horndal Iron Works).

nei settori agricoli e nelle industrie estrattive e delle materie prime, i cui prodotti esportavano in cambio di beni manufatti dai Paesi sviluppati. Questi settori sembravano avere poche opportunità di crescita e le ragioni di scambio sembravano in costante peggioramento. L'idea alla base delle politiche, che, va ricordato, spesso non ottennero gli esiti sperati, era di favorire l'industrializzazione proteggendo temporaneamente la nascente industria nazionale.

A questo proposito è opportuno discutere alcuni aspetti. Primo, il fatto che un Paese in un regime di libero scambio si specializzi in un settore con minori prospettive di crescita della produttività non necessariamente ne peggiora la situazione rispetto al caso di autarchia. Questo perché gli incrementi di produttività nei settori di specializzazione estera spesso producono un miglioramento delle sue ragioni di scambio. Si pensi al caso discusso al paragrafo 13.1.1 di un aumento della produttività del Portogallo nel vino (bene che esporta), che produce un miglioramento delle ragioni di scambio dell'Inghilterra e quindi della condizione dei lavoratori inglesi. Secondo, i settori di specializzazione dei Paesi, "giusti" o "sbagliati" che siano, raramente rimangono costanti nel corso del tempo, e nella realtà la struttura delle esportazioni cambia, anche in assenza di intervento pubblico. Terzo, gli spillover di conoscenza non necessariamente rimangono entro i confini nazionali e il commercio internazionale può essere tra l'altro una fonte di tali spillover (come discuteremo meglio nel paragrafo successivo). Quarto, la protezione garantita alle industrie "nascenti" spesso da temporanea diventa permanente. Questo perché, come mostrato formalmente dallo stesso Matsuyama [1990], la minaccia pubblica di rimuovere la protezione anche in caso di mancato investimento da parte dell'industria protetta non è credibile, per cui le imprese protette non hanno interesse ad investire in innovazione [12].

13.3.3. Il commercio internazionale e il progresso tecnico

Un ulteriore canale attraverso cui il grado di apertura al commercio internazionale può influenzare la crescita economica di un Paese è attraverso gli effetti che esercita sugli incentivi all'investimento in Ricerca & Sviluppo e capitale umano, e sulle conoscenze a cui il Paese ha accesso.

---

[12] Matsuyama [1990] modella la misura protezionistica come una misura temporanea assicurata dal governo a condizione che l'impresa protetta investa in innovazione finché la protezione dura. Ora, supponendo che l'impresa protetta non investa in innovazione, alla scadenza del termine garantito il governo si troverà nella medesima situazione in cui si era nel momento in cui aveva garantito inizialmente la protezione. Per cui sarà nel suo interesse estendere il periodo della protezione. Poiché l'impresa è a conoscenza di questo nel momento in cui deve decidere se investire in innovazione, non investe e il governo estende ogni volta la durata della misura protezionistica riproponendo la minaccia (non credibile) di eliminarla.

Riguardo ai primi, in questi modelli si mostra in particolare come l'apertura al commercio internazionale abbia un effetto positivo sul tasso di crescita, perché aumenta il mercato di riferimento dei prodotti e con esso i potenziali profitti dell'investimento in innovazione.

Inoltre, nei limiti in cui il libero scambio aumenta gli *spillover internazionali di produttività* – sia incorporati in beni importati (ad esempio, l'importazione di beni capitali che incorporano innovazioni estere) sia scorporati (ad esempio, il libero scambio di beni può aumentare la possibilità di interazioni tra persone e il libero flusso di idee tra Paesi) – l'aumento del grado di apertura del Paese al commercio con l'estero può avere un impatto positivo sulla crescita economica.

A questo riguardo è importante osservare che, nella realtà, la maggior parte delle innovazioni avviene in un ristretto numero di Paesi sviluppati ed è poi trasferita al resto del mondo. Il commercio internazionale può migliorare questo processo di diffusione in diversi modi [13].

L'apertura al commercio internazionale espone le imprese domestiche alla concorrenza internazionale, generando benefici pro-competitivi se il mercato interno non è perfettamente concorrenziale. Tali benefici sono statici: aumentano il livello di benessere, ma non ne modificano il tasso di crescita. Tuttavia, l'aumento della concorrenza produce anche effetti sul tasso di crescita, modificando gli incentivi delle imprese a innovare. La questione se questo "effetto concorrenza" sia, complessivamente preso, positivo o negativo non è però univoca dal punto di vista teorico: da un lato, la competizione internazionale può ridurre l'innovazione, poiché riduce gli extraprofitti; dall'altro lato, la competizione internazionale può aumentare l'incentivo delle imprese a innovare nel continuo tentativo di sottrarsi alla competizione stessa. È possibile anche immaginare una relazione non monotona tra il grado di competizione nel mercato del prodotto e l'innovazione, in cui la relazione risulta prima positiva e poi, a un alto livello di competizione, negativa (Aghion *et al.*, 2005).

Una questione collegata all'effetto della competizione internazionale sull'innovazione è poi quella della protezione internazionale dei diritti di proprietà intellettuale, in particolare i brevetti. Anche in questo caso esistono in teoria pro e contro una tutela internazionale forte di questi diritti, anche se nella letteratura empirica gli effetti positivi sulla crescita economica sembrano prevalere su quelli negativi.

---

[13] In letteratura è stata analizzata la rilevanza empirica degli *spillover internazionali di produttività*, studiando l'effetto che la R&S svolta in un Paese ha sulla produttività dei suoi partner commerciali, trovando in genere conferma della loro esistenza (es., Coe e Helpman, 1995; Coe, Helpman e Hoffmaister, 2009; Fracasso e Vittucci Marzetti, 2015).

13.4. Le barriere al commercio internazionale e le politiche commerciali

Finora abbiamo più o meno implicitamente supposto che un Paese fosse completamente chiuso al commercio internazionale (autarchia) oppure lo scambio fosse "senza frizioni", cioè non vi fossero costi di trasporto o altre barriere al libero scambio.

Nella realtà, oltre ai costi di trasporto, esistono molte barriere al commercio internazionale. Queste barriere sono poi spesso il risultato di politiche commerciali messe in atto dai singoli Paesi nel tentativo di influenzare i flussi commerciali per migliorare il benessere di una parte più o meno estesa dei propri produttori.

In particolare, le politiche commerciali possono essere volte a difendere i produttori domestici dalla concorrenza dei produttori esteri; e questo risultato può essere raggiunto in diversi modi: i) contingentando le importazioni, cioè fissando delle *quote sulle importazioni*; ii) applicando *tariffe* o *dazi doganali* sui beni di importazione; iii) creando o non rimuovendo altri tipi di barriere, come quelle burocratiche (cosiddette *red tape barriers*) o relative alla regole di assegnazione degli appalti nazionali.

In genere le barriere commerciali vengono suddivise in *tariffarie* e *non-tariffarie*. Le prime sono tutte quelle prodotte dai dazi, imposte applicate sui beni di importazione, che sono quelle storicamente più consistenti [14]. Le seconde comprendono tutte le altre barriere, che vanno dalle quote sulle importazioni alle limitazioni volontarie delle esportazioni, cioè limiti sulle quantità esportate fissate dal paese esportatore in genere su richiesta di quello importatore, passando per i *contingenti tariffari*, cioè tariffe più alte applicate ai beni che eccedono la quota, e i *requisiti di contenuto nazionale minimo della produzione*, fino a tutte le altre frizioni al commercio collegate all'esistenza di costi burocratici e di adeguamento a standard e regolamentazioni nazionali.

D'altra parte, un Paese può anche influenzare i flussi commerciali sostenendo i produttori nazionali che operano sui mercati esteri, ad esempio, attraverso *sussidi all'esportazione* o *crediti agevolati all'esportazione*, cioè la possibilità per le imprese esportatrici di incassare immediatamente i crediti vantati nei confronti di importatori esteri permettendo altresì a questi ultimi pagamenti dilazionati a condizioni vantaggiose [15].

Infine, un Paese può attuare misure protezionistiche contingenti, di "difesa commerciale". In particolare, all'interno delle regole del GATT/WTO (vedi Box 3) so-

[14] L'imposta può essere fissata in termini monetari per unità fisica del bene importato (*dazio specifico*) oppure in termini percentuali sul valore del bene (*dazio ad valorem*).

[15] Va incidentalmente notato che di fatto anche sussidi alla produzione che sono a favore di tutte le imprese nazionali, senza distinguere tra imprese esportatrici e non esportatrici, possono avere impatti rilevanti sul commercio internazionale.

no ammesse tre tipologie di misure di difesa commerciale: i) *misure antidumping*, ovvero dazi per proteggere i prodotti delle imprese domestiche contro quelli delle imprese estere oggetto di *dumping*[16]; ii) *dazi compensativi*, misure di rappresaglia a pratiche commerciali dei Paesi esteri "scorrette", come nei confronti di beni importati prodotti da imprese che usufruiscono di aiuti e sovvenzioni statali concessi dai propri governi; iii) *misure di salvaguardia*, misure di protezione temporanea di emergenza attivate in presenza di grave danno alle imprese domestiche derivante da flussi anomali di importazioni.

13.4.1. Gli effetti dei dazi

Nonostante i dazi siano le misure protezionistiche storicamente più utilizzate, dal secondo dopoguerra a oggi le tariffe doganali applicate dai diversi Paesi in media sono diminuite significativamente, soprattutto grazie ai cicli di negoziati multilaterali commerciali (cosiddetti *trade rounds*) del GATT/WTO. Dagli anni '80 del secolo scorso a oggi sono diminuite in particolare le tariffe applicate dai Paesi a medio e basso reddito (da valori attorno al 35% in media a valori attorno al 10%), soprattutto per quanto riguarda le importazioni non agricole (dati UNCTAD); e per molte tariffe si sono stabiliti massimi concordati che il Paese non può superare senza attuare misure di compensazione.

È possibile condurre l'analisi degli effetti statici dei dazi sul benessere con riferimento a un singolo mercato facendo uso semplicemente della metodologia già utilizzata per valutare il benessere nel Capitolo 6, tramite i concetti di *surplus* dei consumatori e dei produttori.

Iniziamo notando che, come mostrato nella Figura 7, in caso di libero scambio in assenza di frizioni, il prezzo interno e internazionale (p_x^W) di un determinato bene commerciabile internazionalmente x, espressi nella stessa valuta, tenderanno a coincidere per la legge del prezzo unico. Ipotizzando che in equilibrio il bene sia importato, al prezzo p_x^W nel mercato interno ci sarà un eccesso di domanda sulla produzione interna che verrà soddisfatto dalle importazioni, pari a $(D_x - Q_x)$.

Analizziamo prima l'effetto di un dazio *ad valorem* τ fissato da un piccolo Paese,

---

[16] In base all'*Antidumping Agreement* del 1994, un prodotto è oggetto di *dumping* quando è venduto sul mercato estero a un prezzo inferiore al suo valore "normale", inteso come: i) il prezzo praticato normalmente sul mercato interno se comparabile; o ii) quello praticato per il prodotto esportato in un Paese terzo; o iii) quello determinato sulla base dei costi di produzione nel Paese di origine comprese le spese di vendita e amministrative e la remunerazione normale dei fattori sulla base delle condizioni prevalenti nel mercato interno. Non si fa nessun riferimento al cosiddetto *dumping ambientale*, che riguarda la possibilità da parte di alcuni Paesi di esportare beni a prezzi più bassi di altri per via dei minori costi di produzione resi possibili dall'inadeguatezza delle norme nazionali a tutela dell'ambiente e dalla conseguente adozione di tecniche produttive inquinanti.

come tale per definizione non in grado di influenzare con la sua domanda e offerta il prezzo internazionale del bene.

In tal caso il prezzo sul mercato domestico del bene sarà:

$$p_x = (1 + \tau)\, p_x^W \qquad [6]$$

Figura 7. – *Equilibrio parziale in caso di libero scambio*

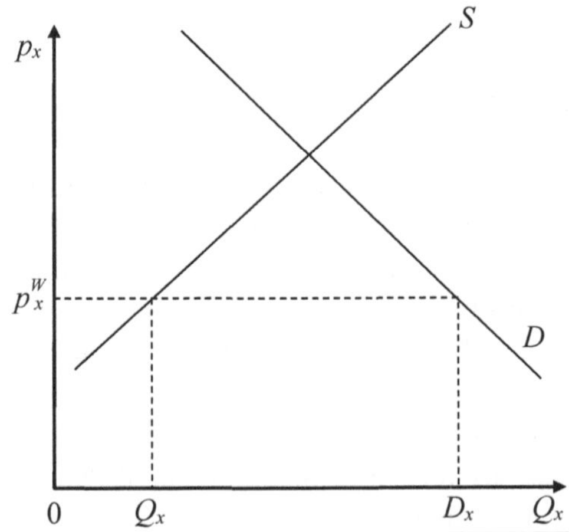

Ad es., nel caso una piccola economia nell'area euro imponga un dazio ad valorem del 10% ($\tau = 0{,}1$) su un bene, se il prezzo sul mercato internazionale del bene è 50 euro, sul mercato interno il prezzo del bene importato sarà di 55 euro.

Essendo il prezzo sul mercato interno aumentato, questo ridurrà la domanda interna (da D_x a D'_x nella Figura 8) e aumenterà l'offerta interna del bene (da Q_x a Q'_x), riducendo l'eccesso di domanda e quindi le importazioni ($D'_x - Q'_x$).

Gli effetti sul benessere sono riportati nella Figura 8, in cui si rappresentano rispettivamente: (a) l'aumento del *surplus* dei produttori; (b) la diminuzione del *surplus* dei consumatori; (c) i ricavi derivanti dal dazio (pari al valore dell'imposta per il volume delle importazioni).

Nel caso di un piccolo Paese, l'imposizione di un dazio sul bene importato produce quindi una redistribuzione di benessere dai consumatori al governo e ai produttori domestici. In ogni caso, tralasciando gli effetti distributivi e sommando guadagni e perdite, l'effetto finale sarà una perdita secca, pari alle due aree triangolari grigie individuati nella Figura 9, dovuta alla perdita di efficienza. Infatti, poiché i produttori domestici sono per ipotesi meno efficienti di quelli esteri, i primi si sostituiscono in parte a quelli esteri, soddisfacendo una parte maggiore della domanda interna.

Il risultato abbastanza generale che deriva dalla precedente analisi è che l'imposizione di un dazio nel caso di un piccolo Paese, come tale non in grado di influenzare i prezzi internazionali, riduce sempre il benessere complessivo del Paese stesso, almeno in assenza di esternalità positive generate dal settore domestico protetto attraverso il dazio.

Figura 8. – *Effetti sul benessere di una tariffa in un piccolo Paese*

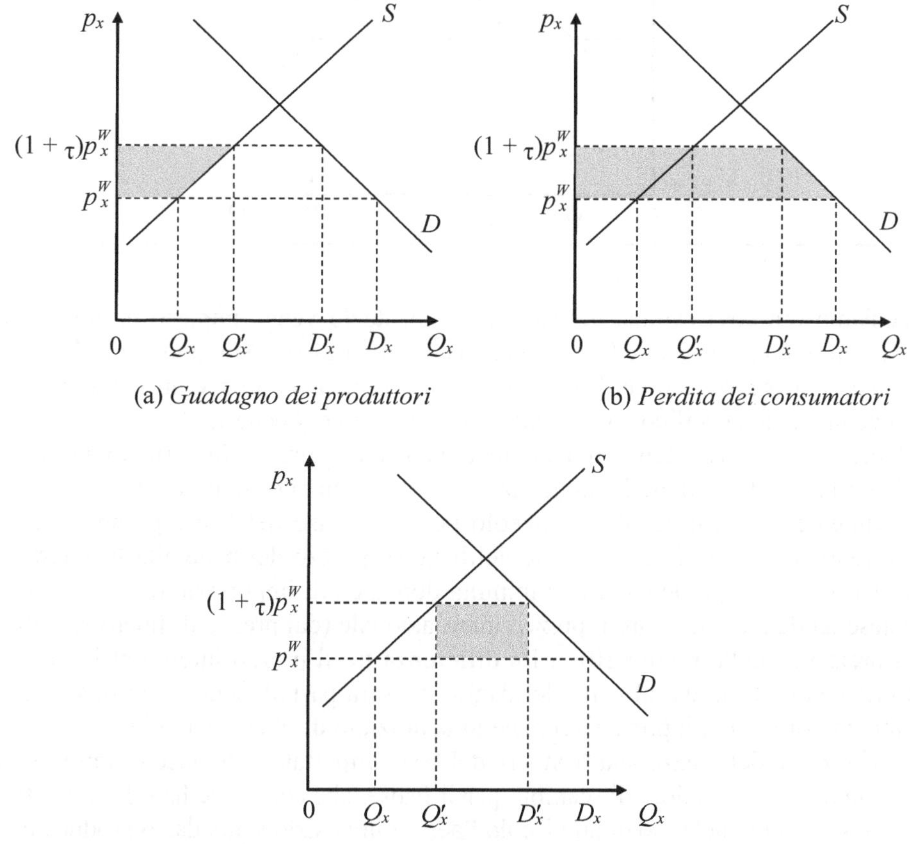

(a) *Guadagno dei produttori*

(b) *Perdita dei consumatori*

(c) *Introiti fiscali del governo*

Figura 9. – *Effetti sul benessere di una tariffa in un piccolo Paese*

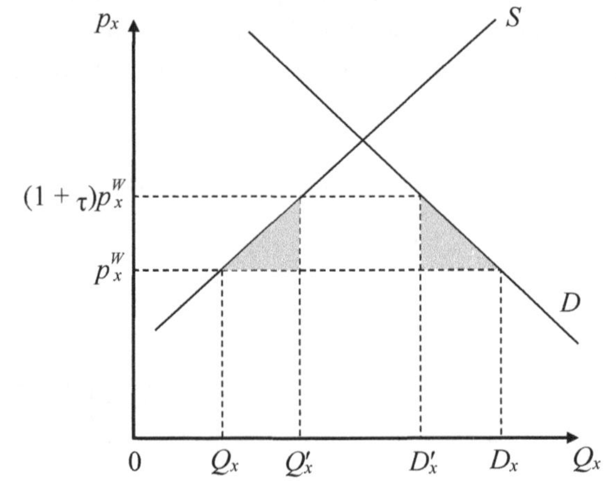

Vediamo ora cosa cambia nel caso in cui il dazio venga imposto da un Paese grande, inteso come un Paese la cui domanda di importazioni è in grado di influenzare il prezzo internazionale del bene. Ipotizziamo in particolare che un Paese grande imponga un dazio specifico pari a t sulle importazioni del bene x.

Come nel caso precedente, il dazio tenderà a scoraggiare le importazioni del bene: da un lato, riducendone la domanda; dall'altro, aumentandone l'offerta interna. Diversamente dal caso del Paese piccolo però, nel caso del Paese grande questo avrà effetto sul prezzo internazionale del bene (il prezzo del bene alla frontiera al netto del dazio). In particolare, la diminuita domanda di importazioni di x da parte del Paese tenderà a diminuire il prezzo internazionale (dal prezzo di libero scambio p_x^W al prezzo p_x^* nella Figura 10)[17]. La differenza tra il prezzo interno al lordo del dazio (p_x) e alla frontiera al netto del dazio (p_x^*) sarà pari al dazio t, ma p_x^* sarà comunque minore di p_x^W, il prezzo del bene in condizioni di libero scambio.

La riduzione del prezzo alla frontiera del bene importato si traduce di fatto in un miglioramento delle ragioni di scambio per il Paese, che come tale ha effetti positivi per lo stesso. Come nel caso di un piccolo Paese, l'imposizione del dazio produce una redistribuzione di benessere dai consumatori al governo e ai produttori domestici.

[17] L'effetto complessivo dell'imposizione del dazio sulla riduzione del prezzo internazionale dipende di fatto dall'elasticità dell'offerta di esportazioni del bene: più alta questa elasticità, minore l'impatto del dazio sul prezzo internazionale.

Figura 10. – *Equilibrio nel mercato interno con dazio specifico pari a t fissato da un grande Paese*

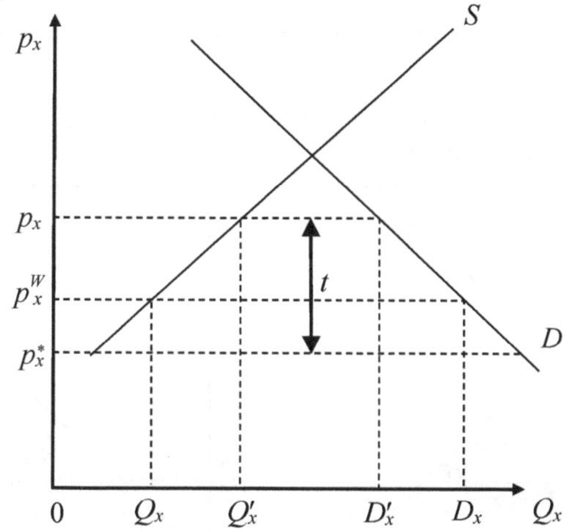

Tuttavia, contrariamente a quanto avviene in quel caso, nel caso del grande Paese, tralasciando gli effetti distributivi e sommando guadagni e perdite, l'effetto complessivo sul benessere sociale non è univoco. Questo perché, a fronte delle perdite collegate alle inefficienze generate dal dazio (aree *A* e *B* in Figura 11), il dazio ha generato un guadagno collegato al miglioramento delle ragioni di scambio (area *C*).

Figura 11. – *Effetti sul benessere di una tariffa in un grande Paese*

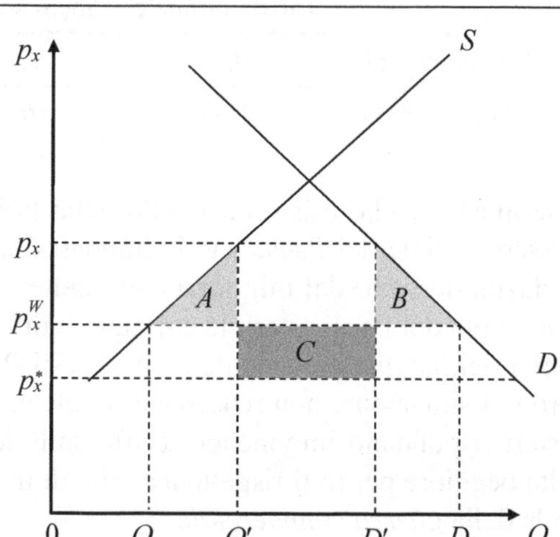

La tariffa in un grande Paese perciò migliora il benessere del Paese stesso se è relativamente bassa, tale che il guadagno è maggiore della perdita (riquadro a sinistra in Figura 12); al contrario, la tariffa riduce il benessere sociale se è eccessivamente alta, tale che la perdita supera il guadagno (riquadro a destra in Figura 12).

Figura 12. – *Effetti sul benessere in un grande Paese di un dazio relativamente basso (sinistra) e relativamente alto (destra)*

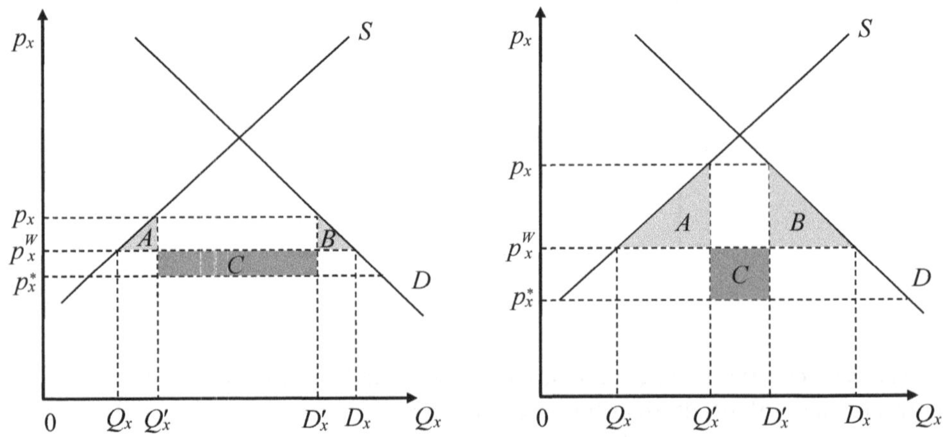

Figura 13. – *Il gioco delle tariffe*

		Paese B: Tariffa ottimale	Paese B: Libero scambio
Paese A	Tariffa ottimale	9, 9	12, 7
	Libero scambio	7, 12	10, 10

È di fatto possibile mostrare che esiste un livello della tariffa ottimale tale da massimizzare il benessere sociale del Paese che la impone. Va però osservato che l'effetto positivo del dazio, derivato dal miglioramento delle ragioni di scambio, è ottenuto a danno di uno o più dei Paesi esteri, le cui ragioni di scambio peggiorano.

Assunzione implicita dell'analisi precedente è che questi Paesi, nonostante vedano peggiorare la propria situazione, non reagiscano in alcun modo. Se si assume invece che i Paesi esteri rispondano imponendo tariffe sulle loro importazioni, la situazione finale risulta peggiore per tutti rispetto a quella di libero scambio. È questo l'esito più probabile della *guerra commerciale*.

Spieghiamo meglio quest'ultimo punto analizzandolo con gli strumenti della teoria dei giochi (vedi paragrafo 5.8). Ipotizziamo il caso di due Paesi, A e B, ognuno dei quali ha la possibilità di applicare una tariffa ottimale sulle proprie importazioni oppure non applicare alcuna tariffa (libero scambio). Immaginiamo che i payoff dei due Paesi, collegati al loro livello di benessere, siano quelli rappresentati nella Figura 13. Ad es., nel caso in cui il Paese A impone un dazio, mentre il Paese B adotta un regime di libero scambio, il benessere di A è pari a 12, mentre quello di B pari a 7.

È relativamente facile riconoscere nella matrice dei payoff nella Figura 13 un esempio di *dilemma del prigioniero*. Come sappiamo, in questa classe di giochi esiste un unico *equilibrio di Nash*, che non è Pareto efficiente. In questo caso si tratta della situazione in cui entrambi i Paesi applicano la tariffa ottimale.

Il fatto che non sia Pareto efficiente deriva dal fatto che entrambi i Paesi potrebbero migliorare la propria condizione rimuovendo *reciprocamente* le barriere al commercio: in regime di libero scambio entrambi i Paesi ottengono un payoff pari a 10, mentre in caso di tariffa ottimale reciproca entrambi ottengono un payoff pari a 9, strettamente minore. Questo perché, quando entrambi i Paesi impongono dazi, i miglioramenti delle ragioni di scambio si elidono a vicenda, mentre restano per entrambi i Paesi le perdite collegate alle inefficienze generate dai dazi che hanno "soffocato" il commercio internazionale.

Un equilibrio di Nash inefficiente di questo tipo, risultato della guerra commerciale avvenuta tra la Prima e la Seconda guerra mondiale, è da molti ritenuto una delle concause dello scoppio del secondo conflitto mondiale. Per questo motivo, alla fine della Seconda guerra mondiale, i Paesi concordarono una serie di riduzioni tariffarie reciproche nel *General Agreement on Tariffs and Trade* (GATT).

I diversi cicli di negoziati commerciali che seguirono a quel primo importante accordo sfociarono nella nascita nel 1995 della *World Trade Organization* (WTO), che persegue il multilateralismo negli accordi commerciali, basato sui principi del consenso, della reciprocità e della non discriminazione.

Box 3. – *Il sistema commerciale multilaterale: dal GATT al WTO*

Nel dicembre 1945 a Ginevra 15 Paesi iniziarono le negoziazioni per smantellare le misure protezionistiche messe in piedi tra la Prima e la Seconda guerra mondiale. A questi si aggiunsero altri 8 Paesi per un totale di 23. Non figuravano tra questi né i Paesi dell'Asse (Germania, Giappone e Italia) usciti sconfitti dalla Seconda guerra mondiale né l'Unione Sovietica. L'insieme di accordi che ne seguirono presero il nome di GATT (*General Agreement on Tariffs and Trade*).

Nel 1947 all'Avana si tenne la Conferenza delle Nazioni Unite sul Commercio e l'Occupazione, cui parteciparono oltre 50 Paesi, con l'obiettivo di rafforzare la cooperazione economica internazionale e creare la *International Trade Organization* (ITO), un'agenzia delle Nazioni Unite specializzata nelle questioni commerciali. Lo statuto della nuova agenzia al termine delle negoziazioni arrivò a comprendere, oltre gli aspetti commerciali, anche aspetti relativi all'occupazione e agli investimenti esteri. L'accordo però non venne ratificato in alcuni Paesi, in particolare negli USA per la ferma opposizione del

Congresso, e venne abbandonato. Questo fece sì che il GATT, operativo dal 1948, rimanesse l'unico accordo internazionale commerciale multilaterale.
Nel corso del tempo diversi cicli negoziali commerciali, i cosiddetti *trade rounds*, hanno esteso e rafforzato i principi del GATT, con un numero crescente di Paesi partecipanti. Tra questi vale la pena ricordare: il *Kennedy Round* (1964-1967), che riguardò le barriere tariffarie e le misure antidumping; il *Tokyo Round* (1973-1979), che risultò in una serie di accordi di contesto e sulle barriere non tariffarie; e, infine, l'*Uruguay Round* (1986-1994), che diede origine al WTO.
Il WTO (*World Trade Organization*), istituito il 1° gennaio 1995, con sede a Ginevra, e che attualmente conta più di 160 Paesi membri che insieme generano il 98% del commercio mondiale di beni e servizi (e con altri oltre 20 Paesi nel ruolo di osservatori, in procinto di iniziare i negoziati per l'adesione), è:
i) un forum negoziale: un posto dove i governi dei Paesi membri possono discutere di problemi relativi al commercio internazionale e negoziare accordi;
ii) un insieme di regole: gli accordi alla base del WTO sono in particolare: GATT, sul commercio di beni; GATS (*General Agreement on Trade in Services*), sul commercio di servizi; TRIPS (*Agreement on Trade-Related Aspects of Intellectual Property Rights*), sui diritti di proprietà intellettuale;
iii) un luogo di risoluzione delle controversie tra i Paesi membri riguardanti i trattati commerciali.
Gli organi principali del WTO sono: il direttore generale (*Director-General*), la conferenza ministeriale (*Ministerial Conference*) e il consiglio generale (*General Council*, chiamato anche *Dispute Settlement Body* o, ancora, *Trade Policy Review Body*, a seconda della funzione svolta). Il consiglio generale, in cui sono rappresentati tutti i Paesi membri, tende a ricercare sempre l'unanimità delle decisioni e, laddove non si raggiunga, vota a maggioranza assoluta dei suoi membri ("un Paese, un voto").
Gli accordi commerciali che formano la base del WTO (GATT, GATS e TRIPS) si fondano sui principi del sistema commerciale multilaterale: i) consenso; ii) reciprocità; iii) non discriminazione, inteso come: a) *trattamento nazionale*: i beni e servizi prodotti all'estero, così come i marchi e i brevetti esteri, devono essere assoggettati alla stessa normativa di quelli nazionali, almeno una volta oltrepassata la frontiera; b) *trattamento della nazione più favorita*: se un Paese concede un trattamento particolare a uno o più dei suoi partner commerciali, deve estendere tale trattamento agli altri.
Nonostante il WTO abbia rappresentato un risultato importante nel sistema commerciale multilaterale, in particolare per quanto riguarda il tentativo in larga parte riuscito di rendere più strutturale il processo di risoluzione delle controversie sulle politiche e i trattati commerciali, evitando il ricorso a misure unilaterali di protezionismo con connesso rischio di guerre commerciali, non è stato esente da critiche, in particolare per quanto riguarda la poca trasparenza dei processi negoziali e la poca attenzione data nei trattati commerciali alle questioni ambientali, di salute pubblica e di tutela dei lavoratori (anche se a questo riguardo va detto che i governi dei diversi Paesi spesso utilizzano queste leve sull'opinione pubblica nazionale per giustificare misure protezionistiche a difesa di settori politicamente influenti).
Anche le coalizioni tra Paesi membri all'interno dell'istituzione sono cambiati nel corso del tempo. Mentre i Paesi storicamente promotori e più attivi sono stati Canada, Giappone, Stati Uniti e Unione europea (i cosiddetti *Quad*), nel corso dell'ultimo *trade round*, il *Doha Round*, sono emersi altri raggruppamenti, comprendenti Paesi dell'America Latina e del Sud-Est asiatico (*Cairns Group*, *new Quad*, *Oslo Group*, ecc.).
Proprio l'ultimo ciclo di negoziati commerciali, il Doha Round, lanciato nel 2001 alla

conferenza ministeriale di Doha e iniziato nel 2003 con grandi aspettative, soprattutto per quanto riguarda il ruolo del commercio internazionale nello sviluppo economico, si è di fatto concluso nel 2016 senza risultati di rilievo.
Il Doha Round era iniziato con l'idea di concludersi in pochi anni sulla base della premessa che i Paesi sviluppati, in particolare Stati Uniti e Unione europea, avrebbero accettato di ridurre le barriere commerciali e i sussidi all'agricoltura, da sempre oggetto di conflitto con i paesi meno sviluppati, senza richiedere a questi ultimi riduzioni equivalenti nei settori da loro protetti o sussidiati.
La rapida ascesa di Cina e India, con *surplus* commerciali consistenti, e la crisi finanziaria internazionale del 2008, con la più pressante esigenza di evitare ritorni al protezionismo, hanno di fatto modificato il contesto economico-politico e portato al sostanziale fallimento dei negoziati.
Il fallimento del Doha Round ha prodotto sfiducia nella possibilità di raggiungere accordi commerciali multilaterali generali.
Da un lato, questa sfiducia ha generato la proliferazione di negoziati su base bilaterale o regionale. Ne sono importanti esempi il TPP (*Trans-Pacific Partnership*), un trattato commerciale molto ampio tra USA, Canada, Giappone, Messico, Cile, Perù, Australia, Nuova Zelanda, Brunei, Malesia, Singapore e Vietnam, e il TTIP (*Transatlantic Trade and Investment Partnership*), un accordo commerciale tra USA e UE. Comunque, di fatto, anche questi due negoziati non sono andati a buon fine: il TPP non è stato ratificato dagli Stati Uniti e i negoziati del TTIP sono falliti.
Dall'altro lato, la sfiducia negli accordi multilaterali generali ha incoraggiato i tentativi di raggiungere accordi multilaterali più circoscritti. Un buon esempio ne è il TFA (*Trade Facilitation Agreement*), il trattato risultato del processo negoziale di Doha firmato a Bali nel dicembre 2013, che riguarda esclusivamente le barriere burocratiche al commercio.
Va infine osservato che la rinuncia al multilateralismo, anche se può permettere di conseguire più facilmente risultati, rischia di creare dei blocchi commerciali contrapposti, riproponendo il problema delle guerre commerciali su scala più ampia. D'altra parte, gli accordi specifici non permettono di proseguire appieno verso la via della liberalizzazione commerciale attraverso concessioni reciproche dei Paesi su materie non strettamente collegate.

13.4.2. Gli altri strumenti di politica commerciale

Finora abbiamo analizzato gli effetti sul benessere dei dazi. È lecito chiedersi quali sono gli effetti degli altri strumenti di politica commerciale.

Iniziamo considerando le quote sulle importazioni. Un risultato importante a questo riguardo è il teorema di equivalenza dovuto a Bhagwati [1965], in base al quale, in un mercato in concorrenza perfetta, per ogni quota, esiste una tariffa che ottiene un risultato identico.

Un modo semplice di mostrare graficamente questo risultato è rappresentato nella Figura 14. Fissando una quota massima di importazioni per il bene x pari a $M_x = D_x' - Q_x'$ questa sarà la quantità di bene di fatto importata (riquadro (a) nella Figura 14). Questa barriera produrrà un innalzamento del prezzo domestico del bene e una divergenza tra prezzo domestico e internazionale (che per ipotesi non varia, essendo il caso considerato in figura quello di un piccolo Paese). Ora è sufficiente notare che è possibile ottenere lo stesso effetto imponendo un dazio specifico pari a t (riquadro (b) in figura).

L'analisi di benessere è simile a quella condotta nel paragrafo precedente per il caso dei dazi e il risultato il medesimo: nel caso di un piccolo Paese l'imposizione di una quota riduce sempre il benessere sociale, mentre nel caso di un Paese grande, se non si considera la possibile reazione estera, può sia aumentare sia ridurre il benessere sociale[18].

Figura 14. – *Equivalenza di quota e dazio in un mercato perfettamente concorrenziale*

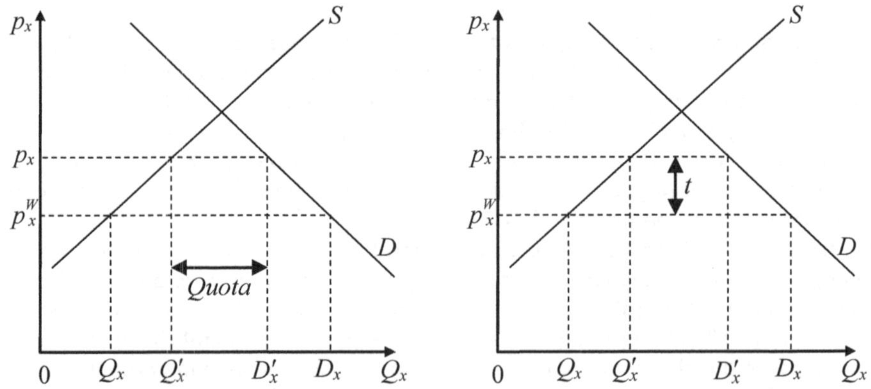

(a) *Quota* (b) *Dazio specifico equivalente*

Una differenza emerge tuttavia nel caso dei ricavi del governo: mentre nel caso del dazio necessariamente questo genera aumenti del gettito fiscale, nel caso della quota chi di fatto si appropria di queste rendite dipende dal modo in cui le licenze all'importazione sono assegnate: se sono assegnate dal governo sulla base di aste competitive, allora il valore delle licenze capitalizzerà le rendite e il governo comunque vedrà aumentare i propri ricavi dello stesso ammontare; nel caso in cui, invece, le

[18] Il risultato di equivalenza tra dazi e quote vale strettamente solo nel caso di concorrenza perfetta. Nei casi di concorrenza imperfetta quote e dazi possono non produrre lo stesso risultato, perché le quote generano assenza di competizione al margine, e quindi una quota che ha lo stesso effetto di un dazio in termini di quantità importate, può portare a prezzi interni più elevati, poiché protegge maggiormente le imprese domestiche dalla concorrenza estera. La non equivalenza tra quote e tariffe può essere anche dovuta alla possibilità per le imprese estere di scegliere la qualità: se le imprese estere possono decidere la qualità delle proprie esportazioni, una quota può incentivare tali imprese a concentrarsi sull'esportazione di beni a maggior valore aggiunto (essendo maggiori i margini per unità fisica di prodotto esportato), cosa che non accade ad es. nel caso di dazi *ad valorem*.

licenze siano assegnate dal governo in modi che non prevedono il pagamento di un prezzo, allora i titolari di quelle licenze si approprieranno delle rendite.

Analisi analoga vale nel caso dei requisiti di contenuto nazionale minimo della produzione, che di fatto si traducono in quote sui beni intermedi importati con le rendite lasciate ai produttori domestici di beni intermedi.

E situazione ancora analoga si ha nel caso delle limitazioni volontarie delle esportazioni, quote sulle esportazioni che il Paese importatore negozia con i Paesi esportatori [19]. Dal punto di vista dell'analisi di benessere del Paese importatore, tali limitazioni producono effetti simili alle quote sulle importazioni, con l'unica importante differenza che sono i Paesi esteri ad appropriarsi delle rendite generate dalla limitazione [20].

Utilizzando i concetti di *surplus* dei produttori e dei consumatori è anche possibile analizzare gli effetti dei sussidi alle esportazioni sul benessere del Paese esportatore. Anche se tralasciamo l'analisi dettagliata del caso, è utile ricordare che in tale contesto è possibile mostrare che anche i sussidi tendono a ridurre il benessere complessivo. Di fatto, i sussidi all'export generano dei costi per il governo, una perdita di *surplus* dei consumatori domestici (che vedono aumentare il prezzo interno dei beni esportati, poiché una quota maggiore di questi viene destinata all'export) e un peggioramento delle ragioni di scambio nel caso vengano garantiti in un Paese "grande" (aumentando l'offerta di export sui mercati internazionali il prezzo internazionale di questi beni tende a diminuire); d'altra parte, tendono ad aumentare i profitti delle imprese esportatrici.

Va infine ricordato che i sussidi all'export possono produrre effetti complessivamente positivi laddove il settore promosso generi comunque esternalità positive o goda di consistenti economie di scala, statiche o dinamiche, o qualora i sussidi servano ad attivare processi di *catching-up* tecnologico in settori considerati strategici.

[19] È spesso citato a questo riguardo il caso della limitazione volontaria di esportazioni di automobili nel mercato statunitense concordata dal Giappone con gli Stati Uniti nel 1981.

[20] Perdendo anche le rendite ed essendo quindi la situazione in termini di benessere complessivo del Paese importatore ancora peggiore rispetto a quella delle quote e dei dazi, è legittimo chiedersi il motivo per cui il Paese importatore dovrebbe spingere per utilizzare tale strumento. La risposta è che, da un lato, i produttori domestici, che fanno pressione sul governo, comunque guadagnano, dall'altro lato, essendo una decisione presa volontariamente dal Paese estero non dà luogo a rappresaglie e conseguenti rischi di guerra commerciale ed è più facilmente difendibile di fronte all'opinione pubblica interna.

Parte II - **Per approfondire**

13.5. Il commercio internazionale e la concorrenza imperfetta

Nonostante siano diverse e non mutuamente esclusive, le teorie "classiche" del commercio internazionale sono basate sui vantaggi comparati come causa degli scambi internazionali e dei relativi guadagni dal commercio. Questi vantaggi sono determinati dall'esistenza di differenze tra Paesi: differenze nelle produttività settoriali nella teoria di Ricardo e nelle dotazioni fattoriali in quella di Heckscher e Ohlin.

Come tali, le teorie classiche non sono in grado di spiegare i flussi commerciali tra Paesi molto simili (senza differenze significative di tecnologia, dotazioni di risorse e preferenze dei consumatori)[21] né il commercio intrasettoriale, cioè l'import-export di beni molto simili tra loro. In base a queste teorie, infatti, più due Paesi sono simili in termini di tecnologia, risorse e preferenze, minori dovrebbero essere gli scambi tra di loro. Inoltre, dato un certo tipo di bene o servizio, dovrebbe aversi che lo stesso è esportato o importato da un certo Paese, ma nessuna sovrapposizione fra i due.

Di fatto, però, i dati sul commercio internazionale mostrano che, da un lato, la maggior parte degli scambi avviene "paradossalmente" tra Paesi molto simili (è il cosiddetto *paradosso di Linder*); dall'altro lato, il *trade overlap* è abbastanza forte, cioè le esportazioni e le importazioni di ciascun Paese sono costituite da tipologie di beni sostanzialmente simili, almeno in alcuni settori e in riferimento agli scambi con determinati partner commerciali[22].

---

[21] Anche se due Paesi sono simili in quanto a tecnologia e dotazioni fattoriali è possibile immaginare un ruolo per il commercio internazionale laddove siano le preferenze dei consumatori a differire sistematicamente tra Paesi.

[22] L'indice solitamente utilizzato per misurare il *trade overlap* a livello di settore merceologico è l'*indice Grubel-Lloyd*. L'indice è calcolato come segue:

$$GL_i^c = 1 - \frac{\left| X_i^c - M_i^c \right|}{X_i^c + M_i^c}$$

dove X_i^c e M_i^c sono, rispettivamente, le esportazioni e le importazioni del Paese c nel settore i. L'indice va da 0 (nessuna sovrapposizione) ad 1 (sovrapposizione perfetta). Poiché risente di un *bias* da aggregazione (l'indice tende ad aumentare all'aumentare del livello di aggregazione, poiché si considerano beni simili beni sempre più diversi tra loro), quando viene calcolato per macro-settori si calcola a partire dai dati disaggregati:

La cosiddetta *new trade theory*, termine con cui si fa genericamente riferimento ai diversi contributi dei primi anni '80 del secolo scorso, nati dal connubio tra la teoria dell'organizzazione industriale e quella del commercio internazionale, è riuscita a dare conto di questi fenomeni rilassando due delle assunzioni comuni a tutte le teorie classiche del commercio internazionale: concorrenza perfetta e rendimenti di scala costanti.

In questi modelli sono stati analizzati gli effetti dell'apertura al commercio internazionale con strutture di mercato non perfettamente concorrenziali e rendimenti di scala crescenti.

13.5.1. La concorrenza imperfetta e i benefici pro-competitivi del libero scambio

Come discusso nel Capitolo 5, le strutture di mercato non perfettamente concorrenziali (es., monopoli e oligopoli) possono dare luogo a equilibri inefficienti, caratterizzati da produzione inferiore a quella di concorrenza perfetta, prezzi superiori ed extra-profitti delle imprese con perdita sociale secca. In questo caso, l'apertura al commercio internazionale, esponendo le imprese domestiche alla concorrenza internazionale, può generare ulteriori benefici collegati alla riduzione della perdita secca, oltre quelli derivanti dalla specializzazione.

Per analizzare meglio questo aspetto, consideriamo un piccolo Paese chiuso al commercio con l'estero che produce solo due beni (x e y). Ipotizziamo inoltre che il mercato del bene y sia perfettamente concorrenziale, e quindi in equilibrio il suo prezzo (p_y) sarà uguale al costo marginale di produzione (CMg_y); mentre, al contrario, il bene x sia prodotto in condizioni di monopolio, e pertanto in equilibrio ne sarà prodotta una quantità minore di quella prodotta in concorrenza perfetta ($Q_x^m < Q_x^c$), venduta a un prezzo maggiore ($p_x^m > p_x^c$).

Utilizzando la frontiera delle possibilità produttive, possiamo rappresentare l'equilibrio in autarchia del Paese come in Figura 15. La combinazione di equilibrio (E) riposa comunque sulla frontiera (dato il pieno impiego delle risorse e l'efficien-

---

$$GL_i^c = 1 - \frac{\sum_k \left| X_{ik}^c - M_{ik}^c \right|}{\sum_k \left(X_{ik}^c + M_{ik}^c \right)}$$

dove X_{ik}^c (M_{ik}^c) sono le esportazioni (importazioni) del sotto-settore k del settore i nel Paese c. L'indice ha una grande variabilità tra settori e Paesi. Risulta comunque più elevato nei settori manifatturieri e più basso nelle industrie estrattive e delle materie prime; più elevato quando si prendono in considerazione gli scambi tra Paesi simili, vicini geograficamente e appartenenti ad aree di libero scambio, più basso quando è calcolato con riferimento agli scambi tra Paesi distanti sia geograficamente sia per grado di sviluppo economico.

za tecnica), ma è caratterizzata da: i) un prezzo relativo del bene x in termini di y (p_x^m/p_y) più elevato di quello che si avrebbe se entrambi i settori fossero perfettamente concorrenziali (p_x^c/p_y); ii) una produzione di x minore ($Q_x^m < Q_x^c$). La combinazione E sarà anche la combinazione di fatto consumata, associata a un livello di utilità (U) minore di quello ottenibile nel caso in cui entrambi i settori fossero perfettamente concorrenziali (U').

Figura 15. – *Equilibrio autarchico nel caso in cui il bene x sia prodotto in monopolio*

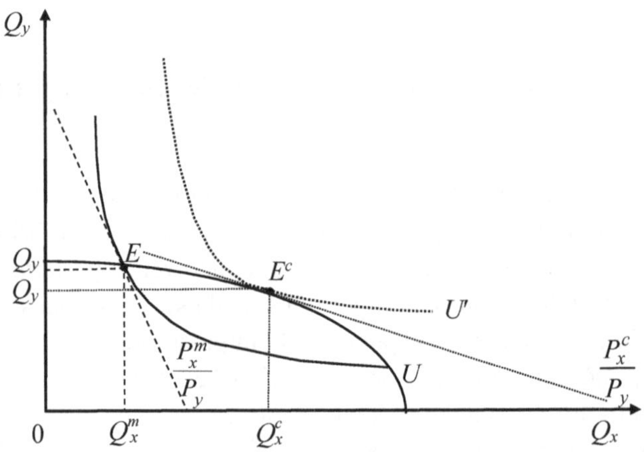

Figura 16. – *Equilibrio autarchico (E) e di libero scambio (E^{FT}) nel caso in cui il bene x sia prodotto in monopolio nell'economia domestica*

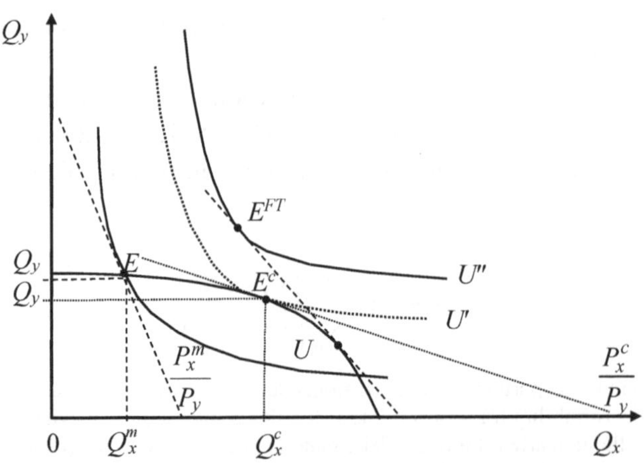

Se ora supponiamo che il Paese si apra al commercio internazionale, il punto E non è più un equilibrio, in quanto il monopolista sul mercato interno deve fronteggiare la concorrenza dei produttori esteri. In particolare, supponendo che sul mercato internazionale il prezzo relativo di x sia pari a $(p_x/p_y)_W$ (minore di p_x^m/p_y), in assenza di costi di trasporto e altre barriere al commercio, questo diventerà il prezzo relativo interno. Inoltre, il monopolista non troverà più conveniente limitare artificialmente la produzione, essendo il prezzo dato. Il paniere di consumo nell'equilibrio di libero scambio sarà il paniere E^{FT} nella Figura 16, associato al livello di utilità U''.

Ai guadagni dal commercio collegati alla specializzazione analizzati nel modello HO, rappresentati nella Figura 16 dal passaggio dall'equilibrio in autarchia con concorrenza perfetta E^c a quello di libero scambio E^{FT}, con associato aumento di utilità da U' a U'', ora si sono aggiunti i *benefici pro-competitivi*, rappresentati dal passaggio da E a E^c, con guadagno di utilità pari a $U' - U$.

A questo riguardo è importante sottolineare che l'effetto pro-competitivo è derivato dalla semplice minaccia dei concorrenti esteri, non dall'entrata effettiva delle merci estere nel mercato interno [23].

13.5.2. Il ruolo della concorrenza monopolistica e dei rendimenti crescenti di scala nel commercio internazionale

Un modello di commercio internazionale che riesce a dare conto in modo semplice sia del paradosso di Linder sia del *trade overlap* è il modello di concorrenza monopolistica sviluppato da Paul Krugman [1979, 1980].

In particolare, in questo modello si ipotizza che: i) ogni impresa produca un singolo bene differenziato con rendimenti crescenti di scala; ii) ogni bene è un sostituto solo imperfetto degli altri e i consumatori "amano la varietà" e tendono a consumare tutti i diversi beni [24].

Come discusso nel paragrafo 5.4, essendo i prodotti differenziati e riconoscibili, ogni produttore è un piccolo monopolista, che fronteggia una curva di domanda inclinata negativamente per il proprio prodotto. Quindi, come in monopolio, la condizione di massimizzazione dei profitti richiede che, in corrispondenza della quantità di

---

[23] Nei modelli di commercio internazionale con concorrenza imperfetta è possibile mostrare la possibilità di flussi commerciali tra Paesi simili in quanto a tecnologia, dotazione di risorse e preferenze introducendo differenti strutture di mercato (es., un numero diverso di imprese nei diversi Paesi in settori oligopolistici con competizione sulle quantità *à la* Cournot). Ciononostante, resta difficile spiegare il fenomeno del *trade overlap*, a meno di non ipotizzare il caso in cui le imprese domestiche vendano a prezzi inferiori nei mercati esteri e quelle estere facciano lo stesso nei mercati domestici (*dumping reciproco*).

[24] Qui presentiamo una versione semplificata del modello tratta da Krugman-Obstfeld [2003].

equilibrio, il costo marginale eguagli il ricavo marginale, dove quest'ultimo è minore del prezzo. Inoltre, contrariamente a quanto avviene in monopolio, l'assenza di barriere all'entrata tende ad annullare gli extraprofitti; perciò, nel lungo periodo, come nella concorrenza perfetta, in equilibrio vale la condizione di *break-even*: il prezzo è uguale al costo medio, così da annullare gli extraprofitti.

Nel modello si assume altresì che tutte le imprese, nonostante producano un prodotto differenziato, condividano la stessa funzione di costo. In particolare, si assume che i costi di produzione di ciascun bene differenziato i siano dati dalla seguente funzione lineare crescente della quantità prodotta q_i:

$$CT_i = F + c\, q_i \qquad [7]$$

dove il costo marginale c è ipotizzato costante e i costi totali sono la somma di costi variabili ($c\, q_i$) e costi fissi (F).

Inoltre, si assume che le preferenze dei consumatori siano simmetriche rispetto ai singoli beni differenziati e che la domanda di ciascun bene differenziato i sia data dalla seguente funzione:

$$q_i = S\left(\frac{1}{n} - b(p_i - \overline{p})\right) \qquad [8]$$

dove S è la domanda totale, collegata alla dimensione complessiva del mercato, n il numero totale delle imprese, e quindi di prodotti differenziati presenti sul mercato, b è un parametro positivo collegato all'elasticità di prezzo, p_i è il prezzo del bene differenziato e $\overline{p}$ il prezzo medio di mercato.

Dalla [8] segue che la domanda del singolo bene differenziato è funzione decrescente del suo prezzo (maggiore b, minore la differenziazione e maggiore l'elasticità della domanda per il prodotto). Inoltre, nel caso in cui il prezzo del singolo prodotto sia pari al prezzo medio di mercato ($p_i = \overline{p}$), l'impresa si appropria di una quota di mercato pari a S/n.

Dato l'alto numero di imprese nel mercato e l'assenza di interazione strategica tra le imprese (cosa che, come discusso nel paragrafo 5.3, differenzia la concorrenza monopolistica dall'oligopolio), ciascuna impresa sceglierà la quantità da produrre tale da massimizzare i propri profitti prendendo come dato il prezzo medio di mercato $\overline{p}$.

Dalla condizione di massimizzazione dei profitti segue che, in equilibrio, il ricavo marginale sarà uguale al costo marginale (c). Esprimendo il prezzo in funzione della quantità nella [8] si ottiene la funzione di domanda inversa:

$$p_i = \overline{p} + \frac{1}{bn} - \frac{q_i}{bS} \qquad [9]$$

Richiamando quanto discusso nel paragrafo 5.3.1 (equazione 4), il ricavo marginale è dato da:

$$\frac{\Delta RT_i}{\Delta q_i} = p_i + q_i \frac{\Delta p_i}{\Delta q_i} \qquad [10]$$

per cui dalla [9] segue:

$$\frac{\Delta RT_i}{\Delta q_i} = p_i - \frac{q_i}{bS} \qquad [11]$$

Eguagliando ricavo marginale e costo marginale (c) si ottiene infine:

$$p_i = c + \frac{q_i}{bS} \qquad [12]$$

La cosa che possiamo notare ora è che, data l'ipotesi che tutte le imprese hanno la stessa struttura di costi e fronteggiano la medesima domanda, tutte in equilibrio sceglieranno di fissare lo stesso prezzo ($p_i = p = p^{-}$) producendo la medesima quantità ($q_i = q$), per cui dalla [12], ricordando la [8], otteniamo:

$$p = c + \frac{1}{bn} \qquad [13]$$

La [13], rappresentata dalla curva *PP* nella Figura 18, stabilisce la relazione tra prezzo e numero di imprese in equilibrio tale da soddisfare la condizione di massimizzazione del profitto. La relazione è negativa poiché un aumento del numero di imprese (e quindi di prodotti differenziati) aumenta la competizione, riducendo il potere di mercato di ogni impresa e quindi il prezzo fissato da ciascuna per il proprio prodotto.

Inoltre, dalla condizione di *break-even* (extraprofitti nulli) segue che tale prezzo deve essere uguale al costo medio:

$$p = c + \frac{F}{q} = c + \frac{F}{S}n \qquad [14]$$

La [14], rappresentata dalla curva *CC* nella Figura 17, stabilisce la relazione tra prezzo e numero di imprese in equilibrio. La relazione è positiva in quanto, maggiore il numero di imprese, più bassa la scala di produzione di ogni impresa, quindi maggiore il costo medio di produzione data l'assunzione di economie di scala, perciò maggiore dovrà essere il prezzo per evitare che le imprese vadano in perdita.

L'equilibrio, rappresentato nella Figura 17 dal punto *E*, è dato dall'incontro tra le due curve: la curva *CC* e la curva *PP*.

Ora utilizziamo questo impianto teorico per analizzare cosa accade quando supponiamo che due Paesi identici dal punto di vista delle preferenze dei consumatori, della dotazione di risorse e della tecnologia (un'economia domestica e una estera) si aprono al libero scambio.

Figura 17. – *Equilibrio nel mercato di concorrenza monopolistica*

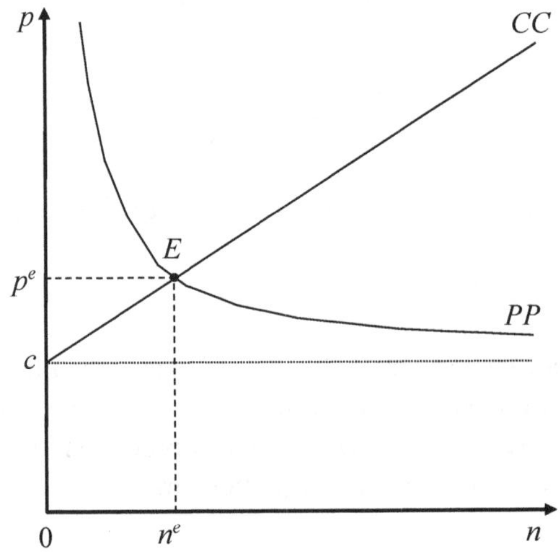

Figura 18. – *Equilibrio nel mercato integrato*

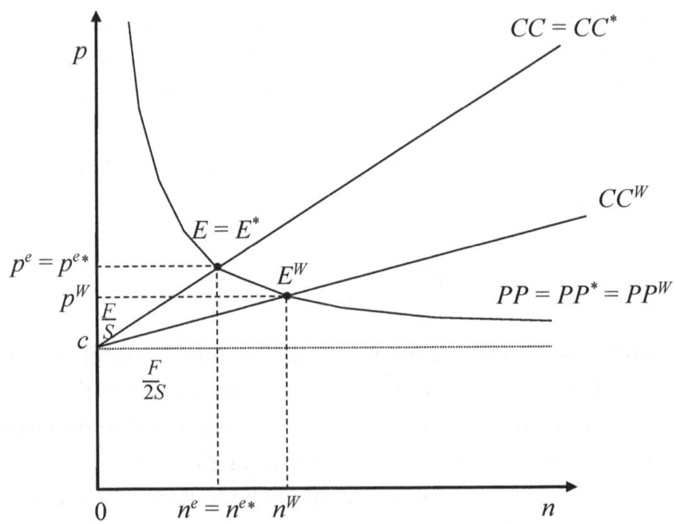

Innanzitutto, notiamo che, date le assunzioni di cui sopra, in base alle teorie classiche del commercio internazionale non ci sarebbero vantaggi comparati né benefici derivanti dal commercio internazionale o altri effetti collegati ad esso. Al contrario, in questo modello, date le ipotesi di economie di scala nella produzione di beni differenziati, l'apertura al commercio internazionale dà luogo a scambi mutuamente vantaggiosi e produce vari effetti.

In particolare, ipotizzando l'assenza di costi di trasporto o altre barriere al commercio, i mercati dei due Paesi costituirebbero un mercato unico integrato. Questo mercato integrato ha una dimensione doppia di quelli interni, per ipotesi uguali ($S + S^* = 2S = S^W$).

Il raddoppio della dimensione di mercato, data la presenza di economie di scala, dimezza il coefficiente angolare della retta *CC* (equazione [14]), ma non modifica la curva *PP* (equazione [13]). L'equilibrio integrato è quindi dato dal punto E^W nella Figura 18, che determina il prezzo del singolo prodotto differenziato nel mercato (p^W) e il numero di imprese presenti nei due Paesi (n^W) in equilibrio. Nell'equilibrio integrato, rispetto al caso di autarchia, il prezzo del singolo bene differenziato è minore, mentre il numero di imprese complessivamente prese è maggiore di quello di ciascun Paese in autarchia, ma minore della loro somma ($n < n^W < 2n$).

L'apertura al commercio internazionale aumenta le dimensioni del mercato di riferimento di ciascuna impresa. Questo permette a ciascun produttore di aumentare la scala di produzione, abbassando il costo medio di produzione (*effetto di scala*). Tuttavia, l'aumentata concorrenza, dovuta al fatto che ogni impresa ora affronta la concorrenza derivante anche dalle imprese estere, tende a ridurre i margini di profitto e abbassare i prezzi (*effetto pro-competitivo*). Le imprese vanno in perdita e, per ristabilire la condizione di *break-even*, alcune devono chiudere (*effetto di ristrutturazione*). Ciononostante, il numero di beni differenziati a cui ciascun consumatore ha accesso (n^W, il numero delle imprese nel mercato integrato indipendentemente dalla loro localizzazione) aumenta (*effetto di varietà*).

13.5.3. Il modello di Helpman e Krugman

Nel modello di concorrenza monopolistica di Krugman, il commercio internazionale produce benefici nuovi rispetto a quelli collegati alla specializzazione. In particolare, i nuovi guadagni dal commercio sono: i) benefici pro-competitivi, simili a quelli già visti nel caso dei modelli di commercio internazionale con strutture di mercato non perfettamente concorrenziali; ii) benefici collegati all'aumento delle varietà di prodotti: i consumatori per ipotesi amano la varietà e la varietà di prodotti accessibili cresce; iii) benefici derivanti dal miglior sfruttamento delle economie di scala: a seguito dell'apertura al commercio internazionale, la dimensione media delle imprese cresce.

Va notato che tali tipi di benefici non sono incompatibili con quelli collegati alla specializzazione nella teoria classica del commercio internazionale, né le spiegazioni dei flussi bilaterali discusse in questi modelli escludono la possibilità che una parte (grande o piccola) degli scambi sia spiegabile attraverso il ricorso ai vantaggi comparati.

A questo riguardo, un cenno merita il modello sviluppato da Helpman-Krugman [1985], che innesta il modello di concorrenza monopolistica di Krugman nel modello HO.

Come nel modello HO si assumono: i) due fattori: lavoro (*L*) e capitale (*K*); ii) due settori, beni manufatti (*m*) e cibo (*f*), caratterizzati da diversa intensità fattoriale: il settore dei beni manufatti è *capital-intensive*, mentre quello del cibo è *labor-intensive*; iii) due Paesi, caratterizzati da diversa dotazione fattoriale relativa: un'economia domestica (Home) *capital-abundant* e una estera (Foreign) *labor-abundant*. Il cibo è un bene omogeneo prodotto a rendimenti di scala costanti, mentre la manifattura è un settore che produce un bene composito composto da prodotti differenziati, ciascuno prodotto con rendimenti di scala crescenti.

Nel modello le differenze in termini di dotazioni fattoriali tra i due Paesi risultano alla base degli scambi intersettoriali: l'economia estera, relativamente ricca di lavoro, esporta cibo, intensivo in lavoro, mentre l'economia domestica, relativamente ricca di capitale, diventa esportatrice netta di beni manufatti, intensivi in capitale, che comunque vengono esportati anche dall'economia estera (Figura 19). L'importanza relativa degli scambi inter-settoriali rispetto a quelli intra-settoriali dipende dalla differenza nelle dotazioni di risorse: più i Paesi sono dissimili in termini di dotazioni di risorse, maggiore sarà l'importanza relativa degli scambi inter-settoriali rispetto a quelli intra-settoriali.

Figura 19. – *Scambi inter- e intra-settoriali nel modello di Helpman-Krugman [1985]*

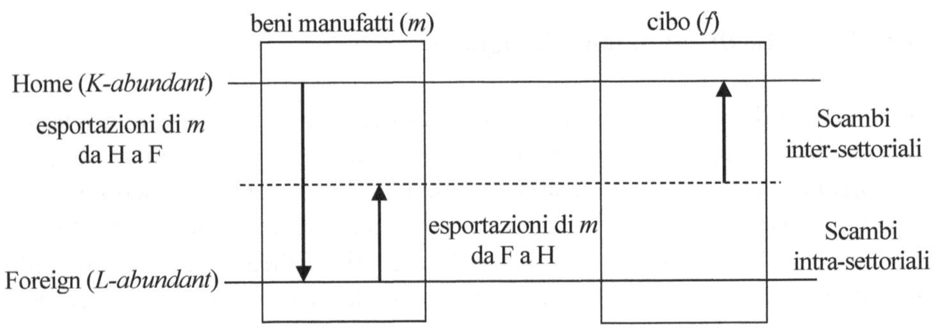

Box 4. – *L'evidenza empirica sui nuovi guadagni dal commercio*

Nella *new trade theory* vengono individuate nuove fonti di possibili benefici derivanti dal commercio internazionale. Qual è l'evidenza empirica a favore di questi nuovi guadagni dal commercio?

Per quanto riguarda i benefici derivanti dalla competizione internazionale, in cui il beneficio deriva dalla diminuzione della perdita secca conseguente alla riduzione del potere di mercato delle imprese, esiste supporto empirico a favore di tale effetto (es., Harald, 2007; Roberts e Tybout, 1991), anche se l'effetto stesso non è semplice da misurare. In particolare, alcuni studi mostrano che l'effetto di riduzione dei *mark-up* conseguente alla riduzione o eliminazione delle barriere doganali è più forte nelle economie piccole rispetto a quelle grandi (ad es., Hoekman *et al.*, 2004).

Per quanto riguarda i benefici derivanti dall'aumento della varietà, studi relativamente recenti (es., Broda e Weinstein, 2004; Feenstra e Kee, 2007) stimano guadagni significativi derivanti dall'aumentata gamma di beni disponibili sul mercato interno.

Per quanto riguarda, infine, i risultati sui benefici derivanti da un miglior sfruttamento delle economie di scala conseguenti alla liberalizzazione commerciale, l'evidenza in merito a una crescita di scala delle imprese a seguito dell'apertura al commercio internazionale non è particolarmente robusta (es., Head e Ries, 1999; Roberts e Tybout, 1991). Quello che emerge dai dati è che la riduzione dei costi medi nel settore a seguito della liberalizzazione del commercio è più il risultato di una redistribuzione delle quote di mercato settoriali a favore delle imprese più produttive, piuttosto che di un aumento della scala di produzione delle imprese.

Broda C.-Weinstein D.E. [2004], "Globalization and the gains from variety", in *Econometric Society*, North American Summer Meeting, p. 508.
Feenstra R.C.-Kee H.L. [2007], "Trade liberalisation and export variety: A comparison of Mexico and China", in *The World Economy*, vol. 30, n. 1, pp. 5-21.
Harald B. [2007], "Has the EU's single market programme fostered competition? Testing for a decrease in mark-up ratios in EU industries", in *Oxford Bulletin of Economics and Statistics*, vol. 69, n. 4, pp. 497-519.
Head K.-Ries J. [1999], "Rationalization effects of tariff reductions", in *Journal of International Economics*, vol. 47, n. 2, pp. 295-320.
Roberts M.J.-Tybout J.R. [1991], "Sixe rationalization and trade exposure in developing countries", in *The World Bank Policy Research Working Paper*, p. 594.

13.5.4. Gli effetti del commercio internazionale con imprese eterogenee

Negli ultimi anni, con la crescente disponibilità di dati a livello impresa, sono emerse alcune regolarità empiriche che sono risultate difficilmente spiegabili sulla base dei modelli discussi finora.

Innanzitutto, le imprese, anche se operanti nello stesso settore, presentano differenze sostanziali sia in termini di dimensione sia di produttività.

Le imprese che esportano risultano significativamente diverse da quelle che operano solo nel mercato interno. In particolare, i dati mostrano che le imprese esportatrici sono in media più grandi e più produttive di quelle non esportatrici.

Anche nei settori aperti agli scambi internazionali e che producono beni esportati, una parte sostanziale delle imprese non esporta, e le esportazioni sono estremamente concentrate rispetto alle imprese: relativamente poche imprese sono responsabili della gran parte delle esportazioni[25].

Inoltre, queste analisi hanno mostrato che la liberalizzazione commerciale aumenta la produttività media attraverso: i) un effetto di selezione (*selection effect*), in base al quale le imprese meno produttive sono spinte fuori dal mercato; ii) un effetto di redistribuzione delle quote di mercato (*share-shifting effect*), in base al quale imprese più produttive aumentano le proprie quote di mercato a discapito di quelle meno produttive.

I modelli discussi finora non sono in grado di dare conto di questi effetti in quanto ipotizzano imprese omogenee per produttività e struttura dei costi. Per questo i modelli più recenti di commercio internazionale, che a volte sono raggruppati sotto l'etichetta di "*new new trade theory*", rilassano tale ipotesi e analizzano esplicitamente il ruolo giocato dall'eterogeneità delle imprese sugli effetti del commercio internazionale.

Un contributo seminale in tal senso è stato quello di Melitz [2003], che ha generalizzato il modello di concorrenza monopolistica di Krugman rilassando l'ipotesi di omogeneità delle imprese.

Melitz mostra che, laddove si assumano imprese eterogenee e costi affondati che le imprese devono affrontare per entrare nei mercati esteri (*sunk cost of exporting*), l'apertura al commercio internazionale tende a produrre una partizione di imprese in base alla produttività, in cui: i) le imprese meno produttive sono spinte fuori dal mercato (*selection effect*); ii) le imprese più produttive diventano esportatrici (*self-selection into exporting*); iii) le altre imprese continuano a produrre solo per il mercato domestico. Inoltre, le imprese più produttive aumentano le proprie quote di mercato a discapito delle altre (*share-shifting effect*). Questi effetti "darwiniani" prodotti dalla liberalizzazione commerciale generano un aumento della produttività media, con effetti alla fine positivi sul benessere.

Nonostante questo, vanno comunque considerati gli effetti di breve periodo collegati alla chiusura degli impianti meno produttivi e alla conseguente disoccupazione e necessità di ricollocamento dei lavoratori[26].

---

[25] Negli USA, ad es., stando alle analisi di Bernard *et al.* [2003], il 5% delle imprese è responsabile di quasi il 93% dell'export.

[26] Il modello originale di Melitz [2003] è stato leggermente modificato da Melitz e Ottaviano [2008] per modellare meglio l'effetto che il commercio internazionale ha sui *mark-up* delle imprese. Yeaple [2005] e Bustos [2007] hanno analizzato l'effetto della rimozione delle barriere al commercio sull'adozione di innovazioni da parte delle imprese. Diversi contributi hanno poi analizzato il peso della *self-selection into exporting* (le imprese *ex-ante* più produttive esportano) rispetto al *learning-by-exporting* (l'entrata nei mercati esteri aumenta la produttività delle imprese) nel determinare la produttività media più elevata delle imprese esportatrici rispetto a quelle non esportatrici.

Riferimenti bibliografici

ACEMOGLU D. [2008], *Introduction to Modern Economic Growth*, Princeton University Press, Princeton.

COE D.-HELPMAN E. [1995], "International R&D spillovers", in *European Economic Review*, vol. 39, pp. 859-887.

COE D.-HELPMAN E.-HOFFMAISTER A.W. [2009], "International R&D spillovers and institutions", in *European Economic Review*, vol. 53, n. 7, pp. 723-741.

FEENSTRA R.C. [2003], *Advanced International Trade: Theory and Evidence*, Princeton University Press, Princeton, NJ.

FRACASSO A.-VITTUCCI MARZETTI G. [2015], "International trade and R&D spillovers", in *Journal of International Economics*, vol. 96, n. 1, pp. 138-149.

GROSSMAN G.M.-HELPMAN E. [1991], *Innovation and Growth in the Global Economy*, MIT Press, Cambridge, MA.

HELPMAN E.-KRUGMAN P.R. [1985], *Market Structure and Foreign Trade: Increasing Returns, Imperfect Competition and the International Economy*, Wheatsheaf Books, Brighton.

KRUGMAN P.R.-OBSTFELD M. [2003], *International Economics: Theory and Policy*, 6th ed., Pearson.

KRUGMAN P.R.-OBSTFELD M.-MELITZ M. [2014], *International Economics: Theory and Policy*, 10th ed., Pearson.

MARKUSEN J.R.-MELVIN J.R.-KAEMPFER W.H.-MASKUS K.E. [1995], *International Economics: Theory and Evidence*, McGraw Hill, New York.

MATSUYAMA K. [1990], "Perfect equilibria in a trade liberalization game", in *American Economic Review*, vol. 80, n. 3, pp. 480-492.

MATSUYAMA K. [1992], "Agricultural productivity, comparative advantage, and economic growth", in *Journal of Economic Theory*, vol. 58, n. 2, pp. 317-333.

SAMUELSON P.A. [2004], "Where Ricardo and Mill rebut and confirm arguments of mainstream economists supporting globalization", in *Journal of Economic Perspectives*, vol. 18, n. 3, pp. 135-146.

TARGETTI F.-FRACASSO A. [2008], *Le sfide della globalizzazione: storia, politiche e istituzioni*, Francesco Brioschi Editore, Milano.

WORLD TRADE ORGANIZATION [2007], *Understanding the WTO*, Ginevra.

WORLD TRADE ORGANIZATION [2008], *World Trade Report 2008: Trade in a Globalising World*, Ginevra.

WORLD TRADE ORGANIZATION [2009], *World Trade Report 2009: Trade Policy Commitments and Contingency Measures*, Ginevra.

Ristampa effettuata nel mese di agosto 2021
nella LegoDigit S.r.l. – Via Galileo Galilei, 15/1 - 38015 Lavis (TN)

Collana di Economia

Volumi pubblicati

Serie letture:

FILIPPINI LUIGI-SALANTI ANDREA (a cura di), *Razionalità impresa e informazione. Letture di microeconomia*, 1993, vol. di pagg. X-390.

LEONCINI RICCARDO-SABBATINI ROBERTO (a cura di), *Progresso tecnico evoluzione e crescita economica*, 1994, vol. di pagg. XIV-330.

CORSI MARCELLA (a cura di), *Le disuguaglianze economiche. L'approccio stocastico nelle teorie della distribuzione personale del reddito*, 1995, vol. di pagg. X-300.

ARDENI PIER GIORGIO (a cura di), *Teorie della crescita endogena*, 1995, vol. di pagg. XIV-434.

ROMAGNOLI ALESSANDRO (a cura di), *Teoria dei processi produttivi. Uno studio sull'unità tecnica di produzione*, 1996, vol. di pagg. X-382.

COPPOLA GERARDO-CORSINI DANIELE (a cura di), *Banche, informazione e sviluppo economico. Teoria dell'intermediazione creditizia*, 1997, vol. di pagg. X-346.

FIORENTINI GIANLUCA-MARCHESE CARLA (a cura di), *Il fisco indulgente. Amnistie e concordati nei moderni sistemi fiscali*, 1997, vol. di pagg. X-280.

Serie monografie:

MEACCI FERDINANDO, *Luigi Einaudi e i principi del capitale*, 1993, vol. di pagg. X-182.

PALAZZI PAOLO, *Dinamica della struttura economica mondiale e i suoi effetti sulle relazioni nord-sud. Un'analisi empirica*, 1997, vol. di pagg. VIII-160.

GALLEGATI MAURO-STANCA LUCA MATTEO, *Le fluttuazioni economiche in Italia, 1861-1995 ovvero, il camaleonte e il virus dell'influenza*, 1998, vol. di pagg. XIV-202.

BESOMI DANIELE-RAMPA GIORGIO, *Dal liberalismo al liberismo. Stato e mercato nella storia delle idee e nell'analisi degli economisti*, Seconda edizione, 2000, vol. di pagg. XVI-308.

JOSSA BRUNO-CUOMO GAETANO, *La teoria economica del socialismo e l'impresa autogestita. Mercati, socialismo e autogestione*, 2000, vol. di pagg. XXIV-424.

BUSANA BANTERLE CLARA-PODRECCA ELENA-ZENEZINI MAURIZIO, *Istituzioni e macro-economia*, 2001, vol. di pagg. VIII-240.

GAROFALO ANTONIO-VINCI CONCETTO PAOLO, *Occupazione, disoccupazione e riduzione dell'orario di lavoro*, 2001, vol. di pagg. XXIV-164.

ROMAGNOLI ALESSANDRO, *L'impresa agraria*, 2004, vol. di pagg. X-166.

GENTILUCCI CATIA ELIANA, *L'agitarsi del mondo in cui viviamo. L'economia politica di Enrico Barone*, 2006, vol. di pagg. XII-236.

FAUCCI RICCARDO, *Gli economisti, il mercato, le istituzioni. Una storia del pensiero economico*, 2008, vol. di pagg. VI-154.

Serie manuali:

BULCKAEN FABRIZIO, *Beni pubblici. Condizioni di efficienza allocativa*, 1994, vol. di pagg. VIII-92.

SCHOTTER ANDREW (Edizione italiana a cura di Pier Mario Pacini), *Microeconomia*, Terza edizione, 2002, vol. di pagg. XXXVIII-840.

NYARKO YAW, *Guida per lo studente* al volume *Microeconomia* di Andrew Schotter. Edizione italiana a cura di Pier Mario Pacini, 1996, vol. di pagg. VIII-248.

RUIZ MARIA LAURA, *Credito ed informazione*, 1996, vol. di pagg. X-146.

PACINI PIER MARIO, *Introduzione alla teoria del comportamento del consumatore*, 1996, vol. di pagg. VIII-168.

BROSIO GIORGIO-MAGGI MAURIZIO-PIPERNO STEFANO, *Governo e finanza locale. Un'introduzione alla teoria e alle istituzioni del federalismo fiscale*, Terza edizione, 2003, vol. di pagg. X-270.

HEY JOHN D. (Edizione italiana a cura di Daniela Di Cagno), *Esperimenti in economia*, 1998, vol. di pagg. XX-304.

NUTI FABIO, *Introduzione all'economia sanitaria*

e alla valutazione economica delle decisioni sanitarie, 1998, vol. di pagg. XII-316.

NUTI FABIO, *La valutazione economica delle decisioni pubbliche. Dall'analisi costi-benefici alle valutazioni contingenti*, 2001, vol. di pagg. XII-540.

DELLI GATTI DOMENICO-GALLEGATI MARCO-GALLEGATI MAURO, *Macroeconomia. Fatti, teorie, politiche.* Terza edizione, 2013, vol. di pagg. XVIII-318.

D'ADDONA STEFANO-GIANNOTTI ENRICO, *L'accesso ai mercati finanziari. Opportunità per gli investitori e strumenti di finanziamento per le imprese*, 2002, vol. di pagg. X-282.

ANTONELLI GILBERTO-CAINELLI GIULIO-DE LISO NICOLA-LEONCINI RICCARDO-MONTRESOR SANDRO, *Economia. Seconda edizione. Ristampa aggiornata,* 2007, vol. di pagg. XX-564.

MORO BENIAMINO, *Fondamenti di macroeconomia. Vol. I – I postulati e i modelli di base*, 2003, vol. di pagg. XIV-434.

MORO BENIAMINO, *Fondamenti di macroeconomia. Vol. II – Gli approfondimenti: economia aperta, politica monetaria e mercato del lavoro*, 2003, vol. di pagg. XIV-306.

ANNA MONTINI-SANDRO MONTRESOR-LUCA ZAMPARINI, *Economia. Quesiti*, 2004, vol. di pagg. VIII-196.

RODOLFO SIGNORINO, *Istituzioni di economia politica, Vol. I – Microeconomia. Seconda edizione*, 2008, vol. di pagg. XVIII-462.

RODOLFO SIGNORINO, *Istituzioni di economia politica, Vol. II – Macroeconomia. Seconda edizione*, 2008, vol. di pagg. VIII-360.

Nuova serie

Serie manuali:

1. SCHOTTER ANDREW (Edizione italiana a cura di Pier Mario Pacini), *Microeconomia*, Quarta edizione, 2009, vol. di pagg. XXVIII-692.
2. ANTONELLI GILBERTO-DE LISO NICOLA-GIOVANNI GUIDETTI-LEONCINI RICCARDO-GIUSEPPE VITTUCCI MARZETTI-LUCA ZAMPARINI, *Economia*, Quinta edizione, 2019, vol. di pagg. XXII-554.
3. STEFANO D'ADDONA-NICOLA GRASSANO-SANDRO MONTRESOR, *Economia. Quesiti*, Quarta edizione, 2019, vol. di pagg. X-262.
4. GIORGIO BROSIO-STEFANO PIPERNO, *Governo e finanza locale. Un'introduzione alla teoria e alle istituzioni del federalismo fiscale*, Quarta edizione, 2009, vol. di pagg. XIV-298.
5. NERI SALVADORI-SIMONE D'ALESSANDRO-DOMENICO FANELLI, *Elementi di economia industriale*, 2012, vol. di pagg. XII-224.
6. PIER MARIO PACINI, *Introduzione alla teoria del comportamento del consumatore*, Prima edizione aggiornata, 2012, vol. di pagg. VIII-184.

Serie monografie:

1. NICOLA GIOCOLI, *Impresa, concorrenza, regole: elementi per un'analisi economica*, 2009, vol. di pagg. XII-172.